Ihr Vorteil als Käufer dieses Buches

Auf der Bonus-Webseite zu diesem Buch finden Sie zusätzliche Informationen und Services. Dazu gehört auch ein kostenloser **Testzugang** zur Online-Fassung Ihres Buches. Und der besondere Vorteil: Wenn Sie Ihr **Online-Buch** auch weiterhin nutzen wollen, erhalten Sie den vollen Zugang zum **Vorzugspreis**.

So nutzen Sie Ihren Vorteil

Halten Sie den unten abgedruckten Zugangscode bereit und gehen Sie auf **www.sap-press.de**. Dort finden Sie den Kasten **Die Bonus-Seite für Buchkäufer**. Klicken Sie auf **Zur Bonus-Seite/Buch registrieren**, und geben Sie Ihren **Zugangscode** ein. Schon stehen Ihnen die Bonus-Angebote zur Verfügung.

Ihr persönlicher **Zugangscode** s5bc-g8xj-49zm-3kqr

SAP® Supplier Relationship Management

SAP PRESS ist eine gemeinschaftliche Initiative von SAP und Galileo Press. Ziel ist es, Anwendern qualifiziertes SAP-Wissen zur Verfügung zu stellen. SAP PRESS vereint das fachliche Know-how der SAP und die verlegerische Kompetenz von Galileo Press. Die Bücher bieten Expertenwissen zu technischen wie auch zu betriebswirtschaftlichen SAP-Themen.

Jörg Thomas Dickersbach, Gerhard Keller
Produktionsplanung und -steuerung mit SAP ERP
Grundlagen – Prozesse – Customizingwissen
527 S., 3., aktualisierte und erweiterte Auflage 2010,
geb., mit Referenzkarte
ISBN 978-3-8362-1638-8

Torsten Hellberg
Praxishandbuch Einkauf mit SAP ERP
432 S., 3., aktualisierte und erweiterte Auflage 2012,
geb., mit Referenzkarte
ISBN 978-3-8362-1742-2

Ernst Greiner
SAP-Materialwirtschaft – Customizing
566 S., 2011, geb.
ISBN 978-3-8362-1683-8

Jens Kappauf, Matthias Koch, Bernd Lauterbach
Discover Logistik mit SAP
2. Auflage 2012, 678 S. Klappbroschur
ISBN 978-3-8362-1857-3

Aktuelle Angaben zum gesamten SAP PRESS-Programm finden Sie unter *www.sap-press.de.*

Julian Bradler, Florian Mödder

SAP® Supplier Relationship Management

Bonn • Boston

Liebe Leserin, lieber Leser,

vielen Dank, dass Sie sich für ein Buch von SAP PRESS entschieden haben.

Jedes Team oder – um bei dem Motiv auf dem Buchcover zu bleiben – jede Kette ist nur so stark, wie ihr schwächstes Glied. Einem produzierenden Unternehmen, das über reibungslose Prozesse, neueste Maschinen sowie hoch qualifizierte Mitarbeiter verfügt, nützen diese Qualitäten allein wenig, wenn die Lieferanten die Produktionsrohstoffe nicht oder in ungenügender Qualität liefern. Um diese und weitere Katastrophen zu vermeiden, ist ein gutes Lieferantenbeziehungsmanagement gefragt.

Wie Sie SAPs Lösung für das Lieferantenbeziehungsmanagement – SAP SRM – bestmöglich und im Sinne Ihres Unternehmens einsetzen, erläutern Ihnen Julian Bradler und Florian Mödder in diesem Buch, mittlerweile bereits in der zweiten Auflage. Die Darstellung wurde rundum aktualisiert und um die Neuerungen erweitert, die EHP 1 und EHP 2 für SAP SRM zu bieten haben. Ich bin sicher, dass viele von Ihnen auf dieses Buch gewartet haben, und freue mich sehr, dass es nun verfügbar ist. Möge es Ihnen gute Dienste leisten!

Wir freuen uns stets über Lob, aber auch über kritische Anmerkungen, die uns helfen, unsere Bücher zu verbessern. Am Ende dieses Buches finden Sie daher eine Postkarte, mit der Sie uns Ihre Meinung mitteilen können. Als Dankeschön verlosen wir unter den Einsendern regelmäßig Gutscheine für SAP PRESS-Bücher.

Ihre Patricia Sprenger
Lektorat SAP PRESS

Galileo Press
Rheinwerkallee 4
53227 Bonn

patricia.sprenger@galileo-press.de
www.sap-press.de

Auf einen Blick

Der Name Galileo Press geht auf den italienischen Mathematiker und Philosophen Galileo Galilei (1564–1642) zurück. Er gilt als Gründungsfigur der neuzeitlichen Wissenschaft und wurde berühmt als Verfechter des modernen, heliozentrischen Weltbilds. Legendär ist sein Ausspruch *Eppur si muove* (Und sie bewegt sich doch). Das Emblem von Galileo Press ist der Jupiter, umkreist von den vier Galileischen Monden. Galilei entdeckte die nach ihm benannten Monde 1610.

Lektorat Patricia Sprenger
Korrektorat Monika Klarl, Köln
Einbandgestaltung Silke Braun
Titelbild iStockphoto: 14195321©Velizar Tsenkov
Typografie und Layout Vera Brauner
Herstellung Melanie Zinsler
Satz III-satz, Husby
Druck und Bindung Beltz Druckpartner, Hemsbach

Gerne stehen wir Ihnen mit Rat und Tat zur Seite:
patricia.sprenger@galileo-press.de bei Fragen und Anmerkungen zum Inhalt des Buches
service@galileo-press.de für versandkostenfreie Bestellungen und Reklamationen
thomas.losch@galileo-press.de für Rezensionsexemplare

Bibliografische Information der Deutschen Nationalbibliothek
Die Deutsche Nationalbibliothek verzeichnet diese Publikation in der Deutschen Nationalbibliografie; detaillierte bibliografische Daten sind im Internet über *http://dnb.d-nb.de* abrufbar.

ISBN 978-3-8362-1833-7

2., aktualisierte und erweiterte Auflage 2013

Für meine Eltern Eka und Alfred, die mir durch ihren Enthusiasmus und all ihre Unterstützung Kraft geben, meine eigenen Träume zu verwirklichen.

Für meine Schwester Karo, die mich dazu inspiriert hat, selbst Unternehmer zu werden.

Für Birgit und Marie

Inhalt

TEIL III Weiterführende Themen

Vorwort

Der Einkauf ist zu einer Schlüsselfunktion im Unternehmen geworden. Seine zunehmend strategische Bedeutung in einer globalisierten Geschäftswelt erfordert schnell und flexibel anpassbare Geschäftsprozesse. Eine fortschreitende globale Arbeitsteilung sowie neue Geschäftsmodelle erfordern auch und gerade im Einkauf größtmögliche Flexibilität, Transparenz und Koordination.

Die Globalisierung der Geschäftsmodelle bedeutet im Allgemeinen zunächst eine neue oder erweiterte globale Lieferantenbasis. Die Abnahme von Fertigungstiefe sowie die Möglichkeit, Dienstleistungen auch weitab vom Ort des Verbrauchs zu beziehen, werden in den nächsten Jahren in den allermeisten Unternehmen zu einer weiteren Internationalisierung der Lieferantenbasis führen.

War es in der Vergangenheit eventuell gerade noch möglich, sich in Bezug auf die Lieferantenbasis auf die »A-Lieferanten« zu konzentrieren, so wird schnell klar, dass neue Geschäftsmodelle, die zunehmende Globalisierung sowie die strategische Bedeutung des Einkaufs einen anderen Umgang mit der Lieferantenbasis erfordern. Während man auf der Kundenseite CRM-Ansätze seit Jahren kennt, gibt es auf der Einkaufsseite noch jede Menge Nachholbedarf bezüglich des Umgangs mit den Lieferanten. Supplier Relationship Management ist das Spiegelbild zum selbstverständlichen CRM-Ansatz auf Kundenseite.

SAP als Marktführer im Bereich »Applikationssoftware« hat bereits Ende der 1990er-Jahre Lösungen auf den Markt gebracht, die ein Lieferantenbeziehungsmanagement ermöglichten. Seit 2003 existiert eine eigenständige SAP-Lösung für diesen Bereich. Diese wurde in den letzten Jahren zu einer strategischen Einkaufsplattform ausgebaut. SAP SRM hilft damit international agierenden Unternehmen, die typischerweise Einkaufsaktivitäten zentral steuern und dennoch auch lokale Aktivitäten unterstützen möchten. Die Möglichkeit des SRM-Systems, gleichzeitig mit mehreren lokalen Backend-Systemen End-to-End-Prozesse abzubilden, unterstützt maßgeblich die Transparenz über alle Einkaufsaktivitäten im Unternehmen. Damit können globale Prozesse bedarfsgerecht verteilt und dennoch zentral geplant und gesteuert werden.

Das vorliegende Buch gibt Ihnen einen hervorragenden Überblick über die Möglichkeiten der SAP SRM-Lösung. Unter Berücksichtigung der neuesten SAP SRM 7.0-Funktionalität inklusive der harmonisierten Procure-to-Pay-Szenarien der SAP Business Suite führt es den Leser durch alle SAP SRM-basierten Geschäftsszenarien und -prozesse. Ein ausgewogenes Verhältnis zwischen betriebswirtschaftlichen Konzepten, Beschreibung der SAP SRM-Funktionalität, Erläuterung von Customizing-Aktivitäten und Erklärung übergreifender Konzepte wie z.B. dem SAP Business Workflow sorgt dafür, dass dieses Buch den unterschiedlichsten Zielgruppen (Berater, Projektleiter, Teammitglieder von Implementierungsprojekten, Entscheider, Key-User) gerecht wird.

Der Autor dieses Buches verfügt über exzellentes Wissen sowohl im Einkauf im Allgemeinen als auch im Hinblick auf die SAP SRM-Lösung im Besonderen. Julian Bradler war vor seiner Zeit als Geschäftsführer des Beratungs- und Systemhauses BRADLER Effective Business Solutions als SAP SRM-Produktmanager im Solution Management Procurement der SAP AG tätig.

Frank Eck
Vice President
Solution Management Procurement
SAP AG

Vorwort zur zweiten Auflage

Ende des vergangenen Jahrtausends war der Einkauf geprägt als traditionelles, ausführendes Organ innerhalb der Logistikkette mit starker Fixierung auf Preisverhandlungen. Im vergangenen Jahrzehnt hat sich hier bereits ein gravierender Wandel vollzogen: Aktuelle Modelle entlang der Wertschöpfungskette waren gefragt – vom Single Sourcing hin zu strategischen Partnerschaften, vom Teile- zum Systemlieferanten, von lokal zu global tätigen Lieferanten und im weitesten Unternehmenssinne die Einführung von gesamtheitlichen Betrachtungen der Logistikkette.

Mittlerweile verantwortet der Einkauf die Erschließung von Verbesserungspotenzialen entlang der gesamten Wertschöpfungskette und ist letztendlich auch für deren Ausschöpfung verantwortlich.

Insofern ist der Druck auf die Unternehmen, eine integrierte End-to-End-Einkaufslösung einzusetzen, noch gestiegen. Moderne Einkaufslösungen müssen nicht nur den operativen Einkauf abdecken können, sondern sie müssen insbesondere auch die Einkaufsstrategen fundiert dabei unterstützen, weitreichende Entscheidungen zu treffen.

Speziell für den Einkauf lieferte SAP als Marktführer im Bereich »Unternehmenssoftware« bereits Ende der 1990er-Jahre Lösungen, die ein Lieferantenbeziehungsmanagement ermöglichten. Diese Supplier-Relationship-Management-Lösungen wurden in den letzten Jahren zu einer strategischen Einkaufsplattform ausgebaut: SAP SRM mit seinen individuell einstellbaren Ausprägungen adressiert insbesondere Unternehmen, die Einkaufsaktivitäten zentral steuern und dennoch lokale Flexibilität ermöglichen möchten. SAP SRM wurde designt, um gleichzeitig mit mehreren lokalen Backend-Systemen End-to-End-Prozesse abzubilden, und unterstützt so maßgeblich die Transparenz über alle Einkaufsaktivitäten im Unternehmen. Damit können globale Prozesse bedarfsgerecht verteilt und dennoch zentral geplant und gesteuert werden.

SAP SRM selbst wird kontinuierlich und hauptsächlich aufgrund von Kunden-Feedback weiterentwickelt.

Erweiterungspaket 1 (EHP 1) für SAP SRM bringt z.B. wesentliche Erweiterungen für die zentrale Verwaltung von operativen Kontrakten in SRM: Optional werden alle getätigten Abrufe gegen einen Kontrakt, egal ob aus SAP ERP oder SAP SRM, im SRM-Zentralkontrakt aggregiert. Zentralkontrakte können auch Dienstleistungshierarchien abbilden, und Dienstleistungspositionen können in die Kataloge repliziert werden. Ein anderes Beispiel ist das sogenannte Offline-Bidding: Lieferanten können ihre Gebote optional technisch getrennt von der SRM-Instanz abgeben, per Offline-Formular oder über SAP SUS.

In Erweiterungspaket 2 (EHP 2) von SAP SRM sind erhebliche Prozessverbesserungen eingeflossen. So ist es nun möglich, Shopping Carts aus dem Sourcing Cockpit heraus zu ändern; Info Records und Source List Updates können direkt aus dem SRM-Zentralkontrakt erfolgen. Bedarfe können im Sourcing Cockpit einfacher gruppiert, gesucht und grafisch dargestellt werden. Einfache Anfragen an Lieferanten können direkt aus dem Shopping Cart generiert und parallel zur Shopping-Cart-Genehmigung prozessiert werden. Im Shopping Cart sind nun mehrere Limitpositionen erlaubt, und SAP SRM unterstützt Direktmaterialprozesse im klassischen Szenario.

Das Thema »Mobility« hat auch den Einkauf erreicht: Es gibt zu SAP SRM erstmals die Möglichkeit, Einkaufswagen via Mobilgeräten zu genehmigen (mit Detailinformationen zur Anforderung/zum Anforderer). Weitere mobile Lösungen sind derzeit in der Entwicklung, z.B. die mobile Genehmigung von Bestellanforderungen und anderen Dokumenten sowie ein Lieferantenbriefing auf Tablet-Geräten.

Auch SAP SRM selbst wird zukünftig die Option bieten, das Self-Service Procurement über eine moderne Benutzeroberfläche abzuwickeln; eine neue, moderne HTML5-basierte Benutzeroberfläche (als Add-on) soll ab Ende 2012 zur Verfügung stehen. Insbesondere die Gelegenheitsnutzer sollen dabei unterstützt werden, schnell (wie z.B. in Amazon) und katalogübergreifend ihre Bedarfsanforderungen per Einkaufswagen zu generieren.

Rolf Weiland
Vice President
LOB Procurement Solutions
SAP AG

Danksagung

Das Entstehen dieses Buches habe ich der großartigen Unterstützung vieler Menschen zu verdanken!

Ich möchte mich vor allem bei meinen ehemaligen Kolleginnen und Kollegen bei der SAP AG bedanken.

Meinen ehemaligen Managern im SAP SRM Solution Management – Norbert Koppenhagen, Rüdiger Bolz, Rolf Weiland und Frank Eck – danke ich für die spannende und lehrreiche Zeit sowie ihre hervorragende Unterstützung bei meiner beruflichen Entwicklung als SAP SRM-Produktmanager.

Herrn Frank Eck danke ich auch für die Durchsicht der Manuskripte und sein wertvolles Feedback.

Herrn Michael Schmidt, von der Schulungsabteilung von SAP Deutschland, gilt mein Dank für die hervorragende Unterstützung bei der Durchführung vieler SRM210-Schulungen sowie dafür, dass er mir selbst die kompliziertesten fachlichen Fragen zur SAP SRM-Lösung jederzeit gern und kompetent beantwortete und dadurch signifikant zum Ausbau meines SAP SRM-Fachwissens beitrug.

Dem SAP Center of Excellence-Team unter Leitung von Martin Hirtle möchte ich für mehrere hochinteressante SAP SRM-Projekte im Bereich des Value Prototypings danken, bei denen ich viel SAP SRM-Praxiserfahrung gesammelt habe, die in dieses Buch eingeflossen ist.

Frau Monika Pfanner und Herrn Pavan Ravinutala Kumar danke ich für die fachliche Unterstützung bei der Klärung einiger spezieller in diesem Buch besprochener SAP SRM 7.0-Fragestellungen.

Herrn Ralf Stiegele und Herrn Michail Heinmann von der Firma Camelot IDPro AG gilt mein Dank für ihre wertvollen Anregungen zur inhaltlichen Optimierung dieses Buches.

Darüber hinaus möchte ich mich bei all meinen SAP SRM-Kunden bedanken. Durch die vielen hochinteressanten Beratungseinsätze konnte ich wertvolle Erfahrungen und Fachwissen im Bereich »Beschaffung und Lieferantenbeziehungsmanagement mit SAP SRM und SAP ERP« sammeln und in dieses Buch einfließen lassen.

Herrn Frank Paschen vom Verlag Galileo Press gilt mein ganz besonderer Dank für die jederzeit sehr gute, konstruktive und angenehme Zusammenarbeit während der Entstehung dieses Buches. Nur durch seine äußerst professionelle Unterstützung als Projektleiter und Lektor war das Entstehen dieses Buches überhaupt erst möglich. Auch Frau Patricia Kremer von SAP PRESS gilt mein herzlicher Dank für das Lektorat vieler Kapitel dieses Buches und ihre vielen wertvollen Anregungen und Verbesserungsvorschläge. Darüber hinaus gilt mein Dank natürlich auch allen weiteren Mitarbeiterinnen und Mitarbeitern von Galileo Press, die an der Entstehung dieses Buches beteiligt waren.

Julian Bradler

Danksagung zur zweiten Auflage

Als mich Julian Bradler im Januar 2012 fragte, ob ich die Bearbeitung zur zweiten Auflage des SAP SRM-Buches übernehmen möchte, stand ich gerade auf Skiern in den Bergen. Ich musste nicht lange überlegen, da ich schon immer mit der Erstellung eines Buches geliebäugelt habe. Somit gilt mein größter Dank Julian Bradler, der mir dies durch seine Anfrage ermöglicht hat.

Besonders wichtig für die Erstellung der zweiten Auflage war die Unterstützung von Herrn Dennis Bruder aus dem LOB Procurement Product Management der SAP AG. Die Bereitstellung von umfangreichem Informationsmaterial zu den Neuerungen der beiden Erweiterungspakete und auch die Unterstützung bei der Erstellung der notwendigen Screenshots haben mich erst in die Lage versetzt, ein komplettes Bild der behandelten Thematik zu zeichnen. Nochmals vielen Dank, Dennis!

Herrn Mike-Timo Rübsamen von der Firma 2bits GmbH gilt mein Dank für die Unterstützung bei der Überarbeitung des Kapitels zur Lieferantenkollaboration.

Für die Erstellung des Vorwortes zu dieser Auflage möchte ich Herrn Rolf Weiland, Vice President der Sparte LOB Procurement Solutions der SAP AG, ganz besonders danken.

Frau Patricia Sprenger vom Verlag Galileo Press gebührt mein ganz besonderer Dank für die jederzeit angenehme, konstruktive und professionelle Zusammenarbeit während der Arbeit an diesem Buch.

Natürlich gilt mein Dank auch all meinen Kunden, deren Erfahrung aus zahlreichen Projekten sowie die daraus resultierenden Diskussionen und technischen Herausforderungen mich überhaupt erst in die Lage versetzt haben, das behandelte Thema in seiner ganzen Vielfalt zu betrachten.

Florian Mödder

Einleitung

Aufgrund der Liberalisierung und Globalisierung der Absatzmärkte sind Unternehmen heutzutage einem immensen Innovations- und Kostendruck ausgesetzt. Die Optimierung der Beschaffungsprozesse ist ein wichtiges Mittel, um diesem Druck durch Kosteneinsparungen und Stärkung der Lieferantenbeziehungen standzuhalten und sich erfolgreich auf den Weltmärkten zu positionieren.

Sich dieser Tatsache bewusst, arbeiten viele Unternehmen daran, die vorhandenen Potenziale im Einkauf durch den Einsatz moderner IT-basierter Systeme auszuschöpfen. Ein wichtiger Aspekt ist hier die Integrationstiefe der an den Einkaufsprozessen beteiligten IT-Systeme. Aus diesem Grund findet heute bei vielen Unternehmen ein Umdenken statt: In der Vergangenheit wurde gerade im Einkauf häufig der *Best-of-Breed-Ansatz* verfolgt, der besagt, dass für verschiedene Geschäftsprozesse oder Teile von Geschäftsprozessen die jeweils beste IT-Lösung implementiert werden soll. Diese Vorgehensweise der Implementierung der optimalen Lösung für jeden Einzelfall führt zwangsläufig zu einer Ansammlung von Insellösungen und infolgedessen zu hohen Kosten, die u.a. durch den hohen Integrationsaufwand (aufgrund der vielen Schnittstellen bei der Anwendung dieser Lösungs-Sammlung) verursacht werden. Um dies zu vermeiden wird immer häufiger auf Lösungen gesetzt, die vielleicht nur einen Perfektionsgrad bis zu 80 % aufweisen, dafür jedoch eine höhere Integrationstiefe bieten. Häufig werden in diesem Zusammenhang Softwarelösungen des Weltmarktführers für betriebliche Anwendungssoftware verwendet: Lösungen der SAP AG. Für große Unternehmen bietet sich hier der Einsatz von *SAP Enterprise Resource Planning* (SAP ERP) in Verbindung mit *SAP Supplier Relationship Management* (SAP SRM) an.

Dank seines zwölfjährigen Bestehens handelt es sich bei SAP SRM, das mittlerweile in der Version 7.0 Erweiterungspaket 2 (EHP 2) verfügbar ist, um eine technisch und funktional sehr ausgereifte Softwarelösung im Bereich der elektronischen Beschaffung und Verwaltung von Lieferantenbeziehungen. SAP SRM 7.0 ist das erste allgemein verfügbare Release nach SAP SRM 5.0, das im Jahr 2005 veröffentlicht wurde. Das zeitlich dazwischenliegende SAP

SRM 6.0 (auch als SAP SRM 2007 bekannt) wurde aufgrund der tiefgreifenden technologischen Änderungen nur an eine kleine Anzahl von SAP-Kunden ausgeliefert.

SAP SRM 7.0 bietet signifikante Funktionalitätserweiterungen in vielen Bereichen, z.B. die Beschaffung komplexer Dienstleistungen mit hierarchischen Strukturen, die neue benutzerfreundliche Web-Dynpro-Oberfläche, das neue und besonders flexible prozessgesteuerte Workflow Framework, die Verwaltung von Zentralkontrakten sowie die engere Integration zwischen SAP SRM und SAP ERP im Rahmen der Harmonisierung der SAP Business Suite.

Durch das Konzept der optionalen Erweiterungspakete (Enhancement Packages, EHP) bietet SAP seinen Kunden die Möglichkeit von den laufenden Innovationen zu profitieren – und zwar zu einem von den Kunden selbst bestimmten Zeitpunkt.

Die Erweiterungspakete werden harmonisiert, d. h. unter Berücksichtigung der Integration der gesamten Prozesse für die SAP Business Suite zur Verfügung gestellt, und können von jedem Kunden zu einem beliebigen Zeitpunkt komplett oder auch nur punktuell aktiviert werden. Durch den Einsatz von sogenannten Business Functions innerhalb der Erweiterungspakete können Sie selektiv einzelne Neuentwicklungen einführen, um sie für die Optimierung ausgewählter Geschäftsprozesse zu nutzen.

Für SAP SRM 7.0 sind zum Zeitpunkt der Drucklegung die Erweiterungspakete 1 und 2 verfügbar. Auf diesem Releasestand basiert auch das vorliegende Buch. Es ist jedoch auch für Unternehmen nutzbar, die ältere SAP SRM-Releases einsetzen. Die Unterschiede zwischen SAP SRM 5.0 und SAP SRM 7.0 werden entsprechend herausgearbeitet und dargestellt.

Zur besonderen Kennzeichnung der SAP SRM 7.0-Funktionalitäten werden grau hinterlegte Kästen sowie ein kleines Symbol am Textrand verwendet. Die Neuerungen zu EHP 1 und EHP 2 werden ebenfalls durch grau hinterlegte Kästen und durch Kennzeichnung der jeweiligen Version am Textrand herausgestellt. Somit können Sie beim Durchblättern des Buches schnell entdecken, welche neuen Funktionen in SAP SRM 7.0 (EHP 1 und EHP 2) verfügbar sind. Wie die Symbole am Textrand aussehen, erfahren Sie am Ende dieser Einleitung.

Im Text werden allerdings nicht alle neuen Funktionen von EHP 1 und EHP 2 vorgestellt, sondern nur die, die nach Ansicht der Autoren am hilfreichsten sind. Eine Gesamtübersicht über alle Funktionen finden Sie in Anhang G.

Beachten Sie, dass die in diesem Buch gezeigten Customizing-Pfade und Screenshots auf SAP SRM 7.0 sowie auf SAP ERP 6.0 Erweiterungspaket 6 basieren. Die Customizing-Pfade haben auch für EHP 1 und EHP 2 von SAP SRM 7.0 Gültigkeit; sollte sich etwas daran geändert haben, wird dies im Text gesondert vermerkt. Bei anderen Releases können die Customizing-Pfade und Screenshots hingegen durchaus abweichen.

Zielgruppen

Ziel dieses Buches ist es, die SAP SRM 7.0-Lösung ganzheitlich, d.h. unter Einbeziehung betriebswirtschaftlicher, funktionaler und technischer Aspekte, darzustellen. Dieses Buch richtet sich dabei an die folgenden Zielgruppen:

- *Entscheider* haben die Möglichkeit, sich mithilfe dieses Buches über die funktionalen Möglichkeiten von SAP SRM zu informieren. Dies ist z.B. hilfreich, wenn sie gerade dabei sind, SAP SRM für den Einsatz in ihrem Unternehmen zu evaluieren.
- *Projektleiter*, die eine SAP SRM-Implementierung leiten, können sich einen Überblick über die in SAP SRM verfügbaren Geschäftsszenarien verschaffen und darüber hinaus Schlüsse auf mögliche Implementierungsaufwände ziehen.
- *Teammitglieder von Implementierungsprojekten*, *Berater* und *Customizing-Verantwortliche* finden in diesem Buch detaillierte Informationen zu den verschiedenen SAP SRM-Funktionalitäten. Auch erhalten sie Hinweise zur Systemkonfiguration sowie weiterführende Informationen.
- Interessierte *Anwender*, die gerne über den Tellerrand ihrer spezifischen Tätigkeiten hinaussehen möchten, sowie *Key-User*, die auch für die Weiterentwicklung des SAP SRM-Systems verantwortlich sind, erhalten einen guten Überblick über die Zusammenhänge und funktionalen Möglichkeiten der Lösung.
- *Studenten* oder *andere Interessierte*, die sich generell in die Möglichkeiten SAP SRM-basierter Beschaffungsprozesse einarbeiten möchten, finden mit diesem Buch einen guten Einstieg in diese Thematik.
- *Programmierer* können mit diesem Buch den fachlichen und anwendungsorientierten Hintergrund ihrer Arbeit vertiefen.

Das Buch bietet somit einer großen Gruppe von Lesern – von Einsteigern bis zu erfahrenen SAP-Beratern – hilfreiche Informationen.

Aufbau des Buches

Das Buch besteht aus den drei Teilen »Grundlagen«, »Funktionen und Prozesse« sowie »Weiterführende Themen«. Im Folgenden geben wir Ihnen eine detaillierte Übersicht, die Ihnen eine rasche Orientierung innerhalb der einzelnen Teile und Kapitel ermöglichen soll.

In **Teil I**, »Grundlagen«, werden die übergreifenden funktionalen und technischen Konzepte erläutert, die für alle in SAP SRM verfügbaren Geschäftsszenarien gültig sind. Anfangs betrachten wir das gesamte SAP-Softwareportfolio im Bereich »Einkauf und Beschaffung« und zeigen, welche Position SAP SRM darin einnimmt. Anschließend beschreiben wir die Systemarchitektur, die Technologie sowie die übergreifenden Konzepte, die in den in **Teil II**, »Funktionen und Prozesse«, beschriebenen Geschäftsszenarien eine Rolle spielen.

Im Einzelnen werden in **Teil I**, »Grundlagen«, die folgenden Inhalte vermittelt:

- **Kapitel 1, »Das Lösungsportfolio von SAP im Bereich »Beschaffung«**
  Dieses Kapitel vermittelt die betriebswirtschaftlichen Grundlagen von SAP SRM. Es ordnet die Lösung SAP SRM in das Portfolio der SAP AG ein, bietet eine Entscheidungsmatrix für den Einsatz von SAP SRM und zeigt das Zusammenspiel mit den anderen SAP-Komponenten auf.
  - *Abschnitt 1.1, »Betriebswirtschaftliche Grundlagen von SAP SRM«*
    In diesem Abschnitt gehen wir auf die betriebswirtschaftlichen Grundlagen der elektronischen Beschaffung und der Supplier-Relationship-Management-Lösungen ein. Dabei analysieren wir die Optimierungspotenziale sowie die Vorteile, von denen Unternehmen profitieren, die eine solche Lösung einsetzen.
  - *Abschnitt 1.2, »SAP-Lösungen im Bereich ›Beschaffung und Logistik‹«*
    Die ganzheitliche Vorstellung des SAP-Portfolios für Beschaffungslösungen unterstützt Entscheider bei der Analyse der geeigneten Software bzw. beim Überprüfungsvorgang, ob SAP SRM für die vorgesehenen Zwecke geeignet ist.
  - *Abschnitt 1.3, »Entwicklung der SAP SRM-Lösung vom BBP- zum SRM-Server«*
    Ein Blick in die Vergangenheit zeigt die Evolution der SAP SRM-Lösung über die letzten zehn Jahre.
  - *Abschnitt 1.4, »Integration von SAP SRM mit anderen SAP-Lösungen«*
    Ein gewichtiges Argument für die Nutzung von SAP-Software ist deren hervorragende Integration mit weiteren SAP-Komponenten. Denn dies

ermöglicht standardmäßig anwendungsübergreifende Geschäftsprozesse. In diesem Zusammenhang betrachten wir die Integrationsmöglichkeiten von SAP SRM.

- *Abschnitt 1.5, »SAP Supplier Lifecycle Management«*
  Eine sehr neue Lösung aus dem SAP Portfolio ist SAP Supplier Lifecycle Managment (SAP SLC), mit dem Sie die gesamte Beziehung zu Ihren Lieferanten abdecken.

- **Kapitel 2, »Architektur und Technologie von SAP SRM«**
  In Kapitel 2 vertiefen wir unseren Blick auf die Systemarchitektur der SAP SRM-Lösung und gehen dabei auch auf die technologischen Neuerungen von SAP SRM 7.0 ein.

  - *Abschnitt 2.1, »Softwarekomponenten der SAP SRM-Lösung«*
    Hier erhalten Sie einen allgemeinen Überblick über die Softwarekomponenten von SAP SRM, wie z. B. SRM-Server, SAP Supplier Self-Services (SAP SUS), SRM-MDM Catalog, SAP ERP-Backend, SAP NetWeaver Portal und SAP NetWeaver Business Warehouse (SAP NetWeaver BW).
  - *Abschnitt 2.2, »Technische Szenarien«*
    Historisch bedingt wurde SAP SRM als Erweiterungslösung zu MM (*Materials Management*, SAP ERP) entwickelt (klassisches Szenario). Über die Jahre wurde mehr und mehr Funktionalität in die neue Lösung SAP SRM überführt (im erweiterten klassischen Szenario). Dieser Abschnitt gibt eine Einsatzempfehlung hinsichtlich der technischen Szenarien in Abhängigkeit der betriebswirtschaftlichen Anforderungen.
  - *Abschnitt 2.3, »Backend-Integration im Beschaffungsprozess«*
    In diesem Abschnitt wird die Integration mit dem SAP ERP-Backend zum Austausch der Beschaffungsdokumente per RFC- und ALE-Technologie beschrieben.
  - *Abschnitt 2.4, »SOA-basierte Integrationsszenarien«*
    Hier werden die seit SAP SRM 7.0 neu verfügbaren Integrationsszenarien auf Basis der serviceorientierten Architektur beschrieben.
  - *Abschnitt 2.5, »SAP SRM als Add-on in SAP ERP«*
    Für kleinere Unternehmen bietet sich die kostensparende Implementierungsvariante von SAP SRM in einem SAP ERP-Mandanten an, die hier beschrieben wird.
  - *Abschnitt 2.6, »SAP SRM-Benutzeroberfläche«*
    Aufgrund der neuen Web-Dynpro-Benutzeroberfläche ist seit SAP SRM 6.0 der Einsatz von SAP NetWeaver Portal notwendig. In diesem Abschnitt gehen wir auf die Konsequenzen des Aufbaus und Betriebs

dieses SAP-Systems ein. Außerdem beschreiben wir die Alternative zu SAP NetWeaver Portal, den SAP NetWeaver Business Client (NWBC).

- **Kapitel 3, »Organisationsmanagement und Benutzerverwaltung«**
  In diesem Kapitel betrachten wir die SAP SRM-Aufbauorganisation. Dabei gehen wir auch auf die besondere Rolle der Einkaufsorganisationen und der Einkäufergruppen im Organisationsmanagement ein. In diesem Rahmen ist natürlich auch die Benutzerverwaltung von elementarer Bedeutung. Die verfügbaren Werkzeuge zum Anlegen von Benutzerstammdaten werden daher am Ende dieses Kapitels beschrieben.
  - *Abschnitt 3.1, »SAP-Geschäftspartnerkonzept«*
    SAP SRM verwendet das SAP-Geschäftspartnerkonzept. Für jede Person, Organisation oder Personengruppe, die an einem Geschäftsvorgang beteiligt ist, wird im System ein SAP-Geschäftspartner angelegt. Das Verständnis des SAP-Geschäftspartnerkonzepts ist eine hilfreiche Grundlage für die Vertiefung der Aspekte des Organisationsmanagements.
  - *Abschnitt 3.2, »Organisationsmanagement«*
    Die Aufbauorganisation in SAP SRM ist von elementarer Bedeutung, da sie über viele Attribute den Beschaffungsprozess steuert und Informationen für den Genehmigungs-Workflow liefert.
  - *Abschnitt 3.3, »Benutzerverwaltung«*
    SAP SRM-Benutzer sind eine Kombination aus SU01-Benutzern, der entsprechenden Planstelle in der Aufbauorganisation und einer zentralen Person. Diese Kombination bildet zusammen den SAP-Geschäftspartner. Durch diese Verbindung sind auch besondere Aspekte bei der Anlage und Verwaltung der Benutzerstammdaten zu berücksichtigen.
- **Kapitel 4, »Stammdaten«**
  Elementare Stammdaten für den Beschaffungsprozess sind Lieferanten- und Produktstammdaten. In diesem Kapitel gehen wir auf die verschiedenen Möglichkeiten der Ablage (in SAP SRM, in MM oder im Katalog) sowie auf die Replikationsmechanismen ein.
  - *Abschnitt 4.1, »Lieferanten«*
    Themen dieses Abschnitts sind die Anlage von Lieferantengruppen, die manuelle Pflege der Lieferantenstammdaten sowie die Replikation aus dem SAP ERP-Backend.
  - *Abschnitt 4.2, »Produktstammdaten«*
    Mit SAP SRM-Produktstammdaten sind sowohl Materialstämme als auch Leistungsstämme gemeint. Repliziert werden diese aus dem SAP ERP-Backend per CRM Middleware.

- **Kapitel 5, »SAP Business Workflow«**
  Der SAP Business Workflow sorgt für transparente Geschäftsprozesse, sendet automatisch die zu erledigenden Aufgaben an zuständige Bearbeiter, reduziert die Prozesslaufzeiten und bietet vor allem vielfältige Steuerungs- und Kontrollmöglichkeiten.
  - *Abschnitt 5.1, »Grundlagen«*
    Hier werden die Grundlagen des SAP Business Workflows beschrieben.
  - *Abschnitt 5.2, »Anwendungsgesteuertes Workflow Framework«*
    Der anwendungsgesteuerte Workflow ist die bis einschließlich SAP SRM 5.0 eingesetzte Workflow-Technologie.
  - *Abschnitt 5.3, »Prozessgesteuertes Workflow Framework«*
    Wichtige Neuerung seit SAP SRM 2006 (SAP SRM 7.0) ist die Einführung des flexibleren und stabileren prozessgesteuerten Workflows, der in diesem Abschnitt beschrieben wird.
  - *Abschnitt 5.4, »Spezielle SAP SRM-Workflow-Funktionalität«*
    Hier gehen wir auf spezielle Workflow-Funktionalitäten wie die stochastische Belegprüfung, die Definition von Ausgabe- und Genehmigungslimit sowie die Terminüberwachung ein.
  - *Abschnitt 5.5, »Offline-Genehmigung«*
    Hier werden die Möglichkeiten der E-Mail-basierten Offline-Genehmigung in SAP SRM beschrieben.

Die in Teil I beschriebenen Konzepte helfen Ihnen, die SAP SRM-Lösung ganzheitlich zu verstehen. Falls Sie sich jedoch nur über die Möglichkeiten der SAP SRM-Lösung in Bezug auf die Abbildung der Geschäftsprozesse informieren möchten, können Sie diesen Teil gegebenenfalls überspringen oder nur kursorisch lesen.

In **Teil II**, »Funktionen und Prozesse«, werden die verschiedenen, in SAP SRM abbildbaren Geschäftsszenarien erklärt. Dabei werden für jedes Geschäftsszenario zuerst die betriebswirtschaftlichen Prozesse erläutert und anschließend die technischen Aspekte wie z. B. Details zur Systemkonfiguration beschrieben. Abschließend finden Sie für jedes Geschäftsszenario Informationen zu den mit SAP NetWeaver BW verfügbaren Analysemöglichkeiten.

Wir orientieren uns bei der Darstellung an der SAP Solution Map (siehe Abbildung 1 bzw. *www.sap.de/srm* • SRM BUSINESSMAPS), die die SAP SRM-Funktionalitäten zum besseren Verständnis der Lösung nach *Process Categorys* (Prozesskategorien) und *Main Processes* (Hauptprozessen) gruppiert. Die

SAP SRM Solution Map ist nur auf Englisch verfügbar; wir haben die dort genannten Begriffe – soweit sinnvoll möglich – übersetzt und als Kapiteltitel verwendet.

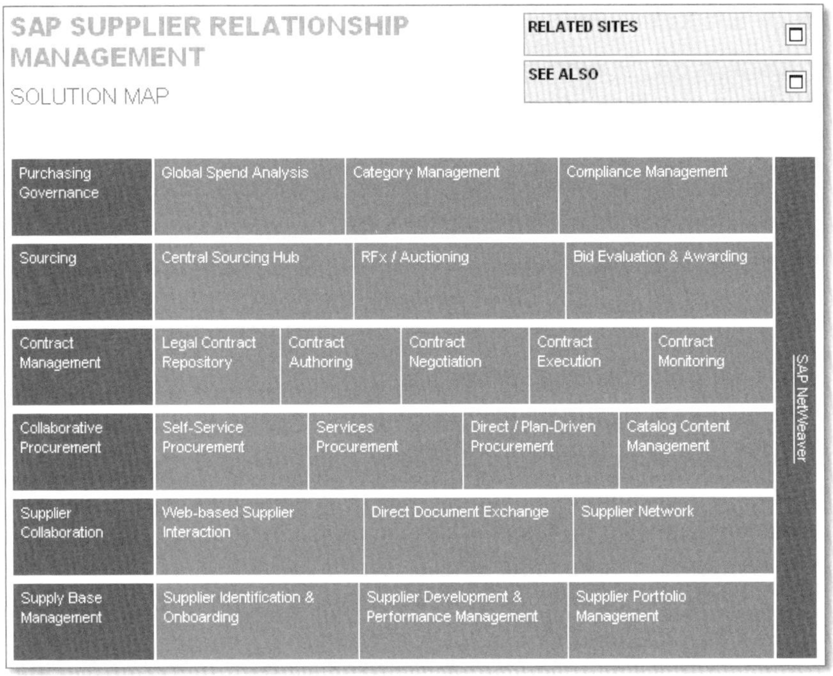

SAP SUPPLIER RELATIONSHIP MANAGEMENT
SOLUTION MAP

RELATED SITES
SEE ALSO

Purchasing Governance	Global Spend Analysis	Category Management	Compliance Management		
Sourcing	Central Sourcing Hub	RFx / Auctioning	Bid Evaluation & Awarding		
Contract Management	Legal Contract Repository	Contract Authoring	Contract Negotiation	Contract Execution	Contract Monitoring
Collaborative Procurement	Self-Service Procurement	Services Procurement	Direct / Plan-Driven Procurement	Catalog Content Management	
Supplier Collaboration	Web-based Supplier Interaction	Direct Document Exchange	Supplier Network		
Supply Base Management	Supplier Identification & Onboarding	Supplier Development & Performance Management	Supplier Portfolio Management		

SAP NetWeaver

Abbildung 1 SAP SRM Solution Map

In den jeweiligen Kapiteln stellen wir auch den Bezug zu den offiziell ausgelieferten SAP SRM-Geschäftsszenarien her, so wie Sie sie in der SAP SRM-Online-Hilfe und dem SAP SRM Solution Manager Content finden.

Sowohl die von uns verwendete Gliederung als auch die von SAP vorgegebenen Prozessgruppen, Hauptprozesse und Geschäftsszenarien dienen der Hilfestellung, um die SAP SRM-Lösung besser zu verstehen. Sie sind jedoch keine bindende Vorgabe zum Einsatz von SAP SRM. Letztlich hat jedes Unternehmen, das SAP SRM einsetzt, seine eigenen Geschäftsszenarien, die sich den verfügbaren Funktionalitäten entsprechend der unternehmensindividuellen Anforderungen bedienen. Sie können somit die verfügbaren Funktionalitäten zu Ihrem individuellen Geschäftsszenario kombinieren. Dies kann entweder nur ein Teil der von SAP modellierten Szenarien oder eine Kombination aus mehreren Szenarien sein.

Die folgende Zusammenfassung gibt Ihnen einen Überblick über die Kapitel in **Teil II**, »Funktionen und Prozesse«, und stellt den Bezug zur SAP SRM Solution Map her. Die englische Bezeichnung der jeweiligen Funktionalität finden Sie ergänzend in Klammern hinter dem jeweiligen Kapitel bzw. Abschnitt:

- **Kapitel 6, »Operative Beschaffungsprozesse« (Collaborative Procurement)**
  Die in diesem Kapitel behandelten Szenarien umfassen die operativen SRM-Beschaffungsprozesse, gegliedert in die folgenden Abschnitte:
  - *Abschnitt 6.1, »Beschaffung per Self-Service« (Self-Service Procurement)*
    In diesem Abschnitt wird die Beschaffung von indirekten Materialien für die Bereiche »Wartung«, »Reparatur« und »Büromaterial« dargestellt, die direkt durch den Anforderer erfasst werden.
  - *Abschnitt 6.2, »Dienstleistungsbeschaffung« (Services Procurement)*
    Hier steht die Beschaffung von Dienstleistungen in den folgenden Varianten im Fokus: Beschaffung einfacher Dienstleistungen ohne hierarchische Strukturen, Beschaffung komplexer Dienstleistungen mit hierarchischen Strukturen im klassischen Szenario, Beschaffung von externem Personal und Einkaufen mit Wertlimit zur Beschaffung von ungeplanten Dienstleistungen.
  - *Abschnitt 6.3, »Beschaffung von Direktmaterialien« (Direct/Plan-Driven Procurement)*
    Dieser Prozess ergänzt die operativen Beschaffungsprozesse um die Beschaffung von Direktmaterialien, die direkt in Produktionsprozessen verwendet werden.
  - *Abschnitt 6.4, »Plangesteuerte Beschaffung« (Direct/Plan-Driven Procurement)*
    Diesem Prozess liegt der Gedanke zugrunde, die SAP SRM-Funktionalitäten der Bezugsquellenfindung auch für Beschaffungsprozesse externer Systeme (z.B. MM oder PM/EAM) zu nutzen.
  - *Abschnitt 6.5, »Spezielle Aspekte der Rechnungsprüfung«*
    Hier werden die Spezialprozesse »Automatische Wareneingangsabrechnung (ERS)« sowie »Zahlungsprozess mit einer Einkäuferkarte« betrachtet.
  - *Abschnitt 6.6, »Katalogverwaltung«*
    Einen besonders großen Mehrwert für viele Unternehmen bietet die Nutzung eines internen OCI-basierten Produktkataloges. Hier werden Einsatzmöglichkeiten des SRM-MDM Catalogs behandelt, und dessen Konfiguration wird kurz anhand eines Beispiels vorgestellt.

- **Kapitel 7, »Bezugsquellenfindung« (Sourcing)**
  Ein Großteil der Einsparpotenziale im Einkauf ist in den Bereichen »Sourcing« und »Vertragsverwaltung« zu finden; diese sind in der SAP SRM-Lösung eng miteinander integriert. BW-Berichte zeigen die größten Einsparpotenziale auf und helfen der Einkaufsabteilung, eine effektive Sourcing-Strategie zu definieren und zu verfolgen. Dieses Kapitel umfasst die folgenden Abschnitte:
  - *Abschnitt 7.1, »Einkäuferrollen in SAP SRM«*
    SAP SRM unterscheidet zwischen den Einkäuferrollen »operativer Einkäufer« und »strategischer Einkäufer«, die in diesem Abschnitt beschrieben werden.
  - *Abschnitt 7.2, »Verfügbare Bezugsquelleninformationen«*
    Um die Prozesse der Bezugsquellenfindung zu verstehen, ist es hilfreich, die in SAP SRM und MM verfügbaren Möglichkeiten zur Ablage von Bezugsquelleninformationen zu kennen.
  - *Abschnitt 7.3, »Operative Bezugsquellenfindung« (Central Sourcing Hub)*
    Die SAP SRM-Sourcing-Anwendung ist die zentrale Transaktion für die operative Bezugsquellenfindung. Alle offenen Anforderungen (d.h. ohne Bezugsquelle) werden in einer Liste abgebildet und können vom Einkäufer durch die Ergänzung von Bezugsquelleninformationen (Preis, Lieferant) in eine Bestellung oder in einen anderen Folgebeleg umgewandelt werden.
  - *Abschnitt 7.4, »Ausschreibungen«*
    (RFx/Auctioning, Bid Evaluation & Awarding)
    Ist für ein bestimmtes Produkt noch keine passende Bezugsquelleninformation vorhanden, kann eine Ausschreibung angelegt werden. Mithilfe der Ausschreibung werden die Konditionen sowie die Produktinformationen beim Lieferanten angefragt.
  - *Abschnitt 7.5, »Live-Auktionen«*
    (RFx/Auctioning, Bid Evaluation & Awarding)
    Im Gegensatz zu den Ausschreibungen, bei denen oft auch qualitative Aspekte, wie z.B. die Anzahl von Referenzkunden eines Bieters, eine wichtige Rolle spielen, wird bei Live-Auktionen nur der Preis verhandelt.
- **Kapitel 8, »Verwaltung von Kontrakten« (Contract Management)**
  Einkaufskontrakte spielen eine elementare Rolle zur Unterstützung des in Kapitel 7 beschriebenen Sourcing-Szenarios. In Ausschreibungen und Auktionen verhandelte Konditionen werden in Form von Kontrakten abgelegt und sowohl in der automatisierten Bezugsquellenfindung als auch bei der manuellen Bezugsquellenzuordnung in der Sourcing-Anwendung eingesetzt.

Die SAP SRM-Zentralkontraktverwaltung ist mit der Kontraktverwaltung des SAP ERP-Backends integriert. Daher gehen wir in diesem Kapitel auch auf die Möglichkeiten der Integration der ERP-Kontraktverwaltung ein.

- *Abschnitt 8.1, »Kontraktarten abhängig vom SAP SRM-Release«*
  Hier werden die Unterschiede zwischen Kontrakt, globalem Rahmenvertrag und Zentralkontrakt besprochen.
- *Abschnitt 8.2, »Verwaltung von Zentralkontrakten«*
  Dies ist der zentrale Abschnitt von Kapitel 8, der die Möglichkeiten zur Verwaltung der Zentralkontrakte in SAP SRM 7.0 beschreibt. Hier werden die folgenden, in der SAP SRM Solution Map erwähnten Hauptprozesse betrachtet: *Legal Contract Repository*, *Contract Authoring*, *Contract Negotiation*, *Contract Execution* und *Contract Monitoring*.
- *Abschnitt 8.3, »Workflows«*
  Mehrere Genehmigungs-Workflows unterstützen die Einkaufsabteilungen bei der Verwaltung von Kontrakten.
- *Abschnitt 8.4, »Customizing«*
  Hier wird auf die grundlegenden Konfigurationsmöglichkeiten im Bereich der Kontraktverwaltung eingegangen.
- *Abschnitt 8.5, »Analysen«*
  Vielfältige SAP NetWeaver BW-Analysen wie z. B. zum Aufdecken von *Maverick Buying* unterstützen die Einkäufer bei der Optimierung des Kontraktportfolios.

- **Kapitel 9, »Lieferantenkollaboration« (Supplier Collaboration)**
  SAP SRM bietet die verschiedensten Möglichkeiten, um die für die Beschaffungsprozesse relevanten Dokumente (z. B. Bestellung, Bestätigung, Rechnung) mit den Lieferanten auszutauschen. Dieses Kapitel umfasst die folgenden Abschnitte:
  - *Abschnitt 9.1, »Überblick«*
    Aufgrund der vielfältigen Möglichkeiten der Lieferantenkollaboration enthält dieses Kapitel einen Abschnitt »Überblick«, der diese Optionen zusammenfassend beschreibt.
  - *Abschnitt 9.2, »SAP Supplier Self-Services mit SAP SRM-Integration« (Web-based Supplier Interaction)*
    Austausch der Beschaffungsdokumente mit dem Lieferanten über SAP Supplier Self-Services (SAP SUS) mit Anbindung an SAP SRM.

  - *Abschnitt 9.3, »SAP Supplier Self-Services mit SAP ERP-Integration« (Web-based Supplier Interaction)*
    Austausch der Beschaffungsdokumente mit dem Lieferanten über SAP SUS mit Anbindung an SAP ERP.
  - *Abschnitt 9.4, »SAP Supplier Self-Services – übergreifende Themen« (Web-based Supplier Interaction)*
    Übergreifende Themen im Bereich »SAP SUS«.
  - *Abschnitt 9.5, »Lieferantenportal« (Web-based Supplier Interaction)*
    Das Lieferantenportal stellt Lieferanten eine einheitliche Benutzeroberfläche zur gesamten Kommunikation mit dem einkaufenden Unternehmen zur Verfügung.
  - *Abschnitt 9.6, »Direkter Dokumentenaustausch« (Direct Document Exchange)*
    Für größere Lieferanten bietet sich eine direkte System-zu-System-Verbindung zum Austausch der Bestelldaten per EDI (*Electronic Data Interchange*) an.
  - *Abschnitt 9.7, »Online-Marktplätze« (Supplier Network)*
    Online-Marktplätze ermöglichen den direkten Dokumentenaustausch im Bereich der Bestelldaten zwischen dem einkaufenden Unternehmen und den Lieferanten. Allerdings muss hier nicht für jeden Lieferanten eine eigene Systemanbindung eingerichtet werden.
- **Kapitel 10, »Optimierung des Lieferantenportfolios« (Supply Base Management)**
  SAP SRM unterstützt bei der Identifikation neuer Lieferanten und der Bewertung existierender Lieferanten. Auf Basis der Lieferantenbewertung kann gemeinsam mit den Lieferanten an der Optimierung ihrer Leistung gearbeitet werden. Übergreifend kann das Lieferantenportfolio durch das Beenden problematischer Lieferantenbeziehungen und die Aufnahme neuer Lieferanten optimiert werden. In den Abschnitten dieses Kapitels gehen wir auf die einzelnen Phasen des Lieferantenportfolio-Managementzyklus ein:
  - *Abschnitt 10.1, »Lieferantenqualifizierung« (Supplier Identification & Onboarding)*
    Dieser Abschnitt stellt die Identifikation neuer Lieferanten und ihre Aufnahme in die Systemstammdaten dar. Ebenfalls beschrieben wird der Prozess der Lieferantenselbstregistrierung.

- *Abschnitt 10.2, »Lieferantenbewertung«*
  (Supplier Development & Performance Management)
  Dieser Abschnitt beschreibt die kontinuierliche Bewertung der Leistung von Lieferanten als effektives Mittel zur Optimierung der Qualität der gelieferten Waren und Leistungen sowie zur Verbesserung der langfristigen Lieferantenbeziehung.
- *Abschnitt 10.3, »Lieferantenlisten« (Supplier Portfolio Management)*
  Lieferantenlisten sind eine hilfreiche Möglichkeit, um Informationen zu bevorzugten Lieferanten im SAP SRM-System abzubilden.
- *Abschnitt 10.4, »Verwaltung der Lieferantenbeziehung«*
  Hier werden weitere SAP SRM-Funktionalitäten zur Verwaltung der Lieferantenbeziehungen beschrieben.

- **Kapitel 11, »Purchasing Governance«**
  In diesem Kapitel werden übergreifende Aktivitäten zur Überwachung (z.B. Einhaltung gesetzlicher Regularien oder Unternehmensrichtlinien) und Optimierung der Beschaffungsprozesse beschrieben.
  - *Abschnitt 11.1, »Ausgabenanalyse« (Global Spend Analysis)*
    Dieser Abschnitt beschreibt die übergreifenden Analysemöglichkeiten der Ausgaben durch den Einsatz von SAP NetWeaver BW, kombiniert mit der Funktionalität zur Harmonisierung von Daten, z.B. mithilfe von SAP NetWeaver Master Data Management (SAP NetWeaver MDM).
  - *Abschnitt 11.2, »Sicherstellung von Gesetzes- und Regelkonformität« (Compliance Management)*
    Die hier beschriebenen SAP SRM-Funktionalitäten ermöglichen es, die gesetzlichen Rahmenbedingungen sowie unternehmensweite Richtlinien und Ziele in Bezug auf die Beschaffungsaktivitäten einzuhalten und die dafür notwendigen Maßnahmen zu implementieren und zu überwachen.
  - *Abschnitt 11.3, »Category Management«*
    Das Category Management beschreibt die Durchführung von strategischen Optimierungsprogrammen im Einkauf, strukturiert nach Produktkategorien. Hintergrund von Category Management ist die in vielen Unternehmen vorhandene Rolle des Category Managers.

In **Teil III**, »Weiterführende Themen«, finden Sie zusätzliche Themen, die die Betrachtung der SAP SRM-Lösung ergänzen und dadurch abrunden. Dieser Teil umfasst eine Beschreibung der mit SAP SRM 7.0 optimierten Harmonisierung von Procure-to-Pay in der SAP Business Suite und beschreibt, wie der SAP SRM Solution Manager Content für effektive SAP SRM-Implementierungsprojekte genutzt werden kann. Die folgende Zusammenfassung gibt Ihnen einen Überblick über die Kapitel in Teil III:

- **Kapitel 12, »Harmonisierung von Procure-to-Pay in der SAP Business Suite«**
  Dieses Kapitel fasst die bereits in den vorangegangenen Kapiteln teilweise angesprochenen und mit SAP SRM 7.0 neu eingeführten Funktionalitäten zur tieferen Integration und Abstimmung der Beschaffungslösungen MM und SAP SRM zusammen. Hintergrund der Einführung dieser neuen Funktionalitäten ist die Tatsache, dass SAP SRM nicht als Ablösung von MM zu sehen ist, sondern als Erweiterung der in MM verfügbaren Logistik- und Finanzprozesse und daher eine nahtlose Integration der beiden Lösungen SAP SRM und SAP ERP von besonders hoher Bedeutung ist.
- **Kapitel 13, »SAP SRM Solution Manager Content«**
  Seit SAP SRM 5.0 werden die SAP SRM-Konfigurationsleitfäden nicht mehr separat angeboten, sondern sind in den modularen SAP SRM Solution Manager Content integriert.

  Der Einsatz des SAP SRM Solution Manager Contents zur Durchführung von Implementierungs- und Upgrade-Projekten erlaubt die unternehmensindividuelle Aufbereitung und Verwendung des nach Geschäftsszenarien und Geschäftsprozessen gegliederten Contents, die zentrale und kontrollierte Durchführung aller Customizing-Aktivitäten über den SAP Solution Manager und schafft umfassende Möglichkeiten zur Dokumentation, Kontrolle und Steuerung der Projektaktivitäten.

  Kapitel 13 gibt Ihnen einen Überblick über den für SAP SRM 7.0 ausgelieferten Solution Manager Content. Dazu gehört auch die Beschreibung, wie ein Projekt im SAP SRM Solution Manager aufgesetzt und durchgeführt wird.
- In **Kapitel 14** ziehen wir ein kurzes Fazit.

[»]

Online-Zusatzkapitel

Über die Verlagswebsite *www.sap-press.de* können Sie ein Zusatzkapitel zum Thema »Beschaffung für den öffentlichen Sektor« herunterladen. Dieses Kapitel gibt Ihnen einen Überblick über die Möglichkeiten der Beschaffung für den öffentlichen Sektor mit den SAP SRM-Funktionalitäten *Procurement for Public Sector* (PPS). PPS sorgt für die verbesserte Effizienz der öffentlichen Beschaffung bei gleichzeitiger Einhaltung internationaler Beschaffungsrichtlinien und öffentlicher Bestimmungen.

Im **Anhang** dieses Buches finden Sie schließlich eine Liste der Systemarchitekturen je Geschäftsszenario, hilfreiche Transaktionen, einzuplanende Jobs, nützliche SAP-Hinweise, alle in der Aufbauorganisation definierbaren Attribute, Tipps und Tricks zur Fehlersuche, Erweiterungskonzepte für SAP SRM, eine Übersicht der Business Functions in EHP 1 und EHP 2 sowie Quellenangaben und Links zu weiterführenden Informationen.

Ein paar Hinweise vorab

Zum besseren Verständnis der Art und Weise, wie diverse Themen in diesem Buch beschrieben sind, können die folgenden Erläuterungen hilfreich sein:

- **Vereinfachung der Schreibweise**
  Nur aus Gründen der Vereinfachung der Schreibweise wird in diesem Buch durchgängig die männliche Form (z.B. Benutzer, Lieferant) eingesetzt – die weibliche Form ist selbstverständlich ebenfalls gemeint.
- **Konzentration auf die wichtigsten Konfigurationseinstellungen**
  Neben den betriebswirtschaftlichen Konzepten wird in diesem Buch auch auf die grundlegende Konfiguration der SAP SRM-Lösung eingegangen. Eine komplette Beschreibung aller möglichen Konfigurationseinstellungen der SAP SRM-Lösung hätte den Umfang dieses Buches mehr als verdoppelt und wäre für ein solches Buch auch nicht zielführend. Daher und aus Gründen der Übersichtlichkeit haben wir uns auf eine Auswahl der wichtigsten Konfigurationseinstellungen konzentriert. Komplette Informationen zur Konfiguration von SAP SRM finden Sie im SAP SRM Solution Manager Content (siehe Kapitel 13).
- **Aufnahme der SAP NetWeaver BW-basierten Analysemöglichkeiten**
  Die SAP NetWeaver BW-basierten Analysemöglichkeiten jeweils am Ende der Kapitel in Teil II wurden bewusst mitaufgenommen, da sie in vielen Betrachtungen der SAP SRM-Lösung zu kurz kommen. Dies liegt vielleicht auch daran, dass sie thematisch häufig eher SAP NetWeaver anstelle von SAP SRM zugeordnet werden. Aus unserer Sicht bieten jedoch gerade diese Analysemöglichkeiten große Potenziale zur Steigerung der Transparenz und einer darauf aufbauenden Optimierung der Beschaffungsprozesse.
- **SRM-Server anstelle von SAP Enterprise Buyer**
  Wenn Sie ältere SAP SRM-Bücher lesen, werden Sie häufig auf den Begriff *Enterprise Buyer Professional* bzw. *EBP* stoßen. Wir haben hier versucht, durchgängig auf diesen Begriff zu verzichten, da er nach der aktuellen

Definition der SAP AG nicht mehr verwendet wird. Anstelle von SAP Enterprise Buyer Professional oder EBP beschreiben wir die Funktionalitäten, indem wir SAP SRM bzw. SRM-Server und gegebenenfalls die entsprechende Transaktion nennen.

- **Zwei Benutzeroberflächen in SAP SRM**
  SAP SRM verwendet zwei verschiedene Benutzeroberflächen. Der Administrator nimmt die Systemkonfiguration über das SAP GUI vor; Benutzer führen die Transaktionen zur Teilnahme an den Beschaffungsprozessen direkt im Browser (z.B. Internet Explorer) durch.

  Für das in diesem Buch beschriebene SAP SRM-Customizing, das über die SAP-GUI-basierte Benutzeroberfläche erfolgt, ist es am einfachsten, einen Benutzer mit einem möglichst umfassenden Berechtigungsprofil (z.B. SAP_ALL) zu verwenden.

- **Abgrenzung von SAP SRM und SAP Supplier Lifecycle Management 1.0**
  Im Zusammenhang mit der SAP-Lösung *SAP Supplier Relationship Management* wird in den Marketingunterlagen der SAP AG und in den verschiedenen SAP-Plattformen im Internet auch die Anwendung *SAP Supplier Livecycle Management (SAP SLC)* erwähnt. Mit SAP Supplier Lifecycle Management 1.0 hat die SAP AG eine eigene Lösung zur Verwaltung ihrer Lieferantenbeziehungen auf den Markt gebracht. Von der Lieferantenregistrierung über die Lieferantenqualifizierung bis hin zur Lieferantenklassifizierung und Verwaltung von Lieferanten deckt SAP Supplier Lifecycle Management wichtige Aspekte ab. Weiterhin bietet es Integrationsaspekte in SAP SRM und SAP ERP. Daher gehen wir auf diese Lösung auch in Kapitel 1, »Das Lösungsportfolio von SAP im Bereich ›Beschaffung‹«, ein und ordnen sie in das Gesamtbild der SAP-Beschaffungslösungen ein. In den weiteren Kapiteln dieses Buches behandeln wir diese SAP-Lösung jedoch nicht weiter und konzentrieren uns dort aus Konsistenzgründen auf die »klassische« SAP SRM-Lösung.

Alle Informationen in diesem Buch wurden nach bestem Wissen und Gewissen recherchiert. Es kann jedoch keine Garantie dafür übernommen werden, dass alle Funktionalitäten in SAP SRM zum aktuellen Zeitpunkt genauso funktionieren, wie es im Buch beschrieben wird. Dies liegt darin begründet, dass SAP-Softwarelösungen, wie z.B. SAP SRM, mithilfe von in SAP-Hinweisen, Support Packages und Erweiterungspaketen (EHPs) kommunizierten Optimierungen weiterentwickelt und in gewissem Maße verändert werden.

Spezielle Symbole

Um Ihnen das Arbeiten mit diesem Buch zu erleichtern, haben wir bestimmte Stellen mit den folgenden Symbolen versehen:

- **Hinweis** [«]
  Dieses Symbol steht für Hinweise auf weiterführende Informationen zu dem besprochenen Thema. Auch Neuerungen in SAP SRM 7.0 sind so gekennzeichnet.
- **EHP 1 und EHP 2** [EHP 1] [EHP 2]
  Neuerungen, die sich speziell auf eines der beiden Erweiterungspakete beziehen, werden durch eines dieser beiden Symbole hervorgehoben.
- **Tipp** [+]
  Dieses Symbol steht für Tipps, die Ihnen die Arbeit erleichtern sollen. Zum Teil werden diese Tipps auch durch ein konkretes Systembeispiel aus der Praxis ergänzt.
- **Beispiel** [zB]
  Hier finden Sie Beispiele, die das besprochene Thema erläutern und vertiefen.

Kontakt zu den Autoren

Als Autoren dieses Buches freuen wir uns über den Dialog mit unseren Lesern, also mit Ihnen: Haben Sie Fragen zu den in diesem Buch beschriebenen Themen? Haben Sie ergänzende Informationen? Möchten Sie sich über SAP SRM austauschen? Dann kontaktieren Sie uns bitte! Sie erreichen Herrn Bradler am besten per E-Mail unter *mail@bradler-gmbh.de* sowie Herrn Mödder unter *info@fmp-consulting.com*.

TEIL I
Grundlagen

SAP bietet eine Vielzahl an Softwarelösungen für fast jeden Anwendungsbedarf und für Unternehmen von unterschiedlicher Größe an. Aufgrund dieser Vielfalt ist es insbesondere im Bereich der Beschaffung wichtig, die technischen Möglichkeiten sowie die funktionalen Unterschiede der verschiedenen SAP-Lösungen zu kennen.

1 Das Lösungsportfolio von SAP im Bereich »Beschaffung«

SAP Supplier Relationship Management (SAP SRM) ist eine Softwarelösung der SAP AG, die Funktionalitäten zur Abwicklung und Optimierung von Geschäftsaktivitäten in den Bereichen »Beschaffung« und »Verwaltung« von Lieferantenbeziehungen anbietet. Bevor wir uns jedoch auf SAP SRM konzentrieren, möchten wir Ihnen hier einen Überblick darüber geben, wie und wo Sie SAP SRM innerhalb des vielseitigen SAP-Lösungsportfolios einordnen können.

Zu Beginn des Kapitels werfen wir einen Blick auf die betriebswirtschaftlichen Grundlagen der Thematik »Supplier Relationship Management«, die wir in Teil II, »Funktionen und Prozesse«, vertiefen werden.

Steht Ihr Unternehmen gerade vor einer Investitionsentscheidung, und überlegen Sie noch, welche SAP-Anwendung für Ihre Anforderungen am besten geeignet ist? Dann werden Sie in Abschnitt 1.2, »SAP-Lösungen im Bereich ›Beschaffung und Logistik‹«, hilfreiche Anregungen zur Lösungsauswahl finden.

Anschließend betrachten wir die Entwicklung von SAP SRM über die Jahre hinweg, also seit dessen Entstehung bis heute, damit Sie die Möglichkeiten der verschiedenen Releases besser beurteilen können.

Im weiteren Verlauf des Kapitels möchten wir auf die Integration von SAP SRM in größere SAP-Systemlandschaften – inklusive des Zusammenspiels mit den anderen SAP-Komponenten – eingehen, bevor wir abschließend die Lösung SAP Supplier Lifecycle Management betrachten. Durch die Nutzung von SAP Supplier Lifecycle Management können Sie Ihre Lieferanten zentral verwalten.

1.1 Betriebswirtschaftliche Grundlagen von SAP SRM

SAP SRM ist eine ganzheitliche Softwareanwendung, die alle Aktivitäten im Bereich der Beschaffung inklusive der Verwaltung von Lieferantenbeziehungen unterstützt. Dazu gehören die folgenden Themenbereiche:

- Einkauf von Waren und Dienstleistungen (siehe Kapitel 6, »Operative Beschaffungsprozesse«)
- Finden vorhandener und Identifikation neuer Bezugsquellen (siehe Kapitel 7, »Bezugsquellenfindung«)
- Kontraktverwaltung (siehe Kapitel 8, »Verwaltung von Kontrakten«)
- Integration der Lieferanten in operative Beschaffungsprozesse (siehe Kapitel 9, »Lieferantenkollaboration«)
- Verwaltung von Lieferantenbeziehungen (siehe Kapitel 10, »Optimierung des Lieferantenportfolios«)
- Kollaborative Innovationsprozesse, an denen Lieferanten und einkaufende Unternehmen gemeinsam teilnehmen (siehe Abschnitt 7.4, »Ausschreibungen«)
- Ausgabenanalyse (siehe Abschnitt 11.1, »Ausgabenanalyse«)

Die Beschaffung, d.h. die Art, wie Unternehmen Waren und Dienstleistungen einkaufen, hat sich in den letzten Jahren und Jahrzehnten signifikant verändert. Diese Entwicklung betrachten wir im nächsten Abschnitt.

1.1.1 Evolution der Beschaffung

In den letzten Jahrzehnten hat sich die Arbeitsweise der Einkaufsabteilungen bezüglich der operativen Beschaffungsprozesse sowie hinsichtlich der Pflege von Lieferantenbeziehungen stark verändert (siehe Abbildung 1.1). Einige Veränderungen haben ihren Ursprung in der Globalisierung: Durch diese sind neue Geschäftsmodelle wie das Outsourcing oder die Beschaffung von Ressourcen in Billiglohnländern entstanden.

Eine weitere Ursache für die veränderte Arbeitsweise in den Einkaufsabteilungen liegt in den Fortschritten in der EDV wie z.B. der Entwicklung von SAP ERP-Systemen (ERP = *Enterprise Resource Planning*, eine betriebswirtschaftliche Anwendungssoftware zur Unterstützung sämtlicher im Unternehmen ablaufender Geschäftsprozesse).

Das Internet ist ein weiterer Einflussfaktor, der die Arbeitsweise der Einkaufsabteilungen in vielen Bereichen stark verändert hat. Beispiele hierzu sind die nun verfügbaren Möglichkeiten zur Identifikation neuer Lieferanten, Preisverhandlungen über Online-Ausschreibungen und Live-Auktionen sowie die Lieferantenkollaboration über Lieferantenportale oder Online-Marktplätze.

Evolutionsstufe	Inhalte
7. Optimierung der Lieferantenbeziehungen	Lieferantenqualifizierung, Lieferantenbewertung, Lieferantenlisten
6. Unterstützung des strategischen Einkaufs	Kontraktverwaltung, Analyse der Beschaffungsaktivitäten
5. Einbeziehung der Lieferanten	Ausschreibungen, Auktionen, Bestellkollaboration, Lieferantenportale
4. Mitarbeiter-Self-Services	Einkaufswagen, Genehmigungs-Workflow
3. Kategorisierung von Produkten	Konzentration auf die Top-Ausgabekategorien
2. Integration der Beschaffungsprozesse	Integration: Logistik – Finanzwesen
1. Fortschritte in der EDV	ERP-Systeme, Internet

Abbildung 1.1 Evolutionsstufen der Beschaffung

Betrachten wir die Gründe für den Wandel in der Beschaffung nun etwas detaillierter.

Fortschritte der EDV

Die Evolution im Einkauf folgte den Entwicklungstrends der Bereiche »EDV« und »ERP-Software«. Eine Softwareanwendung, die unternehmensintern als SAP ERP begann, um firmeninterne Prozesse zu automatisieren, hat sich weiterentwickelt und über die Grenzen des Unternehmens ausgedehnt, um nun auch die Integration externer Geschäftspartner, wie z.B. Lieferanten, zu unterstützen.

Durch die Entwicklung des Internets, inklusive der vereinfachten Möglichkeiten des elektronischen Datenaustauschs zwischen Unternehmen, wurden die technischen Grenzen der Geschäftsprozesse erweitert. Die nun möglichen unternehmensübergreifenden Geschäftsprozesse erlauben es Unternehmen, tiefere Geschäftsbeziehungen mit externen Geschäftspartnern (vor allem Lieferanten und Kunden) zu pflegen. Wir werden dieses Thema im Folgenden detailliert betrachten.

Integration der Beschaffungsprozesse

Die Verfügbarkeit von ERP-Anwendungen, wie z.B. SAP R/3 in den 1990er-Jahren, ermöglichte es Unternehmen, abteilungsübergreifende, integrierte Prozesse zu implementieren. Die Funktionalität in den Bereichen »Logistik« und »Finanzwesen« unterstützte die Einkaufsabteilungen einerseits dabei, Bestellanforderungen der verschiedenen Abteilungen zu erfassen, diese mit den verfügbaren Lagerbeständen abzugleichen und Bezugsquellen zu identifizieren, und andererseits die Beschaffungsprozesse direkt mit den Anwendungen des Finanzwesens zu integrieren.

Die gerade beschriebenen Beschaffungsprozesse liefen und laufen heute noch in der Materialwirtschaftskomponente *Materials Management* (MM) in SAP ERP (Nachfolger von SAP R/3) ab. Dadurch wurde die manuelle Interaktion zwischen Abteilungen wie z.B. Produktion und Kreditorenbuchhaltung reduziert. Dies half den Einkaufsabteilungen, die Beschaffungszeiten und Prozesskosten zu reduzieren, was wiederum dazu führte, dass den Einkäufern mehr Zeit blieb, um sich auf die zu beschaffenden Materialien und Dienstleistungen selbst zu konzentrieren und ihre Arbeitsweise zu optimieren.

Kategorisierung von Produkten

Durch die Standardisierung der Prozesse in ERP-Anwendungen wurde den Einkäufern in den Unternehmen schnell klar, dass verschiedene Produktkategorien aufgrund ihrer individuellen Charakteristika unterschiedliche Beschaffungsprozesse erforderten. Entsprechend dieser Erkenntnis wurden die Prozesse – basierend auf der Kategorisierung in verschiedene Produkttypen – optimiert und verbessert.

Hand in Hand mit dieser Entwicklung ging die Tendenz, sich auf die Top-Ausgabekategorien eines Unternehmens zu konzentrieren und besonderes Augenmerk auf die dazugehörigen Prozesse zu legen.

Beschaffungsstrategie unterstützt Förderung zentraler Geschäftsfelder [zB]

Folgende Beispiele zeigen, wie mithilfe der Beschaffungsstrategie die zentralen Geschäftsfelder eines Unternehmens gefördert werden können:

- Flugzeughersteller konzentrieren sich in der Regel darauf, die Beschaffungsprozesse in Bezug auf den Einkauf von Direktmaterialien (z.B. Cockpit-Instrumente, Düsentriebwerke) zu optimieren.
- Herstellende Unternehmen, die den Großteil der Bauteile von Lieferanten beziehen, achten besonders auf intensive und langfristig angelegte Beziehungen zu ihren Lieferanten.
- Unternehmen in anlageintensiven Industrien wie z.B. Druckereien fokussieren Prozesse, die die Beschaffung von Ersatzteilen für die geschäftskritischen Anlagen sicherstellen. Entsprechend definierte Kontrakte und Vereinbarungen mit den Herstellern der Anlagen sind hier von hoher Wichtigkeit.

Dieses Thema werden wir in Abschnitt 1.1.2, »Kategorisierung von Produkten zur Ausrichtung der Beschaffungsprozesse«, noch vertiefen.

Self-Services

Nachdem die Prozesse zur Kontrolle der großen Ausgabekategorien systemtechnisch abgebildet und optimiert worden sind, entdeckte man weiteres Optimierungspotenzial: die Entwicklung von Self-Services für kleinere, niedrigerpreisige Bestellungen. Somit erweiterten die Einkaufsabteilungen ihre Kontrolle in Richtung der kleineren Ausgabekategorien, in die die weniger kritischen Produkte einzuordnen sind.

Vor der systembasierten Beschaffung für kleinere Ausgabekategorien war *Maverick Buying* ein häufig auftretendes Problem.

Maverick Buying [«]

Mit Maverick Buying (auch: Maverick Spending) ist der eigenmächtige Einkauf durch Mitarbeiter gemeint, der an der Einkaufsabteilung vorbei erfolgt und daher bereits verhandelte Kontrakte und bevorzugte Lieferanten nicht berücksichtigt.

An Maverick Buying ist problematisch, dass oft zu überhöhten Preisen bzw. über zeitaufwendige manuelle Prozesse beschafft wird.

Betrachten wir das folgende Beispiel, das die Vorteile der Beschaffung per Self-Service darstellt: [zB]

Ein Wartungsingenieur beschafft normalerweise Ersatzteile zur Wartung der von ihm betreuten Anlagen sowie Büromaterialien für seine Verwaltungsaufgaben. Die Beschaffung der Ersatzteile wurde bereits über einen *integrierten*

Wartungs- und Beschaffungsprozess im ERP-System abgewickelt. Die entsprechenden Bestellanforderungen wurden automatisch im Wartungssystem auf Basis der Wartungsaufträge erzeugt, in das ERP-System eingespielt und dort von Einkäufern bearbeitet. Zur Anforderung seiner Büromaterial-Anforderungen musste der Wartungsingenieur jedoch *manuell* im ERP-System Bestellanforderungen anlegen. Diese Problematik traf natürlich auch für Mitarbeiter aus anderen Bereichen, wie z.B. Produktion, Qualitätssicherung usw., zu.

Diese Mitarbeiter nutzten die ERP-Systeme nur ungern, da sie den Aufwand der Erstellung einer Bestellanforderung für niedrigerpreisige Produkte nicht auf sich nehmen wollten. Die Transaktionen zum Anlegen von Anforderungen waren für professionelle Einkäufer programmiert, die gelegentliche Nutzung erforderte immer eine Einarbeitung und war daher recht kompliziert.

Unabhängig von der Verwendbarkeit konnte einfachen Anwendern oft aus lizenzkostentechnischen Gründen auch kein eigener Zugang zum ERP-System des Unternehmens zur Verfügung gestellt werden. Dies führte dazu, dass für niedrigerpreisige Produktkategorien nach wie vor manuelle, papierbasierte Anforderungsprozesse genutzt wurden. Die Anforderungsdokumente wurden dann an den Einkauf gesendet und mussten dort manuell bearbeitet werden. Dieser manuelle Anforderungsprozess kostete den Anwender – wie auch den Einkäufer bei der anschließenden Bearbeitung – viel wertvolle Zeit.

Die Einführung von browserbasierten *Self-Service-Anwendungen* (siehe Abbildung 1.2) sowie von Produktkatalogen, Suchmöglichkeiten und E-Mail-basierten Genehmigungs-Workflows bot eine kostengünstige Lösung für diese Probleme.

Abbildung 1.2 SAP SRM-Einkaufswagen zur Beschaffung per Self-Service

Solche Beschaffungsanwendungen geben Einkäufern die Möglichkeit, Produktdaten inklusive der verhandelten Preise in Produktkatalogen zu veröffentlichen und so auf einfache Weise allen potenziellen Anforderern zugänglich zu machen. Benutzer aus den anderen Abteilungen können die von ihnen benötigten Produkte in den Katalogen suchen und in wenigen Schritten direkt anfordern.

Die im System vorhandenen Genehmigungs-Workflows geben sowohl den genehmigenden Managern als auch den zuständigen Einkäufern jederzeit die volle Kontrolle über die Bestellungen sowie die Möglichkeit, jederzeit einzugreifen. Damit ist die Beschaffung per Self-Service ein gutes Werkzeug, um Maverick Buying zu reduzieren, manuelle, papierbasierte Prozesse zu automatisieren, für mehr Transparenz im Einkauf zu sorgen und gleichzeitig die Einkaufsabteilung zu entlasten.

In Abschnitt 6.1, »Beschaffung per Self-Service«, gehen wir detailliert auf die Möglichkeiten zur Beschaffung per Self-Service mit SAP SRM ein.

Einbeziehung der Lieferanten

Die systembasierte Integration der Mitarbeiter in den Beschaffungsprozess ermöglichte Einkäufern, Gewinne durch Kosteneinsparungen zu erwirtschaften und eine hohe Prozess-Compliance sicherzustellen. Im nächsten Schritt konzentrierte man sich darauf, Bieter und Lieferanten in den Beschaffungsprozess einzubeziehen. Vor allem die Abwicklung von Prozessen wie Ausschreibungen, Bezugsquellenfindung und Bestellverfolgung profitiert von einer aktiven Einbeziehung der Lieferanten.

Früher mussten sich die Lieferanten im Rahmen eines *Ausschreibungsverfahren* mit den Einkäufern treffen, um die Anforderungen zu verstehen, oder sie mussten weitere Informationen zur Ausschreibung per E-Mail oder Fax erfragen. Diese Prozesse waren zeitaufwendig und ineffektiv. Darum werden heutzutage browserbasierte Ausschreibungssysteme eingesetzt, mit deren Hilfe man den Ausschreibungsprozess effektiver gestalten kann. Diese Systeme ermöglichen Einkäufern, ihre Ausschreibung online zu publizieren, und Bietern, sie online einzusehen und darauf zu antworten. Dadurch wird die für eine Ausschreibung benötigte Gesamtdauer verkürzt, was zu Kosteneinsparungen und schnelleren Ausschreibungsergebnissen führt.

Für das einkaufende Unternehmen bietet der automatisierte Ausschreibungsprozess jedoch noch andere Vorteile: Der Arbeitsaufwand für die Einkäufer reduziert sich, da weder eine manuelle Eingabe der Lieferantengebote in das System noch ein manueller, papierbasierter Gebotsvergleich notwendig ist. Der Einsatz von systembasierten Echtzeit-Reverse-Auktionen (*Reverse Auction*) kann zudem durch die Schaffung einer intensiven Konkurrenzsituation zwischen den Bietern signifikante Einsparungen für das einkaufende Unternehmen bewirken.

Die Funktionalität zur Ausschreibung und Live-Auktion mit SAP SRM beschreiben wir in Kapitel 7, »Bezugsquellenfindung«.

Im Bereich der *Bestellverfolgung* ist eines der größten Probleme der Einkäufer, eine Bestellbestätigung von Lieferanten zu erhalten und die Waren so auf dem Weg vom Lieferanten zum einkaufenden Unternehmen verfolgen zu können. Manche Einkäufer verlieren viel Zeit damit, von ihren Lieferanten die notwendigen Informationen zur Bestellverfolgung per Bestellbestätigung und Lieferavis zu bekommen.

In der Vergangenheit mussten Einkäufer dies mithilfe der dafür weniger gut geeigneten Kommunikationsmittel E-Mail, Fax und Telefon erledigen. Heutzutage bieten Beschaffungsanwendungen eine Funktionalität zur *Lieferantenkollaboration* an, die eine effektive Kommunikation zwischen Einkäufern und Lieferanten ermöglicht. Lieferanten können mithilfe der Lieferantenkollaboration Bestellungen online entgegennehmen, diese bestätigen und den Einkäufern in Echtzeit ein Lieferavis zukommen lassen. Dadurch hat die Einkaufsorganisation die Möglichkeit, die Aktivitäten ihrer Lieferkette zuverlässig zu planen und zu kontrollieren (siehe Kapitel 9, »Lieferantenkollaboration«).

Unterstützung des strategischen Einkaufs

Die Automatisierung der Beschaffungsanwendungen unter Einbeziehung interner und externer Geschäftspartner – die wir nun schon genauer betrachtet haben – führte zu reduzierten Prozesskosten, kürzeren Laufzeiten und erhöhter Compliance. Die Automatisierung nahm Einkäufern auch die Last, zeitaufwendigen Routinetätigkeiten viel Zeit widmen zu müssen. Hierdurch stand Ihnen mehr Zeit zur Verfügung, um sich strategischen Einkaufsaktivitäten zuwenden zu können. Dies war der Beginn der nächsten Entwicklungsstufe, der Etablierung des strategischen Einkaufs.

Mittlerweile ist es erwiesen, dass die Automatisierung der transaktionalen Prozesse Vorteile in Bezug auf die Effizienz und die Prozesskostenoptimierung bringen kann. Um diese Vorteile weiter ausbauen zu können, ist es jedoch erforderlich, die Effektivität der Beschaffungslieferkette zu messen und zu optimieren.

Daher stehen die folgenden Aktivitätsbereiche im Fokus des strategischen Einkaufs:

- die Analyse der Effizienz interner und externer Beschaffungsprozesse
- die kontinuierliche Evaluierung und Entwicklung von Lieferanten
- die Weiterentwicklung des globalen Kontraktmanagements

Die Entwicklung hin zu einem strategischen Einkauf begann damit, dass man anfing, die Daten der Beschaffungssysteme für Beschaffungs- und Ausgabeanalysen zu nutzen und direkt in die Prozesse zu integrieren. Diese Analysen können einerseits als Ausgangsbasis für eine Optimierung der Prozesse, andererseits für die Optimierung der Beschaffungssituation verwendet werden. Betrachten wir beispielhaft einige Einkaufsanalysen:

Einkaufsanalysen [zB]

Die Analyse von *Lieferantengeboten* wird im Rahmen einer Ausschreibung dazu verwendet, den Gewinner der Ausschreibung zu ermitteln.

Analysen im Bereich der *Lieferantenbewertung* basieren auf einer Sammlung quantitativer und qualitativer Daten, die über Fragebögen zu einer Transaktion (z.B. nach Erfassung einer Wareneingangsbestätigung), über aus Umfragen stammenden Fragebögen sowie aus allgemeinen Beschaffungsdaten aus dem System (z.B. Bestellvolumen pro Lieferant) erhoben werden. Die Ergebnisse der Lieferantenbewertung werden in den Prozessen der Bezugsquellenfindung sowie bei der Lieferantenentwicklung verwendet.

Die Analyse und Überwachung von *Kontrakten* gibt Einkäufern die Möglichkeit, die Nutzung der Einkaufskontrakte zu verfolgen sowie auslaufende Kontrakte neu zu verhandeln.

In diesem Buch werden die entsprechenden Analysemöglichkeiten in SAP SRM jeweils in Zusammenhang mit den jeweiligen Geschäftsszenarien dargestellt, die in Teil II, »Funktionen und Prozesse«, beschrieben werden.

Die Globalisierung der letzten Jahrzehnte erlaubte Einkäufern, Produkte von Lieferanten weltweit zu beschaffen und dabei von Kostenvorteilen zu profitieren. Neben ihren unbestreitbaren Vorteilen erhöhen globale Beschaffungsstrategien aber auch das Risiko, dass Kontraktbedingungen in unterschiedlichen Ländern verschieden interpretiert werden. Um auch bei globalen Beschaffungsstrategien die nötige Transparenz zu erzeugen, ist der Einsatz einer *Kontraktmanagementlösung* enorm wichtig.

Multinationale Unternehmen mit Niederlassungen in verschiedenen Ländern haben erkannt, dass sie größere Kosteneinsparungen erzielen, wenn sie mit ihren – teilweise auch multinational aufgestellten – Lieferanten globale Kontrakte vereinbaren. Allerdings waren abweichende Produktstammdaten in den unterschiedlichen Ländern hier ein Problem; Laptop-Computer hatten z. B. in jedem Land unterschiedliche Produkt-IDs. Bedarfsbündelungen (um Mengenrabatte zu nutzen) und der Einsatz globaler Kontrakte erfordern jedoch harmonisierte und standardisierte *Stammdaten* für alle Länder. Daher betreiben viele internationale Unternehmen aktuell Projekte zur Harmonisierung ihrer Stammdaten, um diese maximal zur Bedarfsbündelung und für Zentralkontrakte nutzen zu können.

Das Thema »Kontraktmanagement mit SAP SRM« betrachten wir in Kapitel 8, »Verwaltung von Kontrakten«. Auf die Möglichkeiten zur Harmonisierung von Stammdaten gehen wir in Kapitel 11, »Purchasing Governance«, ein.

Optimierung der Lieferantenbeziehungen

Profitabilität ist das wichtigste Unternehmensziel, da es die Grundlage für alle anderen Unternehmensziele sowie das Weiterbestehen des Unternehmens ist. Zur Steigerung der Profitabilität gibt es zwei Möglichkeiten:

- *Steigerung der Einnahmen* durch bessere Produkte und Marketing-Strategien
- *Reduktion der Ausgaben* durch eine effektivere Beschaffung von Waren und Dienstleistungen

Die wachsende internationale Konkurrenz erhöht den Druck auf Unternehmen, in beiden Bereichen besser zu werden. Es gilt, Kosten zu sparen und gleichzeitig durch Flexibilität und Innovation die Einnahmen zu erhöhen. Viele Unternehmen reagieren auf diesen Druck, indem sie ihre Einkaufsaktivitäten zentralisieren, Outsourcing in Billiglohnländern betreiben und ihre Geschäftsprozesse mithilfe moderner Technologien und Managementmethoden transformieren.

Fortschrittliche Unternehmen betrachten den Einkauf daher aus ganzheitlicher Sicht und unter Einbeziehung der folgenden Aspekte:

- Einkaufsaktivitäten werden von strategischen Überlegungen sowie Richtlinien getragen, die auf die individuellen Prozessanforderungen der unterschiedlichen Ausgabekategorien ausgerichtet sind. Das Lieferantenportfolio wird passend zu den speziellen Anforderungen der Top-Ausgabekategorien optimiert.

- Moderne Einkaufsabteilungen arbeiten übergreifend sowie unabhängig von Unternehmensgrenzen und geographischen Regionen. Sie stützen ihre Arbeit dabei auf IT-basierte Infrastrukturen zur Einhaltung von gesetzlichen Richtlinien und Compliance.

Um diese Aspekte umzusetzen, gehen heutzutage zahlreiche Unternehmen *strategische Partnerschaften* mit ihren Lieferanten ein.

Viele Unternehmen haben festgestellt, dass nicht der billigste Preis zählt, sondern der beste Preis unter Betrachtung mehrerer Aspekte wie Kosteneinsparung, Qualität und Service. Anstatt Lieferanten nur »auszupressen«, gehen Unternehmen mit ihnen Partnerschaften ein, um Risiken zu reduzieren und neue, innovative Produkte noch schneller auf den Markt bringen zu können. Die Unternehmen profitieren dabei von besseren Ergebnissen und unternehmensübergreifenden Innovationen. Die Potenziale, die der moderne Einkauf bietet, sind auch Gründe dafür, warum die Optimierung der Einkaufsaktivitäten mittlerweile ein wichtiger Teil der Unternehmensstrategie geworden ist.

Diese »neue« Sicht führt zu neuen Initiativen im Einkauf, die eine ganzheitliche Betrachtung der Beschaffungsaktivitäten erfordern.

Neue Trends im Einkauf [zB]

Viele Unternehmen versuchen, ihre Lieferantenbasis als *wertvollen Aktivposten* zu verwalten, interne Prozesse auf vertrauenswürdige Partner auszudehnen und dabei den Wert ihrer Lieferantenbeziehungen zu erhöhen.
Mittlerweile versuchen viele Unternehmen auch, vorteilhafte Vereinbarungen mit Lieferanten auszuhandeln und diese firmenweit global zu nutzen. Dies erreichen sie durch den Einsatz von unternehmensweit konsistent eingesetzten Softwareprozessen, systembasierten Lieferantenlisten und operationalisierten Einkaufskontrakten.

Die hier entstehenden Trends repräsentieren einen signifikanten Wandel – weg von taktischen Einkaufstechniken und hin zu einem strategischeren Ansatz, der eine langfristige und messbare Wertschöpfung durch die Reduktion von Beschaffungsrisiken, erhöhte Margen und die Nutzung von Lieferanteninnovationen erzeugt.

Die Möglichkeiten zur Optimierung des Lieferantenportfolios mit SAP SRM werden in Kapitel 10, »Optimierung des Lieferantenportfolios«, besprochen.

1.1.2 Kategorisierung von Produkten zur Ausrichtung der Beschaffungsprozesse

Es gibt viele Faktoren, die Einfluss darauf nehmen, wie die Beschaffungsprozesse in einem Unternehmen ausgestaltet sein müssen. Das Verständnis dieser Faktoren ist daher für den optimalen Einsatz einer SRM-Lösung von großer Bedeutung. Eine hilfreiche Ausgangsbasis bietet die Kategorisierung nach Produkten mit vergleichbaren Eigenschaften. Anschließend können die Beschaffungsaktivitäten ideal auf die Prozessanforderungen der jeweiligen Produktkategorien ausgerichtet werden. Im Folgenden werden wir die verschiedenen Kategorisierungsmerkmale von Produkten detailliert betrachten.

In SAP SRM sind mit *Produkten* sowohl Materialien als auch Dienstleistungen gemeint. Diese Bedeutung weicht von der begrifflichen Trennung in Materialien und Dienstleistungen, wie wir sie aus MM kennen, ab (siehe Abschnitt 4.2, »Produktstammdaten«).

Produkte können je nach ihrer Verwendung im Unternehmen kategorisiert werden. Darüber hinaus sind aber auch andere Kategorisierungen denkbar, etwa danach, wie geschäftskritisch die Versorgung mit dem jeweiligen Produkt ist, nach dessen Komplexität oder nach der allgemeinen Produktbeschaffenheit.

Die Beschaffungsprozesse für Materialien und Dienstleistungen unterscheiden sich ebenfalls voneinander.

In diesem Abschnitt betrachten wir mehrere Produktsegmentierungen. Dabei werden die folgenden wichtigen Unterscheidungsmerkmale beschrieben:

- Direktmaterialien und indirekte Materialien
- lagerhaltige und nicht lagerhaltige Materialien
- kritische und unkritische Produkte
- Ersatzteile
- Dienstleistungen
- besonders teure und komplexe Produkte

Direktmaterialien und indirekte Materialien

Direktmaterialien sind Materialien, die direkt in den Produktionsprozess eingehen. Dazu gehören Rohstoffe, Bauteile und Lohnbearbeitungspositionen.

Bei der Lohnbearbeitung werden dem Lieferanten Materialien zur Verfügung gestellt, aus denen er das Enderzeugnis bzw. eine Baugruppe fertigt. *Indirekte Materialien* sind Materialien, die nicht direkt in einen Produktionsprozess eingehen, aber für allgemeine Aktivitäten des Unternehmens benötigt werden.

Direkte und indirekte Materialien [zB]

Für einen Automobilhersteller sind Stahlblech und Reifen Direktmaterialien, wohingegen Büromaterial und Druckerpatronen indirekte Materialien für ihn darstellen.

Tabelle 1.1 zeigt die Charakteristika von direkten und indirekten Materialien im Vergleich. SAP SRM bietet sowohl Möglichkeiten zur Beschaffung von Direktmaterialien als auch von indirekten Materialien.

	Direktmaterialien	Indirekte Materialien
Verwendung	▸ werden direkt im Fertigungsprozess verwendet ▸ Teil eines vom Unternehmen produzierten Endprodukts	▸ Hilfs- und Betriebsstoffe (*Maintenance Repair Operations*, MRO)
Anforderung	▸ Teil eines Produktionsplans ▸ Bestellanforderungen werden in der Regel automatisch über eine Materialbedarfsplanung (*Material Requirements Planning*, MRP) generiert	▸ manuelle Erfassung der Bestellanforderung (z.B. über den SAP SRM-Einkaufswagen)
Lagerhaltung	▸ werden in Materiallagern vorgehalten und bei Bedarf ausgegeben	▸ im Allgemeinen nicht lagerhaltig ▸ werden im Allgemeinen direkt an die Abteilung geliefert, die sie angefordert hat und nach Erhalt nutzt
Materialnummer oder Produktcode	▸ im Allgemeinen ja	▸ möglich, aber nicht notwendig
Kosten	▸ gehen in die Kostenkalkulation des Endprodukts ein	▸ werden in der Regel als Gemeinkosten des Unternehmens betrachtet

Tabelle 1.1 Direkte und indirekte Materialien

In Abschnitt 6.1, »Beschaffung per Self-Service«, konzentrieren wir uns auf den Anforderungsprozess für indirekte Materialien; in den Abschnitten 6.3, »Beschaffung von Direktmaterialien«, und 6.4, »Plangesteuerte Beschaffung«, beschreiben wir die Möglichkeiten der zentralen Direktmaterialbeschaffung mit SAP SRM.

Lagerhaltige und nicht lagerhaltige Materialien

Auch die Segmentierung in lagerhaltige und nicht lagerhaltige Materialien ist von großer Bedeutung für den Einkauf. *Lagerhaltige Materialien* werden in großen Mengen beschafft, auf Lager gehalten und nach Bedarf verbraucht. Für solche Materialien ist im System eine *Materialnummer* oder ein *Produktcode* vorhanden. Dies können sowohl Direktmaterialien wie Rohstoffe oder Bauteile als auch indirekte Materialien wie z.B. Ersatzteile sein.

Nicht lagerhaltige Materialien sind Materialien, die selten im Unternehmen verwendet werden und daher nur bestellt werden, wenn ein konkreter Bedarf vorliegt. Dienstleistungen, die von externen Lieferanten erbracht und bei Bedarf angefragt werden, können wie nicht lagerhaltige Materialien behandelt werden.

Die folgenden Charakteristika beeinflussen Entscheidungen in Bezug auf Lagerhaltung und Einkauf:

- **Rohstoffe und Bauteile**
  Die Beschaffung und Lagerplanung für Rohstoffe und Bauteile hängt vom *Produktionsmodell* des Unternehmens ab.
  - *Auf Lager produzieren*
    Wenn auf Lager produziert wird, müssen ausreichende Lagerbestände der für die Produktion benötigten Materialien vorhanden sein, um die Ziele der Produktionsplanung erfüllen zu können.
  - *Auf Kundenbestellung produzieren*
    Wenn nur auf Basis von Kundenbestellungen produziert wird, sind Rohstoffe und Bauteile entsprechend dem Bestelleingang für Endprodukte zu beschaffen.
  - *Just-in-time produzieren*
    JIT-Szenarien (JIT = Just-in-time) erfordern es, dass Rohstoffe und Bauteile von den Lieferanten genau dann angeliefert werden, wenn diese auch wirklich benötigt werden. Hierbei ist eine besonders intensive Beziehung und Integration zwischen dem einkaufenden Unternehmen und dem Lieferanten notwendig.

- **Gefährliche Materialien**
  Bei gefährlichen Materialien ist es besonders wichtig, dass die minimal und maximal zugelassenen Lagerbestände genau überwacht werden. Auch müssen Einkaufskontrakte sowie Instruktionen für Lieferanten mit der lokalen Gesetzgebung übereinstimmen.
- **Kritische Materialien**
  Wenn ein Material für einen Produktionsprozess kritisch ist, muss eine ausreichende Menge auf Lager gehalten werden. Darüber hinaus sollten mehrere Lieferanten als Bezugsquelle zur Verfügung stehen, um die Beschaffungsrisiken zu minimieren.

  Die Prozesse der Lagerhaltung werden nicht in SAP SRM, sondern in der Materialwirtschaftskomponente *Materials Management* (MM) in SAP ERP abgewickelt – was ein weiteres Beispiel dafür ist, wie sich SAP SRM und SAP ERP auf komplementäre Art und Weise ergänzen.

Kritische und unkritische Produkte

Wie »kritisch« ein Produkt ist, wird anhand verschiedener Kriterien wie z.B. Verfügbarkeit, Sicherheit usw. definiert. Zudem hängt dies vom Industriezweig des einkaufenden Unternehmens ab und beeinflusst entsprechend den Beschaffungsprozess.

Beispiele für kritische Produkte [zB]

Aus Sicht der *Produktion* ist ein Produkt dann kritisch, wenn es Einfluss auf das Endprodukt nimmt. In diesem Fall muss der Einkauf darauf achten, dass kritische Produkte immer in ausreichender Menge vorrätig sind. In diesem Zusammenhang sind die Bedarfsplanung, die Bestellverfolgung sowie die Minimierung der Beschaffungszeiten von großer Bedeutung.

Aus der Perspektive der *Unternehmenssicherheit* kann ein Material dann als kritisch betrachtet werden, wenn ein Materialfehler katastrophale Konsequenzen wie z.B. Verletzungen, Tod oder hohe Reparaturkosten mit sich bringen kann. Hier sind die Qualitätskontrolle sowie die Zuverlässigkeit der Lieferanten die wichtigsten Faktoren.

Ersatzteile

In jedem Unternehmen werden Ersatzteile benötigt, um vorhandene Anlagen zu warten. Diese Ersatzteile können lagerhaltig oder nicht lagerhaltig sein, je nachdem, ob der Betrieb der Anlagen kritisch ist. Ersatzteile können vom Originalhersteller oder von anderen Herstellern bezogen werden.

Dienstleistungen

In den meisten Unternehmen fällt der Hauptanteil der Ausgaben für Dienstleistungen wie z.B. ausgegliederte Firmenreisebüros, Zeitarbeit, Subkontraktoren, IT-Support oder Beratungsdienstleistungen an.

In vielen Unternehmen sind die Prozesse zur Beschaffung von Dienstleistungen kaum standardisiert. Die Beschaffungsdisziplin im Bereich der Dienstleistung lässt oft zu wünschen übrig. Dadurch unterscheiden sich diese Prozesse von den im Materialeinkauf gängigen klar definierten und strukturierten Abläufen. Das liegt daran, dass viele Dienstleistungen aus Sicht der Beschaffung sehr unterschiedlich sind, die Beschaffungsprozesse komplex sind und mehr Aktivitäten und Mitarbeiter in die Beschaffung und Verwaltung von Dienstleistungen involviert sind. Im Gegensatz zur Beschaffung von Materialien ist es z.B. oft schwierig, die Anforderungen an die zu beschaffende Dienstleistung präzise zu beschreiben. In vielen Fällen werden die tatsächlich benötigten Dienstleistungen erst während der Leistungserbringung klar.

Aufgrund der vielen unterschiedlichen Prozessvarianten der Dienstleistungsbeschaffung und der Tatsache, dass die genaue Ausprägung der Dienstleistung in vielen Fällen erst bei der Leistungserbringung klar wird, ergeben sich hier besondere Herausforderungen für IT-basierte Beschaffungssysteme. Diese treten vor allem in den folgenden Bereichen auf:

- systembasierte Abbildung der zum Teil komplexen Strukturen von Leistungsanforderungen
- Einhaltung der Compliance bei der Durchführung der teilweise sehr unterschiedlichen Dienstleistungsbeschaffungsprozesse
- Kollaboration mit den Lieferanten, z.B. in den Bereichen »Verfügbarkeitsprüfung von Leistungserbringern« sowie »Leistungserfassung«

Unternehmen, die die Auswahl und Beauftragung externer Dienstleister mithilfe von IT-gestützten Systemen abwickeln, können Kosten einsparen, indem sie von effektiveren Vertragsverhandlungen, kürzeren Beschaffungszeiten, einer besseren Kandidatenauswahl und einer optimierten Lieferantenbasis profitieren. Darüber hinaus ermöglichen IT-basierte Lösungen zur Automatisierung und Optimierung der Dienstleistungsbeschaffung, die Ausgaben transparent zu halten und zu kontrollieren. Ebenfalls wird auf diese Weise eine ganzheitliche Lieferantenbewertung möglich. Die Ergebnisse der Lieferantenbewertung erlauben es, auf lange Sicht ein optimiertes Lieferantenportfolio aufzubauen, und liefern den Unternehmen darüber hinaus eine gute Entscheidungsbasis für die Beauftragung von Dienstleistern.

In vielen Unternehmen bietet der Bereich der Dienstleistungsbeschaffung also große und oft ungenutzte Potenziale zur Kosteneinsparung und zur Prozessoptimierung. Die Möglichkeiten der Dienstleistungsbeschaffung mit SAP SRM werden in Abschnitt 6.2, »Dienstleistungsbeschaffung«, beschrieben.

Teure und komplexe Produkte

Besonders teure und komplexe Produkte, etwa Anlagen und sicherheitstechnische Einrichtungen, bilden ein weiteres Segment, das aus Sicht der Beschaffung gesondert betrachtet wird. Bei solchen Produkten muss eine hohe Transparenz und die Compliance in Bezug auf die Evaluierung geeigneter Lieferanten und Produkte sichergestellt werden. Die Beschaffungsprozesse für teure und komplexe Produkte müssen gut dokumentiert werden und in Einklang mit den gesetzlichen Richtlinien und vordefinierten Prozeduren stehen. Die Dokumentation muss z.B. die Entscheidung für die Beschaffungsmethode, die Gründe für die Zuschlagserteilung und den mit dem ausgewählten Lieferanten abgeschlossenen Vertrag genau widerspiegeln.

Bei den meisten dieser Produkte ist bereits die Definition sehr komplex, da sie abhängig von den Charakteristika des zu beschaffenden Materials oder der zu beschaffenden Dienstleistung variiert.

Beispiele zur Definition von teuren und komplexen Produkten [zB]

Da beispielsweise die Stückliste zur Erstellung einer Gasturbine sehr umfangreich ist, sind die Schritte und Prozesse in der Dienstleistungsbeschaffung zur Wartung dieser Gasturbine ebenfalls sehr komplex.

Auch im Fall der Implementierung einer betriebswirtschaftlichen Anwendungssoftware und der Beschaffung der dafür benötigten Beratungsdienstleistungen sind die Aufgabendefinition und die Definition der jeweils von den Beratern zu liefernden Ergebnisse sehr komplex.

Die Einkäufer müssen in solchen Fällen dafür sorgen, dass sorgfältig ausgearbeitete Kontrakte verfügbar sind, die alle oder möglichst viele Eventualitäten abdecken. Nur so kann man den hohen Risiken besonders teurer und komplexer Produkte gerecht werden.

Hierzu verweisen wir Sie auch auf den Abschnitt 11.2, »Sicherstellung von Gesetzes- und Regelkonformität«, der unter anderem darstellt, wie SAP SRM die Beschaffungsprozesse revisionssicher dokumentiert.

1.1.3 Organisationsformen im Einkauf

Das ideale Organisationsmodell zur Abbildung der Zuständigkeiten im Einkauf hängt unter anderem von der Größe, der Industrie und der Organisationsform des jeweiligen einkaufenden Unternehmens ab. In diesem Abschnitt betrachten wir die unterschiedlichen Möglichkeiten zur Organisation des Einkaufs.

Zentralisierter Einkauf

Unternehmen, die mit einem zentralisierten Einkauf arbeiten, kontrollieren die unternehmensweiten Ausgaben und steuern die Beschaffungsprozesse in einer zentralen Abteilung. Die Zentralisierung des Einkaufs bringt Vorteile durch Bedarfsbündelung und operationale Effizienzsteigerungen mit sich. Die operationalen Effizienzsteigerungen entstehen dadurch, dass die Aufgaben des Einkaufs gesammelt von einem zentralen Team mit hohem individuellen Spezialisierungsgrad der einzelnen Sachbearbeiter erledigt werden.

Allerdings besteht bei zentralisierten Strukturen auch die Gefahr, dass sie starr und dadurch nicht mehr allen Mitarbeitern und allen lokalen Gegebenheiten gerecht werden. Und natürlich kann es passieren, dass die Mitarbeiter der Fachabteilungen bei der Beschaffung von Materialien oder Dienstleistungen die vom Zentraleinkauf implementierten Prozesse umgehen, was die Effektivität eines zentralisierten Einkaufs wieder reduziert.

Tabelle 1.2 stellt die Vor- und Nachteile des zentralisierten Einkaufs gegenüber.

Vorteile	Nachteile
▸ bessere Kontrolle über die Ausgaben ▸ höhere operative Effektivität, besserer Wissenstransfer ▸ Definition firmenweiter Regeln und Richtlinien	▸ mangelnde Flexibilität ▸ Risiko, dass zentralistisch definierte Regeln und Vorgaben von Fachabteilungen oder Geschäftsbereichen ignoriert werden

Tabelle 1.2 Vor- und Nachteile des zentralen Einkaufs

Obwohl die Vorteile des zentralisierten Einkaufs theoretisch die Nachteile aufwiegen müssten, funktionieren solche zentralisierte Strukturen in der Praxis oft nicht so gut. Diese Einschätzung betrifft vor allem große Unternehmen, die sich über verschiedene geographische Regionen erstrecken und durch Fusionen und Zukäufe gewachsen sind. In solchen Unternehmen sind oft Betriebsleiter und Werksleiter zu finden, die gegenüber den Zentralisierungsbestrebungen negativ eingestellt sind. Der Grund für diese Skepsis ist häufig das Gefühl, dass zentral gesteuerte Beschaffungsentscheidungen und Richtlinien ihren Betrieb ausbremsen und den lokalen Anforderungen an Qualität und Beschaffungssicherheit nicht gerecht werden.

Somit berichten zentralisierte Einkaufsorganisationen häufig über eine hohe Anzahl von Maverick-Buying-Fällen, also davon, dass Prozesse und Richtlinien umgangen werden.

Dezentralisierter Einkauf

Unternehmen mit einem dezentralisierten Einkauf geben ihren Betriebsstätten oder Geschäftsbereichen freie Hand bei Beschaffungsentscheidungen, Ausschreibungen und der Durchführung von Beschaffungsaktivitäten. Dies erhöht die Zufriedenheit in den einzelnen Betriebsstätten oder Geschäftsbereichen und beschleunigt die Prozesse und Problemlösungen, da der bürokratische Aufwand geringer ist als bei Unternehmen mit zentralisiertem Einkauf.

Ein dezentralisierter Einkauf nutzt jedoch nicht die Potenziale durch firmenweite Bedarfsbündelung und führt zudem zu höheren Betriebskosten, da der Gesamt-Zeitbedarf für die Beschaffungsaktivitäten aufgrund individualisierter Prozesse zunimmt. Außerdem kann Fachwissen nicht bereichsübergreifend ausgetauscht werden, und die Beschaffungskosten und Leistungen des Einkaufs variieren je nach Bereich und lokalem Management.

Hybrides Organisationsmodell für den Einkauf

Das hybride Organisationsmodell für den Einkauf (engl. *Center-Led Procurement Model*) kombiniert die Vorteile des zentralisierten Einkaufs wie Prozessstandardisierung, Wissenstransfer und effektive Ressourcennutzung mit den Vorteilen des dezentralisierten Einkaufs in Bezug auf eigenverantwortliches Handeln auf lokaler Ebene. Dieses Modell arbeitet mit zwei wesentlichen Organisationselementen:

- **Zentrale Abteilung**
  Eine zentrale Abteilung definiert die firmenweiten Beschaffungsstrategien und betreut die aus strategischer Sicht kritischen Produktkategorien. Ebenso steuert diese Abteilung die firmenweite Implementierung optimierter Prozesse und sorgt für einen erfolgreichen Wissenstransfer zwischen den Bereichen.

- **Dezentrale Einkäufergruppe**
  Mehrere dezentrale Einkäufergruppen führen die lokalen Beschaffungsaktivitäten für Produktkategorien durch, die aus strategischer Sicht unkritisch sind, sowie für Produktkategorien, die spezifisch für die entsprechenden Betriebe oder Werke sind.

Abbildung 1.3 stellt das Zusammenspiel von zentraler Abteilung und dezentraler Einkäufergruppe grafisch dar.

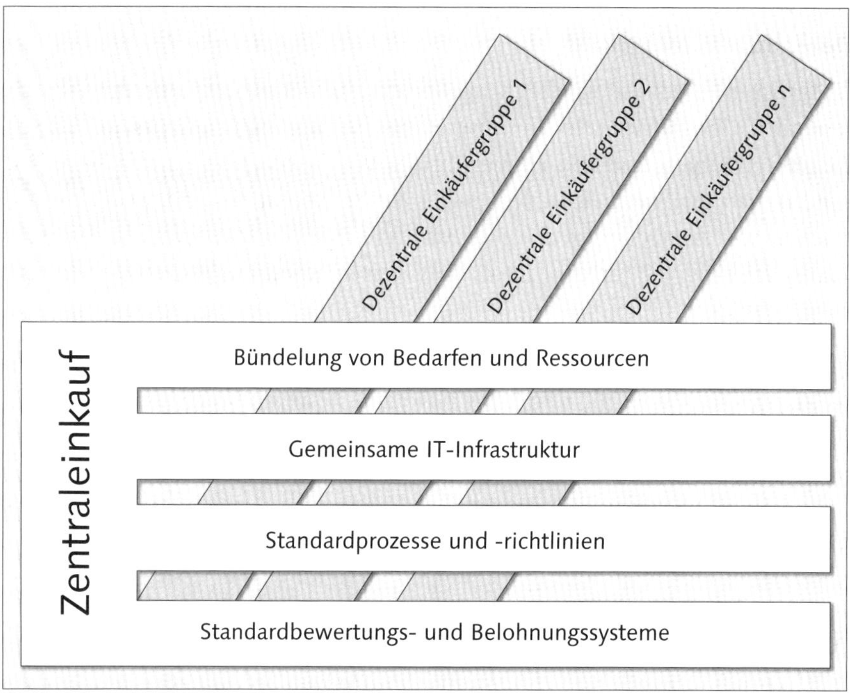

Abbildung 1.3 Hybrides Organisationsmodell (Quelle: http://www.sap.com/solutions/business-suite/srm/pdf/BWP_AR_Center-Led_Procurement.pdf)

Immer mehr große Unternehmen haben erkannt, dass hybride Organisationsmodelle im Einkauf zu signifikanten Einsparungen bei den Beschaffungskosten und den Betriebskosten des Einkaufs führen, und implementieren nun die dafür benötigten Strukturen.

Die wichtigsten Eckpunkte für das hybride Organisationsmodell im Einkauf sind im Folgenden noch einmal aufgeführt:

- flexible Prozesse und Richtlinien, die auf Unternehmensebene definiert und auf lokaler Ebene angepasst werden können
- abgestimmte Bewertungs- und Belohnungssysteme

- ein integriertes Beschaffungssystem, das den kompletten Prozess – von der Anforderung bis zur Bezahlung des Lieferanten – abbildet und darüber hinaus auch ganzheitliche Analysen zur Verfügung stellt

Neben den Vorteilen des Modells sollte aber nicht vergessen werden, dass es eine große Herausforderung ist, ein hybrides Organisationsmodell im Einkauf auf die individuellen Anforderungen des Unternehmens auszurichten und die verschiedenen Elemente aufeinander abzustimmen.

Nun haben wir die Evolution der Beschaffung der letzten Jahrzehnte – und damit die Grundlagen für heutige Einkaufsprozesse – kennengelernt. Wir haben ebenso detailliert die wichtigsten Produktkategorien und Organisationsformen im Einkauf betrachtet. Kommen wir nun zu den Lösungen, die SAP für den Bereich »Beschaffung und Logistik« anbietet.

1.2 SAP-Lösungen im Bereich »Beschaffung und Logistik«

SAP bietet verschiedene Softwarelösungen im Bereich der elektronischen Beschaffung an.

Wie bereits erwähnt wurde, hängt die Wahl der Organisationsform für den Einkauf sowie die Gestaltung der Beschaffungsaktivitäten vom jeweiligen Unternehmen (Größe, Aufbau, Geschäftsprozesse usw.) ab. Deshalb ist es nur logisch, dass es auch nicht »die eine« SAP-Lösung für die Beschaffung gibt, sondern dass unter mehreren Optionen die jeweils passende ausgewählt werden muss. Ein Dienstleistungsunternehmen stellt z.B. ganz andere Anforderungen an die elektronische Beschaffung als ein Automobilhersteller.

Betrachten wir zunächst einmal die verschiedenen SAP-Anwendungen hinsichtlich ihrer Einsetzbarkeit, abhängig von der Größe des Unternehmens (siehe Tabelle 1.3). Dabei werfen wir auch einen Blick auf die Art, wie die entsprechende Softwarelösung normalerweise installiert und betrieben wird. Wir unterscheiden hier zwischen zwei Varianten:

- **On-Premise**
  Die Software wird direkt beim einsetzenden Unternehmen installiert.
- **On-Demand**
  Die Software wird als »Software as a Service« abonniert und bei einem Hosting-Unternehmen installiert. Der Zugriff auf diese Software erfolgt über eine Datenleitung oder über das Internet.

Softwareanwendung	Unternehmensgröße	Nutzungsart
SAP Supplier Relationship Management (SAP SRM)	Mittelstand bis Großkonzerne	on-Premise
SAP Enterprise Resource Planning (SAP ERP)	Mittelstand bis Großkonzerne	on-Premise
SAP Supply Chain Management (SAP SCM)	Mittelstand bis Großkonzerne	on-Premise
SAP E-Sourcing	Mittelstand bis Großkonzerne	on-Demand
SAP Contract Lifecycle Management (SAP CLM)	Mittelstand bis Großkonzerne	on-Demand
SAP Business One	kleine Unternehmen mit weniger als 100 Mitarbeitern	on-Premise
SAP Business ByDesign	mittelständische Unternehmen mit 100 bis zu 500 Mitarbeitern	on-Demand
SAP Business All-in-One	mittelständische Unternehmen mit 100 bis zu 2.500 Mitarbeitern	on-Premise
SAP Supplier Lifecycle Management	Mittelstand bis Großkonzerne	on-Premise

Tabelle 1.3 SAP-Software im Bereich »Beschaffung und Logistik« in Bezug auf die Unternehmensgröße

Während die Lösungen SAP ERP, SAP Business One, SAP Business ByDesign und SAP Business All-in-One jeweils eine komplette Suite für alle gängigen unternehmensübergreifenden Prozesse anbieten (also z.B. Einkauf, Finanzbuchhaltung usw.), fokussieren die Anwendungen SAP SRM, SAP SCM, SAP Supplier Lifecycle Management, SAP E-Sourcing und SAP CLM auf spezifische Prozesse im Bereich der Beschaffung und Logistik.

Betrachten wir nun die »großen« SAP-Anwendungen SAP SRM, SAP SCM und SAP ERP (MM), beginnend mit einer Abgrenzung zwischen SAP SCM und SAP SRM:

- **SAP Supply Chain Management (SAP SCM)**
  SAP SCM gehört zur SAP Business Suite und unterstützt die Optimierung der Logistikkette. SAP SCM integriert dabei Lieferanten, Hersteller, Distribution, Handel und Kunden und ermöglicht diesen Folgendes:

- gemeinsam Bedarfsplanungen durchzuführen und Vereinbarungen zur Lagerauffüllung zu treffen
- operative, strategische und taktische Planungsszenarien zu simulieren, zu optimieren und anschließend umzusetzen
- bestellbezogene Informationen auszutauschen und zu überwachen

Ähnlich wie SAP SRM mit *SAP Supplier Self-Services* (SAP SUS, siehe Kapitel 9, »Lieferantenkollaboration«) bietet SAP SCM eine browserbasierte Oberfläche zur Lieferantenkollaboration: SAP Supply Network Collaboration (SAP SNC).

- **SAP Supplier Relationship Management (SAP SRM)**
  SAP SRM gehört ebenfalls zur SAP Business Suite und unterstützt alle strategischen und operativen Beschaffungsprozesse:
  - *Operative Beschaffung*
    SAP SRM unterstützt die Mitarbeiter bei operativen Beschaffungsprozessen, von der Anforderung über die Bestellung und Lieferung bis hin zur Rechnungsprüfung.
  - *Bezugsquellenfindung*
    SAP SRM unterstützt Einkäufer bei der operativen und strategischen Bezugsquellenfindung und bietet Anwendungen zur Durchführung von Ausschreibungen sowie zur Verwaltung von Einkaufskontrakten.
  - *Lieferantenkollaboration*
    Auch bietet SAP SRM Anwendungen zur Verwaltung und Optimierung des Lieferantenportfolios sowie zur Kollaboration mit Lieferanten.

Zwischen SAP SRM und SAP SCM gibt es verschiedene Integrationsmöglichkeiten, die wir in Abschnitt 1.4, »Integration von SAP SRM mit anderen SAP-Lösungen«, näher betrachten werden.

Vergleichen wir nun SAP SRM mit SAP ERP. Über viele Jahre haben Unternehmen erfolgreich mit SAP ERP (bzw. SAP R/3) Waren und Dienstleistungen eingekauft. Ähnlich wie SAP SRM bietet SAP ERP mit der Komponente *Materials Management* (MM) eine Funktionalität zur Anforderung und Bestellung von Waren und Dienstleistungen. Ebenfalls bietet MM die Funktionalität zur Bezugsquellenfindung für den operativen Einkauf. Einfache EDI-basierte Anfragen (EDI = Electronic Data Interchange) sowie das Kontraktmanagement unterstützen den strategischen Einkauf.

Vergleichen wir die beiden Softwareanwendungen SAP SRM und MM anhand der Funktionalität, die sie voneinander unterscheidet (siehe Tabelle 1.4).

SAP SRM	MM
▸ browserbasierte Einkaufswagenfunktionalität zur Beschaffung per Self-Service ▸ benutzerfreundliche browserbasierte Oberfläche für alle Anwender ▸ flexibler Genehmigungs-Workflow ▸ Ausschreibungen und Live-Auktionen ▸ vielseitige Funktionalität im Bereich des Lieferantenportfolio-Managements ▸ browserbasierte Lieferantenkollaboration ▸ volle Integration der Anwendungen für die professionellen Einkäufer, wie Kontraktverwaltung, Ausschreibungen und operative Bezugsquellenfindung ▸ zentralisierter Einkauf integriert über mehrere SAP ERP-Backends	▸ breitere Funktionalitätsvielfalt sowie Integration bei der Beschaffung von Direktmaterialien ▸ tiefere Integration in Produktionsprozesse sowie Lagerhaltung ▸ Die Rechnungsprüfung findet bei den meisten Unternehmen in der Regel zentralisiert in SAP ERP statt.

Tabelle 1.4 Vorteile und Stärken von SAP SRM und MM

Tabelle 1.4 macht deutlich, dass SAP SRM als Komplementärprodukt (Ergänzung der Funktionalität) zu SAP ERP zu betrachten ist und nicht als Substitutionsprodukt (Ersatz der Lösung).

In SAP SRM 7.0 gibt es viele neue Funktionen, die die beiden Anwendungen noch tiefer miteinander integrieren (siehe Kapitel 12, »Harmonisierung von Procure-to-Pay in der SAP Business Suite«).

1.3 Entwicklung der SAP SRM-Lösung vom BBP- zum SRM-Server

Beginnend mit dem SAP Business-to-Business Procurement (SAP BBP, vormals als SAP B2B Procurement bezeichnet) aus dem Jahr 1999 fand eine Entwicklung vom katalogbasierten Werkzeug der Employee Self-Services über SAP Enterprise Buyer bis zur aktuellen Supplier Relationship Management-Lösung SAP SRM statt. Die aktuell verfügbare Version von SAP SRM ist SAP SRM 7.0 mit EHP 2; SAP SRM 6.0 wurde nur an einige Ramp-up-Kunden ausgeliefert (es handelt sich hier also nicht um eine allgemein verfügbare Version von SAP SRM).

Die folgende Aufzählung gibt einen Überblick über die Entwicklung der SRM-Lösung seit 1999 sowie – falls abweichend benannt – über die dazugehörigen Kernkomponenten:

- **SAP Business-to-Business Procurement 1.0**
  - Jahr: 1999
  - ursprünglicher Funktionsumfang: Employee Self-Services
- **SAP Business-to-Business Procurement 2.0/SAP Enterprise Buyer 1.0**
  - Jahr: 2000
  - Fokus der Funktionalitätserweiterung: professioneller Einkauf von MRO-Materialien (MRO = Maintenance, Repair, Operations; Materialien für Wartung und Reparatur sowie Büromaterialien)
- **SAP Enterprise Buyer 2.0**
  - Jahr: 2001
  - Fokus der Funktionalitätserweiterung: Beschaffung von Direktmaterialien
- **SAP Supplier Relationship Management (SAP SRM) 1.0**
  - Jahr: 2001
  - Kernkomponente: SAP Enterprise Buyer 3.0
  - Fokus der Funktionalitätserweiterung: Sourcing, mobile Beschaffung
- **SAP SRM 2.0**
  - Jahr: 2002
  - Kernkomponente: SAP Enterprise Buyer 3.5
  - Fokus der Funktionalitätserweiterung: Lieferantenkollaboration, Bidding Engine
- **SAP SRM 3.0**
  - Jahr: 2003
  - Kernkomponente: SAP Enterprise Buyer 4.0
  - Fokus der Funktionalitätserweiterung: Lieferantenbewertung, Content Integration
- **SAP SRM 4.0**
  - Jahr: 2004
  - Kernkomponente: SAP Enterprise Buyer 5.0
  - Fokus der Funktionalitätserweiterung: strategischer Einkauf und Sourcing, Lieferantenportal
- **SAP SRM 5.0**
  - Jahr: 2005
  - Kernkomponente: SRM Server 5.5
  - Fokus der Funktionalitätserweiterung: Kontraktverwaltung, Government Procurement

- **SAP SRM 6.0 (auch als SAP SRM 2007 bekannt)**
  - Jahr: 2007
  - Kernkomponente: SRM Server 6.0
  - Fokus der Funktionalitätserweiterung: erhöhte Benutzerfreundlichkeit durch Web-Dynpro-Oberfläche, neuer prozessgesteuerter Genehmigungs-Workflow
- **SAP SRM 7.0**
  - Jahr: 2009
  - Kernkomponente: SRM Server 7.0
  - Fokus der Funktionalitätserweiterung: Beschaffung komplexer Dienstleistungen, Zentralkontrakte, Team-Einkauf, Harmonisierung von Procure-to-Pay in der SAP Business Suite
- **SAP SRM 7.0 EHP 1**
  - Jahr: 2011
  - Kernkomponente: SRM Server 7.01
  - Fokus der Funktionalitätserweiterung: strategische Bezugsquellenfindung (vor allem Ausschreibungsszenarien), zentrales Kontraktmanagement, Self-Service Procurement
- **SAP SRM 7.0 EHP 2**
  - Jahr: 2012
  - Kernkomponente: SRM Server 7.02
  - Fokus der Funktionalitätserweiterung: strategische Bezugsquellenfindung, zentrales Kontraktmanagement, Self Service Procurement (Integration Ausschreibung)

1.4 Integration von SAP SRM mit anderen SAP-Lösungen

Eines der großen Kaufargumente für SAP-Software ist der hohe Integrationsgrad der Komponenten untereinander. Dieser Umstand ist als nicht gering zu betrachten – wer bereits ein Integrationsprojekt von Softwarekomponenten *unterschiedlicher* Hersteller durchgeführt hat, weiß sicherlich davon zu berichten, dass der tatsächliche Aufwand für die erfolgreiche Implementierung einer stabilen Integration häufig sehr hoch ist.

Durch den Einsatz *serviceorientierter Architekturen* (SOA), bei denen die diversen Softwareanwendungen über standardisierte Webservices untereinander kommunizieren, wird dies sicherlich in der Zukunft einfacher. Allerdings liegt eine vollständige Verfügbarkeit von Webservices zur anbieterübergreifenden Softwareintegration noch in der Zukunft.

SAP SRM liefert ab dem ersten Release stabile Integrationsschnittstellen zu vielen anderen SAP-Anwendungen und ermöglicht dadurch voll integrierte anwendungsübergreifende Geschäftsszenarien. Darüber hinaus liefert SAP SRM auch XML-basierte Standard-Interfaces zur Integration in Fremdsysteme (siehe Anhang F, »Erweiterungskonzepte für SAP SRM«).

Abbildung 1.4 zeigt einen Überblick über alle SAP-Lösungen, die standardmäßig mit SAP SRM integrierbar sind.

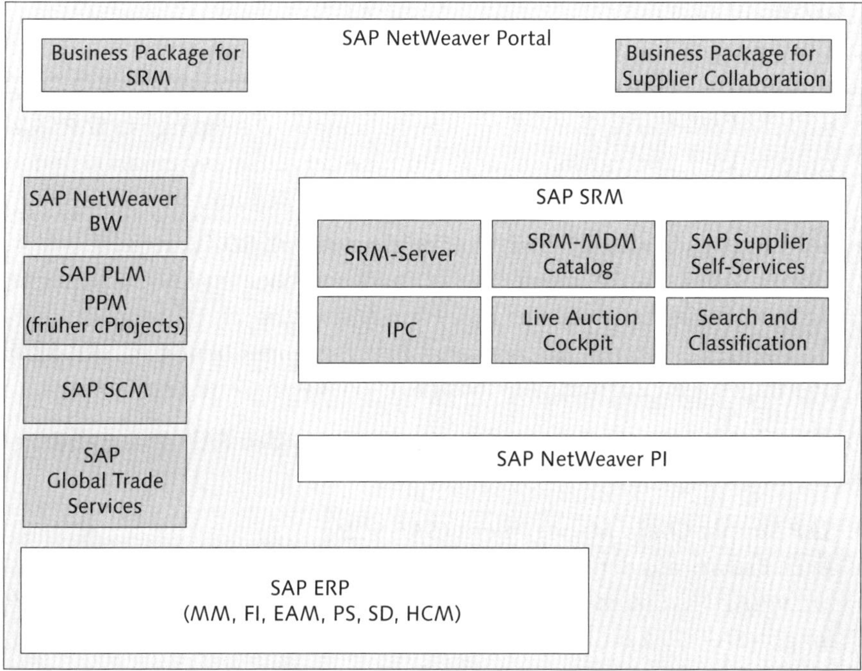

Abbildung 1.4 SAP SRM-Integration mit anderen SAP-Lösungen

Die wichtigste Integration ist die zwischen SAP SRM und dem SAP ERP-Backend. Hier gibt es die folgenden Integrationsmöglichkeiten:

- **MM (Materials Management)**
  Die Integration mit MM dient dem Austausch von Bestelldaten im Rahmen des Beschaffungsprozesses, das heißt, auf Basis eines SAP SRM-Einkaufswagens kann in MM eine Bestellung, Bestellanforderung oder Reservierung angelegt werden. Auch für den Wareneingang und die Rechnung werden Daten ausgetauscht.

Weitere Details zu dieser Integrationsmöglichkeit finden Sie in Kapitel 2, »Architektur und Technologie von SAP SRM«.

Neben dem Austausch der operativen Bestelldaten steht auch die Funktionalität zur Stammdatenreplikation für Warengruppen, Materialstämme, Leistungsstämme und Lieferantenstämme zur Verfügung. Weitere Details zur Replikation der Stammdaten aus MM finden Sie in Kapitel 4, »Stammdaten«.

- **FI (Finanzwesen)**
  Die Integration mit dem SAP-Finanzwesen dient z.B. der Echtzeit-Prüfung der Kontierungsdaten aus SAP SRM. Weitere Informationen zur Konfiguration der Echtzeit-Kontierungsprüfung finden Sie in Abschnitt 6.1.6, »Konfiguration der Beschaffung per Self-Service«.
- **SAP ERP HCM (SAP ERP Human Capital Management)**
  Es besteht die Möglichkeit, die Aufbauorganisation und weitere Personaldaten in SAP SRM zu replizieren, um eine redundante Datenpflege in SAP SRM zu vermeiden. Informationen zur Replikation der Aufbauorganisation finden Sie in Kapitel 3, »Organisationsmanagement und Benutzerverwaltung«.
- **EAM (Instandhaltung), SAP PS (Projektsystem), SD (Vertrieb)**
  Offene Bestellanforderungen, die in den Komponenten EAM (Enterprise Asset Management, vormals: PM, Plant Maintenance), PS oder SD generiert werden, können zur zentralen Bezugsquellenfindung in SAP SRM übertragen werden, siehe Abschnitt 6.4, »Plangesteuerte Beschaffung«.

Darüber hinaus lässt sich SAP SRM mit den folgenden SAP-Lösungen standardmäßig integrieren:

- **SAP Supply Chain Management (SAP SCM)**
  Auch Bedarfe aus der SAP SCM-Komponente *Advanced Planning & Optimization* (APO) können im Geschäftsszenario der plangesteuerten Beschaffung an SAP SRM zur zentralen Bezugsquellenfindung übertragen werden.
- **SAP NetWeaver Business Warehouse (SAP NetWeaver BW)**
  SAP NetWeaver BW wird mit SAP SRM integriert, um die Prozessdaten zu sammeln, zu konsolidieren und um entsprechende Auswertungen zur Verfügung zu stellen. Informationen zu den für SAP SRM verfügbaren SAP NetWeaver BW-Analyseberichten finden Sie jeweils am Ende der entsprechenden Kapitel in Teil II, »Funktionen und Prozesse«.
- **SAP NetWeaver Process Integration (SAP NetWeaver PI)**
  SAP NetWeaver PI (früher XI, Exchange Infrastructure) dient dazu, den SRM-Server mit SAP Supplier Self-Services sowie mit weiteren SAP-Komponenten zu integrieren.

- **SAP NetWeaver Portal**
  SAP NetWeaver Portal dient als zentraler browserbasierter Einstiegspunkt für den Zugriff auf die SAP SRM-Funktionalität und auf die Funktionalität weiterer eingesetzter SAP-Lösungen.

  In SAP NetWeaver Portal zeigt das *Business Package for SAP SRM* die unternehmensintern genutzte Funktionalität an. Das *Business Package for Supplier Collaboration* dient dem browserbasierten Zugriff durch Lieferanten auf das SAP SRM-System, auf die SAP Supplier Self-Services und auf SAP SNC.
- **SAP Product Lifecycle Management (SAP PLM) und PPM**
  Die Funktionalität der Lösung *Portfolio and Project Management* (ehemals cProjects) von SAP PLM dient dem browserbasierten Austausch von Dokumenten in kollaborativen Ausschreibungsszenarien (siehe Abschnitt 7.4, »Ausschreibungen«).
- **SAP Global Trade Services**
  SAP Global Trade Services unterstützt Unternehmen dabei, die internationalen Handelsvorschriften einzuhalten, und wird in Abschnitt 11.2, »Sicherstellung von Gesetzeskonformität und Compliance«, beschrieben.

Die SAP SRM-Komponenten SRM-Server, SRM-MDM Catalog, SAP NetWeaver Search and Classification (TREX), SAP Internet Pricing and Configurator (SAP IPC) und Live Auction Cockpit sind aus Gründen der Vollständigkeit auch in Abbildung 1.4 enthalten. Sie werden in Kapitel 2, »Architektur und Technologie von SAP SRM«, detailliert beschrieben.

1.5 SAP Supplier Lifecycle Management

Mit SAP Supplier Lifecycle Management 1.0 hat die SAP AG eine Lösung auf den Markt gebracht, die den Kunden einen 360-Grad-Blick in einem System auf ihre Lieferanten ermöglicht. Mit SAP Supplier Lifecycle Management kann die komplette Beziehung zu allen Lieferanten, also von der Lieferantenregistrierung über die Lieferantenqualifizierung bis hin zur Lieferantenklassifizierung und Verwaltung von Lieferanten, betrachtet werden. Dies eröffnet Ihnen die Möglichkeit, die Verwaltung Ihrer Lieferanten zentral zu steuern. Hierdurch erhöht sich die nicht nur die Transparenz, sondern es verbessert sich auch der Ablauf des Lieferantenauswahlprozesses.

Für Ihre Lieferanten bedeutet das Lieferantenportal, dass sie einen zentralen Zugang zu Ihrem Unternehmen erhalten.

Im Detail werden von SAP Supplier Lifecycle Management 1.0 die folgenden Geschäftsprozesse unterstützt:

- Registrierung von Lieferanten
- Pflege von Lieferantendaten
- Qualifizierung von Lieferanten (siehe Abbildung 1.5)
- Verwaltung des Lieferantenportfolios
- Bewertung von Lieferanten

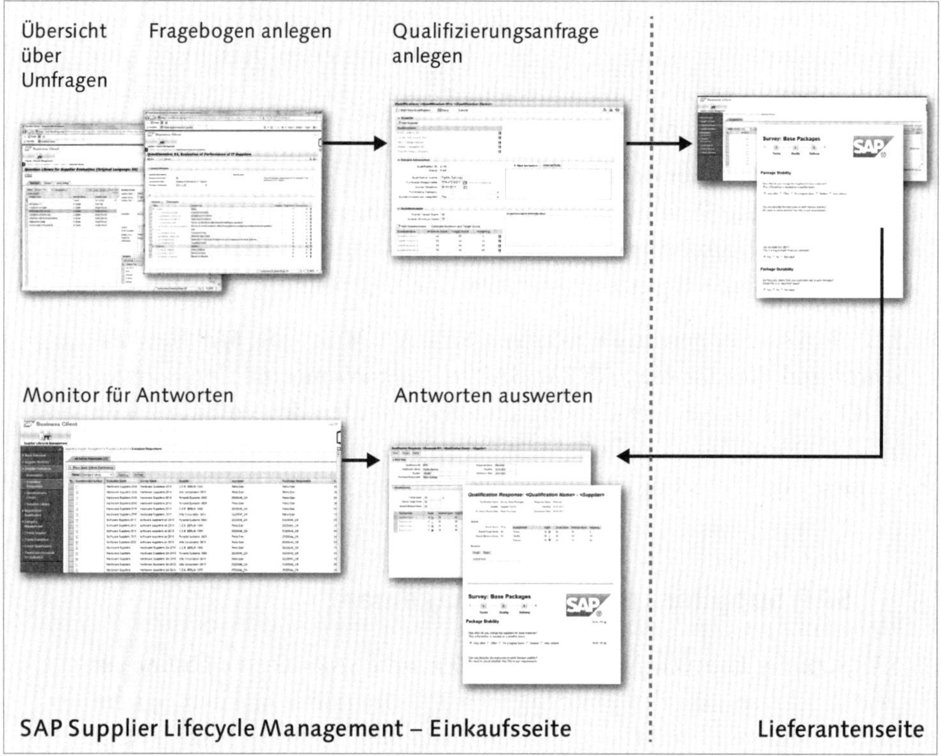

Abbildung 1.5 Übersicht »Qualifizierung von Lieferanten« (Quelle: SAP AG)

SAP Supplier Lifecycle Management 1.0 verfügt über eine interne Sicht – die Einkäuferseite – und über eine externe Sicht – die Lieferantenseite (siehe Abbildung 1.6). Je nach Sichtweise gibt es verschiedene Zuständigkeiten: Auf der Einkäuferseite sind dies vor allem die Zuständigkeit für die Kategorien, Fragebögen, Bewertungen und Genehmigungen sowie für die Administration. Auf der Lieferantenseite werden die Zuständigkeiten für die Verwaltung der Lieferantenstammdaten, für die Verwaltung von Mitarbeitern, für die Expertise für Qualifizierungen und für die Administration abgebildet.

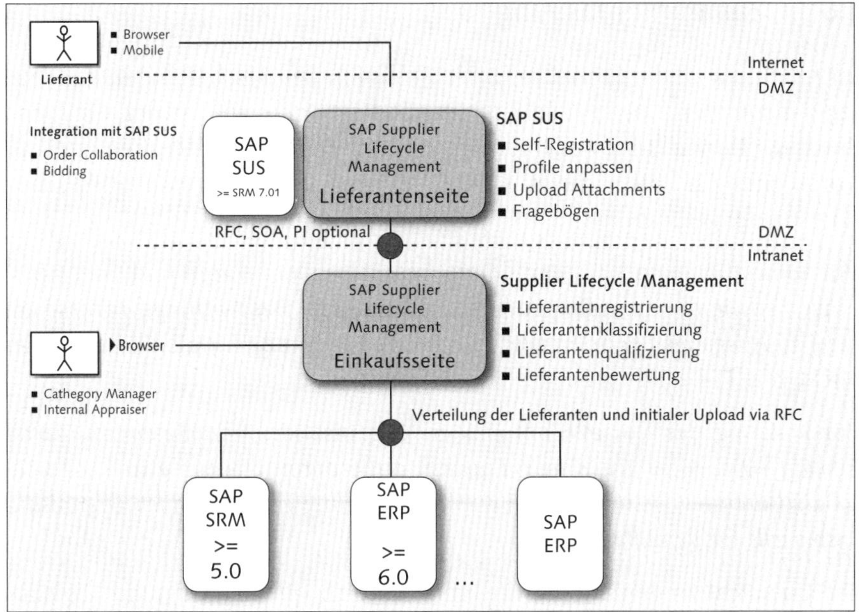

Abbildung 1.6 Übersicht »Architektur SAP Supplier Lifecycle Management 1.0« (Quelle: SAP AG)

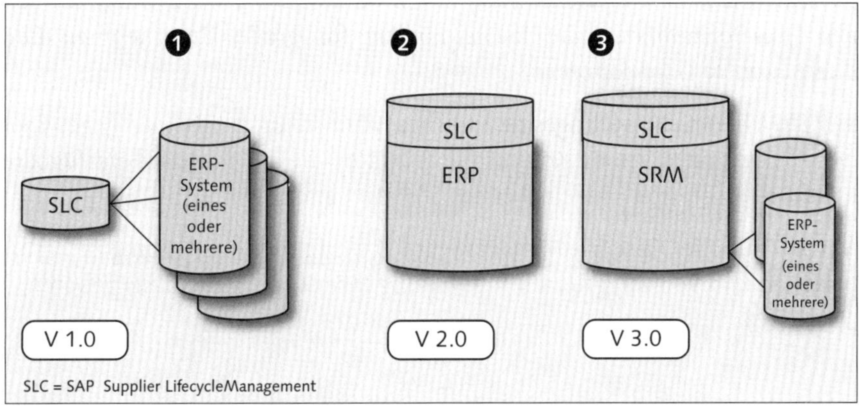

Abbildung 1.7 Installationsoptionen von SAP Supplier Lifecycle Management (Quelle: SAP AG)

Es stehen Ihnen verschiedene Optionen zur Verfügung, um SAP Supplier Lifecycle Management 1.0 in Ihrer Systemlandschaft verfügbar zu machen (siehe Abbildung 1.7):

- Nutzung als zentrales System ❶
- Nutzung als Add-on zu SAP ERP (ab Supplier Lifecycle Management 2.0) ❷
- Nutzung als Add-on zu SAP SRM ❸

1.6 Zusammenfassung

Im Anschluss an die Betrachtung der Evolution der Beschaffung in den letzten Jahrzehnten, die maßgeblich durch die Fortschritte in der EDV und durch die Entwicklung des Internets vorangetrieben wurde, haben wir – als Vorbereitung auf die nächsten Kapitel – einige wichtige Aspekte der Beschaffung kennengelernt:

Vor allem die Segmentierung der zu beschaffenden Waren und Dienstleistungen sowie die darauffolgende Ausrichtung der Beschaffungsprozesse auf die Top-Ausgabekategorien sind von hoher Bedeutung für die Planung einer effektiven, IT-basierten Beschaffungslandschaft.

Zur Nutzung der Vorteile der beiden Organisationsmodelle *zentralisierter Einkauf* sowie *dezentralisierter Einkauf*, ohne deren Nachteile in Kauf nehmen zu müssen, bietet sich die Implementierung eines *hybriden Organisationsmodells für den Einkauf* an.

Die Übersicht zu den SAP-Lösungen im Bereich »Beschaffung und Logistik« hat die Positionierung von SAP Supplier Relationship Management verdeutlicht: SAP SRM dient der Erweiterung der SAP ERP-gestützten Beschaffungsprozesse über die Unternehmensgrenzen hinaus. Dabei ist es aufgrund seines Funktionsumfangs die ideale Lösung für große Unternehmen und internationale Großkonzerne.

SAP SRM bietet ein wichtiges technisches Alleinstellungsmerkmal gegenüber den Produkten diverser Konkurrenzanbieter: die im Standard verfügbare nahtlose Integration in viele weitere SAP-Anwendungen.

Mit SAP Supplier Lifecycle Management 1.0 wird Ihnen eine Lösung zur transparenten und voll integrierten Verwaltung Ihrer Lieferantenbasis geboten.

Eine SAP SRM-Lösung besteht aus mehreren SAP-Komponenten, die miteinander und mit weiteren SAP-Softwarelösungen in den Bereichen »Logistik« und »Finanzbuchhaltung« flexibel integriert werden. Besondere Bedeutung kommt dem technischen Szenario zu, da es das Zusammenspiel zwischen dem SRM-Server und dem SAP ERP-Backend bestimmt.

2 Architektur und Technologie von SAP SRM

Bevor wir mit der Betrachtung der Funktionalität der SAP SRM-Lösung beginnen, ist es hilfreich, sich zunächst mit der zugrunde liegenden Systemarchitektur vertraut zu machen.

Die Kernkomponente der SAP SRM-Lösung ist der *SRM-Server*. Dieser ist eine Weiterentwicklung des Produkts *SAP Enterprise Buyer* (EBP), das ursprünglich als browserbasierte Einkaufswagenerweiterung für die Materialwirtschaftskomponente (MM, Materials Management) des SAP ERP-Vorgängers SAP R/3 entwickelt worden ist. Über die Jahre wuchs der Funktionsumfang der SRM-Lösung stetig an. Mittlerweile enthält SAP SRM verschiedene technische Komponenten, die in den unterschiedlichsten technischen und betriebswirtschaftlichen Szenarien eingesetzt und kombiniert werden können.

In diesem Kapitel konzentrieren wir uns auf die Komponenten, die in den für SAP SRM definierten Geschäftsvorfällen benötigt werden. Das bedeutet, dass die Lösung *SAP Supplier Lifecycle Management* hier nicht betrachtet wird. In Abschnitt 1.5, »SAP Supplier Lifecycle Management«, haben wir bereits einen kurzen Überblick zu dieser Anwendung gegeben.

Die im Folgenden beschriebenen technischen Szenarien bilden die verschiedenen Varianten der Integration von SAP SRM mit dem SAP ERP-Backend ab. Im weiteren Verlauf des Kapitels werden die technischen Details der Backend-Integration im Beschaffungsprozess vertieft. Dabei gehen wir, neben der herkömmlichen RFC/ALE-basierten Integration, auch auf die neu mit SAP SRM 7.0 eingeführten SOA-basierten Integrationsszenarien ein.

Darüber hinaus können Sie sich am Ende dieses Kapitels über die Anwendungsoption »SAP SRM in einem Mandanten in SAP« informieren, die es Ihnen ermöglicht, SAP SRM auch als Add-on und nicht als Standalone-Lösung zu betreiben. Das Kapitel schließt mit Erläuterungen zu SAP NetWeaver Portal und dessen Bedeutung für SAP SRM.

2.1 Softwarekomponenten der SAP SRM-Lösung

Die SAP SRM-Lösung besteht mittlerweile aus einer Vielzahl von Softwarekomponenten, die neben den eigens für SAP SRM entwickelten Komponenten auch einige Komponenten der SAP NetWeaver-Plattform umfasst. Die folgende Aufzählung gibt Ihnen einen Überblick über die für SAP SRM benötigten Komponenten:

- **SRM-Server**
  Der *SRM-Server* ist die zentrale Komponente der SAP SRM-Lösung. Er wird sowohl zur Abwicklung der unternehmensinternen Prozesse (z.B. Einkaufswagen, Workflow, Kontraktverwaltung, Ausschreibungen) als auch für die Integration der Lieferanten (als Supplier Self-Services) eingesetzt.
- **SAP NetWeaver BW und Business Content**
  SAP NetWeaver Business Warehouse (SAP NetWeaver BW) wird von SAP SRM benötigt, um Auswertungen anzuzeigen. Technisch dient SAP NetWeaver BW dazu, die Daten aus dem SRM-Server auszulesen und im Data Warehouse vorzuhalten. Damit Sie entsprechende Auswertungen vornehmen und anzeigen können, muss zuvor der Business Content (BW Content) eingespielt worden sein. SAP NetWeaver BW ist die Basis für das Geschäftsszenario »Ausgabenanalyse«, das Sie in Abschnitt 11.1, »Ausgabenanalyse«, finden.
- **SAP NetWeaver Portal und Portal Content**
  Für das Release SAP SRM 7.0 wird der Einsatz von *SAP NetWeaver Portal* (früher *SAP Enterprise Portal*) empfohlen. Der Vorteil von SAP NetWeaver Portal ist, dass es als zentraler Einstiegspunkt für alle SAP-Anwendungen fungiert und so in einer einheitlichen Oberfläche SAP SRM, SAP ERP, SAP CRM und weitere Lösungen miteinander integriert. Abhängig von der Benutzerrolle zeigt es dem angemeldeten Anwender die für ihn zugelassenen Anwendungen. Damit SAP NetWeaver Portal für SAP SRM genutzt werden kann, müssen noch die entsprechenden Business Packages (Business Package for SAP SRM, Business Package for Supplier Collaboration) eingespielt werden (siehe Abschnitt 2.6.3, »Business Packages«).

- **Live Auction Cockpit**
  Das *Live Auction Cockpit* (LAC WPS, SAP Live Auction Cockpit Web Presentation Server) ist eine J2EE-basierte Softwarekomponente (J2EE = Java Platform, Enterprise Edition), die die Funktionalität für Echtzeit-Reverse-Auktionen (siehe Abschnitt 7.5, »Live-Auktionen«) bereitstellt. LAC läuft zum Teil als J2EE Servlet auf dem Web Presentation Server.

Live-Auktionen auf dem ABAP-Server [EHP 1]

Mit der Verfügbarkeit von EHP 1 für SAP SRM 7.0 empfiehlt SAP die Nutzung des ABAP-basierten Live Auction Cockpits (siehe Abschnitt 7.5, »Live-Auktionen«).

- **Technologieplattform SAP NetWeaver und Adobe Document Services**
  Adobe Document Services (ADS) erweitern die Dokumentenverwaltungsmöglichkeiten des *SAP NetWeaver Application Servers* (SAP NetWeaver AS) und ermöglichen hierdurch die Nutzung von Adobe Acrobat. Einsatzszenarien sind u.a. das Generieren von PDF-Dokumenten aus dem SAP-System sowie das Importieren von Formularinhalten in das SAP-System.
- **SAP NetWeaver Process Integration und PI Content**
  SAP NetWeaver PI (früher *Exchange Infrastructure*, XI) dient der XML-basierten Integration einiger SRM-Komponenten untereinander (z.B. SRM-Server mit Supplier Self-Services) sowie dem Datenaustausch mit Lieferanten.
- **SAP NetWeaver Search and Classification (TREX)**
  Die *Search and Classification Engine* ist die Suchmaschine von SAP, die verschiedenste Dokumenttypen (z.B. Microsoft Office-Dokumente, Adobe-PDF-Dateien) durchsuchen kann. Sie unterstützt auch Suchmöglichkeiten wie die linguistische oder die unscharfe Suche. Die Search and Classification Engine kann in SAP SRM für die Volltextsuche nach Einkaufskontrakten sowie im SRM-MDM Catalog für die Suche nach Produkten eingesetzt werden.
- **Portfolio and Project Management (PPM)**
  PPM (ehemals *cProjects*) ist eine Anwendung, die den gesamten Projektverlauf in Entwicklungs- und Beratungsprojekten branchenübergreifend unterstützt. Es besteht die Möglichkeit, PPM mit SAP SRM zu integrieren und so den kompletten Einkaufsprozess für Materialien und Dienstleistungen von der Bezugsquellenfindung bis hin zur Zeit- bzw. Aufwandserfassung über PPM und SAP SRM abzuwickeln. Dieser Prozess wird im Geschäftsszenario »Beschaffung von externem Personal« (siehe Abschnitt 6.2.4, »Beschaffung von externem Personal«) verwendet.

- **SAP ERP**
  SAP SRM ist vielfach und eng mit dem SAP ERP-Backend (früher SAP R/3) integriert. Neben dem Austausch von Logistikdokumenten im klassischen Szenario wird das SAP ERP-Backend auch als Folgesystem für Finanzbelege (z.B. Lieferantenrechnung) benötigt. Neben der Möglichkeit der Anbindung an ein SAP ERP-Backend unterstützt SAP SRM auch die Anbindung an Nicht-SAP-Backends per XML-Datenaustausch.
- **SRM-MDM Catalog**
  SRM-MDM Catalog basiert auf *SAP NetWeaver Master Data Management* (SAP NetWeaver MDM) und unterstützt als browserbasiertes Produktverzeichnis die Einkaufswagentransaktion im Geschäftsszenario »Beschaffung per Self-Service« (siehe Abschnitt 6.1, »Beschaffung per Self-Service«).

Abhängig vom betriebswirtschaftlichen Szenario (siehe Teil II, »Funktionen und Prozesse«) werden verschiedene dieser Komponenten für die zu implementierende SRM-Lösung benötigt. Tabelle 2.1 gibt einen ersten Überblick über den Zusammenhang zwischen den verschiedenen Komponenten und Geschäftsszenarien.

Szenario \ Benötigte Komponenten		SRM-Server	BW u. BW Content	Portal u. Portal Content	SAP NetWeaver u. Adobe Document Services	PI u. PI Content	TREX	PPM (ehemals cProjects)	SAP ERP	SRM-MDM Catalog
Self-Service Procurement	klassisches Szenario	X	O	O	X	O	O		X	O
	erweitertes klassisches Szenario	X	O	O	X	X	O		X	O
Service Procurement	klassisches Szenario	X	O	O	X	X	O		X	O
	external Staffing	X	O	O	X	X	O	O	X	O
Plan-Driven Procurement	Plant Maintenance	X	O	O	X	O	O		X	O
	Supplier Integration	X	O	O	X	X	O		X	O
Strategic Sourcing	RFx	X	O	O	X	X	O	O	O	O
	Live Auction	X	O	X	X	X	O		O	O

Tabelle 2.1 Szenario-Komponenten-Matrix

Szenario / Benötigte Komponenten		SRM-Server	BW u. BW Content	Portal u. Portal Content	SAP NetWeaver u. Adobe Document Services	PI u. PI Content	TREX	PPM (ehemals cProjects)	SAP ERP	SRM-MDM Catalog
Analytics	Spend Analysis	O	X	O			O		O	O
	Supplier Evaluation	O	X	O			O		O	O
Supplier Qualification		X		O		X	O		O	O
Catalog Content Management		X		X		O	O		O	X
Operational Contract Management		X	O	O	X	O	O		O	O

Tabelle 2.1 Szenario-Komponenten-Matrix (Forts.)

Das Kennzeichen X bedeutet, dass die entsprechende Komponente erforderlich ist, und O besagt, dass die Komponente optional genutzt werden kann. Ein leeres Feld bedeutet wiederum, dass die Komponente für dieses Geschäftsszenario nicht benötigt wird.

Tabelle 2.1 wurde in Anlehnung an den unter *http://service.sap.com/srm-inst* verfügbaren »Master Guide – SAP Supplier Relationship Management 7.0« erstellt. Im Unterschied zu der Übersicht im Master Guide hat sich vor allem die Kennzeichnung der Komponente »Portal & Portal Content« durchgängig geändert. Dies liegt daran, dass Sie für die meisten Szenarien auch den SAP NetWeaver Business Client verwenden können. Somit ist die Nutzung von SAP NetWeaver Portal nicht zwingend erforderlich.

Die für die Bezeichnung der Geschäftsszenarien verwendeten englischen Begriffe lösen wir in Tabelle 2.2 auf, indem wir den Bezug zum jeweils dazugehörigen Kapitel bzw. Abschnitt dieses Buches herstellen.

Geschäftsszenario	Szenariovariante	Bezug
Self-Service Procurement	klassisches Szenario	siehe Abschnitt 6.1, »Beschaffung per Self-Service«
	erweitertes klassisches Szenario	

Tabelle 2.2 Bezug zwischen englischen Geschäftsszenarien und Buchkapiteln bzw. -abschnitten

Geschäftsszenario	Szenariovariante	Bezug
Service Procurement	klassisches Szenario	siehe Abschnitt 6.2.3, »Beschaffung komplexer Dienstleistungen mit hierarchischen Strukturen«
	external Staffing	siehe Abschnitt 6.2.4, »Beschaffung von externem Personal«
Plan-Driven Procurement	Plant Maintenance	siehe Abschnitt 6.4, »Plangesteuerte Beschaffung«
	Supplier Integration	siehe Abschnitt 9.3, »Supplier Self-Services mit SAP ERP-Integration«
Strategic Sourcing	RFx	siehe Abschnitt 7.4, »Ausschreibungen«
	Live Auction	siehe Abschnitt 7.5, »Live-Auktionen«
Analytics	Spend Analysis	siehe Abschnitt 11.1, »Ausgabenanalyse«
	Supplier Evaluation	siehe Abschnitt 10.2, »Lieferanten-bewertung«
Supplier Qualification		siehe Abschnitt 10.1, »Lieferantenqualifizierung«
Catalog Content Management		siehe Abschnitt 6.6, »Katalogverwaltung«
Operational Contract Management		siehe Kapitel 8, »Verwaltung von Kontrakten«

Tabelle 2.2 Bezug zwischen englischen Geschäftsszenarien und Buchkapiteln bzw. -abschnitten (Forts.)

2.2 Technische Szenarien

SAP SRM ist in verschiedenen technischen Szenarien (auch *Integrationsszenarien* genannt) einsetzbar.

[»] **Abgrenzung zwischen technischen Szenarien und Geschäftsszenarien**

Geschäftsszenarien fassen die Funktionalität der SAP SRM-Lösung auf betriebswirtschaftlicher Ebene zusammen. Dabei kombinieren sie mehrere, zusammengehörende Geschäftsprozesse. Für manche Geschäftsszenarien gibt es mehrere Szenariovarianten, die sich in ihrer Ausprägung (z.B. nach technischen Szenarien) unterscheiden.

Technische Szenarien bilden die verschiedenen Varianten der Integration von SAP SRM mit dem SAP ERP-Backend in Bezug auf das führende System für die Einkaufswagenfolgebelege ab. Das führende System für die Einkaufswagenfolgebelege (z.B. Bestellanforderung) bestimmt in der Regel, mit welchem System (SAP SRM oder SAP ERP) die operativen Einkäufer arbeiten.

Im ursprünglichen Einsatzszenario wurde SAP Enterprise Buyer als browserbasierte Einkaufswagenerweiterung für MM eingesetzt. Daher nennt man dieses Szenario auch *klassisches Szenario*. Über die Jahre wurde der Funktionsumfang der SAP SRM-Lösung schrittweise ergänzt. Einige dieser neuen Funktionen erfordern den Einsatz des *erweiterten klassischen Szenarios*.

Mittlerweile lässt sich SAP SRM auf vielfältige Art und Weise in heterogenen Systemlandschaften mit SAP-Systemen und anderen SAP ERP-Backend-Systemen einsetzen. Zur Weiterbearbeitung und Verbuchung der Finanzwesenbelege (z.B. Rechnung, Zahlung) muss auf jeden Fall eine Komponente für Finanzwesen und Controlling (z.B. FI/CO) angebunden sein.

Im Folgenden werden die verschiedenen technischen Szenarien im Detail beleuchtet. Dabei handelt es sich um folgende Szenarien:

- das klassische Szenario
- das erweiterte klassische Szenario
- das Standalone-Szenario
- das entkoppelte Szenario

Die Wahl des technischen Szenarios hängt davon ab, mit welchem System die Einkaufsabteilung vorwiegend arbeiten soll und wo demnach die Folgebelege angelegt werden sollen. Darauf gehen wir später noch ein (siehe Abschnitt 2.2).

2.2.1 Klassisches Szenario

Beim *klassischen Szenario* handelt es sich um das ursprüngliche Einsatzszenario. Der Einkaufswagen ❶ wird im SAP SRM-System angelegt und genehmigt. Die Folgebelege des Einkaufswagens (Reservierung ❷, Bestellanforderung ❸ oder Bestellung ❹) werden im SAP ERP-Backend-System angelegt. Somit arbeiten die operativen Einkäufer in diesem technischen Szenario üblicherweise im SAP ERP-Backend und wandeln dort z.B. Bestellanforderungen in Bestellungen um.

Die weiteren Folgebelege – Bestätigung ❺ bzw. Wareneingang ❻/Leistungserfassung ❼ sowie Rechnung ❽ – können wahlweise im SRM-System oder im SAP ERP-Backend angelegt werden (siehe Abbildung 2.1).

Zusammenfassend lässt sich sagen, dass der Einkauf in diesem technischen Szenario hauptsächlich im ERP-Backend arbeitet. Es gibt jedoch immer mehr Unternehmen, in denen auch der operative Einkauf die Bezugsquellenfindung in SAP SRM durchführt und der Bestellbeleg trotzdem führend in SAP ERP angelegt wird.

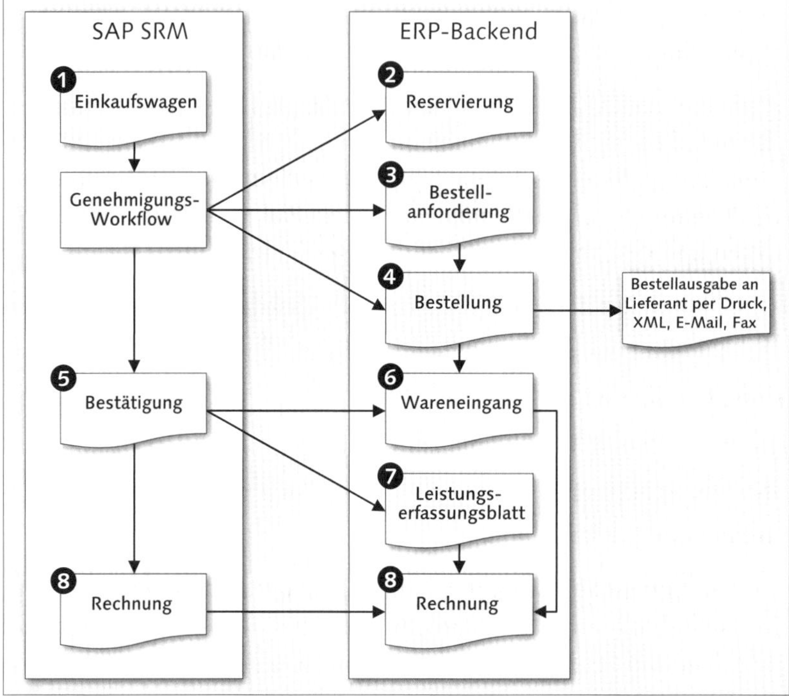

Abbildung 2.1 Klassisches Szenario – der Einkauf arbeitet generell im ERP-System

Ein weiterer Grund für die vermehrte Nutzung von SAP SRM im klassischen Szenario ist die Zentralisierung von Freigabestrategien. Diese werden, um Mehrfachpflege zu vermeiden, auch möglichst zentral in einem System definiert und gepflegt.

2.2.2 Erweitertes klassisches Szenario

Das *erweiterte klassische Szenario* ist – wie der Name schon vermuten lässt – eine Weiterentwicklung des klassischen Szenarios. Auch hier wird der Einkaufswagen ❶ im SAP SRM-System angelegt. Unvollständige Bestellungen ❷ werden von der Einkaufsabteilung direkt in SAP SRM vervollständigt. Die (vervollständigte) Bestellung ❸ wird in das ERP-Backend-System repliziert ❹. Die Bestellung im SAP SRM-System ist die führende Bestellung; sie kann nicht im SAP ERP-Backend geändert werden (siehe Abbildung 2.2).

Wareneingangsbestätigungen ❺ und Rechnungen ❻ können im SAP SRM-System vorerfasst oder direkt im Backend-System eingegeben werden.

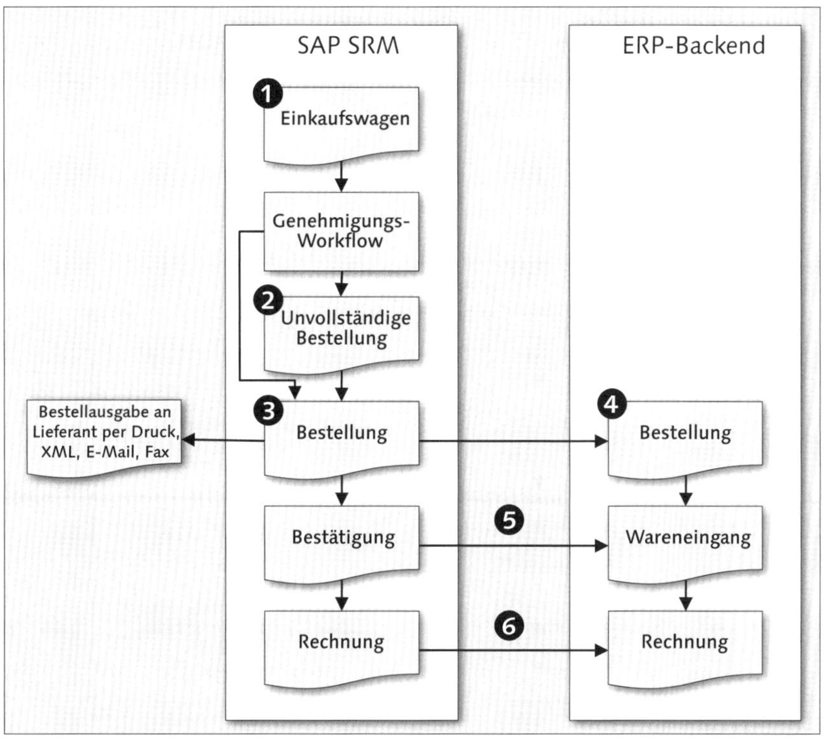

Abbildung 2.2 Erweitertes klassisches Szenario – der Einkauf arbeitet im SRM-System

Bei diesem technischen Szenario arbeiten die operativen Einkäufer also direkt im SAP SRM-System.

Auch bei diesem technischen Szenario arbeiten die operativen Einkäufer direkt im SAP SRM-System.

2.2.3 Standalone-Szenario

Kommen wir zum *Standalone-Szenario*. Der Einkaufswagen ❶ wird im SAP SRM-System angelegt. Die Bestellung ❷ wird ähnlich wie im erweiterten klassischen Szenario direkt im SAP SRM-System bearbeitet. Allerdings wird keine Kopie der Bestellung in das SAP ERP-Backend repliziert. Stattdessen wird direkt aus dem SAP SRM-System heraus ein Obligobeleg ❸ an das SAP ERP-Backend gesendet (siehe Abbildung 2.3). Die Rechnung ❹ wird in SAP SRM erfasst; ein Rechnungsbuchungsbeleg ❺ wird an das FI-System übertragen.

Dieses technische Szenario bietet sich an, wenn Sie über keine Materialwirtschaftsfunktionen in Ihrem ERP-System verfügen und stattdessen SAP SRM für sämtliche Beschaffungsprozesse verwenden möchten.

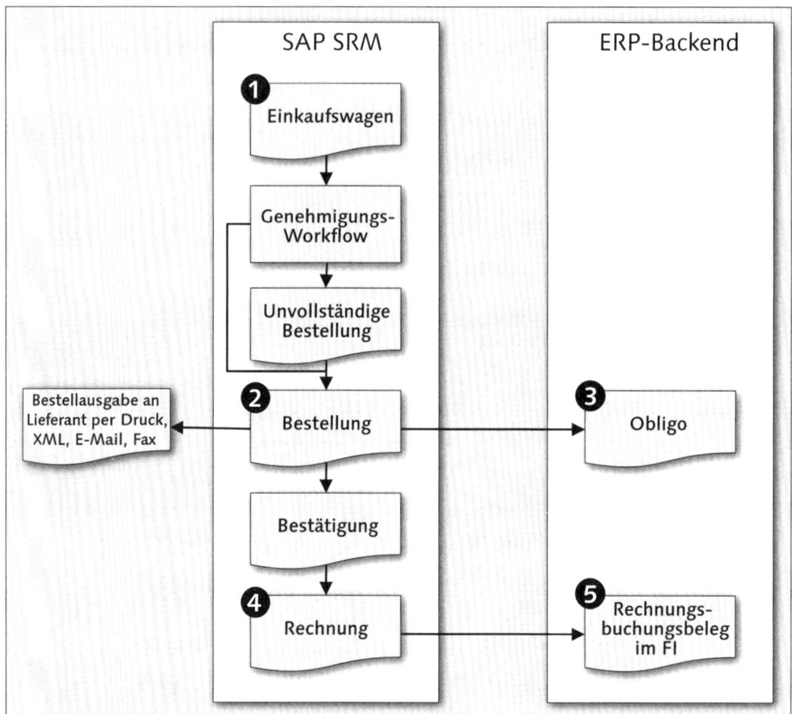

Abbildung 2.3 Standalone-Szenario – der Einkauf arbeitet im SRM-System

2.2.4 Entkoppeltes Szenario

Die bisher genannten Szenarien – klassisches, erweitertes klassisches und Standalone-Szenario – können auch parallel eingesetzt werden. Man spricht in diesem Fall von einem *entkoppelten Szenario.* Diese Kombination eignet sich besonders für Unternehmen, die bereits über ein produktives Backend-System für die Materialwirtschaft verfügen, die Beschaffung einiger Produkte (z.B. Büromaterialien) jedoch lokal und die anderer Produkte (z.B. Ersatzteile) im Backend-System abwickeln möchten.

Für das in Abbildung 2.4 dargestellte entkoppelte Szenario wird ausgehend von der Produktkategorie definiert, in welchem technischen Szenario der Beschaffungsprozess ablaufen soll (klassisches Szenario oder Standalone-Szenario). Es gibt auch die Möglichkeit, wahlweise für einzelne Produktkategorien zwischen dem klassischen Szenario und dem erweiterten klassischen Szenario zu unterscheiden. Allerdings ist dann die Ausprogrammierung des Business Add-ins (BAdI) `BBP_EXTLOCALPO_BADI` erforderlich.

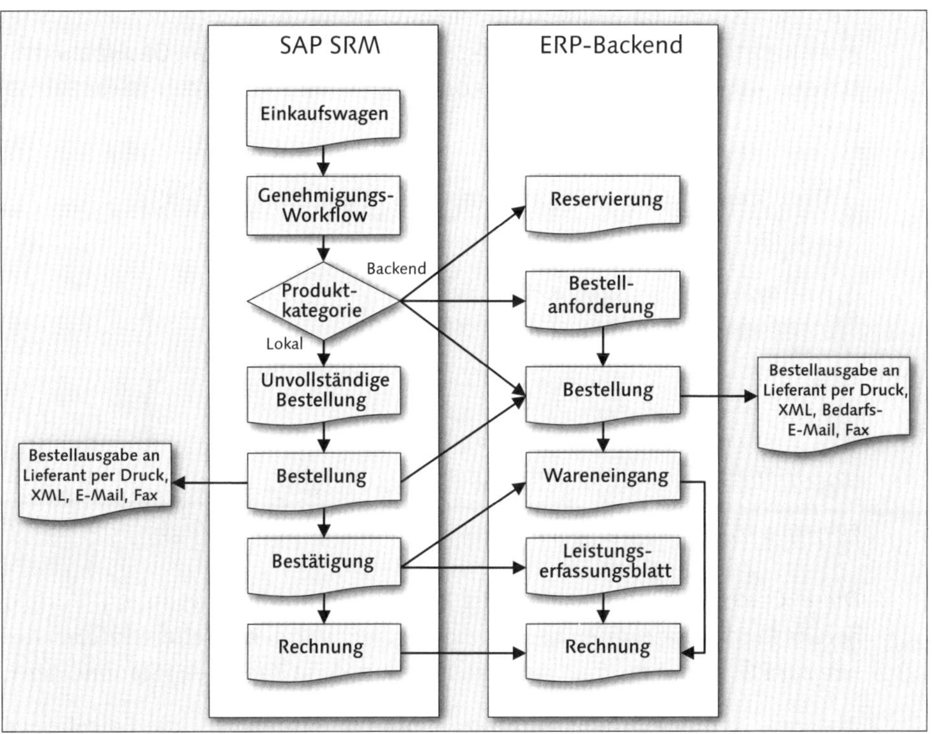

Abbildung 2.4 Entkoppeltes Szenario

Damit haben wir die technischen Szenarien kennengelernt und können uns nun den dazugehörigen Implementierungsaspekten widmen. Sollte Ihnen an dieser Stelle das Konzept der technischen Szenarien noch nicht hundertprozentig klar sein: Die technischen Szenarien werden uns im Verlauf des Buches weiter begleiten, so dass eventuell noch offene Fragen höchstwahrscheinlich nach und nach geklärt werden.

2.2.5 Technisches Szenario im Customizing einrichten

Zur Konfiguration des technischen Szenarios müssen Sie an bis zu drei verschiedenen Punkten des Systems ansetzen:

1. Backend-System zur Produktkategorie festlegen
2. erweitertes klassisches Szenario aktivieren
3. BAdI `BBP_EXTLOCALPO_BADI` ausprogrammieren

Beginnen wir mit dem ersten Punkt und legen das Backend-System zur Produktkategorie fest. Rufen Sie hierzu die Transaktion SPRO auf, und wählen

Sie anschließend im Einführungsleitfaden (IMG) den folgenden Pfad: Supplier Relationship Management • SRM Server • Technische Grundeinstellungen • Backend-System zur Produktkategorie festlegen (siehe Abbildung 2.5).

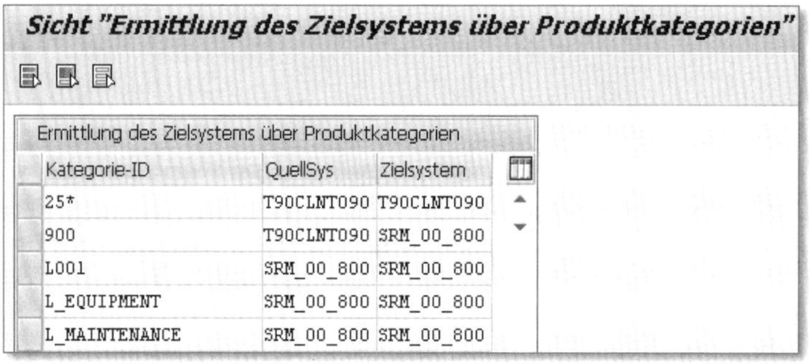

Sicht "Ermittlung des Zielsystems über Produktkategorien"

Ermittlung des Zielsystems über Produktkategorien

Kategorie-ID	QuellSys	Zielsystem
25*	T90CLNT090	T90CLNT090
900	T90CLNT090	SRM_00_800
L001	SRM_00_800	SRM_00_800
L_EQUIPMENT	SRM_00_800	SRM_00_800
L_MAINTENANCE	SRM_00_800	SRM_00_800

Abbildung 2.5 Customizing: Backend-System zur Produktkategorie festlegen

Diese Customizing-Transaktion ist nur konfigurierbar, wenn im Vorfeld bereits Produktkategorien im System angelegt wurden. Weitere Informationen zur Pflege von Produktkategorien finden Sie in Kapitel 4, »Stammdaten«.

Abhängig von der Produktkategorie kann ein Backend für die Folgebelege definiert werden. Gibt man hier für eine Produktkategorie als Zielsystem das lokale SRM-Server-System an, werden die Folgebelege im Standalone-Szenario angelegt. Gibt man für die Produktkategorie als Zielsystem ein SAP ERP-Backend-System an, werden die Folgebelege entweder im klassischen Szenario oder im erweiterten klassischen Szenario angelegt.

Die Spalte QuellSys (Quellsystem) sagt nur aus, aus welchem System die Produktkategorie stammt (d. h., ob sie lokal im SRM-Server angelegt oder aus dem SAP ERP-Backend repliziert wurde – weitere Infos dazu enthält Kapitel 4, »Stammdaten«), und hat keinen Einfluss auf die Steuerung des technischen Szenarios.

Welche Variante Sie wählen sollten, hängt vom folgenden Customizing-Schritt ab:

Erweitertes klassisches Szenario aktivieren

Wählen Sie die Transaktion SPRO, um zur Aktivierung des erweiterten klassischen Szenarios zu gelangen. Folgen Sie dann dem IMG-Pfad Supplier Relationship Management • SRM Server • Anwendungsübergreifende Grundeinstellungen • Erweitertes klassisches Szenario aktivieren.

Wenn die Einstellung ERWEITERTES KLASSISCHES SZENARIO AKTIVIEREN aktiv ist, werden alle Folgebelege in ERP-Systemen im erweiterten klassischen Szenario angelegt. Ist sie nicht aktiv, werden die Folgebelege in ERP-Systemen im klassischen Szenario angelegt.

Mit den bis jetzt beschriebenen Customizing-Einstellungen haben Sie also nur die Möglichkeit, maximal zwei technische Szenarien parallel im System zu aktivieren:

- Standalone-Szenario und klassisches Szenario
- Standalone-Szenario und erweitertes klassisches Szenario

Möchten Sie alle drei technischen Szenarien parallel im System aktivieren, müssen Sie das BAdI `BBP_EXTLOCALPO_BADI` ausprogrammieren.

BAdI BBP_EXTLOCALPO_BADI ausprogrammieren

Sie erreichen das BAdI `BBP_EXTLOCALPO_BADI` über die Transaktion SPRO und anschließend unter folgendem IMG-Pfad: SUPPLIER RELATIONSHIP MANAGEMENT • SRM SERVER • BUSINESS ADD-INS • STEUERUNG DES ERWEITERTEN KLASSISCHEN SZENARIOS • AKTIVIERUNG ERWEITERTES KLASSISCHES SZENARIO.

Mit dem BAdI `BBP_EXTLOCALPO_BADI` können Sie die unter ERWEITERTES KLASSISCHES SZENARIO AKTIVIEREN vorgenommene Einstellung übersteuern.

Funktion des BAdIs BBP_EXTLOCALPO_BADI [zB]

Sie möchten für die Produktkategorie A-1002 das erweiterte klassische Szenario nicht verwenden. Hierzu setzen Sie in der BAdI-Implementierung das Kennzeichen für diese Produktkategorie auf inaktiv. Obgleich das erweiterte klassische Szenario aktiviert ist, legt der SRM-Server für Einkaufswagenpositionen mit der Produktkategorie A-1002 alle Folgebelege einschließlich der Bestellung im Backend-System an (klassisches Szenario).

In diesem BAdI können Sie das technische Szenario in Abhängigkeit von Produkttyp, Produkt und Produktkategorie bestimmen. Dies gibt Ihnen die Möglichkeit, alle drei technischen Szenarien parallel in einem entkoppelten Szenario in Ihrem SAP SRM-System zu betreiben.

2.3 Backend-Integration im Beschaffungsprozess

SAP SRM ist eng mit dem SAP ERP-Backend integriert. Abhängig vom jeweiligen Geschäftsszenario und dem SAP ERP-Backend-Release werden dabei verschiedene Integrationstechnologien eingesetzt. Es kann hier zwischen zwei grundsätzlichen Varianten unterschieden werden:

- **SAP SRM-Release älter als 7.0 oder SAP ERP älter als ERP 6.0 mit Erweiterungspaket 4.0**
  Hier findet sämtliche Kommunikation über *Remote Function Calls* (RFC) oder ALE/IDocs (ALE = Application Link Enabling, IDoc = Intermediate Documents) statt.
- **SAP SRM-Release ab 7.0 sowie SAP ERP 6.0 ab Erweiterungspaket 4.0**
  Hier findet ein Teil der Kommunikation über RFC/ALE und ein Teil bereits über die *serviceorientierte Architektur* (SOA) statt (siehe auch Abschnitt 2.4, »SOA-basierte Integrationsszenarien«).

Um die in Abschnitt 2.2, »Technische Szenarien«, erlernten Konzepte zu vertiefen, betrachten wir zunächst den allerwichtigsten Teil der Integration: die Backend-Integration im Beschaffungsprozess. Die weiteren Integrationsmöglichkeiten (z.B. Produktstammdaten, Kontrakte usw.) werden in den folgenden Kapiteln behandelt:

- Kapitel 3, »Organisationsmanagement und Benutzerverwaltung«
- Kapitel 4, »Stammdaten«
- Kapitel 6, »Operative Beschaffungsprozesse«
- Kapitel 8, »Verwaltung von Kontrakten«

2.3.1 Technologien

Zum Anlegen von Folgebelegen im Beschaffungsprozess bedient sich SAP SRM zweier verschiedener Technologien: *Remote Function Call* (RFC) und *Application Link Enabling* (ALE) über IDocs.

Ein *Remote Function Call* (RFC) ist der Aufruf eines Funktionsbausteins in einem Partnersystem. ALE ist eine SAP-Technologie zum Aufbau und Betrieb von verteilten Anwendungen. Der ALE-basierte Datenaustausch wird über *Intermediate Documents* (IDocs) durchgeführt. Das IDoc-Format ist ein SAP-Standardformat zum elektronischen Datenaustausch zwischen Systemen.

Die für den ALE-basierten Datenaustausch verwendete IDoc-Schnittstelle besteht aus der Definition einer Datenstruktur und der Verarbeitungslogik für diese Datenstruktur. Unterschiedliche Nachrichtentypen (z.B. Lieferscheine oder Bestellungen) haben in der Regel spezifische Formate, die sogenannten *SAP-IDoc-Typen*.

Zur Integration des Beschaffungsprozesses mit Nicht-SAP-Backends stehen XML-Nachrichten zur Verfügung, die alternativ zur obengenannten Integrationstechnologie – RFC und IDocs – verwendet werden können.

Wo möglich, bedient sich das SAP SRM-System existierender IDoc-Schnittstellen des ERP-Backends. Für die auf den Einkaufswagen folgenden Belege (Bestellung, Bestellanforderung oder Reservierung) sowie für die Erstellung des Leistungserfassungsblatts auf Basis einer SRM-Bestätigung werden jedoch RFCs verwendet.

Abbildung 2.6 zeigt die zum Datenaustausch zwischen dem SRM-Server und dem SAP ERP-Backend verwendeten Technologien im klassischen Szenario und im erweiterten klassischen Szenario.

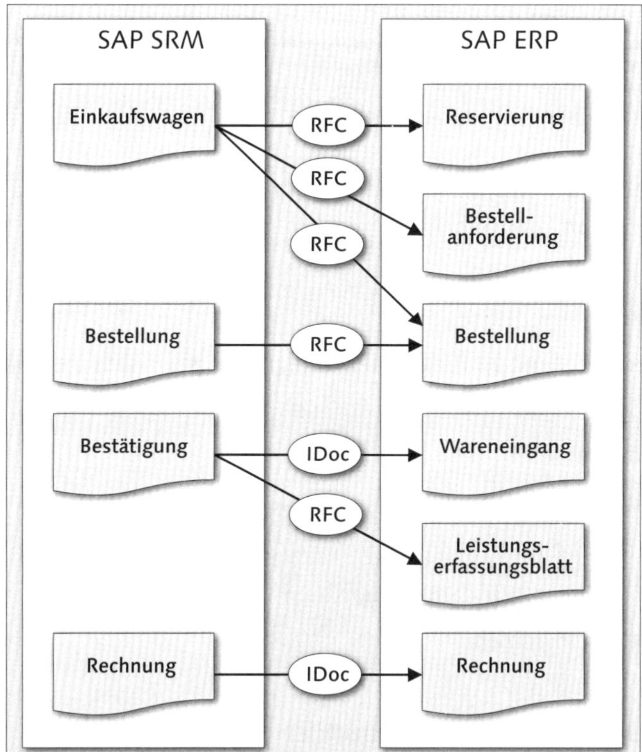

Abbildung 2.6 Datenaustausch im (erweiterten) klassischen Szenario

Da im Standalone-Szenario im SAP ERP-Backend keine Logistikbelege (d.h. keine Bestellungen) angelegt werden, baut es selbst kein Obligo auf. Daher wird hier noch ein weiteres IDoc benötigt. Dieses IDoc dient zum Aufbau des Obligos im SAP ERP-Backend-System (siehe Abbildung 2.7).

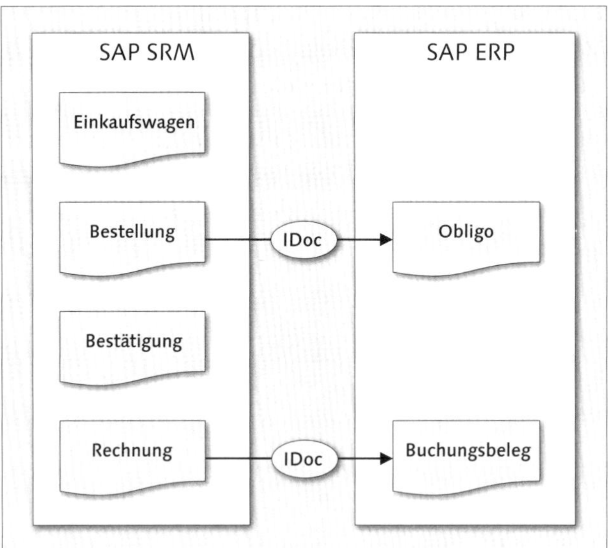

Abbildung 2.7 Datenaustausch im Standalone-Szenario

Werfen wir nun einen Blick auf die für die RFC- und ALE-basierte Integration erforderlichen Customizing-Schritte.

2.3.2 Customizing

Das Customizing der RFC- und ALE-basierten Integration setzt sich aus folgenden Teilschritten zusammen:

1. RFC-Destination definieren
2. ALE-Einstellungen pflegen
   - logisches System benennen
   - logisches System einem Mandanten zuordnen
   - Verteilungsmodell einrichten
3. Systemlandschaft festlegen
4. Abstraktionsschicht – Steuerparameter einstellen
5. Jobs einplanen

Diese Schritte werden wir im Folgenden nun genauer erläutern.

RFC-Destinationen definieren

Zunächst müssen wir die RFC-Destinationen definieren. Rufen Sie dazu die Transaktion SPRO und dann im Einführungsleitfaden (IMG) den folgenden Pfad auf: Supplier Relationship Management • SRM Server • Technische Grundeinstellungen • RFC-Destinationen definieren.

Dort wählen Sie den Knotenpunkt ABAP-Verbindungen aus und legen eine RFC-Destination zu Ihrem SAP ERP-Backend an (siehe Abbildung 2.8). Vorbedingung für diesen Schritt ist, dass im SAP ERP-Backend bereits ein RFC-User existiert. Falls nicht, müssen Sie diesen vorher noch anlegen.

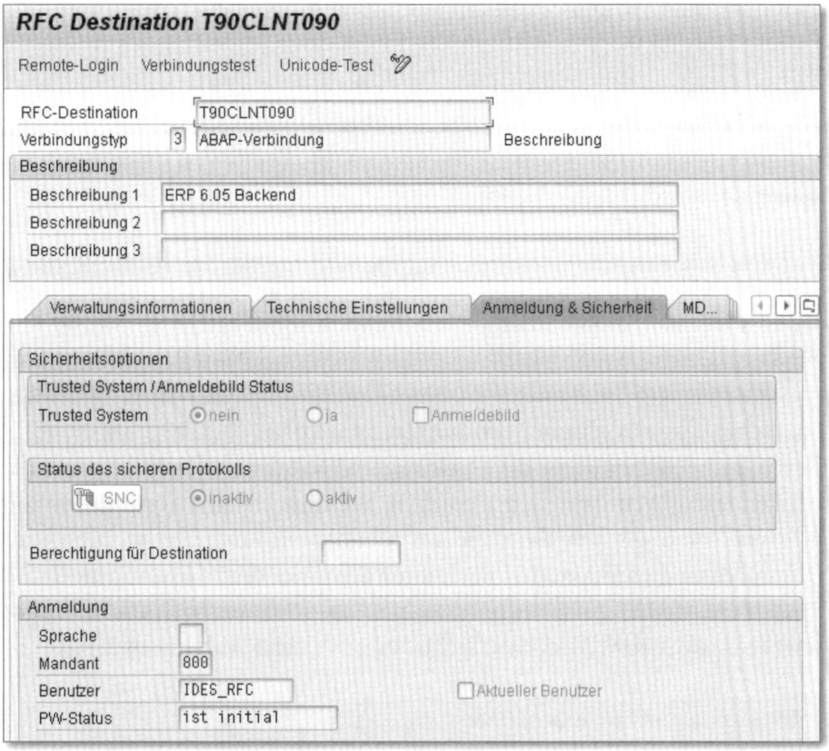

Abbildung 2.8 RFC-Verbindung einrichten

ALE-Einstellungen pflegen

Damit der oben beschriebene Datenaustausch per IDoc funktioniert, müssen noch die ALE-Einstellungen gepflegt werden. Die dazugehörigen Customizing-Transaktionen erreichen Sie über folgenden Customizing-Knotenpunkt: Rufen Sie die Transaktion SPRO auf, und wählen Sie im Einführungsleitfaden (IMG) den folgenden Pfad: Supplier Relationship Management • SRM Ser-

VER • TECHNISCHE GRUNDEINSTELLUNGEN • ALE EINSTELLUNGEN • VERTEILUNG (ALE). Führen Sie nun die folgenden Schritte durch:

1. **Logisches System benennen**
   Der erste Schritt ist das Benennen der logischen Systeme. Hierzu navigieren Sie unter dem Customizing-Punkt VERTEILUNG (ALE) zu GRUNDEINSTELLUNGEN • LOGISCHE SYSTEME • LOGISCHES SYSTEM BENENNEN. Hier definieren Sie jeweils einen logischen Systemnamen für das lokale SRM-Server-System sowie für das ERP-Backend-System (siehe Abbildung 2.9).

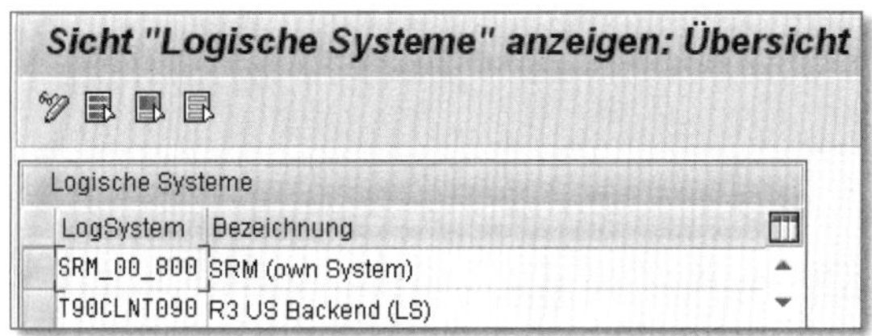

Abbildung 2.9 Logisches System benennen

[»] **Integration weiterer Systeme**

Werden später noch weitere Systeme wie z. B. SAP Supplier Self-Services integriert, muss für diese auch jeweils ein logisches System definiert werden.

2. **Logisches System einem Mandanten zuordnen**
   Der logische Systemname für den lokalen SRM-Server muss nun noch dem verwendeten Mandanten zugeordnet werden. Dabei können weitere Informationen wie z. B. die Rolle des Mandanten hinterlegt werden. Zum Durchführen dieser Aktivität navigieren Sie unter dem Customizing-Punkt VERTEILUNG (ALE) zu GRUNDEINSTELLUNGEN • LOGISCHE SYSTEME • LOGISCHES SYSTEM EINEM MANDANTEN ZUORDNEN (siehe Abbildung 2.10).

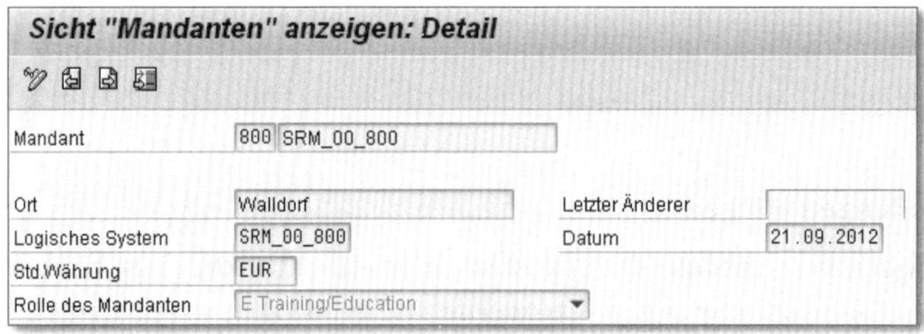

Abbildung 2.10 Logisches System einem Mandanten zuordnen

3. **Verteilungsmodell**
   Im Zusammenhang mit dem Verteilungsmodell sind die folgenden Schritte durchzuführen:
   - Verteilungsmodell anlegen
   - Nachrichtentypen hinzufügen
   - Partnervereinbarungen generieren
   - Verteilungsmodell an das Backend verteilen
   - Verteilungsmodell im Backend generieren

   Folgen wir dieser kurzen Übersicht und legen zunächst ein neues *Verteilungsmodell* an. Zum Durchführen dieser Aktivität navigieren Sie unter dem Customizing-Punkt VERTEILUNG (ALE) zu GESCHÄFTSPROZESSE MODELLIEREN UND IMPLEMENTIEREN • VERTEILUNGSMODELL PFLEGEN UND SICHTEN VERTEILEN. In dieser Transaktion legen Sie eine neue Modellsicht an und fügen anschließend die benötigten IDoc-Nachrichtentypen hinzu.

   Die zu verwendenden IDoc-Nachrichtentypen unterscheiden sich je nach technischem Szenario:
   - Für das (erweiterte) klassische Szenario benötigen Sie die Nachrichtentypen BBPIV (Rechnung) und MBGMCR (Bestätigung).
   - Für das Standalone-Szenario verwenden Sie den Nachrichtentyp BBPCO (Obligo).

   Anschließend sollte Ihr Verteilungsmodell in etwa wie in Abbildung 2.11 aussehen. Sie sehen, dass hier alle drei Nachrichtentypen enthalten sind. Demnach sind in unserem Beispiel sowohl das (erweiterte) klassische Szenario als auch das Standalone-Szenario möglich.

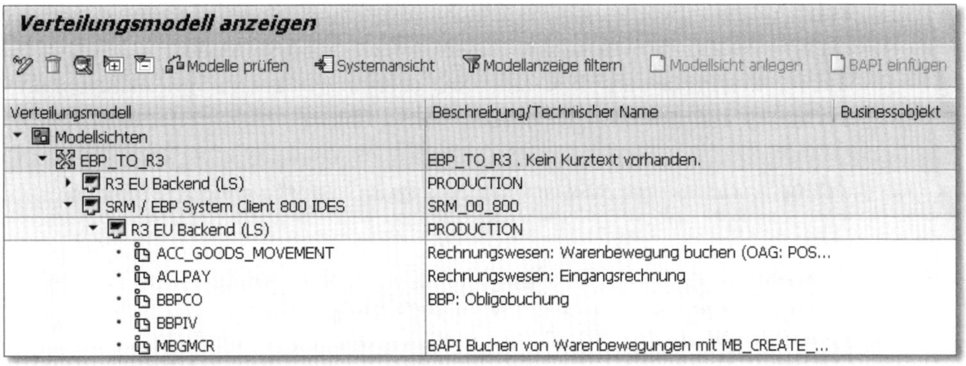

Verteilungsmodell anzeigen

Modelle prüfen | Systemansicht | Modellanzeige filtern | Modellsicht anlegen | BAPI einfügen

Verteilungsmodell	Beschreibung/Technischer Name	Businessobjekt
Modellsichten		
EBP_TO_R3	EBP_TO_R3 . Kein Kurztext vorhanden.	
R3 EU Backend (LS)	PRODUCTION	
SRM / EBP System Client 800 IDES	SRM_00_800	
R3 EU Backend (LS)	PRODUCTION	
ACC_GOODS_MOVEMENT	Rechnungswesen: Warenbewegung buchen (OAG: POS...	
ACLPAY	Rechnungswesen: Eingangsrechnung	
BBPCO	BBP: Obligobuchung	
BBPIV		
MBGMCR	BAPI Buchen von Warenbewegungen mit MB_CREATE_...	

Abbildung 2.11 Verteilungsmodell

Um das angelegte Verteilungsmodell nutzen zu können, müssen Sie noch die *Partnervereinbarungen* generieren. Hierzu rufen Sie die Menüpunkte Umfeld • Partnervereinbarungen generieren auf. Wählen Sie die vorher angelegte Modellsicht sowie das Partnersystem. Wahlweise spezifizieren Sie die weiteren Parameter (z.B. ob IDocs sofort übergeben werden sollen) und klicken auf Ausführen, um die Partnervereinbarungen zu generieren.

Anschließend muss das Verteilungsmodell noch in das IDoc-empfangende SAP ERP-Backend verteilt werden. Dies können Sie unter Bearbeiten • Modellsicht • Verteilen erledigen.

Das nun ins SAP ERP-Backend verteilte Verteilungsmodell muss auch dort noch generiert werden. Hierzu melden Sie sich am SAP ERP-Backend an und rufen die Transaktion SPRO und dann im Einführungsleitfaden (IMG) den folgenden Pfad auf: SAP NetWeaver • Application Server • IDOC-Schnittstelle/ Application Link Enabling (ALE) • Geschäftsprozesse modellieren und implementieren • Verteilungsmodell pflegen und Sichten verteilen (Transaktion BD64). Wählen Sie dort wieder im Menü den Eintrag Umfeld • Partnervereinbarungen generieren.

Systemlandschaft festlegen

Als Nächstes müssen wir die Systeme unserer Systemlandschaft definieren. Dies dient z.B. der weiter unten beschriebenen Abstraktionsschicht als Informationsquelle, damit der richtige Treiber, abhängig von der Version des SAP ERP-Backends, aufgerufen werden kann. Neben den Backend-Systemen müssen wir hier auch das lokale System des SRM-Servers definieren und dieses als *lokal* kennzeichnen (siehe Spalte Lokal in Abbildung 2.12).

Rufen Sie nun die Transaktion SPRO und im Einführungsleitfaden (IMG) den Pfad Supplier Relationship Management • SRM Server • Technische Grundeinstellungen • RFC-Destinationen definieren • Systemlandschaft festlegen auf, um diese Definition vorzunehmen.

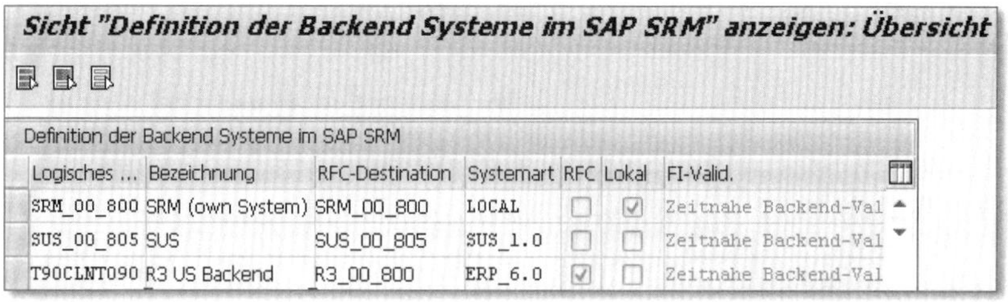

Sicht "Definition der Backend Systeme im SAP SRM" anzeigen: Übersicht

Definition der Backend Systeme im SAP SRM

Logisches ...	Bezeichnung	RFC-Destination	Systemart	RFC	Lokal	FI-Valid.
SRM_00_800	SRM (own System)	SRM_00_800	LOCAL	☐	☑	Zeitnahe Backend-Val
SUS_00_805	SUS	SUS_00_805	SUS_1.0	☐	☐	Zeitnahe Backend-Val
T90CLNT090	R3 US Backend	R3_00_800	ERP_6.0	☑	☐	Zeitnahe Backend-Val

Abbildung 2.12 Systemlandschaft festlegen

An dieser Stelle können Sie auch einstellen, wie die Kontierungsprüfung beim Anlegen des Einkaufswagens verlaufen soll. Das System bietet drei verschiedene Varianten:

- zeitnahe Backend-Validierung von FI-Daten (empfohlen)
- lokale Validierung von FI-Daten (eventuell bessere Performance, aber auch mehr Pflegeaufwand)
- keine Validierung von FI-Daten (nicht empfohlen)

Die zeitnahe Backend-Validierung von FI-Daten wird empfohlen, da sie direkt beim Anlegen des Einkaufswagens per RFC die Kontierungsdaten im FI-Modul prüft. Somit werden konsistente FI-Daten von Anfang an gewährleistet und Folgeprobleme, z.B. beim Anlegen der Bestellung oder Buchen der Rechnung, vermieden.

Außerdem geben Sie hier den Namen des SRM-Systems im System Landscape Directory (SLD) an, damit das System eindeutig identifiziert werden kann.

Falls Sie die globale Einstellung für das Release der angeschlossenen Backend-Systeme übersteuern möchten, können Sie dies durch die Implementierung des BAdIs `BBP_DETERMINE_DRIVER` erreichen (siehe Abschnitt 8.4.7, »Konfiguration für die SOA-basierte Verteilung von Zentralkontakten«).

Abstraktionsschicht – Steuerparameter einstellen

Zur technischen Unterstützung des RFC-basierten Datenaustausches mit dem ERP-Backend wurde in SAP SRM eine *Abstraktionsschicht* implementiert. Diese besteht aus einem Dispatcher, einem Treiber und einem Spooler.

Der *Dispatcher* analysiert die Customizing-Voreinstellungen, die unter SYSTEMLANDSCHAFT FESTLEGEN getroffen wurden (siehe Abbildung 2.12), und »weiß« dann, welcher Treiber aufgerufen werden muss, mit welchem Backend-System kommuniziert wird und welchen Release-Stand das Backend-System hat.

Für jedes unterstützte Release und jede Abstraktionsschicht gibt es einen *Treiber*-Funktionsbaustein, der die Business Application Programming Interfaces (BAPI) im Backend-System aufruft.

Der *Spooler* kontrolliert die Übertragung von Dokumenten aus dem SRM-Server in das Backend-System. Sollten bei der Übertragung Fehler auftreten, z.B. wenn das Backend-System nicht erreicht wird, wird der Spooler als Warteschlange für die Bestellanforderungen verwendet. Der Spooler versucht, das Backend-System in regelmäßigen Abständen anzurufen und die Dokumente zu übertragen.

Zum Einstellen der *Steuerparameter* rufen Sie die Transaktion SPRO und dann im Einführungsleitfaden (IMG) den folgenden Pfad auf: Supplier Relationship Management • SRM Server • Technische Grundeinstellungen • Steuerparameter einstellen. Hier definieren Sie über die folgenden Steuerparameter, wie sich das System beim Übertragen der Folgebelege des Einkaufswagens an das ERP-Backend verhalten soll (siehe Abbildung 2.13). Die einzelnen Steuerparameter haben die folgende Bedeutung:

- SPOOL_JOB_USER
  (ein lokaler System-User für den Spool-Job)
- SPOOL_LEAD_INTERVALL
  (das Vorlaufintervall zwischen den Übertragungsversuchen in Sekunden)
- SPOOL_MAX_RETRY
  (maximale Anzahl Übertragungsversuche (in Abbildung 2.13 Wiederholungsversuche))

Sicht "Customizing des BBP-Basissystems" anzeigen: Übersicht

Schlüssel Steuersatz	Beschreib. Konfigurati	Wertesteuersatz
SPOOL_JOB_USER	R/3-Benutzernamen für Spool-Jobs	EBP_JOB
SPOOL_LEAD_INTERVALL	Vorlaufintervall in Sekunden	60
SPOOL_MAX_RETRY	Maximale Anzahl Wiederholungsversuche	5

Abbildung 2.13 Steuerparameter einstellen

Jobs einplanen

Zur Sicherstellung der Konsistenz der Daten zwischen dem SRM-Server und dem SAP ERP-Backend-System müssen die folgenden beiden Jobs eingeplant werden: `CLEAN_REQREQ_UP` und `BBP_GET_STATUS_2`.

Jobs sind ABAP-Programme, die regelmäßig vom System im Hintergrund durchgeführt werden. Der Job `BBP_GET_STATUS_2` sorgt dafür, dass die Statusangaben zu Bestellanforderungen, Bestellungen und Reservierungen aktuell sind. Bei Bedarf überträgt er den Status der Folgebelege zurück an den SAP SRM-Einkaufswagenbeleg. Der Job `CLEAN_REQREQ_UP` prüft, ob alle Daten richtig ins Backend übertragen worden sind, und löscht dann die Einträge in der Tabelle BBP_DOCUMENT_TAB, in der die Belege *als in Übertragung* aufgeführt sind. Sie können die SAP SRM-Belege erst nach der Verbuchung durch diesen Job weiterbearbeiten.

Die beiden Jobs können Sie über die Transaktion SM36 einplanen. Nach der Durchführung dieser Schritte haben Sie das Customizing zur Backend-Integration für den Beschaffungsprozess erfolgreich abgeschlossen.

2.4 SOA-basierte Integrationsszenarien

In diesem Abschnitt betrachten wir die mit SAP SRM 7.0 neu eingeführten SOA-basierten Integrationsszenarien. SOA steht für *serviceorientierte Architektur* und ist eine Standardtechnologie zur Kommunikation über XML-basierte Enterprise Services.

SAP verfolgt die Strategie, nach und nach immer mehr Schnittstellen seiner Softwareanwendungen auf die standardisierte SOA-Technologie umzustellen.

Neu in SAP SRM 7.0 [«]

Seit SAP SRM 7.0 kommuniziert SAP SRM mit SAP ERP 6.0 (ab Erweiterungspaket 4) auch über SOA.

Durch den Einsatz einer SOA ergeben sich Vorteile in Bezug auf eine klarere Architektur, eine leichtere Erweiterbarkeit über *Composite Applications* und eine einfachere Anbindbarkeit an Softwareanwendungen von Fremdanbietern. Weitere Details hierzu finden Sie in Anhang F, »Erweiterungskonzepte für SAP SRM«.

Die SOA-basierten Integrationsszenarien werden bei den folgenden beiden Geschäftsszenarien eingesetzt:

- »Beschaffung komplexer Dienstleistungen mit hierarchischen Strukturen« (siehe Abschnitt 6.2.3), inklusive der Funktionalität zur »Sammelbearbeitung von Bestellanforderungen« (siehe Abschnitt 7.3.5)
- »Verwaltung von Zentralkontrakten« (siehe Abschnitt 8.2)

Dabei werden abhängig von den betriebswirtschaftlichen Anforderungen entweder synchrone oder asynchrone Enterprise Services verwendet.

[»] **Synchrone versus asynchrone Enterprise Services**

Synchrone Enterprise Services erlauben eine Echtzeit-Kommunikation mit direkter Rückmeldung des Ergebnisses (dies ist z. B. bei der Preisberechnung im Bereich der *Verwaltung von Zentralkontrakten* erforderlich).

Asynchrone Enterprise Services kommunizieren zeitversetzt. Das Ergebnis wird nicht unmittelbar zurückgemeldet (ein Beispiel hierzu ist das Anlegen einer Ausschreibung in SAP SRM aus dem ERP-Backend heraus).

Für die asynchronen Enterprise Services wird meist noch SAP NetWeaver PI benötigt.

Es wird empfohlen, die synchronen Enterprise Services über SAP NetWeaver PI nicht als vermittelt, sondern als *Peer-to-Peer* zu konfigurieren. Nähere Informationen hierzu finden Sie in SAP-Hinweis 1268336, »Business Suite 2008: Synchrone Peer-to-Peer-Services«.

2.4.1 Enterprise Services für die Beschaffung komplexer Dienstleistungen

Für die Beschaffung komplexer Dienstleistungen mit hierarchischen Strukturen, inklusive der Funktionalität »Sammelbearbeitung von Bestellanforderungen«, werden Enterprise Services zum Datenaustausch zwischen dem SRM-Server und dem SAP ERP-Backend eingesetzt.

Die Enterprise Services unterstützen dabei die folgende betriebswirtschaftliche Funktionalität:

- Externe Anforderungen vom SAP ERP-Backend werden an SAP SRM übertragen.
- SAP SRM-Ausschreibungen können direkt vom SAP ERP-Backend aus angelegt werden.
- Die Backend-Folgebelege »Bestellung« und »Kontrakt« können von SAP SRM aus angelegt werden.

Tabelle 2.3 zeigt die jeweils verwendeten Service Interfaces im SRM-Server und ERP-Backend. Sie ist auf den ersten Blick etwas komplex; lassen Sie uns daher detaillierter auf die in der Tabelle beschriebenen Konzepte eingehen:

- In der linken Spalte (SRM) sehen Sie die Service Interfaces (Schnittstellen), die der SRM-Server zur Verfügung stellt.
- In der rechten Spalte stehen die Service Interfaces, die das SAP ERP-Backend zur Verfügung stellt.
- Die mittlere Spalte zeigt an, welche Rolle der SRM-Server bei dem jeweiligen Service-Aufruf spielt. In der Rolle »Consumer« tätigt der SRM-Server

den Serviceaufruf; in der Rolle »Provider« stellt er den Service bereit. Darüber hinaus finden Sie in der mittleren Spalte Informationen darüber, ob der Service *synchron* oder *asynchron* abläuft.

SAP SRM	Richtung (SAP SRM ist ...)	ERP
RFQRequestSUITE AllowedBiddersBy IdentifyingElement Query_In	synchroner Aufruf (Provider)	RFQRequestSUITEAllowed BiddersByIdentifying ElementsQuery_Out
RFQRequestSUITE Request_In	asynchroner Aufruf (Provider)	RFQRequestSUITERequest_ Out
RFQRequestSUITE Confirmation_Out	synchroner Aufruf (Consumer)	RFQRequestSUITE Confirmation_In
PurchaseRequestERP SourcingRequest_In	asynchroner Aufruf (Provider)	PurchaseRequestERPSourci ngRequest_Out
PurchaseOrderERP Request_Out_V1	synchroner Aufruf (Consumer)	PurchaseOrderERPRequest_ In_V1
PurchaseOrderERP Confirmation_In	asynchroner Aufruf (Provider)	PurchaseOrderERP Confirmation_Out
PurchasingContractERP Request_Out_V1	synchroner Aufruf (Consumer)	PurchasingContractERP Request_In_V1
PurchasingContractERP Confirmation_In	asynchroner Aufruf (Provider)	PurchasingContractERP Confirmation_Out

Tabelle 2.3 Enterprise Services für die Beschaffung komplexer Dienstleistungen

Asynchroner Serviceaufruf zum Anlegen einer Ausschreibung [zB]

Für eine Bestellanforderung im SAP ERP-Backend soll im SRM-Server eine Ausschreibung angelegt werden. Diese Anfrage wird im SAP ERP-Backend dadurch ausgelöst, dass ein Einkäufer für diese Bestellanforderung im SAP ERP-Backend bestimmt, dass im SRM-Server eine Ausschreibung angelegt werden soll.

Nun ruft das SAP ERP-Backend über sein Service Interface RFQRequestSUITE-Request_Out mithilfe eines asynchronen Aufrufs das Service Interface RFQRequestSUITERequest_In des SRM-Servers auf, überträgt die notwendigen Daten und fordert den SRM-Server auf, eine Ausschreibung anzulegen.

Weitere Informationen zum Geschäftsszenario »Beschaffung komplexer Dienstleistungen mit hierarchischen Strukturen« finden Sie in Abschnitt 6.2.3. Weitere Informationen zur Funktionalität »Sammelbearbeitung von Bestellanforderungen« finden Sie in Abschnitt 7.3.5.

2.4.2 Enterprise Services für die Verwaltung von Zentralkontrakten

Für die Verwaltung von Zentralkontrakten (siehe Abschnitt 8.2) werden Enterprise Services zum Datenaustausch zwischen dem SRM-Server und dem SAP ERP-Backend eingesetzt (siehe Tabelle 2.4).

SAP SRM	Richtung (SAP SRM ist ...)	ERP
PurchasingContract SRM-Replication Request_Out	asynchroner Aufruf (Consumer)	PurchasingContractSRM ReplicationRequest_In
PurchasingContract SRM-Replication Confirmation_In	asynchroner Aufruf (Provider)	PurchasingContractSRM ReplicationConfirmation_Out
PurchaseOrderSRM PricingSimulateQuery Response_In	synchroner Aufruf (Provider)	PurchaseOrderSRMPricing SimulateQueryResponse_Out
PurchaseOrderERP ContractRelease Notification_In	asynchroner Aufruf (Provider)	PurchaseOrderERPContract ReleaseNotification_Out
PurchasingContract SRMArchivingCheck QueryResponse_Out	synchroner Aufruf (Consumer)	PurchasingContractSRM ArchivingCheckQuery Response_In

Tabelle 2.4 Enterprise Services für die Verwaltung von Zentralkontrakten

Die verwendeten Enterprise Services unterstützen dabei die folgende betriebswirtschaftliche Funktionalität:

- Zentralkontrakt von SAP SRM an das SAP ERP-Backend verteilen
- vom SAP ERP-Backend aus eine Preiskalkulation in SAP SRM anfordern
- Kontraktabrufwerte vom SAP ERP-Backend an SAP SRM senden

Weitere Informationen zum Geschäftsszenario »Verwaltung von Zentralkontrakten« finden Sie in Abschnitt 8.2.

[»]

Enterprise Services für SAP SUS

Enterprise Services werden auch bei der Anbindung von Supplier Self-Services verwendet. Diese SOA-basierte Integration war auch schon zu früheren SAP SRM-Releases verfügbar und wird in den Abschnitten 9.2, »Supplier Self-Services mit SAP SRM-Integration«, und 9.3, »Supplier Self-Services mit SAP ERP-Integration«, detaillierter beschrieben.

PI-unabhängige Enterprise Services [EHP 1]

Für die asynchrone Kommunikation zwischen SAP SRM, SAP ERP und anderen Systemen können Sie entweder Enterprise Services verwenden, die auf SAP NetWeaver Process Integration (SAP NetWeaver PI) basieren, oder solche, die SAP-NetWeaver-PI-unabhängig sind. Beispiele für Prozesse, die PI-basierte Enterprise Services benötigten, sind die Dienstleistungsbeschaffung im klasssichen Szenario und die Verwaltung operativer Kontrakte. Eine Übersicht der bestehenden Enterprise Services für SAP SRM finden Sie unter *http://esoadocu.sap.com* und hier unter dem Aufzählungspunkt PROCESS COMPONENTS IN ESM SRM 702.

Sie haben nun die Möglichkeit, durch Aktivierung der beiden Business Functions `SRM_WSRM_1` und `FND_SOA_REUSE_1` die Verarbeitung auf PI-unabhängige Enterprise Services umzustellen. Somit könnten Sie sich u. U. den Einsatz von SAP NetWeaver PI sparen.

2.5 SAP SRM als Add-on in SAP ERP

Um SAP SRM auch in kleineren Unternehmen mit geringem Budget für Server-Landschaften einsetzen zu können, wurde die Anwendungsoption »SAP SRM in einem Mandanten in SAP ERP« entwickelt. Bei dieser Option ist SAP SRM nicht auf einem eigenen Server installiert, sondern als Add-on im SAP ERP-System. Hierdurch ergeben sich Kosteneinsparungen, da ein SAP-System weniger betrieben werden muss.

Diese Anwendungsoption steht seit SAP ERP 6.0 zur Verfügung. Allerdings ist der Funktionsumfang in dieser Anwendungsoption eingeschränkt. Nur die folgenden Geschäftsszenarien stehen zur Verfügung:

- **»Dienstleistungsbeschaffung – Beschaffung von externem Personal«**
  Das gesamte Szenario läuft in SAP SRM ab und wird somit im technischen Standalone-Szenario ausgeführt.
- **»Beschaffung per Self-Service«**
  Da die Funktionalität der Sourcing-Anwendung und der lokalen Bezugsquellenfindung in SAP SRM nicht zur Verfügung steht, ist hier nur das klassische technische Szenario möglich. Somit läuft die Bezugsquellenfindung direkt im ERP-Backend ab. Die operativen Einkäufer arbeiten mit den SAP ERP-Transaktionen.
- **»Lieferantenkollaboration mit SAP Supplier Self-Services (SAP SUS)«**
  Sowohl die Verbindung SAP SRM/SAP SUS als auch die Verbindung MM/SAP SUS wird unterstützt.

Um bei der Anwendungsoption »SAP SRM in einem Mandanten in SAP ERP« *Namenskonflikte* mit SAP ERP-Objekten zu vermeiden, mussten einige ABAP-Objekte in das separat zu installierende SRM_PLUS-Paket ausgelagert werden (siehe Abbildung 2.14). Wird SRM in einem ERP-Mandanten installiert, wird kein SRM_PLUS-Paket installiert. Wenn SRM in der gängigeren Version separat auf einem Server installiert wird, ist jedoch auch das SRM_PLUS-Paket zu installieren.

System: Komponenteninformationen

Softwarekompon...	Release	Level	Höchstes Suppor...	Kurzbeschreibung der Softwarekompo
SRM_PLUS	700	0002	SAPKIBK202	SRM_PLUS for mySAP SRM
SRM_SERVER	700	0002	SAPKIBKV02	SRM_SERVER

Abbildung 2.14 SRM_PLUS-Paket

Die Anwendungsoption »SAP SRM in einem Mandanten in SAP ERP« verwendet Tabellen, Datenelemente und Datenstrukturen, die sich von denen im ERP-System unterscheiden. Daher müssen dieselben *Stammdaten* zweimal vorhanden sein (d.h., ein Lieferant aus dem ERP-System existiert auch als Geschäftspartner im SRM-System). Um die Daten synchron zu halten, muss der Datenaustausch zwischen SAP SRM und SAP ERP gewährleistet sein. Die Datenverteilung erfolgt über spezielle Mechanismen der Stammdatensynchronisation: synchron und bidirektional (in beide Richtungen). Das heißt, wenn Datensätze für Stammdaten oder Geschäftspartner in einem der Systeme aktualisiert wurden, wird auch das andere System umgehend aktualisiert.

Es werden folgende Stammdaten synchronisiert:

- SRM-Geschäftspartner ↔ ERP-Lieferant
- SRM-Produkt ↔ ERP-Material/-Service

Die zur Einrichtung dieser Stammdatensynchronisation benötigten Schritte werden ausführlich im Customizing (SPRO • SAP-Referenz-IMG) unter folgendem Pfad beschrieben: SAP-Einführungsleitfaden • Supplier Relationship Management • SRM Server • Technische Grundeinstellungen • Stammdaten • Stammdatensynchronisation in mySAP ERP (One Client).

Darüber hinaus sind die auch sonst in SAP SRM genutzten Konzepte der Benutzerverwaltung und des Organisationsmanagements anwendbar. Die Aktivierung der HCM-Organisationsstruktur-Replikation bietet Ihnen den Vorteil, eine redundante Datenpflege vermeiden zu können. Weitere Informationen dazu finden Sie in Kapitel 3, »Organisationsmanagement und Benutzerverwaltung«.

SAP-Hinweis 963000 [«]

Genauere Informationen zur Anwendungsoption »SAP SRM in einem Mandanten in SAP ERP« finden Sie in SAP-Hinweis 963000.

2.6 SAP SRM-Benutzeroberfläche

Mit der Einführung von SAP SRM 7.0 hat sich die Technologie der Benutzeroberfläche verändert. In der Vergangenheit, bis SAP SRM 5.0, wurde der ITS (Internet Transaction Server) benötigt, um die auf Business- HTML basierenden Seiten anzuzeigen. Dies hat sich durch die Einführung von Web Dynpro für ABAP und dem wiederum darauf basierenden Floorplan Manager (FPM) für SAP SRM geändert. Zur Visualisierung der Applikationen, die auf dieser recht neuen Technologie aufsetzen, benötigen Sie auch ein neues User Interface.

SAP NetWeaver Portal bietet die ideale Möglichkeit, um den Anwendern als zentraler Eingangspunkt die benötigten Funktionen und Tools zur Verfügung zu stellen. Das Konzept von SAP NetWeaver Portal unterstützt die nahtlose Integration aller SAP SRM-Anwendungsquellen.

Eine weitere Möglichkeit, um sich SAP SRM-Inhalte anzeigen zu lassen, ist der SAP NetWeaver Business Client (NWBC). Er bietet die Möglichkeit, SAP SRM auf einen portalunabhängigen Navigationsrahmen umzustellen. Neben dieser Umstellung umfassen die ausgelieferten Standard-PFCG-Rollen alle Informationen, um die gleichen Beschaffungsfunktionen auszuführen, die auch mit den Standardportalrollen von SAP NetWeaver für SAP SRM zur Verfügung stehen.

Einsatz des NWBC [«]

Die technischen Voraussetzungen zum Einsatz des portalunabhängigen Navigationsrahmens sind in SAP-Hinweis 1437987 beschrieben.

2.6.1 Portalkonzepte

SAP SRM 7.0 nutzt die folgenden Konzepte von SAP NetWeaver Portal:

- Work Center
- zentraler Arbeitsvorrat (ZAV)

Das *Work Center* ist ein Bereich im Browserfenster von SAP NetWeaver Portal, über das Anwender auf die verfügbaren SRM-Transaktionen zugreifen können. Welche Transaktionen ein Anwender in seinem Work Center sehen darf, ist in der ihm zugeordneten Benutzerrolle definiert.

Der *zentrale Arbeitsvorrat* (ZAV) bietet einen Schnellzugriff auf kritische Workitems, wie z.B. zu genehmigende Einkaufswagen. Vom ZAV ausgehend kann der Anwender eine Aufgabe direkt erledigen oder in die dazugehörige Transaktion verzweigen, um sich weitere Details dazu anzeigen zu lassen. Work Center und ZAV sehen Sie in Abbildung 2.15.

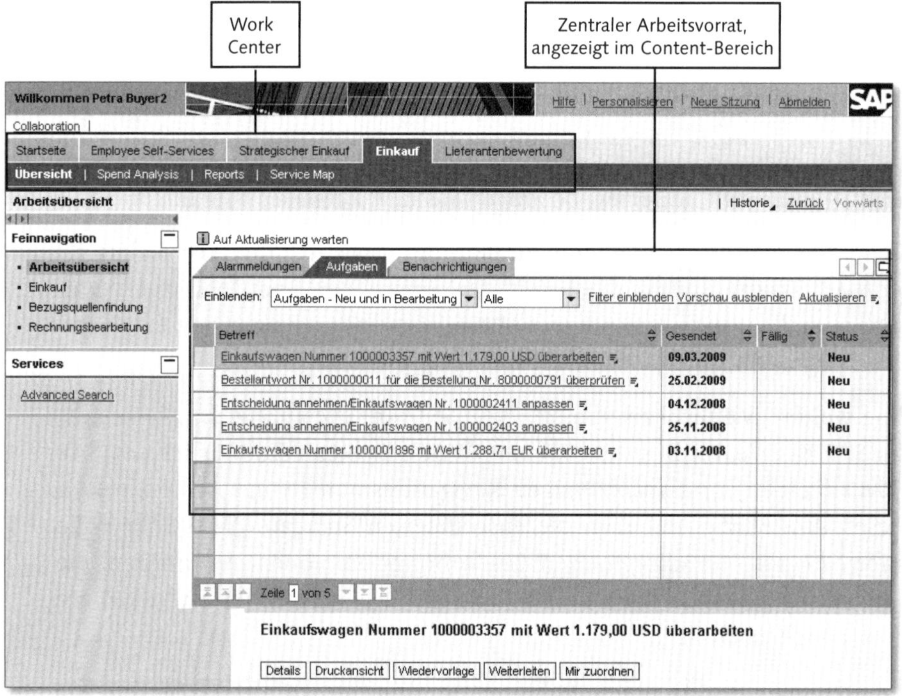

Abbildung 2.15 Work Center und zentraler Arbeitsvorrat in SAP SRM 7.0

2.6.2 Persönlicher Arbeitsvorrat (POWL)

Der *persönliche Arbeitsvorrat* (Personal Object Worklist, POWL) befindet sich im Content-Bereich von SAP NetWeaver Portal (siehe Abbildung 2.16). Dieser Arbeitsvorrat enthält Listen von Beschaffungsbelegen, die auf individuell vom Anwender definierten Abfragen basieren. Vom persönlichen Arbeitsvorrat aus können Sie in die Bearbeitung der angezeigten Beschaffungsbelege springen.

Der Arbeitsvorrat wird in allen Funktionsbereichen genutzt, um Belege oder Stammdaten anzuzeigen.

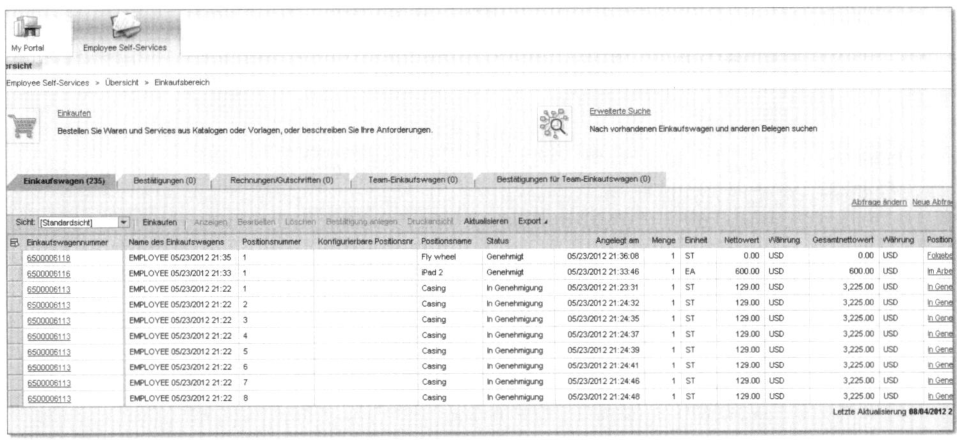

Abbildung 2.16 Persönlicher Arbeitsvorrat in SAP SRM 7.0

Ein häufig diskutierter Punkt ist die Aktualisierung des persönlichen Arbeitsvorrates (POWL). Im Standard wird der persönliche Arbeitsvorrat immer dann aktualisiert, wenn ein Beleg neu angelegt, geändert oder gelöscht wurde. Dies hat vor allem Performancegründe.

Auch ist es möglich, die automatische Aktualisierung zu unterbinden. So hat jeder Nutzer bei Bedarf die Möglichkeit, die Aktualisierung manuell zu starten.

Ändern der POWL-Konfiguration [+]

Das Aussehen jedes persönlichen Arbeitsvorrates (z.B. Einkaufswagen, Bestätigungen, Ausschreibungen, usw.) können Sie Ihren Bedürfnissen entsprechend anpassen.

Wir sehen uns in einer kurzen Zusammenstellung eine mögliche Anpassung der Einkaufswagen-POWL an. Rufen Sie hierzu die Transaktion /SAPSRM/POWL_CUST auf, und wählen Sie den für den Einkaufswagen »Wizard« relevante Feeder-Typ (siehe Abbildung 2.17).

Sie haben nun die Möglichkeit, verschiedene Einstellungen der Einkaufswagen-POWL abzuändern. So können Sie die Reihenfolge der angezeigten Spalten ändern, die anzuzeigenden Spalten bestimmen und die Spaltenüberschriften anpassen. Die im SAP SRM-Standard ausgelieferte Einkaufswagen-POWL (siehe Abbildung 2.18) beinhaltet eine Fülle von Informationen. Daher werden Sie hier in der Praxis auch hin und wieder den Wunsch haben, die Anzeige auf das für Sie Wesentliche zu reduzieren.

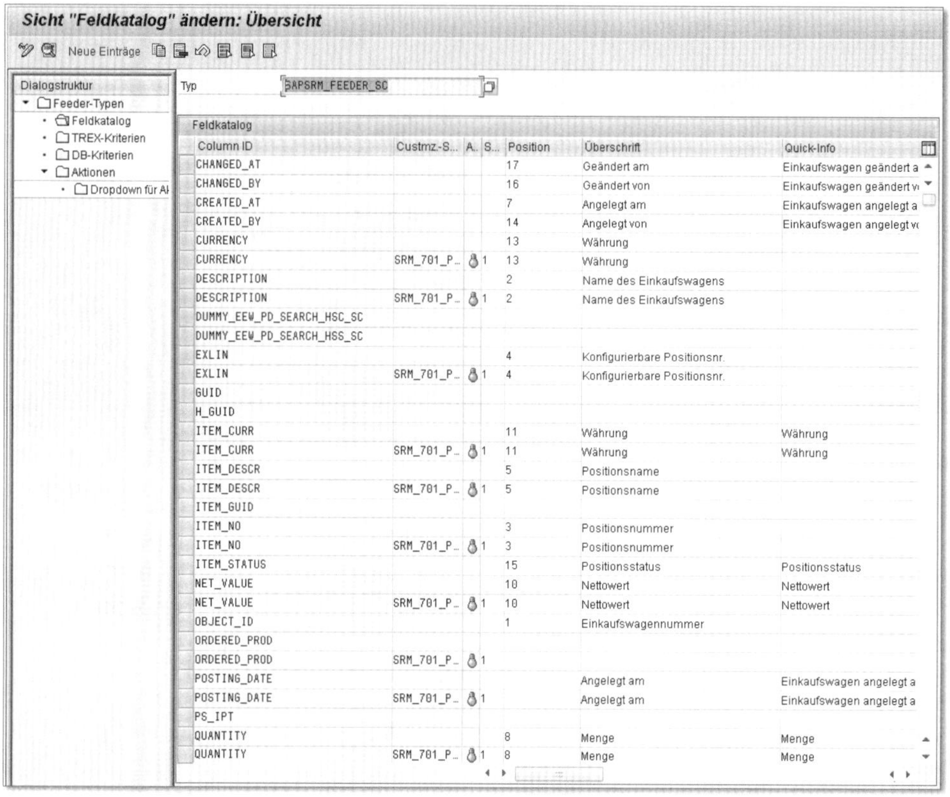

Abbildung 2.17 Feeder-Typ für den Einkaufswagen

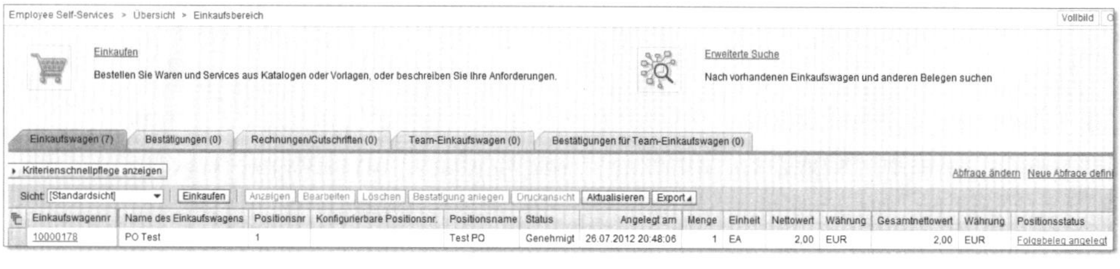

Abbildung 2.18 SAP SRM-Standard: POWL-Einkaufswagen

Wir möchten nun einige Änderungen an dieser Anzeige vornehmen, nämlich Einstellungen hinsichtlich der angezeigten Spalten, der Spaltenreihenfolge und der Spaltenüberschrift.

Wie in Abbildung 2.17 zu sehen ist, befinden wir uns in der Anzeige des Feldkatalogs zum Feeder-Typ SAPSRM_FEEDER_SC. Ändern Sie nun im Detail der entsprechenden Spalte EXLIN die Einstellung für die Anzeige der Spalte. In unserem Beispiel wird die Einstellung von SICHTB. SPALTE auf AUS-

GEBL. SPALTE korrigiert. Sichern Sie anschließend die Änderung, und wiederholen Sie dieses Vorgehen für die Spalten TOTAL_VALUE und CURRENCY.

Die Spaltenüberschriften können Sie ebenfalls sehr leicht ändern. Hierzu verzweigen Sie in das Detail des Feldes ITEM_NO und tragen im Feld ÜBERSCHRIFT die gewünschte Positionsnummer der Überschrift ein. Sichern Sie anschließend. Die Spaltenreihenfolge lässt sich durch Anpassungen im Feld POSITION verändern (siehe Abbildung 2.19).

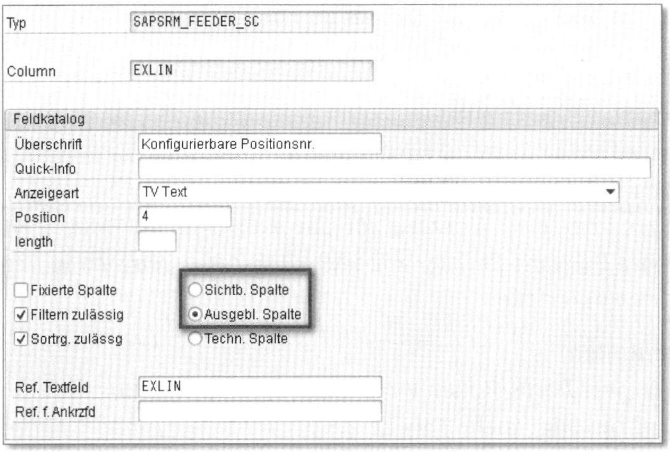

Abbildung 2.19 Ausblenden einer Spalte innerhalb der Einkaufswagen-POWL

Nach der Anpassung mithilfe der Transaktion /SAPSRM/POWL_CUST müssen Sie noch den Report `POWL_D01` über die Transaktion SA38 starten. Sie geben nun die Anwendungs-ID SAPSRM_E_CHECKSTATUS und die ID des Users, mit dem Sie testen möchten, ein. Nachdem Sie die [F8]-Taste betätigt haben, werden die zur Anwendung gehörenden Abfragen angezeigt und Sie können die Abfrage(n) löschen, für die Sie den Feeder-Typ geändert haben. Anschließend rufen Sie die Einkaufswagen-POWL auf, und die neue Sicht ist aktiv (siehe Abbildung 2.20).

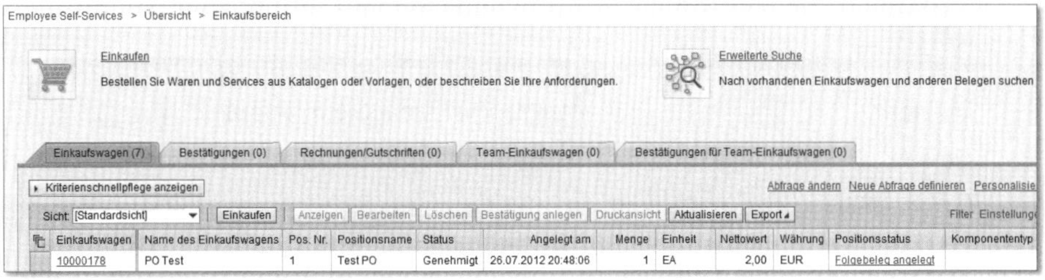

Abbildung 2.20 Geänderte POWL-Anzeige für den Einkaufswagen

2.6.3 Business Packages

Die Business Packages for SAP SRM enthalten die Rollen, Worksets und iViews, über die die Benutzer auf die zugrunde liegenden SAP SRM-Transaktionen zugreifen können. Über die *Rollen* wird definiert, welche Transaktionen ein Benutzer aufrufen darf. *iViews* dienen der Anzeige der SAP SRM-Transaktionen in SAP NetWeaver Portal. Der Zugriff erfolgt über eine einheitliche Single-Sign-on-Schnittstelle (SSO) basierend auf Work Centern, die für die jeweilige Rolle entwickelt wurden. Für SAP SRM 7.0 stehen zwei Business Packages zur Verfügung, auf die wir im Folgenden eingehen.

Business Package for SAP SRM 7.0

Das *Business Package for SAP SRM 7.0* basiert auf der Gesamtlösung SAP SRM 7.0. Passend zu den betriebswirtschaftlichen Anforderungen der Nutzerprofile wurden maßgeschneiderte Worksets für alle Rollen in SAP SRM definiert. Die Rollen des Business Package for SAP SRM 7.0 lassen sich in verschiedene Kategorien unterteilen:

- **SAP SRM-Core-Rollen**
  Diese SAP NetWeaver Portal-Rollen werden für die Kernfunktionalität der SAP SRM-Lösung benötigt (siehe Tabelle 2.5).

Rolle	Technischer Name
Bieter	com.sap.pct.srm.core.ro_bidder
Komponentenplaner	com.sap.pct.srm.core.ro_componentplanner
Employee Self-Service	com.sap.pct.srm.core.ro_employeeselfservice
Warenempfänger	com.sap.pct.srm.core.ro_goodsrecipient
Rechnungssteller	com.sap.pct.srm.core.ro_invoicer
Manager	com.sap.pct.srm.core.ro_manager
operativer Einkäufer	com.sap.pct.srm.core.ro_operationalpurchaser
Einkaufsassistent	com.sap.pct.srm.core.ro_purchasingassistant
Administrator (SRM)	com.sap.pct.srm.core.ro_srmadministrator
strategischer Einkäufer	com.sap.pct.srm.core.ro_strategicpurchaser
Lieferant	com.sap.pct.srm.core.ro_supplier
Lieferantenbewertungs-Cockpit	com.sap.pct.srm.core.ro_survey_owner
Lieferantenbewertungs-Cockpit	com.sap.pct.srm.core.ro_survey_reviewer

Tabelle 2.5 SAP SRM-Core-Rollen

[EHP 1] [EHP 2]

Informationen zu PFCG- und Portalrollen

Bei der Auslieferung eines neuen Erweiterungspaketes werden auch neue Rollen ausgeliefert. Die Rollen umfassen alle Funktionen, die die neu ausgelieferten Business Functions und Customizing-Schalter im aktivierten Zustand beinhalten. Somit sollten Sie immer genau untersuchen, welche Funktionen derzeit aktiviert sind und welche Rollen wirklich benötigt werden, damit Sie die neuen Funktionen auch nutzen können.

So wird beispielsweise die Rolle /SAPSRM/EMPLOYEE_EHP1 nur benötigt, wenn Sie den Customizing-Schalter SRM_701_SIMPLIFIED_SC aktiviert haben (siehe Abschnitt 3.3, »Benutzerverwaltung«).

Weiterführende Informationen zu dieser Thematik finden Sie in den folgenden SAP-Hinweisen

- SAP-Hinweis 1261825, »SAP SRM 7.xx: Infos zu den PFCG- und Portalrollen«
- SAP-Hinweis 1463992, »SAP SRM: Änderungen an den PFCG-Rollen in SAP SRM 7.01«, (mit Anhang)
- SAP-Hinweis 1457932, »BP für SAP SRM 7.0 EHP 1: Installationsinformation«, (mit Anhang)
- SAP-Hinweis 1649850, »SAP SRM: Änderungen an PFCG-Rollen in SRM 7.02«, (mit Anhang)

- **Harmonisierte Beschaffung für SAP ERP und SAP SRM (Procurement Business Package for SAP ERP & SAP SRM)**
  Zur Nutzung der mit SAP SRM 7.0 verfügbaren neuen Funktionalität im Bereich der *Harmonisierung von Procure-to-Pay in der SAP Business Suite*, stehen die folgenden speziellen SAP NetWeaver Portal-Rollen zur Verfügung (siehe Tabelle 2.6).

Rolle	Technischer Name
operativer Einkäufer (ERP)	com.sap.pct.srm.suite.ro_operationalpurchaser_erp
operativer Einkäufer (SAP ERP/SAP SRM)	com.sap.pct.srm.suite.ro_operationalpurchaser
strategischer Einkäufer (SAP ERP)	com.sap.pct.srm.suite.ro_strategicpurchaser_erp
strategischer Einkäufer (SAP ERP/SAP SRM)	com.sap.pct.srm.suite.ro_strategicpurchaser

Tabelle 2.6 Harmonisierte Beschaffungsrollen

- **SAP SRM in einem Mandanten in SAP ERP**
  Zur Nutzung der in Abschnitt 2.5, »SAP SRM als Add-on in SAP ERP«, beschriebenen Anwendungsoption stehen die folgenden speziellen SAP NetWeaver Portal-Rollen zur Verfügung (siehe Tabelle 2.7).

Rolle	Technischer Name
Rechnungssteller	com.sap.pct.srm.oneclnt.ro_invoicer
Lieferant	com.sap.pct.srm.oneclnt.ro_supplier

Tabelle 2.7 Rollen für SAP SRM in einem Mandanten in SAP ERP

- **SAP SRM Procurement for Public Sector**
  Diese auf SAP SRM basierende Branchenlösung bietet Spezialfunktionen im Bereich der Beschaffung für den öffentlichen Sektor. Zur Nutzung dieser Funktionen stehen Ihnen die folgenden SAP NetWeaver Portal-Rollen zur Verfügung (siehe Tabelle 2.8).

Rolle	Technischer Name
Bieter	com.sap.pct.srm.gp.ro_bidder
Employee Self-Service	com.sap.pct.srm.gp.ro_employeeselfservice
Manager	com.sap.pct.srm.gp.ro_manager
Beschaffung	com.sap.pct.srm.gp.ro_procurement
Anforderung	com.sap.pct.srm.gp.ro_requisitioning

Tabelle 2.8 Rollen für SAP SRM Procurement for Public Sector

Ergänzend zu diesen Rollen muss die generische Rolle »Control-Center-Benutzer« (cc_user) allen Benutzern zugeordnet werden. Diese generischen Rollen gewähren einem Benutzer Zugriff auf eine Reihe Funktionen für tägliche Aufgaben, die auf der obersten Navigationsleiste unter der Registerkarte STARTSEITE zu finden sind.

Neben den SAP NetWeaver Portal-Rollen müssen den Benutzern auch dazu passende Benutzerrollen im SRM-Server zugewiesen werden. Auf diese SAP SRM-Rollen und deren Bedeutung gehen wir in Abschnitt 3.3, »Benutzerverwaltung«, ein.

Business Package for Supplier Collaboration 4.0

Das *Business Package for Supplier Collaboration 4.0* stellt den Lieferanten Transaktionen und Auswertungen aus den SAP-Lösungen SAP SRM (inklusive Supplier Self-Services), SAP ERP, SAP Product Lifecycle Management (SAP PLM), Collaboration Folders (cFolders) und SAP Supply Chain Management (SAP SCM) zur Verfügung. Die angebotenen Prozesse umfassen eine Planungsumgebung für Disponenten, die Kontraktüberwachung für Vertriebsbeauftragte, die Gebotsabgabe für Ausschreibungen sowie operative die Beschaffung (Bestellbestätigung, Leistungserfassung und Rechnung).

Das Business Package for Supplier Collaboration 4.0 enthält die in Tabelle 2.9 aufgeführten Rollen.

Rolle	Technischer Name
Administrator (Lieferant)	com.sap.pct.srm.sup.supplier.ro_administrator
Ingenieur (Lieferant)	com.sap.pct.srm.sup.supplier.ro_engineer
Disponent (Lieferant)	com.sap.pct.srm.sup.supplier.ro_planner_srm
Einkaufsadministrator	com.sap.pct.srm.sup.purchaser.ro_administrator
Vertriebsbeauftragter (Lieferant)	com.sap.pct.srm.sup.supplier.ro_sales_manager_srm
SNC-Disponent	com.sap.pct.srm.sup.ro_snc_planner

Tabelle 2.9 Rollen für das Business Package for Supplier Collaboration

2.6.4 Technische Aspekte der Portalintegration

Dieser Abschnitt enthält grundlegende Informationen zur Integration von SAP SRM mit SAP NetWeaver Portal.

Die größten technischen Herausforderungen der Integration von SAP-Softwarelösungen mit SAP NetWeaver Portal treten normalerweise in den Bereichen »Single Sign-on (SSO)« und »Persistenz der Benutzerdaten« auf. Ein Benutzer, der sich bei SAP NetWeaver Portal anmeldet, muss per Single Sign-on – d.h. ohne weitere Anmeldevorgänge – alle ihm über seine Portalrolle zur Verfügung stehenden Transaktionen aufrufen können. Diese Transaktionen können je nach Systemlandschaft in den verschiedensten, im Portal integrierten Systemen liegen.

Die folgende Auflistung fasst die durchzuführenden Aktivitäten und technischen Möglichkeiten in den Bereichen »Single Sign-on« und »Benutzerdatenpersistenz« zusammen:

- **Single Sign-on**
  SSO muss für SAP NetWeaver Portal sowie alle anzubindenden Backend-Systeme (z.B. SRM, ERP, SCM) konfiguriert sein.

Eine sehr hilfreiche Anleitung zur Einrichtung von Single Sign-on zwischen SAP NetWeaver Portal und SAP SRM finden Sie unter der folgenden URL: *http://wiki.sdn.sap.com/wiki/display/SRM/Enabling+SSO+for+SRM+and+Portal*

- **Benutzerdatenpersistenz**
  Die User-IDs müssen im Portal und Backend-System identisch sein. Neben seiner eigenen Benutzerdatenbank kann das Portal auch so konfiguriert werden, dass es auf die SRM-Benutzerdaten zugreift. Auch eine Synchronisierung der Benutzerdaten zwischen dem Portal und einem LDAP-Server (LDAP = Lightweight Directory Access Protocol) oder einem ABAP-System zur zentralen Benutzerverwaltung (ZBV) ist möglich. Wir vertiefen dieses Thema in Abschnitt 3.3.3, »Besonderheiten der Benutzerverwaltung beim Einsatz von SAP SRM in SAP NetWeaver Portal«.

Zur Integration zwischen SAP SRM und dem Portal sind die folgenden Schritte notwendig:

1. Installieren Sie SAP NetWeaver Portal.
2. Stellen Sie Objekte per Deployment mithilfe des *Java Support Package Managers* (JSPM) in das Portal. Die Dateien für das Business Package sind als Teil der SAP SRM-Installationsmedien verfügbar.
3. Um das *Business Package for SAP SRM 7.0* einsetzen zu können, müssen Sie ein Systemobjekt anlegen, das auf den SRM-Server zeigt. Den Alias SAP_SRM müssen Sie dem Systemobjekt zuordnen.
4. Damit die Reports in SAP NetWeaver BW angezeigt werden können, müssen Sie ein weiteres Systemobjekt anlegen, das auf ein SAP NetWeaver BW-System zeigt. Den Alias SAP_BW müssen Sie dem SAP NetWeaver BW-Systemobjekt zuordnen.

Eine detaillierte Konfigurationsdokumentation finden Sie im Solution Manager Content für SAP SRM unter Grundeinstellungen für SAP SRM • Business Package for SRM 7.0 oder Business Package for Supplier Collaboration 4.0.

[+] **UI-Konfiguration – der ADMIN-Modus**

Die Technologie Web Dynpro für ABAP ermöglicht es Ihnen, die Benutzeroberfläche Ihren individuellen Anforderungen entsprechend anzupassen. Dies kann völlig modifikations- und entwicklungsfrei geschehen, indem Sie den ADMIN-Modus zur UI-Modifikation nutzen.

Wir möchten Ihnen nun an einem kleinen Beispiel demonstrieren, wie einfach und schnell sich solche Anpassungen durchführen lassen. Die Änderungen, die durchgeführt werden, gelten für alle Benutzer; zur Durchführung dieser Änderungen wird das Profil SAP_ALL benötigt.

1. Melden Sie sich an SAP NetWeaver Portal an, starten Sie die Einkaufswagenfunktion, und navigieren Sie in den Einkaufswagen-Wizard.
2. Drücken Sie nun die Tastenkombination [Ctrl] + [N], um das aktive Browserfenster erneut zu öffnen.
3. Ergänzen Sie anschließend im Browser die Adresszeile (siehe Abbildung 2.21) *http://portal...?NavigationTarget=navurl....&NavMode=3...* um die Zeichen *&sap-config-mode=X*.

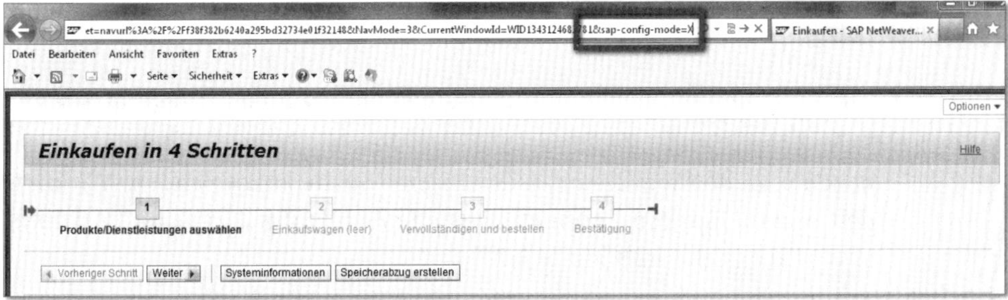

Abbildung 2.21 Aufruf des ADMIN-Modus

4. Nachdem die Seite neu geladen worden ist, steht Ihnen nun eine neue Funktion zur Verfügung (siehe Abbildung 2.22), die Sie auch durch Aufruf des Kontextmenüs (rechte Maustaste) an jeder Stelle des Web Dynpros aufrufen können.

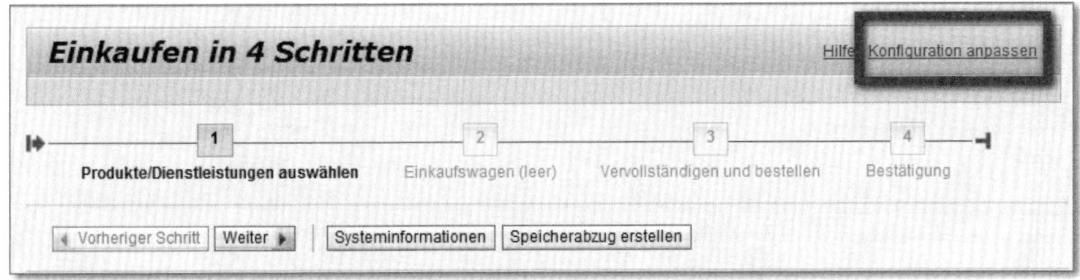

Abbildung 2.22 Neue Konfigurationsfunktion

5. Fügen Sie nun eine Freitextposition zum Einkaufswagen hinzu. Anschließend möchten wir exemplarisch zwei Spalten in der Positionsübersicht ausblenden. Um diese Spalten ausblenden zu können, drücken Sie die

rechte Maustaste im Bereich der Positionsübersicht (siehe Abbildung 2.23), um die erweiterte Konfiguration zu öffnen.

Abbildung 2.23 Aufruf des Kontextmenüs in der Positionsübersicht

6. Alle nun folgenden Änderungen sind an das Transportwesen in der SAP SRM-Komponente (nicht in SAP NetWeaver Portal) angebunden. Sie haben u.a. die Möglichkeit, jede einzelne Spalte auszublenden. Wir blenden nun die Spalten PRODUKT-ID (siehe Abbildung 2.24) und POSITIONSSTATUS aus (siehe Abbildung 2.25).

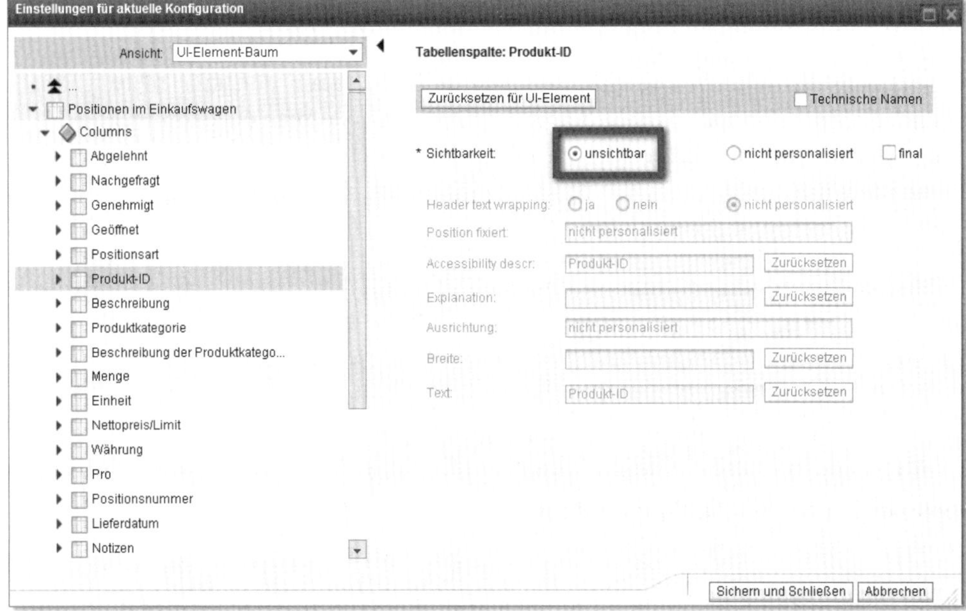

Abbildung 2.24 Ausblenden der Produkt-ID

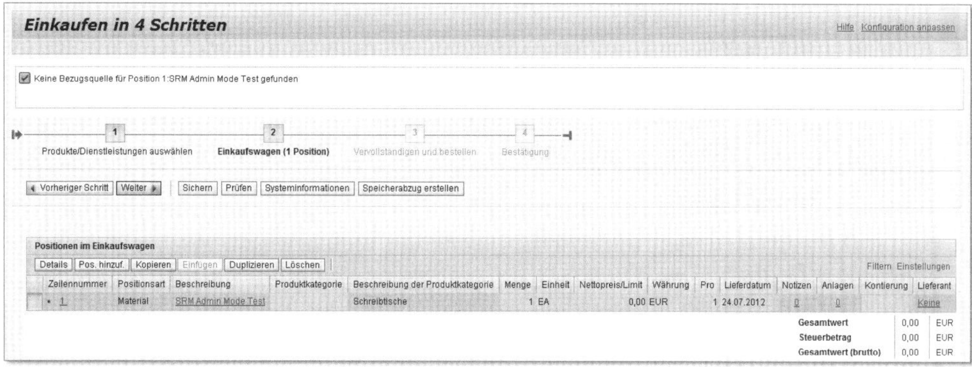

Abbildung 2.25 Positionsübersicht mit ausgeblendeten Spalten

Dieses Beispiel bietet nur einen kleinen Einblick in die Möglichkeiten dieser Funktion. Es gibt diverse weitere Anwendungsbeispiele (Texte von Objekten ändern, Aktionen ausblenden usw.); diese Anpassungsmöglichkeiten funktionieren bei allen Web Dynpros in SAP SRM.

SAP-Hinweise zur Konfiguration [«]

Weitere Informationen finden Sie auch in den folgenden Hinweisen, die Sie unter *http://service.sap.com/notes* nachlesen können:

- **SAP-Hinweis 731386, »Import of Business Packages with SAP NetWeaver«**
  In diesem Hinweis wird beschrieben, wie Business-Package-EPA-Dateien in SAP NetWeaver Portal importiert werden können und wie Business-Package-SCA-Dateien mit dem Software Deployment Manager installiert werden können.
- **SAP-Hinweis 1232945, »BP for SRM 7.0: Business Packages installieren«**
  In diesem Hinweis wird die Installation des Business Packages beschrieben.
- **SAP-Hinweis 1178469, »BP for SRM 7.0: Zusätzliche Installationsinformationen«**
  In diesem Hinweis werden zusätzliche Informationen, die für die Installation des Business Packages relevant sind, zur Verfügung gestellt.

2.7 Zusammenfassung

Die SAP SRM-Lösung besteht aus verschiedenen Softwarekomponenten, die teilweise eigens für SAP SRM entwickelt worden sind und teilweise zur SAP NetWeaver-Plattform gehören.

Das Verständnis der Architektur von SAP SRM ist eine wichtige Grundlage, um die verschiedenen Implementierungsmöglichkeiten der SAP SRM-

Lösung in Abhängigkeit der zu verwendenden Geschäftsszenarien einschätzen zu können. Kern der architektonischen Aspekte von SAP SRM ist die Tatsache, dass SAP SRM die in der Materialwirtschaftskomponente MM von SAP ERP verfügbaren Beschaffungsprozesse erweitert. Somit ist die Integration von SAP SRM mit SAP ERP in diesem Zusammenhang von großer Bedeutung.

Die verschiedenen technischen Szenarien bieten gestalterischen Spielraum und erlauben es wahlweise, dass das SAP ERP-Backend oder der SRM-Server das führende System für die Folgebelege des Einkaufswagens (z.B. Bestellung) ist. Das technische Szenario bestimmt damit auch, in welchem System die operativen Einkäufer arbeiten – in der Regel in dem für die Folgebelege des Einkaufswagens führenden System. Ausnahmen für diese Regel werden in Abschnitt 7.3.4, »Sourcing-Anwendung«, beschrieben.

Aufgrund der Einführung der Web-Dynpro-Technik wird SAP NetWevaer Portal erheblich häufiger eingesetzt. Viele Unternehmen lernen hierdurch erst die Vorteile einer Portallösung – als Single Point of Entry – kennen. Das Portal wird immer häufiger der Einstiegspunkt für alle auf SAP basierenden Funktionen, die die Mitarbeiter für ihre tägliche Arbeit benötigen.

Im nächsten Kapitel betrachten wir die SAP SRM-Funktionalität in den Bereichen »Organisationsmanagement« und »Benutzerverwaltung«.

Mit ihren vielen Attributen ist die SAP SRM-Aufbauorganisation das zentrale Objekt zur Verwaltung der Berechtigungen und zur Steuerung der Geschäftsprozesse. In diesem Kapitel lernen Sie die Konzepte des SAP SRM-Organisationsmanagements inklusive der Pflege der Aufbauorganisation und der Möglichkeiten zur Verwaltung von Benutzern kennen.

3 Organisationsmanagement und Benutzerverwaltung

In diesem Kapitel betrachten wir die SAP SRM-Aufbauorganisation. Teil dieser Betrachtung sind auch die dazugehörigen Themen »SAP-Geschäftspartnerkonzept« sowie »Benutzerverwaltung in SAP SRM«.

Im SAP-Kontext ist mit der *Aufbauorganisation* die Abbildung der aufgabenbezogenen, funktionalen Organisationsstruktur (z.B. Abteilungshierarchie) sowie der Berichtsstruktur zwischen den von Inhabern (Mitarbeitern oder SAP-Benutzern) zu besetzenden Planstellen (z.B. Sachbearbeiter im Einkauf) eines Unternehmens gemeint.

Die Pflege der Attribute in der SAP SRM-Aufbauorganisation ist einerseits von hoher Bedeutung für die Steuerung der Geschäftsprozesse – andererseits ist sie recht komplex und somit eine Herausforderung für die zuständigen Systembetreuer. Aufgrund ihrer entscheidenden Bedeutung für den fehlerfreien Betrieb der SAP SRM-Lösung wird die Pflege der Attribute der Aufbauorganisation in diesem Kapitel ausführlich behandelt.

Einkaufsorganisationen und Einkäufergruppen haben eine besondere Bedeutung im SAP SRM-Organisationsmanagement, die wir im weiteren Verlauf des Kapitels noch kennenlernen werden.

Die verfügbaren Werkzeuge zum Anlegen von Benutzerstammdaten werden am Ende dieses Kapitels beschrieben.

3.1 SAP-Geschäftspartnerkonzept

Das SAP-Geschäftspartnerkonzept ist für SAP SRM von grundlegender Bedeutung. Daher ist es wichtig, es zu verstehen, bevor wir in die Themen »Organisationsmanagement« und »Benutzerverwaltung« einsteigen. Zunächst einmal bedeutet dieses Konzept, dass für jede Person, Organisation oder Personengruppe, die an einem Geschäftsvorgang beteiligt ist, im SAP-System ein SAP-Geschäftspartner angelegt wird.

Im weiteren Verlauf dieses Kapitels werden wir die technischen Aspekte der Geschäftspartner – im Bezug zur Aufbauorganisation – noch näher betrachten. Davor ist es jedoch sinnvoll, einen Überblick über die im SAP SRM-System verwendeten Geschäftspartnerrollen zu erhalten. Das SAP SRM-System unterscheidet dabei zwischen *internen* und *externen* Geschäftspartnern.

SAP SRM kennt die folgenden Geschäftspartnerrollen für interne Geschäftspartner:

- **Mitarbeiter**
  Für jeden SAP SRM-Benutzer wird ein Geschäftspartner mit der Geschäftspartnerrolle »Mitarbeiter« angelegt. Welche Informationen für einen funktionsfähigen SAP SRM-Benutzer im System vorliegen müssen, finden Sie in Abschnitt 3.3, »Benutzerverwaltung«.
- **Organisationseinheit**
  SAP SRM legt für jede Organisationseinheit in der Aufbauorganisation einen Geschäftspartner mit der Geschäftspartnerrolle »Organisationseinheit« an.
- **Werk**
  Die Werke können z. B. mithilfe der Transaktion SA38 zur Ausführung des ABAP-Reports `BP_LOCATIONS_GET_FROM_SYSTEM` vom SAP ERP-Backend in den SRM-Server repliziert werden. Für jedes replizierte Werk legt SAP SRM einen Geschäftspartner mit der Geschäftspartnerrolle »Werk« an.

Die internen Geschäftspartnernummern sehen Sie in der Transaktion PPOSA_BBP, die Sie im weiteren Verlauf des Kapitels noch näher kennenlernen werden. Alle SAP SRM-Geschäftspartner können Sie aber auch über die Transaktion BP (Geschäftspartner bearbeiten) anzeigen und bearbeiten.

Darüber hinaus kennt SAP SRM auch noch die externen Geschäftspartner. Auf diese werden wir in Kapitel 4, »Stammdaten«, bei der Erläuterung des Themas »Lieferantenstammdaten« ausführlicher eingehen.

3.2 Organisationsmanagement

Auch die Aufbauorganisation in SAP SRM ist von elementarer Bedeutung: Einerseits wird sie für diverse Genehmigungs-Workflows als Informationsquelle verwendet (Wer berichtet an wen? Wer darf für wen genehmigen?), und andererseits werden viele *Benutzerberechtigungen* über Attribute, die auf jeder Ebene der Aufbauorganisation zugewiesen werden können, vergeben (z.B.: Wer darf auf welche Online-Kataloge zugreifen?). Eine weitere wichtige Aufgabe der Aufbauorganisation ist es, die sachlichen und organisatorischen Zuständigkeiten der Einkäufergruppen abzubilden.

Die Aufbauorganisation wird vom Systemadministrator entweder manuell im SAP SRM-System gepflegt (Transaktion PPOMA_BBP, Attribute ändern) oder aus einem SAP ERP HCM-System (HCM = *Human Capital Management*) repliziert.

3.2.1 Manuelles Anlegen der SAP SRM-Aufbauorganisation

Die folgenden Schritte beschreiben, wie Sie eine Aufbauorganisation manuell in SAP SRM anlegen können.

Legen Sie zuerst die *Wurzelorganisationseinheit* an:

1. Melden Sie sich über SAP GUI am SRM-Server an, und starten Sie die Transaktion PPOCA_BBP zum Anlegen der Wurzelorganisationseinheit.
2. Pflegen Sie Kurz- und Langtext in der Registerkarte GRUNDDATEN.
3. Pflegen Sie die komplette Adresse des Unternehmens (inklusive E-Mail-Adresse) in der Registerkarte ADRESSE. SAP SRM benötigt für jede Organisationseinheit komplette Adressdaten, um den dazugehörigen SAP-Geschäftspartner anlegen zu können.
4. Verlassen Sie die Transaktion.

Führen Sie die folgenden Schritte zum Pflegen der untergeordneten Organisationseinheiten durch:

1. Starten Sie die Transaktion PPOMA_BBP.
2. Falls erforderlich, suchen Sie nach der bereits angelegten Wurzelorganisationseinheit.
3. Klicken Sie doppelt auf die Wurzelorganisationseinheit.
4. Wählen Sie ANLEGEN.
5. Klicken Sie doppelt auf IST LINIENVORGESETZTER VON ORGANISATIONSEINHEIT.

6. Pflegen Sie die Grunddaten und die Adresse der neuen Organisationseinheit.
7. Pflegen Sie nun so lange weitere Organisationseinheiten, bis Ihre Aufbauorganisation komplett ist.

Falls Sie aus Versehen eine Organisationseinheit falsch zugeordnet haben, können Sie diese per Drag & Drop mit der Maus verschieben und sie auf diese Weise einer neuen Organisationseinheit zuordnen.

In Abschnitt 3.3, »Benutzerverwaltung«, erklären wir, wie Sie dieser Aufbauorganisation Benutzer zuordnen können. Jeder Organisationseinheit können mehrere Benutzer zugeordnet werden. Dabei unterscheidet das System zwischen normalen Mitarbeitern und Managern. Manager werden durch einen roten Hut gekennzeichnet und stehen hierdurch diversen Genehmigungs-Workflows als Genehmiger zur Verfügung.

Abbildung 3.1 zeigt eine komplett angelegte Aufbauorganisation. Dabei werden auch die verschiedenen, in der SAP SRM-Aufbauorganisation verwendeten Entitäten erklärt. Diese Entitäten werden wir im weiteren Verlauf dieses Kapitels noch detaillierter kennenlernen.

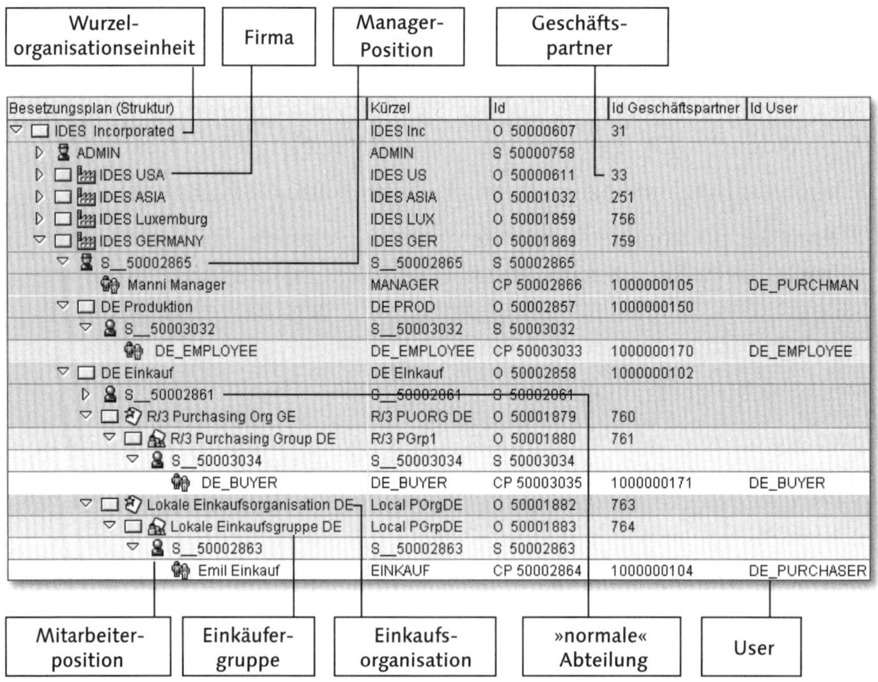

Besetzungsplan (Struktur)	Kürzel	Id	Id Geschäftspartner	Id User
IDES Incorporated	IDES Inc	O 50000607	31	
ADMIN	ADMIN	S 50000758		
IDES USA	IDES US	O 50000611	33	
IDES ASIA	IDES ASIA	O 50001032	251	
IDES Luxemburg	IDES LUX	O 50001859	756	
IDES GERMANY	IDES GER	O 50001869	759	
S__50002865	S__50002865	S 50002865		
Manni Manager	MANAGER	CP 50002866	1000000105	DE_PURCHMAN
DE Produktion	DE PROD	O 50002857	1000000150	
S__50003032	S__50003032	S 50003032		
DE_EMPLOYEE	DE_EMPLOYEE	CP 50003033	1000000170	DE_EMPLOYEE
DE Einkauf	DE Einkauf	O 50002858	1000000102	
S__50002861	S__50002861	S 50002861		
R/3 Purchasing Org GE	R/3 PUORG DE	O 50001879	760	
R/3 Purchasing Group DE	R/3 PGrp1	O 50001880	761	
S__50003034	S__50003034	S 50003034		
DE_BUYER	DE_BUYER	CP 50003035	1000000171	DE_BUYER
Lokale Einkaufsorganisation DE	Local POrgDE	O 50001882	763	
Lokale Einkaufsgruppe DE	Local PGrpDE	O 50001883	764	
S__50002863	S__50002863	S 50002863		
Emil Einkauf	EINKAUF	CP 50002864	1000000104	DE_PURCHASER

Abbildung 3.1 SAP SRM-Aufbauorganisation

Beginnen wir zunächst mit der Betrachtung der Attribute.

3.2.2 Attribute der SAP SRM-Aufbauorganisation

Für jede Organisationseinheit und für jede Position können Attribute gepflegt werden.

Pflegeberechtigung für die Attribute [«]

Es existieren folgende Pflegeberechtigungen für die Attribute der SAP SRM-Aufbauorganisation:

- Systemadministratoren können über SAP GUI alle Attribute pflegen.
- Manager können per Browserzugriff Attribute für ihre Organisationseinheit pflegen.
- Benutzer, denen die Mitarbeiterrolle zugewiesen ist, können per Browserzugriff ihre eigenen Attribute pflegen.

Mithilfe der Transaktion SPRO können Sie einstellen, welcher Mitarbeiter welche Attribute pflegen darf. Rufen Sie hierzu die Transaktion SPRO und anschließend im Einführungsleitfaden (IMG) den Menüpfad Supplier Relationship Management • SRM Server • Anwendungsübergreifende Grundeinstellungen • Rollen • Attributszugriffsrechte pro Rolle festlegen auf.

Um den Pflegeaufwand für den Systemadministrator möglichst gering zu halten, vererbt das SAP SRM-System die Attribute von der übergeordneten auf die darunterliegende Organisationseinheit. Je weiter oben in der Aufbauorganisation die Attribute gepflegt werden, desto weniger Aufwand fällt an; je weiter unten in der Aufbauorganisation die Attribute gepflegt werden, desto individueller ist der Gestaltungsspielraum. Dabei gibt es, in Abhängigkeit des jeweiligen Attributs in SAP SRM, die im Folgenden dargestellten *Vererbungsregeln*:

- normale Vererbung (additiv)
- lokale Werte überschreiben geerbte Werte
- keine Vererbung
- keine lokale Überdefinition geerbter Werte

Die Vererbungsregeln wurden für jedes Attribut in der Tabelle T77OMATTR definiert und können dort auch geändert werden, bzw. es können dort weitere kundenspezifische Attribute hinzugefügt werden. Allerdings sollte die Tabelle in ihrer Standardauslieferung in den meisten Fällen passend sein und den jeweiligen Ansprüchen genügen.

[»] **Anpassung der Tabelle T77OMATTR vermeiden**

Sie sollten die Tabelle T77OMATTR nur dann verändern, wenn dies aufgrund sehr spezifischer Anforderungen unumgänglich ist. Denn die Gefahr, durch eine Tabellenveränderung Folgefehler zu produzieren, ist groß.

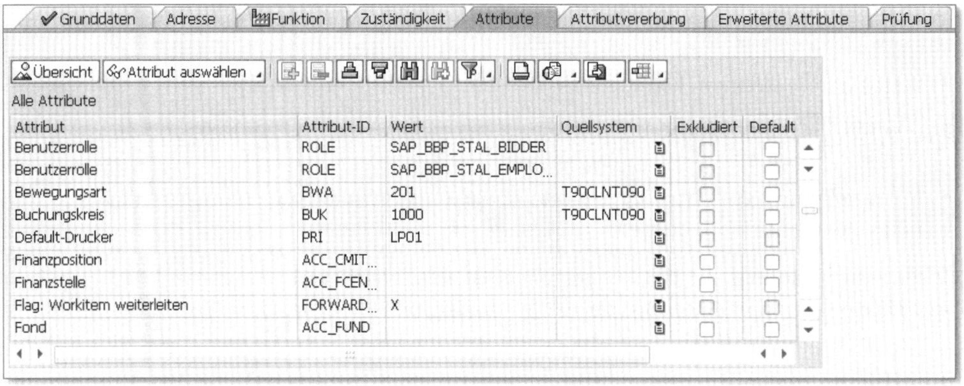

Grunddaten | Adresse | Funktion | Zuständigkeit | Attribute | Attributvererbung | Erweiterte Attribute | Prüfung

Übersicht | Attribut auswählen

Alle Attribute

Attribut	Attribut-ID	Wert	Quellsystem	Exkludiert	Default
Benutzerrolle	ROLE	SAP_BBP_STAL_BIDDER		☐	☐
Benutzerrolle	ROLE	SAP_BBP_STAL_EMPLO...		☐	☐
Bewegungsart	BWA	201	T90CLNT090	☐	☐
Buchungskreis	BUK	1000	T90CLNT090	☐	☐
Default-Drucker	PRI	LP01		☐	☐
Finanzposition	ACC_CMIT...			☐	☐
Finanzstelle	ACC_FCEN...			☐	☐
Flag: Workitem weiterleiten	FORWARD...	X		☐	☐
Fond	ACC_FUND			☐	☐

Abbildung 3.2 Attributpflege in der SAP SRM-Aufbauorganisation

Die Attributpflege für die Aufbauorganisation wird mithilfe der Transaktion PPOMA_BBP in die folgenden Bereiche bzw. Registerkarten gruppiert (siehe Abbildung 3.2):

- **Grunddaten**
  Pflege der Grunddaten der Organisationseinheit, siehe Abschnitt 3.2.1, »Manuelles Anlegen der SAP SRM-Aufbauorganisation«.
- **Adresse**
  Die Adresse ist vor allem von Bedeutung, damit für die Organisation ein SAP-Geschäftspartner angelegt werden kann, siehe Abschnitt 3.2.1.
- **Funktion**
  Kennzeichnung von Firma, Einkaufsorganisation und Einkäufergruppe.
- **Zuständigkeit**
  Die Zuständigkeit wird nur für Einkäufergruppen gepflegt.
- **Attribute**
  Hier werden sehr viele unterschiedliche Attribute gepflegt, die den Beschaffungsprozess beeinflussen.
- **Attributvererbung**
  Die Attributvererbung zeigt an, welche Attribute von einer übergeordneten Organisationseinheit geerbt wurden.

- **Erweiterte Attribute**
  Hier werden Informationen zu Standorten, Bestellwertgrenzen und Lagerorten gespeichert sowie definiert, für welche Produktkategorien ein Benutzer Einkaufswagenpositionen anlegen darf.
- **Prüfung**
  Diese einfache Prüfung zeigt an, ob für die Organisationseinheit alle erforderlichen Attribute definiert sind; weitere Prüfmechanismen sind in Abschnitt 3.2.4, »Check- und Korrekturmöglichkeiten«, beschrieben.

Werfen Sie nun einen Blick auf die wichtigsten der für das Customizing der SAP SRM-Aufbauorganisation benötigten Attribute.

Kennzeichnung als Firma

Auf einer hohen Ebene der Aufbauorganisation – oft sogar im Wurzelknoten – wird die Kennzeichnung als Firma durchgeführt (siehe Abbildung 3.3).

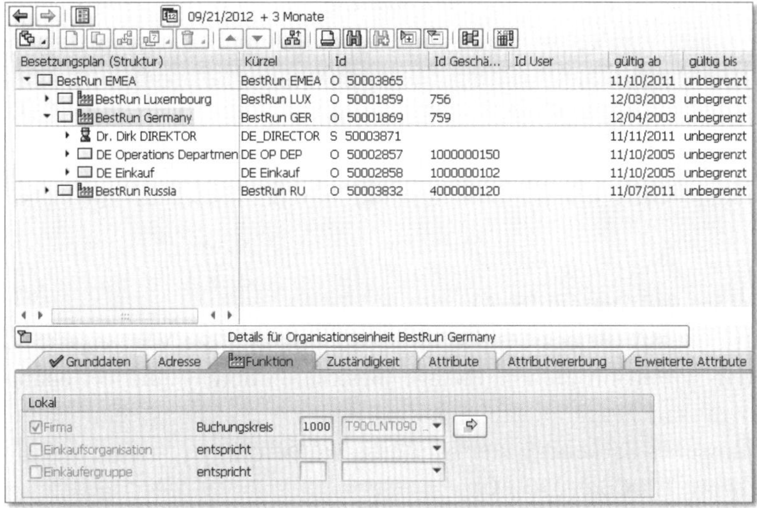

Abbildung 3.3 Kennzeichnung als Firma

Eine *Firma* in SAP SRM entspricht einem Buchungskreis im SAP ERP-Backend. Daher ordnen wir hier auch den Backend-Buchungskreis zu, der zur jeweiligen Organisation gehört.

Überspringen wir zuerst die Registerkarte ZUSTÄNDIGKEIT und gehen unmittelbar zur Registerkarte ATTRIBUTE. Die Registerkarte ZUSTÄNDIGKEIT werden wir noch weiter unten in diesem Abschnitt unter »Definition der zuständigen Einkäufergruppe« betrachten.

Registerkarte »Attribute«

In der Registerkarte ATTRIBUTE finden Sie eine lange Liste weiterer Attribute (siehe Abbildung 3.2). Im Folgenden sind die wichtigsten der für eine SAP SRM-Implementierung notwendigen Attribute aufgeführt:

- **Anlieferadresse (ADDR_SHIPT)**
  Über das Attribut ADDR_SHIPT (Anlieferadresse) wird die Adressnummer einer zuvor vom Administrator (per Browserzugriff, Transaktion INTERNE ADRESSEN BEARBEITEN) definierten Anlieferadresse der Bestellung zugewiesen. Für alle Organisationseinheiten, die mit dem Firmenkennzeichen versehen sind, legt das System automatisch eine Adresse vom Typ »Standardadresse« an; Beispielwert: 0000013450.
- **Aktueller ITS eines Benutzers (ITS_DEST)**
  Beim Attribut ITS_DEST (aktueller ITS eines Benutzers) handelt es sich um die aktuelle Adresse des Internetzugangs des Benutzers. Dieses Attribut wird nur bis einschließlich SAP SRM 5.0 benötigt; Beispielwert: *http://abcde.com: 52580/sap/bc/gui/sap/its/.*

[»] **Internet Transaction Server (ITS)**

Der Internet Transaction Server (ITS) ist eine SAP-Technologie, die SAP GUI-Transaktionen in browserbasierte Transaktionen umwandelt. Mit dem Release SAP SRM 7.0 wird der ITS nicht mehr benötigt, da zur Anzeige von Web Dynpros andere User Interfaces (SAP NetWeaver Portal oder der NetWever Business Client) benötigt werden.

- **Belegart im R/3-System (BSA)**
  Das Attribut BSA (Belegart im R/3-System) definiert die Vorgangsart im jeweiligen System für die Folgebelege (Bestellanforderung und Bestellung) aus den Einkaufswagenpositionen. Das Attribut BSA muss einmal pro angeschlossenes Backend-System definiert werden;
  Beispielwert: T90CLNT090\EC.
- **Benutzerrolle (ROLE)**
  Das Attribut ROLE (Benutzerrolle) gibt die verfügbaren Benutzerrollen an, die ein Manager einem neuen Benutzer, der per Benutzerselbstregistrierung einen Zugang beantragt hat, zuweisen kann;
  Beispielwert: SAP_BBP_STAL_EMPLOYEE.
- **Bewegungsart (BWA)**
  Das Attribut BWA (Bewegungsart) definiert die Art der Materialbewegung im Backend-System. Dieser Wert ist erforderlich, wenn im Backend-System Reservierungen angelegt werden sollen; Beispielwert: T90CLNT090\201.

- **Default-Drucker (PRI)**
  Das Attribut PRI (Default-Drucker) enthält den Namen des Druckers; Beispielwert: LP01.
- **Hauswährung (CUR)**
  Das Attribut CUR (Hauswährung) enthält die Standardwährung des Benutzers; Beispielwert: EUR.
- **Katalog-ID (CAT)**
  Das Attribut CAT (Katalog-ID) legt fest, auf welche Online-Kataloge ein Benutzer zugreifen darf; Beispielwert: KATALOG1.
- **Kontierungstyp (KNT)**
  Das Attribut KNT (Kontierungstyp) ist der Vorschlagswert für die Kontierung beim Anlegen eines Einkaufswagens oder einer lokalen Bestellung. Der Vorschlagswert für die Kontierung wird auf der Grundlage des Werts für dieses Attribut – Beispielwert: CC (Kostenstelle) – in Verbindung mit dem entsprechenden Kontierungsobjekt – in diesem Beispiel CNT (Kostenstelle) – festgelegt; Beispielwert: CC.
- **Kostenstelle (CNT)**
  Das Attribut CNT (Kostenstelle) definiert die Kostenstelle im Backend-System. Es liefert den Vorschlagswert für die Kontierung beim Anlegen eines Einkaufswagens oder einer lokalen Bestellung;
  Beispielwert: T90CLNT090\1000.
- **Systemalias (SYS)**
  Das Attribut SYS (Systemalias) legt die Systeme fest, die nach Bestellungen zu durchsuchen sind. Mit diesem Attribut werden für Mitarbeiter, die Bestätigungen oder Rechnungen zentral anlegen, Arbeitsvorräte erzeugt. Das Attribut kann sich sowohl auf das lokale System als auch auf Backend-Systeme beziehen. In der Regel werden mehrere Werte definiert: die lokalen Systeme sowie verschiedene Backend-Systeme;
  Beispielwert: SRMCLNT300 und T90CLNT090.
- **Systemalias für Rechnungswesensysteme (ACS)**
  Das Attribut ACS (Systemalias für Rechnungswesensysteme) definiert das Backend-System, in dem die Kontierung überprüft wird;
  Beispielwert: T90CLNT090.

Eine ausführliche Übersicht über alle für die SAP SRM-Aufbauorganisation benötigten Attribute finden Sie in Anhang D, »Attribute der Aufbauorganisation«, dieses Buches.

Definition der zuständigen Einkäufergruppe

Für die Organisationseinheiten des Typs »Einkaufsorganisation« und »Einkäufergruppe« gelten besondere Regeln der Attributpflege. Für Einkaufsorganisationen und Einkäufergruppen müssen die Registerkarten Funktion und Zuständigkeit gepflegt werden.

In der Registerkarte Funktion werden die folgenden Informationen hinterlegt:

- ist Einkaufsorganisation/entspricht Backend-Einkaufsorganisation
- ist Einkäufergruppe/entspricht Backend-Einkäufergruppe

In SAP SRM werden Einkäufergruppen jeweils hierarchisch einer übergeordneten Einkaufsorganisation zugeordnet. Legen Sie also zuerst die Organisationseinheit der Einkaufsorganisation an (siehe Abbildung 3.4).

Abbildung 3.4 Kennzeichnung einer Organisationseinheit als Backend-Einkaufsorganisation

Die folgende Logik gilt für die Pflege von Einkaufsorganisationen in der SAP SRM-Aufbauorganisation:

- **Lokale Einkaufsorganisation**
  Handelt es sich um eine *lokale Einkaufsorganisation*, bleibt das Feld Entspricht hinter der Checkbox Einkaufsorganisation leer.
- **Backend-Einkaufsorganisation**
  Handelt es sich um eine *Backend-Einkaufsorganisation*, wird in dem Feld Entspricht hinter der Checkbox Einkaufsorganisation durch die Angabe der entsprechenden Backend-Einkaufsorganisation der Bezug zur dazugehörigen Einkaufsorganisation im SAP ERP-Backend hergestellt.

Legen Sie anschließend eine oder mehrere Organisationseinheiten unter der Einkaufsorganisation an, und kennzeichnen Sie diese als Einkäufergruppe (siehe Abbildung 3.5).

Abbildung 3.5 Kennzeichnung einer Organisationseinheit als Backend-Einkäufergruppe

Die folgende Logik gilt für die Pflege von Einkäufergruppen in der SAP SRM-Aufbauorganisation:

- **Lokale Einkäufergruppe**
  Handelt es sich um eine *lokale Einkäufergruppe*, bleibt das Feld ENTSPRICHT hinter der Checkbox EINKÄUFERGRUPPE leer. Dafür werden dieser Einkäufergruppe vom Anwender lokale SAP SRM-Einkäuferbenutzer zugeordnet. Diese operativen Einkäufer vervollständigen später (siehe Abschnitt 7.3.4, »Sourcing-Anwendung«) im System unvollständige Bestellungen. Diese Einstellung wird benötigt, wenn Sie im technischen *Standalone-Szenario* arbeiten möchten.
- **Backend-Einkäufergruppe**
  Handelt es sich um eine *Backend-Einkäufergruppe* wird in dem Feld ENTSPRICHT hinter der Checkbox EINKÄUFERGRUPPE durch die Angabe der entsprechenden Backend-Einkäufergruppe der Bezug zur entsprechenden Einkäufergruppe im SAP ERP-Backend hergestellt. Es gibt hier zwei Ausprägungen:
  - *Bezugsquellenfindung im SAP ERP-Backend*
    Arbeiten die operativen Einkäufer dieser Backend-Einkäufergruppe im SAP ERP-Backend und führen dort die Umsetzung von Bestellanforderungen in Bestellungen durch, werden der Backend-Einkäufergruppe keine lokalen SAP SRM-User zugeordnet. Diese Option wird benötigt, wenn Sie im technischen *klassischen Szenario* arbeiten möchten.
  - *Sourcing-Transaktion in SAP SRM*
    Arbeiten die operativen Einkäufer dieser Backend-Einkäufergruppe mit der Sourcing-Transaktion in SAP SRM, werden auch dieser Backend-Einkäufergruppe lokale SAP SRM-User zugeordnet. Diese Option ist möglich, wenn Sie im technischen *klassischen Szenario* arbeiten möchten, und wird benötigt, wenn Sie im technischen *erweiterten klassischen Szenario* arbeiten möchten. Weitere Informationen zur Bezugsquellenfindung

durch operative Einkäufer finden Sie in Abschnitt 7.3.4, »Sourcing-Anwendung«.

Für die Einkäufergruppe ist eine ORGANISATORISCHE ZUSTÄNDIGKEIT zu pflegen. Ergänzend kann auch eine SACHLICHE ZUSTÄNDIGKEIT gepflegt werden. Anhand dieser Zuständigkeit wird bestimmt, welche Einkäufergruppe für die Vervollständigung unvollständiger Bestellungen zuständig ist (siehe Abbildung 3.6).

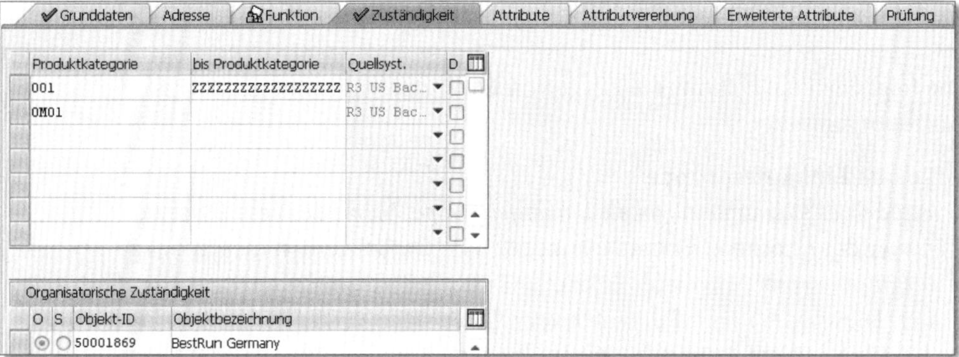

Abbildung 3.6 Definition der Zuständigkeit einer Einkäufergruppe

Das System muss so konfiguriert sein, dass für jede bestellbare Produktkategorie mindestens eine Einkäufergruppe zuständig ist. Sind mehrere Einkäufergruppen zuständig, kann der Anforderer in den Positionsdetails des Einkaufswagens auswählen, welche der verfügbaren Einkäufergruppen seine Einkaufswagenpositionen bearbeiten soll.

3.2.3 Besonderheiten bei der Pflege von Adressen in SAP SRM

Wenn Sie die Aufbauorganisation anlegen, wird automatisch für die Organisationseinheiten des Unternehmens, die Sie als Firma gekennzeichnet haben, eine Adresse inklusive Adressnummer generiert.

Die Inhalte dieser Adressen können Sie in der Transaktion PPOMA_BBP pflegen, indem Sie die Adressdaten der als Firma gekennzeichneten Organisationseinheiten bearbeiten. Komfortabler ist es jedoch, die Adressen über den browserbasierten Zugang zu pflegen. Abbildung 3.7 zeigt die verschiedenen Schritte der Adresspflege mithilfe des browserbasierten Zugangs, die wir nun detaillierter betrachten.

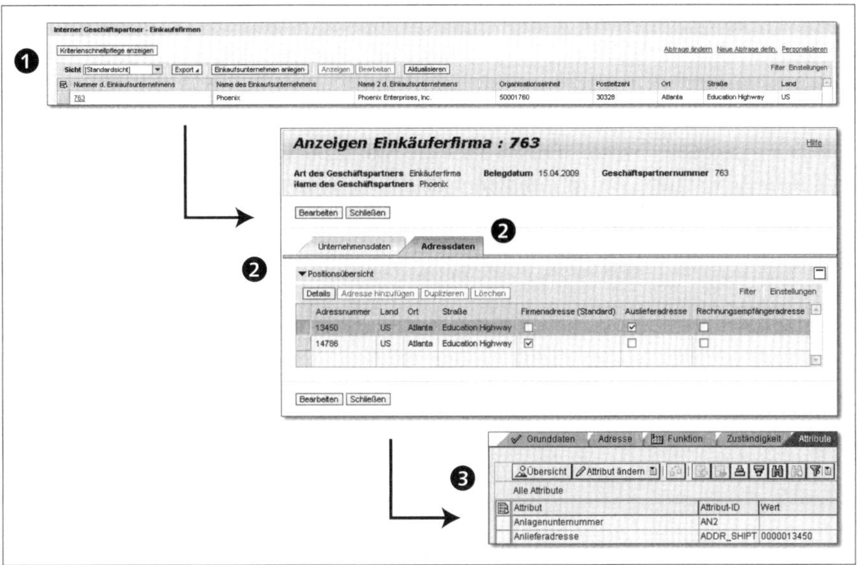

Abbildung 3.7 Pflege und Zuweisung von Adressen

Wenn Sie sich mit einem Benutzer mit der Administratorrolle am SAP SRM-System anmelden, erreichen Sie die browserbasierte Adresspflege über folgenden Pfad: SRM-ADMINISTRATION • SRM-ADMINISTRATION • INTERNER GESCHÄFTSPARTNER • EINKAUFSFIRMEN. ❶ Wählen Sie nun die gewünschte Firma aus, und klicken Sie auf den Button BEARBEITEN. In dem sich öffnenden Fenster wählen Sie die Registerkarte ADRESSDATEN ❷.

Dort haben Sie nun die Möglichkeit, die automatisch vom System angelegten Adressen zu ergänzen und wahlweise als Standardfirmenadresse sowie als Anliefer- und Rechnungsempfängeradresse zu kennzeichnen. Wenn Sie die Adresse als *Standardanlieferadresse* kennzeichnen, wird sie für alle Mitarbeiter der Firma automatisch beim Anlegen von Einkaufswagenpositionen vorausgewählt.

Sollten Sie für einzelne Organisationseinheiten oder Planstellen *individuelle Anliefer- und Rechnungsempfängeradressen* im SAP SRM-System hinterlegen wollen, können Sie in der browserbasierten Pflege weitere Adressen anlegen.

Anschließend können Sie diese Anlieferadressen und Rechnungsempfängeradressen per Attributpflege den gewünschten Organisationseinheiten oder Planstellen Ihrer Aufbauorganisation zuordnen ❸. Starten Sie hierzu die Transaktion PPOMA_BBP, und ordnen Sie die Adressnummer, die das System in der browserbasierten Adresspflege angelegt hat, dem Attribut ADDR_

SHIPT für die Anlieferadresse bzw. dem Attribut ADDR_BILLT für die Rechnungsempfängeradresse zu.

[EHP 1]

Individuelle Anlieferadressen pflegen

Sie haben seit EHP 1 von SAP SRM auch die Möglichkeit, pro Mitarbeiter eine individuelle Anlieferadresse zu definieren (siehe Abbildung 3.8). Hierzu müssen Sie den Customizing-Schalter SRM_701_SHIP_TO_ADDRESS_SC aktivieren. Die Adressen pflegen Sie im Customizing über den Menüpfad SAP Supplier Relationship Management • SRM Server • Anwendungsübergreifende Grundeinstellungen • Individuelle Mitarbeiteradresse • Anlieferadressen für mehrere Mitarbeiter anlegen.

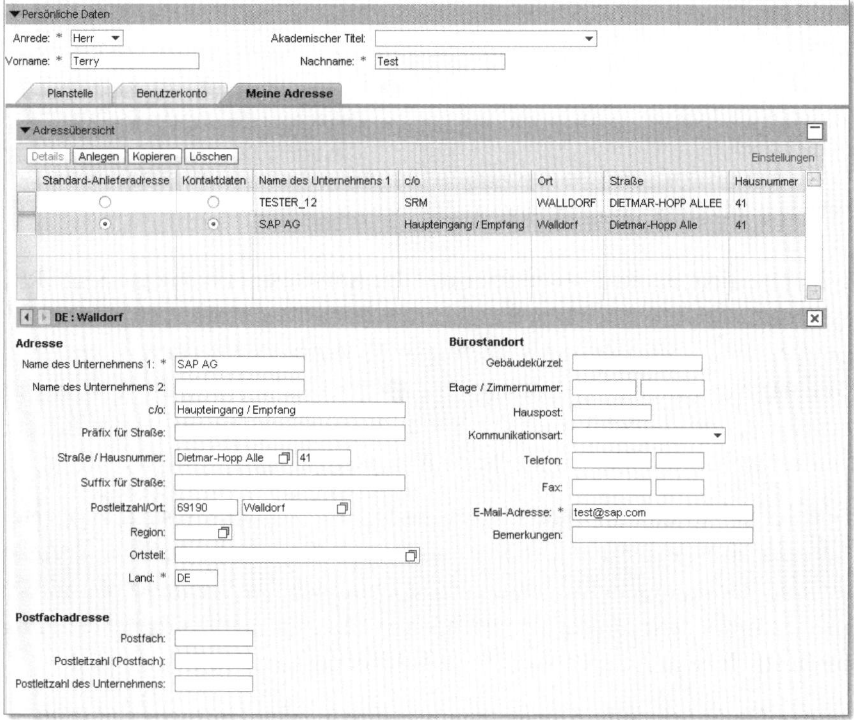

Abbildung 3.8 Pflege der persönlichen Anlieferadresse

[+] Sie rufen die Übersicht der Customizing-Schalter mithilfe der Transaktion /SAPSRM/SW_OVERVIEW auf. Wenn Sie einen Customizing-Schalter aktivieren möchten, hier am Beispiel des Schalters SRM_701_SHIP_TO_ADDRESS_SC gezeigt, klicken Sie auf das Detail zum Schalter (siehe [Symbol] in Abbildung 3.9). Nun gelangen Sie direkt zum Customizing Punkt im IMG (siehe Abbildung 3.10) und können den Schalter aktivieren/deaktivieren. Sie können natürlich auch direkt über den IM-Pfad zum richtigen Menüpunkt navigieren. Die genannte Möglichkeit mittels Transaktion ist bei Kenntnis des Customizing-Schalters die schnellere.

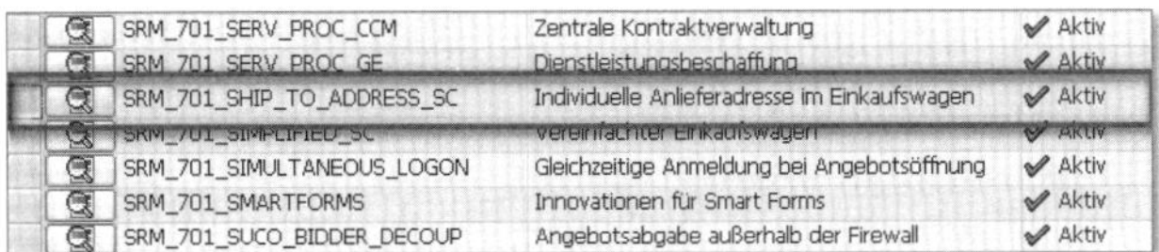

Abbildung 3.9 Übersicht der Customizing-Schalter

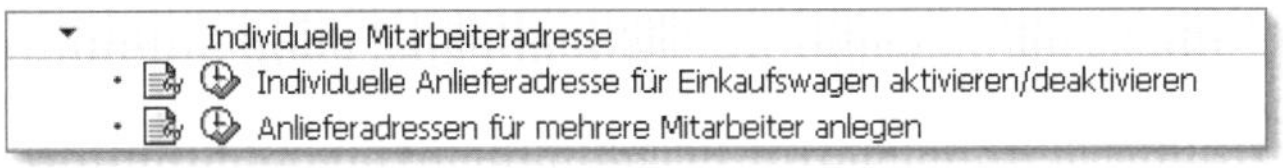

Individuelle Mitarbeiteradresse
- Individuelle Anlieferadresse für Einkaufswagen aktivieren/deaktivieren
- Anlieferadressen für mehrere Mitarbeiter anlegen

Abbildung 3.10 Customizing Punkt im IMG des SAP SRM

Vererbungsregeln der Attribute ADDR_SHIPT und ADDR_BILLT [«]

Beachten Sie die besonderen Vererbungsregeln der Attribute ADDR_SHIPT und ADDR_BILLT: Eine Zuweisung einer Adressnummer zu einer untergeordneten Organisationseinheit überschreibt die von einer übergeordneten Organisationseinheit geerbte Adressnummer.

Die hier beschriebene Pflege der Anliefer- und Rechnungsempfängeradresse ist nicht zu verwechseln mit der *technischen Anforderung* von SAP SRM, dass für jede Organisationseinheit der Aufbauorganisation eine eigene Adresse gepflegt werden muss. Diese wird aus technischen Gründen benötigt, damit für die Organisationseinheit ein SAP-Geschäftspartner angelegt werden kann. Auf die Prüfung und Korrekturmöglichkeiten zu dieser technischen Anforderung gehen wir im folgenden Abschnitt 3.2.4, »Check- und Korrekturmöglichkeiten«, ein.

3.2.4 Check- und Korrekturmöglichkeiten

Aufgrund der vielfältigen Konfigurationsmöglichkeiten der SAP SRM-Aufbauorganisation gibt es hier auch einige Fehlerquellen. Wir gehen nun auf die Transaktionen ein, die zur Problemanalyse und Fehlerbehebung zur Verfügung stehen. Dabei handelt es sich um die folgenden Transaktionen:

- Transaktion BBP_BP_OM_INTEGRATE (Objektsynchronisation und -reparatur)
- Transaktion PPOMA_BBP (allgemeine Attribute ändern)
- Transaktion BBP_ATTR_CHECK (EBP-Organisationsmodell: Prüfungen)

Für jede Organisationseinheit muss ein SAP-Geschäftspartner angelegt werden. Falls beim Anlegen einer Organisationseinheit die Adressdaten nicht komplett gepflegt wurden, kann eventuell kein Geschäftspartner angelegt werden. Die Transaktion BBP_BP_OM_INTEGRATE überprüft die Aufbauorganisation auf technische Inkonsistenzen (wie z.B. fehlende Geschäftspartner) und schlägt Lösungsalternativen vor.

Eine Überprüfung, ob alle Attribute korrekt gepflegt wurden, können Sie über die Registerkarte PRÜFUNG in der Transaktion PPOMA_BBP durchführen. Dies erlaubt eine einfache Prüfung pro Organisationseinheit oder Planstelle. Möchten Sie detailliertere Prüfungen zu den gepflegten Attributen durchführen, rufen Sie die Transaktion BBP_ATTR_CHECK auf (siehe Abbildung 3.11). Dort können Sie die Korrektheit der Attribute individuell für eine einzelne Anwendung (z.B. Einkaufswagen) überprüfen.

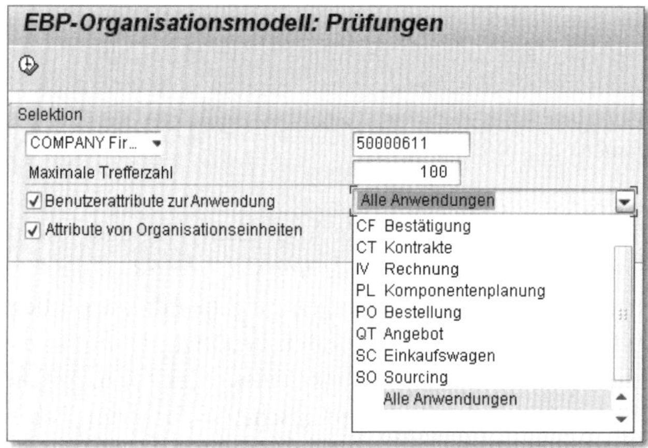

Abbildung 3.11 Überprüfung der Attribute

Nachdem wir in Abschnitt 3.2.1, »Manuelles Anlegen der SAP SRM-Aufbauorganisation«, die Möglichkeiten zum manuellen Anlegen der Aufbauorganisation beschrieben haben, möchten wir nun die Möglichkeiten zur Replikation der Aufbauorganisation aus dem SAP ERP HCM-System beschreiben.

3.2.5 Replikation der Aufbauorganisation aus einem SAP ERP HCM-System

Wenn Sie bereits ein SAP ERP HCM-System (früher HR, Human Resources) im Einsatz haben, empfiehlt es sich, die dort vorhandene Aufbauorganisation in das SAP SRM-System zu replizieren. Dadurch sparen Sie sich Mehrfachaufwände bei der Datenpflege und sorgen automatisch für systemübergreifend konsistente Stammdaten.

Die komplette Aufbauorganisation mit ihren organisatorischen Einheiten, Planstellen und Mitarbeitern kann vom SAP ERP HCM ins SAP SRM-System repliziert werden. Dabei ist sowohl die initiale Verteilung aller Objekte als auch die Delta-Verteilung hinzugefügter oder geänderter Objekte im laufenden Betrieb möglich. Diese Replikation der Aufbauorganisation erfolgt über *Application Link Enabling* (ALE), eine SAP-Integrationstechnologie, die auf dem Austausch von *Intermediate Documents* (IDoc) basiert. IDocs sind ein SAP-Standardformat zum elektronischen Datenaustausch zwischen SAP-Systemen.

Für jede Organisationseinheit wird in SAP SRM ein SAP-Geschäftspartner angelegt, der dann in den einzelnen Prozessen referiert wird. Der *HCM-Mitarbeiter* steht als Mini-Personalstammsatz zur Verfügung, für ihn wird im SAP SRM-System ein SAP-Geschäftspartner angelegt.

Es muss gewährleistet sein, dass ein Mitarbeiter in beiden Systemen denselben Benutzernamen verwendet und dass diesem Mitarbeiter im SAP ERP HCM-System auch genau dieser Benutzer zugeordnet ist (Infotyp 0105 und Subtyp 001). Außerdem ist eine gepflegte Mitarbeiter-E-Mail-Adresse Pflicht (Infotyp 0105 und Subtyp 010). Darum empfiehlt es sich, entweder die User per ALE vom HCM-System in das SAP SRM-System zu replizieren und die zentrale Benutzerverwaltung – siehe den Abschnitt »Zentrale Benutzerverwaltung (ZBV)« in Abschnitt 3.3.2, »Möglichkeiten der Benutzerverwaltung in SAP SRM« – zu aktivieren oder SAP NetWeaver Identity Management einzusetzen (siehe Abschnitt 3.3.4, »Integration von SAP SRM mit SAP NetWeaver Identity Management«).

Replikation ist bei manuell angelegter Aufbauorganisation nicht möglich [«]

Beachten Sie, dass die Replikation der HCM-Aufbauorganisation in SAP SRM nur möglich ist, wenn im SAP SRM-System noch keine Aufbauorganisation manuell angelegt wurde.

Beim Einrichten der Integration sind die folgenden Aktivitäten durchzuführen:

1. **ALE-Verteilungsmodell einrichten**
   Richten Sie ein neues ALE-Verteilungsmodell zwischen dem SAP ERP HCM- und dem SAP SRM-System mit dem Nachrichtentyp HRMD_ABA ein. Dazu müssen Empfänger- und Sender-System definiert und Filterein-

stellungen für die auszutauschenden Daten hinterlegt werden (siehe SAP-Hinweis 615896, »HR-ALX: Verteilungsmodelle – Schablonen«).

2. **Customizing von SAP SRM**
   Es müssen einige Schritte im Customizing von SAP SRM vorgenommen werden, um die Replikation zu erlauben. Dazu sind Einstellungen in den folgenden Bereichen vorzunehmen: Nummernkreise für Geschäftspartner, Aktivierung der Replikation, weitere Customizing-Einstellungen in der Tabelle T77S0 sowie Abgleich einiger Datenformate (z.B. Personalstammsatz) zwischen SAP SRM und SAP ERP HCM.
3. **SAP ERP HCM-Objekte initial verteilen**
   Die Objekte aus dem SAP ERP HCM-System müssen durch Aufruf der Transaktion RHALEINI initial verteilt werden. Es sind die folgenden Objekte zu replizieren:
   - O (Organisationseinheit)
   - P (Person)
   - S (Planstelle)
   - C (Stelle)
4. **Geschäftspartner überprüfen**
   Es muss überprüft werden, ob alle SAP-Geschäftspartner richtig angelegt worden sind. Im Falle von fehlenden Geschäftspartnern muss anschließend eine Korrektur der Daten vorgenommen werden. Die Überprüfung und Korrektur kann z.B. mit der Transaktion BBP_BP_OM_INTEGRATE (Objektsynchronisation und -reparatur) durchgeführt werden. Alternativ zu dem Aufruf per Transaktion können Sie die Überprüfung auch über die Ausführung des Reports `HRALXSYNC` starten.
5. **Delta-Replikation einrichten**
   Schließlich muss die Delta-Replikation eingerichtet werden, damit zukünftig Änderungen an der Aufbauorganisation im SAP ERP HCM-System automatisch in das SAP SRM-System übertragen werden. Dazu müssen im SAP ERP HCM-System Änderungszeiger für den Nachrichtentyp HRMD_ABA aktiviert werden. Außerdem muss der Job `RBDMIDOC` eingeplant werden.

Nach erfolgreicher Replikation müssen die Attribute der Aufbauorganisation manuell gepflegt werden, wie in Abschnitt 3.2.2, »Attribute der SAP SRM-Aufbauorganisation«, beschrieben ist. Bei späteren Delta-Replikationen bleiben die Attribute erhalten.

Diese Darstellung kann nur einen ersten Überblick über die zur Replikation der SAP ERP HCM-Aufbauorganisation in ein SAP SRM-System durchzuführenden Schritte geben. In der Praxis ist das Vorgehen zur Replikation aufgrund der Vielzahl möglicher Varianten bezüglich Integrationstiefe (welche Inhalte repliziert werden sollen) und Kombination von System-Release-Ständen individuell zu prüfen und festzulegen.

Informationen zur Replikation der HCM-Aufbauorganisation in SAP SRM [«]

Wenn Sie in Ihrem System die Replikation der HCM-Aufbauorganisation in das SAP SRM-System einrichten möchten, lesen Sie die folgenden SAP-Hinweise:

- 312090, »Integration HR – BBP/CRM«
- 363187, »HR-CA-ALE: Initialverteilung mit HRMD_A/HRMD_ABA (Tipp)«
- 550055, »EBP/CRM: neue Integration zum Geschäftspartner«
- 934372, »SRM/CRM: HR-Integration zum Geschäftspartner – Neuigkeiten«

Lesen Sie zusätzlich auch das unter *http://service.sap.com/srm-inst* verfügbare Dokument »Set Up, Transport, and Copy SRM Server«. Zum Zeitpunkt der Drucklegung dieses Buches ist dieses Dokument ausschließlich für das Release SAP SRM 5.0 verfügbar. Die dort vorhandenen Informationen werden Ihnen aber auch helfen, wenn Sie SAP SRM 7.0 nutzen.

Nach erfolgreicher Anlage der Aufbauorganisation gilt es, diese mit Leben zu füllen. Hierzu werden den Organisationseinheiten der Aufbauorganisation Benutzer zugeordnet. Der nächste Abschnitt ist der SAP SRM-Funktionalität im Bereich der Benutzerverwaltung gewidmet.

3.3 Benutzerverwaltung

Im Gegensatz zu anderen SAP-Systemen reicht zum Arbeiten in SAP SRM ein normaler *SU01-Benutzer* nicht aus, da ein Großteil der für die Beschaffungsprozesse wichtigen Informationen zu diesem Benutzer über Attribute in der Aufbauorganisation gespeichert sind.

SU01-Benutzer [«]

Der SU01-Benutzer ist ein Benutzer, der über die Transaktion SU01 angelegt wurde und als Kernbenutzerstammsatz der SAP-Systeme betrachtet werden kann. Die Transaktion SU01 wird in den meisten SAP-Systemen dazu verwendet, Benutzerstammsätze zu pflegen.

Ein SAP SRM-Benutzer kann nur in Verbindung mit den ihm direkt oder per Vererbung zugeordneten Attributen an den Geschäftsprozessen teilnehmen.

Daher muss der SU01-Benutzer in die Aufbauorganisation eingebunden sein. Dies erfolgt durch die Verknüpfung der folgenden Objekte:

- SU01-Benutzer
- SAP-Geschäftspartner
- Planstelle in der Aufbauorganisation
- zentrale Person

Damit beim Anlegen eines SAP SRM-Benutzers diese Objektverknüpfungen angelegt werden, können SAP SRM-Benutzer nicht mit der Transaktion SU01 angelegt werden. Die Möglichkeiten der Benutzerpflege in SAP SRM werden in Abschnitt 3.3.2, »Möglichkeiten der Benutzerverwaltung in SAP SRM«, beschrieben.

[»]

Maximal zulässige Anzahl von Benutzern pro Organisationseinheit

Aus Performancegründen sollten einer Organisationseinheit in der Aufbauorganisation nicht mehr als 200 Benutzer zugeordnet werden. Falls es betriebswirtschaftliche Anforderungen zu größeren Organisationseinheiten gibt, können Sie sich damit behelfen, dass Sie die großen Organisationseinheiten durch das Einziehen untergeordneter Organisationseinheiten gliedern.

Neben den Informationen aus dem SU01-Benutzerstammsatz sowie den Attributen aus der Aufbauorganisation bezieht SAP SRM weitere Informationen (z.B. Berechtigungsprofile) zum Benutzer aus den ihm zugeordneten Benutzerrollen.

3.3.1 Benutzerrollen in SAP SRM

Benutzerrollen steuern in SAP SRM, welche Transaktionen ein Benutzer ausführen darf. Neben den verfügbaren Transaktionen im Benutzermenü werden den Benutzern auch Berechtigungsprofile über die Rollen zugewiesen. Die Berechtigungsprofile steuern, welche Handlungen ein Benutzer innerhalb einer Transaktion vornehmen kann bzw. auf welche Informationen er zugreifen darf.

Im Folgenden finden Sie Auflistungen der in SAP SRM verfügbaren Rollen. Da sich das SAP SRM-Rollenkonzept mit SAP SRM 7.0 geändert hat, gibt es zwei unterschiedliche Auflistungen: Benutzerrollen *vor* SAP SRM 7.0 und Benutzerrollen *ab* SAP SRM 7.0.

[»] Das Rollenkonzept wurde mit SAP SRM 7.0 überarbeitet; es haben sich die technischen Namen der zu verwendenden Rollen geändert. Wir beginnen mit der Betrachtung der Benutzerrollen bei dem bis inklusive SAP SRM 6.0 gültigen Rollenkonzept.

Benutzerrollen vor Release SAP SRM 7.0

Die bis inklusive SAP SRM 6.0 verwendeten SAP SRM-Benutzerrollen sind Sammelrollen, die in der Regel mehrere Einzelrollen zusammenfassen. Diese Sammelrollen beginnen alle mit SAP_BBP_STAL. Die Rolle für den Mitarbeiter heißt z.B. SAP_BBP_STAL_EMPLOYEE, und die Rolle für den professionellen Einkäufer lautet SAP_BBP_STAL_PURCHASER.

Die in Tabelle 3.1 aufgeführten SRM-Server-Rollen werden standardmäßig mit SAP SRM 6.0 und älteren Releases ausgeliefert.

Technischer Name der SRM-Sammelrolle	Beschreibung
SAP_BBP_STAL_ACCOUNTANT	Kreditorenbuchhalter
SAP_BBP_STAL_ADMINISTRATOR	Administrator
SAP_BBP_STAL_BIDDER	Bieter
SAP_BBP_STAL_CONTENT_MANAGER	Content Manager
SAP_BBP_STAL_EMPLOYEE	Mitarbeiter
SAP_BBP_STAL_MANAGER	Manager
SAP_BBP_STAL_OPERAT_PURCHASER	operativer Einkäufer
SAP_BBP_STAL_PLANNER	Komponentenplaner
SAP_BBP_STAL_PURCHASE_MANAGER	Einkaufsleiter
SAP_BBP_STAL_PURCHASER	professioneller Einkäufer
SAP_BBP_STAL_RECIPIENT	Warenempfänger
SAP_BBP_STAL_SECRETARY	Einkaufsassistent
SAP_BBP_STAL_STRAT_PURCHASER	strategischer Einkäufer
SAP_BBP_STAL_VENDOR	Lieferant

Tabelle 3.1 SRM-Server-Rollen bis inklusive SAP SRM 6.0

Darüber hinaus stehen die in Tabelle 3.2 aufgeführten Einzelrollen für SAP Supplier Self-Services zur Verfügung.

Technischer Name der SRM-Einzelrolle	Beschreibung
SAP_EC_SUS_ADMIN_PURCHASER	SUS Administrator Einkäufer
SAP_EC_SUS_ADMIN_VENDOR	SUS Administrator Lieferant

Tabelle 3.2 SUS-Rollen bis inklusive SAP SRM 6.0

Technischer Name der SRM-Einzelrolle	Beschreibung
SAP_EC_SUS_BIDDER	SUS Bieter
SAP_EC_SUS_DISPATCHER	SUS Warenversender
SAP_EC_SUS_INVOICER	SUS Rechnungssteller
SAP_EC_SUS_MANAGER	SUS Manager
SAP_EC_SUS_ORDER_PROCESSOR	SUS Auftragsbearbeiter
SAP_EC_SUS_ROS_PROCESSOR	SUS Lieferantenvorauswähler
SAP_EC_SUS_SAR_PROCESSOR	SUS Lieferplanabrufbearbeiter
SAP_EC_SUS_SERVICE_AGENT	SUS Leistungserbringer
SAP_EC_SUS_SERVICE_MANAGER	SUS zentraler Leistungserfasser

Tabelle 3.2 SUS-Rollen bis inklusive SAP SRM 6.0 (Forts.)

Benutzerrollen ab SAP SRM 7.0

Ab SAP SRM 7.0 hat sich das Rollenkonzept geändert. Die neuen Rollen sind Einzelrollen, die jeweils in Verbindung mit einer SAP NetWeaver Portal-Rolle (siehe Abschnitt 2.6.3, »Business Packages«) verwendet werden.

Tabelle 3.3 zeigt die SAP SRM 7.0-, 7.01- und 7.02-Rollen inklusive des Bezugs zu den jeweiligen SAP NetWeaver Portal-Rollen.

Technischer Name der SRM-Einzelrolle	Beschreibung	Technischer Name der dazugehörigen Portalrolle
/SAPSRM/ACCOUNTANT	Rechnungsprüfer	com.sap.pct.srm.core.ro_invoicer
/SAPSRM/ADMINISTRATOR	Administrator	com.sap.pct.srm.core.ro_srmadministrator
/SAPSRM/ADMINISTRATOR_EHP1	Administrator	com.sap.pct.srm.core.ro_srmadministrator (EHP 1 Content)
/SAPSRM/BIDDER	Bieter	com.sap.pct.srm.core.ro_bidder
/SAPSRM/BIDDER_EHP1	Bieter	com.sap.pct.srm.core.ro_bidder (EHP 1 Content)
/SAPSRM/EMPLOYEE	Mitarbeiter	com.sap.pct.srm.core.ro_employeeselfservice
/SAPSRM/EMPLOYEE_EHP1	Mitarbeiter	com.sap.pct.srm.core.ro_employeeselfservice (EHP 1 Content)
/SAPSRM/MANAGER	Manager	com.sap.pct.srm.core.ro_manager

Tabelle 3.3 SRM-Server-Rollen ab SAP SRM 7.0

Technischer Name der SRM-Einzelrolle	Beschreibung	Technischer Name der dazugehörigen Portalrolle
/SAPSRM/OP_PURCHASER	operativer Einkäufer	com.sap.pct.srm.core.ro_operationalpurchaser
/SAPSRM/OP_PURCHASER_EHP1	operativer Einkäufer	com.sap.pct.srm.core.ro_operationalpurchaser (EHP 1 Content)
/SAPSRM/OP_PURCHASER_EHP2	operativer Einkäufer	com.sap.pct.srm.core.ro_operationalpurchaser (EHP 1 Content)
/SAPSRM/PLANNER	Komponentenplaner	com.sap.pct.srm.core.ro_componentplanner
/SAPSRM/RECIPIENT	Warenempfänger	com.sap.pct.srm.core.ro_goodsrecipient
/SAPSRM/SECRETARY	Einkaufsassistent	com.sap.pct.srm.core.ro_purchasingassistant
/SAPSRM/ST_PURCHASER	strategischer Einkäufer	com.sap.pct.srm.core.ro_strategicpurchaser
/SAPSRM/ST_PURCHASER_EHP1	strategischer Einkäufer	com.sap.pct.srm.core.ro_strategicpurchaser (EHP 1 Content)
/SAPSRM/ST_PURCHASER_EHP2	strategischer Einkäufer	com.sap.pct.srm.core.ro_strategicpurchaser (EHP 2 Content)
/SAPSRM/SUPPLIER	Lieferant	com.sap.pct.srm.core.ro_supplier
/SAPSRM/SURVEY_OWNER	Umfrageverantwortlicher	com.sap.pct.srm.core.ro_survey_owner
/SAPSRM/SURVEY_REVIEWER	Umfrage-Reviewer	com.sap.pct.srm.core.ro_survey_reviewer
/SAPSRM/ENTERPRISE_SERVICES	Berechtigung für den Zugriff auf SRM Enterprise Services	

Tabelle 3.3 SRM-Server-Rollen ab SAP SRM 7.0 (Forts.)

Tabelle 3.4 zeigt die Rollen für die auf SAP SRM 7.0, 7.01 und 7.02 basierende Branchenlösung Procurement for Public Sector (PPS), inklusive des Bezugs zu den jeweiligen SAP NetWeaver Portal-Rollen.

Technischer Name der SRM-Einzelrolle	Beschreibung	Technischer Name der dazugehörigen Portalrolle
/SAPPSSRM/MANAGER	PPS-Manager	com.sap.pct.srm.gp.ro_manager
/SAPPSSRM/BIDDER	PPS-Bieter	com.sap.pct.srm.gp.ro_bidder

Tabelle 3.4 Procurement for Public Sector 3.0-Rollen

Technischer Name der SRM-Einzelrolle	Beschreibung	Technischer Name der dazugehörigen Portalrolle
/SAPPSSRM/BIDDER_EHP1	SAP SRM PPS: Bieter	com.sap.pct.srm.gp.ro_bidder (EHP 1 Content)
/SAPPSSRM/EMPLOYEE	PPS-Mitarbeiter	com.sap.pct.srm.gp.ro_ employeeselfservice
/SAPPSSRM/PROCURE-MENT	PPS-Beschaffung	com.sap.pct.srm.gp.ro_ procurement
/SAPPSSRM/ PROCUREMENT_EHP1	SAP SRM PPS: Beschaffung	com.sap.pct.srm.gp.ro_ procurement (EHP 1 Content)
/SAPPSSRM/REQUISITIO-NING	PPS-Anforderung	com.sap.pct.srm.gp.ro_ requisitioning
/SAPPSSRM/ REQUISITIONING_EHP1	SAP SRM PPS: Anforderung	com.sap.pct.srm.gp.ro_ requisitioning (EHP 1 Content)

Tabelle 3.4 Procurement for Public Sector 3.0-Rollen (Forts.)

Tabelle 3.5 zeigt die SAP SRM 7.0-, 7.01- und 7.02-Rollen für SAP Supplier Self-Services. Für diese gibt es keinen direkten Bezug zu den Portalrollen. Im Business Package for Supplier Collaboration 4.0 stehen jedoch Rollen zur Verfügung, die auch den Zugriff auf SAP Supplier Self-Services ermöglichen (siehe Abschnitt 2.6.3, »Business Packages«).

Technischer Name der SRM-Einzelrolle	Beschreibung
/SAPSRM/SUS_ADMIN_PURCHASER	SUS Einkäuferadministrator
/SAPSRM/SUS_ADMIN_PURCH_EHP1	SUS: Einkaufsadministrator
/SAPSRM/SUS_ADMIN_SUPPL_EHP1	SUS: Lieferantenadministrator
/SAPSRM/SUS_ADMIN_SUPPLIER	SUS Lieferantenadministrator
/SAPSRM/SUCO_BIDDER	Bieter im Lieferantensystem
/SAPSRM/SUS_BIDDER	SUS Bieter
/SAPSRM/SUS_DISPATCHER	SUS Warenversender
/SAPSRM/SUS_INVOICER	SUS Rechnungssteller
/SAPSRM/SUS_INVOICER_EHP1	SUS: Rechnungssteller
/SAPSRM/SUS_MANAGER	SUS Manager
/SAPSRM/SUS_ORD_COLL_USER_EHP1	SUS: Lieferantenbenutzer für Auftragsabwicklung
/SAPSRM/SUS_ORDER_PROCESSOR	SUS Auftragsbearbeiter

Tabelle 3.5 SUS-Rollen ab SAP SRM 7.0

Technischer Name der SRM-Einzelrolle	Beschreibung
/SAPSRM/SUS_ROS_PROCESSOR	SUS Lieferantenauswähler
/SAPSRM/SUCO_PROCESSOR	SRM: Lieferantenvorauswahl
/SAPSRM/SUS_SAR_PROCESSOR	SUS Lieferplanabrufbearbeiter
/SAPSRM/SUS_SERVICE_AGENT_EHP1	SUS: Leistungserbringer
/SAPSRM/SUS_SERVICE_AGENT	SUS Leistungserbringer
/SAPSRM/SUCO_PURCHASER	SRM: Strategischer Einkäufer im Lieferantensystem
/SAPSRM/SUS_SERVICE_MANAGER	SUS zentraler Dienstleistungserfasser

Tabelle 3.5 SUS-Rollen ab SAP SRM 7.0 (Forts.)

Weitere Informationen zu den Änderungen der PFCG- und Portalrollen finden Sie in Abschnitt 2.6.

Benutzerrollen in SAP SRM anzeigen oder bearbeiten

Sie können sich einen Überblick über alle SAP SRM-Benutzerrollen verschaffen, indem Sie die Transaktion PFCG (Rollenpflege) starten und den technischen Namen der SAP SRM-Rolle eingeben (siehe Abbildung 3.12).

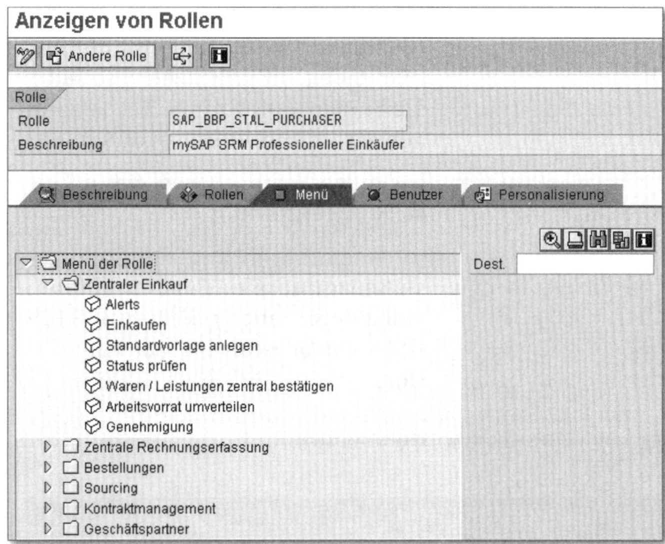

Abbildung 3.12 Bearbeitung einer Rolle in der Transaktion PFCG

Sollten diese Standardrollen nicht für Ihre Zwecke ausreichen, können Sie diese auch beliebig in der Transaktion PFCG anpassen.

3.3.2 Möglichkeiten der Benutzerverwaltung in SAP SRM

SAP SRM bietet eine Vielzahl von verschiedenen Möglichkeiten und Mechanismen, um Benutzerstammsätze anzulegen und zu verwalten.

Bevor wir alle Varianten der Benutzerverwaltung im Detail betrachten, können Sie sich anhand der Tabelle 3.6 einen groben Überblick über die verschiedenen Einsatzgebiete der Varianten sowie über weitere in diesem Abschnitt enthaltenen Informationen verschaffen.

Variante der Benutzerverwaltung	Einsatzgebiete/Zusatzinformationen
Benutzerpflege durch den Administrator (im Browser)	Pflege einzelner weniger Benutzer
Benutzerpflege durch den Administrator (in SAP GUI)	Massenpflege von Benutzern, spezielle Administratorfunktionalität
Benutzerselbstregistrierung im Browser	erspart dem Administrator die Benutzerpflege, Übertragung der Verantwortung an den Manager
zentrale Benutzerverwaltung (ZBV)	sinnvoll, wenn bereits eine ZBV in der unternehmensweiten SAP-Systemlandschaft existiert, gute Ergänzung für die Replikation der Aufbauorganisation aus einem SAP ERP HCM-System
Replikation der User aus SAP ERP HCM	ideale Ergänzung zur Replikation der Aufbauorganisation aus einem SAP ERP HCM-System (Details siehe Abschnitt 3.2.5, »Replikation der Aufbauorganisation aus einem SAP ERP HCM-System«)
Besonderheiten der Benutzerverwaltung beim Einsatz von SAP SRM in SAP NetWeaver Portal	ergänzende Informationen, die an dieser Stelle hilfreich sind
Integration mit SAP NetWeaver Identity Management	ideale Ergänzung zur Replikation der Aufbauorganisation aus einem SAP ERP HCM-System in Kombination mit SAP SRM 7.0

Tabelle 3.6 Evaluierung – Varianten der Benutzerverwaltung

[»] **Interne und externe Benutzerstammdaten**

Beachten Sie, dass wir uns in diesem Kapitel auf die Benutzerstammdaten unternehmensinterner Mitarbeiter konzentrieren. Auch Lieferanten und Bieter können einen SAP SRM-Benutzer verwenden. Auf die Pflege von externen Benutzerstammdaten gehen wir detailliert in Kapitel 4, »Stammdaten«, ein.

Benutzerpflege durch den Administrator (im Browser)

Möchten Sie einzelne Benutzer anlegen oder Benutzerdaten ändern, bietet sich die browserbasierte Pflege der Benutzerdaten an. Melden Sie sich als User mit der Administratorrolle am SAP SRM-System (Browser) an, und wählen Sie den folgenden Pfad, um zur Benutzerpflege zu gelangen: SRM-ADMINISTRATION • INTERNER GESCHÄFTSPARTNER • MITARBEITER.

Wählen Sie einen bereits vorhandenen Benutzerstammsatz aus, um ihn zu bearbeiten, oder wählen Sie MITARBEITER ANLEGEN, um einen neuen Benutzer anzulegen. Anschließend öffnet sich die Transaktion zur Pflege der Benutzerdaten (siehe Abbildung 3.13).

Abbildung 3.13 Benutzerdaten im Browser pflegen

Sie können nun die Daten für das Benutzerkonto sowie die zum Benutzer gehörende Planstelle bearbeiten.

Benutzerpflege durch den Administrator (SAP GUI)

Zur Massenpflege von Benutzerdaten sowie für eine spezielle Administratorfunktionalität bietet sich die Transaktion USERS_GEN an. Diese Transaktion bietet die folgenden Möglichkeiten der Benutzerverwaltung:

- Benutzer aus einer Datei hochladen
- Benutzer aus einem anderen System per RFC einlesen
- Benutzer aus einem existierenden SU01-Benutzer erzeugen
- Benutzer aus einem LDAP-Verzeichnis einlesen (LDAP = Lightweight Directory Access Protocol)
- Benutzer mit laufender Nummerierung generieren

Darüber hinaus bietet diese Transaktion auch die Möglichkeit, Benutzerdaten einer Konsistenzprüfung zu unterziehen. Dabei wird dieselbe Funktionalität zur »Objektsynchronisation und -reparatur« aufgerufen, die – wie oben in Abschnitt 3.2.4, »Check- und Korrekturmöglichkeiten«, beschrieben – über die Transaktion BBP_BP_OM_INTEGRATE zur Verfügung steht. Der Benutzer kann hier unter anderem auf Objektexistenz/-konsistenz, Objektverknüpfungen, Adresskonsistenz und Attributversorgung überprüft werden.

Besonders hilfreich ist auch die Funktionalität, mit der Benutzerdaten exportiert werden, da man dort genau das richtige Dateiformat als Vorlage für einen *Massen-Upload* von Benutzerdaten erhält. Es handelt sich hier um eine ASCII-Textdatei im CSV-Format (CSV = Comma-Separated Values, durch Komma getrennte Werte).

Benutzerselbstregistrierung im Browser

In SAP SRM 5.0 können sich Mitarbeiter im Anmeldebild von SAP SRM selbst registrieren und dabei einen Benutzerstammsatz anfordern. Im Registrierungsformular pflegen sie ihre Daten und beantworten die Frage, wer ihr Manager ist. Während der Genehmigung des Benutzerstammsatzes kann der Manager dem Benutzer eine Rolle zuweisen. Er kann dabei nur eine Rolle auswählen, die vom Systemadministrator per Pflege des Attributs ROLE seiner Organisationseinheit zugewiesen worden ist.

[»] **Benutzerselbstregistrierung in SAP SRM 7.0**

Für SAP SRM 7.0 ist der Einsatz von SAP NetWeaver Portal sinnvoll. Wird dieses Szenario gewählt, kann die bis inklusive SAP SRM 5.0 verfügbare Funktionalität der Benutzerselbstregistrierung nicht weiterverwendet werden.

Es gibt jedoch auch für SAP SRM 7.0 eine Möglichkeit, den Prozess der Benutzerselbstregistrierung unter der Verwendung der SAP NetWeaver User Management Engine (UME) zu implementieren. Weitere Informationen hierzu finden Sie im SAP SRM 7.0 Solution Manager Content.

Zentrale Benutzerverwaltung (ZBV)

Haben Sie bereits andere SAP-Systeme (z.B. SAP ERP) im Einsatz, bietet sich die zentrale Benutzerverwaltung an. Damit werden die User in einem zentralen System zur Benutzerverwaltung angelegt und per ALE an alle angebundenen Systeme, also in unserem Fall auch an SAP SRM, verteilt.

Die Mechanismen der zentralen Benutzerverwaltung sind nicht SAP SRM-spezifisch, sondern können in allen ABAP-basierten SAP-Systemen verwendet werden. Weitere Informationen zur Einrichtung der zentralen Benutzerverwaltung finden Sie in der SAP NetWeaver-Online-Hilfe unter der URL *http://help.sap.com.*

3.3.3 Besonderheiten der Benutzerverwaltung beim Einsatz von SAP SRM in SAP NetWeaver Portal

Für das Release SAP SRM 7.0 ist aufgrund der verwendeten Web-Dynpro-Technologie der Einsatz von SAP NetWeaver Portal optional. SAP NetWeaver Portal bietet Ihnen bezüglich der Persistenz (Ablage) der Benutzerdaten die folgenden Möglichkeiten:

- **Eigene zusätzliche Benutzerpersistenz in SAP NetWeaver Portal**
  Benutzerstammsätze werden sowohl in SAP SRM als auch in SAP NetWeaver Portal redundant vorgehalten.
- **SAP NetWeaver Portal zeigt auf die SAP SRM-Benutzerpersistenz**
  Benutzerstammsätze werden nur in SAP SRM vorgehalten; SAP NetWeaver Portal verwendet die in SAP SRM vorgehaltenen Benutzerstammsätze ebenfalls.
- **Sie können einen eigenen Verzeichnisdienst anbinden.**
  Viele Unternehmen nutzen hier ein LDAP-Verzeichnis.

Wenn Sie weitere SAP-Systeme in Ihr SAP NetWeaver Portal-System integrieren möchten, bietet es sich an, die zusätzliche Benutzerpersistenz des Portals zu verwenden, wenn kein LDAP-Verzeichnis vorhanden sein sollte. Wie bereits in Kapitel 2, »Architektur und Technologie von SAP SRM«, erwähnt, müssen dann jedoch die Benutzer-IDs in SAP NetWeaver Portal und im SAP SRM-System identisch sein.

Wenn Sie die zusätzliche Benutzerpersistenz des Portals verwenden wollen, müssten Sie die Benutzerstammdaten manuell sowohl im SRM-Server als auch redundant in SAP NetWeaver Portal anlegen. Sie können SAP SRM jedoch auch so konfigurieren, dass es die Benutzer automatisch in SAP NetWeaver Portal anlegt. Dazu müssen Sie den UME-SPML Konnektor aktivieren.

Führen Sie dazu die folgenden Konfigurationsschritte in SAP SRM durch:

1. Legen Sie eine RFC-Destination für den Portalserver im SAP SRM-Mandanten an.
2. Aktivieren Sie die UME-SPML-Verbindung.
3. Ordnen Sie die Portalrolle den SAP SRM-Rollen zu.

   Prüfen Sie den JSF-Benutzer.

Betrachten wir diese Schritte nun im Detail.

Schritt 1: Anlegen der RFC-Destination für den Portalserver im SAP SRM-Mandanten

Führen Sie die folgenden Schritte aus:

1. Starten Sie die Transaktion SM59.
2. Wählen Sie die HTTP-Verbindung zum externen Server aus, und wählen Sie dann ANLEGEN.
   - Geben Sie »SPML« im Feld RFC-DESTINATION ein.
   - Geben Sie »G« im Feld VERBINDUNGSTYP ein.
   - Legen Sie nach Bedarf weitere Einstellungen fest.

Schritt 2: Aktivieren der UME-SPML-Verbindung

Führen Sie die folgenden Schritte aus:

1. Rufen Sie die Transaktion SPRO auf, und wählen Sie im Einführungsleitfaden (IMG) den folgenden Pfad: SUPPLIER RELATIONSHIP MANAGEMENT • STAMMDATEN • BENUTZER ANLEGEN • UME-SPML KONNEKTOR AKTIVIEREN.
2. Wählen Sie im Feld RFC-DESTINATION den Eintrag SPML, den Sie im vorherigen Schritt angelegt haben.
3. Wählen Sie SPML AKTIVIEREN, und sichern Sie die vorgenommenen Änderungen.

Schritt 3: Portalrolle den SAP SRM-Rollen zuordnen

Um die Portalrolle den SAP SRM-Rollen zuzuordnen, müssen Sie zuvor die eindeutige Portalrollen-ID für die Rollen der SAP SRM-User herausfinden.

Außerdem verwalten Sie für jede Rolle die Personalisierungseinstellungen im SAP SRM-Mandanten. So finden Sie die eindeutige Portalrollen-ID:

1. Melden Sie sich als Administrator am Portal an.
2. Wechseln Sie in der Benutzeradministration auf das Bild BENUTZER ANZEIGEN, und öffnen Sie einen vorhandenen Benutzer.
3. Wechseln Sie zu ROLLENZUORDNUNGEN, wählen Sie die erforderliche Portalrolle aus, und wählen Sie dann DETAILS. Kopieren Sie die eindeutige ID.

Notieren Sie sich darüber hinaus die eindeutigen IDs aller erforderlichen Rollen. Jetzt können Sie die Personalisierungseinstellungen in SAP SRM folgendermaßen bearbeiten:

1. Starten Sie die Transaktion PFCG.
2. Öffnen Sie im Änderungsmodus eine SAP SRM-Rolle, wählen Sie dann PERSONALISIERUNG, und klicken Sie doppelt auf PERSONALISIERUNGSOBJEKTSCHLÜSSEL ZUM ABBILDEN DER EP- UND SRM-ROLLEN.
3. Fügen Sie für die entsprechenden Portalrollen jeweils die eindeutige ID hinzu.

Schritt 4: JSF-Benutzer prüfen

Um den Benutzer SAPJSF und die Rollenzuordnung zu prüfen, gehen Sie folgendermaßen vor:

1. Starten Sie die Transaktion SU01.
2. Wählen Sie den Benutzer SAPJSF, und prüfen Sie, ob diesem folgende Rollen zugeordnet sind:
   - SAP_BC_JSF_COMMUNICATION
   - SAP_BC_JSF_COMMUNICATION_RO

Ergebnis: Nun wird automatisch ein Benutzer in SAP NetWeaver Portal angelegt, wenn Sie in SAP SRM einen Benutzer anlegen.

3.3.4 Integration von SAP SRM mit SAP NetWeaver Identity Management

SAP NetWeaver Identity Management ist eine recht neue SAP-Lösung zum automatischen Anlegen und Aktualisieren von Benutzern in SAP SRM 7.0 und SAP NetWeaver Portal. SAP NetWeaver Identity Management basiert auf den SAP ERP HCM-Mitarbeiterdaten.

[»] **Neu in SAP SRM 7.0**

Es ist erstmals in SAP SRM 7.0 möglich, mit SAP NetWeaver Identity Management die Benutzerverwaltung und -synchronisation über die gesamte SAP SRM-Systemlandschaft hinweg zu organisieren.

Wenn Sie die Replikation der Aufbauorganisation (siehe Abschnitt 3.2.5, »Replikation der Aufbauorganisation aus einem SAP ERP HCM-System«) eingerichtet haben, ist SAP NetWeaver Identity Management die eleganteste Variante, um mit geringem Pflegeaufwand Ihre Benutzerdaten in SAP SRM zu verwalten.

Prozess der Datenreplikation mit SAP NetWeaver Identity Management

Der Prozess der Datenreplikation verläuft wie folgt:

1. Wenn ein Administrator einen neuen Mitarbeiter in SAP ERP HCM anlegt, werden die Daten mithilfe von ALE in SAP SRM repliziert. Die übertragenen Daten enthalten die vollständigen Organisationsdaten des Mitarbeiters.
2. Die zugehörige Identität wird automatisch in SAP NetWeaver Identity Management angelegt. Mit dem Report `RPLDAP_EXTRACT_ID` werden aus SAP ERP HCM auch die Mitarbeiterdaten in SAP NetWeaver Identity Management hochgeladen.
3. Ein Administrator muss dann dieser Identität die korrekte Benutzerrolle zuordnen, damit der Benutzer die richtigen Berechtigungen hat, um in SAP SRM mit SAP NetWeaver Portal arbeiten zu können.
4. Mit den Daten aus SAP ERP HCM werden in SAP SRM ein Mitarbeiter und eine zentrale Person angelegt. Das Benutzerkonto wird mit den Daten aus SAP NetWeaver Identity Management angelegt. Die Zuordnung des Benutzerkontos zu dem entsprechenden Mitarbeiter, basierend auf der zugehörigen Personalnummer, muss in SAP SRM manuell von einem Administrator vorgenommen werden (siehe Abbildung 3.14). Er wählt dazu im Browser in der Feinnavigation des Work Centers SRM-ADMINISTRATION den Menüeintrag SRM-ADMINISTRATION. Der Administrator öffnet anschließend die Abfrage INTERNER GESCHÄFTSPARTNER – NICHT ZUGEORDNETE BENUTZERKONTEN, selektiert ein Benutzerkonto und wählt DEM MITARBEITER ÜBER PERSONALNR. ZUORD.
5. Wenn eine Benutzerrolle der Identität in SAP NetWeaver Identity Management zugeordnet wurde, werden die entsprechenden PFCG-Rollen und

Portalrollen automatisch ermittelt. Die PFCG-Rollen der Benutzerrolle, die in SAP NetWeaver Identity Management zugeordnet wurde, werden automatisch den Benutzerkonten in SAP SRM zugeordnet, inklusive aller notwendigen Berechtigungen. Die Portalrollen der Benutzerrolle, die in SAP NetWeaver Identity Management zugeordnet wurde, werden automatisch den Benutzerkonten in SAP NetWeaver Portal zugeordnet.

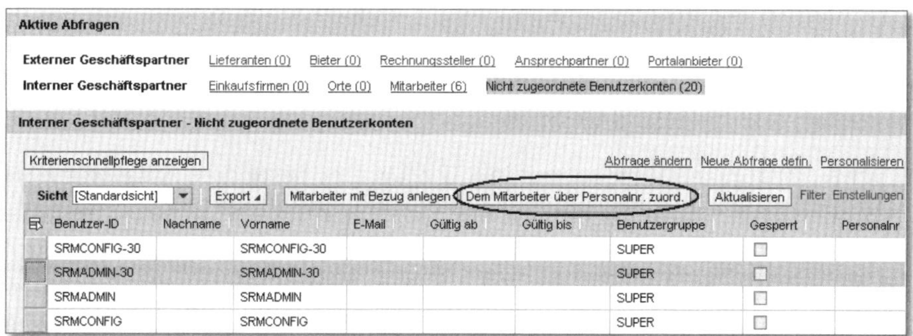

Abbildung 3.14 Mitarbeiter dem Benutzerkonto zuordnen

Einrichten von SAP NetWeaver Identity Management für SAP SRM

Um SAP NetWeaver Identity Management zu implementieren, sind die folgenden Aktivitäten durchzuführen:

1. Laden Sie die PFCG-Rollen, die für die Benutzerrollen in SAP SRM verfügbar sind, in SAP NetWeaver Identity Management.
2. Laden Sie die Portalrollen, die für Benutzerrollen in SAP SRM verfügbar sind, in SAP NetWeaver Identity Management.
3. Richten Sie die Replikation der Aufbauorganisation aus einem SAP ERP HCM-System ein (siehe Abschnitt 3.2.5, »Replikation der Aufbauorganisation aus einem SAP ERP HCM-System«).
4. Setzen Sie im Feld HRALX-USRAC der Tabelle T77S0 den Wert auf SPACE. Dadurch wird verhindert, dass eine Beziehung zwischen einer Planstelle und einem eventuell noch nicht in SAP SRM vorhandenen Benutzer angelegt wird.

Detailinformationen zur Integration von SAP SRM 7.0 mit SAP NetWeaver Identity Management finden Sie in der SAP SRM 7.0-Online-Hilfe unter *http://help.sap.com/srm* • SAP SRM 7.0 SR01 • GERMAN • PROZESSE UND WERKZEUGE FÜR GESCHÄFTSANWENDUNGEN (CA-EPT) • BENUTZERVERWALTUNG UND -VERTEILUNG MIT SAP NETWEAVER IDENTITY MANAGEMENT.

3.4 Zusammenfassung

In diesem Kapitel haben wir die für SAP SRM zentralen Themen des Organisationsmanagements sowie der Benutzerverwaltung kennengelernt.

Als Vorbereitung auf das Thema »Organisationsmanagement« sind wir mit der Betrachtung des SAP-Geschäftspartnerkonzepts eingestiegen. Dieses Konzept ist aus Sicht des Organisationsmanagements besonders wichtig, da für jede Organisationseinheit der Aufbauorganisation ein SAP-Geschäftspartner angelegt wird – zumindest, wenn die Adressdaten für diese Organisationseinheit korrekt gepflegt wurden.

Der Aufbauorganisation kommt in SAP SRM eine besondere Aufgabe zu: Sie dient einerseits dazu, die für den SAP Business Workflow wichtige Berichtsstruktur abzubilden. Andererseits werden in der Aufbauorganisation Attribute gespeichert, die viele der Benutzerberechtigungen und weitere Informationen für den Beschaffungsprozess abbilden. Die Organisationseinheit »Einkäufergruppe« spielt ebenfalls eine besondere Rolle; sie enthält die Informationen zur sachlichen und organisatorischen Zuständigkeit der Einkäufer.

Aufgrund der Vielzahl an verfügbaren Attributen sowie deren großen Bedeutung für das fehlerfreie Funktionieren des SAP SRM-Systems ist die Pflege der SAP SRM-Aufbauorganisation nicht trivial. Ihr sollte daher bei der Planung und Implementierung einer SAP SRM-Lösung besonders viel Beachtung zukommen.

Da die für die Beschaffungsprozesse essenziellen Attribute in der Aufbauorganisation abgebildet werden, muss ein SAP SRM-Benutzer in der Aufbauorganisation integriert sein. Nur dann liegen ausreichend Informationen über den Benutzer vor, die dem SAP SRM-System ermöglichen, ihn an den Beschaffungsprozessen teilnehmen zu lassen.

Die technischen Besonderheiten aus Sicht der Benutzerverwaltung, die sich mit SAP SRM 7.0 in Verbindung mit SAP NetWeaver Portal ergeben, wurden zum Abschluss dieses Kapitels erläutert. Dabei wurden die verschiedenen Optionen der Benutzerverwaltung vorgestellt, die in Abhängigkeit der jeweiligen Systemlandschaft und der individuellen betriebswirtschaftlichen Anforderungen möglich sind.

Stammdaten sind eine wichtige Voraussetzung für den transparenten und effektiven Betrieb einer betriebswirtschaftlichen Anwendungssoftware. Grundlage für den systemgestützten Einkauf sind die Stammdaten zu Materialien, Dienstleistungen und Lieferanten.

4 Stammdaten

Nachdem Sie die Aufbauorganisation und die Benutzerverwaltung kennengelernt haben, kommen wir nun zu einem zweiten großen Grundlagenthema: den Stammdaten. Stammdaten sind Daten, die über einen längeren Zeitraum gültig sind und somit nur selten geändert werden müssen. Nachdem sie in das System eingegeben oder übertragen worden sind, stehen die Stammdaten für die Geschäftsprozesse zur Verfügung.

Dieses Kapitel beschreibt die für den Beschaffungsprozess in SAP SRM essenziellen Stammdaten »Lieferant« und »Produkt«. Dabei gehen wir auf die verschiedenen Möglichkeiten der Datenpflege und -replikation ein.

Produktstammdaten werden in SAP SRM-Beschaffungsszenarien oft aus Online-Katalogen abgerufen. Daher möchten wir Sie für dieses Thema auf Abschnitt 6.6, »Katalogverwaltung«, verweisen.

4.1 Lieferanten

Wie Sie bereits in Kapitel 3, »Organisationsmanagement und Benutzerverwaltung«, gesehen haben, unterscheidet SAP SRM zwischen internen und externen Geschäftspartnern. Lieferanten werden in SAP SRM immer als externe Geschäftspartner abgelegt; innerhalb der Kategorie »externer Geschäftspartner« wird in SAP SRM wiederum zwischen den folgenden Typen unterschieden:

- **Bieter**
  Ein *Bieter* kann Angebote zu Ausschreibungen abgeben.
- **Lieferant**
  Ein *Lieferant* ist ein externer Geschäftspartner, von dem Materialien oder Dienstleistungen bezogen werden.

- **Ansprechpartner**
  Dieser externe Geschäftspartner ist der *Ansprechpartner* eines Lieferantenunternehmens.
- **Auslieferadresse**
  Die *Auslieferadresse* eines externen Geschäftspartners ist die Stelle, von der aus die Ware versandt wird.
- **Rechnungssteller**
  Ein *Rechnungssteller* ist ein externer Geschäftspartner, der die Rechnung versendet.

In diesem Abschnitt gehen wir auf die eher technischen Aspekte der Verwaltung von Lieferantenstammdaten ein. SAP SRM stellt besondere, über die reine Verwaltung hinausgehende Prozesse zur Optimierung des Lieferantenportfolios zur Verfügung. Hierzu gehören der Prozess »Lieferantenqualifizierung« sowie der Prozess »Lieferantenbewertung«. Diese Prozesse werden ausführlich in Kapitel 10, »Optimierung des Lieferantenportfolios«, beschrieben.

4.1.1 Definition von Lieferantengruppen

SAP SRM verfügt seit dem Release 5.0 über eine eigene Lieferantenhierarchie mit Attributen, ähnlich der unternehmensinternen Aufbauorganisation. Lieferanten mit identischen Attributen (z.B. Währung) können gemeinsam in einer Lieferantengruppe abgelegt werden. Der Wurzelknoten der Lieferantenhierarchie wird einmalig über die Transaktion PPOCV_BBP (Lieferantengruppen anlegen) angelegt. Die weitere Pflege erfolgt über die Transaktion PPOMV_BBP (Lieferantengruppen ändern).

Sollen sich die Ansprechpartner der Lieferanten am SRM-System anmelden können, um z.B. ihre Rechnungen direkt im System zu erfassen, müssen einige Attribute gepflegt werden. Allerdings ist die Anzahl der Attribute in der Lieferantenhierarchie viel geringer als in der Aufbauorganisation.

In der Lieferantenhierarchie können die folgenden Attribute gepflegt werden:

- **Aktueller ITS eines externen Partners (EXT_ITS)**
  Das Attribut EXT_ITS (aktueller ITS eines externen Partners) bietet die aktuelle Adresse des Internetzugangs des Lieferanten. Dieses Attribut wird nur bis einschließlich SAP SRM 5.0 benötigt; Beispielwert:
  http://abcde.com:52580/sap/ bc/gui/sap/its/.

[«]

Internet Transaction Server (ITS)

Der Internet Transaction Server (ITS) ist eine SAP-Technologie, die SAP GUI-Transaktionen in browserbasierte Transaktionen umwandelt. Mit Release SAP SRM 7.0 wird der ITS durch die Web-Dynpro-Technologie abgelöst.

- **Buchungskreis (BUK)**
  Das Attribut BUK (Buchungskreis) stellt den Buchungskreis im Backend-System dar. Geben Sie hier den Buchungskreis analog zu der über die Transaktion PPOMA_BBP definierten Aufbauorganisation ein; Beispielwert: T90CLNT090\3000.
- **Hauswährung (CUR)**
  Das Attribut CUR (Hauswährung) stellt die Standardwährung des Benutzers dar; Beispielwert: EUR.
- **Katalog-ID (CAT)**
  Das Attribut CAT (Katalog-ID) legt fest, auf welche Online-Kataloge der Lieferant zugreifen darf. Der Katalogzugriff wird benötigt, wenn der Lieferant ein Gebot auf eine Ausschreibung abgeben und dabei weitere Positionen aus einem Online-Katalog hinzufügen möchte; Beispielwert: KATALOG1.
- **Rechnungswesensystem für den Lieferanten (VENDOR_ACS)**
  Das Attribut VENDOR_ACS (Rechnungswesensystem für den Lieferanten) definiert das Backend-System, in dem die Kontierung überprüft wird, wenn der Lieferant eine Rechnung erfasst. Geben Sie hier den Wert analog zu den über die Transaktion PPOMA_BBP für Ihre Aufbauorganisation gepflegten Daten ein; Beispielwert: T90CLNT090.
- **Systemalias für den Lieferanten (VENDOR_SYS)**
  Das Attribut VENDOR_SYS (Systemalias für den Lieferanten) definiert das nach Bestellungen zu durchsuchende System, in dem ein Arbeitsvorrat für einen Lieferanten generiert wird, der Bestätigungen oder Rechnungen zentral anlegt. Dies kann sich sowohl auf das lokale System als auch auf Backend-Systeme beziehen. Im Allgemeinen werden mehrere Werte eingegeben: die lokalen Systeme und die verschiedenen Backend-Systeme. Geben Sie hier den Wert analog zu den über die Transaktion PPOMA_BBP für Ihre Aufbauorganisation gepflegten Daten ein; Beispielwert: SRMCLNT300 und T90CLNT090.
- **Toleranzgruppe (TOG)**
  Die mithilfe des Attributs TOG (Toleranzgruppe) definierte Toleranzgruppe enthält die Schwellenwerte (z.B. maximal erlaubte Preisabweichung) zur Rechnungserfassung; Beispielwert: 001.

Nachdem Sie die Attribute in der Lieferantenhierarchie gepflegt haben, können Sie mit dem nächsten Schritt fortfahren und der Hierarchie Lieferanten zuweisen.

4.1.2 Lieferantenreplikation aus dem SAP ERP-Backend

Um eine redundante Stammdatenpflege zu vermeiden, können die bereits im SAP ERP-Backend (Materials Management) vorhandenen Lieferantenstammsätze in das SAP SRM-System repliziert werden.

Im Vergleich zum SAP ERP-Backend enthalten die Lieferantenstammsätze in SAP SRM jedoch nur eine Teilmenge der Informationen (Felder und Sichten). Es werden also nur die für die SAP SRM-basierten Beschaffungsprozesse relevanten Informationen übertragen; die für SAP SRM nicht relevanten Kreditorendaten werden z.B. nicht übertragen.

Ehe Sie jedoch die Lieferantenreplikation vernehmen können, müssen noch die Zahlungsbedingungen sowie, falls vorhanden, die Qualitätsmanagementsysteme (z.B. ISO 9001) aus dem SAP ERP-Backend in das SAP SRM-System geladen werden. Gehen Sie hierzu folgendermaßen vor:

- Zum Laden der Zahlungsbedingungen in das SAP SRM-System führen Sie über die Transaktion SA38 (ABAP: Programmausführung) den Report `BBP_UPLOAD_PAYMENT_TERMS` aus.
- Zum Laden der Qualitätsmanagementsysteme in das SAP SRM-System führen Sie über die Transaktion SA38 den Report `BBP_UPLOAD_QM_SYSTEMS` aus.

Anschließend können Sie nun die Lieferantenstammsätze aus dem SAP ERP-Backend in das SAP SRM-System laden. Hierzu müssen Sie die folgenden Schritte absolvieren:

1. Rufen Sie die Transaktion BBPGETVD (Lieferantenstammsätze übernehmen) auf (siehe Abbildung 4.1).
2. Wählen Sie das Quellsystem aus (Feld SYSTEM).
3. Definieren Sie, welche Lieferanten für welche Einkaufsorganisation hochzuladen sind (Felder LIEFERANTENAUSWAHL EINSCHRÄNKEN).
4. Geben Sie die Objekt-ID der Lieferantengruppe (Feldgruppe ORGANISATIONSOBJEKT FÜR LIEFERANTEN), die zuvor in der Transaktion PPOMV_BBP definiert worden ist, ein. Dieser Lieferantengruppe werden nun die Lieferanten zugeordnet.

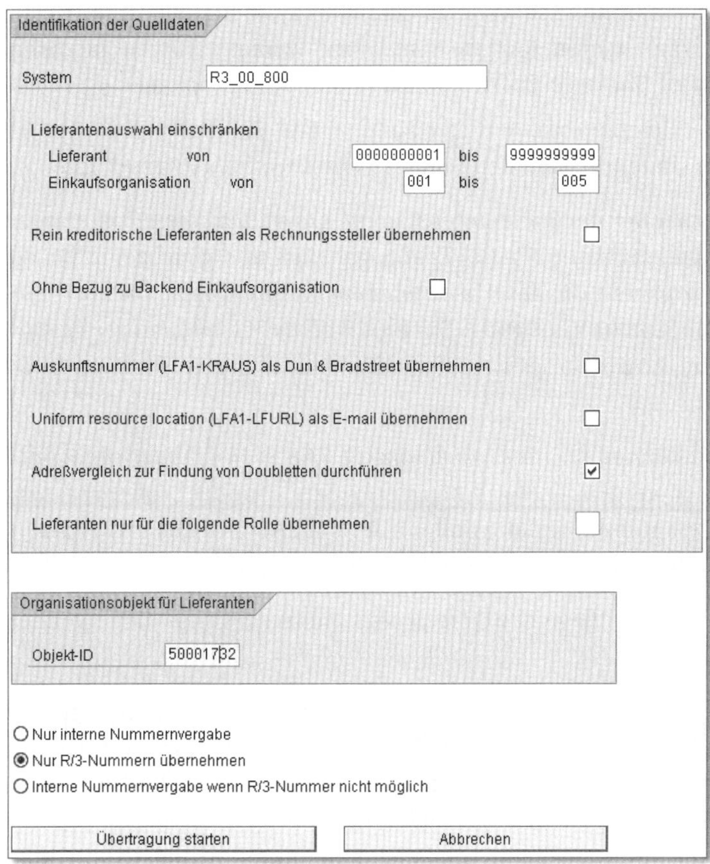

Abbildung 4.1 Transaktion BBPGETVD (Lieferanten übernehmen)

5. Wählen Sie die Form der Nummernvergabe im SAP SRM-System. Hierzu stehen Ihnen die folgenden Auswahlmöglichkeiten zur Verfügung:

   - NUR INTERNE NUMMERNVERGABE
     SAP SRM vergibt die SAP-Geschäftspartner-IDs für die neu anzulegenden Lieferanten fortlaufend, wenn Sie diese Option wählen.
   - NUR R/3-NUMMERN ÜBERNEHMEN
     Wenn Sie diese Option wählen, werden die im SAP ERP-Backend vergebenen Lieferantennummern übernommen.
   - INTERNE NUMMERNVERGABE WENN R/3-NUMMER NICHT MÖGLICH
     In diesem Fall werden, wenn möglich, die Lieferantennummern aus dem SAP ERP-Backend übernommen; wenn diese schon vergeben sind, greift die interne Nummernvergabe.

6. Spezifizieren Sie wahlweise weitere optionale Parameter. Sie können z. B., falls Sie die Lieferanten nur im Standalone-Szenario nutzen möchten, Ohne Bezug zu Backend Einkaufsorganisation ankreuzen.
7. Laden Sie die Lieferantenstammsätze aus dem SAP ERP-Backend in das SAP SRM-System, indem Sie auf den Button Übertragung starten klicken.

Nach der Übernahme der Lieferantenstammsätze stehen diese Lieferanten für die in der Transaktion BBPGETVD angegebenen und gleichzeitig für die in der Aufbauorganisation des Unternehmens vorhandenen Backend-Einkaufsorganisationen zur Verfügung. Ein Protokoll der Lieferantenreplikation steht Ihnen ihm Anwendungs-Log, über den Aufruf der Transaktion SLG1 zur Verfügung.

Die Lieferanten können nun zusätzlich lokalen SAP SRM-Einkaufsorganisationen zugeordnet werden. Dies geschieht entweder über die browserbasierte Pflege des Lieferantenstammsatzes oder über die SAP GUI-basierte Massenpflege mithilfe der Transaktion BBP_UPDATE_PORG.

Zur browserbasierten Pflege des Lieferantenstammsatzes sind die folgenden Schritte erforderlich:

1. Melden Sie sich mit einem Benutzer, der die Einkäuferrolle besitzt, in SAP NetWeaver Portal an (dies ist auch mit der Administratorrolle möglich). Wählen Sie dann den Pfad Strategischer Einkauf • Geschäftspartner • Externer Geschäftspartner • Lieferanten.
2. Wählen Sie nun die Zeile des zu bearbeitenden Lieferanten sowie den Button Bearbeiten.
3. Gehen Sie in die Registerkarte Lieferantendaten (siehe Abbildung 4.2), und bearbeiten Sie die unter Lieferanteneinkaufsdaten verfügbaren Einkaufsorganisationen.

Gibt es denselben Lieferanten in verschiedenen ERP-Backend-Systemen mit verschiedenen Lieferantennummern, brauchen Sie ihn nicht mehrmals zu replizieren. Denn in einem SAP SRM 7.0-System können Sie unter Verknüpfung zum Backendsystem (siehe Abbildung 4.2) einen einmal replizierten Lieferanten weiteren Lieferantenstämmen in anderen Backend-Systemen zuordnen.

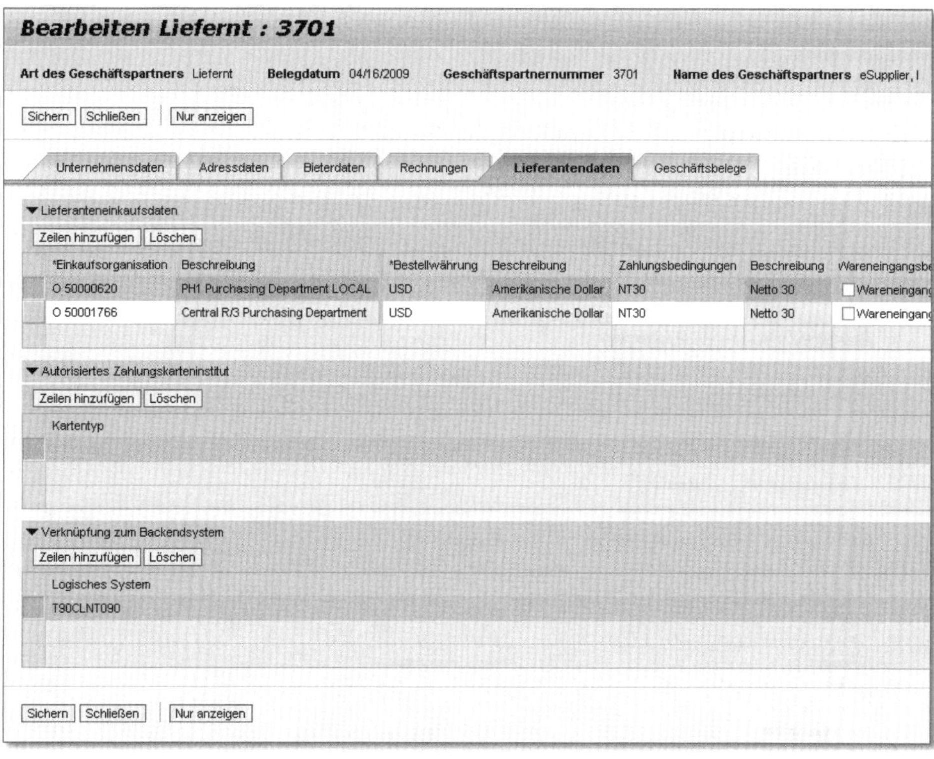

Abbildung 4.2 Browserbasierte Lieferantenpflege

Ältere Releases von SAP SRM [«]

Ist bei Ihnen ein älteres SAP SRM-System im Einsatz, können Sie die Zuordnung über die SAP GUI-basierte Transaktion BBP_UPDATE_MAPPING (Mapping Lieferant – Backend anpassen) durchführen.

Darüber hinaus haben Sie die Möglichkeit, für den Lieferanten einen Ansprechpartner mit browserbasiertem Zugang zum SAP SRM-System anzulegen. Dies ist z.B. dann hilfreich, wenn der Lieferant Gebote für eine Ausschreibung abgeben oder Rechnungen erfassen soll. Gehen Sie hierzu wie folgt vor (siehe Abbildung 4.3):

1. Melden Sie sich mit einem Benutzer mit einer Einkäuferrolle (oder der Administratorrolle) in SAP NetWeaver Portal an, und wählen Sie anschließend den Menüpfad Strategischer Einkauf • Geschäftspartner • Externer Geschäftspartner • Lieferanten.
2. Wählen Sie die Zeile des zu bearbeitenden Lieferanten, und anschließend den Button Ansprechpartner mit Bezug anlegen.

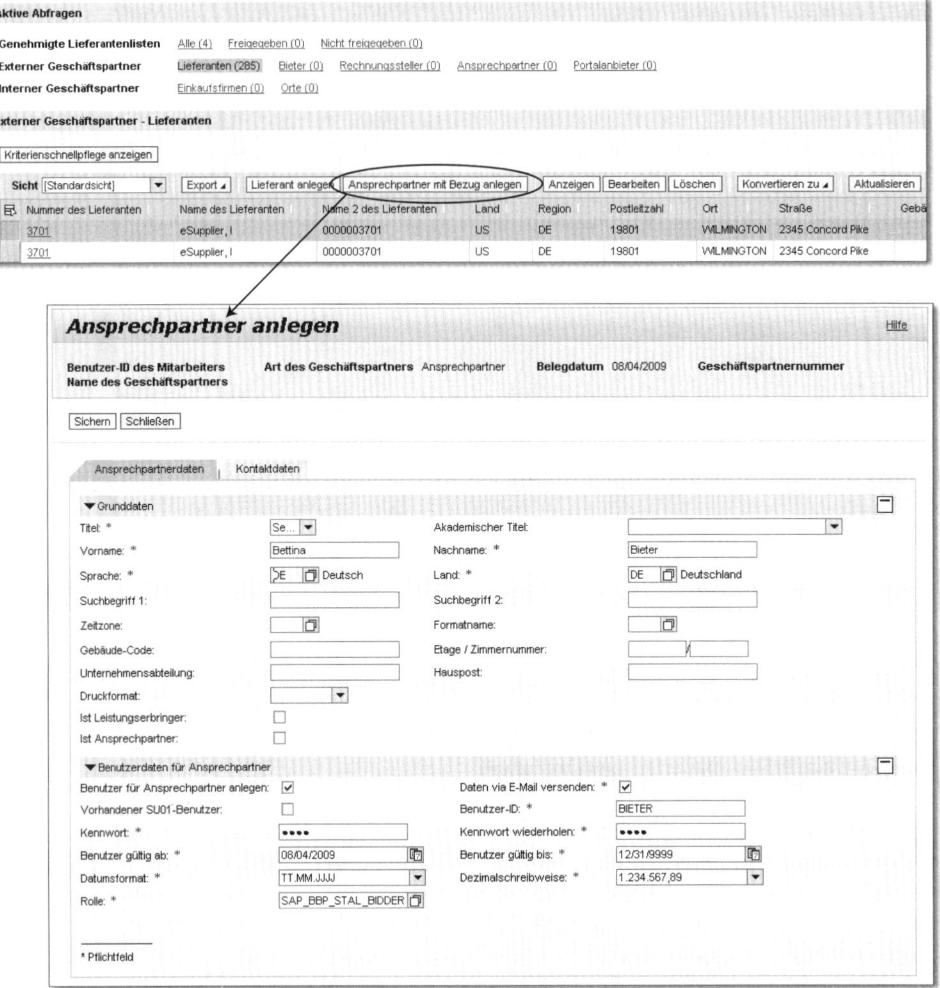

Abbildung 4.3 Ansprechpartner zum Lieferanten anlegen

Um die aus dem SAP ERP-Backend replizierten Lieferantenstammsätze automatisch zu aktualisieren, kann eine regelmäßig laufende *Lieferantensynchronisation* eingeplant werden. Zur Einrichtung der Lieferantensynchronisation ist die Durchführung der folgenden Schritte erforderlich:

1. Rufen Sie die Transaktion SPRO auf, und wählen Sie im Einführungsleitfaden (IMG) den Menüpfad Supplier Relationship Management • SRM Server • Technische Grundeinstellungen • Einstellungen zur Lieferantensynchronisation • Globale Einstellungen vornehmen.

Dort können Sie die Einstellungen vornehmen, die alle Backend-Systeme betreffen. Indem Sie das Kennzeichen AUCH NEUE LIEFERANTEN ANLEGEN setzen, können Sie festlegen, ob bei der Synchronisation auch neue Lieferanten angelegt werden sollen, die zuvor in den Backend-Systemen neu angelegt worden sind (siehe Abbildung 4.4).

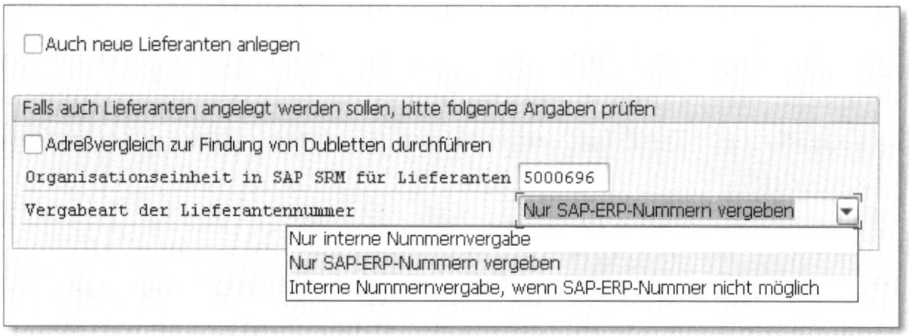

Auch neue Lieferanten anlegen
Falls auch Lieferanten angelegt werden sollen, bitte folgende Angaben prüfen
Adreßvergleich zur Findung von Dubletten durchführen
Organisationseinheit in SAP SRM für Lieferanten 5000696
Vergabeart der Lieferantennummer Nur SAP-ERP-Nummern vergeben
Nur interne Nummernvergabe
Nur SAP-ERP-Nummern vergeben
Interne Nummernvergabe, wenn SAP-ERP-Nummer nicht möglich

Abbildung 4.4 Globale Einstellungen für die Lieferantensynchronisation

2. Gehen Sie zur darunterliegenden Customizing-Transaktion EINSTELLUNGEN PRO BACKEND-SYSTEM VORNEHMEN.
   Dort können Sie individuell für jedes angebundene SAP ERP-Backend weitere Einstellungen (z.B. BEZUG ZU EINKAUFSORGANISATIONEN) vornehmen.
3. Planen Sie mithilfe der Transaktion SM36 (Job definieren) das Programm `BBP_VENDOR_SYNC` als regelmäßig laufenden Job ein.

Zur Erfolgskontrolle der im Hintergrund laufenden Lieferantenreplikation stehen mehrere Tabellen zur Verfügung, die Sie über die Transaktion SE16 (Databrowser: Einstieg) betrachten können. Die Tabelle BBP_VDSYNC_CUST zeigt an, wann der letzte Synchronisationsjob gelaufen ist. Die Tabelle BBP_NEWVD_LOG bzw. die Transaktion BBP_SNEW_SYNCVD zeigt, welche Lieferanten aus welchen Backends neu hinzugefügt worden sind.

4.1.3 Manuelles Anlegen von Lieferanten

Selbstverständlich können Sie auch über die weiter oben beschriebene browserbasierte Lieferantenpflege lokale Lieferanten manuell anlegen. Melden Sie sich hierzu mit einem Benutzer, dem die Einkäuferrolle zugewiesen ist, in SAP NetWeaver Portal an (dies ist auch mit der Administratorrolle möglich). Wählen Sie anschließend den Menüpfad STRATEGISCHER EINKAUF • GESCHÄFTSPARTNER • EXTERNER GESCHÄFTSPARTNER • LIEFERANTEN • LIEFERANT ANLEGEN, und geben Sie in die sich nun öffnende Eingabemaske die Lieferantendaten ein.

4.2 Produktstammdaten

Bevor wir in das Thema »Produktstammdaten« einsteigen, ist es wichtig, einige Begriffe zu klären, da hier abweichende Beschreibungen im SAP ERP-Backend und in SAP SRM verwendet werden. SAP SRM speichert sowohl Materialien als auch Dienstleistungen als *Produkt* ab. Die Unterscheidung findet über den Produkttyp (Material oder Service) statt. Eine Palette Druckerpapier ist also ebenso ein Produkt wie ein Tag SAP-Implementierungsberatung. Während die Palette Druckerpapier aber unter den Produkttyp »Material« fällt, ist die SAP-Implementierungsberatung dem Produkttyp »Service« zuzuordnen.

Produktstammdaten können entweder lokal im SAP SRM-System angelegt oder aus einem SAP ERP-Backend repliziert werden. Alternativ können Produktstammdaten auch in einem externen Online-Produktkatalog liegen (siehe Abschnitt 6.6, »Katalogverwaltung«). Wir gehen zunächst auf die Bedeutung von Produktkategorien und -hierarchien ein und erläutern anschließend die manuelle Stammdatenpflege. Im Anschluss daran können Sie sich noch detailliert mit der Replikation von Produktkategorien und Produkten auseinandersetzen.

4.2.1 Produktkategorien und Hierarchien

Zur Klassifizierung von Produkten verwendet SAP SRM *Produktkategorien*. Diese entsprechen den ERP-Backend-Warengruppen und können sowohl lokal in SAP SRM angelegt als auch aus dem SAP ERP-Backend repliziert werden.

Neben der Klassifizierung der Produkte haben Produktkategorien in SAP SRM noch eine weitere sehr wichtige Aufgabe. Sie steuern den Beschaffungsprozess in den folgenden wichtigen Punkten:

- Anhand der Produktkategorie wird das technische Szenario bestimmt (siehe Abschnitt 2.2, »Technische Szenarien«).
- Basierend auf der Produktkategorie kann definiert werden, welche Art von Folgebeleg (Reservierung, BANF, Bestellung) im Backend-System angelegt werden soll (siehe Abschnitt 6.1, »Beschaffung per Self-Service«).
- Die sachliche Zuständigkeit einer Einkäufergruppe wird über die Produktkategorie definiert (siehe Überschrift »Definition der zuständigen Einkäufergruppe« in Abschnitt 3.2.2, »Attribute der SAP SRM-Aufbauorganisation«).
- In der Aufbauorganisation wird definiert, für welche Produktkategorien ein Benutzer Einkaufswagenpositionen anlegen darf (siehe Abschnitt 3.2.2, »Attribute der SAP SRM-Aufbauorganisation«).

- Die Produktkategorie entscheidet, ob eine Einkaufswagenposition im Arbeitsvorrat der Transaktion BEZUGSQUELLEN ZUORDNEN verfügbar sein soll (siehe Abschnitt 7.3.4, »Sourcing-Anwendung«).
- Durch die Zuordnung von Produktkategorie und Kontierungstyp wird eine automatische Sachkontenfindung abgebildet (siehe Abschnitt 6.1.6, »Konfiguration der Beschaffung per Self-Service«).

Bevor Sie Produktstammdaten in SAP SRM anlegen oder aus dem SAP ERP-Backend replizieren, müssen Sie eine *Produktkategorie-Hierarchie* anlegen und dieser per manuelle Pflege oder Replikation aus dem SAP ERP-Backend den Produktkategorien zuordnen.

Zur manuellen Pflege von Produktkategorien rufen Sie im SAP-Menü den Pfad STAMMDATEN • PRODUKTE • KATEGORIEN UND HIERARCHIEN BEARBEITEN auf (Transaktion COMM_HIERARCHY).

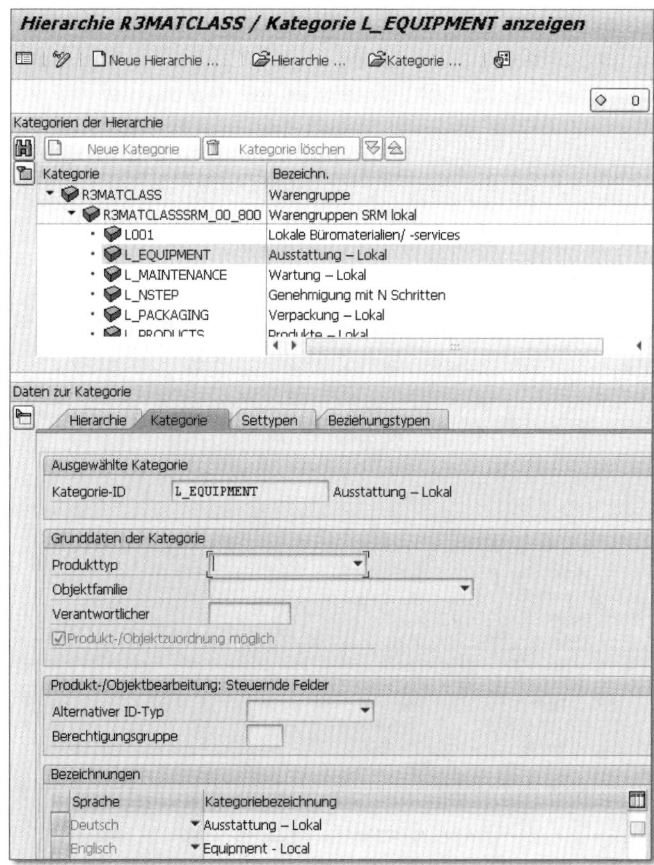

Abbildung 4.5 Produktkategorien und Hierarchien bearbeiten

Gehen Sie über SUCHE • START und dann per Doppelklick zur verfügbaren Hierarchie (in der Regel R3MATCLASS). In dem nun erscheinenden Pflegebildschirm können Sie die bereits vorhandenen Produktkategorien bearbeiten oder neue lokale Produktkategorien hinzufügen (siehe Abbildung 4.5).

[»] **Produktkategorien aus dem SAP ERP-Backend**

Aus dem SAP ERP-Backend replizierte Produktkategorien können Sie hier nicht ändern, sondern sie nur betrachten.

4.2.2 Manuelle Produktpflege

Gewöhnlich replizieren Unternehmen die Produktstammdaten direkt aus dem SAP ERP-Backend oder greifen auf externe Produktkataloge zu. Daher ist die Funktionalität der manuellen Produktpflege in SAP SRM auch nicht besonders ausgeprägt. Da die manuelle Pflege von lokalen Produkten jedoch zum Testen des Systems sehr hilfreich ist, möchten wir sie Ihnen nicht vorenthalten. Außerdem benötigen wir die Transaktion zur manuellen Produktpflege später auch, um zu prüfen, ob die aus dem SAP ERP-Backend replizierten Produktstammdaten korrekt im SRM-System angekommen sind.

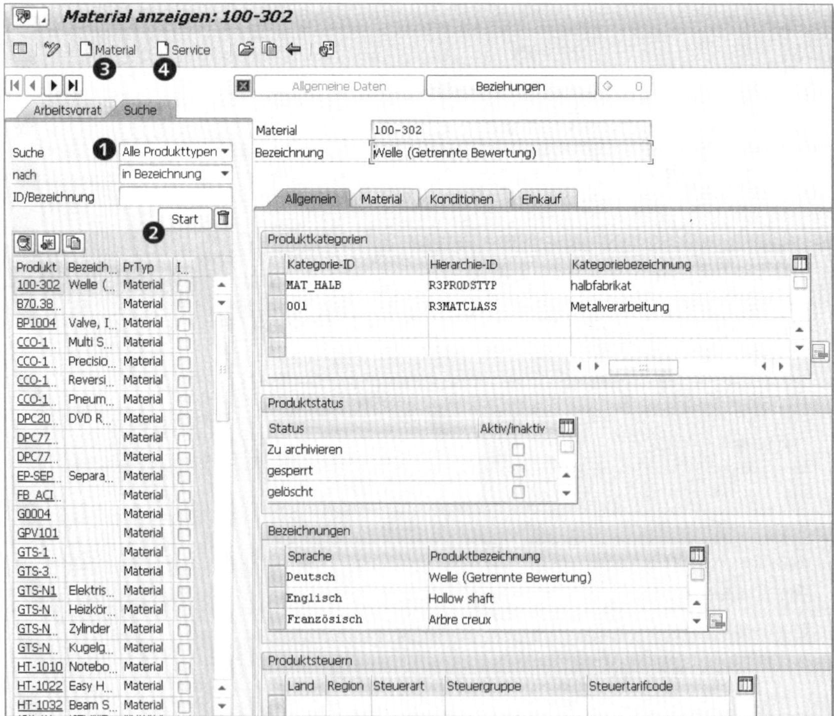

Abbildung 4.6 Produkte bearbeiten

Zur manuellen Pflege von Produkten rufen Sie im SAP-Menü den Pfad STAMMDATEN • PRODUKTE • PRODUKTE BEARBEITEN auf (oder Sie wählen die Transaktion COMMPR01).

Nun können Sie sich über das Feld SUCHE ❶ und den Button START ❷ entweder bereits vorhandene Produkte anzeigen lassen oder über MATERIAL ❸ oder SERVICE ❹ neue Produkte anlegen (siehe Abbildung 4.6).

4.2.3 Replikation von Produktkategorien und Produkten

Sehr viel häufiger als die manuelle Pflege wird die Replikation von Stammdaten genutzt. Wenn die Produktstammdaten bereits im SAP ERP-Backend vorliegen, empfiehlt sich eine Replikation in das SRM-System. Auf diese Weise kann vermieden werden, dass sie doppelt gepflegt werden müssen.

Im Vergleich zum SAP ERP-Backend enthalten die Produktstammdaten in SAP SRM nur eine Teilmenge der Informationen (Felder und Sichten). Dies ist auch der Grund dafür, warum eine Replikation von Produktstammdaten nur vom SAP ERP-Backend in Richtung SAP SRM und nicht umgekehrt unterstützt wird.

Bis zum Release SAP SRM 4.0 basierten sowohl SAP SRM als auch *SAP Customer Relationship Management* (SAP CRM) auf derselben Softwarekomponente. Obwohl SAP SRM mittlerweile auf einer eigenen Softwarekomponente, dem SRM-Server, basiert, verwendet es nach wie vor die Funktionalität der CRM Middleware zur Replikation von Produktkategorien und Produkten.

Die CRM Middleware setzt sich aus Programmen zusammen, die teilweise im Backend-Adapter des SRM-Servers und teilweise im SAP-Backend-Plug-in laufen (siehe Abbildung 4.7).

Diese Programme stoßen das Herunterladen von Produktkategorien (Warengruppen), Produktuntertypen (Materialarten), Mengeneinheiten und Produktstämmen (Material- und Leistungsstämmen) aus dem SAP ERP-Backend an.

Keine Plug-in-Installation ab dem Release SAP ERP 6.0 [«]

Ab dem Release SAP ERP 6.0 brauchen Sie kein Plug-in mehr in Ihr SAP ERP-Backend zu installieren, da dieses bereits in der Auslieferung enthalten ist.

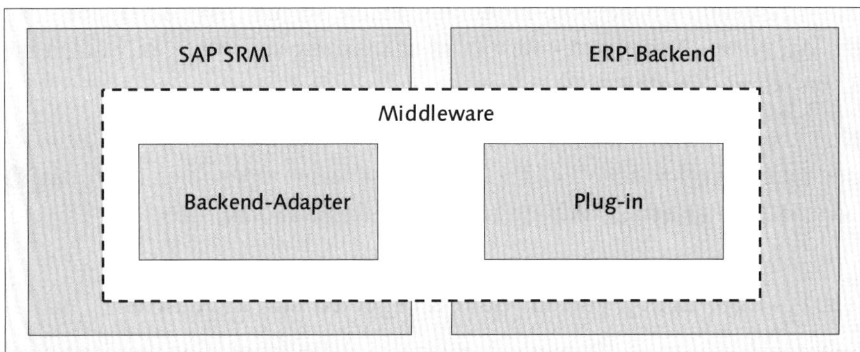

Abbildung 4.7 Architektur der (CRM) Middleware

Die CRM Middleware unterstützt zwei verschiedene Download-Arten:

- **Initialer Download**
  Bei diesem Verfahren werden alle Daten aus dem SAP ERP-Backend initial heruntergeladen.
- **Delta-Download**
  Bei dieser Vorgehensweise werden nur Delta-Informationen während des normalen Betriebs aus dem ERP-Backend-System heruntergeladen, z.B. bei Änderungen am Materialstamm im Backend. Ist der Delta-Download in der Tabelle TBE11 aktiviert, wird die Übertragung der Delta-Informationen über die CRM Middleware automatisch nach der Speicherung des geänderten Objekts (z.B. eines Materialstammsatzes) ausgelöst.

[+] **Ist eine Replikation notwendig?**

Ehe Sie mit der Konzeption der SAP SRM-Lösung beginnen, ist die Beantwortung der Frage sinnvoll, ob eine Replikation der Materialstammdaten überhaupt notwendig ist. So ist es beispielsweise in dem Fall, dass Sie aus SAP SRM heraus Lagerabrufe in SAP ERP tätigen, also Reservierungen anlegen möchten, sinnvoller, einen internen Katalog mit diesen Lagerartikeln anzulegen. Durch eine Customizing-Einstellung in der Katalogaufrufstruktur (siehe Abbildung 4.8) ist es dann nicht mehr notwendig, Materialien zu replizieren.

Um diese Download-Arten nutzen zu können, müssen Sie verschiedene Einstellungen im Customizing vornehmen.

Auch in anderen Fällen kann man sich die meist pflegeintensive und redundante Datenhaltung sparen. So sind durch den Einsatz der SOA-Technologie neue Szenarien möglich, die eine Replikation überflüssig werden lassen.

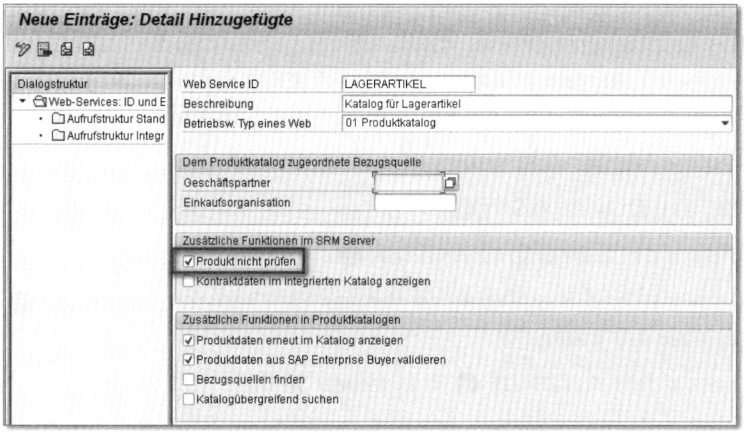

Abbildung 4.8 Produktprüfung deaktivieren

CRM Middleware-Customizing – initialer Download

Beginnen wir nun mit dem Customizing der CRM Middleware für den initialen Download:

RFC-Verbindungen

Wir gehen davon aus, dass die RFC-Verbindungen (RFC = *Remote Function Call*) schon eingerichtet worden sind, da diese bereits für weiter vorn in diesem Buch beschriebenes Customizing benötigt wurden. Falls Sie erst hier einsteigen, können Sie in Abschnitt 2.3.2, »Customizing«, unter der Überschrift »RFC-Destinationen definieren« nachlesen, wie Sie eine RFC-Verbindung einrichten.

Speicherungsform der Produkt-ID

Rufen Sie die Transaktion SPRO auf, und wählen Sie im Einführungsleitfaden (IMG) den Pfad Supplier Relationship Management • SRM Server • Stammdaten • Produkte • Ausgabendarstellung und Speicherungsform der Produkt-ID festlegen. Hier können Sie definieren, wie die Produkt-ID in SAP SRM gespeichert wird. Bezüglich der Einstellungen zur Speicherungsform der Produkt-ID sollten Sie sich an den im SAP ERP-Backend unter der Transaktion OMSL (Sicht »Materialnummerndarstellung« ändern: Detail) gespeicherten Einstellungen orientieren.

Sender- und Empfängersysteme

Starten Sie die Administrationskonsole, indem Sie im SAP-Menü folgenden Pfad aufrufen: Werkzeuge • Middleware: Basis • Administration • Administra-

TIONSKONSOLE. Hier definieren Sie die Sender- und Empfängersysteme in Form von *Sites*. Das Empfängersystem ist standardmäßig bereits als SITE CRM definiert. Ändern Sie hier nur den Namen der Site von CRM auf SRM. Belassen Sie den Site-Typ auf CRM. Um das Sendersystem, also das ERP-Backend-System zu definieren, folgen Sie diesen Schritten (siehe Abbildung 4.9).

1. Wählen Sie den Objekttyp SITE ❶.
2. Klicken Sie auf das Icon OBJEKT ANLEGEN ❷.
3. Geben Sie NAME und BESCHREIBUNG für das ERP-Backend-System an ❸, und wählen Sie R/3 unter TYP.
4. Klicken Sie auf SITE-ATTRIBUTE ❹, und geben Sie in dem Popup, das sich jetzt öffnet, die RFC-Verbindung des ERP-Backend-Systems an.

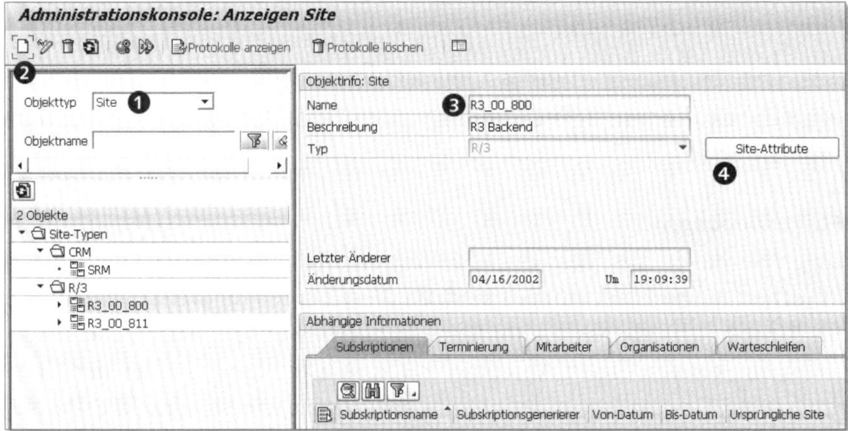

Abbildung 4.9 Definition von Sites in der Administrationskonsole

CRM Middleware-Parameter im SAP ERP-Backend

Die folgenden Einstellungen sind im SAP ERP-Backend durchzuführen. Rufen Sie zunächst die Transaktion SM30 (Tabellensicht-Pflege: Einstieg) zur Tabellenbearbeitung auf.

1. **Tabelle CRMCONSUM**
   Fügen Sie den folgenden Eintrag für Ihren neuen Consumer in die Tabelle CRMCONSUM ein (siehe Tabelle 4.1).

Anwender	Aktiv	Kurzbeschreibung	Q Prefix
SRM	X	SRM-Consumer	R3A

Tabelle 4.1 Tabelle CRMCONSUM

2. **Tabelle CRMSUBTAB**
   Fügen Sie die folgenden Einträge der Tabelle CRMSUBTAB hinzu (siehe Tabelle 4.2). Sie können auch die gleichlautenden Einträge mit ANWENDER=CRM kopieren und sie anschließend in ANWENDER=SRM korrigieren.

Anwender	Up- oder Download	Objektklasse	Funktionsbaustein
SRM	Download	MATERIAL	CRS_MATERIAL_EXTRACT
SRM	Download	CUSTOMIZING	S_CUSTOMIZING_EXTRACT
SRM	Download	SERVICE_MASTER	CRS_SERVICE_EXTRACT

Tabelle 4.2 Tabelle CRMSUBTAB

3. **Tabelle CRMRFCPAR**
   Fügen Sie die folgenden Einträge in die Tabelle CRMRFCPAR ein (siehe Tabelle 4.3).

Anwender	Objektname	Destination	Load-Typ	Info	InQueue Flag	Send XML
SRM	*	RFC-Destination des SRM-Systems	Initial-Download	Standarddestination für SRM	X	X
SRM	MATERIAL	RFC-Destination des SRM-Systems	Delta-Download	Standarddestination für SRM	X	X
SRM	SERVICE_MASTER	RFC-Destination des SRM-Systems	Delta-Download	Standarddestination für SRM	X	X
SRM	*	RFC-Destination des SRM-Systems	Request	Standarddestination für SRM	X	X

Tabelle 4.3 Tabelle CRMRFCPAR

4. **Tabelle CRMPAROLTP**
   Sollte der folgende Eintrag zum Anwender SRM noch nicht vorhanden sein, fügen Sie diesen noch für den Delta-Download MATERIAL und SERVICE_MASTER in die Tabelle CRMPAROLTP ein (siehe Tabelle 4.4).

Parametername	Parametername 2	Anwender	Parameterwert
CRM_FILTERING_ACTIVE	MATERIAL	SRM	X
CRM_FILTERING_ACTIVE	SERVICE_MASTER	SRM	X

Tabelle 4.4 Tabelle CRMPAROLTP

CRM Middleware-Parameter in SAP SRM

Rufen Sie im SAP SRM-System die Transaktion SM30 (Tabellensicht-Pflege: Einstieg) zur Tabellenbearbeitung auf, und fügen Sie den folgenden Eintrag in die Tabelle SMOFPARSFA ein (siehe Tabelle 4.5).

Sch (= Schlüssel)	Parametername	Benutzername	Parameterwert
MCRM	MCRM_CONSUMER	SRM	SRM

Tabelle 4.5 Tabelle SMOFPARSFA

CRM-spezifische Middleware-Einstellungen deaktivieren

Zum Deaktivieren der CRM-spezifischen Middleware-Einstellungen rufen Sie vor der Ausführung des Downloads die Transaktion BBP_PRODUCT_SETTINGS auf (siehe Abbildung 4.10). Geben Sie in das Feld ANWENDER (EBP) die vorher definierte Consumer-Bezeichnung SRM ein. Wenn Sie auch Dienstleistungsstämme replizieren möchten, belassen Sie den Radiobutton auf der Einstellung SERVICEPRODUKT AKTIV.

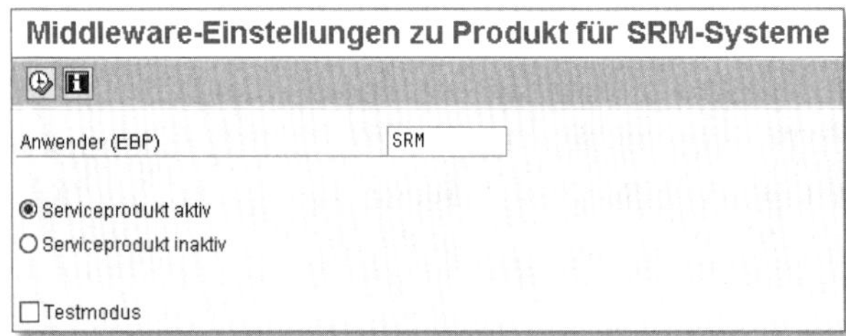

Abbildung 4.10 Middleware-Einstellungen

Filter für die Materialreplikation in SAP SRM definieren

Viele Unternehmen möchten in SAP SRM nur eine Teilmenge der im SAP ERP-Backend vorhandenen Produkte oder Produktkategorien verwenden. Damit Sie in Ihrem SAP SRM-System den Überblick behalten, sollten Sie auch nur die Stammdaten replizieren, die Sie tatsächlich benötigen.

Rufen Sie im SAP-Menü den Pfad WERKZEUGE • MIDDLEWARE: BASIS • DATENAUSTAUSCH • OBJEKTMANAGEMENT • BUSINESS OBJEKTE (Transaktion R3AC1) auf, um die Produkte zu filtern, die Sie replizieren möchten. Wählen Sie nun in der Zeile MATERIAL das Symbol FILTEREINSTELLUNGEN (siehe Abbildung 4.11).

Überblick Adapter-Objekt

Tabellen Inaktiv/aktiv

Business-Adapter-Objekte

Name	Beschreibg.	Inaktiv	Filtereinstellungen	Obj.-Klasse zuordn.
MATERIAL	R/3-Materialstamm			
SERVICE_MASTER	R/3-Dienstleistungsstamm			

Abbildung 4.11 Auswahl des Adapter-Objekts

In der nun erscheinenden Eingabemaske definieren Sie die Filtereinstellungen wie z. B. in Abbildung 4.12 gezeigt.

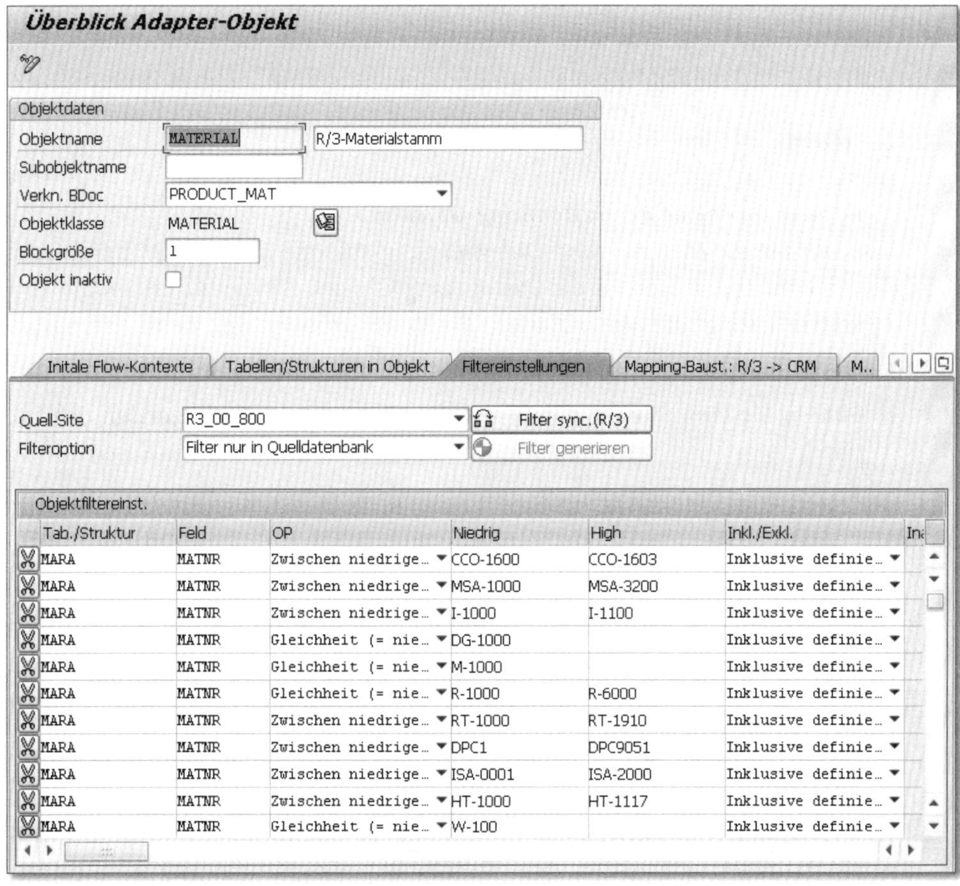

Abbildung 4.12 Filtereinstellungen für Materialien

Die Definition der Filtereinstellungen findet in der Feldgruppe OBJEKTFILTEREINST. (Objektfiltereinstellungen) statt. Dort geben Sie die entsprechende Tabelle im SAP ERP-Backend an, auf die der Filter angewendet werden soll (für Materialien z. B. MARA), definieren einen OPERATOR, z. B. EQ GLEICHHEIT (=NIEDRIG), und hinterlegen die entsprechenden Filterwerte in den Spalten NIEDRIG und HIGH.

Speichern Sie die Einstellungen, und klicken Sie den Button FILTER SYNC. (IM R/3-System) an, um die Filtereinstellungen an das Plug-in im SAP ERP-Backend zu übertragen.

Wenn Sie die Dienstleistungsstämme filtern möchten, müssen Sie nach dem Aufruf der Transaktion R3AC1 (Überblick Adapter-Objekt) den Filter nicht in der Zeile MATERIAL, sondern in der Zeile SERVICE_MASTER setzen.

Zum Filtern der zu replizierenden Produktkategorien rufen Sie im SAP-Menü folgenden Pfad auf: WERKZEUGE • MIDDLEWARE: BASIS • DATENAUSTAUSCH • OBJEKTMANAGEMENT • CUSTOMIZING OBJEKTE (Transaktion R3AC3). Wählen Sie nun in der Zeile DNL_CUST_PROD1 das Symbol FILTEREINSTELLUNGEN.

Initialer Download der Customizing-Objekte

Bevor Sie die Material- und Dienstleistungsstämme in SAP SRM herunterladen können, müssen Sie die Customizing-Objekte für die Materialnummernkonvertierung, die Materialarten, die Warengruppen und den Leistungstyp herunterladen.

Führen Sie zum Starten dieses initialen Downloads die folgenden Schritte durch:

1. Rufen Sie im SAP-Menü den folgenden Pfad auf: WERKZEUGE • MIDDLEWARE: BASIS • DATENAUSTAUSCH • OBJEKTMANAGEMENT • INITIALE DATENÜBERNAHME • STARTEN (Transaktion R3AS).
2. Geben Sie im Mehrfachselektionsfenster für LADEN OBJEKT die folgenden Customizing-Objekte ein (siehe Abbildung 4.13):
   - DNL_CUST_BASIS3 (Maßeinheiten, Dimensionen und Währungen)
   - DNL_CUST_PROD0 (Materialarten, Materialnummernkonvertierung)
   - DNL_CUST_PROD1 (Warengruppen)
   - DNL_CUST_SRVMAS (Leistungstypen)

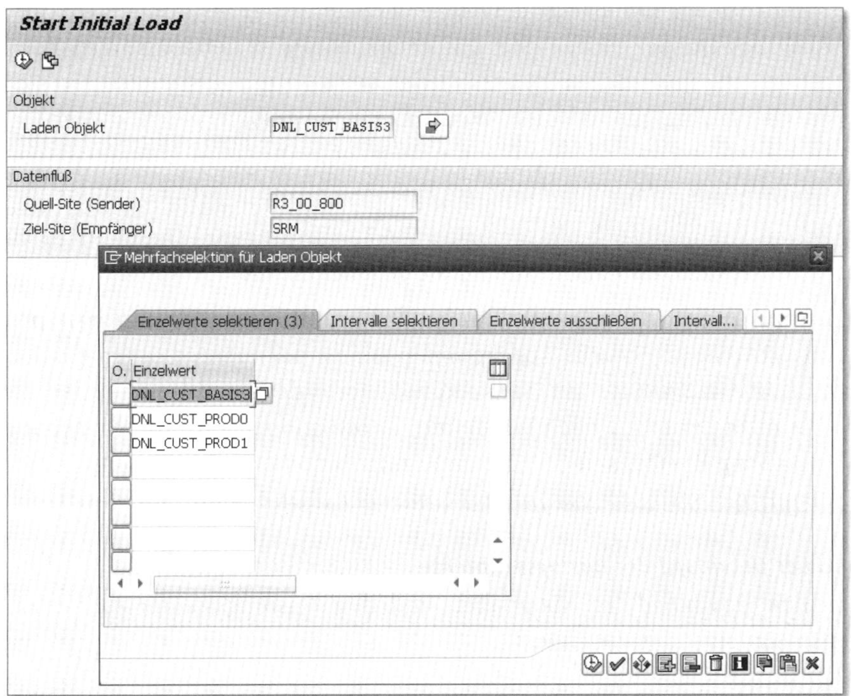

Abbildung 4.13 Initiale Datenübernahme starten

3. Geben Sie die QUELLSEITE (ERP-Backend-System) und die ZIELSEITE (SRM-System) ein, die zuvor über die Administrationskonsole (Transaktion SMOEAC) definiert worden sind.
4. Um den Download zu starten, wählen Sie den Button AUSFÜHREN.

Um den initialen Download zu überprüfen, führen Sie die folgenden Schritte durch:

1. Rufen Sie im SAP-Menü den Pfad WERKZEUGE • MIDDLEWARE: BASIS • DATENAUSTAUSCH • OBJEKTMANAGEMENT • INITIALE DATENÜBERNAHME • OBJEKTE ÜBERWACHEN (Transaktion R3AM1) auf. Wenn alle Ampeln grün sind, war der Download erfolgreich. Wenn eine Ampel gelb ist, wählen Sie AUFFRISCHEN und prüfen anschließend, ob sich die Blocknummer erhöht hat.

   Sind alle Ampeln grün, überspringen Sie die nächsten zwei Schritte in dieser Aufzählung und fahren mit Schritt 4 fort. Bleiben die Ampeln über eine längere Zeit (im Minutenbereich) gelb, ohne dass sich die Blocknummer erhöht, fahren Sie mit den Schritten 2 und 3 fort.

2. Prüfen Sie im ERP-Backend-System mithilfe der Transaktion SMQ1 die Ausgangs-Queue. Geben Sie unter QUEUE-NAME den entsprechenden Namen ein, und wählen Sie anschließend den Button AUSFÜHREN, um sich die Queue anzeigen zu lassen. Wenn die Queue gesperrt ist, versuchen Sie, sie zu entsperren und zu aktivieren. Wenn die Queue nach der Wahl von AUFFRISCHEN verschwindet, ist der Download-Prozess weitergelaufen.
3. Prüfen Sie mithilfe der Transaktion SMQ2 die Eingangs-Queue im SRM-Server-System, und aktivieren Sie sie gegebenenfalls.
4. Um zu prüfen, ob die Materialarten, Warengruppen und Leistungstypen im SRM-Server-System angekommen sind, rufen Sie die Transaktion COMM_HIERARCHY auf. Sie sollten alle erforderlichen Daten sehen. Ist dies nicht der Fall, finden Sie weitere Informationen zur Fehlerbehebung in Anhang E, »Tipps und Tricks zu Konfiguration und Fehlersuche«, unter dem Punkt »Problemanalyse im Bereich der CRM Middleware«.

Initialer Download der Business-Objekte

Um den Download für Materialien und den Leistungsstamm zu starten, gehen Sie folgendermaßen vor:

1. Rufen Sie nochmals die Transaktion R3AS auf. Wählen Sie das Objekt MATERIAL oder SERVICE_MASTER, und geben Sie die QUELLSEITE (SAP ERP-Backend-System) sowie die ZIELSEITE (SAP SRM-System) an.
2. Überprüfen Sie, wie oben beim initialen Download der Customizing-Objekte beschrieben, mithilfe der Transaktion R3AM1, ob der Download erfolgreich war.
3. Die erforderlichen Material- und Dienstleistungsstämme stehen im SRM-Server-System zur Verfügung; über die Transaktion COMMPR01 können Sie dies prüfen.

CRM Middleware-Customizing: Delta-Download einrichten

Damit Ihre Produktstammdaten in Zukunft automatisch zwischen dem SAP ERP-Backend und SAP SRM synchron gehalten werden, sollten Sie abschließend noch den Delta-Download einrichten.

1. Aktivieren Sie hierzu im ERP-Backend-System die Anwendungen BC-MID und NDI in der Tabelle TBE11. Starten Sie dafür die Transaktion SM30 zur Tabellenpflege (siehe Tabelle 4.6).

Applk (= Applikation)	A	Text
BC-MID	X	Middleware
NDI	X	New Dimension Integration

Tabelle 4.6 Tabelle TBE11

2. Rufen Sie nun im SAP-Menü des SAP SRM-Systems den folgenden Pfad auf: WERKZEUGE • MIDDLEWARE: BASIS • DATENAUSTAUSCH • OBJEKTMANAGEMENT • DELTA LOAD AUS DEM R/3 BACKEND • DELTA LOAD EINRICHTEN (Transaktion R3AC4).

Nun haben Sie die Replikation von Produktstammdaten und Customizing-Objekten erfolgreich eingerichtet.

4.3 Zusammenfassung

Produkt- und Lieferantenstammdaten spielen für die Beschaffungsprozesse in SAP SRM eine große Rolle. Beide können sowohl manuell in SAP SRM angelegt als auch aus dem SAP ERP-Backend repliziert werden.

Durch die Art und Weise, wie SAP SRM diese beiden Stammdaten technisch behandelt, gibt es hier vom SAP ERP-Backend abweichende Begrifflichkeiten:

- Lieferantenstammdaten werden in SAP SRM in Form von *Geschäftspartnern* gespeichert.
- Materialien und Dienstleistungen werden in SAP SRM in Form von *Produkten* gespeichert. Die Produkte werden wiederum in zwei unterschiedlichen Produkttypen klassifiziert: »Material« und »Service«.

Für die externen Geschäftspartner (also Lieferanten) gibt es in SAP SRM eine eigene Hierarchie, die ähnlich der unternehmensinternen Aufbauorganisation dargestellt wird. Lieferanten mit identischen Attributen können gemeinsam in einer Lieferantengruppe abgelegt werden. Die Anzahl der verfügbaren Attribute für die Lieferantenhierarchie ist jedoch weitaus geringer als die der unternehmensinternen Aufbauorganisation.

Die Replikation von Lieferanten aus dem SAP ERP-Backend erfolgt über Transaktionen. Dabei ist sowohl eine initiale Replikation als auch eine automatische Lieferantensynchronisation zur Übertragung von Änderungen an den Lieferantenstammdaten möglich.

Produkte werden mithilfe von Produktkategorien (Warengruppen im SAP ERP-Backend) kategorisiert. Sowohl die Warengruppen als auch die Materialien und Dienstleistungen können aus dem SAP ERP-Backend repliziert werden. Die Replikation erfolgt dabei über die CRM Middleware. Auch hier ist sowohl ein initialer Download als auch ein Delta-Download möglich.

Im nächsten Kapitel lernen Sie die Funktionalität des SAP Business Workflows kennen.

SAP Business Workflow sorgt für transparente Geschäftsprozesse, sendet automatisch die zu erledigenden Aufgaben an die zuständigen Bearbeiter, reduziert die Prozesslaufzeiten und bietet vor allem vielfältige Steuerungs- und Kontrollmöglichkeiten.

5 SAP Business Workflow

Kontrollmechanismen haben schon immer eine große Rolle im Einkauf von Unternehmen gespielt. In früheren Zeiten waren die damals papierbasierten Beschaffungsprozesse sehr zeitaufwendig – u.a. wurde viel Zeit für das Einholen der Unterschriften von den Genehmigern aufgewendet. Darüber hinaus war der damalige Prozess anfällig für Fehler und Korruption.

Mit dem Einsatz von IT-basierten Beschaffungssystemen wie SAP SRM wurde der papierbasierte Genehmigungsprozess durch einen systemgestützten Genehmigungs-Workflow ersetzt. Diese Änderung führte zu signifikanten Verbesserungen in Bezug auf die Prozesslaufzeiten, die Effektivität und die Qualität der Beschaffungsaktivitäten. Der SAP Business Workflow zeichnet die Genehmigungsschritte der Prozesse auf und garantiert hierdurch Revisionssicherheit.

In diesem Kapitel geht es zunächst um die Grundlagen von SAP Business Workflow. Was umfasst er, und welche verschiedenen Ausprägungen gibt es? Anschließend widmen wir uns dem anwendungsgesteuerten Workflow Framework (bis SAP SRM 5.0) und vertiefen anschließend die Thematik des neuen, mit SAP SRM 6.0 eingeführten prozessgesteuerten Workflow Frameworks. Die Erläuterung der Offline-Genehmigung bildet den Abschluss dieses Kapitels.

5.1 Grundlagen

SAP SRM-Geschäftsprozesse sind immer eine Kombination aus manuellen und automatisierten Arbeitsschritten. Zu den *manuellen* Arbeitsschritten gehören Genehmigungen und Vervollständigungen von Geschäftsdokumenten wie z.B. Einkaufswagen. Unter den *automatischen* Arbeitsschritten versteht man alle Schritte, die das SAP SRM-System ohne Eingreifen der Benutzer durchführt. Hierzu gehören z.B. die automatische Genehmigung eines Einkaufswagens, dessen Gesamtbetrag unter einer bestimmten Wertgrenze liegt, oder die automatische Ausgabe einer Bestellung, falls alle dafür benötigten Daten bereits im System vorhanden sind. Der SAP Business Workflow steuert die Geschäftsprozesse inklusive der dazugehörigen manuellen und automatischen Arbeitsschritte. Dabei verknüpft er Aufgaben und Ereignisse, die sich über einen längeren Zeitraum erstrecken können. SAP Business Workflow gibt Antworten auf die folgenden Fragen:

- *Was* muss erledigt werden?
- *Wer* muss es erledigen?
- *Wann* muss es erledigt werden?
- *In welcher Reihenfolge* muss es erledigt werden?

Diese Fragen lassen sich auch zu einer einzigen Frage zusammenfassen: Wer muss was wann in welcher Reihenfolge erledigen? Betrachten wir das Ganze an einem vereinfachten Beispiel, dem Einkaufswagen-Genehmigungs-Workflow (siehe Abbildung 5.1). Sie sehen, dass der Manager informiert wird, sobald ein Benutzer einen Einkaufswagen anlegt. Der Manager muss nun den Einkaufswagen genehmigen, wonach ein Einkaufsbeleg erstellt wird.

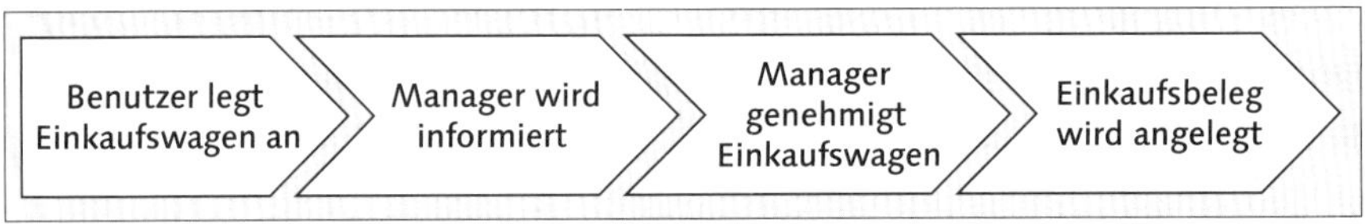

Abbildung 5.1 Einkaufswagen-Genehmigungs-Workflow (vereinfachte Darstellung)

Im Laufe dieses Kapitels werden wir alle Ausprägungsmöglichkeiten der in SAP SRM verfügbaren Genehmigungs-Workflows kennenlernen.

Zur Steuerung der Genehmigungsprozesse bedient sich der SAP Business Workflow verschiedener *Datenquellen*. Hierzu gehören die Workflow-Definitionen, das Workflow Customizing, die Aufbauorganisation inklusive der dort gepflegten Attribute, die Benutzerrollen und Benutzerstammsätze sowie die Informationen in den von den Benutzern angelegten Geschäftsdokumenten.

Neben der Steuerung von Genehmigungsprozessen erzeugt das Workflow Framework auch *Alerts*. Diese dienen dazu, Benutzer bezüglich bestimmter Ereignisse (z.B. bald auslaufende Einkaufskontrakte) innerhalb des SAP SRM-Systems zu benachrichtigen.

Seit SAP SRM 6.0 ist ein neues, flexibleres und stabileres Workflow Framework, auch prozessgesteuertes Workflow Framework genannt, im Einsatz. Bevor wir mit der detaillierten Betrachtung der Workflow Frameworks beginnen (siehe die Abschnitte 5.2, »Anwendungsgesteuertes Workflow Framework«, und 5.3, »Prozessgesteuertes Workflow Framework«), möchten wir die funktionalen Unterschiede der beiden Workflow Frameworks kurz miteinander vergleichen (siehe Tabelle 5.1).

Funktionalität	Anwendungsgesteuerter Workflow	Prozessgesteuerter Workflow
Team-Einkauf	nicht verfügbar	verfügbar
n-stufige Genehmigung	Implementierung des BAdIs `BBP_WFL_APPROV_BADI` notwendig	per Standardkonfiguration verfügbar
positionsbasierte Genehmigung	nur für den Einkaufswagen verfügbar	per Standardkonfiguration verfügbar
Genehmigung mit aufgeteilten Verantwortungsbereichen (Bearbeiter genehmigt nur die Positionen, für die er verantwortlich ist)	Implementierung des BAdIs `BBP_WFL_APPROV_BADI` notwendig	per Standardkonfiguration für den Einkaufswagen verfügbar
Änderung des Belegs durch den Genehmiger	verfügbar, abhängig vom definierten Workflow-Security-Level	nur für den Stufentyp; »Genehmigung mit Vervollständigung« verfügbar
regelbasiertes Hinzufügen von Reviewern	Reviewer muss manuell hinzugefügt werden.	verfügbar
manuelles Hinzufügen von Reviewern	verfügbar	verfügbar
Ad-hoc-Genehmiger	verfügbar	verfügbar
Löschen von Ad-hoc-Genehmigern	nicht verfügbar	verfügbar, solange Workitem in Bearbeitung ist
Weiterleitung von Workitems	verfügbar	verfügbar
Vertreterregeln	verfügbar	verfügbar
Back-and-Forth-Bearbeitung	Implementierung des BAdIs `BBP_WFL_APPROV_BADI` notwendig	verfügbar für Stufentyp »Genehmigung mit Vervollständigung«

Tabelle 5.1 Funktionaler Vergleich der beiden Workflow Frameworks

Funktionalität	Anwendungsgesteuerter Workflow	Prozessgesteuerter Workflow
Hervorhebung des Workitems im ZAV, wenn Frist nicht eingehalten wurde	nicht verfügbar	verfügbar
Offline-Genehmigung weitergeleiteter Workitems	nicht verfügbar	verfügbar

Tabelle 5.1 Funktionaler Vergleich der beiden Workflow Frameworks (Forts.)

Die meisten der in diesem Vergleich aufgelisteten Themenbereiche werden wir in den folgenden Abschnitten noch vertiefen.

Betrachten wir nun die beiden Workflow Frameworks im Detail, und wenden wir uns hierzu zunächst dem bis inklusive SAP SRM 5.0 eingesetzten anwendungsgesteuerten Workflow zu.

5.2 Anwendungsgesteuertes Workflow Framework

Das anwendungsgesteuerte Workflow Framework steuert die Genehmigungs-Workflows bis inklusive SAP SRM 5.0. Einige anwendungsgesteuerte Workflows sind auch noch offiziell in SAP SRM 7.0 einsetzbar. Für jedes Business-Objekt stellt der anwendungsgesteuerte Workflow eine oder mehrere *Workflow-Vorlagen* zur Verfügung. Für die meisten Business-Objekte gibt es dabei die folgenden Vorlagen:

- **Ohne Genehmigung**
  Ohne Genehmigung bedeutet, dass das vom Benutzer angelegte Business-Objekt (z.B. Einkaufswagen) automatisch genehmigt wird.
- **Einstufige Genehmigung**
  Die Vorlage für die einstufige Genehmigung führt dazu, dass das vom Benutzer angelegte Business-Objekt von genau einem Genehmiger (z.B. dem Vorgesetzten des Benutzers) genehmigt werden muss.
- **Zweistufige Genehmigung**
  Die zweistufige Genehmigung bedeutet, dass das vom Benutzer angelegte Business-Objekt von genau zwei Genehmigern (z.B. dem direkten Vorgesetzten und einem Bereichsleiter) genehmigt werden muss.
- **n-stufige Genehmigung**
  Bei der n-stufigen Genehmigung sind – abhängig von der Workflow-Vor-

lage, dem Customizing sowie dem Wert des Business-Objekts – mehrere Genehmigungsstufen zu durchlaufen.

- **BAdI-basierter Workflow für besondere Anforderungen**
  In vielen Fällen gibt es komplexe betriebswirtschaftliche Anforderungen, die durch die Kombination von Standard-Workflow-Vorlagen und Workflow Customizing nicht abgedeckt werden können. In diesen Fällen bietet sich der Einsatz der BAdI-basierten Workflow-Vorlagen an. Bei diesen Vorlagen wird das Workflow-Regelwerk durch kundenindividuelle ABAP-Programmierung in einem Business Add-in (BAdI) ergänzt.

SAP SRM stellt für die folgenden Business-Objekte Workflow-Vorlagen des anwendungsgesteuerten Workflows bis inklusive SAP SRM 5.0 zur Verfügung:

- **Einkaufswagen**
  Je nach Gesamtbetrag des Einkaufswagens und der Rolle des Anforderers wird der entsprechende Genehmigungs-Workflow gestartet.

  Workflow-Vorlagen:

  - WS10000060 (ohne Genehmigung)
  - WS10000129 (einstufige Genehmigung)
  - WS10000031 (zweistufige Genehmigung)

- **Ausgabelimit für Einkaufswagen**
  Die Ermittlung des Genehmigers erfolgt über Ausgabe- und Genehmigungslimits, genauso wie die Entscheidung, ob eine Genehmigung überhaupt erforderlich ist.

  Workflow-Vorlagen:

  - WS10000276 (einstufig)
  - WS14000109 (n-stufig, dynamisch)
  - WS14000133 (mit BAdI, n-stufig, dynamisch)

- **Positionsbasierte Genehmigung von Einkaufswagen**
  Hierbei handelt es sich um die mehrstufige Genehmigung der einzelnen Einkaufswagenpositionen durch die jeweils zuständigen Genehmiger.

  Workflow-Vorlage: WS14500015 (n-stufig)

- **Einkaufswagen vervollständigen**
  Unvollständige Einkaufswagen werden vor der Genehmigung durch den Einkäufer vervollständigt.

  Workflow-Vorlage: WS14000044 (einstufig)

- **Bestätigung**
  Je nach Vollständigkeitsstatus, der Rolle des Benutzers, der die Bestätigung erfasst, und dem Gesamtbetrag der Bestätigung wird der entsprechende Genehmigungs-Workflow gestartet.

  Workflow-Vorlagen:

  - WS10400010 (ohne Genehmigung)
  - WS10400002 (einstufige Genehmigung)
  - WS10400009 (zweistufige Genehmigung)
  - WS10400020 (Genehmigung durch Administrator)

- **Rechnung**
  Je nach Vollständigkeitsstatus, Rechnungstyp (Gutschrift oder Rechnung), Rolle des Rechnungserstellers und Gesamtbetrag der Rechnung wird der entsprechende Genehmigungs-Workflow gestartet.

  Workflow-Vorlagen:

  - WS10400016 (ohne Genehmigung)
  - WS10400017 (einstufige Genehmigung)
  - WS10400018 (zweistufige Genehmigung)
  - WS10400021 (Genehmigung durch Administrator)

- **Bestellung**
  Genehmigungs-Workflows für Bestellungen und Änderungsversionen von Bestellungen. In Abhängigkeit der verschiedenen Attribute des Objekttyps BUS2201 (Bestellung EC), z.B. der Änderung von Kontierungsdaten, und der Gesamtbetragsdifferenz wird der entsprechende Genehmigungs-Workflow gestartet.

  Workflow-Vorlagen:

  - WS14000075 (ohne Genehmigung)
  - WS14000089 (einstufige Genehmigung)
  - WS14000145 (n-stufige Genehmigung)

- **Bestellantwort**
  Workflows zur Übernahme der Daten einer Bestellantwort in die Bestellung. Abhängig von verschiedenen Kriterien werden die Bestellantwortdaten entweder automatisch oder nach manuellem Eingreifen des Einkäufers in die Bestellung übernommen.

  Workflow-Vorlagen:

  - WS14500001 (automatische Datenübertragung)

- WS14500019 (manuelle Datenübertragung)
- WS14500007 (Benachrichtigung)
- WS14500017 (Alert Workflow)

- **Kontrakt**
  Genehmigungs-Workflows für Kontrakte und Änderungsversionen von Kontrakten. In Abhängigkeit von verschiedenen Attributen des Objekttyps BUS2000113 (Einkaufskontrakt), z.B. der Änderung von Kontraktkonditionen, wird der entsprechende Genehmigungs-Workflow gestartet.

  Workflow-Vorlagen:

  - WS14000086 (ohne Genehmigung)
  - WS14000088 (einstufige Genehmigung)
  - WS14000148 (n-stufige Genehmigung)

- **Ausschreibung**
  Nach dem Veröffentlichen von Ausschreibungen (sowie von deren Änderungsversionen) wird je nach Startbedingungen einer dieser drei Genehmigungs-Workflows gestartet. Für die n-stufige Genehmigung (mit Back-and-Forth-Bearbeitung) wird die Implementierung des Business Add-ins `BBP_WORKFLOW_APPROV_BADI` vorausgesetzt.

  Der Alert Workflow wartet auf eine Antwort des externen Auktionstools, und der Überwachungs-Workflow sendet eine Benachrichtigung, wenn die Ausschreibung beendet ist.

  Workflow-Vorlagen:

  - WS14500026 (ohne Genehmigung)
  - WS14500027 (einstufige Genehmigung)
  - WS14500028 (n-stufige Genehmigung)
  - WS14000091 (Alert Workflow)
  - WS14500035 (Überwachungs-Workflow)

- **Angebot**
  Je nachdem, ob der Manager oder ein Mitarbeiter der Einkäufergruppe das Angebot auf eine Ausschreibung akzeptiert, wird der entsprechende Genehmigungs-Workflow gestartet.

  Workflow-Vorlagen:

  - WS79000010 (ohne Genehmigung)
  - WS79000002 (einstufige Genehmigung)
  - WS14500044 (n-stufige Genehmigung)

- **Neue Anmeldedaten**
  Dieser Workflow startet, nachdem ein SAP SRM-Benutzer ein neues Kennwort beantragt hat.

  Workflow-Vorlage: WS10000223

- **Lieferanten aus Open Partner Interface (OPI)**
  Genehmigung von Lieferanten, die aus einem OPI-basierten Lieferantenverzeichnis übernommen worden sind. Je nach Berechtigung des Bearbeiters wird der entsprechende Genehmigungs-Workflow gestartet.

  Workflow-Vorlagen:

  - WS14000043 (ohne Genehmigung)
  - WS14000030 (einstufige Genehmigung)

- **XML-Rechnungen korrigieren**
  Fehlerhafte XML-Rechnungen werden nicht mehr automatisch zurückgeschickt, sondern können vom zuständigen Bearbeiter vor dem Buchen korrigiert/bearbeitet werden. Das Workitem enthält einen Link zur Rechnungsbearbeitung.

  Workflow-Vorlage: WS14500020

Die folgenden anwendungsgesteuerten Workflow-Vorlagen werden sowohl in SAP SRM 5.0 als auch in SAP SRM 7.0 eingesetzt. Somit stehen also einige wenige anwendungsgesteuerte Workflow-Vorlagen auch in SAP SRM 7.0 zur Verfügung.

- **Kontrakt-Alert-Workflow**
  Der Alert Workflow reagiert auf bestimmte Ereignisse, die vom SRM Alert Management ausgewertet werden.

  Workflow-Vorlage: WS10400022

- **Neuer Bieter/Lieferant**
  Dieser Workflow startet, wenn ein Bieter oder Lieferant einen neuen Benutzer für das SAP SRM-System beantragt.

  Workflow-Vorlage: WS10000209

- **Übertragung von Einkaufswagen ins PM-System**
  Dieser Workflow veranlasst die Übertragung eines Einkaufswagens als Bestellanforderung in das PM-Backend-System (Instandhaltung, PM = Plant Maintenance, in neuen Releases EAM = Enterprise Asset Management; Workflow nur im klassischen Szenario einsetzbar).

  Workflow-Vorlage: WS10000202

- **Sperren von SUS-Lieferanten**
  Hierbei handelt es sich um einen Benachrichtigungs-Workflow, der verwendet wird, wenn der Benutzer eines SUS-Lieferanten (SAP SUS) gesperrt worden ist. Alle Einkäufer der Einkaufsorganisation des gesperrten Lieferanten erhalten eine Benachrichtigung per E-Mail.

  Workflow-Vorlage: WS145000021
- **Einkäuferkarte**
  Genehmigung von Kreditkartenabrechnungen: Der Karteninhaber ist zuständig für die Genehmigung, solange der Abrechnungswert das im Customizing festgesetzte Ausgabelimit nicht übersteigt. Ist dies der Fall, liegt die Zuständigkeit für die Genehmigung beim Manager.

  Workflow-Vorlagen:
  - WS10000093 (erste Genehmigung)
  - WS10000100 (zweite Genehmigung)

Werfen wir nun einen Blick auf das Customizing des anwendungsgesteuerten Workflows.

5.2.1 Technische Konfiguration

Beginnen wir zunächst mit der technischen Konfiguration des anwendungsgesteuerten Workflow Frameworks, und vertiefen die technische Konfiguration im darauffolgenden Abschnitt 5.2.2, »Konfiguration des Geschäftsprozesses«.

SAP Business Workflow automatisch konfigurieren

Das in diesem Abschnitt beschriebene automatische Workflow Customizing ist für beide Workflow Frameworks (prozessgesteuert und anwendungsgesteuert) gültig.

Zur Durchführung des automatischen Workflow Customizings rufen Sie die Transaktion SPRO und im Einführungsleitfaden (IMG) den Pfad SUPPLIER RELATIONSHIP MANAGEMENT • SRM SERVER • ANWENDUNGSÜBERGREIFENDE GRUNDEINSTELLUNGEN • BUSINESS WORKFLOW • ANWENDUNGSGESTEUERTER WORKFLOW • TECHNISCHE KONFIGURATION • SAP BUSINESS WORKFLOW AUTOMATISCH KONFIGURIEREN auf. Führen Sie die Customizing-Aktivität folgendermaßen durch:

1. Wählen Sie AUTOMATISCHES WORKFLOW CUSTOMIZING DURCHFÜHREN ❶. Im Protokoll ❷ sehen Sie die ausgeführten Aktivitäten.

2. Stellen Sie fest, ob alle aufgeführten Prüfergebnisse fehlerfrei sind.
   Alle Einstellungen, die vorgenommen und geprüft worden sind, sollten in der Ergebnisliste des Prüfreports durch ein grünes Häkchen gekennzeichnet sein. Ist dies nicht der Fall, führen Sie einen Doppelklick auf dem roten Kreuz aus und nehmen die entsprechende Einstellung vor.

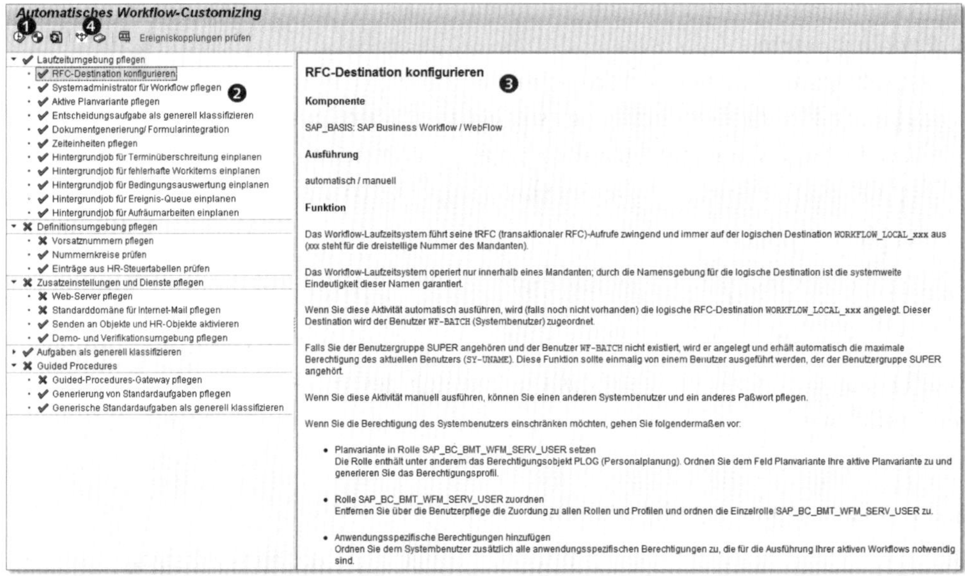

Abbildung 5.2 Automatisches Workflow Customizing

Für jeden Eintrag finden Sie in der rechten Bildschirmhälfte ❸ eine ausführliche Anleitung. Verifizieren und ändern Sie, falls nötig, die folgenden Einträge:

- **RFC-Destination konfigurieren**
  Die logische RFC-Destination mit dem Namen WORKFLOW_LOCAL_xyz (›xyz‹ steht für den aktuellen Mandanten) wird automatisch angelegt. Geben Sie einen Benutzer (Benutzername WF-BATCH) an, der im aktuellen Mandanten mit dem Benutzertyp »Hintergrund« und den Berechtigungen SAP_ALL und SAP_NEW angelegt worden ist.
- **Systemadministrator für Workflow pflegen**
  Wenn noch kein Systemadministrator für den Workflow gepflegt wurde, wird Ihr Benutzername als Systemadministrator für den Workflow verwendet. Ändern Sie den Benutzernamen gegebenenfalls auf WF-BATCH.
- **Vorsatznummern pflegen**
  Workflow-Vorlagen und -Aufgaben werden über eine achtstellige Nummer identifiziert. Die letzten fünf Stellen werden automatisch vom System

zugewiesen. Die hier definierte Vorsatznummer wird für die ersten drei Stellen verwendet. Definieren Sie für jeden Mandanten in jedem System eine eindeutige Vorsatznummer, die mit 9 beginnen sollte (z.B. 901).

- **Standarddomäne für Internet-Mail pflegen**
  Pflegen Sie eine Standarddomäne (z.B. *sap.com*) für E-Mails, passend zur E-Mail-Domäne Ihres Unternehmens.

Anschließend können Sie zur Überprüfung der Einstellungen einen Verifikations-Workflow starten. Wählen Sie hierzu den vierten Button von links ❹, und folgen Sie den Anweisungen, die Sie dort erhalten.

Standardaufgaben aktivieren

In der Customizing-Aktivität STANDARDAUFGABEN AKTIVIEREN starten Sie einen Hintergrundreport, mit dem die Workflow-Aufgaben als Standardaufgaben festgelegt werden. Standardaufgaben, z.B. *Benutzerstammsatz genehmigen*, dürfen von jedem Benutzer ausgeführt werden. Über die Workflow-Definition schränkt das System ein, wer die Aufgabe ausführen darf.

Rufen Sie die Transaktion SPRO und dann im Einführungsleitfaden (IMG) den Pfad SUPPLIER RELATIONSHIP MANAGEMENT • SRM SERVER • ANWENDUNGSÜBERGREIFENDE GRUNDEINSTELLUNGEN • BUSINESS WORKFLOW • ANWENDUNGSGESTEUERTER WORKFLOW • TECHNISCHE KONFIGURATION • STANDARDAUFGABEN AKTIVIEREN auf, um zu dieser Aktivität zu gelangen.

Aufgabenspezifisches Customizing durchführen

Die Ereigniskopplung bestimmt, welche Workflow-Vorlagen aktiv sind und somit im System zur Verfügung stehen. Aus der Gesamtheit aller in SAP SRM verfügbaren Workflow-Vorlagen aktivieren Sie nur diejenigen, die Sie verwenden möchten. Dies ist wichtig, da für manche Situationen mehrere alternative Workflow-Vorlagen vorhanden sind und Sie somit über die Ereigniskopplung bestimmen, welche der verfügbaren Workflow-Vorlagen eingesetzt werden sollen.

Nur die Workflow-Vorlagen mit aktivierter Ereigniskopplung können auf ein Ereignis (z.B. Einkaufswagen angelegt) reagieren. In der Transaktion OOCU (Übersicht Aufgabencustomizing) aktivieren Sie die Ereigniskopplung für die Workflow-Vorlagen, die Sie nutzen möchten.

1. Rufen Sie die Transaktion SPRO und im Einführungsleitfaden (IMG) diesen Pfad auf: SUPPLIER RELATIONSHIP MANAGEMENT • SRM SERVER • ANWENDUNGSÜBERGREIFENDE GRUNDEINSTELLUNGEN • BUSINESS WORKFLOW • ANWENDUNGSGESTEUERTER WORKFLOW • TECHNISCHE KONFIGURATION • AUFGABENSPEZIFISCHES CUSTOMIZING DURCHFÜHREN (Transaktion OOCU).
2. Sie haben nun eine Baumstruktur vor sich. Wählen Sie den Pfeil neben SRM, um in die unter diesem Punkt liegende Hierarchie zu expandieren.
3. Navigieren Sie durch die Hierarchie, indem Sie die weiteren Unterknoten aufklappen, bis Sie zu dem Punkt SRM-EBP-WFL gelangen.
4. Klicken Sie auf EREIGNISKOPPLUNG AKTIVIEREN.
5. Klicken Sie auf den Pfeil neben der Workflow-Vorlage, die Sie bearbeiten möchten (z.B. WS10000129, einstufige Genehmigung Einkaufswagen).
6. Klicken Sie auf DETAILSICHT. Es öffnet sich die Eingabemaske EIGENSCHAFTEN DER EREIGNISKOPPLUNG.
7. Aktivieren oder deaktivieren Sie die Ereigniskopplung mithilfe der Checkbox EREIGNISKOPPLUNG AKTIVIERT – abhängig davon, ob Sie die Workflow-Vorlage verwenden möchten oder nicht (siehe Abbildung 5.3).

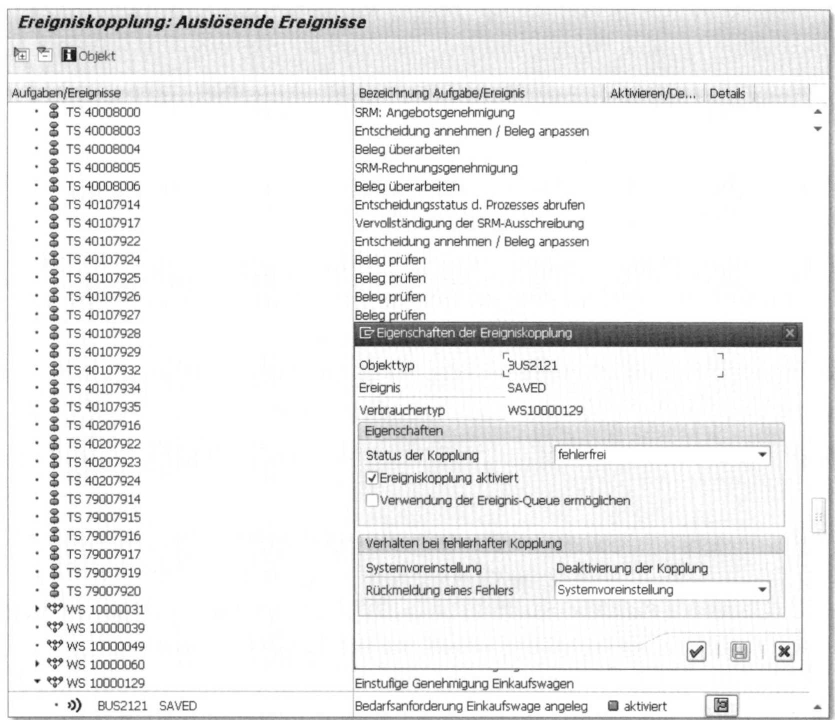

Abbildung 5.3 Ereigniskopplung aktivieren

Wenn Sie möchten, können Sie in dieser Transaktion auch die *Bearbeiterzuordnung* einschränken. Dieser Schritt ist nur nötig, wenn Sie die in dem vorherigen Customizing-Schritt STANDARDAUFGABEN AKTIVIEREN festgelegten Einstellungen wieder einschränken möchten, z.B. damit nur bestimmte Benutzer ein Workitem bearbeiten dürfen. Klicken Sie also in der Übersicht der Customizing-Transaktion im Knoten SRM-EBP-WFL auf BEARBEITER ZUORDNEN, um die Bearbeiterzuordnung einzuschränken. Weitere Informationen finden Sie in der IMG-Dokumentation dieser Customizing-Transaktion.

5.2.2 Konfiguration des Geschäftsprozesses

Nachdem Sie das Workflow Framework nun technisch vorbereitet und die Ereigniskopplung für die zu verwendenden Workflow-Vorlagen aktiviert haben, müssen Sie noch definieren, wie diese den Geschäftsprozess steuern sollen.

In der Customizing-Aktivität STARTBEDINGUNGEN FÜR WORKFLOW FESTLEGEN legen Sie fest, unter welchen Bedingungen (z.B. Wert des Einkaufswagens zwischen 500 und 10.000 USD) welcher Workflow gestartet wird. Dabei ist es wichtig, dass die Startbedingungen so definiert werden, dass in jeder möglichen Situation genau ein Workflow (z.B. ohne Genehmigung oder einstufige Genehmigung) startet.

1. Rufen Sie die Transaktion SPRO und dann im Einführungsleitfaden (IMG) den folgenden Pfad auf: SUPPLIER RELATIONSHIP MANAGEMENT • SRM SERVER • ANWENDUNGSÜBERGREIFENDE GRUNDEINSTELLUNGEN • BUSINESS WORKFLOW • ANWENDUNGSGESTEUERTER WORKFLOW • KONFIGURATION DES GESCHÄFTSPROZESSES • STARTBEDINGUNGEN FÜR WORKFLOWS FESTLEGEN (Transaktion SWB_PROCUREMENT).
2. Selektieren Sie unter STARTBEDINGUNGEN AUSWÄHLEN das Business-Objekt, für das Sie die Startbedingung bearbeiten möchten (z.B. BUS2121, Bedarfsanforderung EC für den Einkaufswagen).
3. Wechseln Sie in den Änderungsmodus, indem Sie auf die Schaltfläche STARTBEDINGUNG ÄNDERN (Bleistiftsymbol) klicken (siehe Abbildung 5.4).
4. Klicken Sie in das weiße Feld, in dem die STARTBEDINGUNGEN sichtbar sind. Daraufhin öffnet sich ein Editor, in dem Sie die Werte ändern können.

In dieser Customizing-Transaktion (SWB_PROCUREMENT) werden die Änderungen automatisch gespeichert; daher finden Sie auch keine Schaltfläche zum Speichern.

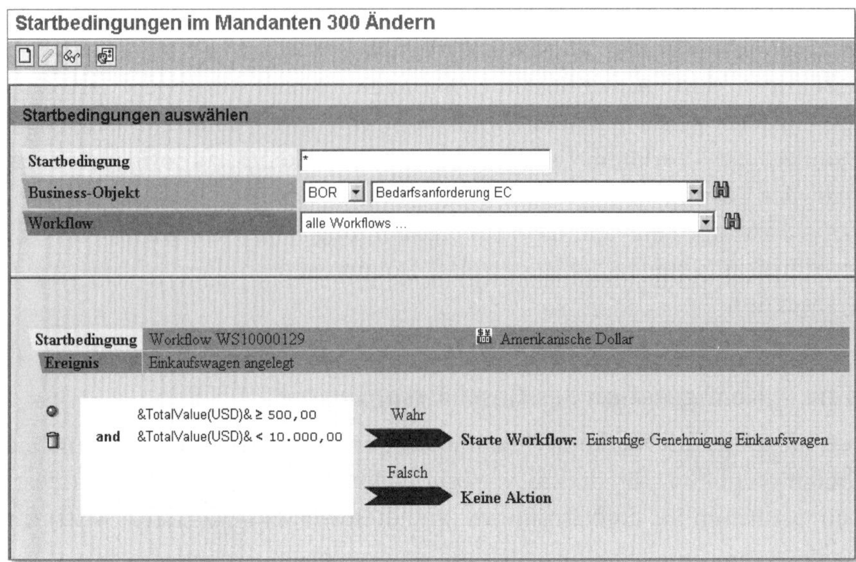

Abbildung 5.4 Startbedingung ändern

Damit haben Sie die Möglichkeiten des anwendungsgesteuerten Workflows inklusive der dazugehörigen Dokumentation kennengelernt und können nun den neuen, prozessgesteuerten Workflow betrachten.

5.3 Prozessgesteuertes Workflow Framework

Das prozessgesteuerte Workflow Framework wird ab SAP SRM 6.0 ausgeliefert. In diesem Workflow gibt es eine einheitliche Workflow-Vorlage. Die Prozesse werden mithilfe eines Prozessschemas, das verschiedene Prozessstufen umfasst, gesteuert. Die dafür benötigten Ereignisse und Ausdrücke werden im Business Rule Framework (BRF) verwaltet.

[»]

Neu in SAP SRM 7.0

Das komplette prozessgesteuerte Workflow Framework ist mit SAP SRM 7.0 erstmals in einem uneingeschränkt für alle Kunden verfügbaren SAP SRM-Release enthalten.

Der prozessgesteuerte Workflow bietet eine weitaus höhere Flexibilität und Stabilität im Vergleich zum anwendungsgesteuerten Workflow früherer Releases (siehe Tabelle 5.1 am Anfang dieses Kapitels).

Prozessgesteuerte Workflows stehen für die folgenden Business-Objekte zur Verfügung:

- Einkaufswagen
- Bestellung
- Bestellantwort
- Kontrakt
- Ausschreibung
- Angebot
- Rechnung
- Bestätigung

Genauere Informationen zu diesen Business-Objekten finden Sie in den Kapiteln von Teil II, »Funktionen und Prozesse«, dieses Buches.

5.3.1 Verwendete SAP NetWeaver-Technologie

Das prozessgesteuerte Workflow Framework bedient sich der folgenden SAP NetWeaver-Technologien:

- **SAP Business Workflow**
  Der SAP Business Workflow stellt Workflow-Vorlagen bereit, die den Genehmigungsprozess steuern. Auch legt der SAP Business Workflow die Workitems an, die im zentralen Arbeitsvorrat des zuständigen Bearbeiters angezeigt werden.
- **Business Rule Framework (BRF)**
  Für jede Prozessstufe muss eine Startbedingung definiert werden. Die Startbedingung besteht aus einem Ereignis in Verbindung mit einem Ausdruck. Ein Ausdruck kann z.B. sein: Der Wert des Einkaufswagens liegt zwischen 1.000 und 5.000 USD. Ereignisse und Ausdrücke werden im Business Rule Framework verwaltet.
- **Zentraler Arbeitsvorrat (ZAV)**
  Der ZAV ist der Posteingang von SAP NetWeaver Portal. Dort landen alle vom SAP Business Workflow erzeugten Workitems. Der Benutzer kann sie von dort aus genehmigen, ablehnen oder bearbeiten.

5.3.2 Konfiguration des Geschäftsprozesses

Im prozessgesteuerten Workflow Framework werden die Genehmigungsprozesse ausgehend vom entsprechenden Business-Objekt (z.B. Einkaufswagen) konfiguriert (siehe Abbildung 5.5).

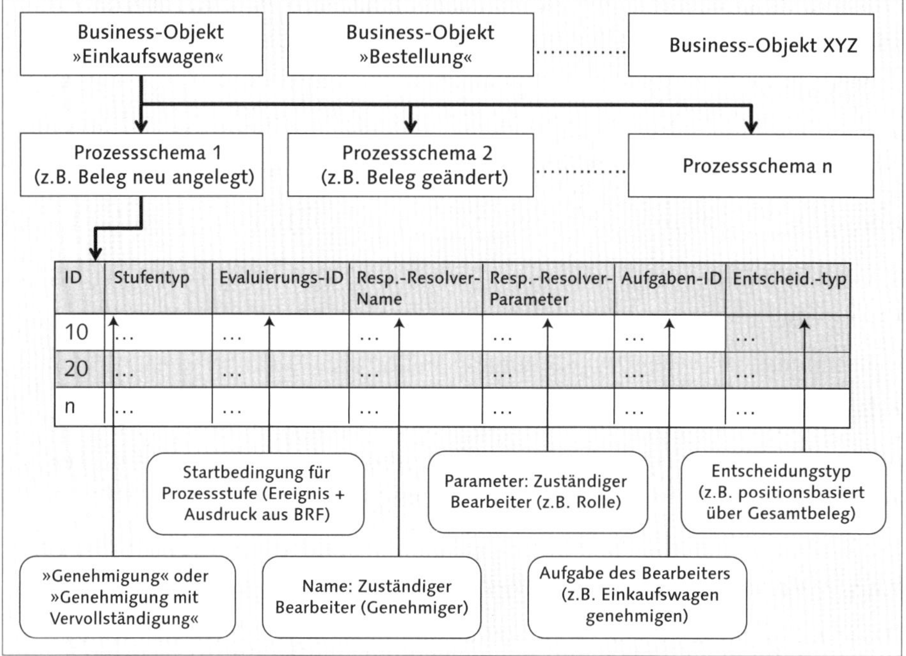

Abbildung 5.5 Konfigurationskonzept des prozessgesteuerten Workflows

Für jedes Business-Objekt können ein oder mehrere *Prozessschemata* mit einer eigenen *Evaluierungs-ID* (Startbedingung) pro Prozessschema angelegt werden. Jedes Prozessschema besteht aus einer oder mehreren Prozessstufen.

Für jede Prozessstufe werden die folgenden Informationen definiert:

- **Stufentyp**
  Genehmigung oder Genehmigung mit Vervollständigung (siehe Abschnitt »Genehmigung mit Vervollständigung« in Abschnitt 5.3.3, »Ergänzende Konzepte«).
- **Evaluierungs-ID**
  Die Evaluierungs-ID zeigt auf ein im BRF definiertes Ereignis (z.B. Einkaufswagenwert zwischen 1.000 und 5.000 USD).
- **Responsible-Resolver-Name und Responsible-Resolver-Parameter**
  Diese Informationen definieren, wer die Aufgabe durchzuführen hat (z.B. Vorgesetzter des Benutzers, der den Einkaufswagen angelegt hat).
- **Aufgaben-ID**
  Die Aufgaben-ID definiert, welche Aufgabe der jeweilige Bearbeiter durchzuführen hat (z.B. Einkaufswagen genehmigen).

- **Entscheidungstyp**
  Der Entscheidungstyp bestimmt, auf welche Art die Bearbeiter über die Einkaufsbelege entscheiden dürfen (z.B. über die gesamten Beleg oder auf Positionsebene).

Um die Logik des prozessgesteuerten Workflows zu verstehen, ist es hilfreich, diesen an einem konkreten Konfigurationsbeispiel nachzuvollziehen.

Hinweis zum Konfigurationsbeispiel [«]

Wenn Sie dieses Beispiel für die Konfiguration Ihres Systems verwenden möchten, müssen Sie zuvor die in Abschnitt 5.3.5, »Technische Konfiguration«, beschriebenen Schritte durchführen.

Als Konfigurationsbeispiel verwenden wir einen dreistufigen Einkaufswagen-Genehmigungs-Workflow. Bitte beachten Sie, dass wir hier eigens angelegte Objekte (im Kundennamensraum mit führendem Z) betrachten, die in Ihrem System so nicht vorhanden sind. Sie können diese natürlich auch entsprechend anlegen, wenn Sie das Beispiel direkt am System nachvollziehen möchten.

1. Rufen Sie die Transaktion SPRO und dann im Einführungsleitfaden (IMG) den Pfad Supplier Relationship Management • SRM Server • Anwendungsübergreifende Grundeinstellungen • Business Workflow • Prozessgesteuerter Workflow • Konfiguration des Geschäftsprozesses • Prozessstufen definieren auf.
2. Wählen Sie in der Dialogstruktur im linken Teil des Fensters zuerst den Eintrag Business-Objekte.
3. Nun wählen Sie im rechten Teil des Fensters das gewünschte Business-Objekt aus, für das die Prozessstufe angelegt werden soll, in unserem Beispiel BUS2121 Einkaufswagen SRM (siehe Abbildung 5.6).

Abbildung 5.6 Business-Objekt zur Definition von Prozessstufen auswählen

4. Wählen Sie in der DIALOGSTRUKTUR den Eintrag BEWERTUNG DES PROZESSSCHEMAS aus. Im rechten Teil des Fensters können Sie jetzt eine BEWERTUNGS-ID definieren (siehe Abbildung 5.7). Die Bewertungs-ID wird mit einem BRF-Ereignis verknüpft, das über einen BRF-Ausdruck einen Wert zurückgibt (in unserem Beispiel der Wert Z00_SCHEMA_SC1). Dies bedeutet, dass beim Anlegen eines Einkaufswagens der Wert Z00_SCHEMA_SC1 ausgegeben wird. Dieser Wert führt zur Aktivierung des Prozessstufenschemas Z00_SCHEMA_SC1. Wenn Sie mit mehreren Prozessstufenschemata arbeiten möchten, können Sie das unter BEWERTUNG DES PROZESSSCHEMAS hinterlegte BRF-Ereignis auch mit einen BRF-Ausdruck verknüpfen, der abhängig von diversen Kriterien (z.B. Organisationseinheit des Anforderers) verschiedene Werte zurückgibt. Wie Sie ein Prozessschema definieren, sehen Sie im nächsten Schritt.

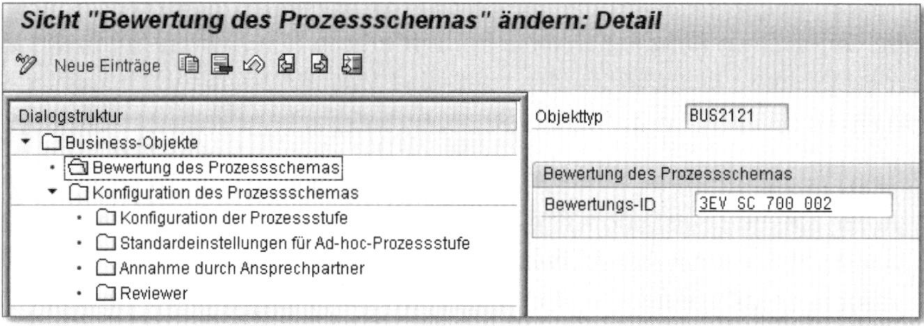

Abbildung 5.7 Bewertung des Prozessschemas

5. Klicken Sie anschließend auf den Eintrag KONFIGURATION DES PROZESSSCHEMAS in der DIALOGSTRUKTUR. Sie können für jedes Business-Objekt mehrere Prozessstufenschemata anlegen (siehe Abbildung 5.8). Jedes Prozessstufenschema besteht aus einer oder mehreren Prozessstufen; eine Prozessstufe entspricht einem Genehmigungsschritt. Wir werden nun das Prozessschema Z00_SCHEMA_SC1 näher betrachten.

6. Nachdem Sie ein existierendes Prozessstufenschema ausgewählt oder ein neues angelegt haben, wählen Sie den Eintrag KONFIGURATION DER PROZESSSTUFE in der DIALOGSTRUKTUR. Nun können Sie beliebig viele Prozessstufen definieren (siehe Abbildung 5.9). In unserem Beispiel sind es drei Prozessstufen zur manuellen Genehmigung und eine Prozessstufe zur automatischen Genehmigung durch das System.

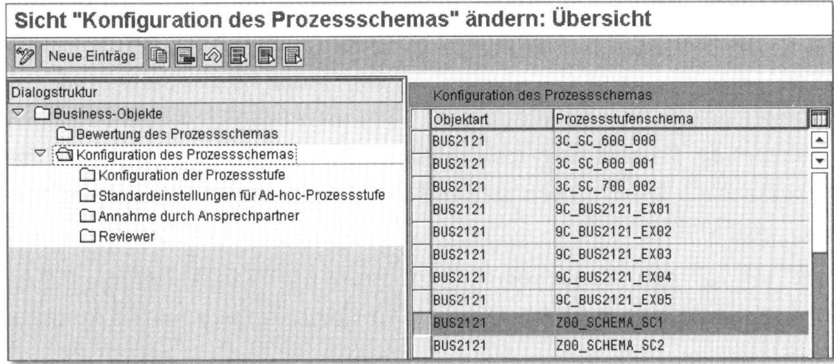

Abbildung 5.8 Prozessstufenschema zur Definition von Prozessstufen anlegen

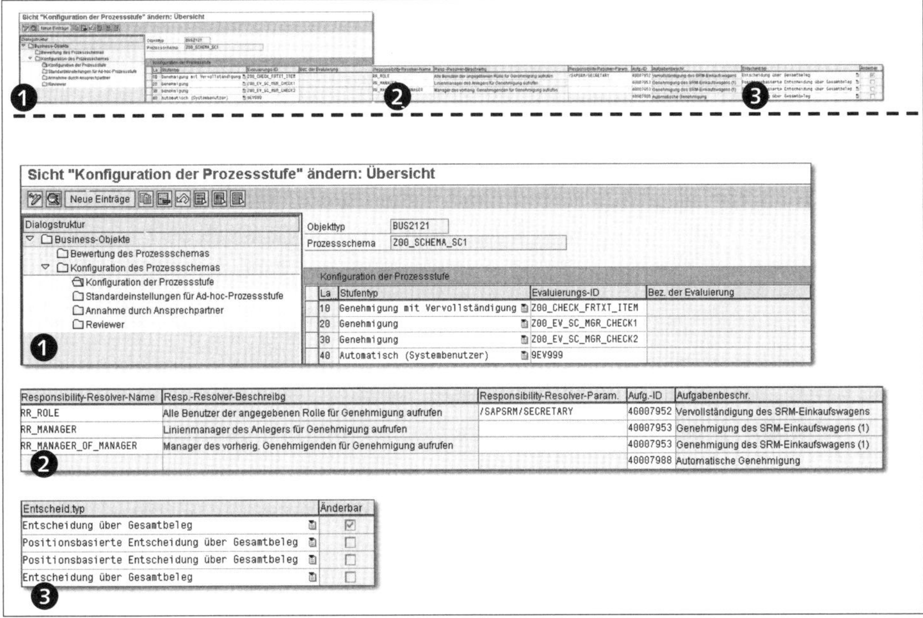

Abbildung 5.9 Prozessstufe konfigurieren

Da die Zeilen der drei Prozessstufen im System sehr lang sind, mussten wir diese in drei Abbildungen teilen. In Abbildung 5.9 oben sehen Sie den gesamten Screenshot. Die Ziffern ❶, ❷ und ❸ stellen den Bezug zu den darunter gezeigten Vergrößerungen dar.

Die Prozessstufe zur automatischen Genehmigung sollte immer am Ende der Prozessstufen stehen, damit das Workitem auch dann genehmigt wird, wenn keine der Prozessstufen davor für eine Genehmigung aktiviert worden wäre. Solch eine Situation kann auftreten, wenn keine der für die

Prozessstufen definierten Regeln für das entsprechende Business-Objekt (z.B. Einkaufswagen) zutreffen. Dann werden die Prozessstufen zwar durchlaufen, aber nicht aktiviert – d.h., der in der Prozessstufe erwähnte Bearbeiter bekommt kein Workitem. Hätte man in solch einem Fall keine abschließende Prozessstufe mit automatischer Genehmigung, wäre das Workitem nach Durchlaufen der anderen Prozessstufen immer noch im Status UNGENEHMIGT.

7. Betrachten wir nun die Prozessstufe 20 aus der Liste in Abbildung 5.9 im Detail (siehe Abbildung 5.10). Klicken Sie dazu doppelt auf die EVALUIERUNGS-ID.

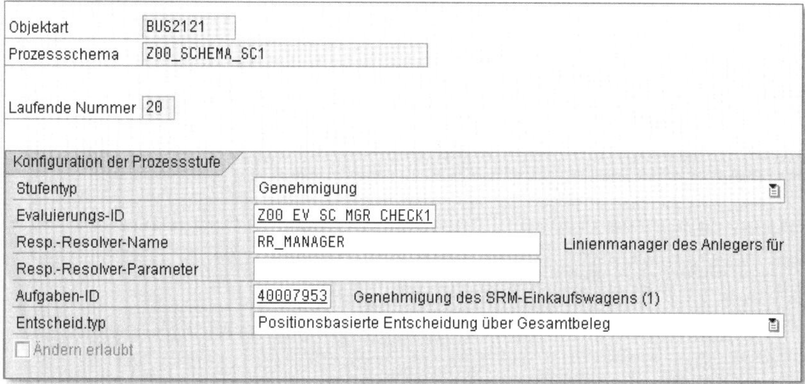

Abbildung 5.10 Detailansicht einer Prozessstufe

Für jede Prozessstufe können die folgenden Werte gepflegt werden:

- STUFENTYP
  Mögliche Auswahlwerte sind GENEHMIGUNG und GENEHMIGUNG MIT VERVOLLSTÄNDIGUNG. Ist der Wert GENEHMIGUNG MIT VERVOLLSTÄNDIGUNG ausgewählt, ist auch noch das Flag ÄNDERN ERLAUBT zu setzen.
- EVALUIERUNGS-ID
  Dieser Wert verweist auf das im BRF in Verbindung mit einem Ausdruck gepflegte Ereignis. In unserem Beispiel »Wert des Einkaufswagens >= 1.000 USD und < 5.000 USD« (siehe Abbildung 5.12).
  Die EVALUIERUNGS-ID ist die Startbedingung für die Prozessstufe. Nur wenn das Ereignis eintrifft, also der Rückgabewert TRUE ist, wird die Prozessstufe durchlaufen.
- RESP.-RESOLVER-NAME
  Dieser Wert verweist auf den zuständigen Genehmiger bzw. Bearbeiter (siehe Abbildung 5.13).

(Je nach Typ des ausgewählten Parameters muss eventuell auch noch das Feld RESP.-RESOLVER-PARAMETER gepflegt werden. Dort kann z.B. der auszuwählende Genehmiger über eine Benutzerrolle (z.B. SECRETARY) eingeschränkt werden.)

- AUFGABEN-ID
  Hier wird definiert, was der Genehmiger zu tun hat (z.B. Aufgabe 40007953 GENEHMIGUNG DES SRM-EINKAUFSWAGENS). Sie können sich die verfügbaren Aufgaben über die [F4]-WERTEHILFE anzeigen lassen, indem Sie in der Wertehilfe STRUKTURSUCHE • SRM wählen.
- ENTSCHEID.TYP
  In einem Genehmigungsprozess können Bearbeiter auf verschiedene Arten über Einkaufsbelege entscheiden (siehe Abschnitt »Entscheidungstyp« in Abschnitt 5.3.3, »Ergänzende Konzepte«). Mögliche Entscheidungstypen sind: Entscheidung über Gesamtbeleg, positionsbasierte Entscheidung über Gesamtbeleg, Gesamtentscheidung über Teilbeleg und positionsbasierte Entscheidung über Teilbeleg.

In diesem Beispiel haben Sie gesehen, dass für die Prozessstufen-Evaluierung auf die separat im BRF definierten Ereignisse und Ausdrücke zugegriffen wird.

Bleiben wir bei unserem Beispiel und betrachten nun das in PROZESSSTUFE 20 verwendete *Ereignis* im BRF.

1. Zur Pflege der Ereignisse und Ausdrucke im BRF rufen Sie die Transaktion SPRO und dann im Einführungsleitfaden (IMG) folgenden Pfad auf: SUPPLIER RELATIONSHIP MANAGEMENT • SRM SERVER • ANWENDUNGSÜBERGREIFENDE GRUNDEINSTELLUNGEN • BUSINESS WORKFLOW • PROZESSGESTEUERTER WORKFLOW • BRF-KONFIGURATION • EREIGNISSE DEFINIEREN (Transaktion BRF).
2. Wählen Sie unter BRF-OBJEKTE den Eintrag SRM_WF aus.
3. Navigieren Sie über die Baumstruktur zu den gewünschten Ereignissen und Ausdrücken. In unserem Beispiel möchten wir uns das Ereignis Z00_EV_SC_MGR_CHECK1 näher ansehen (siehe Abbildung 5.11).

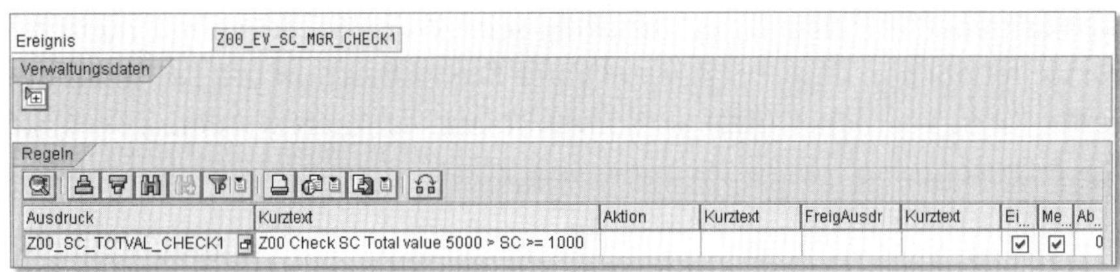

Abbildung 5.11 Ereignis im Business Rule Framework

4. Per Doppelklick auf Z00_SC_TOTVAL_CHECK1 gelangen Sie zu dem Ausdruck, in dem die Startbedingungen definiert sind (siehe Abbildung 5.12). Wir sehen also unten in der Feldgruppe Formel, dass unsere oben beschriebene Prozessstufe nur aktiv wird, wenn der Wert des Einkaufswagens >= 1.000 USD und < 5.000 USD ist.

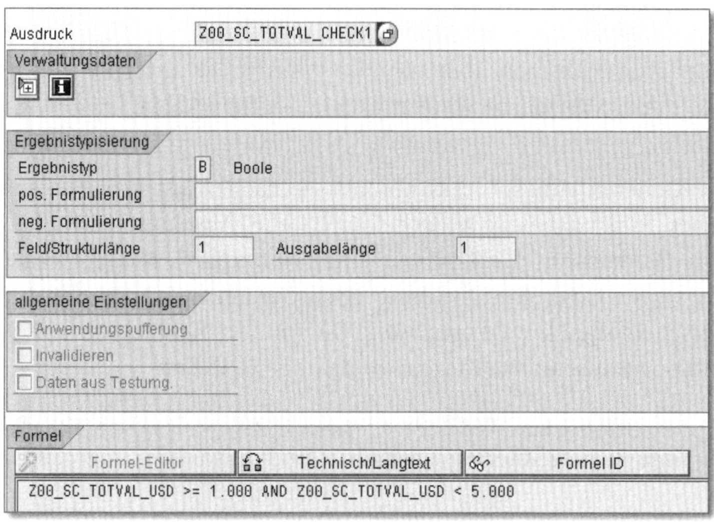

Abbildung 5.12 Ausdruck im Business Rule Framework

Für das Auslesen des Einkaufswagenwertes wurde wiederum ein eigener Ausdruck Z00_SC_TOTVAL_USD angelegt, der über einen Funktionsbaustein den Gesamtwert des Einkaufswagens ausliest.

Im BRF steht eine große Anzahl von vordefinierten Ausdrücken zur Verfügung. Darüber hinaus können Sie auch eigene Ausdrücke, von der einfachen Rückgabe eines Wertes bis hin zu komplexen Aufrufen von Funktionsbausteinen, definieren.

Für jede Prozessstufe legt das System die für die Vervollständigung oder Genehmigung von Einkaufsbelegen zuständigen Bearbeiter fest. Abhängig von Ihren Customizing-Einstellungen können auch mehrere Personen für die Positionen in einem Beleg zuständig sein. Wenn Sie sehen möchten, wo die weiter oben in unserem Beispiel unter Konfiguration der Prozessstufe verfügbaren Bearbeiter (Resp.-Resolver-Name) definiert werden, gehen Sie wie folgt vor.

1. Rufen Sie die Transaktion SPRO auf, und wählen Sie im Einführungsleitfaden (IMG) den folgenden Pfad: Supplier Relationship Management •

SRM SERVER • ANWENDUNGSÜBERGREIFENDE GRUNDEINSTELLUNGEN • BUSINESS WORKFLOW • PROZESSGESTEUERTER WORKFLOW • KONFIGURATION DES GESCHÄFTSPROZESSES • FILTERWERTE FÜR BADI 'BEARBEITER FESTLEGEN' DEFINIEREN.

2. Nun sehen Sie die Liste der verfügbaren Bearbeiter (siehe Abbildung 5.13). Dort können Sie auch weitere Bearbeiter definieren. Welche Schritte Sie dazu durchführen müssen, entnehmen Sie der Dokumentation zu dieser IMG-Transaktion.

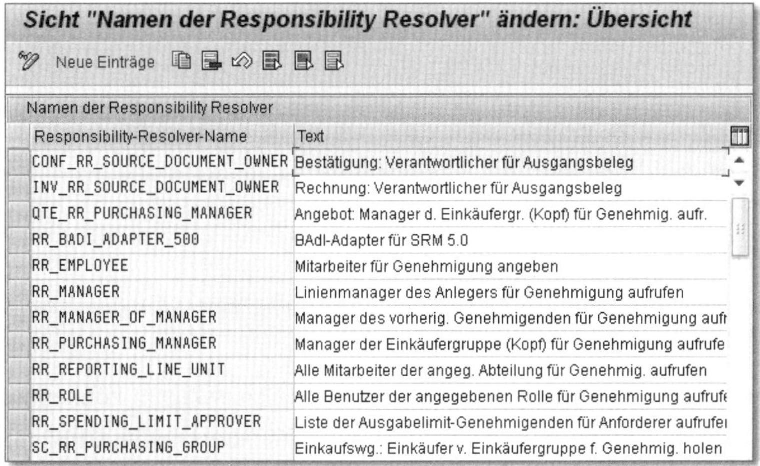

Sicht "Namen der Responsibility Resolver" ändern: Übersicht

Neue Einträge

Namen der Responsibility Resolver

Responsibility-Resolver-Name	Text
CONF_RR_SOURCE_DOCUMENT_OWNER	Bestätigung: Verantwortlicher für Ausgangsbeleg
INV_RR_SOURCE_DOCUMENT_OWNER	Rechnung: Verantwortlicher für Ausgangsbeleg
QTE_RR_PURCHASING_MANAGER	Angebot: Manager d. Einkäufergr. (Kopf) für Genehmig. aufr.
RR_BADI_ADAPTER_500	BAdI-Adapter für SRM 5.0
RR_EMPLOYEE	Mitarbeiter für Genehmigung angeben
RR_MANAGER	Linienmanager des Anlegers für Genehmigung aufrufen
RR_MANAGER_OF_MANAGER	Manager des vorherig. Genehmigenden für Genehmigung aufr
RR_PURCHASING_MANAGER	Manager der Einkäufergruppe (Kopf) für Genehmigung aufrufe
RR_REPORTING_LINE_UNIT	Alle Mitarbeiter der angeg. Abteilung für Genehmig. aufrufen
RR_ROLE	Alle Benutzer der angegebenen Rolle für Genehmigung aufruf
RR_SPENDING_LIMIT_APPROVER	Liste der Ausgabelimit-Genehmigenden für Anforderer aufrufe
SC_RR_PURCHASING_GROUP	Einkaufswg.: Einkäufer v. Einkäufergruppe f. Genehmig. holen

Abbildung 5.13 Im Standard verfügbare Bearbeiter

Nun haben Sie anhand eines Beispiels für die Genehmigung von Einkaufswagen gesehen, wie man im neuen, prozessgesteuerten Workflow Framework die Genehmigungsprozesse einrichtet.

5.3.3 Ergänzende Konzepte

Als Ergänzung der im vorhergehenden Abschnitt 5.3.2, »Konfiguration des Geschäftsprozesses«, beschriebenen Inhalte möchten wir im Folgenden einige der dort bereits kurz angesprochene Punkte vertiefen.

Genehmigung mit Vervollständigung

Wie schon im Zusammenhang mit der Detailsicht der Prozessstufe (siehe Abbildung 5.10) kurz erwähnt, erlaubt der SAP Business Workflow die Stufentypen »Genehmigung« und »Genehmigung mit Vervollständigung«.

Gerade Einkaufswagenbelege sind häufig unvollständig und müssen daher häufig von einer Fachkraft (in der Regel einem operativen Einkäufer) überprüft und eventuell vervollständigt werden. Für solche Fälle ist es empfehlenswert, eine Prozessstufe des Typs »Genehmigung mit Vervollständigung« in das Prozessschema aufzunehmen.

[»] **Reihenfolge von Vervollständigungs- und Genehmigungsstufen**

Vervollständigungsstufen sind im Prozessschema immer vor den Genehmigungsstufen zu positionieren, damit der Genehmiger seine Entscheidung auf der Grundlage vollständiger Informationen treffen kann.

Allerdings besteht die Möglichkeit, dieses Verhalten etwas zu korrigieren. Durch Anwendung des SAP-Hinweises 1277921, »Genehmigd./Reviewer während Workflow Feldänd. erlaub./n.erl.«, haben Sie die Möglichkeit, ausgewählte Felder in der Genehmigungsphase zu verändern, die Sie zuvor in der Konfiguration definiert haben.

Entscheidungsmenge

Entscheidungsmengen sind Gruppen von Positionen eines Einkaufsbelegs innerhalb eines Genehmigungsprozesses.

Positionen innerhalb eines Einkaufsbelegs (z. B. Einkaufswagen) können zu unterschiedlichen Zuständigkeitsbereichen gehören. Das System gruppiert die Positionen innerhalb eines Zuständigkeitsbereichs in eine Entscheidungsmenge und legt dafür ein Workitem an.

Die zuständigen Bearbeiter können alle Positionen anzeigen, aber nur die, die sich in ihrer Entscheidungsmenge befinden, bearbeiten. Die nächste Prozessstufe startet erst, wenn über alle Entscheidungsmengen entschieden wurde.

Entscheidungstyp

Wie wir bereits in unserem Konfigurationsbeispiel gesehen haben, kann für jede Prozessstufe ein eigener Entscheidungstyp ausgewählt werden. Die folgenden Entscheidungstypen stehen zur Verfügung (siehe Abbildung 5.14):

- **Entscheidung über gesamten Beleg**
  Der Beleg wird von einem einzelnen Bearbeiter als einzelne, unteilbare Entscheidungseinheit genehmigt.

- **Positionsbasierte Entscheidung über gesamten Beleg**
  Der Beleg wird von einem einzelnen Bearbeiter genehmigt. Die Entscheidung wird für jede Position des Belegs einzeln getroffen.
- **Gesamtentscheidung über Teilbeleg**
  Die Positionen des Belegs sind in Entscheidungsmengen gruppiert. Jede Entscheidungsmenge wird von einem separaten Bearbeiter genehmigt. Die Entscheidung bezieht sich auf die gesamte Entscheidungsmenge.
- **Positionsbasierte Entscheidung über Teilbeleg**
  Die Positionen des Belegs sind in Entscheidungsmengen gruppiert. Jede Entscheidungsmenge wird von einem separaten Bearbeiter genehmigt. Die Entscheidung wird für jede Position der Entscheidungsmenge einzeln getroffen.

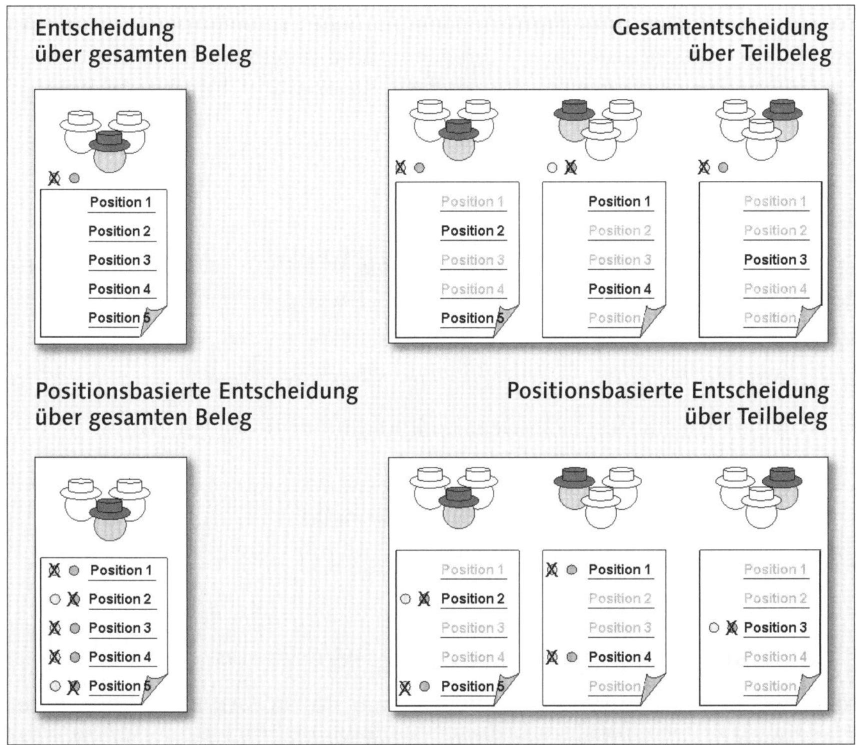

Abbildung 5.14 Entscheidungstypen (Quelle: http://help.sap.com)

Für Prozessstufen des Typs »Genehmigung« sind alle Entscheidungstypen verfügbar. Für Prozessstufen des Typs »Genehmigung mit Vervollständigung« sind hingegen nur die Entscheidungstypen »Entscheidung über gesamten Beleg« und »positionsbasierte Entscheidung über gesamten Beleg« verfügbar.

[EHP 1]

Asynchrone Verarbeitung des Workflows im letzten Schritt

Mit EHP 1 von SAP SRM 7.0 ist die asynchrone Workflow-Verarbeitung im letzten Schritt eines Genehmigungsprozesses möglich geworden. Hierdurch können Belege effizienter verarbeitet werden.

Wenn Sie häufig Belege mit einer großen Anzahl an Positionen im System verarbeiten, kann sich diese Art der Optimierung positiv auf die Performance auswirken. Durch Aktivierung des Customizing-Schalters SRM_701_APF_ASYNC_PRC_FINISH wird die letze Stufe einer Workflow-Vorlage asynchron verarbeitet.

[EHP 1]

Parallele Genehmigung bei sich überschneidenden Zuständigkeiten

Ebenfalls mit EHP 1 von SAP SRM 7.0 ist es möglich, Workitems parallel genehmigen zu lassen, um den Genehmigungsprozess zu beschleunigen. Denn innerhalb Ihrer Genehmigungsprozesse kann es vorkommen, dass ein Beleg in nur einer Prozessstufe von zwei oder mehreren verschiedenen Genehmigern abgesegnet werden muss. Den Customizing-Schalter SRM_701_APF_IN_PARALLEL zu aktivieren, sorgt dafür, dass die zuständigen Bearbeiter gleichzeitig ein Workitem bekommen. Erst wenn alle Bearbeiter Ihre Workitems fertigbearbeitet haben, wird mit der nächsten Prozessstufe fortgefahren.

Verwendete Workflow-Vorlagen

Im Gegensatz zum anwendungsgesteuerten Workflow, der für jedes Business-Objekt mehrere Workflow-Vorlagen verwendet, basiert der prozessgesteuerte Workflow auf dem folgenden generischen Set von SAP Business Workflow-Vorlagen, die für alle Prozesse eingesetzt werden:

- Hauptvorlage für den SRM-Genehmigungsprozess (WS40000014)
- Prozessstufensteuerung (WS40000015)
- Vervollständigungs-Sub-Workflow (WS40000017)
- Genehmigungs-Sub-Workflow (WS40000016)

5.3.4 Funktionen von Genehmigungs-Workflows

Im Folgenden möchten wir die Funktionen des in SAP SRM verfügbaren Genehmigungs-Workflows vertiefen. Dabei werden die folgenden Themen behandelt:

- Back-and-Forth-Bearbeitung
- Prozessneustart bei Belegänderung
- Genehmigungsprozessübersicht

- Ad-hoc-Bearbeiter und Reviewer
- Weiterleiten von Workitems
- Zuordnen von Stellvertretern

Betrachten wir diese Themen nun im Detail.

Back-and-Forth-Bearbeitung

Betrachten wir zunächst die Back-and-Forth-Bearbeitung. In einer Prozessstufe des Typs »Genehmigung mit Vervollständigung« können der Ersteller eines Einkaufsbelegs und der aktuell zuständigen Bearbeiter bei offenen Fragen oder Beleganderungen miteinander kommunizieren. Mithilfe des Buttons RÜCKFRAGEN kann der Genehmiger das Workitem mit einem Kommentar an den Ersteller zurücksenden. Der Ersteller hat dann die Möglichkeit, den Beleg zu ändern und erneut zu versenden.

In einer Prozessstufe des Typs »Genehmigung« ist die Back-and-Forth-Bearbeitung im Falle von abgelehnten Positionen möglich. Der Anforderer erhält ein Workitem, in dem er über die Ablehnung informiert wird. Der Anforderer kann daraufhin den Beleg ändern, selbst wenn alle Positionen abgelehnt wurden.

Prozessneustart bei Belegänderung

Kommen wir zum *Prozessneustart bei Belegänderung*. Wenn der Anforderer den in der Genehmigung befindlichen Beleg ändert, startet der Genehmigungsprozess von Neuem. Dasselbe geschieht, wenn der Bearbeiter selbst den Beleg ändert.

Genehmigungsprozessübersicht

Auf die Genehmigungsprozessübersicht können alle am Genehmigungsprozess beteiligten Benutzer zugreifen (siehe Abbildung 5.15).

Die Genehmigungsprozessübersicht bietet die folgenden Informationen:

- Historie des Belegs inklusive aller vervollständigten Prozessstufen und Neustarts des Prozesses
- Aktueller Belegstatus inklusive der Information zu allen Workitems der aktuellen Prozessstufe
- Auflistung der noch offenen Bearbeitungsschritte

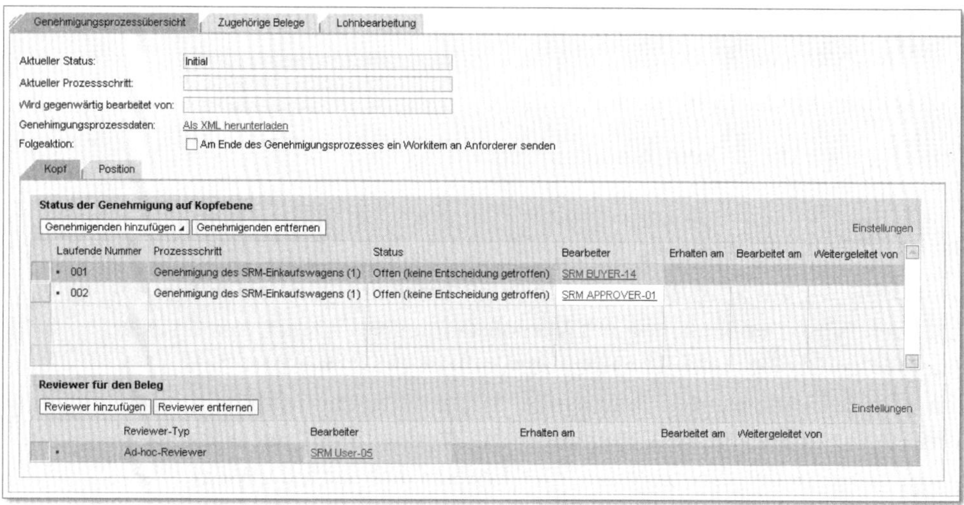

Abbildung 5.15 Genehmigungsprozessübersicht

Ad-hoc-Bearbeiter und Reviewer

In der Genehmigungsprozessübersicht (siehe Abbildung 5.15) kann jeder an einem Workflow-Prozess beteiligte Benutzer Ad-hoc-Bearbeiter und Reviewer einfügen. Der Ad-hoc-Bearbeiter muss das Workitem bearbeiten (in der Regel genehmigen). Der Reviewer kann den Genehmigungsprozess verfolgen, aber selbst nicht eingreifen; er hat jedoch die Möglichkeit, Hinweise oder Anlagen hinzuzufügen.

Weiterleiten von Workitems

Jeder Benutzer kann Workitems an einen anderen Bearbeiter weiterleiten, die er im ZAV erhalten hat.

In der Transaktion SWIA (Workitem als Administrator bearbeiten) haben Administratoren die Möglichkeit, Workitems aller Benutzer weiterzuleiten. Dies geschieht über den Button Administrator-Weiterleiten ([⇧] + [F12]) und kann notwendig sein, wenn der zuständige Bearbeiter gerade nicht verfügbar ist.

Zuordnen von Stellvertretern

Eine weitere Funktion des ZAV ist das Zuordnen von Stellvertretern, beispielsweise als Urlaubsvertretung. Abhängig von den von Ihnen gesetzten Stellvertreterregeln werden Workitems direkt an den ZAV des Stellvertreters gesendet. Alternativ hierzu kann dieser Ihre Workitems auch aktiv übernehmen (siehe Abbildung 5.16).

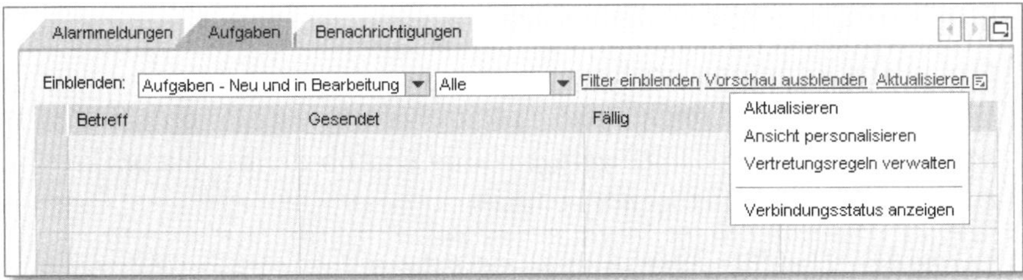

Abbildung 5.16 Vertretungsregeln verwalten

Zum Einstellen der Vertreterregeln klicken Sie im ZAV (Arbeitsübersicht) mit der rechten Maustaste auf das kleine Symbol rechts neben AKTUALISIEREN und wählen VERTRETUNGSREGELN VERWALTEN.

5.3.5 Technische Konfiguration

Auch für das prozessgesteuerte Workflow Framework sind technische Konfigurationsschritte erforderlich. Da wir in Abschnitt 5.3.2, »Konfiguration des Geschäftsprozesses«, anhand des Beispiels für die Genehmigung von Einkaufswagen bereits die Konzepte zur Konfiguration des Geschäftsprozesses beschrieben haben, möchten wir nun noch die Erläuterung der technischen Konfiguration nachreichen. Diese ist teilweise ähnlich der technischen Konfiguration des anwendungsgesteuerten Workflow Frameworks.

Die für die technische Konfiguration erforderlichen Customizing-Transaktionen erreichen Sie wie folgt: Rufen Sie die Transaktion SPRO und dann im Einführungsleitfaden (IMG) den folgenden Pfad auf: SUPPLIER RELATIONSHIP MANAGEMENT • SRM SERVER • ANWENDUNGSÜBERGREIFENDE GRUNDEINSTELLUNGEN • BUSINESS WORKFLOW • PROZESSGESTEUERTER WORKFLOW • TECHNISCHE KONFIGURATION.

Führen Sie anschließend die folgenden dem Customizing-Knoten TECHNISCHE KONFIGURATION untergeordneten Aktivitäten durch:

1. **SAP Business Workflow automatisch konfigurieren**
   Die Aktivitäten des automatischen Workflow Customizings sind bei beiden Workflow Frameworks (also anwendungsgesteuert und prozessgesteuert) identisch. Details hierzu wurden bereits in Abschnitt 5.2.1, »Technische Konfiguration«, unter der Überschrift »SAP Business Workflow automatisch konfigurieren« beschrieben.

2. **Konfiguration der Ereignisauslösung prüfen**
   In dieser Customizing-Aktivität können Sie prüfen, ob die Haupt-Workflow-Vorlage für den SRM-Genehmigungsprozess (WS 40000014) mit einem Ereignis gestartet werden kann.
3. **Ereignistypkopplung prüfen**
   Um die Ereignistypkopplung zu prüfen, verifizieren Sie, ob ein Eintrag zum Haupt-Workflow hinzugefügt wurde und ob die Kopplung aktiv ist. Dieser Eintrag sollte Folgendes enthalten:
   - Objektkategorie: ABAP-Klasse
   - Objekttyp: /SAPSRM/CL_WF_PDO
   - Ereignis: READY_FOR_WORKFLOW
   - Verbrauchertyp: WS 40000014 (Haupt-Workflow)
   - Typkopplung aktiviert: Checkbox markiert

   Wenn es keinen Eintrag für den Haupt-Workflow gibt, wählen Sie Neue Einträge und legen ihn wie oben beschrieben an.
4. **Aufgaben generalisieren**
   In dieser Customizing-Aktivität setzen Sie alle Aufgaben der Aufgabengruppen TG 40000003 und TG 40000007 auf generell. Generelle Aufgaben können von allen Benutzern bearbeitet werden.
5. **Aufgabengeneralisierung prüfen**
   In dieser Customizing-Aktivität prüfen Sie, ob alle Aufgaben als generelle Aufgaben ausgeliefert werden.
6. **Aufgabenkonsistenz prüfen**
   In dieser optionalen Customizing-Aktivität können Sie prüfen, ob Aufgaben konsistent sind. Führen Sie die Aktivität folgendermaßen aus:
   - Geben Sie die benötigten Auswahlkriterien ein. Sie können die Aufgaben einzeln oder anhand von Paketen auswählen. Das SAP SRM-Workflow-Paket heißt /SAPSRM/WF_CFG.
   - Wählen Sie Erweiterte Prüfung, wählen Sie Ausführen, und prüfen Sie anschließend das Protokoll.
7. **BRF-Objekte kopieren**
   In dieser Customizing-Aktivität führen Sie einen Report aus, um SAP SRM-spezifische Business-Rule-Framework-Objekte (BRF-Objekte) vom Mandanten 000 in Ihren Mandanten zu kopieren.

Bei jeder Customizing-Transaktion finden Sie eine ausführliche IMG-Dokumentation, welche die für jede Aktivität notwendigen Schritte im Einzelnen beschreibt.

5.3.6 Automatische Prozesskonfiguration über Business Configuration Sets

Neben der in Abschnitt 5.3.2, »Konfiguration des Geschäftsprozesses«, beschriebenen manuellen Konfiguration des prozessgesteuerten Workflows gibt es auch die Möglichkeit der automatisierten Konfiguration über *Business Configuration Sets* (BC-Sets). Bei der Workflow-Konfiguration über ein BC-Set müssen Sie weder das BRF konfigurieren noch ein Prozessschema für diesen Prozess definieren. Dies geschieht automatisch.

BC-Sets stehen für die folgenden Business-Objekte zur Verfügung:

- Einkaufswagen
- Bestellung
- Bestätigung
- Rechnung
- Kontrakt
- Angebot
- Ausschreibung

Für jedes dieser Business-Objekte ist ein BC-Set zur Konfiguration eines Prozesses ohne Genehmigung sowie ein BC-Set zur Konfiguration eines Prozesses mit einstufiger Genehmigung durch den Manager vorhanden. Beim Aktivieren des BC-Sets legt das System automatisch ein Prozessschema an und konfiguriert alle notwendigen Prozessstufen. Für jedes Business-Objekt kann nur ein BC-Set aktiviert werden.

Zur Konfiguration eines Workflows per BC-Set führen Sie die folgenden Schritte aus (siehe Abbildung 5.17):

1. Rufen Sie die Transaktion SPRO und dann im Einführungsleitfaden (IMG) den folgenden Pfad auf: Supplier Relationship Management • SRM Server • Anwendungsübergreifende Grundeinstellungen • Business Workflow • Prozessgesteuerter Workflow • Konfiguration des Geschäftsprozesses • Beispiel-BC-Sets zur Prozessstufendefinition aktivieren.
2. Geben Sie den technischen Namen des BC-Sets ein, beginnend mit /SAPSRM/.
3. Klicken Sie auf den Button Konsistenzprüfung ❶, und prüfen Sie das Protokoll.
4. Klicken Sie auf den Button BC-Set Aktivieren ❷.

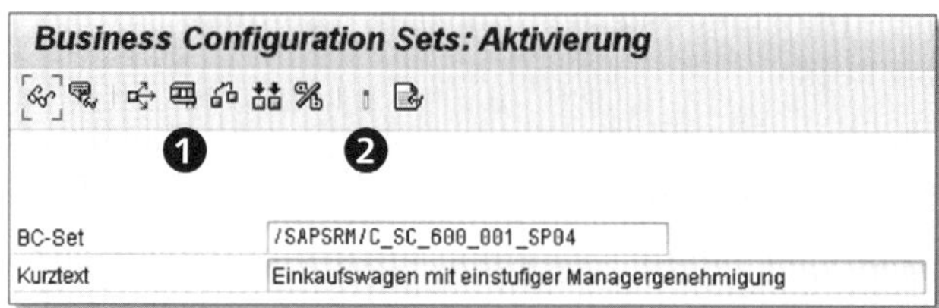

Abbildung 5.17 Business Configuration Sets aktivieren

5.4 Spezielle SAP SRM-Workflow-Funktionalität

Ergänzend zu der bereits beschriebenen Funktionalität der Genehmigungs-Workflows bietet SAP SRM spezielle Workflow-Funktionen, die wir im Folgenden genauer betrachten werden.

5.4.1 Stochastische Belegprüfung

Genehmigungs-Workflows bieten hervorragende Möglichkeiten, um die Aktivitäten innerhalb des Unternehmens zu kontrollieren. Jedoch bringt jeder Genehmigungsschritt auch einen gewissen Zeitaufwand für den Genehmiger mit sich; dabei würde in vielen Fällen eine stichprobenartige Prüfung ausreichen.

In solchen Fällen bieten sich die *stochastischen Belegprüfungen* an. Diese sind in beiden Workflow Frameworks (anwendungsgesteuert und prozessgesteuert) verfügbar:

Im prozessgesteuerten Workflow Framework wird eine stochastische Belegprüfung über die Definition eines Ausdrucks im BRF realisiert. Ein Ausdruck kann so definiert werden, dass nur für einen Prozentsatz der Belege (z.B. 10 % aller Rechnungen) die entsprechende Prozessstufe aktiviert wird. Bei den übrigen Stufen wird die Genehmigung gar nicht erst fällig.

Im anwendungsgesteuerten Workflow Framework steht eine Customizing-Transaktion zum Einstellen der stochastischen Prüfung von Dokumenten zur Verfügung. Rufen Sie dazu die Transaktion SPRO und im Einführungsleitfaden (IMG) den folgenden Pfad auf: Supplier Relationship Management • SRM Server • Anwendungsübergreifende Grundeinstellungen • Business Workflow • Anwendungsgesteuerter Workflow • Konfiguration des Geschäftsprozesses • Stochastische Prüfung von Dokumenten festlegen. Führen Sie die Konfigurationsschritte entsprechend der in der IMG-Dokumentation enthaltenen Anleitung durch.

5.4.2 Ausgabelimit und Genehmigungslimit

Sehr flexible Gestaltungsmöglichkeiten werden durch die Definition von Ausgabe- und Genehmigungslimits für die Einkaufswagen ermöglicht. Diese Limits können pro Benutzer, Benutzerrolle oder Organisationseinheit definiert werden und stehen ebenfalls für beide Workflow Frameworks zur Verfügung.

Das *Ausgabelimit* ist der Wert, ab dem ein Einkaufwagen durch einen Manager genehmigt werden muss.

Im prozessgesteuerten Workflow Framework können Sie Ihr Prozessschema für die Genehmigung von Einkaufswagen oder Bestellungen mithilfe spezieller BRF-Ausdrücke so konfigurieren, dass ein Workflow gestartet wird, wenn das Ausgabelimit eines Mitarbeiters überschritten worden ist.

Im anwendungsgesteuerten Workflow Framework stehen die folgenden Workflow-Vorlagen für die Genehmigung von Einkaufswagen auf der Basis von definierten Ausgabe- und Genehmigungslimits zur Verfügung:

- WS10000276 (einstufig)
- WS14000109 (n-stufig, dynamisch)
- WS14000133 (mit BAdI, n-stufig, dynamisch)

Der Genehmiger wird anhand des Wertes des Attributs SLAPPROVER und nicht auf der Grundlage der Hierarchie der Aufbauorganisation bestimmt (siehe Abbildung 5.18). Dieses Attribut wird in der Aufbauorganisation für den Benutzer des Anforderers gepflegt.

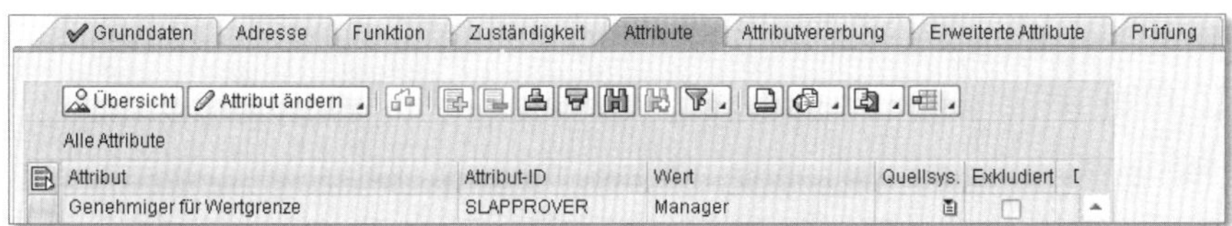

Abbildung 5.18 Definition des Genehmigers für einen Benutzer

Darüber hinaus wird für die Bestimmung der Bearbeiter das in der Aufbauorganisation definierte Genehmigungslimit hinzugezogen. Mit dem *Genehmigungslimit* ist das Limit gemeint, bis zu dem ein Genehmiger Einkaufswagen oder Bestellungen genehmigen darf.

Die Limits für einzelne Benutzer und Organisationseinheiten definieren Sie im Customizing (siehe Abbildung 5.19). Rufen Sie dazu die Transaktion SPRO und dann im Einführungsleitfaden (IMG) den folgenden Pfad auf: Supplier Relationship Management • SRM Server • Anwendungsübergreifende Grundeinstellungen • Organisationsmanagement • Aufbauorganisation ändern (Transaktion PPOMA_BBP).

Abbildung 5.19 Genehmigungs- und Ausgabelimit in der Aufbauorganisation

Alternativ können Sie die Limits auch in den Benutzerrollen definieren. Starten Sie hierfür die Transaktion PFCG, und wählen Sie die entsprechende Rolle (z.B. SAP_BBP_STAL_EMPLOYEE) aus. Definieren Sie nun Ausgabelimit und Genehmigungslimit in der Registerkarte Personalisierung, indem Sie doppelt auf den jeweiligen Schlüssel für Personalisierungsobjekt klicken (siehe Abbildung 5.20). Für das Ausgabelimit ist dies der Schlüssel BBP_SPENDING_LIMIT, für das Genehmigungslimit ist es der Schlüssel BBP_APPROVAL_LIMIT.

Abbildung 5.20 Genehmigungs- und Ausgabelimit in der Benutzerrolle

Wie schon in älteren SAP SRM-Releases gibt es in SAP SRM 7.0 zwei unterschiedliche Implementierungsvarianten der Workflows für die Genehmigung mit Ausgabelimit:

- **Einstufige Genehmigung**
  Nur der Genehmiger mit dem höchsten Genehmigungslimit in der Liste aller festgelegten Genehmiger erhält ein Workitem. Alle Genehmiger, deren Genehmigungslimits niedriger sind als der Gesamtwert des Einkaufswagens, werden übersprungen.
- **n-stufige Genehmigung**
  Alle ermittelten Genehmiger erhalten nacheinander ein Workitem mit der Aufforderung, dieses zu genehmigen oder abzulehnen.

5.4.3 Terminüberwachung

Mit der *Workflow-Terminüberwachung* in SAP SRM 7.0 können die Start- und Endtermine für die Bearbeitung der Workitems überwacht werden.

Wenn ein bestimmter Termin überschritten wurde, informiert das System den Benutzer abhängig von den Customizing-Einstellungen entweder mit einer Nachricht oder einem Alert. Ob eine Nachricht oder ein Alert gesendet werden soll, hängt davon ab, wie kritisch das jeweilige Ereignis ist. Nachrichten sind Erinnerungen, die per E-Mail gesendet werden und keine sofortige Aktion erfordern. Alerts informieren hingegen den Benutzer über kritische Ereignisse. Sie enthalten einen Link zu dem betroffenen Beleg, so dass der Empfänger sofort reagieren kann. Alerts werden an den Alert-Eingang im zentralen Arbeitsvorrat (ZAV) gesendet.

Folgende Terminarten sind in den Workflow-Vorlagen WS40000016 (Genehmigungs-Workflow) und WS40000017 (Vervollständigungs-Workflow) verfügbar:

- spätestes Startdatum/Uhrzeit
- gewünschtes Enddatum/Uhrzeit
- spätestes Enddatum/Uhrzeit

Um die Termine zu setzen (siehe Abbildung 5.21), rufen Sie die Transaktion SPRO und dann im Einführungsleitfaden (IMG) den folgenden Pfad auf: Supplier Relationship Management • SRM Server • Anwendungsübergreifende Grundeinstellungen • Business Workflow • Prozessgesteuerter Workflow • Konfiguration des Geschäftsprozesses • Deadlines für Ereignisse festlegen.

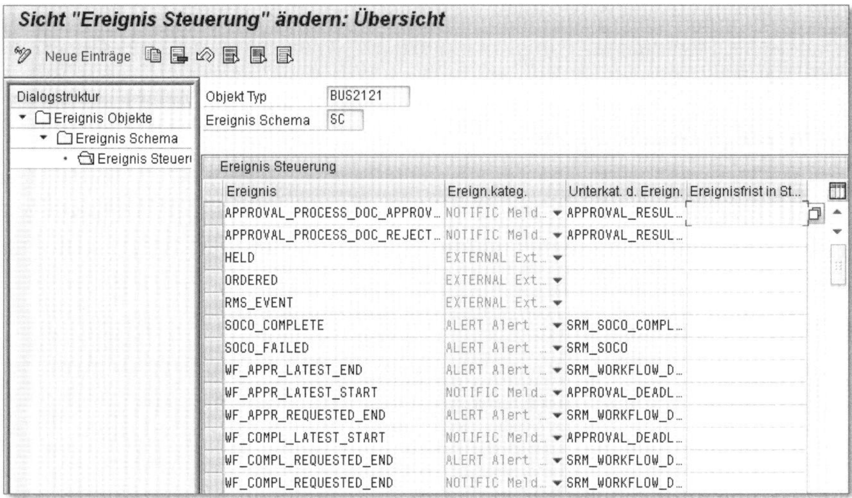

Abbildung 5.21 Terminüberwachung konfigurieren

5.5 Offline-Genehmigung

SAP SRM kann Workitems per E-Mail an den Bearbeiter versenden, um Einkaufswagen zu genehmigen. Abhängig vom Customizing kann der Bearbeiter den Einkaufswagen direkt im E-Mail-Client über den entsprechenden Button annehmen oder ablehnen. Alternativ oder ergänzend kann die E-Mail auch einen Hyperlink enthalten, über den der Bearbeiter das Workitem im SAP SRM-System bearbeiten kann.

Die zur Offline-Genehmigung ausgewählten Workitems verbleiben so lange zusätzlich im Arbeitsvorrat des Genehmigers, bis die Antwort-E-Mails mit den Entscheidungen empfangen und vom SAP SRM-System verarbeitet worden sind. Wenn die betreffenden Workitems seitdem online erledigt wurden, ignoriert das System die Antwort-E-Mails.

Die hier aufgeführten Informationen zur Offline-Genehmigung sind für beide Workflow Frameworks (anwendungsgesteuert und prozessgesteuert) gültig.

5.5.1 Aktivierung der Offline-Genehmigung

Zur Aktivierung der Offline-Genehmigung führen Sie die folgenden Schritte durch:

1. Setzen Sie in der Customizing-Aktivität Aufbauorganisation ändern (Transaktion PPOMA_BBP) das Attribut FORWARD_WI für alle Benutzer, die die Funktion zur Offline-Genehmigung nutzen werden, auf »X«.

   Alternativ hierzu können die Benutzer das Attribut FORWARD_WI in ihren Benutzereinstellungen in der SAP SRM-Anwendung unter Personalisieren • SRM-Benutzereinstellungen setzen. Die Benutzer wählen dazu im Bereich Persönliche Einstellungen in der Registerkarte Planstelle aus der Attribut-Dropdown-Box den Eintrag Flag: Workitem weiterleiten aus. Wählen Sie anschließend für Workitem weiterleiten den Button Ja.
2. Definieren Sie, falls nicht schon vorher geschehen, in der Transaktion SU01 (Benutzerpflege) die E-Mail-Adresse des Systembenutzers WF-BATCH.
3. Alle Benutzer, die die Funktion zur Offline-Genehmigung verwenden sollen, müssen in ihren Benutzerstammdaten eine E-Mail-Adresse eingetragen haben.

5.5.2 E-Mail-Einstellungen

Sie können den Report `/SAPSRM/OFFLINEAPPROVALSEND` verwenden, um Einstellungen für E-Mails vorzunehmen, die das System zur Offline-Genehmigung versendet. Diese Einstellungen können für bestimmte Aufgaben, Business-Objekte oder Workitems angegeben werden. So könnten Sie zum Beispiel festlegen, dass pro Workitem jeweils eine E-Mail gesendet wird oder dass alle seit der letzten Ausführung der Reports aufgelaufenen Workitems pro Genehmiger gesammelt in einer E-Mail versendet werden sollen.

Darüber hinaus können Sie die folgenden Einstellungen vornehmen:

- Sie können definieren, ob E-Mails im HTML- oder im Plain-Textformat versendet werden sollen.
- Sie können auswählen, ob Buttons für die Genehmigung in der E-Mail angezeigt werden sollen. Wenn Sie Nicht verfügbar auswählen, kann der Empfänger den Beleg nicht offline genehmigen bzw. ablehnen, sondern muss einen Link verwenden, um sich am SAP SRM-System anzumelden und das Workitem dort zu bearbeiten.
- Sie können auswählen, ob die E-Mails einen Kurztext (Workitem-Text) oder einen Langtext (Beschreibung der Workflow-Aufgabe) enthalten sollen.
- Sie können die Sprache auswählen, in der die E-Mails erstellt werden sollen.

- Sie können auswählen, ob eine Druckversion des Belegs und sonstige Anlagen zum Beleg an die E-Mail angehängt werden sollen.
- Sie können einen Standardbenachrichtigungstext definieren.
- Sie können festlegen, dass nur Workitems berücksichtigt werden sollen, die nach einem bestimmten Zeitpunkt oder durch einen bestimmten Benutzer angelegt wurden. (Diese Funktion ist nur verfügbar, wenn Sie den Report manuell starten. Wenn vor dem manuellen Start des Reports ein periodischer Lauf stattgefunden hat, werden E-Mails, die bereits während des periodischen Laufs versendet wurden, möglicherweise erneut versendet.)
- Sie können eine Rücksendeadresse für die E-Mails eingeben. Diese muss mit der Empfängeradresse in SAPconnect identisch sein.

Den Report `SAPSRM/OFFLINEAPPROVALSEND` können Sie entweder manuell über die Transaktion SA38 (ABAP: Programmausführung) starten oder über die Transaktion SM36 (Job definieren) als regelmäßig laufenden Job einplanen.

5.5.3 Durchführung einer Offline-Genehmigung

Über einen Link kann sich der Genehmiger direkt am System anmelden und das Workitem online bearbeiten. Entsprechend den in dem Report `/SAPSRM/OFFLINEAPPROVALSEND` vorgenommenen Einstellungen kann die E-Mail auch zwei Buttons für die Offline-Genehmigung bzw. -Ablehnung enthalten. Die Entscheidung gilt dann für den gesamten Beleg, d.h., der Genehmiger kann nicht über jede Position separat entscheiden. Wenn der Genehmiger einen der beiden Buttons auswählt, verschickt das System eine Antwort-E-Mail.

5.5.4 Eingangsverarbeitung

Für die Eingangsverarbeitung wird SAPconnect verwendet. SAPconnect bietet eine einheitliche Schnittstelle für die externe Kommunikation, die das Senden über Telekommunikationsdienste wie Fax, Textnachrichten (Pager/SMS), Internet-Mail und X.400 sowie das Senden an Drucker und zwischen unterschiedlichen SAP-Systemen unterstützt; SAPconnect ermöglicht die Anbindung externer Kommunikationskomponenten an das SAP-System.

[»] **SAPconnect**

Weitere Informationen zu SAPconnect finden Sie im SAP Help Portal unter *http://help.sap.com* • SAP NetWeaver-Bibliothek • Schlüsselbereiche von SAP NetWeaver • Schlüsselbereiche der Application Platform • Plattformweite Services • Connectivity • Kommunikationsschnittstellen für Mailing und Telefonie • SAPconnect (BC-SRV-COM).

Zum Aktivieren der Eingangsverarbeitung wechseln Sie zur Transaktion SO50 (Exit-Regeln für die Eingangsverarbeitung) und legen in der dort angezeigten Tabelle einen Eintrag mit den folgenden Daten an:

- Kommunikationsart: Internet-Mail
- Empfängeradresse: gültige E-Mail-Adresse, an die Antwort-E-Mails von Genehmigern gesendet werden sollen
- Exit-Name: /SAPSRM/CL_OFFLINEAPP_INBOUND

Um Offline-Genehmigungen durchführen zu können, benötigt der SAPconnect-Benutzer die folgenden Rollen:

- /SAPSRM/EMPLOYEE
- /SAPSRM/OP_PURCHASER

Wenn das System eine Antwort-E-Mail von einem Genehmiger erhält, wird die angegebene Klasse (Exit-Name, erfasst in der Transaktion SO50) für die Bearbeitung verwendet (siehe Abbildung 5.22). Ausgewertet werden die Workitem-ID, der Workitem-Status und die Entscheidung des Genehmigers. Das System verarbeitet nur Antwort-E-Mails von einem Absender, der mit dem Empfänger der entsprechenden Benachrichtigungs-E-Mail identisch ist. Ist der Beleg beim Eingang der E-Mail gesperrt oder schlägt die sofortige Verarbeitung aus anderen Gründen fehl, wird die Antwort-E-Mail in den Business-Workplace-Eingang des Benutzers weitergeleitet, der der angegebenen Adresse zugeordnet ist.

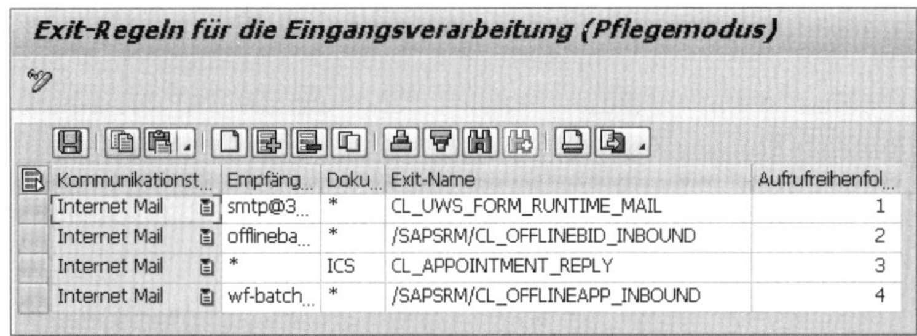
Exit-Regeln für die Eingangsverarbeitung (Pflegemodus)

Kommunikationst...	Empfäng...	Doku...	Exit-Name	Aufrufreihenfol...
Internet Mail	smtp@3...	*	CL_UWS_FORM_RUNTIME_MAIL	1
Internet Mail	offlineba...	*	/SAPSRM/CL_OFFLINEBID_INBOUND	2
Internet Mail	*	ICS	CL_APPOINTMENT_REPLY	3
Internet Mail	wf-batch...	*	/SAPSRM/CL_OFFLINEAPP_INBOUND	4

Abbildung 5.22 Beispiel für die SO50-Pflege

5.6 Zusammenfassung

Der SAP Business Workflow bietet die für SAP SRM sehr wichtige Funktionalität zur Kontrolle und Steuerung der Geschäftsprozesse. Er verknüpft dabei Aufgaben und Ereignisse, die sich über einen längeren Zeitraum erstrecken und mehrere Bearbeiter einbeziehen können.

Sie haben in diesem Kapitel sowohl das bis inklusive SAP SRM 5.0 verwendete anwendungsgesteuerte Workflow Framework als auch das seit SAP SRM 6.0 verfügbare prozessgesteuerte Workflow Framework kennengelernt.

Das neue, prozessgesteuerte Workflow Framework bietet große Vorteile in Bezug auf Flexibilität und Stabilität. Viele Unternehmen, die ein Upgrade von SAP SRM 5.0 auf SAP SRM 7.0 durchführen, können ihre zum Teil modifizierten Workflows unter Einsatz des neuen, prozessgesteuerten Workflows wieder in den Standard überführen und dabei die vielfältigsten Szenarien zur Genehmigung und Vervollständigung von Geschäftsdokumenten abbilden.

Für jedes Workflow Framework haben wir in diesem Kapitel die Möglichkeiten zur technischen Konfiguration und zur Konfiguration des Geschäftsprozesses kennengelernt.

Anschließend folgte die Betrachtung der speziellen Workflow-Funktionalitäten. Hierzu gehören die Funktionalität zur stochastischen Belegprüfung, die Funktionalität der benutzerindividuellen Definition von Ausgabe- und Genehmigungslimits sowie die Funktionalität der Terminüberwachung. Zum Abschluss des Kapitels wurde die Funktionalität der E-Mail-basierten Offline-Genehmigung erläutert.

Ähnlich wie andere SAP-übergreifende Themen (z.B. die ABAP-Programmierung) ist der SAP Business Workflow ein äußerst umfangreiches Spezialthema. Wir haben uns in diesem Kapitel daher auf die SAP SRM-bezogene Funktionalität konzentriert.

Kapitel 5, »SAP Business Workflow«, ist das letzte Kapitel in Teil I, »Grundlagen«. Durch die erlernten Grundlagen-Konzepte sind Sie nun bestens gerüstet, um in Teil II, »Funktionen und Prozesse«, in die Betrachtung der Geschäftsszenarien von SAP SRM einzusteigen.

TEIL II
Funktionen und Prozesse

SAP SRM ermöglicht es Unternehmen, alle operativen Beschaffungsprozesse – von der Anforderung bis hin zur Zahlung – zu automatisieren. Hierzu werden die an den Prozessen beteiligten Mitarbeiter und Lieferanten über eine benutzerfreundliche browserbasierte Oberfläche in den Prozess eingebunden.

6 Operative Beschaffungsprozesse

SAP SRM unterstützt alle gängigen operativen Beschaffungsprozesse, die in großen Unternehmen Anwendung finden. Diesen Prozessen ist gemeinsam, dass sie die folgenden Schritte umfassen: Anforderung, Bestellung, Bestätigung und Rechnung.

In SAP SRM können sowohl *Direktmaterialien* (lagerhaltige, produktionsbezogene Materialien) als auch *indirekte Materialien* (für den unmittelbaren Verbrauch) sowie *Dienstleistungen* beschafft werden. Die in diesem Kapitel behandelten operativen Beschaffungsprozesse entsprechen der Prozessgruppe »Collaborative Procurement« in der SAP SRM Solution Map (siehe Abbildung 6.1).

Collaborative Procurement	Self-Service Procurement	Services Procurement	Direct / Plan-Driven Procurement	Catalog Content Management

Abbildung 6.1 Auszug aus der Solution Map im Bereich »Operative Beschaffungsprozesse«

Die operativen Beschaffungsprozesse lassen sich in mehrere Geschäftsszenarien gliedern: Wir beginnen mit der Betrachtung des Geschäftsszenarios »Beschaffung per Self-Service« (Self-Service Procurement), bei dem die Anforderungserfassung per Self-Service (also durch die Benutzer selbst) im Vordergrund steht. Im nächsten Geschäftsszenario, der Beschaffung von Dienstleistungen (Services Procurement), betrachten wir die unterschiedlichsten Varianten der Dienstleistungsbeschaffung – inklusive der neu mit SAP SRM 7.0 eingeführten Variante zur Beschaffung von Dienstleistungen mit hierarchischen Strukturen. Das im weiteren Verlauf des Kapitels erläuterte Geschäftsszenario »Planungsgesteuerte Beschaffung« unterstützt die Übertragung von Bestellanforderungen aus externen Systemen zur zentralen

Bezugsquellenfindung in SAP SRM. Da in diesem Geschäftsszenario häufig Direktmaterialien beschafft werden, ist es in der SAP SRM Solution Map auch unter *Direct/Plan-Driven Procurement* zusammengefasst.

Die *Verwaltung von Kataloginhalten* (Catalog Content Management), die in diesem Zusammenhang auch in der SAP SRM Solution Map zu finden ist, haben wir bereits in Kapitel 4, »Stammdaten«, beschrieben.

Als Abschluss des Kapitels folgen noch einige spezielle Aspekte der Rechnungsprüfung in SAP SRM.

6.1 Beschaffung per Self-Service

Der Fokus des Geschäftsszenarios »Beschaffung per Self-Service« liegt auf der direkten Erfassung von Bestellanforderungen durch den Bedarfsträger selbst.

Früher nutzten Unternehmen Papierformulare, um Anforderungen zu erfassen, die sie anschließend per Hauspost an den Genehmiger und an die zuständigen Einkäufer sendeten. SAP SRM stellt dem Anforderer ein browserbasiertes Formular (den Einkaufswagen) zur Bedarfserfassung zur Verfügung; die Beschaffung wird also in einer Art Selbstbedienung – per Self-Service – abgewickelt. Nach der Erfassung wird die Anforderung automatisch an den Genehmiger und anschließend an die zuständigen Einkäufer weitergeleitet.

Die Beschaffung per Self-Service werden wir nun genauer beleuchten: von den betriebswirtschaftlichen Grundlagen über die Funktionalität, über Workflows und Analysen bis hin zur Konfiguration.

6.1.1 Betriebswirtschaftliche Grundlagen

Das Geschäftsszenario »Beschaffung per Self-Service« bietet den größten Nutzen im Bereich der Anforderung von indirekten Materialien – auch *MRO-Materialien* (MRO = Maintenance, Repair and Operations) genannt. Diese Materialien sind normalerweise nicht lagerhaltig und umfassen die Bereiche »Wartung«, »Reparatur« und »Büromaterial«. Unternehmen profitieren durch die Beschaffung per Self-Service in den folgenden Bereichen:

- **Entlastung der Einkaufsabteilung**
  Durch Self-Service-Anforderungen der Bedarfsträger und durch die automatische Generierung der Bestellung, basierend auf im System hinterleg-

ten Bezugsquelleninformationen (Kontrakte, Produktverknüpfungen und Kataloge), fällt in der Einkaufsabteilung weniger Arbeit an.

- **Höhere Transparenz**
  Der Anforderer kann sich jederzeit unter seinem persönlichen Arbeitsvorrat über den Verlauf seiner Anforderung informieren.
- **Compliance**
  Durch Workflows, Kontraktmanagement und benutzerindividuelle Berechtigungsvergabe werden Richtlinien eher eingehalten.
- **Prozessbeschleunigung**
  Dank Automatisierung und Workflow-Integration verkürzen sich die Prozesslaufzeiten. Hierdurch ist eine schnellere Lieferung der angeforderten Produkte möglich.

6.1.2 Überblick über die Funktionalität

Kommen wir nun zur Funktionalität, die Ihnen das Geschäftsszenario »Beschaffung per Self-Service« bietet. Abbildung 6.2 zeigt den kompletten Prozessfluss dieses Szenarios.

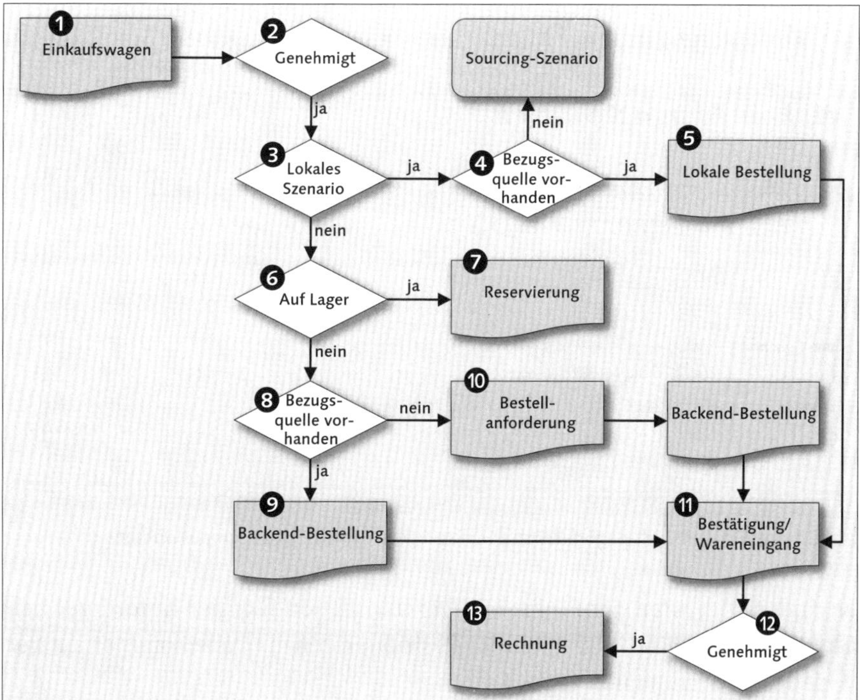

Abbildung 6.2 Self-Service-Beschaffungsprozess

Abhängig vom *technischen Szenario* (siehe Abschnitt 2.2, »Technische Szenarien«) werden die direkten Folgebelege des Einkaufswagens (Bestellung, Bestellanforderung oder Reservierung) entweder lokal im SRM-Server oder in einem angebundenen SAP ERP-Backend angelegt. Betrachten wir nun die einzelnen Schritte des Szenarios »Beschaffung per Self-Service«.

Zunächst muss der *Einkaufswagen* angelegt werden (siehe ❶ in Abbildung 6.2). In Abhängigkeit seiner Benutzerrolle stehen dem Anforderer hierzu in SAP SRM die folgenden Einkaufswagentransaktionen zur Verfügung:

- **Wizard**
  Es handelt sich hierbei um eine einfache, übersichtliche Transaktion für gelegentliche Anwender. Der Wizard ist die Standardtransaktion für *Mitarbeiter* zur Erstellung von Einkaufswagen (siehe Abbildung 6.3).
- **Professioneller Einkaufswagen**
  Bei dieser Transaktion sind alle Aktivitäten in einem Bild verfügbar. Sie steht Benutzern mit der Rolle »Einkäufer« oder »Einkaufsassistent« zur Verfügung und enthält die folgende weitere Funktionalität:
  - Einkauf als Stellvertreter
  - Position mit Limits anlegen
  - Anforderung externer Mitarbeiter per Serviceanfrage oder Serviceauftrag

Abbildung 6.3 Einkaufswagen-Wizard – »Produkte/Dienstleistungen auswählen«

Nach dem Aufrufen der Einkaufswagentransaktion fügt der Anforderer dem Einkaufswagen eine oder mehrere Positionen hinzu. Dabei kann er auf verschiedene Datenquellen zugreifen:

- Produktkataloge
- interne Waren/Dienstleistungen
- alte Einkaufswagen und Vorlagen

Falls der Anforderer nichts Passendes findet, kann er seine Anforderung in einer Freitextposition beschreiben.

Nachdem der Anforderer dem Einkaufswagen eine Position hinzugefügt hat, kann er in den Positionsdetails die folgenden Daten bearbeiten bzw. zusätzlich angeben (siehe Abbildung 6.4):

- Kontierungsdaten ändern oder ergänzen (z.B. Kontierung auf Kostenstelle)
- Notizen oder Anlagen hinterlegen
- Lieferadresse ändern
- Lieferanten oder Wunschlieferanten auswählen (mit der Rolle /SAPSRM/EMPLOYEE können Sie nur einen Wunschlieferanten zuordnen)
- überprüfen, ob die Position auf Lager vorrätig ist
- Genehmigungs-Vorschau anzeigen lassen

Bevor er den Einkaufswagen speichert, kann der Anforderer noch eine Notiz für den Genehmiger hinterlegen (Schritt 3 des Wizards).

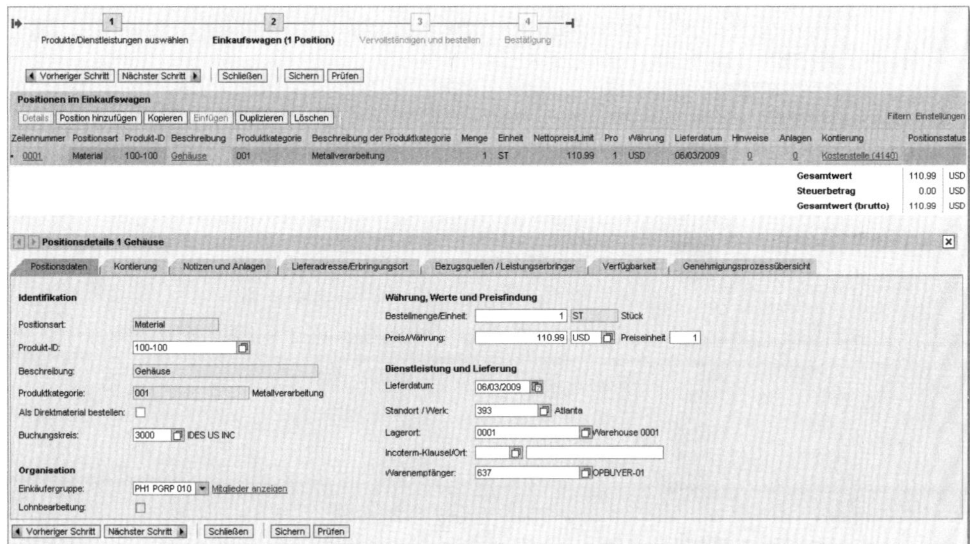

Abbildung 6.4 Einkaufswagen-Wizard – Positionsdetails

[EHP 1]

Vereinfachter Einkaufswagen

Für viele Endanwender und vor allem für Gelegenheitsnutzer ist die Einkaufswagenanwendung zu kompliziert, denn die Anwendung ist komplex und beinhaltet eine Fülle von Informationen. Aus diesem Grund haben Sie seit EHP 1 von SAP SRM die Möglichkeit, ausgewählten Anwendern durch Aktivierung des Customizing-Schalters SRM_701_SIMPLIFIED_SC einen vereinfachten Einkaufswagen zur Verfügung zu stellen (siehe Abbildung 6.5).

Abbildung 6.5 Vereinfachter Einkaufswagen – Einstieg

Der Anforderer muss hierdurch nicht mehr in den Katalog abspringen (siehe Abbildung 6.6), sondern kann schnell seine gewünschten Artikel zusammenstellen. Auch die Übersicht der Einkaufswagendetails (siehe Abbildung 6.7) ist nun sehr überschaubar. Anwender, die diese vereinfachte Einkaufswagenfunktion nutzen möchten, benötigen die Rolle /SAPSRM/EMPLOYEE_EHP1.

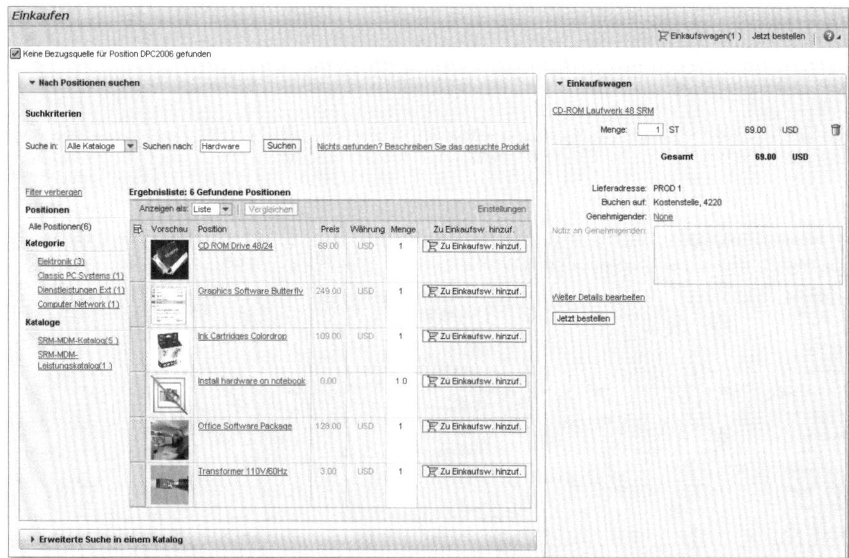

Abbildung 6.6 Vereinfachter Einkaufswagen – Suchergebnis und Einkaufswagenübersicht

Beachten Sie außerdem die folgenden, für diese Funktion gültigen Restriktionen:

- Alle Einkaufswagenpositionen benötigen dieselbe Kontierung.
- Eine direkte Eingabe der Nummer für interne Waren und Dienstleistungen ist nicht möglich.
- Es können keine Einkaufswagen-Templates benutzt werden.
- Eine Anzeige der angelegten Einkaufswagen ist über die Standard-Einkaufswagenübersicht möglich
- Es können keine Team-Einkaufswagen erstellt werden.

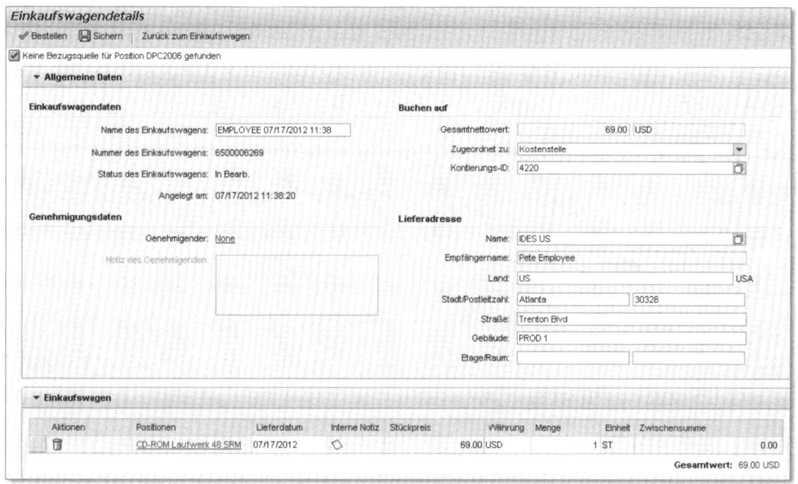

Abbildung 6.7 Vereinfachter Einkaufswagen – Einkaufswagendetails

Weitere neue Self-Services-Funktionalität [EHP 1]

Zudem stehen mit EHP 1 von SAP SRM zwei weitere Self-Service-Funktionen zur Verfügung:

- Es gibt eine Budgetprüfung des Einkaufswagens, die bei einer Budgetüberschreitung sofort eine Warn- oder Fehlermeldung ausgibt. Sie aktivieren diese Budgetprüfung mithilfe des Customizing-Schalters SRM_701_BUDGET_CHECK_SC.
- Im Einkaufswagen können Bezugsquellen automatisch zugeordnet werden, wenn der Customizing-Schalter SRM_701_AUTO_SOS_ASSIGN_OFF deaktiviert wird.

Der nächste Schritt ist nun die Genehmigung des Einkaufswagens (siehe ❷ in Abbildung 6.2). Diese Genehmigung ist jeweils vom Wert des Einkaufswagens und vom Workflow Customizing abhängig.

Nachdem der Einkaufswagen genehmigt wurde, trifft das System die Entscheidung über das *technische Szenario*: Abhängig von der Produktkategorie der Einkaufswagenposition und den Customizing-Einstellungen werden die Folgebelege lokal im SRM-Server ❸ oder im SAP ERP-Backend angelegt.

Somit unterscheiden wir hier – abhängig vom technischen Szenario – zwei unterschiedliche Prozessvarianten: das lokale Szenario und das klassische Szenario.

Lokales Szenario

In der Prozessvariante »lokales Szenario« prüft das System zunächst, ob vollständige Bezugsquelleninformationen vorliegen ❹. Wenn die Einkaufsdaten der Position unvollständig sind, startet hier das Szenario »Bezugsquellenfindung«, und die Position landet im Arbeitsvorrat des Einkäufers in der Sourcing-Anwendung. Der Einkäufer weist der Position nun manuell die Bezugsquelleninformationen zu.

Sind die Einkaufsdaten vollständig, d.h., ist eine Bezugsquelleninformation (Kombination aus Produkt, Preis und Lieferant) vorhanden, wird eine lokale Bestellung angelegt ❺.

Diese Prozessvariante entspricht den technischen Szenarien *Standalone-Szenario* und *erweitertes klassisches Szenario*, da bei beiden der operative Einkauf lokal im SRM-Server arbeitet.

Klassisches Szenario

In der Prozessvariante »klassisches Szenario« wird zuerst überprüft, ob die Position auf Lager vorrätig ist ❻. Falls ja, wird eine Reservierung angelegt ❼. Die Position kann nun per Warenbewegung aus dem Lager abgerufen werden.

Falls die Position nicht vorrätig war und somit keine Reservierung angelegt werden konnte, wird nun geprüft, ob die Einkaufsdaten der Position vollständig (d.h. Bezugsquelleninformationen vorhanden) sind ❽. Falls ja, wird eine Bestellung angelegt ❾; wenn keine vollständigen Bezugsquelleninformationen vorliegen, wird eine Bestellanforderung angelegt ❿.

Zusammenlauf beider Prozessvarianten

An diesem Punkt laufen die beiden Prozessvarianten – »lokales Szenario« und »klassisches Szenario« – wieder zusammen.

Nun kann wahlweise ein Wareneingangsbeleg im SAP ERP-Backend oder eine Bestätigung in SAP SRM angelegt werden ⓫. Im SRM-System kann die

Bestätigung durch den Anforderer selbst, von einem zentralen Warenempfänger oder vom Lieferanten erfasst werden.

Wird der Wareneingang von einem zentralen Warenempfänger durchgeführt, hat dieser in SAP SRM die Möglichkeit, den Anforderer über den Eingang der von ihm angeforderten Waren zu benachrichtigen. Das System generiert dann eine entsprechende E-Mail und sendet diese an den Anforderer. Für die SRM-Bestätigung steht ein Genehmigungs-Workflow ⓬ zur Verfügung.

Die Rechnung ⓭ kann wahlweise im SAP ERP-Backend oder in SAP SRM erfasst werden. Auch für die SRM-Rechnung steht ein Genehmigungs-Workflow zur Verfügung.

6.1.3 Besondere Funktionalität

Das Geschäftsszenario »Beschaffung per Self-Service« bietet eine besondere Funktionalität, auf die wir kurz eingehen möchten: die Möglichkeit, stellvertretend für andere Benutzer einen Einkaufswagen anzulegen sowie mit mehreren Benutzern gemeinsam einen Team-Einkaufswagen zu bearbeiten.

Einkaufen als Stellvertreter

Sekretärinnen und Einkäufer können Produkte stellvertretend für andere Benutzer (z.B. für ihre Manager) einkaufen. Dies ist im erweiterten Einkaufswagenformular möglich.

Legt ein Benutzer als Stellvertreter für einen anderen Benutzer einen Einkaufswagen an, muss der einkaufende Benutzer im Feld STELLVERTRETEND EINKAUFEN FÜR angeben, für welchen Benutzer er den Einkaufswagen anlegt (siehe Abbildung 6.8).

Abbildung 6.8 Einkaufen als Stellvertreter

Im Customizing muss die Funktionalität EINKAUFEN ALS STELLVERTRETER im Vorfeld jedoch erst zugelassen werden. Als Systemadministrator müssen Sie in der Aufbauorganisation bei den Benutzern, die für andere einkaufen dürfen, das Attribut REQUESTER pflegen. Als Attributwert kann entweder eine Namensliste von Benutzern, für die der Benutzer einkaufen darf (z.B. MEYER, BRADLER), oder eine Liste mit Nummern von Organisationseinheiten, für deren Mitarbeiter der Benutzer einkaufen darf (z.B. O 500004711), angegeben werden.

Team-Einkauf

Die Funktion TEAM-EINKAUF erlaubt einem Team von Mitarbeitern, einen Einkaufswagen gemeinsam zu bearbeiten. Die Mitglieder des Beschaffungsteams haben dabei die Möglichkeit, einen Team-Einkaufswagen von einem anderen Mitarbeiter zu übernehmen.

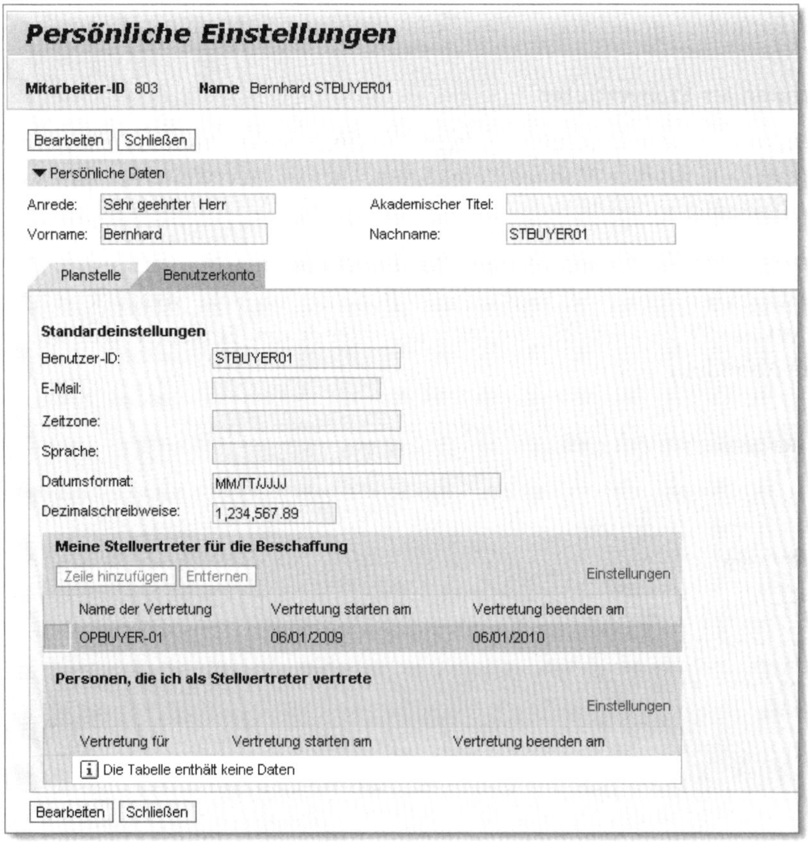

Abbildung 6.9 Stellvertreter definieren

Für diese Funktionalität sind die folgenden Voraussetzungen zu erfüllen:

- Der ursprüngliche Anforderer hat die anderen Mitglieder des Beschaffungsteams als Einkaufsstellvertreter angegeben (siehe Abbildung 6.9).
- Alternativ kann auch ein SRM-Administrator diese Einstellung für den ursprünglichen Anforderer durchführen.
- Der Einkaufswagen ist als Team-Einkaufswagen gekennzeichnet. Hierzu ist die Checkbox TEAM-EINKAUFSWAGEN zu aktivieren (siehe Abbildung 6.10).

Abbildung 6.10 Checkbox »Team-Einkaufswagen« aktivieren

Sowohl beim Team-Einkauf als auch beim Einkaufen als Stellvertreter ist neben dem Anforderer noch eine andere Person an der Bearbeitung des Einkaufswagens beteiligt. Die beiden Funktionen (TEAM-EINKAUF und EINKAUFEN ALS STELLVERTRETER) kommen jedoch in unterschiedlichen Situationen zum Einsatz:

Wenn jemand stellvertretend für einen anderen Benutzer einkauft, wird der Einkaufswagen in der Regel von Beginn des Anforderungsprozesses an von nur einer Person bearbeitet. Zum Beispiel legt ein Einkaufsassistent für einen Manager einen Einkaufswagen an und begleitet den Prozess, bis die Bestätigung oder die Rechnung erfasst wird. Nur die Person, an deren Stelle der Einkaufswagen angelegt wurde, kann den Einkaufswagen oder die Folgebelege übernehmen.

Beim Team-Einkauf kann jeder Benutzer, der als Einkaufsstellvertreter definiert ist, einen Einkaufswagen übernehmen. An diesem Vorgang können mehrere Benutzer beteiligt sein; sie alle können Team-Einkaufswagen voneinander übernehmen.

Dies kann in den folgenden Situationen von Nutzen sein:

- Ein Mitarbeiter verlässt das Unternehmen, und ein Nachfolger übernimmt seine Aufgaben.
- Ein Mitarbeiter ist krank, und ein Kollege übernimmt den Einkaufswagen.
- Ein Team von Mitarbeitern arbeitet in Schichten, und ein Einkaufswagen muss aus Zeitgründen von einem Kollegen in einer anderen Schicht bearbeitet werden.

[»]

Funktion »Team-Einkauf«

Die Funktionalität des Team-Einkaufs ist ab SAP SRM 7.0 verfügbar. Allerdings sollten Sie mindestens EHP 1 für SAP SRM 7.0 einsetzen, um diese Funktionalität in vollem Umfang nutzen zu können. Für die Funktion TEAM-EINKAUF müssen Sie das prozessgesteuerte Workflow Framework verwenden, denn beim Einsatz des anwendungsgesteuerten Workflow Frameworks ist diese Funktion nicht verfügbar.

SAP Cart Approval

Die Möglichkeit, Einkaufswagen mobil zu genehmigen, gibt es schon seit geraumer Zeit (siehe Abschnitt 5.5). Allerdings stehen Ihnen mit der SAP Cart Approval-App (verfügbar seit März 2012) viel mehr Informationen auf Ihrem mobilen Endgerät zur Verfügung, als es zuvor der Fall war.

Die neue mobile Lösung bietet einer Reihe interessanter Funktionen (siehe Abbildung 6.11):

- Herausgabe von Informationen an die Genehmiger, wenn Einkaufswagenpositionen zu bearbeiten sind
- Bereitstellung einer Listansicht für zu bearbeitende Einkaufswagen
- Möglichkeit der Ansicht von Einkaufswagen- und Produktdetails
- Möglichkeit der Genehmigung bzw. Ablehnung von mehreren Einkaufswagen zur gleichen Zeit
- Bereitstellung von Detailinformationen bezüglich des Anforderers und Genehmigern (z.B. Telefonnummer)

Zum Zeitpunkt der Drucklegung dieses Buches gelten die folgenden technischen Rahmenbedingungen als Voraussetzung für die Nutzung der SAP Cart Approval-App: der Einsatz der Sybase Unwired Platform 2.1 und von SAP SRM mit EHP 2. Außerdem werden nur mobile Endgeräte mit den Betriebssystemen Apple iPhone OS 4.0 und RIM BlackBerry Device OS 5.0, 6.0 unterstützt.

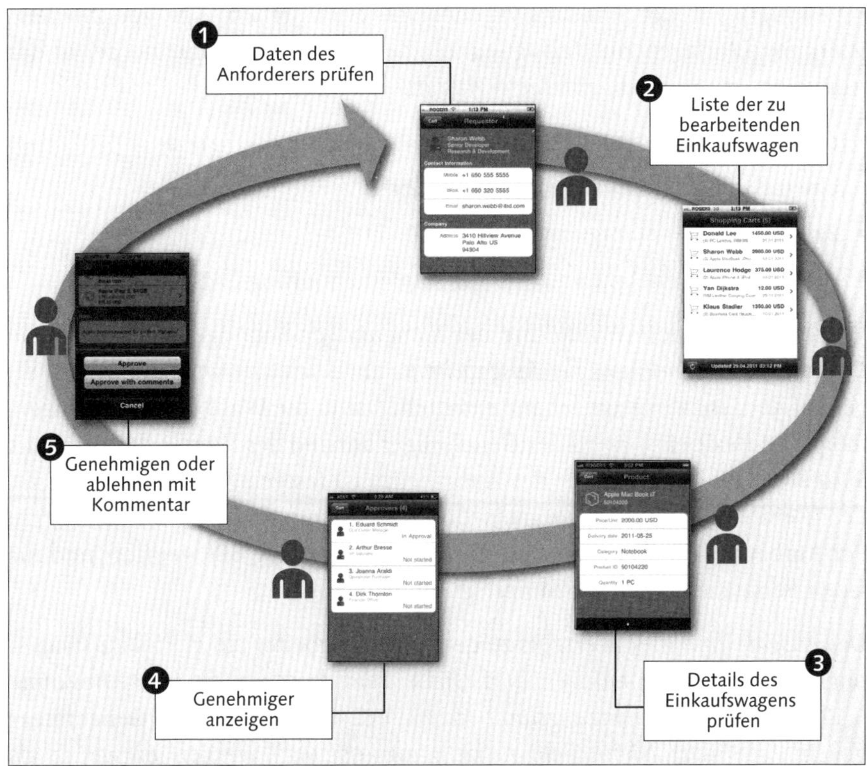

Abbildung 6.11 SAP Cart Approval-App – Prozessablauf (Quelle: SAP AG)

6.1.4 Genehmigungs-Workflows

Betrachten wir zunächst die anwendungsgesteuerten Genehmigungs-Workflows (SAP SRM 5.0 und teilweise frühere Releases), die im Geschäftsszenario »Beschaffung per Self-Service« zur Verfügung stehen.

Am Ende dieses Abschnitts gehen wir dann unter der Überschrift »Workflows in SAP SRM 7.0 (prozessgesteuerter Workflow)« auch noch auf die neuen, prozessgesteuerten Workflows ein.

Genehmigung von Einkaufswagen

Bei der Genehmigung von Einkaufswagen unterscheiden wir zwei grundsätzliche Varianten: die Ermittlung des Genehmigers auf der Einkaufswagenebene und die Ermittlung des Genehmigers auf der Positionsebene.

Beginnen wir mit der ersten Variante, der Genehmigung des Einkaufswagens mit Ermittlung des Genehmigers (also desjenigen, der das Workitem genehmigt) auf der Einkaufswagenebene. Hier stehen vier verschiedene Workflow-Vorlagen zur Verfügung, die den Genehmiger anhand der in der Aufbauorganisation abgebildeten Hierarchie ermitteln:

- ohne Genehmigung (WS1000060)
- einstufige Genehmigung (WS10000029)
- zweistufige Genehmigung (WS10000031)
- mehrstufige Genehmigung – BAdI-Implementierung (WS14000133)

Wird eine flexiblere Ermittlung der Genehmiger benötigt, bieten sich die *Genehmigungs-Workflows für Ausgabelimits* an. Auch hier wird der Genehmiger auf der Einkaufswagenebene ermittelt. Damit die Wahl des Genehmigers möglichst flexibel ist, wird der Genehmiger anhand des Wertes des Attributs SLAPPROVER (Genehmiger des Ausgabelimits) festgelegt und nicht anhand der Hierarchie der Aufbauorganisation. Das Attribut SLAPPROVER wird in der Aufbauorganisation über die Transaktion PPOMA_BBP gepflegt und für jeden Benutzer individuell hinterlegt.

Das *Ausgabelimit* (der Wert, bis zu dem ein Mitarbeiter einen Einkaufswagen ohne Genehmigung anlegen darf, siehe Feld Ausgabelimit in Abbildung 6.12) und das *Genehmigungslimit* (der Wert, bis zu dem ein Genehmiger genehmigen darf, siehe Feld Genehmigungslimit) werden entweder als Attribut in der Aufbauorganisation oder in den Benutzerrollen festgelegt.

Abbildung 6.12 Ausgabelimit und Benutzerbudget

Die Genehmigungs-Workflows für Ausgabelimits orientieren sich am Gesamtwert des Einkaufswagens. Dabei gibt es zwei Varianten: einstufig (WS10000276) oder n-stufig (WS14000109).

Beim *einstufigen Ausgabelimit-Workflow* überspringt das System alle Genehmiger, deren Genehmigungslimit zu niedrig ist. Erst die Person, deren Genehmigungslimit hoch genug ist, darf den Einkaufswagen genehmigen.

Beim *n-stufigen Ausgabelimit-Workflow* legt das System den ersten Genehmiger fest. Wird das Genehmigungslimit überschritten, werden weitere Genehmiger gesucht, bis eine Person gefunden ist, deren Genehmigungslimit die entsprechende Betragshöhe abdeckt. Da bei diesem Vorgang alle Genehmiger, die dazwischenliegen, den Einkauf ebenfalls genehmigen müssen, handelt es sich um einen Workflow aus n aufeinander folgenden Stufen.Ergänzend zu den obengenannten Workflows gibt es noch die Möglichkeit, ein *Einkaufsbudget pro User* (siehe Feld BENUTZERBUDGET in Abbildung 6.12) in der Aufbauorganisation oder in den Benutzerrollen zu hinterlegen. Ist das Budget überschritten, erhält der Anforderer (also derjenige, der den Einkaufswagen anlegt) eine Nachricht. Der Benutzer bestätigt entweder die Nachricht – dann wird der Einkaufswagen zur Genehmigung weitergeleitet – oder bricht die Aktion ab.

Reicht eine Genehmigung auf Einkaufswagenebene funktional nicht aus, kann der Workflow zur *positionsbasierten Genehmigung von Einkaufswagen* (WS14500015) implementiert werden. Die folgenden Kriterien könnten für die Zuordnung der Genehmiger zu den einzelnen Positionen des Einkaufswagens herangezogen werden:

- **Kostenstellenverantwortung**
  Genehmigung durch den Kostenstellenverantwortlichen
- **Produktkategorie**
  Genehmigung durch den Manager der zuständigen Fachabteilung
- **Sonstige**
  Da dieser Workflow per BAdI-Implementierung ausprogrammiert werden muss, sind auch beliebige andere Kriterien denkbar.

Vorteil dieses Verfahrens ist also, dass die Genehmiger separat für alle einzelnen Positionen bestimmt werden (siehe Abbildung 6.13).

Wie bei den zuvor beschriebenen Workflows wird der Einkaufswagen als Ganzes erst nach dem Abschluss des kompletten Genehmigungsprozesses für die Weiterbearbeitung transferiert, also bestellt. Im Verlauf des Prozessflusses – beim Anlegen der *Bestätigung* und der *Rechnung* – bietet das System weitere Genehmigungs-Workflows an. Diese unterscheiden jeweils zwei Situationen:

- Anlage des Dokuments durch den Anforderer (die Person, die den Einkaufswagen angelegt hat)
- Anlage des Dokuments durch eine andere Person (Lieferant oder zentraler Warenempfänger/Rechnungsprüfer)

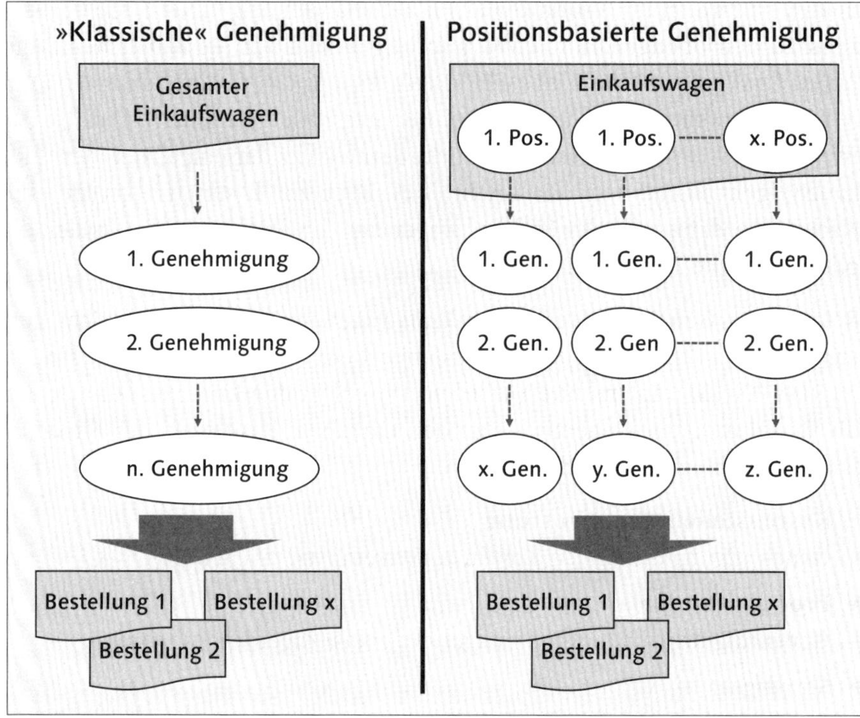

Abbildung 6.13 »Klassische« Genehmigung versus positionsbasierte Genehmigung

Wird das Dokument nicht durch den Anforderer selbst angelegt, startet der einstufige Workflow und leitet es zur Genehmigung an den Anforderer weiter.Legt der Anforderer das Dokument selbst an, ist – abhängig vom Betrag – auch eine automatische Genehmigung möglich.

Genehmigung von Bestätigungen

Die folgenden Workflows stehen bei der Bestätigung (Wareneingang, Leistungserfassung) zur Verfügung:

- automatische Genehmigung (WS10400010)
- einstufige Genehmigung (WS10400002)
- zweistufige Genehmigung (WS10400009)

Genehmigung von Rechnungen

Die folgenden Workflows stehen bei der Rechnung zur Verfügung:

- automatische Genehmigung (WS10400016)
- einstufige Genehmigung (WS10400017)
- zweistufige Genehmigung (WS10400018)

Ab SAP SRM 4.0 gibt es einen Workflow für die *Ausnahmebehandlung von XML-Rechnungen* (WS14500020). Eine fehlerhafte Lieferantenrechnung, die per XML auf dem SRM-Server eingeht, wird nicht mehr an den Lieferanten zurückgesendet. Stattdessen kann der Einkäufer oder Rechnungsprüfer den Fehler manuell im SRM-Server korrigieren und die Rechnung buchen.

Zur Reduzierung des Genehmigungsaufwands von Bestätigungen und Rechnungen bietet sich die *stochastische Prüfung* an (siehe Abschnitt 5.4.1, »Stochastische Belegprüfung«). Hier kann die prozentuale Häufigkeit der Genehmigung für Bestätigungen und Rechnungen festgelegt werden. Das heißt, ein Teil der Dokumente wird automatisch genehmigt, ein anderer läuft in einen manuellen Genehmigungsprozess. Diese stochastische Prüfung ist abhängig von Objekt, Prozess und Wert mehrstufig konfigurierbar.

Zur Konfiguration rufen Sie die Transaktion SPRO und dann im Einführungsleitfaden (IMG) den folgenden Pfad auf: Supplier Relationship Management • SRM Server • Anwendungsübergreifende Grundeinstellungen • Business Workflow • Anwendungsgesteuerter Workflow • Konfiguration des Geschäftsprozesses • Stochastische Prüfung von Dokumenten festlegen.

Workflows in SAP SRM 7.0 (prozessgesteuerter Workflow)

Für den prozessgesteuerten Workflow im Szenario »Beschaffung per Self-Service« stehen *Business Configuration Sets* (BC-Sets) zur automatischen Konfiguration von einfachen einstufigen Genehmigungs-Workflows für die folgenden Business-Objekte zur Verfügung:

- Einkaufswagen
- Bestätigung
- Rechnung

Weitere Informationen zur allgemeinen Konfiguration des prozessgesteuerten Workflows sowie zur Definition komplexerer Genehmigungsprozesse im *Business Rule Framework* (BRF) finden Sie in Abschnitt 5.3, »Prozessgesteuertes Workflow Framework«.

6.1.5 Analyse der Beschaffung per Self-Service

Zur Analyse im Bereich »Beschaffung per Self-Service« stehen Ihnen die folgenden BW-Web-Templates zur Verfügung:

- **Wareneingang (Rolle SAP_BW_SRM_RECIPIENT)**
  Dieses Web Template gibt dem Warenempfänger einen Überblick über die anstehenden Aufgaben; er erhält eine Aufstellung der offenen Bestätigungen und der Lieferverspätungen. Eine Übersicht über die Lieferanten mit der schlechtesten Termin- und/oder Mengentreue erleichtert ihm zusätzlich die Einschätzung, wie wichtig die Mengenkontrolle bei einer vorliegenden Lieferung ist.
- **Kostenstellen (Rolle SAP_BW_SRM_MANAGER)**
  Mithilfe dieses Web Templates kann sich der Manager einer Abteilung anhand der kostenstellenbasierten Auswertung einen Überblick über die Bestellwertentwicklung seines Bereichs verschaffen. Er kann den Einkaufswagenwert mit dem Bestellwert vergleichen und sieht so, welches Einkaufswagenvolumen er noch nicht genehmigt hat. Darüber hinaus kann er den Bestellwert eines Quartals mit dem Bestellwert des bisherigen Jahres vergleichen, um einen Trend bei den Ausgaben seiner Kostenstelle zu erhalten.

  Als Hilfsgröße für das Budget wird zusätzlich der Rechnungswert des Vorjahres angezeigt. Ein zweiter Bericht stellt verschiedene Bestellwerte pro Anforderer dar. Der Manager kann den genehmigten Einkaufswagenwert mit dem Bestellwert des aktuellen Jahres vergleichen und so auch sehen, welcher Einkaufswagenwert insgesamt je Anforderer genehmigt bzw. abgelehnt wurde.
- **Einkaufswagen (Rolle SAP_BW_SRM_MANAGER)**
  Im Gegensatz zur Kostenstellenübersicht kann der Manager bei diesem Web Template einzelnen Einkaufswagen auf Belegebene nachgehen und diese beispielsweise nach Kostenstelle, Anforderer und Produkt anzeigen. Als Kennzahlen dienen ihm dabei der genehmigte und der zu genehmigende Einkaufswagenwert, die Summe aus diesen beiden sowie der bereits abgelehnte Einkaufswagenwert.

- **Einkaufswagen (Rolle SAP_BW_SRM_PURCHASING_ASSIST)**
  Dieses Web Template dient dem Einkaufsassistenten zur Nachverfolgung von einzelnen Einkaufswagen. Die folgenden Fragen werden von den Web Querys beantwortet:
  - Welche Einkaufswagen gibt es aktuell (in den letzten zwei Wochen) zu einem Anforderer, und wie lautet der Freigabestatus?
  - Welche Einkaufswagen sind derzeit noch nicht genehmigt?

6.1.6 Konfiguration der Beschaffung per Self-Service

Zur Konfiguration dieses Geschäftsszenarios ist die Durchführung der im Folgenden beschriebenen Schritte erforderlich. Die Konfigurationsdialoge erreichen Sie über die Transaktion SPRO. Folgen Sie dann dem IMG-Pfad Supplier Relationship Management • SRM Server. Alle beschriebenen Konfigurationseinstellungen befinden sich unter dem Customizing-Knoten SRM Server oder den darunterliegenden Knoten (siehe Abbildung 6.14).

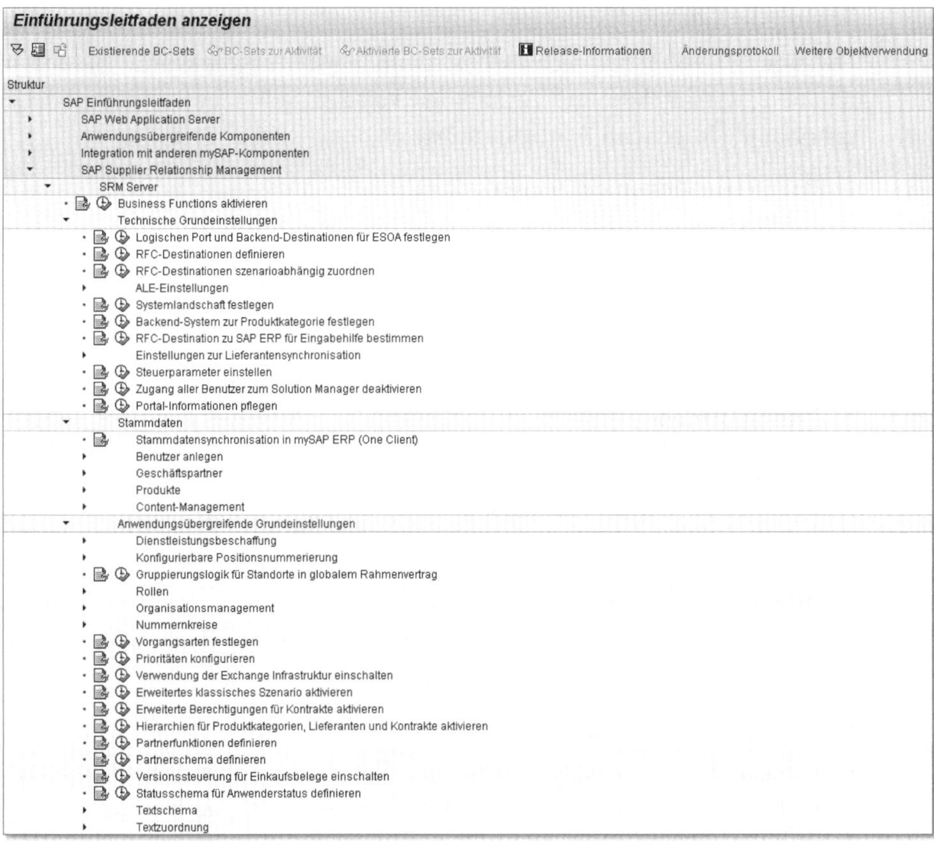

Abbildung 6.14 SAP SRM-Einführungsleitfaden

Die Namen der jeweiligen Überschriften dieses Abschnitts (von »Technische Grundeinstellungen« bis »Anwendungsübergreifende Grundeinstellungen«) sind identisch mit den Namen der entsprechenden Customizing-Knoten.

[EHP 1]

Implementierungsvereinfachung

Über die Business Function zur Implementierungsvereinfachung können Sie ab EHP 1 von SAP SRM auf die Dokumentation von verschiedenen Tools zugreifen. Mit diesen Tools können Sie die Implementierungskosten reduzieren. Separate Customizing-Schalter müssen Sie für die Nutzung der Implementierungsvereinfachung nicht aktivieren.

Es sind in der Funktion zur Implementierungsvereinfachung Vorlagen zur automatisierten Konfiguration (ACTs) enthalten. Diese XML-basierten Skripte setzen allerdings den Einsatz von SAP NetWeaver AS Java voraus.

Bei der Customizing-Synchronisation haben Sie die Möglichkeit, Customizing-Einstellungen (z.B. Mengeneinheiten, Währungen und Incoterms) zwischen SAP ERP und SAP SRM mithilfe des SAP Solution Managers zu synchronisieren.

Technische Grundeinstellungen

Die Konfiguration der technischen Grundeinstellungen wurde bereits in Kapitel 2, »Architektur und Technologie von SAP SRM«, beschrieben. Hierzu gehören die folgenden Konfigurationsschritte:

1. RFC-Destinationen definieren
2. ALE-Einstellungen vornehmen
3. Systemlandschaft bestimmen
4. Backend-System zur Produktkategorie festlegen
5. Steuerparameter einstellen
6. Jobs einplanen

Im Geschäftsszenario »Beschaffung per Self-Service« gibt es diesbezüglich keine Besonderheiten zu beachten.

Stammdaten

Die Anlage bzw. Replikation von Produkt- und Lieferantenstammdaten wurde bereits in Kapitel 4, »Stammdaten«, beschrieben.

Die für das Szenario »Beschaffung per Self-Service« benötigte Anbindung von Produktkatalogen wird in Abschnitt 6.6, »Katalogverwaltung«, beschrieben. Die dazugehörigen Konfigurationsschritte finden Sie im Customizing-Knoten Content-Management.

Anwendungsübergreifende Grundeinstellungen

Der Customizing-Knoten ANWENDUNGSÜBERGREIFENDE GRUNDEINSTELLUNGEN ist einer der größten Customizing-Knoten in SAP SRM und umfasst das Customizing für die übergreifende betriebswirtschaftliche Funktionalität.

Organisationsmanagement

Die relevanten Konfigurationseinstellungen wurden bereits in Kapitel 3, »Organisationsmanagement und Benutzerverwaltung«, beschrieben. Im Geschäftsszenario »Beschaffung per Self-Service« gibt es diesbezüglich keine Besonderheiten zu beachten.

Nummernkreise

Einer der Vorteile von SAP SRM ist, dass Sie die Nummernkreise für alle Einkaufsbelege individuell definieren können. Für das Szenario »Beschaffung per Self-Service« sind die, im Folgenden detaillierter beschriebenen Nummernkreise zu definieren (siehe Abbildung 6.15).

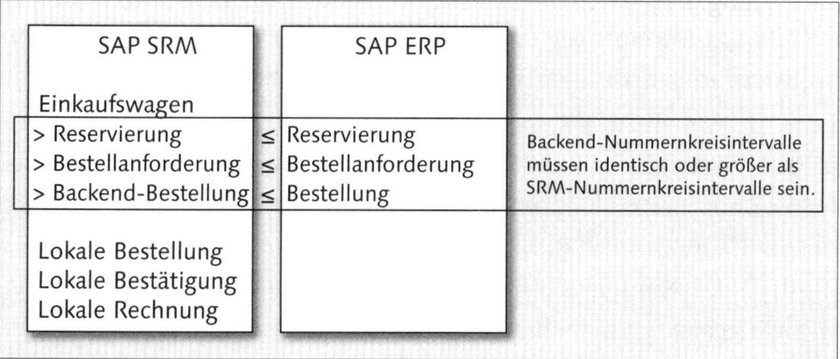

Abbildung 6.15 Definition von Nummernkreisen

Betrachten wir die verschiedenen Customizing-Transaktionen zur Definition der Nummernkreise in SAP SRM nun im Detail:

- **Nummernkreise für Einkaufswagen und Folgebelege festlegen**
  Hier wird der interne Nummernkreis für Einkaufswagen (Intervall 01) im SRM-System festgelegt. Soll auch das klassische Szenario genutzt werden, d.h., sollen Materialwirtschaftsbelege im SAP ERP-Backend-System angelegt werden, müssen im SRM-System auch die internen Nummernkreise für die Folgebelege Bestellanforderungen (Intervall RQ), Bestellungen

(Intervall PO) und Reservierungen (Intervall RS) definiert werden (siehe Abbildung 6.16).

Abbildung 6.16 Pflege der Nummernkreise für Einkaufswagen und Folgebelege

In Abbildung 6.16 sehen Sie den Begriff BEDARFSANFORDERUNG. Damit ist der SAP SRM-Einkaufswagen gemeint (bitte nicht mit dem Begriff BANF bzw. Bestellanforderung im SAP ERP-Backend verwechseln).

Analog zu den für die Folgebelege Bestellanforderungen, Bestellungen und Reservierungen im SRM-Server definierten Nummernkreisintervallen müssen dazu passende externe Nummernkreisintervalle im SAP ERP-Backend definiert werden.

Die Pflege der Nummernkreisintervalle im SAP ERP-Backend haben wir hier nicht gesondert aufgeführt – sie verläuft jedoch im Großen und Ganzen nach demselben Schema wie die Pflege der Nummernkreisintervalle im SRM-Server.

- **Nummernkreise für lokale Bestellungen festlegen**
  Für Bestellungen im Standalone-Szenario muss dieser Nummernkreis definiert werden.
- **Nummernkreise für lokale Bestätigungen WE/LE festlegen**
  Hier werden die Nummernkreise für Bestätigungen zu Wareneingang und Leistungserfassung angelegt.
- **Nummernkreise für lokale Rechnungen festlegen**
  Hier werden die Nummernkreise für Rechnungen angelegt.

Vorgangsarten festlegen

Es werden die Vorgangsarten für die Einkaufsbelege definiert. Die in den Vorgangsarten definierten Intervallnummern müssen zu den Intervallnummern der Nummernkreise passen (siehe Abbildung 6.17).

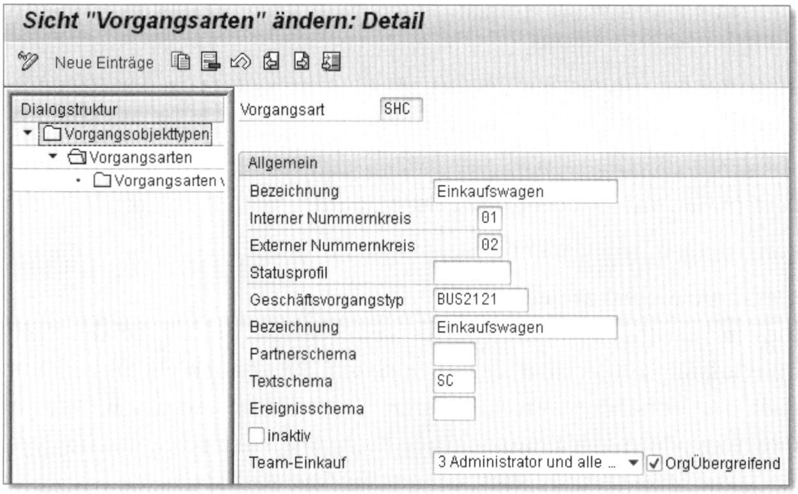

Abbildung 6.17 Vorgangsarten ändern

Vergleichen Sie den internen Nummernkreis in Abbildung 6.16 mit der Intervallnummer für den Einkaufswagen in Abbildung 6.17. Sie sehen, dass beide Nummern (Nummer 01) übereinstimmen. Die Intervallnummer bei der Pflege des Nummernkreisintervalls muss also identisch mit der bei der entsprechenden Vorgangsart hinterlegten Intervallnummer sein.

In der Pflege der Vorgangsart können Sie außerdem entweder die im Standard ausgelieferten oder individuell definierte Text- und Ereignisschemen hinterlegen.

SAP Business Workflow

Die relevanten Konfigurationseinstellungen wurden bereits in Kapitel 5, »SAP Business Workflow«, beschrieben.

Steuerrechnung

Hier können Sie Einstellungen für die Steuerberechnung festlegen. An dieser Stelle möchten wir Sie auf die folgenden beiden Customizing-Transaktionen aufmerksam machen:

- **System für Steuerberechnung festlegen**
  Dies ist ein optionaler Schritt. Wenn Sie keine Einstellung vornehmen, erfolgt die Steuerberechnung im logischen System des FI-Backends.

  Alternativ können Sie die folgenden Möglichkeiten auswählen:

  - Steuerberechnung erfolgt im Backend
  - keine Steuerberechnung
  - Steuerberechnung erfolgt über externes Steuersystem (in den USA oder Kanada z. B. über Vertex oder Taxware)
  - Steuerberechnung erfolgt über die *Transaction Tax Engine* (TTE), die per *Remote Function Call* (RFC) aufgerufen wird
  - kundeneigene Implementierung
- **Steuerkennzeichen angeben**
  In diesem Schritt definieren Sie Steuerkennzeichen, die z. B. bei der Rechnungserfassung zur Verfügung stehen sollen. Sie können ein Steuerkennzeichen als Vorschlagswert markieren. Dieses wird dann z. B. bei der Bestätigung oder beim Erfassen einer Rechnung vorgeschlagen. Das vorgeschlagene Steuerkennzeichen können Sie überschreiben.

Kontierung

Hier stehen Ihnen die folgenden Customizing-Transaktionen zur Verfügung:

- **Kontierungstypen festlegen**
  In diesem Arbeitsschritt legen Sie fest, welche Kontierungstypen aktiv in SAP SRM verwendet werden können. Zusätzlich können Sie Ihre eigenen Kontierungstypen festlegen und ihnen Kontierungsfelder zuweisen. Des Weiteren legen Sie fest, wie die Kontierungstypen im SAP ERP-Backend den Kontierungstypen im SAP SRM-System zugeordnet werden. Im Backend-System müssen die Kontierungstypen U (unbekannt) und X (alle Nebenkontierungen) vorliegen. Dies ist notwendig, damit das SAP SRM-System Positionen mit Mehrfachkontierung korrekt bearbeiten und die Bezugsquellen für mehrfach kontierte Positionen korrekt ermitteln kann.
- **Sachkonto zu Produktkategorie und Kontierungstyp festlegen**
  In diesem Arbeitsschritt legen Sie in Abhängigkeit von der Produktkategorie und dem Kontierungstyp fest, welches Sachkonto in der Finanzbuchhaltung im Backend-System bebucht wird. Beachten Sie, dass Sie für jede Produktkategorie, mit der Sie arbeiten, die möglichen Kontierungstypen und mindestens ein Sachkonto eingeben müssen. Wenn Sie mehr als ein

Sachkonto pro Produktkategorie und Kontierungstyp eingeben, kennzeichnen Sie eines davon als Standardeinstellung. Sie können die Produktkategorie auch generisch eingeben (z. B. »Büro*«).

- **Lokale Kontierungsdaten pflegen**
  Haben Sie bei der Definition der Backend-Systeme (siehe Abschnitt »Systemlandschaft festlegen« in Abschnitt 2.3.2, »Customizing«) unter SYSTEMLANDSCHAFT FESTLEGEN zur Kontierungsprüfung LOKALE VALIDIERUNG VON FI-DATEN ausgewählt, können Sie nun noch die Option LOKALE KONTIERUNGSDATEN PFLEGEN aufrufen. In diesem Schritt geben Sie die Kontierungsinformationen für lokale Validierungen an.

Nutzung des unbekannten Kontierungstyps [EHP 2]

Durch Aktivierung des Customizing-Schalters SRM_702_ACCOUNT_ASSIGNMENT können Sie ab EHP 2 von SAP SRM im Einkaufswagen (und in anderen SRM-Belegen) den Kontierungstyp »unbekannt« zuordnen. Dies ist sinnvoll, wenn zu Beginn eines Beschaffungsprozesses noch nicht feststeht, welcher Kontierungstyp einer Position zugeordnet werden soll.

Auch ist mithilfe des Kontierungstyps »unbekannt« die Übertragung von externen Anforderungen aus SAP ERP möglich. Externe Anforderungen sind aus dem ERP replizierte Bestellanforderungen.

Objekte (BANF, Reservierungen, Bestellungen) im Backend-System festlegen

Die Materialwirtschaftsbelege im Backend-System (klassisches Szenario) können nun, in Abhängigkeit der jeweiligen Produktkategorie und der zuständigen Einkäufergruppe, genau bestimmt werden (siehe Abbildung 6.18).

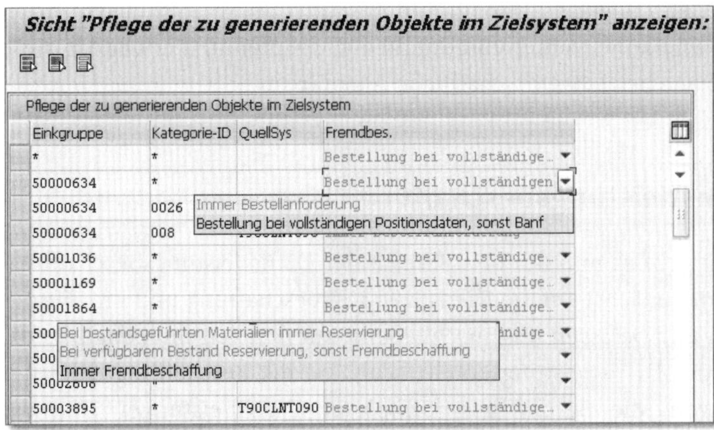

Abbildung 6.18 Objekte im Backend-System festlegen

Dabei gibt es zwei Spalten zur Auswahl, in denen die verschiedenen Varianten spezifiziert werden können.

- Alternativen in Spalte 1 (Int.Besch., Beschaffungsart):
  - Bei verfügbarem Bestand Reservierung, sonst Fremdbeschaffung
  - Bei bestandsgeführten Materialien immer Reservierung
  - Immer Fremdbeschaffung
- Alternativen in Spalte 2 (Fremdbes., d.h., wenn anhängig von den Werten in Spalte 1 keine Reservierung erzeugt werden kann):
  - Bestellung bei vollständigen Positionsdaten, sonst BANF
  - Immer Bestellanforderung

Spezielle Konfiguration der Funktion »Team-Einkauf«

Die Konfiguration der Funktion Team-Einkauf befindet sich unter Anwendungsübergreifende Grundeinstellungen • Vorgangsarten festlegen. Dort können Sie für den Vorgangsobjekttyp BUS2121 (Einkaufswagen) die folgenden Einstellungen vornehmen (siehe Abbildung 6.17):

- Team-Einkauf erlauben
- festlegen, ob alle Mitarbeiter Einkaufsstellvertreter angeben dürfen oder ob nur Administratoren über diese Berechtigung verfügen sollen
- festlegen, ob Einkaufsstellvertreter derselben Organisationseinheit angehören müssen wie der ursprüngliche Anforderer des Einkaufswagens

Damit haben Sie nun das wichtigste Geschäftsszenario im Bereich der operativen Beschaffungsprozesse kennengelernt: die »Beschaffung per Self-Service«. Die in den folgenden Abschnitten beschriebenen Geschäftsszenarien basieren teilweise auf den hier vorgestellten Konzepten und erweitern diese durch ihre eigene betriebswirtschaftliche Ausprägung.

6.2 Dienstleistungsbeschaffung

Im Folgenden geht es nun um den Bereich der Dienstleistungsbeschaffung. Hier gehen wir zunächst auf die Dienstleistungsbeschaffung und ihre Besonderheiten ein und befassen uns anschließend mit den verschiedenen Szenariovarianten der Dienstleistungsbeschaffung, die die Beschaffung einfacher Dienstleistungen, die Beschaffung komplexer Dienstleistungen und die Beschaffung von externem Personal umfassen.

6.2.1 Besonderheiten bei der Dienstleistungsbeschaffung

Mit der SAP Business Suite 7.0 (SAP SRM 7.0 und SAP ERP 6.0, EHP 4) sind viele durchgängige Geschäftsprozesse zur Beschaffung von Dienstleistungen möglich. Es steht dabei Funktionalität von der Spezifikation der Anforderung über die Verhandlung von Konditionen bis hin zur Überwachung der Kosten zur Verfügung.

Aufgrund der vielen unterschiedlichen Varianten und Aspekte kann die Beschaffung von Dienstleistungen ein sehr komplexes Thema sein. Die Komplexität und die daraus resultierende geringere Standardisierung der Prozesse (im Vergleich zur Beschaffung von Materialien) liegt auch darin begründet, dass zum Beauftragungszeitpunkt des Dienstleisters noch nicht klar ist, wie viel Aufwand über welchen Zeitraum und zu welchen Kosten notwendig ist, um das gewünschte Ergebnis zu erzielen. In solchen Fällen wird der Aufwand oft erst bei der Leistungserfassung durch den Lieferanten klar erkennbar.

Softwareanwendungen können dabei helfen, trotz dieser Unsicherheitsfaktoren und der Komplexität der Anforderungen den Überblick zu behalten. Denn sie schaffen Transparenz bei der Leistungsspezifikation, der Angebotsauswertung, der Überwachung der Leistungserfassung und der Rechnungsprüfung, wodurch eine effektivere Ressourcennutzung und wiederum daraus resultierende Kosteneinsparungen möglich sind.

Der strukturelle Wandel unserer Produktionsprozesse hin zu immer mehr unternehmensübergreifenden Lieferketten und die Tendenz zu immer wissensintensiveren Endprodukten lässt den Anteil von Dienstleistungen am Einkaufsvolumen der Unternehmen von Jahr zu Jahr steigen. Hierdurch steigt auch der Bedarf an einer systembasierten Unterstützung der Dienstleistungsbeschaffung durch den Einsatz von SAP SRM.

SAP hat diesem Sachverhalt Rechnung getragen und die Funktionalität im Bereich »Dienstleistungsbeschaffung« in SAP SRM 7.0 signifikant ausgebaut. Eine besonders wichtige Neuerung ist die nun mögliche Verwendung von strukturierten Leistungsverzeichnissen; diese sind jetzt im klassischen Szenario (d.h. Integration mit dem MM-Backend) verfügbar.

[»] **Neue Funktionalität im Bereich »Dienstleistungsbeschaffung« in SAP SRM 7.0**

Mit SAP SRM 7.0 stehen rund um die Dienstleistungsbeschaffung folgende Funktionen zur Verfügung:

- Unterstützung von Leistungshierarchien bei Ausschreibungen
- Integration von Dienstleistungsbeschaffung bei der Anbindung von SAP Supplier Self-Services an die ERP-Komponente *Materials Management* (MM)
- Abbildung von Leistungshierarchien in SAP Supplier Self-Services
- Abbildung von Leistungshierarchien in SRM-MDM Catalog 3.0

Dienstleistungen können nach verschiedenen Aspekten kategorisiert werden:

- **Planungsgrad**
  In dieser Kategorie wird festgelegt, ob die Dienstleistung *geplant* (mit Angabe von Spezifikation, Menge und Preis) oder *ungeplant* (nur mit Angabe eines Wertlimits) ist.
- **Komplexität**
  Hier wird bestimmt, ob es sich um eine *einfache Dienstleistung* oder um eine *komplexe Leistungshierarchie* handelt.
- **Fokus**
  Hier geht es darum, ob der *Leistungserbringer* (Qualifikation und Verfügbarkeit) oder die *Leistung* (Ergebnis) im Vordergrund stehen soll.

SAP SRM 7.0 unterstützt die folgenden Varianten der Dienstleistungsbeschaffung:

- Beschaffung einfacher Dienstleistungen ohne hierarchische Strukturen (in allen drei technischen Szenarien verfügbar). Hier handelt es sich um geplante Dienstleistungen.
- Beschaffung komplexer Dienstleistungen mit hierarchischen Strukturen (klassisches Szenario). Hier handelt es sich um geplante Dienstleistungen bzw. beim Einsatz von Limitpositionen um ungeplante Dienstleistungen.
- Beschaffung von externem Personal (Standalone-Szenario). Hier steht der Leistungserbringer (Qualifikation und Verfügbarkeit) im Vordergrund.
- Einkaufen mit Wertlimit zur Beschaffung von ungeplanten Dienstleistungen (in allen drei technischen Szenarien verfügbar). Hier handelt es sich um ungeplante Dienstleistungen.

Tabelle 6.1 stellt diesen Zusammenhang in Matrixform dar und gibt dabei einen Überblick über die von SAP SRM 7.0 unterstützten Varianten der Dienstleistungsbeschaffung. »X« bedeutet: trifft zu bzw. Funktionalität verfügbar; eine leere Tabellenzelle bedeutet: trifft nicht zu bzw. Funktionalität nicht verfügbar.

	Szenariovarianten			
	Einfache Dienst-leistungen	Komplexe Dienst-leistungen	Externes Personal	Einkaufen mit Wertlimit
Planungsgrad				
▸ geplant	X	X	X	
▸ ungeplant		X	X	X
Komplexität				
▸ einfache Dienstleistungen	X		X	X
▸ komplexe Dienstleistungen		X		
Fokus				
▸ Leistung	X	X		X
▸ Leistungserbringer			X	
Technische Szenarien				
▸ klassisches	X	X		X
▸ erweitertes klassisches	X			X
▸ Standalone	X		X	X

Tabelle 6.1 Dienstleistungsbeschaffung in SAP SRM 7.0

Die von SAP SRM unterstützten Beschaffungsprozesse sind eng mit der Funktionalität zur Bezugsquellenfindung (Sourcing-Anwendung, Ausschreibungen, Auktionen, Kontraktverwaltung) integriert.

Dienstleistungsbündelung [EHP 2]

Diese Funktion, die seit SAP SRM 7.0 EHP 2 verfügbar ist, ermöglicht es Ihnen, die Dienstleistungsbündelung für Backend-Bestellungen zu verwenden, um eine Dienstleistungsposition von SAP SRM in SAP ERP abzubilden. Auch wird das unterschiedliche Systemverhalten von klassischem und erweitertem klassischen Szenario mithilfe der Funktion zur Dienstleistungsbündelung angeglichen: Alle Dienstleistungszeilen in einer SRM-Bestellung werden als eigene Dienstleistungsposition mit je einer Dienstleistungszeile nach SAP ERP übertragen.

Durch Aktvierung des Customizing-Schalters SRM_702_SERVICE_BUNDLING_PO können Sie diese Funktion nutzen.

Da Dienstleistungen oft von kleineren Unternehmen ohne eigenes ERP-System erbracht werden, spielt auch hier SAP Supplier Self-Services eine wichtige Rolle. SAP SUS stellt Lieferanten eine browserbasierte Oberfläche zur Verfügung, über die sie Bestellungen entgegennehmen, Zeiten erfassen und Rechnungen stellen können. SAP SUS wird in Kapitel 9, »Lieferantenkollaboration«, detailliert beschrieben.

Betrachten wir nun die Möglichkeiten der Dienstleistungsbeschaffung in SAP SRM im Detail, und starten wir mit der ersten Szenariovariante:

6.2.2 Beschaffung einfacher Dienstleistungen

Diese Szenariovariante ähnelt dem in Abschnitt 6.1, »Beschaffung per Self-Service«, beschriebenen Geschäftsszenario. Allerdings werden hier Dienstleistungen anstelle von Materialien beschafft. Dabei handelt es sich um geplante Dienstleistungen mit Angabe von Spezifikation, Menge und Preis. Unter *geplanten Leistungen* werden Leistungen verstanden, die dem Anforderer bereits zu Beginn des Beschaffungsvorhabens bekannt sind. Preis und Menge werden zum Zeitpunkt der Bestellung angegeben.

Dieses Szenario kann immer verwendet werden, wenn es um die Anforderung einfacher Tätigkeiten (z.B. Rasenmähen) geht und die Aufwände abschätzbar sind.

Bei der Beschaffung einfacher Dienstleistungen können Einkaufswagen die folgenden Arten von Leistungspositionen enthalten:

- Im SRM-Server vorhandene Produktstammdaten (in der Regel vom SAP ERP-Backend in den SRM-Server replizierte Leistungsstämme)
- Freitextpositionen (siehe Beispiel in Abbildung 6.19), falls der Anforderer keine passenden Produktstammdaten finden konnte
- Positionen aus einem externen Produktkatalog (eine benutzerfreundliche Möglichkeit, um den Anforderern die Arbeit zu erleichtern)

Abbildung 6.19 Einkaufswagen zur Anforderung einfacher Dienstleistungen

Die Prozessvariante »Beschaffung einfacher Dienstleistungen« ist in allen drei technischen Szenarien (Standalone, klassisch, erweitert klassisch) verfügbar. Im klassischen Szenario und im erweiterten klassischen Szenario gruppiert das System mehrere Leistungspositionen eines Einkaufswagens und legt im Folgebeleg des Backends – Bestellanforderung (BANF) oder Bestellung – eine einzelne Zeile des Positionstyps D mit mehreren Leistungszeilen an (siehe Abbildung 6.20).

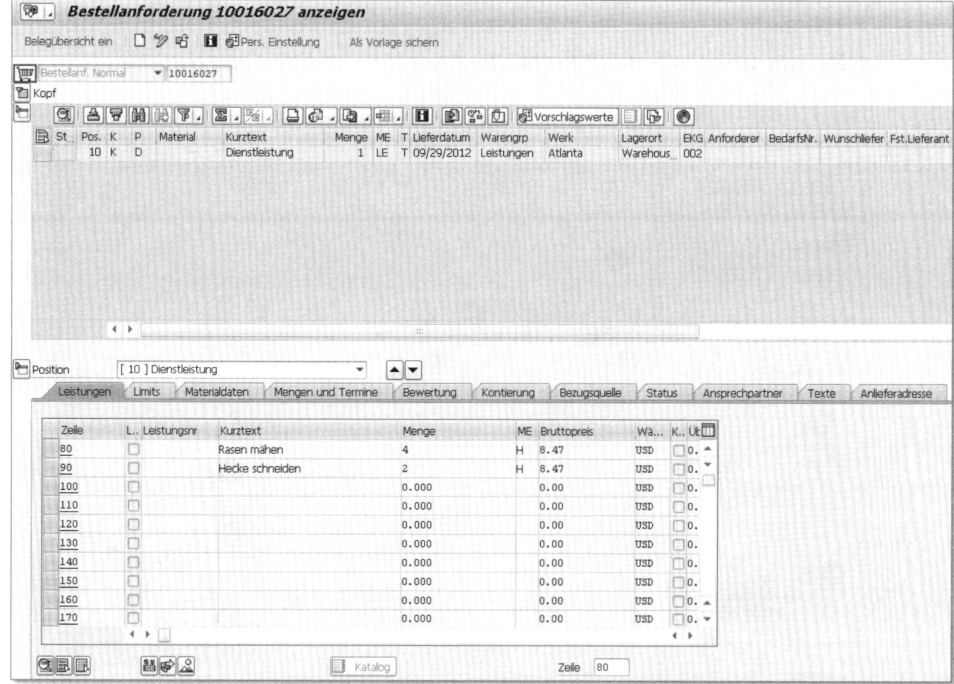

Abbildung 6.20 Folgebeleg »Backend-Bestellung« – einfache Dienstleistungen

Die Leistungsbestätigung und die Rechnung können im SRM-Server, in SAP Supplier Self-Services oder im SAP ERP-Backend vorgenommen werden.

6.2.3 Beschaffung komplexer Dienstleistungen mit hierarchischen Strukturen

Seit SAP SRM 7.0 ist die Funktionalität zur Beschaffung komplexer Dienstleistungen mit hierarchischen Strukturen verfügbar. Mithilfe dieser Szenariovariante kann nun die Anforderung, Ausschreibung, Bestellung und Leistungserfassung für komplexe Dienstleistungen (wie wir sie z.B. aus den Bereichen »Wartung« und »Konstruktion« kennen) abgebildet werden. Hier handelt es sich um geplante Dienstleistungen mit der Angabe von Spezifikation, Menge und Preis.

Wir betrachten nun zunächst den Prozess selbst und anschließend die Konfiguration sowie die Limitationen dieser Szenariovariante.

Prozessfluss der Beschaffung komplexer Dienstleistungen mit hierarchischen Strukturen

Werfen wir zunächst einen Blick auf das Prozessflussdiagramm in Abbildung 6.21, um anschließend die einzelnen Schritte im Detail zu betrachten.

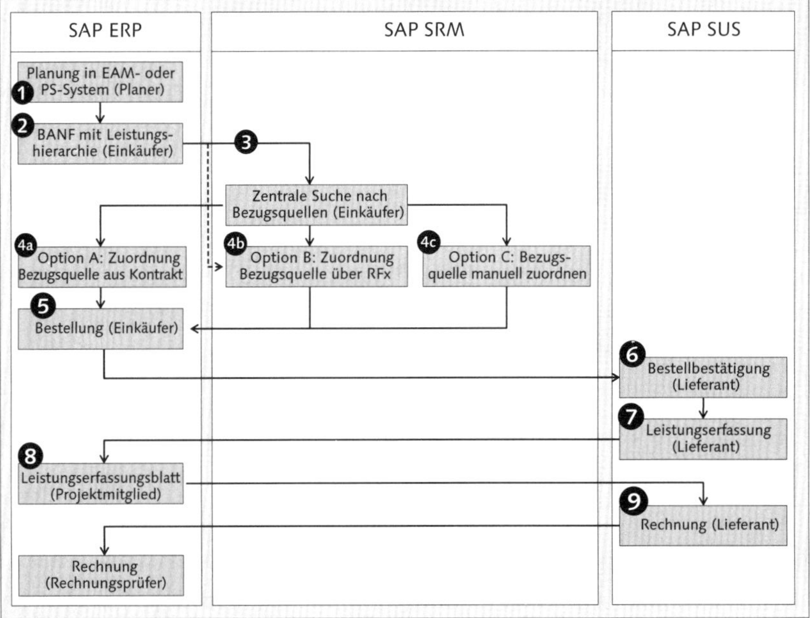

Abbildung 6.21 Dienstleistungsbeschaffung im klassischen Szenario

1. **Planung in den Komponenten EAM (Instandhaltung) oder PS (Projektsystem)**
   Diese Aktivität ❶ wird z. B. von einem Planer durchgeführt.
2. **Erstellen einer BANF mit Leistungshierarchien im SAP ERP-Backend**
   Die Bestellanforderung (siehe ❷ in Abbildung 6.21) wird von einem Einkäufer entweder mit Bezug zur EAM- bzw. PS-Planung oder manuell im MM-System angelegt (siehe Abbildung 6.22). Der Einkäufer kann nun direkt eine SAP SRM-Ausschreibung anlegen oder die Bestellanforderung in die SAP SRM-Sourcing-Anwendung übertragen.

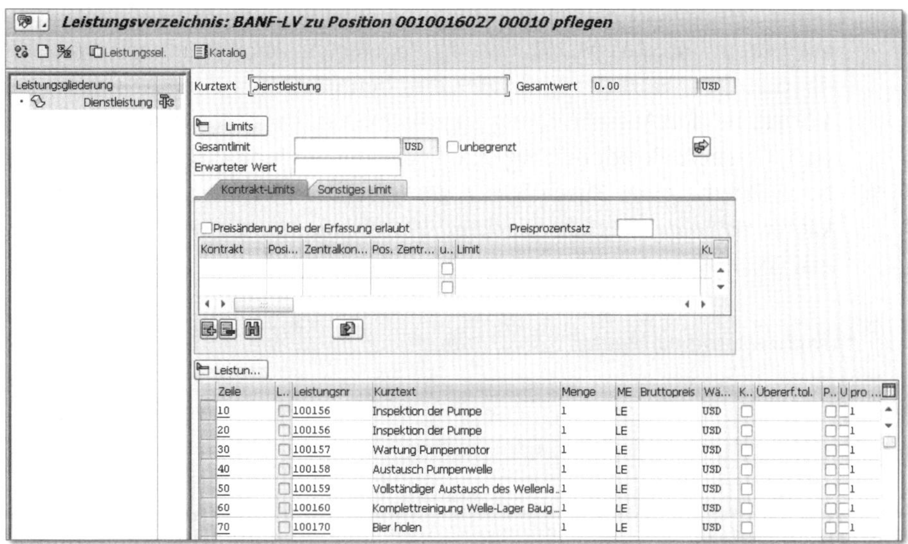

Abbildung 6.22 BANF mit Leistungsverzeichnis im MM-Backend

3. **Übertragung der Leistungspositionen von SAP ERP nach SAP SRM**
   Über eine SOA-basierte Schnittstelle wird die Bestellanforderung inklusive der Leistungshierarchien an die SAP SRM-Sourcing-Anwendung übertragen (siehe ❸ in Abbildung 6.21)

4. **Zentrale Suche nach Bezugsquellen in SAP SRM**
   Ein Einkäufer bearbeitet nun die Anforderung in der SAP SRM-Sourcing-Anwendung weiter. Als Bezugsquelleninformationen stehen ihm Backend-Kontrakte ❹a oder das Anlegen einer *Ausschreibung* (RFx) ❹b zur Verfügung. Falls er eine geeignete Bezugsquelle kennt, kann er diese (also Lieferant und Preis) auch manuell zuordnen ❹c. Falls nun bereits eine Bezugsquellenzuordnung durchgeführt werden konnte, wird direkt eine Backend-Bestellung (klassisches Szenario) angelegt (siehe ❺ in Abbildung 6.21).

   Die Aktivierung des Customizing-Schalters SRM_701_SERV_PROC_CCM ermöglicht es Ihnen, SRM-Zentralkontrakte auch im SRM-System als Bezugsquelle auszuwählen. Außerdem wird in den Fällen, in denen Sie einen Kontrakt auf Basis einer externen Bestellanforderung mit hierarchischen Dienstleistungen anlegen möchten, ebenfalls ein SRM-Zentralkontrakt angelegt. **[EHP 1]**

5. **Ausschreibung (RFx) in SAP SRM**
   Ist keine passende Bezugsquelle vorhanden, kann aus der Sourcing-Anwendung in SAP SRM eine Ausschreibung angelegt werden (siehe die Abbildung 6.23 und ❹b in Abbildung 6.21).

Beim Anlegen der Ausschreibung kann der Einkäufer weitere Positionen aus einem in SRM-MDM Catalog abgelegten *Musterleistungsverzeichnis* übernehmen. Falls der Einkäufer dies beim Anlegen der BANF bzw. bei Vornahme der Ausschreibung zugelassen hat, kann der Bieter in seinem Gebot weitere Positionen ergänzen oder vorhandene Positionen ersetzen. Nach Erteilung des Zuschlags an den gewinnenden Bieter kann der Einkäufer als Folgebeleg eine Backend-Bestellung (klassisches Szenario) anlegen (siehe ❺ in Abbildung 6.23).

Abbildung 6.23 Ausschreibung mit Leistungsverzeichnis in SAP SRM

6. **Bestellung im SAP ERP-Backend**
   Das Anlegen der Backend-Bestellung kann direkt in der Sourcing-Anwendung oder als Folgebeleg einer Ausschreibung oder Auktion (RFx) erfolgen. Die Bestellung wird jeweils genau in dem ERP-System angelegt, aus dem die ursprüngliche BANF kam. Wurde die Leistungshierarchie während der Ausschreibung geändert, so wird dies auch in der Bestellung berücksichtigt. Je nach Customizing muss die Bestellung im Backend vor der Ausgabe noch freigegeben werden. Weitere Änderungen der Bestellung werden auch direkt im SAP ERP-Backend durchgeführt (klassisches Szenario).
7. **Lieferantenkollaboration via SAP SUS**
   Mit SAP SRM 7.0 wurde SAP Supplier Self-Services so erweitert, dass es auch eine Dienstleistungsabwicklung im klassischen Szenario (SUS-MM-Anbindung) unterstützt. SAP SUS bildet nun auch Leistungshierarchien inklusive Limits ab und erlaubt dem Lieferanten, die Bestellung entgegen-

zunehmen (siehe ❻ in Abbildung 6.21 und Abbildung 6.24) und seine erbrachten Leistungen darüber zu erfassen (siehe ❼ in Abbildung 6.21).

Zusätzlich hat der Lieferant auch die Möglichkeit, seine Rechnung direkt in SAP SUS zu erfassen (siehe ❾ in Abbildung 6.21). Weitere Informationen zu SAP SUS finden Sie in Kapitel 9, »Lieferantenkollaboration«.

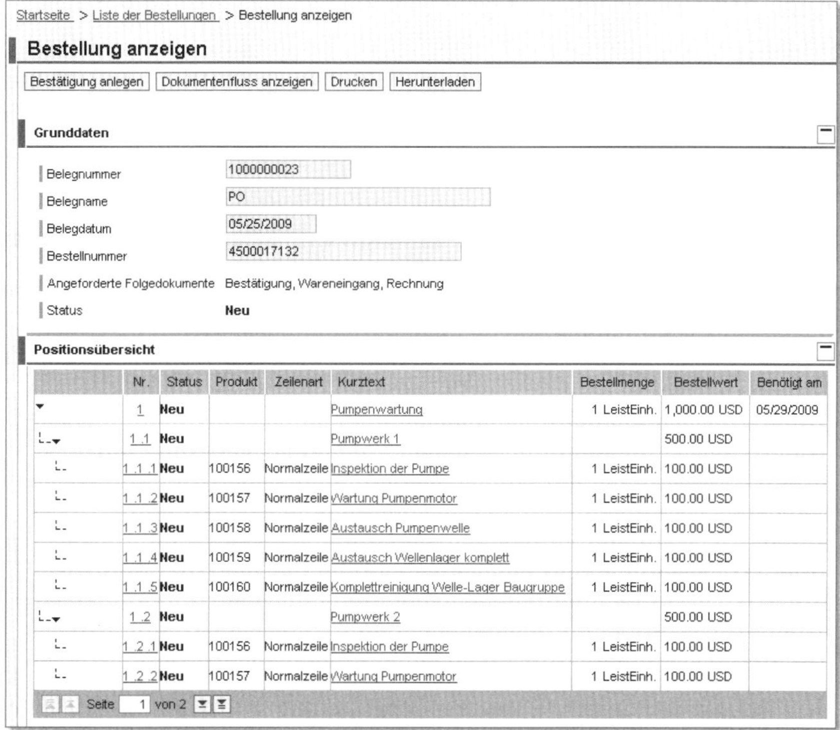

Abbildung 6.24 Bestellung mit Leistungsverzeichnis in SAP SUS

8. **Leistungserfassungsblatt und Rechnung**
   Die Leistungserfassung und die Erfassung der Rechnung können durch den Lieferanten in SAP Supplier Self-Services oder von einem Mitarbeiter des einkaufenden Unternehmens im SAP ERP-Backend vorgenommen werden. Erfolgt die Leistungserfassung direkt vom Lieferanten in SAP SUS ❼, wird automatisch ein Leistungserfassungsblatt ❽ im SAP ERP-Backend angelegt. Dieses muss anschließend noch von einem Projektmitglied abgenommen werden.

Als Folgebeleg einer Ausschreibung kann statt einer Bestellung auch ein Backend-Kontrakt angelegt werden. Diesen Prozess vertiefen wir in Kapitel 7, »Bezugsquellenfindung«.

[EHP 1]

Ausschreibung mit hierarchischen Strukturen als Ausgangspunkt

Anstatt mit einer Bestellanforderung aus SAP ERP zu starten, haben Sie mithilfe dieser Funktion seit SAP SRM EHP 1 die Möglichkeit, direkt eine Ausschreibung mit hierarchischen Strukturen in SAP SRM anzulegen. Die Dienstleistungshierarchie wird anschließend korrekt in den Kontrakt oder in die Backend-Bestellung übernommen. Um diese Funktion nutzen zu können, müssen Sie den Customizing-Schalter SRM_701_SERV_PROC_GE aktivieren.

Um eine durchgängige Integration von MM-Backend und SAP Bidding Engine sicherzustellen, sind nun in der SAP SRM 7.0-Ausschreibungsfunktionalität die folgenden Zeilenarten für die Leistungszeilen verfügbar:

- **Normalzeile**
  Diese Zeilenart ist der Normalfall und wird vom System als Standardwert vergeben.
- **Eventualzeile**
  Der Gesamtwert des Dokuments berücksichtigt nicht den Wert dieser Leistungszeile.
- **Keine Alternativen**
  Der Bieter kann zwar ergänzende Positionen, aber keine Alternativpositionen vorschlagen.
- **Grundzeile**
  Die Grundzeile wird als normale Leistungsposition behandelt; allerdings hat der Bieter die Möglichkeit, Alternativpositionen vorzuschlagen.
- **Alternativzeile**
  Bei der Auswertung der Gebote hat der Einkäufer die Möglichkeit, entweder die Grundzeile oder die Alternativzeile auszuwählen.

Seit SAP SRM 7.0 wird SRM-MDM Catalog 3.0 eng mit dem Prozess der Dienstleistungsbeschaffung integriert. Dies geschieht an den folgenden Stellen:

- Es können nun Musterleistungsverzeichnisse aus SAP ERP nach SRM-MDM Catalog übertragen werden.
- Beim Anlegen einer Ausschreibung (RFx) kann der Einkäufer auch auf das Musterleistungsverzeichnis im Katalog zugreifen und Teile der Gliederung in das RFx-Dokument übertragen.
- Bieter können bei der Abgabe des Gebots auch auf das Musterleistungsverzeichnis im Katalog zugreifen und Teile der Gliederung in das Gebot übernehmen.

- Leistungshierarchien aus einem Lieferantengebot, das den Zuschlag erhalten hat, können in SRM-MDM Catalog geladen werden.
- Lieferanten können im Fall von Limitpositionen bei der Leistungserfassung in SAP SUS auf SRM-MDM Catalog zugreifen und die geeigneten Leistungspositionen aus dem Katalog in das Leistungserfassungsblatt übertragen.

Kataloginnovationen [EHP 1]

Über den Customizing-Schalter CAT_701_CTR_UPLOAD können Sie seit SAP SRM EHP 1 die Möglichkeiten beim Upload von Leistungshierarchien in den SRM-MDM Catalog folgendermaßen erweitern:

- Das Hochladen von Leistungshierarchien aus SAP ERP- und SAP SRM-Kontrakten ist erweitert worden, zum Beispiel um einen neuen Positionscode I für Infozeilen beim SRM-Upload.
- Das Übertragen von Leistungshierarchien zusammen mit den dazugehörigen Kontraktinformationen aus SRM-MDM Catalog nach SAP ERP und SAP SRM ist nun möglich.
- Das Hochladen von Leistungshierarchien aus Microsoft Excel-Dateien über eine Funktion im MDM Import Manager ist möglich.

Voraussetzung für die genannten Funktionen ist der Einsatz von SRM-MDM Catalog 7.01.

Konfiguration für die Beschaffung komplexer Dienstleistungen mit hierarchischen Strukturen

Für das Szenario der Beschaffung komplexer Dienstleistungen benötigen Sie ein SAP ERP 6.0-Backend mit Erweiterungspaket 4.

Ergänzend zu den Konfigurationseinstellungen aus Abschnitt 6.1, »Beschaffung per Self-Service«, sind die im Folgenden beschriebenen Konfigurationseinstellungen erforderlich, um die Beschaffung komplexer Dienstleistungen mit hierarchischen Strukturen im klassischen Szenario zu ermöglichen.

1. **SOA-basierte Integration von SRM-Server und SAP ERP-Backend**
   Für die Übertragung externer Anforderungen wurde für SAP ERP 6.0, Erweiterungspaket 4, eine neue Enterprise-Service-basierte Schnittstelle entwickelt. Die Konfiguration zur Übertragung externer Anforderungen aus dem SAP ERP-Backend in das SAP SRM-System, wie sie in früheren Releases für das Geschäftsszenario »Plangesteuerte Beschaffung« verwendet wurde (Tabellen V_T160EX, V_T160PR und Report `BBP_EXTREQ_TRANSFER`, siehe Abschnitt 6.4, »Plangesteuerte Beschaffung«), ist für die Beschaffung komplexer Dienstleistungen mit hierarchischen Strukturen nicht geeignet.

Führen Sie stattdessen die in den folgenden SAP-Hinweisen beschriebenen Konfigurationsschritte durch:

- 1263876, »SAP SRM Konfiguration des Beschaffungsprozess-Szenarios«
- 1286936, »PI-Konfiguration für SRM – zusätzliche Informationen«
- 1268336, »Business Suite 2008: Synchrone Peer-to-Peer-Services«

2. **Übertragung von Bestellanforderungen von SAP ERP nach SAP SRM einrichten**
Implementieren Sie im SAP ERP-Backend das BAdI `ME_REQ_SOURCING_CUST`. In diesem BAdI werden die Regeln zum Übertragen der Bestellanforderungen aus dem SAP ERP-Backend an den SRM-Server definiert. Weitere Informationen hierzu finden Sie in Abschnitt 12.3.2, »Einstellung der Bezugsquellenfindung im SAP ERP-Backend«.

Aktivieren Sie anschließend im SAP ERP-Backend die Ereigniskopplung für die externe Bezugsquellenfindung. Rufen Sie hierzu die Transaktion SWETYPV (Sicht »Ereignistypkopplungen« ändern) auf, und prüfen Sie, ob die Einträge den in Abbildung 6.25 gezeigten Einträgen entsprechen.

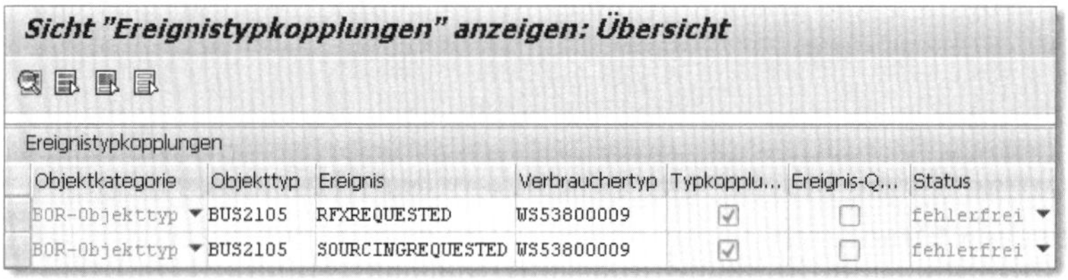

Sicht "Ereignistypkopplungen" anzeigen: Übersicht

Ereignistypkopplungen

Objektkategorie	Objekttyp	Ereignis	Verbrauchertyp	Typkopplu...	Ereignis-Q...	Status
BOR-Objekttyp	BUS2105	RFXREQUESTED	WS53800009	☑	☐	fehlerfrei
BOR-Objekttyp	BUS2105	SOURCINGREQUESTED	WS53800009	☑	☐	fehlerfrei

Abbildung 6.25 Ereignistypkopplungen ändern

Sollten die Einträge nicht vorhanden sein, kopieren Sie den Eintrag für das Ereignis CREATED des Objekttyps BUS2105 und des Verbrauchertyps WS53800009, und ändern Sie den Namen für Ereignis entsprechend den Einträgen in Abbildung 6.25.

3. **RFC-User der zuständigen Einkaufsorganisation zuordnen**
Zur Integration von PI mit dem SRM-Server müssen Sie einen RFC-User im SRM-Server anlegen (siehe obengenannte SAP-Hinweise für Details). Es handelt sich dabei um den RFC-User, den PI verwendet, um auf den SRM-Server zuzugreifen.

Weisen Sie diesen RFC-User der Einkaufsorganisation zu, die für die Beschaffung der komplexen Dienstleistungen zuständig ist. Die Zuordnung des RFC-Users zu dieser Einkaufsorganisation nehmen Sie über die Transaktion USERS_GEN vor.

4. **Dienstleistungsbeschaffung aktivieren**
   Rufen Sie im SAP SRM-System die Transaktion SPRO und dann im Einführungsleitfaden (IMG) den folgenden Pfad auf: Supplier Relationship Management • SRM Server • Anwendungsübergreifende Grundeinstellungen • Dienstleistungsbeschaffung • Dienstleistungsbeschaffung aktivieren.

   In dieser Customizing-Aktivität können Sie Dienstleistungsbeschaffungen konfigurieren, indem Sie Ausschreibungen und Angeboten Hierarchievorlagen zuordnen und Einrückungen für Business-Objekte festlegen.

   Lesen Sie die dort hinterlegte Dokumentation, und führen Sie die entsprechenden Customizing-Schritte durch.

5. **SAP Supplier Self-Services konfigurieren**
   Konfigurieren Sie SAP SUS mit der SAP ERP-Integration. Weitere Informationen zum Thema »SAP Supplier Self-Services mit SAP ERP-Integration« enthält Abschnitt 9.3. Weiterführende Informationen zur dazugehörigen Konfiguration finden Sie im SAP SRM Solution Manager Content.

Limitationen bei der Beschaffung komplexer Dienstleistungen mit hierarchischen Strukturen

Bei der Beschaffung komplexer Dienstleistungen mit hierarchischen Strukturen in SAP SRM 7.0 sind folgende Limitationen zu beachten:

- Die Verwendung von hierarchischen Strukturen in der Einkaufswagentransaktion noch nicht verfügbar.
- Die in der MM-SRV-Bestellanforderung verfügbaren Felder Langtext Leistungsgliederung und Langtext Zeile werden im nicht unterstützt.
- Die MM-SRV-Zeilenarten Interne Zeile und Zeile mit freier Menge sind nicht verfügbar.

Innovationen für die Dienstleistungsbeschaffung [EHP 1]

Durch die Aktivierung des Customizing-Schalters SRM_701_SERV_PROC_GE (Dienstleistungsbeschaffung) stehen Ihnen die folgenden Funktionen zur Verfügung:

- Übertragung von Hinweiszeilen, die Detailinformationen in einer Dienstleistungsstruktur enthalten, von SAP ERP nach SAP SRM, einschließlich SAP Supplier Self-Services
- Sie können Bestellungen mit dem Status Vorerfassen oder Merken im ERP anlegen.

- Es können nun Ausschreibungen mit hierarchischen Inhalten direkt in SAP SRM angelegt werden, ohne dass zuvor eine Bestellanforderung im ERP-System als Basis erstellt wurde.
- Sie können einen SRM-Zentralkontrakt, der als Bezugsquelle in SAP ERP zur Verfügung steht, auch von SAP ERP nach SAP SUS übertragen, damit Dienstleistungen gegen ein Kontraktlimit unter Verwendung von SRM-MDM Catalog eingegeben werden können.

6.2.4 Beschaffung von externem Personal

Viele Unternehmen setzen externes Servicepersonal ein. Dabei steht die Qualifikation und Verfügbarkeit des Leistungserbringers (z.B. eines SAP-Beraters) im Vordergrund. Daher ist die Interaktion mit dem Lieferanten im Vorfeld der Beauftragung von externem Personal von hoher Bedeutung. Bei dieser Interaktion müssen im Vorfeld sowohl die Qualifikation als auch die Verfügbarkeit der Leistungserbringer geklärt werden.

[zB] Spielen wir hierzu ein kurzes Beispiel durch: Bei externem Personal wird in der Regel nach Aufwand abgerechnet. Der Anforderer ist häufig ein Projektleiter, der die Herausforderung bewältigen muss, zum richtigen Zeitpunkt über die geeigneten Personalressourcen zu verfügen und trotzdem weiterhin die Kosten im Griff zu haben. Rahmenbedingungen wie Stunden- oder Tagessätze werden bereits im Vorfeld mit den Lieferanten ausgehandelt. Spesen wie z.B. Reisekosten werden innerhalb eines vorher definierten Limits nach Aufwand erstattet. Dienstleister müssen als Basis für ihre Abrechnungen regelmäßig Zeiterfassungsblätter ausfüllen.

Wir haben es in der Szenariovariante »Beschaffung von externem Personal« also mit einer fixen Leistungskomponente (Zeit) und ungeplanten Leistungskomponenten (Spesen und Überstunden) zu tun.

Prozessfluss der Beschaffung von externem Personal

SAP SRM unterstützt die Szenariovariante zur Beschaffung von externem Personal bereits seit Release 3.0. Der Prozess beginnt damit, dass eine *Verfügbarkeitsanfrage* an einen oder mehrere Lieferanten gesendet wird. Anhand der Rückmeldungen durch die Lieferanten erhält einer der als verfügbar gemeldeten Lieferanten den Auftrag. Der Lieferant kann die Bestellung per SAP SUS entgegennehmen, dort seine geleisteten Zeiten und Spesenaufwände erfassen sowie anschließend die Rechnung darin stellen. Die vom Lieferanten erstellte Zeiterfassung und Rechnung bedarf schließlich der Genehmigung durch den Benutzer, der den Dienstleister angefordert hat.

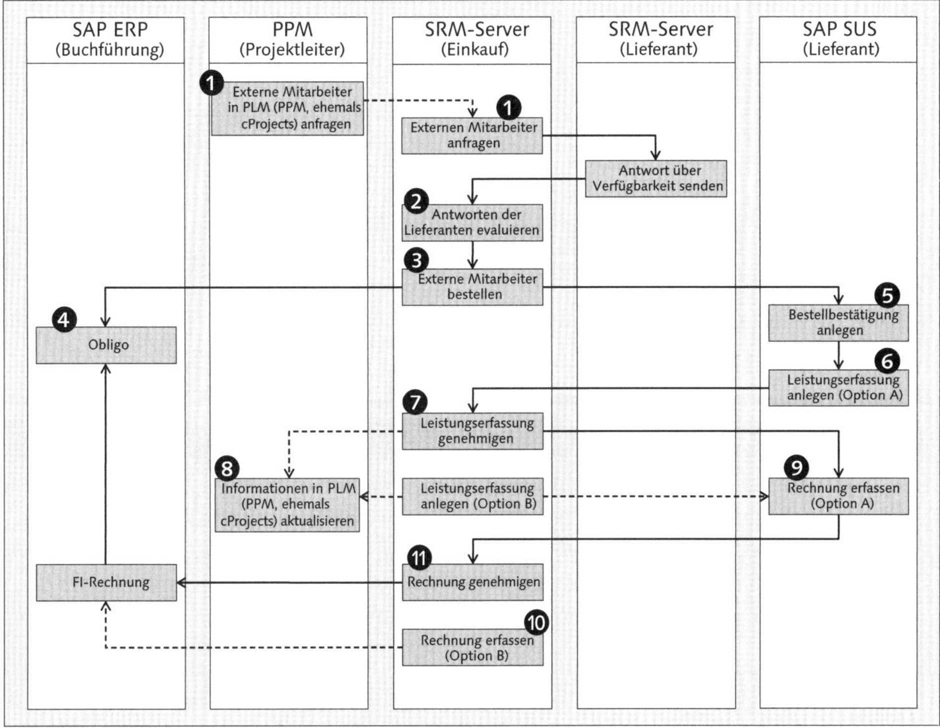

Abbildung 6.26 Beschaffung von externem Personal

Abbildung 6.26 gibt einen Überblick über den Prozessfluss. Betrachten wir die Prozessschritte nun im Detail:

1. Die Anfrage an einen Lieferanten, um seine Verfügbarkeit und eventuell weitere Informationen abzufragen, kann entweder manuell in SAP SRM von einem Einkäufer eingegeben oder aus SAP Portfolio and Project Management (PPM) übernommen werden ❶.

2. Zum Anlegen einer Anfrage in SAP SRM melden Sie sich als operativer Einkäufer am System an und legen anschließend einen Einkaufswagen an. Wählen Sie nun POSITION HINZUFÜGEN • ALS SERVICEANFORDERUNG (siehe Abbildung 6.27). Spezifizieren Sie die Leistung, und wählen Sie nun die gewünschten Lieferanten sowie optional deren Leistungserbringer aus.

   Ergänzen Sie wahlweise die Anfrage mit einem Qualifikationsprofil, das die Anforderungen an den Leistungserbringer detailliert beschreibt. Definieren Sie die Limits und Pauschalen für Spesen und Überstunden.

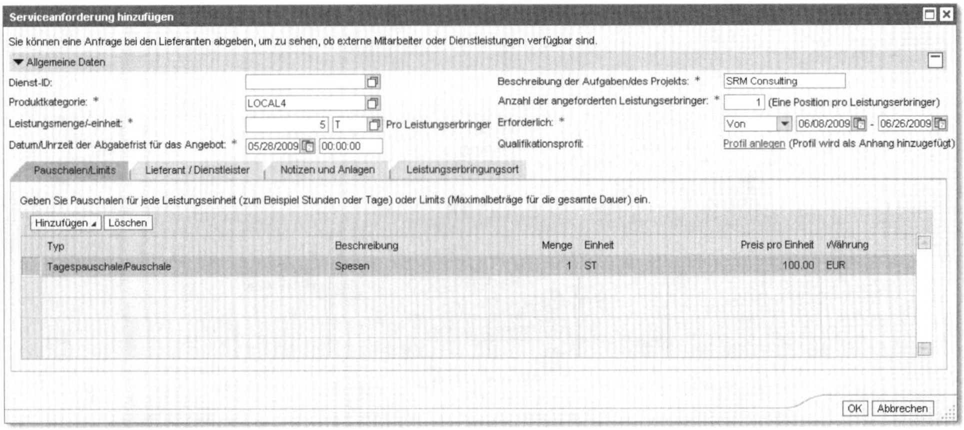

Abbildung 6.27 Serviceanforderung

[»] **Verfügbare Lieferanten**

Es sind nur bereits im Vorfeld per Kontrakt, Produktverknüpfung oder Lieferantenliste definierte Lieferanten verfügbar (siehe die Kapitel 7, »Bezugsquellenfindung«, und 8, »Verwaltung von Kontrakten«).

Auswählbare Leistungserbringer müssen im Vorfeld als Ansprechpartner für den Lieferanten angelegt worden sein (siehe Kapitel 4, »Stammdaten«).

3. Technisch läuft der Anfrageprozess über SAP Bidding Engine ab. Der Lieferant wird nun per E-Mail darüber informiert, dass eine Anfrage für ihn eingegangen ist. Beim Erfassen seiner Antwort kann der Lieferant auch selbst einen Leistungserbringer aus seinem Unternehmen benennen. Falls in der Anfrage noch kein Preis genannt worden ist, muss der Lieferant diesen in seinem Angebot mitangeben.
4. Anschließend evaluiert der Einkäufer die eingegangenen Antworten (siehe ❷ in Abbildung 6.26) und kann nun einen Lieferanten beauftragen ❸. Dabei generiert das System eine lokale Bestellung im SAP SRM-System. Da dieser Prozess technisch im Standalone-Szenario abläuft, wird per IDoc im FI-Backend ein Obligo aufgebaut ❹.

[»] **Alternative zum Anfrageprozess**

Es steht Ihnen auch die folgende Variante zur Verfügung: Falls der hier beschriebene Anfrageprozess nicht gewünscht wird, kann der Einkäufer statt einer SERVICEANFORDERUNG auch direkt einen SERVICEAUFTRAG zum Einkaufswagen hinzufügen.

5. Der Lieferant kann seine Bestellung über SAP SUS entgegennehmen und eine Bestellbestätigung erfassen ❺.

6. Anschließend kann der Lieferant seine erbrachten Leistungen sowie eventuell angefallene Spesen per SAP SUS eingeben ❻. Alternativ kann ein vom Lieferant erhaltenes Leistungserfassungsblatt auch von einem Einkaufsassistenten direkt im SAP SRM-System erfasst werden.
7. Das vom Lieferanten angelegte Leistungserfassungsblatt ist nun von einem internen Mitarbeiter zu genehmigen ❼.
8. Stammt die ursprüngliche Anfrage aus einem PPM-System, werden nun die Informationen aus der Leistungserfassung in SAP PLM aktualisiert ❽.
9. Der Lieferant kann auch seine Rechnung direkt in SAP SUS erfassen ❾. Alternativ kann der Einkäufer oder ein zentraler Rechnungssteller selbst die Rechnung im SAP SRM-System eingeben ❿. Rechnungen, die von einem Lieferanten in SAP SUS erfasst worden sind, müssen von einem internen Mitarbeiter genehmigt werden ⓫.

Konfiguration für die Beschaffung von externem Personal

Wir konzentrieren uns hier auf die zentralen Konfigurationsschritte. Weitere Details zum Customizing für dieses Szenario finden Sie im Solution Manager Content. Führen Sie die folgenden Schritte durch, um das Szenario »Beschaffung von externem Personal« zu konfigurieren:

1. **Beschaffung per Self-Service konfigurieren**
   Führen Sie die Konfigurationseinstellungen aus Abschnitt 6.1, »Beschaffung per Self-Service«, durch.
2. **SAP SUS konfigurieren**
   Konfigurieren Sie SAP SUS im SUS-EBP-Szenario (weitere Informationen hierzu finden Sie in Kapitel 9, »Lieferantenkollaboration«).
3. **Erstellung eines Qualifikationsprofils**
   Diese optionale Konfiguration benötigen Sie, falls Sie mit Qualifikationsprofilen arbeiten möchten. Hierzu müssen Sie das BAdI `BBP_SKILLS` implementieren. Weitere Vorbedingungen sind, dass Sie den *Adobe Document Server* (ADS) aktiviert und *Adobe Reader 8.1* oder höher installiert haben.
   Der Adobe Document Server ist ein Service, der auf SAP NetWeaver AS Java läuft. Aus SAP SRM rufen Sie diesen Service per RFC-Verbindung vom Typ HTTP auf. Zur Implementierung des BAdIs `BBP_SKILLS` rufen Sie im SAP SRM-System die Transaktion SPRO und dann im Einführungsleitfaden (IMG) den Pfad Supplier Relationship Management • SRM Server • Business Add-Ins • Erstellung eines Qualifikationsprofils auf und folgen den Informationen dieses IMG-Eintrags.

4. **Meldungssteuerung für Limitbestellungen**
   Damit Sie in SAP SUS Limitbestellungen verwenden können, müssen die Einstellungen für die XML-Meldungssteuerung im Customizing angepasst werden. Damit stellen Sie sicher, dass das Feld für den Produkttyp im SRM-Server angezeigt wird, wenn dieser eine Bestätigung für eine Limitbestellung empfängt. Falls Sie diese Einstellung nicht definieren, wird keine Bestätigung im SRM-Server angelegt, und der Status in SAP SUS wird automatisch auf *abgelehnt* gesetzt. Rufen Sie für diese Einstellung im SAP SRM-System die Transaktion SPRO und dann im Einführungsleitfaden (IMG) den folgenden Pfad auf: SUPPLIER RELATIONSHIP MANAGEMENT • SRM SERVER • ANWENDUNGSÜBERGREIFENDE GRUNDEINSTELLUNGEN • MELDUNGSSTEUERUNG • EINGANGSMELDUNGSSTEUERUNG BEEINFLUSSEN. Gehen Sie dann folgendermaßen vor:
   - Wählen Sie in der rechten Hälfte des Fensters BESTÄTIGUNG WARE/LEISTUNG EC (BUS2203).
   - Klicken Sie in der Dialogstruktur links den Eintrag XML-MELDUNGSSTEUERUNG doppelt an.
   - Aktivieren Sie die Checkbox IGNORIEREN für die Meldung 217, »Geben Sie eine Produktkategorie ein«.
   - Sichern Sie Ihre Änderungen.
5. **Einstellungen für Bestätigungen und Rechnungsprüfungen**
   Rufen Sie im SAP SRM-System die Transaktion SPRO und dann im Einführungsleitfaden (IMG) den folgenden Pfad auf: SUPPLIER RELATIONSHIP MANAGEMENT • SRM SERVER • BESTÄTIGUNGEN UND RECHNUNGSPRÜFUNGEN. Folgen Sie den Anweisungen, die Sie in der Dokumentation der unter diesem Customizing-Knoten liegenden IMG-Transaktionen finden.

Integration der SUS-Leistungserbringerliste

Falls gewünscht, können Sie einen Link zur Leistungserbringerliste in SAP SUS konfigurieren und hierdurch auch die in SAP SUS verfügbaren Leistungserbringer auswählen. Führen Sie dazu die folgenden Schritte durch:

1. Rufen Sie für diese Einstellung im SAP SRM-System die Transaktion SPRO und dann im Einführungsleitfaden (IMG) den Pfad SUPPLIER RELATIONSHIP MANAGEMENT • SRM SERVER • STAMMDATEN • CONTENT MANAGEMENT • EXTERNE WEB-SERVICES DEFINIEREN auf, und legen Sie einen Webservice vom Typ »Dienstleisterverzeichnis« an.

2. Verwenden Sie die Transaktion PPOMA_BBP, um im SRM-Mandanten den Webservice über das Attribut CAT den berechtigten Benutzern zuzuweisen.
3. Erstellen Sie eine neue HTTP-Verbindung:
   - Rufen Sie die Transaktion SRM59 auf.
   - Wählen Sie HTTP-VERBINDUNGEN ZU ABAP-SYSTEM (TYP H).
   - Wählen Sie ANLEGEN.
   - Geben Sie in das Feld RFC-DESTINATION das Kürzel »WS_SUS« ein.
   - Geben Sie in das Feld BESCHREIBUNG den Text »HTTP-Verbindung zu SUS« ein.
   - Pflegen Sie die Registerkarte TECHNISCHE EINSTELLUNGEN folgendermaßen: Geben Sie in das Feld ZIELMASCHINE den HTTP-Server Ihres SUS-Systems ein. Tragen Sie in das Feld SERVICENR. den HTTP-Port Ihres SUS-Systems ein. Rufen Sie zum Ermitteln des HTTP-Servers und des HTTP-Ports Ihres SUS-Systems die Transaktion SMICM auf, und wählen Sie dort die Menüeinträge SPRINGEN • SERVICES.
   - Geben Sie in das Feld PFADPRÄFIX den Eintrag »/sap/bc/srt/rfc/sap/« ein.
   - Pflegen Sie die Registerkarte ANMELDUNG & SICHERHEIT folgendermaßen: Markieren Sie im Bereich ANMELDEVERFAHREN den Radiobutton STANDARDAUTHENTIFIZIERUNG.

   Geben Sie im Bereich ANMELDUNG einen SU01-Benutzer von SAP SUS oder einen vorhandenen RFC-Benutzer ein, der über das Berechtigungsobjekt S_SERVICE verfügt.
4. Legen Sie den logischen Port LP_SUS an, und aktivieren Sie ihn.
   - Rufen Sie hierzu die Transaktion LPCONFIG auf (gültig bis SAP SRM 5.0, für SAP SRM 7.0 legen Sie den logischen Port alternativ über die Transaktion SOAMANAGER an).
   - Wählen Sie in Feld PROXYKLASSE über die Wertehilfe den ABAP-Namen CO_SAPSRM_CH_WS_SUS aus.
   - Geben Sie in das Feld LOGISCHER PORT den Namen »LP_SUS« ein.
   - Setzen Sie das Kennzeichen DEFAULT-PORT.
   - Wählen Sie ANLEGEN.
   - Geben Sie in dem Feld BESCHREIBUNG eine Beschreibung ein, zum Beispiel »Logischer Port für Webservice für SUS-Leistungserbringer«.

- Setzen Sie unter ALLGEMEINE EINSTELLUNGEN auf der Registerkarte AUFRUFPARAMETER das Kennzeichen HTTP-DESTINATION, und geben Sie »WS_SUS« ein.
- Geben Sie im Feld PFADSUFFIX »SAPSRM_CH_WS_SUS« ein.
- Sichern Sie Ihre Eingaben, und aktivieren Sie den logischen Port.

5. Geben Sie im SUS-Mandanten den Webservice zur Laufzeit frei:
   - Rufen Sie die Transaktion WSCONFIG auf (gültig bis SAP SRM 5.0, für SAP SRM 7.0 nutzen Sie alternativ die Transaktion SOAMANAGER).
   - Wählen Sie im Feld SERVICE DEFINITION über die Wertehilfe die Servicedefinition SAPSRM_CH_WS_SUS aus.
   - Fügen Sie im Feld VARIANTE den Eintrag »SAPSRM_CH_WS_SUS1« ein.
   - Wählen Sie ANLEGEN.
   - Sichern Sie die Eingaben.

Nun steht Ihnen die SUS-Leistungserbringerliste bei der Erstellung von Serviceanforderungen zur Verfügung.

Prozessvariante: Fakturierung von Fremdleistungen

Mithilfe der Variante »Fakturierung von Fremdleistungen« des Prozesses zur Beschaffung von externem Personal können Sie Ihren Kunden bestimmte, von externen Mitarbeitern durchgeführte Dienstleistungen in Rechnung stellen (siehe Abbildung 6.28). Dies ist jedoch eine nur sehr selten, auf Basis von SAP SRM genutzte Variante, die wir daher auch nur kurz zur Ergänzung vorstellen werden, um uns gleich wieder den weiter verbreiteten SAP SRM-Funktionalitäten zu widmen.

Um diese Funktionalität zu nutzen, legen Sie eine Bestellung in SAP SRM mit Bezug auf einen bereits vorhandenen Kundenauftrag im SAP ERP-Backend an. Die Leistungserfassung findet entweder durch den Lieferanten in SAP SUS oder durch einen Einkaufsassistenten im SRM-Server statt. Auf Basis der Leistungserfassung wird im SAP ERP-Backend eine Kundenrechnung angelegt.

Konfigurationsinformationen für diese Prozessvariante finden Sie im SAP SRM Solution Manager Content im Bereich der Geschäftsszenarien unter DIENSTLEISTUNGSBESCHAFFUNG (BESCHAFFUNG VON EXTERNEM PERSONAL) • FAKTURIERUNG VON FREMDLEISTUNGEN.

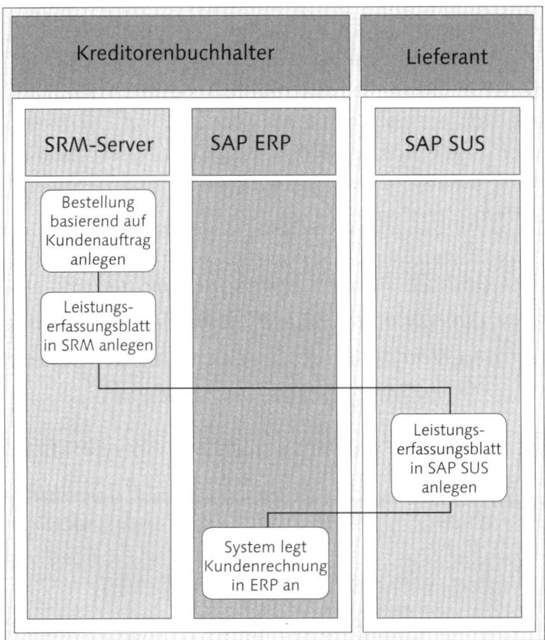

Abbildung 6.28 Fakturierung von Fremdleistungen (Quelle: http://help.sap.com)

6.2.5 Einkaufen mit Wertlimit

Kommen wir nun zur vierten und letzten Szenariovariante aus dem Bereich der Dienstleistungsbeschaffung, dem Einkaufen mit Wertlimit. Hierbei werden z.B. ungeplante Dienstleistungen beschafft, für die durch die Angabe eines Wertlimits die maximal zulässigen Kosten festgelegt werden. Unter *ungeplanten Leistungen* werden zum einen Dienstleistungen verstanden, die nicht spezifiziert werden können (oder sollen), und andererseits Dienstleistungen, die man nicht planen möchte.

Ungeplante Dienstleistungen [zB]

Eine ungeplante Dienstleistung ist eine Dienstleistung, bei der nicht näher spezifiziert werden kann oder soll, aus welchen konkreten Einzelleistungen sich das Vorhaben zusammensetzen wird (etwa weil das zum Anforderungszeitpunkt noch nicht bekannt ist).

Dies trifft z.B. bei der Renovierung von Büroräumen zu. Je nach Beschaffenheit und Alter der Räume müssen möglicherweise nicht nur Malerarbeiten durchgeführt werden, sondern auch der Fußboden oder auch die elektrischen Leitungen neu verlegt werden, um überhaupt erst die Grundlage für eine Netzwerkintegration zu schaffen. Außerdem müssen womöglich Beamer, Telekommunikationseinrichtungen, Whiteboards usw. neu installiert werden.

Eine Dienstleistung, die man nicht planen möchte, findet man z. B. im Bereich von Kleinreparaturen für ein Geschäftsgebäude: Der zuständige Handwerkerbetrieb erhält beispielsweise am Jahresanfang eine Bestellung mit einer Limitposition. Nur dann, wenn konkrete Reparaturleistungen notwendig werden, wird der Handwerkerbetrieb angerufen und gebeten, diese durchzuführen. Nach erledigter Reparatur stellt der Handwerkerbetrieb schließlich eine Rechnung, die mit Bezug zur ursprünglichen Bestellung im System erfasst wird.

Ungeplante Leistungen weisen deshalb keine *Leistungsbeschreibungen* auf, sondern werden in Form von Grenzwerten in der jeweiligen Währung erfasst. Bis zu diesen sogenannten *Wertlimits* dürfen Leistungen erbracht werden. Die Kostenüberwachung ist auf diese Weise gewährleistet.

Positionen mit Limits können in SAP SRM von Benutzern mit der operativen Einkäuferrolle angefordert werden (siehe Abbildung 6.29). Limitpositionen können sowohl für Waren als auch für Dienstleistungen verwendet werden.

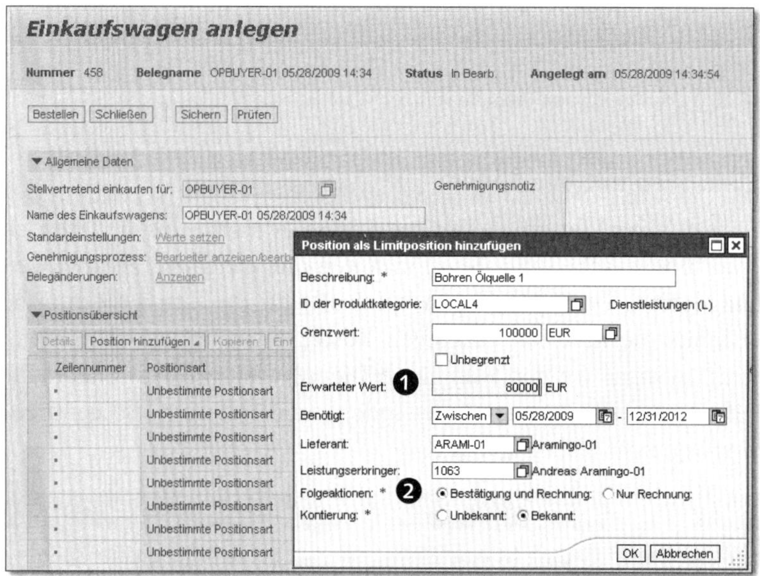

Abbildung 6.29 Einkaufswagen – Limitposition hinzufügen

Der erwartete Wert der Limitposition (siehe ❶ in Abbildung 6.29) wird als Basis für den Genehmigungs-Workflow verwendet. Die Folgeaktionen ❷ bestimmen, ob nur eine Rechnung oder eine Bestätigung und Rechnung erwartet werden. Sie können die Kontierungen im Einkaufswagen, in der Bestätigung oder in der Rechnung erfassen, wenn die Folgebelege nicht im SAP ERP-Backend angelegt werden müssen oder nur Rechnungen erwartet werden.

Limitpositionen können mit geplanten Positionen, z.B. Freitext- oder Leistungspositionen, in einem Einkaufswagen kombiniert werden. Sie sind in allen drei technischen Szenarien verfügbar. Das bedeutet, die Folgebelege (Bestellung bzw. gegebenenfalls BANF) werden abhängig von der Produktkategorie lokal im SRM-Server oder im SAP ERP-Backend angelegt. Im klassischen Szenario erhalten Sie die Folgebelege mit dem Positionstyp B (Limit) oder D (Dienstleistung) in Ihrem Backend-System, je nachdem, wie Sie Ihre Folgeaktions-Einstellungen im Einkaufswagen definiert haben; die Bestätigung und die Rechnung werden beispielsweise nur von Positionstyp D unterstützt.

Möchten Sie Limitbestellungen in SAP SUS verwenden, beachten Sie die Customizing-Informationen in Abschnitt 6.2.4, »Beschaffung von externem Personal«.

6.3 Beschaffung von Direktmaterialien

In Abschnitt 6.1, »Beschaffung per Self-Service«, hatten wir uns auf die Beschaffung von indirekten Materialien konzentriert. Die Beschaffung von Direktmaterialien ist einerseits eine Erweiterung der dort beschriebenen Prozesse und andererseits eine Vorbereitung auf Abschnitt 6.4, »Plangesteuerte Beschaffung«.

Um den Prozess zur Beschaffung von Direktmaterialien zu verstehen, werden wir diesen zuerst mit der Beschaffung von indirekten Materialien vergleichen und die Unterschiede herausarbeiten (siehe Tabelle 6.2).

Direktmaterialien	Indirekte Materialien
werden im Produktionsprozess verwendet	MRO (Hilfs- und Betriebsstoffe)
meist auf Lager	kein wesentlicher Bestandteil eines Produkts

Tabelle 6.2 Vergleich Direktmaterialien – indirekte Materialien

Direktmaterialien werden im Produktionsprozess verwendet und beeinflussen daher den Wert des Endprodukts. Diese Materialien werden in der Regel auf Lager gehalten und unterliegen der Bestandsführung. Indirekte Materialien (auch MRO-Materialien genannt, MRO = Maintenance, Repair, Operations) sind beispielsweise Büromaterialien oder Maschinenteile.

Prozessfluss der Beschaffung von Direktmaterialien

Wenn Sie in SAP SRM ein Material als Direktmaterial bestellen, wird dieses zur Einlagerung angefordert. Es gibt zwei Möglichkeiten, über SAP SRM Direktmaterialien anzufordern:

- Generierung einer externen Anforderung in einem Planungssystem. Diesen Prozess betrachten wir detailliert in Abschnitt 6.4, »Plangesteuerte Beschaffung«.
- Manuelle Anforderung von Direktmaterialpositionen über den SAP SRM-Einkaufswagen. Diesen Prozess betrachten wir nun im Detail.

Der Prozess der Beschaffung von Direktmaterialien kann von jedem Benutzer mit der Mitarbeiterrolle durchgeführt werden. Legen Sie dazu einen Einkaufswagen an, und fügen Sie das gewünschte Material aus einem Online-Katalog oder über den Link INTERNE WAREN/DIENSTLEISTUNGEN (siehe Abbildung 6.3) zum Einkaufswagen hinzu. Gehen Sie dann zu den Positionsdetails des hinzugefügten Materials, und haken Sie die Checkbox ALS DIREKTMATERIAL BESTELLEN an (siehe Abbildung 6.30).

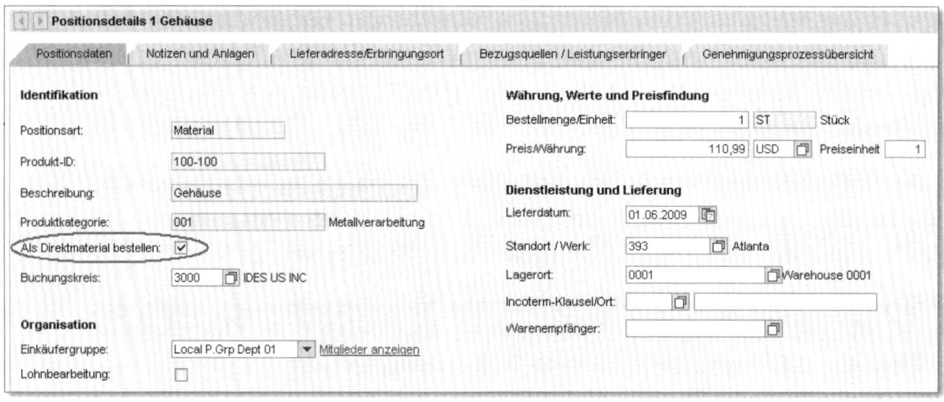

Abbildung 6.30 Einkaufswagenposition als Direktmaterial bestellen

Bei der Wahl der Checkbox ALS DIREKTMATERIAL BESTELLEN wird der Warenempfänger durch das Werk ersetzt, für das Sie bestellen. Außerdem werden die Kontierungsdaten entfernt.

Sind Bezugsquelleninformationen (z.B. in einem Kontrakt) verfügbar, kann das System automatisch eine Bestellung als Folgebeleg anlegen. Falls keine Bezugsquelleninformationen vorhanden sind, muss die Einkaufswagenposition von einem operativen Einkäufer in der Sourcing-Anwendung vervollständigt werden.

Die Beschaffung von Direktmaterialien wird immer im erweiterten klassischen Szenario durchgeführt. Daher wird die vollständige Bestellung im SRM-Server angelegt und eine Kopie ins SAP ERP-Backend repliziert. Änderungen der Bestellung können nur im SRM-Server und nicht im SAP ERP-Backend durchgeführt werden.

Neue Direktmaterialverarbeitung

[EHP 2]

Eine neue Direktmaterialverarbeitung steht seit EHP 2 von SAP SRM zur Verfügung. Durch die Aktivierung des Customizing-Schalters SRM_702_DIRECT_MATERIAL sorgen Sie dafür, dass das SAP-System nicht mehr unterscheidet, ob ein Einkaufswagen mit einem indirekten oder einem direkten Material angelegt wurde.

Nun können Sie über eine der folgenden Aktionen Direktmaterialbestellungen in SAP ERP anlegen:

- Bestellung eines Einkaufswagens
- Durchführung einer Bezugsquellenfindung für den Einkaufswagen
- Durchführung einer Bezugsquellenfindung für eine Bestellanforderung, die aus dem ERP-System übertragen worden ist

Die Backend-Belege wie Bestellanforderungen oder Bestellungen können Sie nicht nur im SRM-System sondern auch im entsprechenden ERP-System anlegen.

Customizing für die Beschaffung von Direktmaterialien

Der Großteil der Konfigurationsschritte für die Beschaffung von Direktmaterialien ist im SRM-Server durchzuführen:

1. **Vorgangsart für Direktmaterialbestellung einrichten**
   Rufen Sie im SAP SRM-System die Transaktion SPRO und dann im Einführungsleitfaden (IMG) den Pfad SUPPLIER RELATIONSHIP MANAGEMENT • SRM SERVER • ANWENDUNGSÜBERGREIFENDE GRUNDEINSTELLUNGEN • VORGANGSARTEN FESTLEGEN auf. Definieren Sie für den Vorgangsobjekttypen BUS2201 BESTELLUNG ❶ eine Vorgangsart für die Direktmaterialbestellung (z.B. ECDP, siehe ❷ in Abbildung 6.31).
2. **Nummernkreise für lokale Bestellungen einrichten**
   Rufen Sie im SAP SRM-System die Transaktion SPRO auf, und wählen Sie dann im Einführungsleitfaden (IMG) den folgenden Pfad: SUPPLIER RELATIONSHIP MANAGEMENT • SRM SERVER • ANWENDUNGSÜBERGREIFENDE GRUNDEINSTELLUNGEN • NUMMERNKREISE • NUMMERNKREISE FÜR SRM SERVER • NUMMERNKREISE FÜR LOKALE BESTELLUNGEN FESTLEGEN. Definieren Sie einen Nummernkreis, der zum Nummernkreisintervall passt, das in der vorher definierten Vorgangsart hinterlegt worden ist.

Abbildung 6.31 Vorgangsart bei Direktmaterial

3. **Standorte aus dem Backend replizieren**
   Wählen Sie die Transaktion SA38 zur ABAP-Programmausführung, und führen Sie einen Standardreport (z.B. `BBP_LOCATIONS_GET_FROM_SYSTEM`) aus, um die Standorte aus dem Backend-System zu replizieren.
4. **Werke und Lagerorte in der Aufbauorganisation pflegen**
   Rufen Sie die Transaktion PPOMA_BBP zur Pflege der Aufbauorganisation auf, und pflegen Sie unter den erweiterten Attributen die Werke und Lagerorte, die Sie bei der Bestellung von Direktmaterialien im Einkaufswagen zur Verfügung stellen möchten (siehe Abbildung 6.32). In dem in der Abbildung sichtbaren Beispiel wurde die Option STANDORTE ausgewählt und damit die Tabelle zur Pflege der WERKE angezeigt.

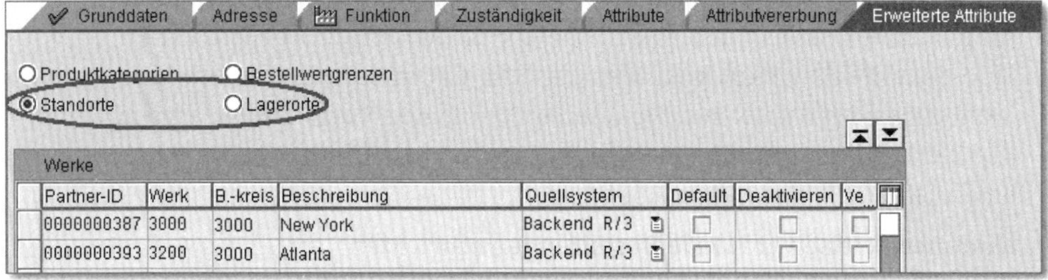

Abbildung 6.32 Werke und Lagerorte in der Aufbauorganisation pflegen

5. **Attribut DP_PROC_TY pflegen**
   Bleiben Sie in der Transaktion PPOMA_BBP, und definieren Sie für die gewünschten Organisationseinheiten das Attribut DP_PROC_TY (Vorgangsart: Bestellung manuell anlegen). Geben Sie als Wert die unter Schritt 1 definierte Vorgangsart (z.B. ECDP) an.

6. **Zuständigkeit der Einkäufergruppe erweitern**
   Bleiben Sie in der Transaktion PPOMA_BBP, und pflegen Sie die fachliche Zuständigkeit einer lokalen Einkäufergruppe so, dass diese für die Produktkategorien zuständig ist, die für die Bestellung von Direktmaterialien verwendet werden.
7. **Produkte aus dem Backend replizieren**
   Sie können nur Materialien als Direktmaterial bestellen, die Sie aus einem SAP ERP-Backend repliziert haben, daher ist die Replikation der gewünschten Produktstammdaten aus dem SAP ERP-Backend der nächste Schritt, den Sie durchführen müssen. Die genaue Beschreibung dieser Schritte entnehmen Sie Abschnitt 4.2, »Produktstammdaten«.

Damit die als Folgebeleg angelegte Bestellung vom Backend-System übernommen werden kann, müssen nun noch einige Schritte im SAP ERP-Backend durchgeführt werden:

- **Backend-Belegart passend zur SRM-Vorgangsart pflegen**
  Rufen Sie im SAP ERP-Backend die Transaktion SPRO und dann im Einführungsleitfaden (IMG) den folgenden Pfad auf: MATERIALWIRTSCHAFT • EINKAUF • BESTELLUNG • BELEGARTEN EINSTELLEN. Definieren Sie die Belegart passend zu der Vorgangsart, die in SAP SRM für Direktmaterialien eingerichtet wurde (z.B. ECDP).
- **Backend-Nummernkreise passend zu SRM-Nummernkreisen pflegen**
  Rufen Sie im SAP ERP-Backend die Transaktion SPRO und dann im Einführungsleitfaden (IMG) den folgenden Pfad auf: MATERIALWIRTSCHAFT • EINKAUF • BESTELLUNG • NUMMERNKREISE FESTLEGEN. Definieren Sie hier ein externes Nummernkreisintervall für die gerade gepflegte Belegart – passend zu dem vorher im SRM definierten Nummernkreisintervall.

Damit haben Sie die Konfiguration für die *Beschaffung von Direktmaterialien* erfolgreich abgeschlossen. Kommen wir zum nächsten Thema, der *plangesteuerten Beschaffung*.

6.4 Plangesteuerte Beschaffung

Dem Szenario »Plangesteuerte Beschaffung« liegt der Gedanke zugrunde, die SAP SRM-Funktionalität der Bezugsquellenfindung (siehe Kapitel 7, »Bezugsquellenfindung«) auch für Beschaffungsprozesse externer Systeme (z.B. MM oder EAM) zu nutzen.

Hierzu werden die Anforderungen dieser Systeme an SAP SRM übertragen, damit dort die Bezugsquellenfindung entweder automatisch oder per Sourcing-Anwendung von einem zentralen Einkaufsteam durchgeführt werden kann. Als positive Nebeneffekte ergeben sich eine bessere Nutzung von Kontrakten sowie Mengenrabatte aufgrund einer effektiveren Bedarfsbündelung.

Externe Bedarfe – also die Bedarfe, die durch Anforderungs- oder Planungsprozesse in externen Systemen generiert werden – können aus verschiedenen Systemen außerhalb von SAP SRM stammen, z. B. aus Materialbedarfsplanungssystemen für die Produktionsplanung (z. B. MM), aus automatisierten Produktionssystemen für die erweiterte, restriktionsbasierte Planung, aus Projektsystemen für die Projektplanung (z. B. PS) oder aus Instandhaltungssystemen für die Wartungs- und Reparaturplanung (z. B. EAM). In diesem Geschäftsszenario werden häufig Direktmaterialien beschafft – das liegt daran, dass die externen Bedarfe oft aus Bedarfsplanungen für Produktionsprozesse stammen.

Prozesse der plangesteuerten Beschaffung

Betrachten wir den Prozess der plangesteuerten Beschaffung etwas näher – Abbildung 6.33 gibt hierzu einen Überblick. Externe Bedarfe können aus den folgenden Prozessen bzw. Systemen an SAP SRM übertragen werden:

- **Plangesteuerte Disposition (z. B. MM, SAP APO)**
  Auf der Basis von Produktionsanforderungen und Lagerplanungsdaten werden in einem MRP-Lauf Bestellanforderungen im Backend-System generiert. Alternativ kann auch eine Bestellanforderung von einem Einkäufer im Backend manuell angelegt werden. Diese Bestellanforderungen werden zur weiteren Bearbeitung an das SAP SRM-System übertragen.
- **Instandhaltungssystem (z. B. Plant Maintenance, PM, bzw. Enterprise Asset Management, EAM)**
  Im Backend-System werden, basierend auf den für den Wartungsauftrag benötigten Komponenten, Bestellanforderungen angelegt. Diese werden zur weiteren Bearbeitung an das SAP SRM-System übertragen. Es besteht die Möglichkeit, einen OCI-basierten Katalog (OCI = Open Catalog Interface, z. B. SRM-MDM Catalog) an das Instandhaltungssystem anzubinden und die für den Wartungsauftrag benötigten Komponenten somit direkt aus dem Katalog auszuwählen.

- **Projektsystem (z.B. SAP Projektsystem, PS)**
  Aufgrund der Bedarfe, die sich aus dem Projekt ergeben, werden Bestellanforderungen im Backend-System angelegt. Diese werden zur weiteren Bearbeitung an das SAP SRM-System übertragen. Es besteht auch hier die Möglichkeit, einen OCI-basierten Katalog an das Projektsystem anzubinden und die für das Projekt benötigten Waren und Dienstleistungen direkt aus dem Katalog auszuwählen.
- **Streckenabwicklung (z.B. Sales and Distribution, SD)**
  Bei der Streckenabwicklung agiert das einkaufende Unternehmen als Vertriebsgesellschaft und gibt den Kundenauftrag an einen externen Lieferanten weiter. Dieser liefert die Ware direkt an den Kunden und stellt sie der Vertriebsgesellschaft in Rechnung. Der Kunde wiederum erhält von der Vertriebsgesellschaft eine Rechnung. Die Bestellanforderung wird auf Basis des SD-Vertriebsauftrags mit allen Informationen erstellt, die dafür nötig sind, dass der Lieferant direkt an den Endkunden liefern kann. Diese Bestellanforderung wird zur weiteren Bearbeitung an das SAP SRM-System übertragen.

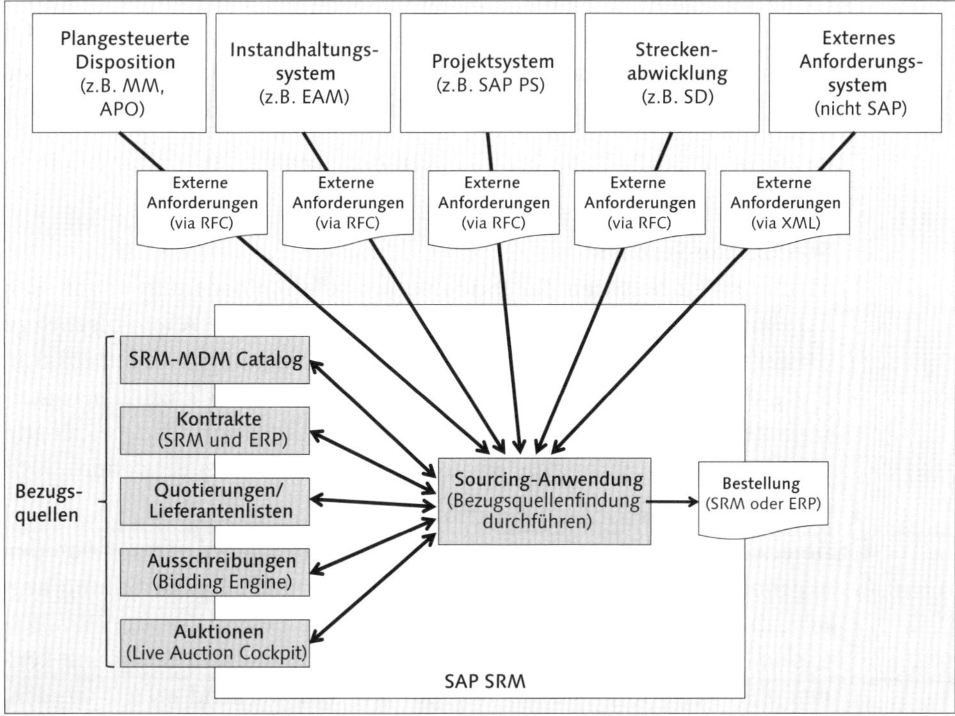

Abbildung 6.33 Plangesteuerte Beschaffung

Wie Sie in dieser Auflistung sehen, werden im Szenario der »Plangesteuerten Beschaffung« die Bedarfe aus den angebundenen Systemen in SAP SRM übertragen. Falls für das angeforderte Produkt ein Kontrakt existiert, kann dieser automatisch zugeordnet und als Folgebeleg eine Bestellung generiert werden. Somit kann der manuelle Arbeitseinsatz hier minimiert werden. Falls kein passender Kontrakt als Bezugsquelle existiert, landet die Anforderung in der Sourcing-Anwendung des zuständigen Einkäufers. Dieser kann nun entweder eine Bezugsquelle manuell zuordnen oder eine Ausschreibung oder Auktion zur Identifizierung eines passenden Lieferanten anlegen. Als Folgebeleg der Ausschreibung oder Auktion kann er dann auch eine Bestellung anlegen, um den Prozess aus Einkäufersicht abzuschließen.

Bedarfe können aus SAP- und Nicht-SAP-Systemen an SAP SRM übertragen werden. Seit dem Release SAP SRM 5.0 steht neben der RFC-basierten Integration mit dem SAP ERP-Backend auch eine Enterprise-Service-basierte XML-Schnittstelle zum Übertragen von Bedarfen aus jedem anderen beliebigen System zur Verfügung (siehe die Informationen zu den SOA-Schnittstellen in Anhang F, »Erweiterungskonzepte für SAP SRM«).

Diese Enterprise-Service-basierte Schnittstelle wurde in SAP SRM 7.0 ausgebaut und wird nun auch zur Übertragung von Leistungsanforderungen mit hierarchischen Strukturen verwendet (siehe Abschnitt 6.2.3, »Beschaffung komplexer Dienstleistungen mit hierarchischen Strukturen«).

Plangesteuerte Beschaffung kann in allen drei technischen Szenarien eingesetzt werden:

- **Standalone-Szenario**
  In diesem technischen Szenario werden alle Anforderungen von den angebundenen Systemen an SAP SRM übertragen. Alle Folgebelege (Bestellung, Wareneingangsbestätigung und Rechnung) werden lokal in SAP SRM angelegt. Die in SAP SRM angelegte Rechnung erzeugt per Intermediate Document (IDoc) eine Rechnung im FI-System. Dieses Szenario wird häufig für Anforderungen aus Nicht-SAP-Systemen verwendet.
- **Erweitertes klassisches Szenario**
  Im erweiterten klassischen Szenario werden alle Anforderungen von den angebundenen Systemen an SAP SRM übertragen. Die Bestellung liegt lokal in SAP SRM, während eine Kopie der Bestellung im SAP ERP-Backend angelegt wird. Wareneingangsbestätigung und Rechnung können wahlweise in SAP SRM oder im SAP ERP-Backend erfasst werden. Direktmaterialien werden immer über das erweiterte klassische Szenario bestellt (siehe Abschnitt 6.3, »Beschaffung von Direktmaterialien«).

- **Klassisches Szenario**
  Ab SAP SRM 3.0 wird die plangesteuerte Beschaffung auch im klassischen Szenario unterstützt. Allerdings ist in diesem Szenario keine Beschaffung von Direktmaterialien möglich.

Konfiguration zur Übertragung externer Anforderungen für die plangesteuerte Beschaffung

Wir fokussieren an dieser Stelle auf das Customizing zur Übertragung externer Anforderungen aus dem SAP ERP-Backend.

Weitere Informationen zur Konfiguration [«]

Beachten Sie ergänzend zu den hier beschriebenen Customizing-Schritten die Dokumentation im SAP SRM Solution Manager Content sowie die folgenden SAP-Hinweise:

- 441892, »Integration externer Anforderungen«
- 451245, »Rahmenbedingungen Anbindung MRP ↔ EBP«
- 505030, »Restriktionen bei der Integration externer Anforderungen«
- 1258757, »FAQ: durch externe Anforderungen erstellten Einkaufswagen bearbeiten«

Die Konfiguration zur Übertragung externer Anforderungen aus dem SAP ERP-Backend umfasst Schritte im SRM-Server und in SAP ERP. Beginnen wir mit dem Customizing im SRM-Server. Führen Sie hier die folgenden Schritte durch:

1. **Beschaffung per Self-Service konfigurieren**
   Führen Sie die Konfigurationseinstellungen aus Abschnitt 6.1, »Beschaffung per Self-Service«, durch.

   Da in diesem Geschäftsszenario häufig Direktmaterialien beschafft werden, ist es in der SAP SRM Solution Map auch unter Direct/Plan-Driven Procurement zusammengefasst.

   Die Verwaltung von Kataloginhalten (Catalog Content Management), die in diesem Zusammenhang auch in der SAP SRM Solution Map zu finden ist, haben wir bereits in Kapitel 4, »Stammdaten«, beschrieben.
2. **Beschaffung von Direktmaterialien konfigurieren**
   Führen Sie die Konfigurationseinstellungen aus Abschnitt 6.3, »Beschaffung von Direktmaterialien«, durch.

3. **Eingangskanal für externe Anforderungen einrichten**
   Rufen Sie die Transaktion PPOMA_BBP auf, und legen Sie eine Organisationseinheit als Eingangskanal für externe Anforderungen an (CHANNEL DP_MR_APO, siehe Abbildung 6.34).
4. **RFC-User in SAP SRM anlegen**
   Falls noch nicht vorhanden, legen Sie mit der Transaktion SU01 einen RFC-User an, der für eine RFC-Verbindung vom SAP ERP-Backend zum SRM-Server eingesetzt werden kann.
5. **Dem Eingangskanal einen RFC-Benutzer zuordnen**
   Ordnen Sie mithilfe der Transaktion USERS_GEN den RFC-User der neu eingerichteten Organisationseinheit »Eingangskanal-Backend« (CHANNEL DP_MR_APO, siehe Abbildung 6.34) zu.

CHANNEL DP_MRP_APO	CHANNEL	O 50001771	776	
TRA_RFC	TRA_RFC	S 50000895		
TRA_RFC	TRA_RFC	CP 50000894	129	TRA_RFC
TRA_RFC	TRA_RFC	US TRA_RFC		

Abbildung 6.34 Organisationseinheit »Eingangskanal Backend« mit RFC-User

6. **Zuständigkeit einer lokalen Einkäufergruppe definieren**
   Rufen Sie die Transaktion PPOMA_BBP auf. Falls im System noch nicht vorhanden, legen Sie eine lokale Einkäufergruppe an. Definieren Sie die fachliche Zuständigkeit dieser Einkäufergruppe so, dass sie für alle Produktkategorien (in unserem Beispiel die Kategorie 00201), die Sie im Szenario »Plangesteuerte Beschaffung« verwenden möchten, zuständig ist. Definieren Sie die organisatorische Zuständigkeit der Einkäufergruppe so, dass sie für die neu angelegte Abteilung »Eingangskanal Backend« zuständig ist (siehe Abbildung 6.35).

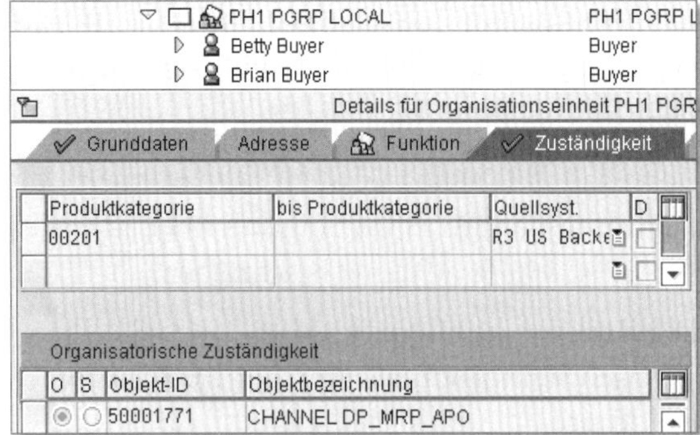

Abbildung 6.35 Zuständigkeit der Einkäufergruppe definieren

Weitere Informationen zum Pflegen von Einkaufsorganisationen und Einkäufergruppen finden Sie in Abschnitt 3.2, »Organisationsmanagement«.

7. **Sourcing Customizing einrichten**

   Rufen Sie die Transaktion SPRO und dann im Einführungsleitfaden (IMG) den folgenden Pfad auf: SUPPLIER RELATIONSHIP MANAGEMENT • SRM SERVER • BEZUGSQUELLENFINDUNG • SOURCING FÜR PRODUKTKATEGORIEN FESTLEGEN.

   Wählen Sie dazu den Eintrag SOURCING BEI POS. OHNE ZUGEORDNETE BEZUGSQUELLE DURCHFÜHREN (siehe Abbildung 6.36). Dadurch stellen Sie das Systemverhalten für die jeweilige Produktkategorie (in unserem Beispiel Kategorie 00102) wie folgt ein: Es soll zuerst geprüft werden, ob für die Anforderungsposition (der externen Anforderung) eine eindeutige Bezugsquelleninformation vorliegt. Falls ja, legt das System automatisch eine Bestellung an. Falls keine eindeutige Bezugsquelleninformation vorliegt, landet die Anforderungsposition im Arbeitsvorrat der Sourcing-Anwendung des zuständigen Einkäufers und kann manuell weiterbearbeitet werden.

Abbildung 6.36 Sourcing-Einstellungen definieren

   Weitere Informationen zum Thema Bezugsquellenfindung inklusive Customizing-Informationen enthält Kapitel 7, »Bezugsquellenfindung«.

8. **Optional: Anzeige des Revisionsstands aktivieren**

   Für das Szenario der plangesteuerten Beschaffung mit Instandhaltung ist es möglich, den Revisionsstand der aus dem SAP ERP-Backend replizierten Materialien anzuzeigen. Wenn diese Einstellung aktiviert ist, können Sie in SAP SRM zwischen den unterschiedlichen Revisionsständen eines Materials wählen.

   Um die Anzeige des Revisionsstands zu aktivieren, rufen Sie die Transaktion SPRO und dann im Einführungsleitfaden (IMG) den folgenden Pfad auf: SUPPLIER RELATIONSHIP MANAGEMENT • SRM SERVER • ANWENDUNGSÜBERGREIFENDE GRUNDEINSTELLUNGEN • ERWEITERUNGEN UND FELDSTEUERUNG (PERSONALISIERUNG) • FELDSTEUERUNG BEARBEITEN • STEUERUNG FÜR FELDER AUF POSITIONSEBENE BEARBEITEN. Aktivieren Sie das Feld REVISIONSSTAND VON SAP ERP.

Damit sind die Konfigurationsschritte für die Übertragung externer Anforderungen für den SRM-Server abgeschlossen. Führen Sie anschließend folgende Customizing-Schritte im SAP ERP-Backend durch:

1. **Tabellen V_T160EX und V_T160PR pflegen**
   Starten Sie die Transaktion SE16, und pflegen Sie die Tabellen V_T160EX und V_T160PR.
   - Die Tabelle V_T160EX hinterlegt für die Warengruppen, für die eine Übertragung zum SRM-Server gewünscht ist, eine Profil-ID.
   - Die Tabelle V_T160PR definiert für die in der Tabelle V_T160EX definierte Profil-ID ein logisches System, an das Anforderungen der definierten Produktkategorie übertragen werden sollen (siehe Abbildung 6.37).

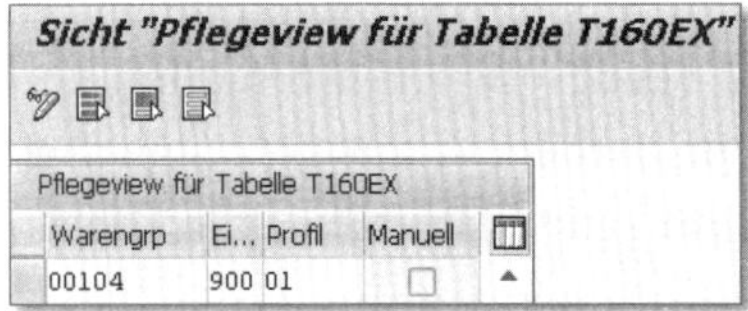

Abbildung 6.37 Tabellenpflege für BANF-Übertragung

2. **RFC-Verbindung vom SAP ERP-Backend zum SRM-Server einrichten**
   Falls noch nicht geschehen, richten Sie per Transaktion SM59 eine RFC-Verbindung vom SAP ERP-Backend zum SRM-Server ein. Verwenden Sie den vorher definierten und der Abteilung »Eingangskanal Backend« zugeordneten RFC-User.

   Die Einrichtung einer RFC-Verbindung ist in Abschnitt 2.3.2, »Customizing«, im Abschnitt »RFC-Destinationen definieren« detailliert beschrieben.

3. **Report BBP_EXTREQ_TRANSFER als Job einplanen**
   Der Report `BBP_EXTREQ_TRANSFER` sucht nach den Bestellanforderungspositionen, die den in der Tabelle V_T160EX definierten Warengruppen entsprechen, und überträgt sie an das in der Tabelle V_T160PR definierte logische System (also an unseren SRM-Server). Planen Sie den Report `BBP_EXTREQ_TRANSFER` per Transaktion SM36 als Job ein, damit er regelmäßig automatisch vom System ausgeführt wird.

[+] **Standardlogik für externe Anforderungen anpassen**

An zwei Stellen im SAP ERP-System können Sie Einfluss auf die SAP-Standardlogik nehmen:

- Durch Ausprägen des User Exits BBPK0001 haben Sie die Möglichkeit, die Profileinträge auf der Basis von eigenen Logiken zu überschreiben.

- Durch die Implementierung des BAdIs BBP_BADI_EXTREQ_OUT können Sie die zu übertragenden Daten neu organisieren und verändern.

Während der Eingangsverarbeitung in SAP SRM stehen Ihnen ebenfalls BAdIs zur Anpassung der Standardlogik zur Verfügung:

- Die Zuordnung der Einkäufergruppen und Einkaufsorganisationen kann mithilfe des BAdIs BBP_PGRP_ASSIGN_BADI individuell verändert werden.
- Nachdem das Sourcing durchgeführt worden ist, bietet das Business Add-in BBP_PG_REASSIGN_BADI erneut die Möglichkeit, Einkäufergruppen und Einkaufsorganisationen zuzuordnen.

Enterprise-Services-basierte Lösung in SAP SRM 7.0 [«]

Wenn Sie SAP SRM 7.0 verwenden und zur Übertragung externer Anforderungen statt der RFC-basierten Lösung die auf den Enterprise Services basierende XML-Schnittstelle verwenden möchten, führen Sie statt der hier beschriebenen Schritte das in Abschnitt 6.2.3, »Beschaffung komplexer Dienstleistungen mit hierarchischen Strukturen«, beschriebene Customizing durch. Der Vorteil dieser Enterprise-Services-basierten Lösung besteht darin, dass Sie auch Dienstleistungsanforderungen mit hierarchischen Strukturen an den SRM-Server übertragen können.

Nun kennen Sie die Geschäftsszenarien aus dem Bereich der operativen Beschaffung und wissen, welche Konfigurationsschritte notwendig sind, um diese zu implementieren. Im folgenden Abschnitt finden Sie nun noch einige ergänzende Informationen aus dem Bereich der Rechnungsprüfung.

6.5 Spezielle Aspekte der Rechnungsprüfung

Wie schon erwähnt, bietet SAP SRM auch die Möglichkeit, Rechnungen zu erfassen. Dabei werden die folgenden technischen Varianten unterstützt:

- Rechnungserfassung durch interne Mitarbeiter oder Lieferanten im SRM-Server
- Rechnungserfassung durch den Lieferanten in SAP SUS
- Empfang der Rechnung vom Lieferanten als XML-Nachricht

Falls nach einer Bestellung festgestellt wird, dass die gelieferte Ware bzw. die erbrachte Dienstleistung mangelhaft oder der Preis zu hoch war, können interne Mitarbeiter oder Lieferanten Gutschriften in SAP SRM erfassen.

Ergänzend zur Lieferantenrechnung werden die Abrechnungsfunktionen Automatische Wareneingangsabrechnung (Evaluated Receipt Settlement, ERS) und Zahlungsprozess mit einer Einkäuferkarte unterstützt.

Darüber hinaus unterstützen die SAP SRM-basierten Beschaffungsprozesse die Rechnungserfassung im SAP ERP-Backend-System. Dies ist nach wie vor eine weitverbreitete Variante, da die Rechnungsprüfung in vielen Unternehmen gerne zentralisiert in SAP FI abgewickelt wird.

Das mit früheren SAP SRM-Releases ausgelieferte *Invoice Management System* (IMS), das eine erweiterte Funktionalität zur Rechnungsprüfung bietet, ist in SRM 7.0 nicht mehr enthalten. Dafür gibt es mittlerweile eine Vielzahl von Partnerlösungen zur erweiterten Rechnungsprüfung (z.B. SAP Invoice Management by OpenText). Weitere Informationen hierzu erhalten Sie in dem von SAP betriebenen Online-Verzeichnis für Partnerlösungen, dem *SAP EcoHub* (siehe *http://ecohub.sap.com/*).

Betrachten wir nun die besonderen Abrechnungsfunktionen ERS und EINKÄUFERKARTE im Detail.

6.5.1 Automatische Wareneingangsabrechnung

Wenn Sie mit Ihrem Lieferanten das Verfahren zur automatischen Wareneingangsabrechnung, das *Evaluated Receipt Settlement* (ERS) vereinbaren, braucht Ihr Lieferant Ihnen keine Rechnung mehr zu senden. Das ERS müssen Sie zuvor in den Lieferantenstammdaten aktivieren (siehe Abbildung 6.38).

Abbildung 6.38 ERS für Lieferanten aktivieren

Wenn bei einem Lieferanten im Lieferantenstammsatz das Kennzeichen für die automatische Wareneingangsabrechnung gesetzt ist, setzt das System beim Anlegen einer Bestellung bei diesem Lieferanten in den Kopfdaten das ERS-Kennzeichen. Je nach Bedarf können Einkäufer das ERS-Kennzeichen in Ihrer Bestellung beibehalten oder es wieder zurücknehmen. Wenn sie es zurücknehmen, wird die Bestellung bei der automatischen Wareneingangsabrechnung nicht berücksichtigt.

Zur ERS-basierten Abrechnung von lokalen Bestellungen planen Sie den Report BBPERS mithilfe der Transaktion SM36 als regelmäßigen Job ein. SAP SRM erstellt dann automatisch die Rechnungen auf der Grundlage der bestätigten Bestellungen.

Zur ERS-basierten Abrechnung von Backend-Bestellungen verwenden Sie im SAP ERP-Backend die Transaktion der automatischen Wareneingangsabrechnung der Logistik-Rechnungsprüfung (Transaktion MRRL).

6.5.2 Zahlungsprozess mit Einkäuferkarten

Sie können in SAP SRM beim Anlegen eines Einkaufswagens eine *Einkäuferkarte* als Zahlungsmittel angeben. Einkäuferkarten sind Kreditkarten, die von Unternehmen wie z.B. American Express oder Visa ausgestellt werden. Diese Einkäuferkarten werden dann einem Benutzer für den Einkauf zur Verfügung gestellt. Im Gegensatz zu einer privaten Kreditkarte geht bei der Einkäuferkarte die Abrechnung an das einkaufende Unternehmen und nicht an den Besitzer der Karte.

Neue Funktionalität im Bereich »Einkäuferkarten« ab SAP SRM 7.0 [«]

Bis SAP SRM 5.0 wurde die Abrechnung mit Einkäuferkarten nur im Standalone-Szenario unterstützt. Seit SAP SRM 6.0 erfolgt die Unterstützung der Einkäuferkarten auch im erweiterten klassischen Szenario.

Einkäuferkarten sind unterschiedlich verbreitet. In den USA werden sie häufig genutzt, im deutschsprachigen Raum sind sie eher selten zu finden.

Prozessablauf: Zahlung mit Einkäuferkarten

Der Zahlungsprozess mit Einkäuferkarten stellt sich folgendermaßen dar:

1. Der Benutzer wählt beim Anlegen seines Einkaufswagens seine Einkäuferkarte als Zahlungsmittel aus.
2. Das SAP SRM-System sendet die Bestellung an den Lieferanten.
3. Der Lieferant wickelt die Zahlung über die Kreditkartenfirma ab und liefert die Ware.
4. Der Mitarbeiter erhält die Ware.
5. Die Kreditkartenfirma sendet ihre Abrechnung monatlich an das einkaufende Unternehmen. Die Kreditkartenabrechnung wird über das IDoc BBP_PCSTAT01 in das SRM-System importiert.

6. SAP SRM erzeugt für die in der Kreditkartenabrechnung enthaltenen Einkäufe eine Rechnung. Diese Rechnung wird in der Kreditorenbuchhaltung des Backend-Systems für Vorauszahlung verbucht.
7. Wenn der Wert der Einkäufe einen im Workflow Customizing definierten Wert überschreitet, erhält der Kartenbesitzer ein Workitem, das er genehmigen muss. Dabei hat er auch die Möglichkeit, die Kontierung der abgerechneten Positionen zu ändern.
8. Abhängig vom Wert der Einkäufe muss auch der Manager des Kartenbesitzers eine Genehmigung durchführen.
9. Nach erfolgreicher Genehmigung wird die Kreditkartenabrechnung im Hauptbuch und im Controlling verbucht.

Customizing für die Zahlung mit Einkäuferkarten

Damit ein Benutzer seine Einkäuferkarte als Zahlungsmittel angeben kann, müssen die Einkäuferkarten-Informationen für ihn im System hinterlegt werden. Zum Pflegen der Einkäuferkarten rufen Sie im SAP SRM-System die Transaktion SPRO und dann im Einführungsleitfaden (IMG) den folgenden Pfad auf: Supplier Relationship Management • SRM Server • Einkäuferkarte • Einkäuferkarte bearbeiten.

Zur weiteren Pflege der für die Einkäuferkarte relevanten Customizing-Einstellungen führen Sie die folgenden Schritte durch:

1. Rufen Sie im SAP SRM-System die Transaktion SPRO und dann im Einführungsleitfaden (IMG) den folgenden Pfad auf: Supplier Relationship Management • SRM Server • Einkäuferkarte. Pflegen Sie die diesem Knoten zugeordneten Customizing-Transaktionen.
2. Richten Sie ein ALE-Verteilungsmodell für die IDoc-Typen `ACLPAY` und `ACC_GOODS_MOVEMENT` vom SRM-Server ins SAP ERP-Backend ein.

Weitere Konfigurationsdetails zur Einrichtung der Zahlung mit Einkäuferkarte finden Sie im SAP Solution Manager Content.

6.5.3 Analyse der Rechnungsprüfung

Für die Rechnungsprüfung stehen die folgenden BW-Web-Templates zur Verfügung:

- **Wareneingang (Rolle SAP_BW_SRM_ACCOUNTANT)**
  Dieses Web Template zeigt dem Kreditorenbuchhalter wichtige Informationen für seine Arbeit an. Es enthält eine Aufstellung der offenen Rechnun-

gen. Darüber hinaus werden ihm auch die Rechnungen angezeigt, bei denen ein überhöhter Betrag vom Lieferanten in Rechnung gestellt wurde. Zusätzlich werden allgemeine Informationen über eingegangene Rechnungen (z.B. verschiedene Rechnungswerte) pro Lieferant dargestellt.

Kommen wir nach dieser Betrachtung der ergänzenden Aspekte im Bereich der Rechnungsprüfung nun zu einem Fazit für die operativen Beschaffungsprozesse.

6.6 Katalogverwaltung

Mit der *Katalogverwaltung* im SAP SRM-Kontext ist die Verwaltung von unternehmensinternen Online-Produktkatalogen sowie von externen Lieferantenkatalogen gemeint. In diesem Abschnitt gehen wir auf die folgenden Themen im Bereich der Katalogverwaltung ein:

- Betrachtung der unterschiedlichen Katalogszenarien
- SAP-Katalogsoftware – SRM-MDM Catalog
- Anbindung eines Produktkatalogs in SAP SRM
- beispielhafter Aufbau von SRM-MDM Catalog
- Einsatz von SRM-MDM Catalog als Lieferantenverzeichnis

Die technische Anbindung der Produktkataloge an SAP SRM findet über das *Open Catalog Interface* statt. Durch die Verwendung von Internettechnologien (HTML/HTTP) ist sowohl die Anbindung an lokale, vom einkaufenden Unternehmen betriebene interne Kataloge als auch an externe Lieferantenkataloge, sogenannte Punchout-Kataloge möglich. OCI-basierte Katalogsoftware wird sowohl von SAP als auch von anderen Softwareherstellern angeboten.

Der Einsatz solcher Produktkataloge bietet dem einkaufenden Unternehmen die folgenden Vorteile:

- **Schnelle und einfache Suche**
  Durch die im Katalog integrierten Suchmechanismen (Struktursuche bzw. Suchmaschine) kann ein Anwender das benötigte Produkt auf einfache Art und Weise finden.
- **Benutzerfreundliches und fehlerfreies Erfassen der Anforderungen**
  Zusätzliche Produktinformationen wie Grafiken, Produktbeschreibungen und Links zu Hersteller- und Lieferantendaten sorgen für eine erhöhte Benutzerfreundlichkeit und somit für weniger Fehlbestellungen. Umfangreiche und gut strukturierte Kataloge reduzieren die Anzahl von Freitextbestellungen und entlasten hierdurch die Einkaufsabteilung.

- **Aktuelle Produktinformationen**
  Externe Lieferantenkataloge können vom Lieferanten gepflegte Echtzeit-Informationen wie z.B. Preis- und Verfügbarkeitsdaten enthalten.
- **Führen und Kontrollieren der Anforderer**
  Ein durchdachter interner Produktkatalog kann die Anforderer dazu bringen, vermehrt bei bevorzugten Lieferanten zu bestellen.
- **Einbindung interner Lagerartikelkataloge**
  Die Abbildung von internen Lagern über Artikelkataloge, aus denen heraus in SAP ERP Reservierungen erzeugt werden, sorgt für eine Verbesserung der Prozesstransparenz, der Prozessdurchlaufzeiten und für die Einhaltung von Compliance-Vorgaben. Es gibt keine Warenausgabe ohne SAP-Beleg.

Berechtigungskonzepte (spezifische Sichten innerhalb eines Katalogs sowie die Zuweisung von Katalogen über das Attribut CAT in der Aufbauorganisation) sorgen dafür, dass Benutzer nur die für sie zugelassenen Produkte sehen und bestellen können.

6.6.1 Katalogszenarien

Die Anbindungsmöglichkeiten von Produktkatalogen an SAP SRM erlauben drei verschiedene Szenarien (siehe Abbildung 6.39).

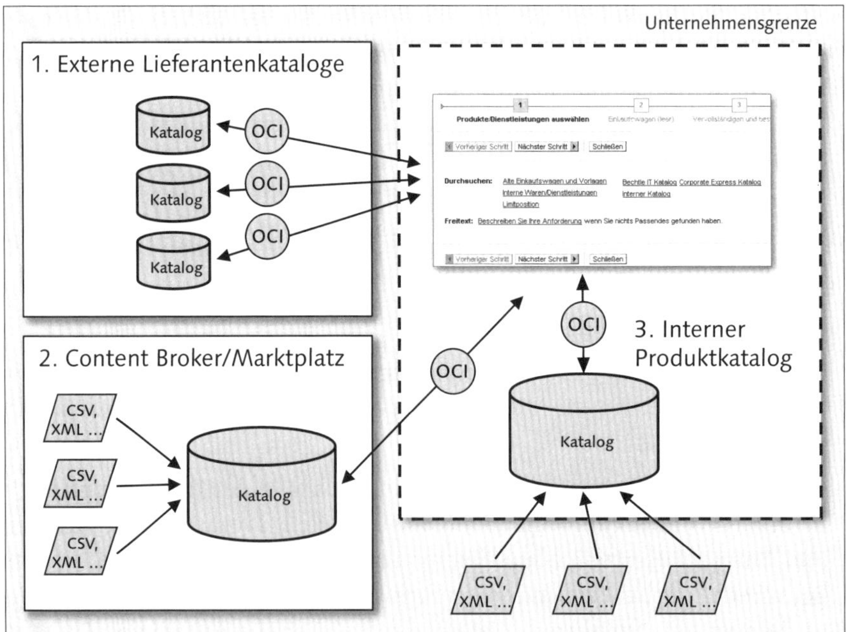

Abbildung 6.39 Katalogszenarien

Jedes hier gezeigte Katalogszenario bietet Vor- und Nachteile. Selbstverständlich können auch mehrere Szenarien miteinander kombiniert werden. Betrachten wir die Katalogszenarien nun im Detail:

Szenario 1: externe Lieferantenkataloge

In diesem Szenario betreibt jeder Lieferant einen eigenen Produktkatalog für die von ihm angebotenen Produkte: Jeder Lieferantenkatalog wird individuell per OCI-Schnittstelle an das SAP SRM-System angebunden.

- **Vorteil**
  Sie sparen sich den Aufwand des Catalog Content Managements, da die Lieferanten dies für Sie übernehmen.
- **Nachteile**
  - Da jeder Lieferantenkatalog von einem anderen Lieferantenunternehmen betrieben wird, sind Design, Struktur und Benutzeroberfläche unterschiedlich.
  - Sie haben keinen Einfluss auf die in den Katalogen abgebildeten Produkte und können daher nicht mithilfe des Katalogs dafür sorgen, dass Ihre Anforderer die favorisierten (günstigsten/besten) Produkte bestellen.
  - Lieferanten können das Produktangebot und die Produktpreise jederzeit ohne Ankündigung ändern, ohne dass Sie die Kontrolle darüber hätten.

Szenario 2: Content Broker/Marktplatz

In diesem Szenario verwaltet ein *Content Broker* (z.B. der Betreiber eines Online-Marktplatzes) einen großen Multilieferantenkatalog:

Der Content Broker erhält von allen Lieferanten die Katalogdaten (z.B. als XML- oder CSV-Datei) und lädt sie daraus in den Katalog.

Ein solcher Katalog kann entweder individuell für Ihr Unternehmen oder für eine Gruppe von Unternehmen erstellt werden.

- **Vorteil**
  Sie können eine einheitliche Benutzeroberfläche verwenden, da vom Content Brooker alle Lieferantenkataloge in eine Kataloganwendung geladen und dort angepasst werden.
- **Nachteil**
  Bei der Pflege des Katalogs fallen Gebühren für die Inanspruchnahme des Content Brokers an.

Szenario 3: interner Produktkatalog

Ein interner Produktkatalog wird vom einkaufenden Unternehmen hinter der Unternehmens-Firewall betrieben:

Das einkaufende Unternehmen erhält von allen Lieferanten die Katalogdaten (z.B. als XML-Datei (auf der Basis von BMEcat) oder als CSV-Datei und lädt sie in den Katalog.

Eine andere Möglichkeit ist es, den Katalog auf der Basis von selbst erstellten Upload-Dateien zu erzeugen. Dieser Katalog kann sowohl extern zu bestellende Produkte als auch Produkte enthalten, die im Lager des einkaufenden Unternehmens bevorratet werden:

- **Vorteil**
  Sie sind hinsichtlich der Gestaltung der Kataloginhalte absolut flexibel. So können Sie beispielsweise unternehmensinterne Notizen hinterlegen (z.B. bei einer Freisprechanlage die Notiz: »Modell speziell für Vertriebsmitarbeiter geeignet«).
- **Nachteil**
  Die professionelle Pflege von Online-Katalogen kann sehr aufwendig sein, da Sie die Personalressourcen für das Content Management System unternehmensintern bereitstellen müssen.

Die Wahl des idealen Katalogszenarios hängt von vielen Faktoren ab. Somit muss diese Entscheidung individuell für jedes Unternehmen getroffen werden. Auch werden häufig innerhalb desselben Unternehmens unterschiedliche Katalogszenarien für unterschiedliche Produktkategorien verwendet (z.B. externer Lieferantenkatalog für Büromaterialien und interner Produktkatalog für spezifische Ersatzteile).

6.6.2 SAP-Katalogsoftware

Die SAP SRM-Lösung enthält standardmäßig auch eine Katalogsoftware. Früher wurde mit SAP SRM die Katalogsoftware des Partnerunternehmens Requisite ausgeliefert. Ab SRM 5.0 war der von SAP selbst entwickelte ABAP-basierte CCM Catalog Teil der SRM-Lösung.

[»] **Catalog Content Management (CCM)**

CCM ist einerseits der Produktname für den »alten« SAP-Katalog und andererseits die Bezeichnung für die Aktivität »Verwaltung von Kataloginhalten«.

Im Jahr 2004 hat SAP die Firma A2i übernommen. Aus der Master-Data-Management-Software von A2i entstand nun SAP NetWeaver Master Data Management (SAP NetWeaver MDM). SAP entschied, das MDM-Stammdaten-Repository als Basis für eine neue Katalogsoftware zu verwenden, und hat dazu eine Java-basierte Web-Dynpro-Benutzeroberfläche (Suchmaschine) für SAP NetWeaver MDM entwickelt. Im Jahr 2007 wurde schließlich SRM-MDM Catalog als Nachfolgeprodukt für den CCM Catalog ausgeliefert.

Katalogkonzepte in diesem Kapitel [«]

Die meisten in diesem Kapitel beschriebenen Katalogkonzepte sind unabhängig von einer bestimmten Katalogsoftware. Konkrete Beispiele und Bildschirmfotos zeigen wir jedoch immer auf der Basis von SRM-MDM Catalog.

6.6.3 Katalogzugriff durch den Benutzer (SRM-MDM Catalog)

Im SAP SRM-System gibt es verschiedene Transaktionen, die den Absprung in einen Katalog erlauben. Der am häufigsten verwendete Absprung ist der Absprung aus dem Einkaufswagen heraus (siehe Abbildung 6.40).

Abbildung 6.40 Katalogabsprung aus dem Einkaufswagen

Beim Absprung aus dem Einkaufswagen hat der Benutzer die Möglichkeit, den Katalog aufzurufen, im Katalog Produkte auszuwählen und sie in den Einkaufswagen zu übertragen (siehe Abbildung 6.41). In Abhängigkeit der technischen Möglichkeiten der Katalogsoftware wird der Katalog entweder eingebettet auf der Seite des Einkaufswagens gezeigt (integrierte Aufrufstruktur) oder in einem neuen Fenster geöffnet (Standardaufrufstruktur), siehe Abschnitt 6.6.5, »Anbindung eines Produktkatalogs an SAP SRM«. Die

Variante, den Katalog eingebettet auf der Seite des Einkaufswagens anzuzeigen, ist die modernere und benutzerfreundlichere Version, die allerdings nicht von allen Katalogsoftware-Anbietern unterstützt wird.

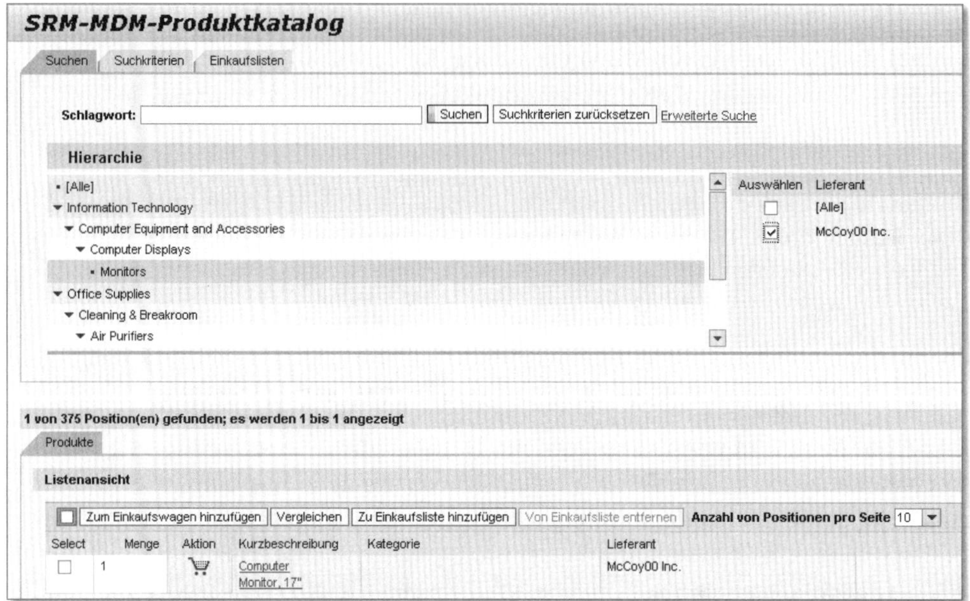

Abbildung 6.41 MDM Catalog Search Engine

Neben dem Katalogabsprung aus dem Einkaufswagen bietet SAP SRM auch noch an den folgenden Stellen die Möglichkeit, auf Kataloge zuzugreifen:

- *Bieter* können einem Gebot bei dessen Abgabe weitere Katalogpositionen hinzufügen.
- *Einkäufer* können in der browserbasierten Transaktion BEZUGSQUELLENFINDUNG DURCHFÜHREN Positionen (z.B. Freitextpositionen) durch Katalogpositionen ersetzen.
- *Einkäufer* können in der browserbasierten Transaktion zum Anlegen einer Ausschreibung Katalogpositionen in die Ausschreibung übernehmen.
- *Benutzer* können bei der Erfassung einer Rechnung Katalogpositionen darin einfügen.
- *Lieferanten* können bei der Erfassung von Bestätigungen und Rechnungen für Limitpositionen in SAP SUS in den Katalog abspringen und dort Positionen hinzufügen.

6.6.4 Open Catalog Interface

Das *Open Catalog Interface* (OCI) ist eine von SAP geschaffene Standardschnittstelle zur Anbindung von Produktkatalogen, die von SAP SRM und den neueren SAP ERP-Releases unterstützt wird. Das OCI besteht aus einer Eingangsschnittstelle und einer Katalogaufrufstruktur. Die *Eingangsschnittstelle* nimmt die aus dem Katalog übertragenen Waren und Dienstleistungen entgegen und bedarf keiner besonderen Konfiguration. Wenn die Katalogfelder jedoch anhand spezieller Regeln den Feldern des SAP SRM-Einkaufswagens zugeordnet werden, kann dies über die Ausprogrammierung des BAdIs `BBP_CATALOG_TRANSFER` erfolgen.

Erweiterung des Catalog Application Logs [+]

Durch eine individuelle Ausprägung des Katalog-BAdIs, werden Sie in die Lage versetzt, die übertragenen Felder der OCI-Schnittstelle mithilfe der Transaktion SLG1 zu monitoren. Das Coding für diese Implementierung finden Sie u.a. über die URL *http://wiki.sdn.sap.com/wiki/display/SRM/BBP_CATALOG_TRANSFER+-+Enhancing+Catalog+Application+Log*.

Die OCI-Schnittstelle bietet eine Vielzahl von Eingangsparametern, die für die Datenübertragung von Waren und Dienstleistungen aus dem Katalog in das Beschaffungssystem zur Verfügung stehen. Abbildung 6.42 zeigt beispielsweise, welche Feldinhalte über das OCI in der Version 4.0 übertragen werden können.

Abbildung 6.42 OCI-Eingangsparameter

Die *Katalogaufrufstruktur* hängt von der anzubindenden Katalogsoftware ab und muss daher immer individuell betrachtet werden. Lesen Sie vor deren Konfiguration immer die Dokumentation Ihres jeweiligen Kataloganbieters. Abbildung 6.44 im folgenden Abschnitt 6.6.5, »Anbindung eines Produktkatalogs in SAP SRM«, zeigt eine beispielhafte Aufrufstruktur des SRM-MDM Catalogs.

6.6.5 Anbindung eines Produktkatalogs an SAP SRM

Da die Eingangsschnittstelle keine Konfiguration benötigt, müssen Sie sich beim Einrichten eines neuen Produktkatalogs nur mit der Katalogaufrufstruktur befassen. Führen Sie nun die folgenden Schritte durch, um die Katalogaufrufstruktur einzurichten:

1. Rufen Sie zunächst die Transaktion SPRO und anschließend im Einführungsleitfaden (IMG) den Menüpfad SUPPLIER RELATIONSHIP MANAGEMENT • SRM SERVER • STAMMDATEN • EXTERNE WEB-SERVICES DEFINIEREN auf.
2. Klicken Sie nun auf den Button NEUE EINTRÄGE, und geben Sie im Feld WEB SERVICE ID einen Namen für den neuen Katalog ein. Im Feld BESCHREIBUNG können Sie einen Langtext hinterlegen. Wählen Sie unter BETRIEBSW. TYP EINES WEB den Eintrag PRODUKTKATALOG aus, und bestätigen Sie Ihre Auswahl mit der [↵]-Taste. Nun erhalten Sie eine Liste von Attributen, die Sie definieren können (siehe Abbildung 6.43).

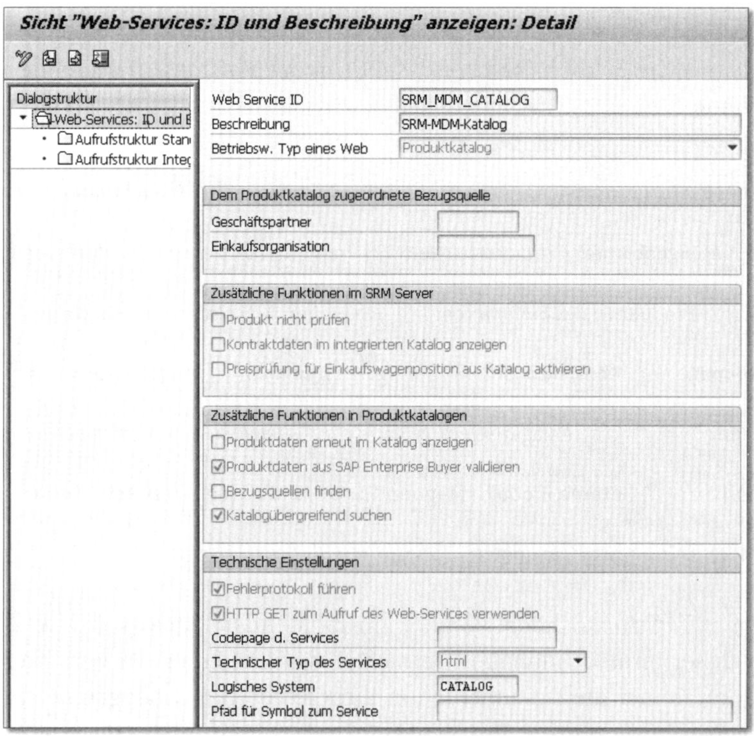

Abbildung 6.43 Katalog einrichten (Beispiel SRM-MDM Catalog)

3. Falls im Katalog nur Produkte eines einzigen Lieferanten enthalten sind, können Sie in der Feldgruppe DEM PRODUKTKATALOG ZUGEORDNETE BEZUGSQUELLE den Geschäftspartner (d.h. das Lieferantenunternehmen) im entsprechenden Feld auswählen. Wenn Sie einen Multilieferantenkatalog einrichten möchten, lassen Sie das Feld GESCHÄFTSPARTNER leer.
4. In der Feldgruppe ZUSÄTZLICHE FUNKTIONEN IM SRM SERVER können Sie die folgenden Einstellungen vornehmen:
   - Wenn die aus dem Katalog übertragenen Produktnummern in SAP SRM nicht als lokale Produkte existieren, markieren Sie die Option PRODUKT NICHT PRÜFEN.
   - Um sich die Kontraktdaten im integrierten Katalog anzeigen zu lassen, markieren Sie die Checkbox KONTRAKTDATEN IM INTEGRIERTEN KATALOG ANZEIGEN.
5. In der Feldgruppe ZUSÄTZLICHE FUNKTIONEN IN PRODUKTKATALOGEN können Sie die folgenden Einstellungen vornehmen, die allerdings nicht von allen Katalogen unterstützt werden:
   - Um sich die Produktdaten aus dem SAP SRM-Einkaufswagen erneut im Katalog anzeigen zu lassen, markieren Sie die Checkbox PRODUKTDATEN ERNEUT IM KATALOG ANZEIGEN.
   - Um die Aktualisierung (z.B. Preis) von Produktdaten bei der Verwendung von »gemerkten« Einkaufswagen oder Einkaufswagenvorlagen zu ermöglichen, wählen Sie die Checkbox PRODUKTDATEN AUS SAP ENTERPRISE BUYER VALIDIEREN.
   - Damit sich die Einkäufer in der Transaktion BEZUGSQUELLENFINDUNG DURCHFÜHREN Bezugsquellen aus dem Katalog vorschlagen lassen können, haken Sie die Checkbox BEZUGSQUELLEN FINDEN an.
   - Um die gleichzeitige Suche in mehreren Katalogen zu unterstützen, markieren Sie die Checkbox KATALOGÜBERGREIFEND SUCHEN.
6. In der Feldgruppe TECHNISCHE EINSTELLUNGEN können Sie z.B. die Checkboxen FEHLERPROTOKOLL FÜHREN und HTTP GET ZUM AUFRUF DES WEB-SERVICES VERWENDEN (anstelle von HTTP POST) aktivieren sowie weitere technische Einstellungen vornehmen.
7. Legen Sie nun die Katalogaufrufstruktur an (siehe Abbildung 6.43). Um den Katalog in einem eigenen Fenster zu öffnen, klicken Sie auf AUFRUFSTRUKTUR STANDARD im Fensterbereich DIALOGSTRUKTUR (für Produktkatalogtypen möglich). Um den Katalog innerhalb der Anwendung zu öffnen, wählen Sie AUFRUFSTRUKTUR INTEGRIERT, was wiederum nicht von allen Kataloganbietern unterstützt wird. In unserem Beispiel haben wir die

integrierte Aufrufstruktur gewählt, da diese von SRM-MDM Catalog unterstützt wird (siehe Abbildung 6.44).

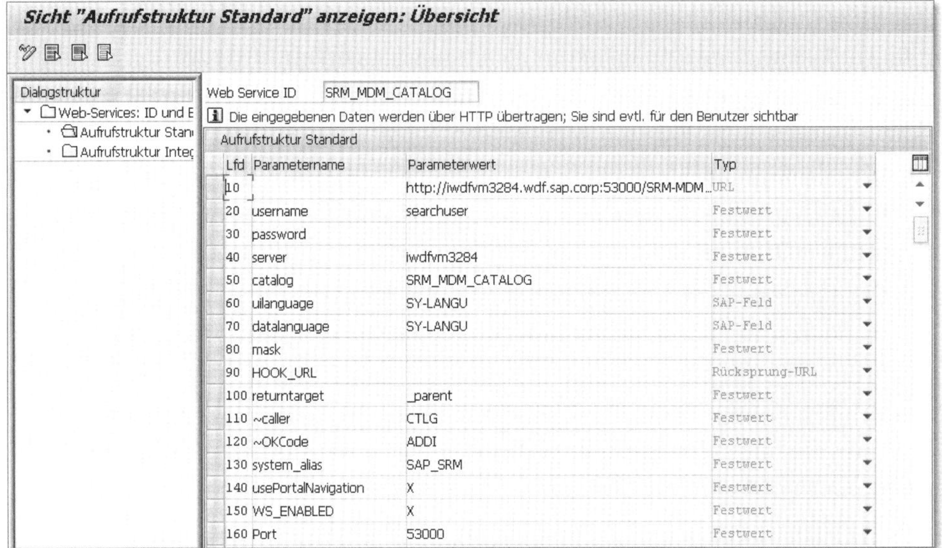

Abbildung 6.44 OCI-Aufrufstruktur am Beispiel von SRM-MDM Catalog

8. Geben Sie die entsprechenden Daten in den Spalten PARAMETERNAME und PARAMETERWERT ein, und wählen Sie anschließend einen TYP aus. Beachten Sie dabei unbedingt die in der Dokumentation Ihrer Katalogsoftware angegebene Reihenfolge der Parameter:
   - *URL des Webservices*
     Geben Sie in der ersten Zeile der Aufrufstruktur die URL des Webservices (Spalte PARAMETERWERT) ein, und wählen Sie anschließend den Typ URL. Tragen Sie in der Spalte PARAMETERNAME keinen Namen ein.
   - *Parameternamen und -werte*
     Nachdem Sie die URL eingegeben haben, tragen Sie alle Parameter ein, die der Katalog beim Aufruf benötigt. Die Namen und Werte der Parameter entnehmen Sie der Dokumentation des Kataloganbieters. Wählen Sie für die Parameter einen der beiden möglichen Typen FESTWERT (der im Feld WERT eingetragene Wert wird übertragen) oder SAP-FELD (z.B. zur Übertragung der vom Benutzer verwendeten Systemsprache über den Parameterwert SY-LANGU) aus.
   - *Neuere Releases von SAP SRM*
     Die Einträge HOOK_URL, ~TARGET, ~CALLER und ~OKCODE müssen Sie in neueren Releases von SAP SRM nicht mehr unbedingt pflegen, da diese standardmäßig an den Katalog übertragen werden.

- *Parameter*
  Wenn Sie zusätzliche Parameter von SAP SRM an den Katalog übertragen möchten, können Sie das BAdI `BBP_CAT_CALL_ENRICH` ausprogrammieren.

[+]

Probleme bei der Anbindung von SRM-MDM Catalog und Punchout-Katalogen ab SAP SRM 7.0

Es kann zu Problemen bei der Anbindung von internen und externen Katalogen an SAP SRM 7.0 kommen. Im Folgenden haben wir die interessantesten Hinweise zur Analyse der zugrunde liegenden Probleme zusammen getragen:

- SAP-Hinweis 1427561, »Einstellungen von Internet Explorer 8 für SRM-MDM Catalog«
- SAP-Hinweis 1480779, »Empfehlungen für die sichere Katalogintegration via OCI«
- SAP-Hinweis 1723534, »Häufig gestellte Fragen: SRM-MDM Catalog 3.0 und 7.01«
- SAP-Hinweis 1287412, »Voraussetzungen für die OCI-Integration in SAP SRM 7.0«

Weitere interessante Informationen hierzu finden Sie in SAP SNC unter der URL *http://wiki.sdn.sap.com/wiki/display/SRM/Catalog+call+interface+in+SRM+7.0#CatalogcallinterfaceinSRM7.0-DebugthecatalogcallandtheOCIreceiving%3A*.

9. Um einen Katalog für einzelne Benutzer oder Organisationseinheiten zugänglich zu machen, müssen Sie den Katalog noch dem entsprechenden Benutzer oder der entsprechenden Organisationseinheit in der Attributpflege der Aufbauorganisation (Transaktion PPOMA_BBP, siehe Abbildung 6.45) als Wert des Attributs Katalog-ID (CAT) zuordnen (Mehrfachpflege möglich).

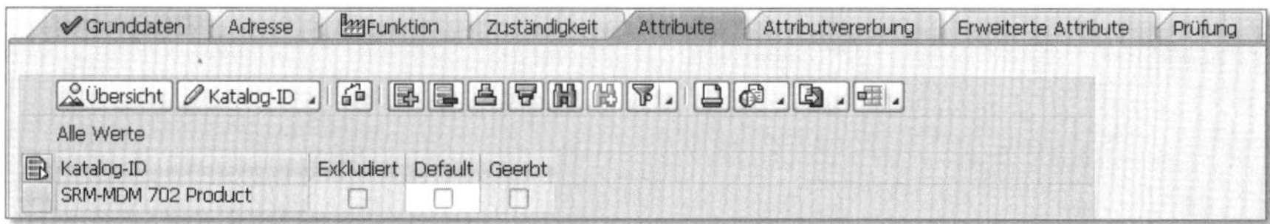

Abbildung 6.45 Katalog per Attribut zuweisen

Nun haben Sie erfolgreich einen Katalog an das SAP SRM-System per OCI angebunden und ihn den autorisierten Benutzern per Attribut in der Aufbauorganisation zugänglich gemacht.

6.6.6 Content Management mit SRM-MDM Catalog

Ein großer Vorteil, den Produktkataloge bieten, sind die vielfältigen Möglichkeiten des Imports und der Verwaltung der Kataloginhalte. Diese Aktivitäten – also alle Handlungen, die mit der Verwaltung und dem Import von

Kataloginhalten zusammenhängen – werden unter dem Begriff *Content Management* zusammengefasst; der Benutzer, der diese Aktivitäten durchführt, heißt dementsprechend *Content Manager*.

Werfen wir nun einen Blick auf die Content-Management-Prozesse am Beispiel von SRM-MDM Catalog 7.01. Um diesen Katalog leichter verstehen zu können, müssen wir uns zunächst die Architektur von SRM-MDM Catalog vergegenwärtigen.

SRM-MDM Catalog – Architektur

SRM-MDM Catalog besteht aus den folgenden Komponenten (siehe Abbildung 6.46):

- Mithilfe der *MDM Console* ❶ werden der *MDM-Server* und die *MDM-Repositorys* verwaltet.
- Die *MDM-Repositorys*, die die einzelnen Katalogpositionen enthalten, werden auf dem *MDM-Server* ❷ gespeichert.
- Der *MDM Data Manager* ❸ muss lokal auf dem Microsoft Windows-basierten Computer des Content Managers installiert werden. Mithilfe des *MDM Data Managers* können die einzelnen Katalogpositionen auf der Datenbank des *MDM-Servers* angelegt und bearbeitet werden.

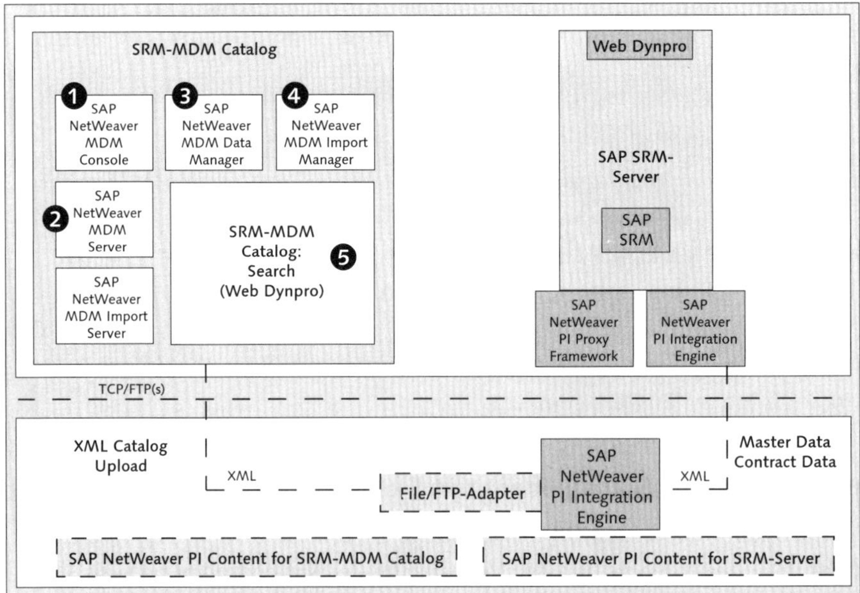

Abbildung 6.46 SRM-MDM-Architektur (Quelle: SAP SRM 7.0 Master Guide)

- Der *MDM Import Manager* ❹ muss lokal auf dem Microsoft Windows-basierten Computer des Content Managers installiert werden. Er ermöglicht das Hochladen und Mapping von Katalogdateien der verschiedensten Formate (CSV, Microsoft Excel, XML) über den *MDM Import Server* in die Datenbank des *MDM-Servers*.
- Endanwender greifen aus einer SAP SRM-Anwendung (z. B. Einkaufswagen) auf die *MDM Catalog Search Engine* (Web Dynpro für Java) ❺ zu. Von dort aus können sie die auf dem *MDM-Server* gespeicherten Katalogpositionen suchen und sie in den Einkaufswagen übertragen.

Beispiel zum Aufbau von SRM-MDM Catalog

Auf den folgenden Seiten werden wir Ihnen anhand eines einfachen Beispiels das Aufsetzen eines auf SAP SRM-MDM 7.01 basierenden Produktkataloges demonstrieren. Hierbei erläutern wir, wie das Repository eingebunden wird, die Daten dorthin geladen werden und die Katalogsuche konfiguriert wird.

Repositiory einbinden

Um das Repository einzubinden, starten Sie die MDM Console (siehe Abbildung 6.47) und binden anschließend den MDM-Server ein. Dann wird das von SAP ausgelieferte Standard-Repository mithilfe der MDM Console »ausgepackt«.

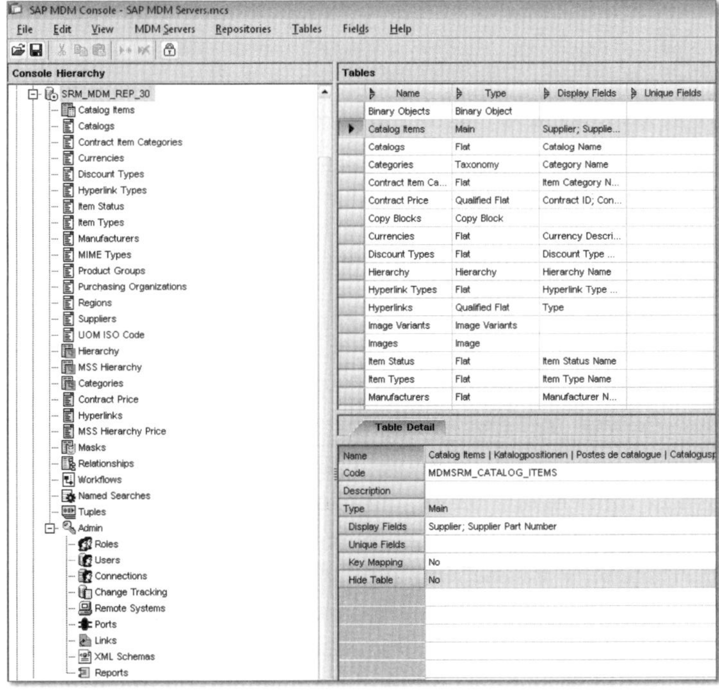

Abbildung 6.47 MDM Console

Das SAP-Standard-Repository für SRM-MDM Catalog beinhaltet alle strukturellen und benutzerspezifischen Meta- und Rich-Content-Informationen, die Sie zum Aufbau eines Produktkataloges benötigen. Die Haupttabelle KATALOGPOSITIONEN beinhaltet die Katalogartikel. Einzelne Felder referenzieren auf Lookup-Tabellen, die wiederum Träger von verschiedenen Informationen (ISO-Codes, Lieferanten, Hierarchien usw.) sind. Des Weiteren steuert das Repository die verfügbaren Sprachen. Allerdings ist die Anzahl der ausgelieferten Sprachen zumeist höher als benötigt; aus Performancegründen sollten Sie die nicht benötigten Sprachen herauslöschen (siehe Abbildung 6.48). Aber Vorsicht: einmal gelöschte Sprachen lassen sich nicht wieder herstellen.

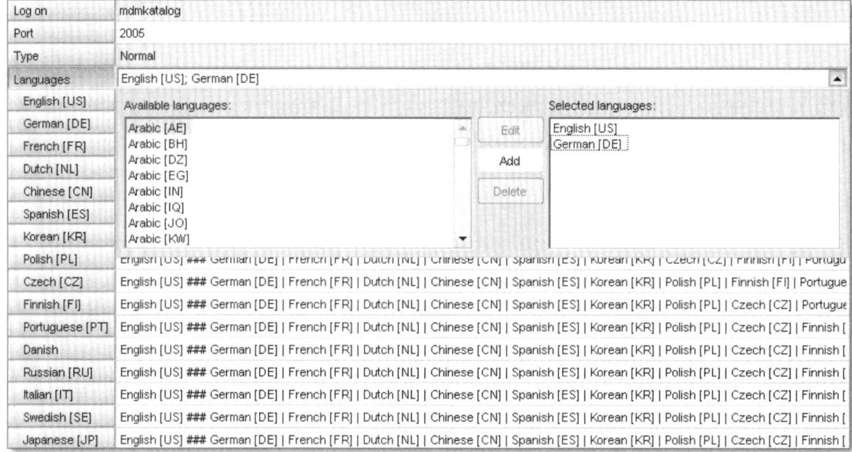

Abbildung 6.48 Das Herauslöschen von Sprachen aus dem Repository

Zu den weiteren Aufgaben des Repositorys zählen die Anbindung an andere Systeme und die Benutzersteuerung für dessen Pflege. Alle Anpassungen an der Konfiguration des Repositorys führen Sie mithilfe der *MDM Console* durch.

Ein Repository kann verschiedene Status einnehmen. Um mit dem betreffenden Repository arbeiten zu können, müssen Sie es zunächst laden. Interessant, besonders im Falle von Fehleranalysen und in der Zusammenarbeit mit dem SAP-Support, ist die Möglichkeit, das gesamte Repository zu archivieren, um es in einem anderen MDM-Server (z.B. im Rahmen des SAP-Supports) einspielen zu können. Alle benötigten Daten, wie z.B. Artikelinformationen, Benutzerinformationen, Felddefinitionen, Maps usw., stehen Ihnen nun dort zur Verfügung. Voraussetzung für das Einspielen des Repositorys ist es, dass der MDM-Server auf der Ausgangs- und Zielseite die gleiche Versions- und Patch-Nummer hat. So steht beispielsweise bei der Versionsnummer 7.1.08.235 die 7.1 für das SAP NetWeaver MDM-Release, die 08 für das Support Package und die 235 für die Built Version, die allerdings ignoriert werden kann.

Daten ins Repository laden

Mithilfe des MDM Import Managers können Sie Daten manuell in das Repository laden. Wir laden in diesem Beispiel insgesamt vier Dateien auf der Basis von Microsoft Excel hoch. Damit Sie die relevanten Daten in die Tabelle KATALOGPOSITIONEN laden können, müssen Sie zuvor einige Lookup-Tabellen mit Daten befüllen, nämlich die Lookup-Tabellen WÄHRUNGEN, ISO-CODE DER MENGENEINHEIT und HIERARCHIE. Damit beim Laden der Artikeldaten auch die benötigten Wert-Mappings gefunden werden, ist das Vorhandensein dieser Dateien für unser Beispiel als Minimalvoraussetzung erforderlich.

Zur Veranschaulichung laden wir nun Schritt für Schritt die Tabelle für die ISO-Codes hoch:

1. Melden Sie sich zunächst am MDM Import Manager an.
2. Nun erfolgt die Auswahl der Ausgangsdatei und die Selektion von Dateiformat und Remote-System (siehe Abbildung 6.49).

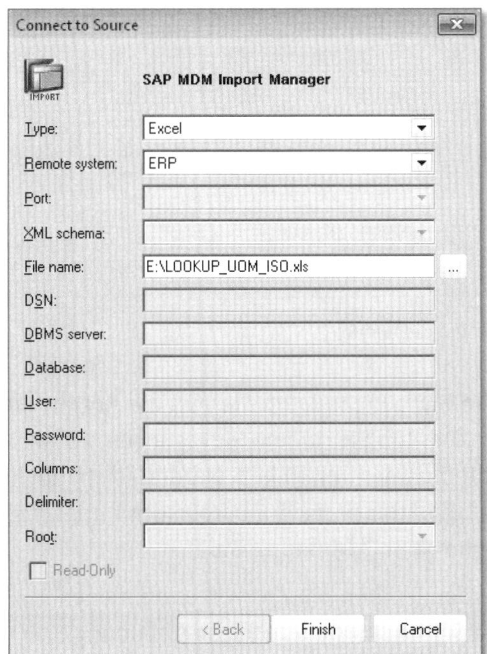

Abbildung 6.49 Auswahl der Ausgangsdatei

3. Wechseln Sie nun in die Registerkarte Map Fields/Values, und wählen Sie dort die Ausgangs- und Zieltabelle aus (siehe ❶ in Abbildung 6.50).
4. Das Feld UOM_ISO_CODE wird nun kopiert, damit es als Schlüssel im *Key Mapping* des jeweiligen Datensatzes zur Verfügung steht (siehe Abbildung 6.51).
5. Im Bereich Field Mapping müssen die Ausgangs- und Zielfelder miteinander verbunden werden (siehe ❷ in Abbildung 6.50).

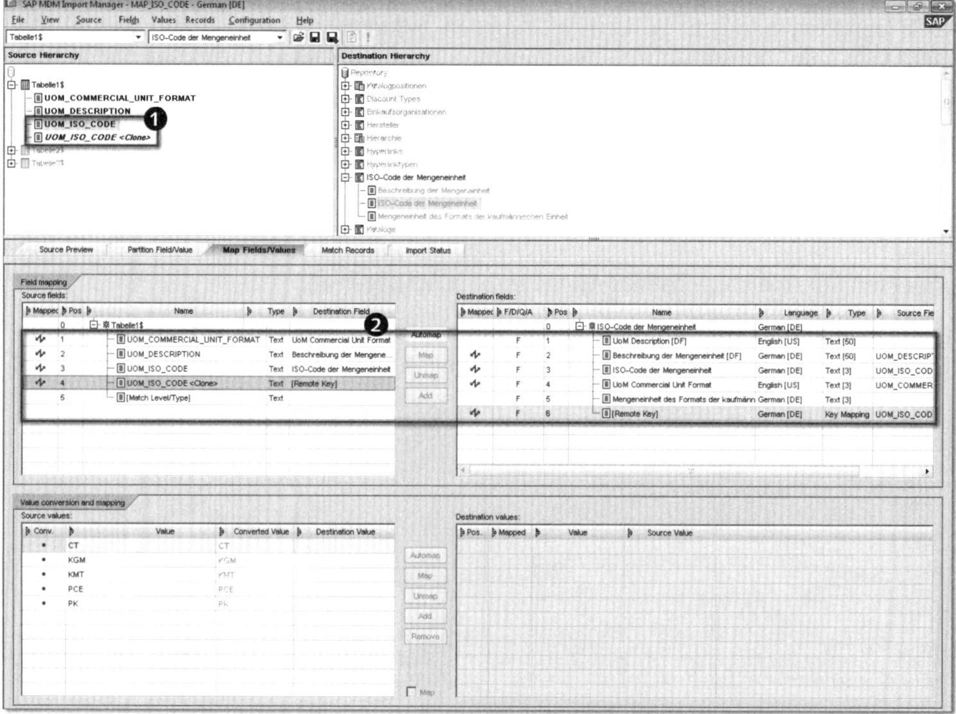

Abbildung 6.50 Mapping der Ausgangs- und Zielfelder

6. Im Anschluss an das erfolgreiche Mapping müssen Sie nun die Regeln für das Laden der Daten definieren. Dies tun Sie, indem Sie festlegen, auf welcher Basis die Daten (Felder) miteinander verglichen werden (siehe ❶ in Abbildung 6.52) und welche Aktivitäten je nach Übereinstimmungsgrad durchgeführt werden sollen (siehe ❷ in Abbildung 6.52).
7. Bevor Sie den Ladeprozess beenden, sollten Sie die vorgenommenen Einstellungen als MAP über das Icon Speichern sichern (siehe Abbildung 6.53).

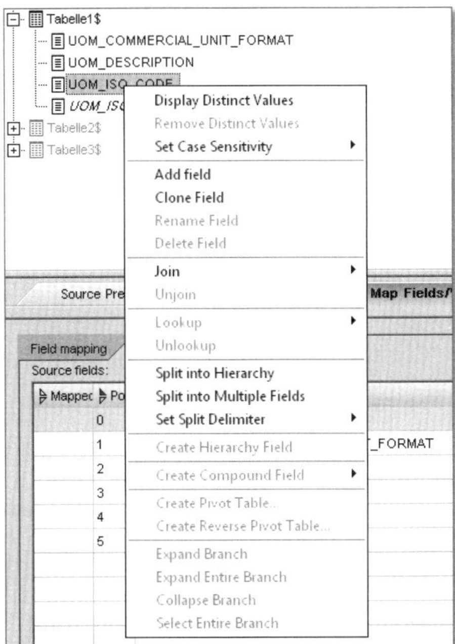

Abbildung 6.51 Feld kopieren

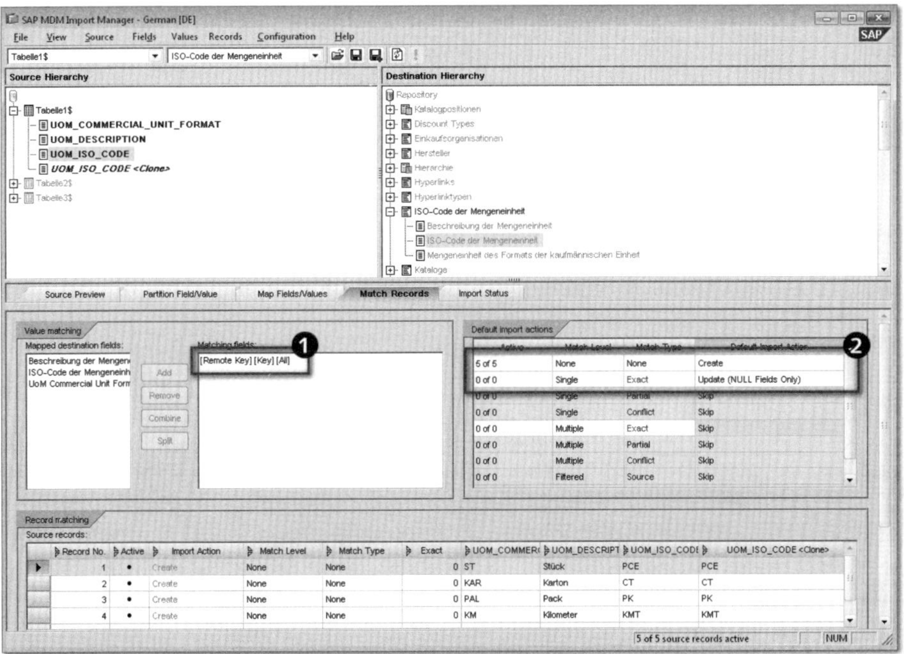

Abbildung 6.52 Datensätze abgleichen

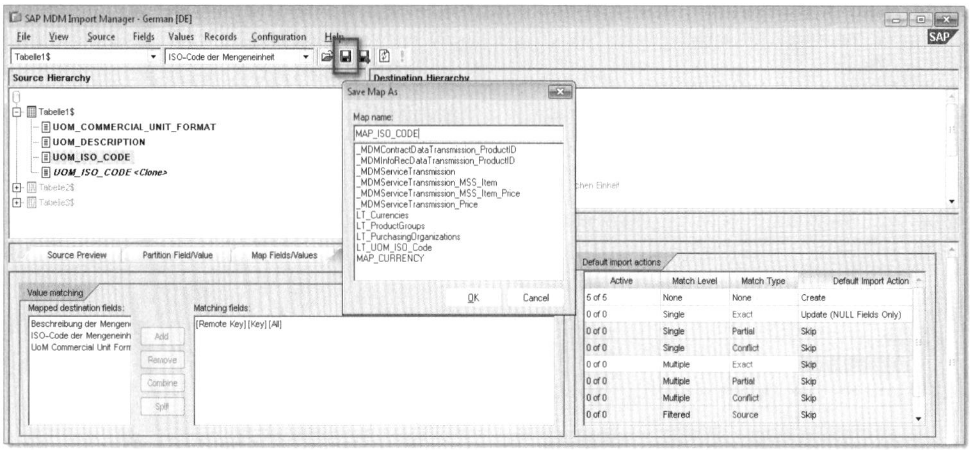

Abbildung 6.53 Speichern der Konfiguration als MAP

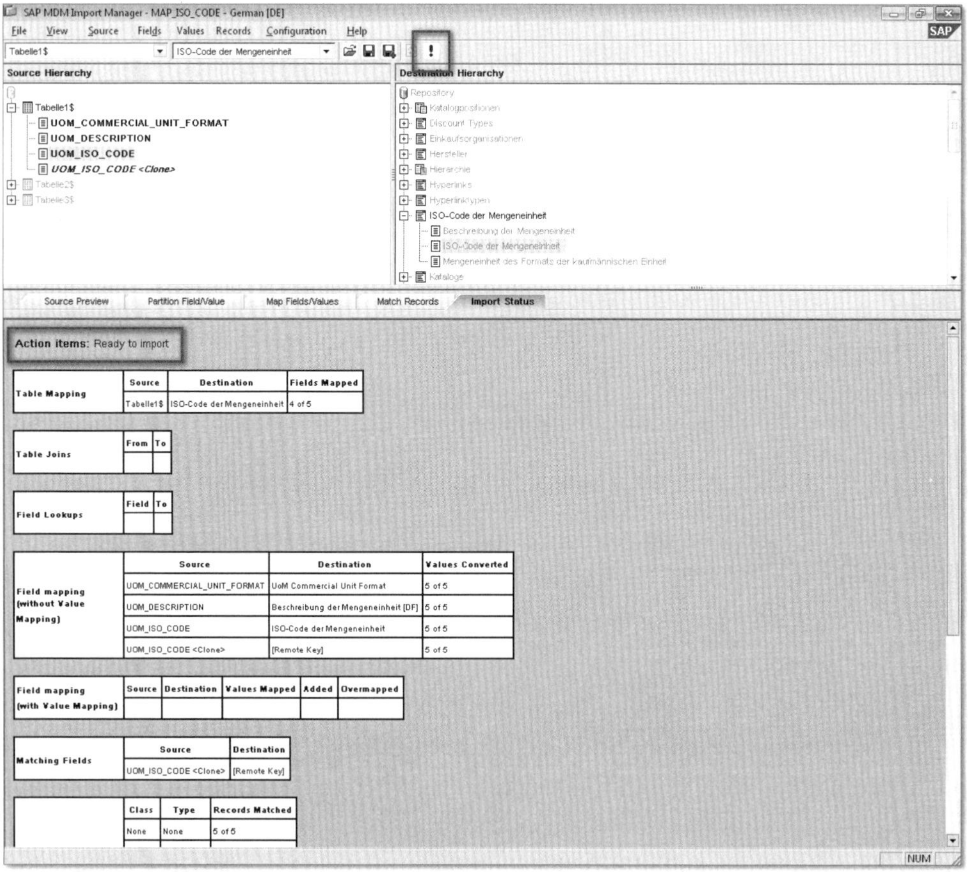

SAP MDM Import Manager - MAP_ISO_CODE - German [DE]

File View Source Fields Values Records Configuration Help

Tabelle1$ | ISO-Code der Mengeneinheit

Source Hierarchy

- Tabelle1$
  - UOM_COMMERCIAL_UNIT_FORMAT
  - UOM_DESCRIPTION
  - UOM_ISO_CODE
  - UOM_ISO_CODE <Clone>
- Tabelle2$
- Tabelle3$

Destination Hierarchy

- Repository
  - Katalogpositionen
  - Discount Types
  - Einkaufsorganisationen
  - Hersteller
  - Hierarchie
  - Hyperlinks
  - Hyperlinktypen
  - ISO-Code der Mengeneinheit
    - Beschreibung der Mengeneinheit
    - ISO-Code der Mengeneinheit
    - Mengeneinheit des Formats der kaufmännischen Einheit
  - Kataloge

Source Preview | Partition Field/Value | Map Fields/Values | Match Records | Import Status

Action items: Ready to import

Table Mapping	Source	Destination	Fields Mapped
	Tabelle1$	ISO-Code der Mengeneinheit	4 of 5

Table Joins	From	To

Field Lookups	Field	To

Field mapping (without Value Mapping)	Source	Destination	Values Converted
	UOM_COMMERCIAL_UNIT_FORMAT	UoM Commercial Unit Format	5 of 5
	UOM_DESCRIPTION	Beschreibung der Mengeneinheit [DF]	5 of 5
	UOM_ISO_CODE	ISO-Code der Mengeneinheit	5 of 5
	UOM_ISO_CODE <Clone>	[Remote Key]	5 of 5

Field mapping (with Value Mapping)	Source	Destination	Values Mapped	Added	Overmapped

Matching Fields	Source	Destination
	UOM_ISO_CODE <Clone>	[Remote Key]

	Class	Type	Records Matched
	None	None	5 of 5

NUM

Abbildung 6.54 Import der Katalogdaten

8. Der letzte Schritt beim Datenladen ist in unserem Beispiel das Starten des Datenimports. Hierzu wechseln Sie in die Registerkarte IMPORT STATUS. Hier sehen Sie eine Zusammenfassung der vorgenommen Einstellungen und unter ACTION ITEMS den Status READY TO IMPORT, wenn alles in Ordnung ist. Falls es noch ein Problem gibt, bekommen Sie eine Fehlermeldung mit einem Hinweis auf die Fehlerursache. Den Datenimport starten Sie mit einem Klick auf das Ausrufezeichen (Icon IMPORT AUSFÜHREN, siehe Abbildung 6.54). Im Idealfall erhalten Sie vom SAP-System eine Erfolgsmeldung für den erfolgreichen Upload. Im Fehlerfall erhalten Sie eine Fehlermeldung.

Das Ergebnis des Importvorgangs können Sie sich im MDM Data Manager ansehen (siehe Abbildung 6.55).

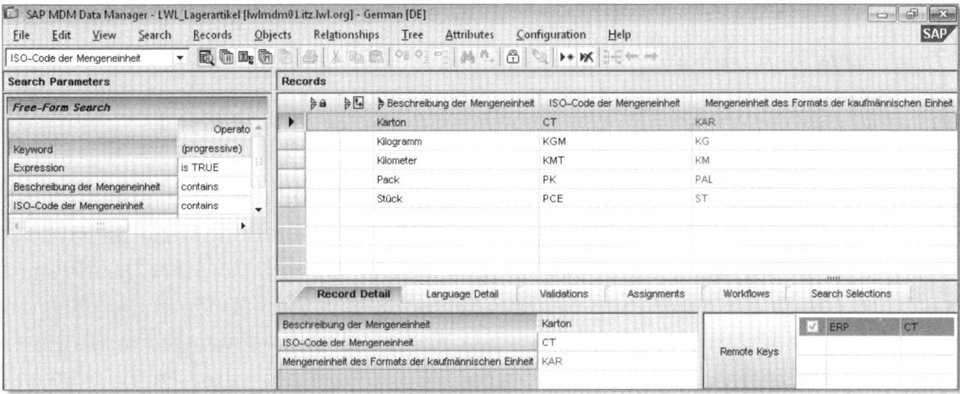

Abbildung 6.55 Datensicht im MDM Data Manager

Katalogsuche konfigurieren

Nachdem es Ihnen gelungen ist, die notwendigen Daten in den MDM-Server zu laden, müssen Sie im letzten Schritt noch die Katalogsuche konfigurieren. Zu diesem Zweck gibt es ein webbasiertes Konfigurationstool. Die Katalogsuche und das Konfigurationstool sind in Web Dynpro für Java entwickelt worden. Dies ist auch der Grund, warum man für SRM-MDM Catalog einen Java-Applikationsserver benötigt. Der Aufruf der Konfiguration erfolgt immer nach dem gleichen Muster: *http://<Host>:<Port>/SRM-MDM/SRM_MDM* (siehe Abbildung 6.57). Wenn Sie die Konfiguration in deutscher Sprache starten möchten, nehmen Sie an der URL die Ergänzung *?sap-locale=DE* vor.

[EHP 1]

Verbesserung der Benutzerfreundlichkeit

Die Katalogsuche in SRM-MDM Catalog können Sie seit EHP 1 von SAP SRM mithilfe von neuen Funktionen einem Redesign unterwerfen. SRM-MDM Catalog 7.01 wurde hierzu um die folgenden Funktionalitäten erweitert:

- Einführung eines optionalen Home Screens als zentraler Einstiegspunkt in die Katalogsuche
- optionales Einblenden von sogenannten Top-10-Artikeln und Top-10-Lieferanten
- Durchsuchen des Katalogs mithilfe von Browse By anhand von Klassifikation und Selektionsliste
- weiteres Filtern der Suchergebnisse über die neu arrangierte Suchverfeinerung
- Grid-Anzeige, zusätzlich zur List- und Thumbnail-Anzeige
- integrierte Suchhilfe in den Drop-down-Suchfeldern der erweiterten Suche

Die Aktivierung dieser neuen Funktionen erfolgt in zwei Schritten:

1. Sie aktivieren die Business Function SRM_KATALOG_1 in der SRM-Server-Komponente.
2. Sie aktivieren den Customizing-Schalter CAT_701_UI_IMP mithilfe eines Browsers. Hierzu rufen Sie die URL *http://<Host>:<Port>/ webdynpro/resources/sap.com/tc~mdm~srmcat~enabler/MDM_SRM_SWITCH_APP?* auf. Nach der Anmeldung am Java-Server, dessen Host-ID Sie in der oben stehenden URL benutzt haben (Sie benötigen Ihren Java Account), können Sie einen oder beide angebotenen Customizing-Schalter aktivieren (siehe Abbildung 6.56).

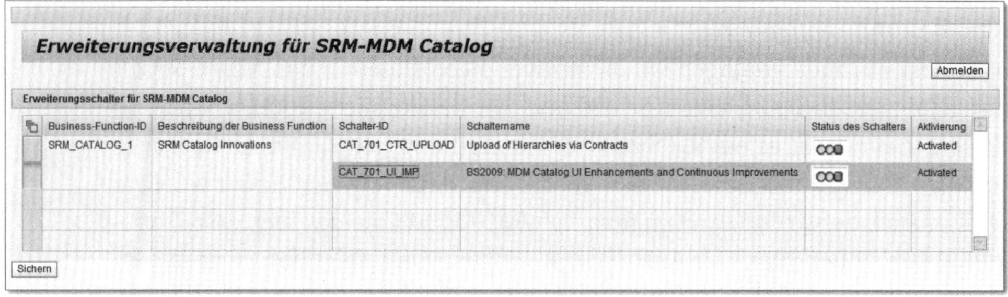

Abbildung 6.56 Aktivierung der Redesign-Funktionen in der Katalogsuche

Da die Erweiterungen mit EHP 1 eine verbesserte Benutzeroberfläche und optimierte Suchmöglichkeiten bieten, erläutern wir im Folgenden die Konfiguration auf Basis der aktivierten Customizing-Schalter.

Zunächst rufen Sie die URL für die Konfiguration auf; mit dieser Konfiguration definieren Sie den Aufbau der Katalogsuche, die Anzeige der Ergebnislisten, die in der Suche zur Verfügung stehenden Felder und die Felder für das OCI-Mapping. Durch Aktivierung der Customizing-Schalter sind die folgenden Funktionen, unterhalb der Überschrift WEITERE PFLEGEANWENDUNGEN, hinzugekommen, die Sie separat anwählen können (siehe Abbildung 6.57).

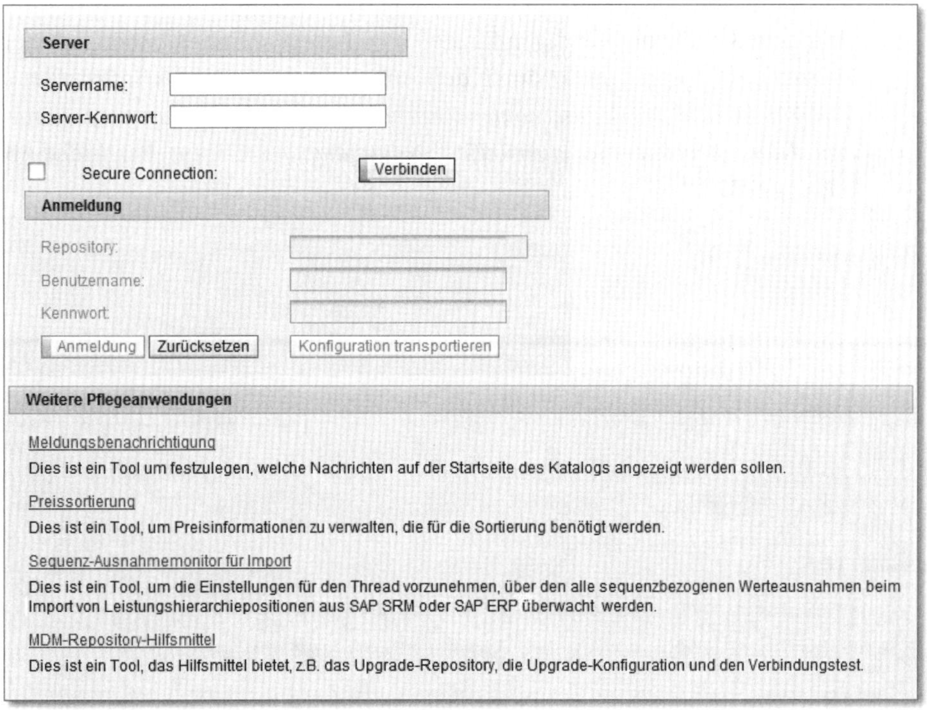

Server
Servername:
Server-Kennwort:
Secure Connection:
Verbinden
Anmeldung
Repository:
Benutzername:
Kennwort:
Anmeldung
Zurücksetzen
Konfiguration transportieren
Weitere Pflegeanwendungen
Meldungsbenachrichtigung
Dies ist ein Tool um festzulegen, welche Nachrichten auf der Startseite des Katalogs angezeigt werden sollen.
Preissortierung
Dies ist ein Tool, um Preisinformationen zu verwalten, die für die Sortierung benötigt werden.
Sequenz-Ausnahmemonitor für Import
Dies ist ein Tool, um die Einstellungen für den Thread vorzunehmen, über den alle sequenzbezogenen Werteausnahmen beim Import von Leistungshierarchiepositionen aus SAP SRM oder SAP ERP überwacht werden.
MDM-Repository-Hilfsmittel
Dies ist ein Tool, das Hilfsmittel bietet, z.B. das Upgrade-Repository, die Upgrade-Konfiguration und den Verbindungstest.

Abbildung 6.57 Aufruf der Konfiguration zur Katalogsuche

- **Meldungsbenachrichtigung**
  Mithilfe dieser Funktion können Sie beim Starten der Katalogsuche die verschiedenen Nachrichten für Ihre Anwender einblenden.
- **Preissortierung**
  Hiermit wird Ihnen ein Tool an die Hand gegeben, mit dem Sie Preisinformationen bearbeiten können, die für die Sortierung notwendig sind.
- **Sequenz-Ausnahmemonitor**
  Der Sequenz-Ausnahmemonitor dient der Überwachung des Imports von Leistungshierarchiepositionen.
- **MDM-Repository-Hilfsmittel**
  Diese Utilitys gab es schon früher; allerdings mit dem Unterschied, dass man zu deren Nutzung früher immer eine separate URL aufrufen musste.

Im Rahmen unseres Beispiels sehen wir uns nur die Konfiguration der Positionslistenanzeige an (siehe Abbildung 6.58). Pro Anzeige (siehe die Optionen Positionslisten, Vergleichen, Thumbnail View, Einkaufswagenvorschau, Positionsdetails, Grid View) können Sie die anzuzeigenden Felder neu definieren.

Nachdem Sie alle notwendigen Einstellungen vorgenommen haben, können Sie sich das Ergebnis direkt durch den Aufruf der URL *http://<Host>:<Port>/SRM-MDM/SRM_MDM?username=<Username>&password=<Passwort>&catalog=<Name_Repository>&server=<Host>&datalanguage=DE* ansehen (siehe Abbildung 6.59).

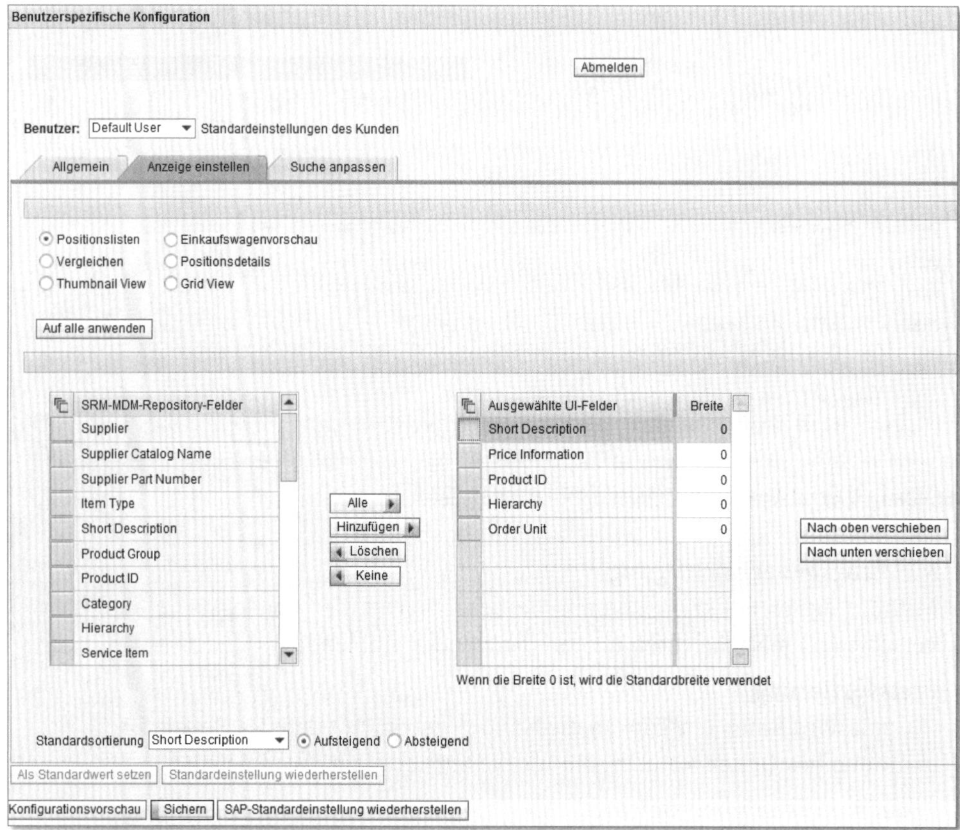

Abbildung 6.58 Konfiguration der Positionslisten

SRM-MDM Catalog kann sowohl für die Produktbeschaffung als auch für die Leistungsbeschaffung im Bereich der komplexen Dienstleistungen eingesetzt werden. Da sich diese beiden Beschaffungsprozesse erheblich voneinander unterscheiden, werden wir auch die dazugehörigen Content-Management-Prozesse nacheinander betrachten. Wir beginnen mit dem Einsatz von SRM-MDM Catalog im Rahmen der Produktbeschaffung.

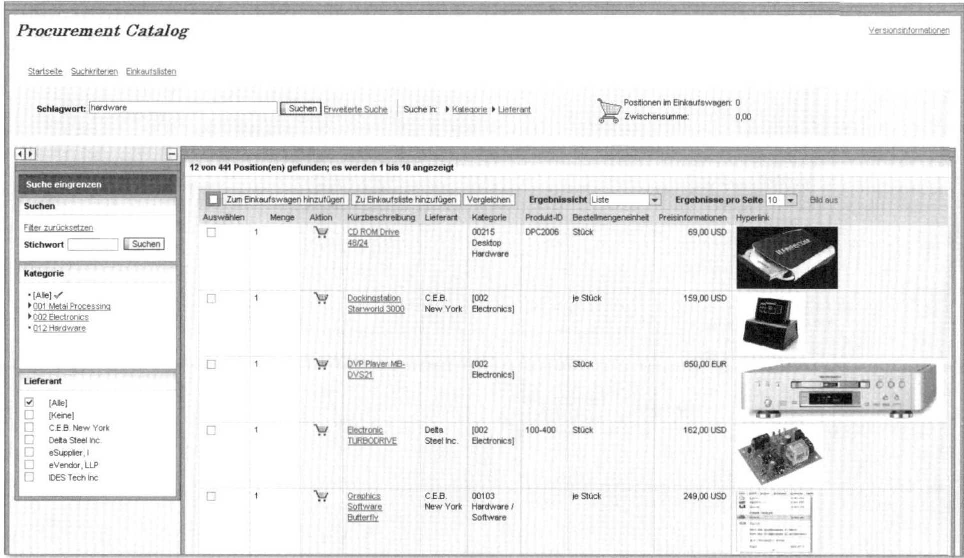

Abbildung 6.59 Ergebnis der Katalogsuche

SRM-MDM Catalog für die Produktbeschaffung

Diese Variante beschreibt den Content-Management-Prozess sowohl für Materialien als auch für einfache Dienstleistungen.

Der Content Manager importiert hier die Klassifizierungsstrukturen und Produktdaten in die vordefinierte Repository-Struktur von SRM-MDM Catalog (siehe ❶ in Abbildung 6.60). Diese Daten können z. B. aus Microsoft Excel-, XML- oder TXT-Dateien stammen oder direkt aus aktiven Datenbanksystemen wie Microsoft Access, Oracle oder Microsoft SQL Server.

Zusätzlich kann der Content Manager auch die Kontraktdaten aus SAP SRM und aus dem SAP ERP-Backend ❷ sowie die Einkaufsinfosätze aus dem SAP ERP-Backend ❸ importieren. Die Kontraktdaten und Einkaufsinfosätze ergänzen die Produktdaten im Katalog um zusätzliche Konditionsinformationen wie z. B. Staffelpreise oder zeitabhängige Konditionen. Anschließend überprüft der Content Manager die hochgeladenen Daten und reichert sie mit weiteren Informationen (z. B. mit Bildern oder Anlagen) an ❹. Falls nötig, ändert der Content Manager noch die Zuordnung der Katalogpositionen innerhalb der Klassifizierungsstruktur.

Als Nächstes kann eine Genehmigung der vorbereiteten Katalogpositionen durch den Content-Genehmiger erfolgen ❺.

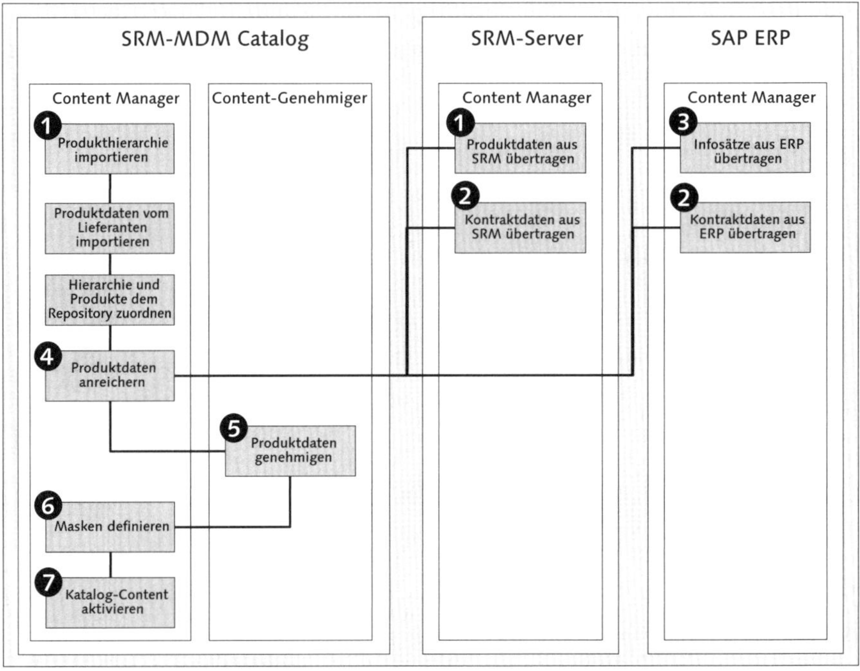

Abbildung 6.60 Content-Management-Prozess für die Produktbeschaffung

Nun definiert der Content Manager mithilfe von Suchmustern Masken (Sichten) und ordnet sie anschließend bestimmten Benutzergruppen zu ❻. Schließlich aktiviert er den Katalog-Content ❼, damit dieser den Endanwendern zur Verfügung steht.

SRM-MDM Catalog für die Leistungsbeschaffung

Diese Variante von SRM-MDM Catalog beschreibt den Content-Management-Prozess für komplexe Dienstleistungen mit hierarchischen Strukturen (Leistungshierarchien).

Ein Vorteil von SRM-MDM Catalog ist seine Fähigkeit, Leistungshierarchien zu importieren und sie dem Endanwender zugänglich zu machen (siehe Abbildung 6.61).

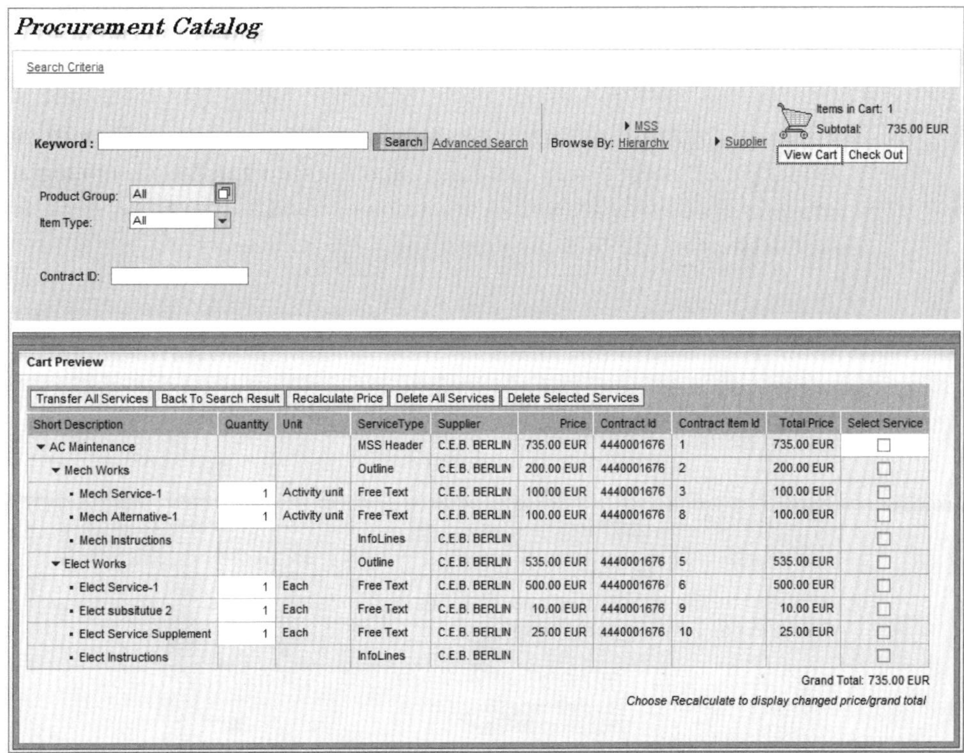

Abbildung 6.61 SRM-MDM Catalog für die Leistungsbeschaffung (Quelle: http://help.sap.com)

Leistungshierarchien können aus zwei verschiedenen Datenquellen in den Katalog geladen werden:

1. **Übertragung aus SRM-MDM Catalog**
   Leistungshierarchien, die auf einer Ausschreibung basieren, können von SAP SRM nach SRM-MDM Catalog übertragen werden. Dabei können sowohl hierarchische als auch nicht hierarchische Positionen aus einer Ausschreibung in SRM-MDM Catalog aufgenommen werden. Zum Hochladen von Leistungshierarchien aus SAP Bidding Engine gehen Sie wie folgt vor:
   - Wählen Sie zunächst das gewünschte Angebot und anschließend die Option Angebote und Zuschläge aus.
   - Gehen Sie nun in die Registerkarte Positionen.
   - Wählen Sie schließlich die Option In Katalog veröffentlichen, um die Positionen in den Katalog zu übernehmen.

2. **Übertragung aus MM**
   Die zweite Möglichkeit ist das Hochladen von Musterleistungsverzeichnissen aus der ERP-Komponente MM mithilfe der Transaktion MECCM.

Die nun in SRM-MDM Catalog vorhandenen Leistungshierarchien (siehe Abbildung 6.62) stehen dem Einkäufer beim Anlegen von Ausschreibungen, dem Bieter bei der Abgabe von Geboten sowie dem Lieferanten bei der Leistungserfassung in SAP SUS zur Verfügung.

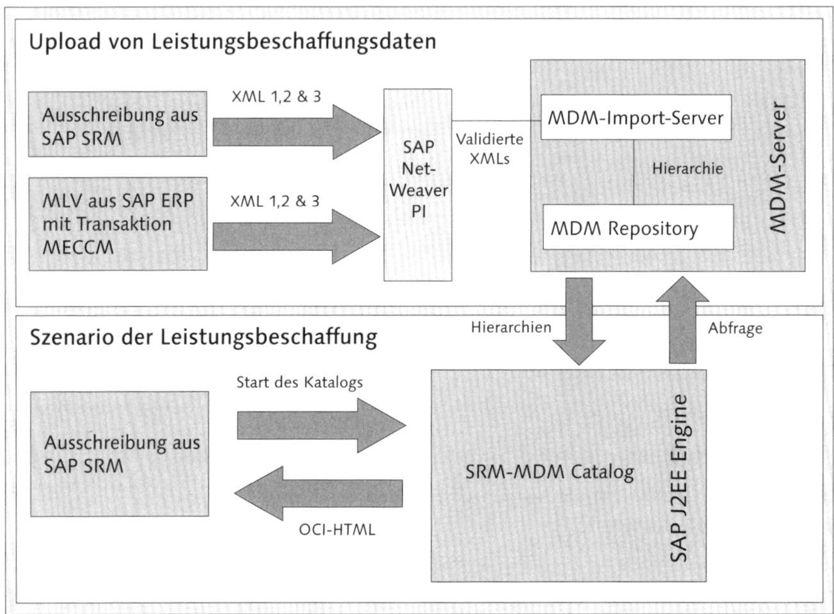

Abbildung 6.62 Leistungshierarchie in SRM-MDM Catalog

Das Thema »Beschaffung komplexer Dienstleistungen mit hierarchischen Strukturen« haben wir bereits in Abschnitt 6.2.3 vertieft.

Datenvalidierung und Workflow

SRM-MDM Catalog verfügt über ein ausgefeiltes Regelwerk zur Überprüfung und Genehmigung von Daten. Über *Validierungen* können hier komplexe Prüfungen für alle Arten von Bedingungen definiert werden. So kann eine Validierung beispielsweise den Preis einer vom Lieferanten übertragenen Katalogposition mit dem bestehenden Preis dieser Position im Katalog vergleichen. Sollte die Preisänderung außerhalb eines definierten Toleranzbereichs liegen, kann ein Genehmigungs-Workflow für die Änderung angestoßen werden.

MDM-Workflows können flexibel mit dem Standard von Microsoft Visio 2003 entworfen werden. Diese Workflows umfassen Schritte für die Benutzeraktivitäten sowie Workflow-Elemente, wie z.B. Validierungen, Genehmigungen und Benachrichtigungen.

SRM-MDM Catalog – weiterführende Informationen

Aufgrund der vielfältigen Konfigurationsmöglichkeiten von SRM-MDM Catalog würde die Aufnahme der Konfigurationsdokumentation den Rahmen dieses Buches sprengen. Eine ausführliche Konfigurationsdokumentation für SRM-MDM Catalog finden Sie im SAP SRM Solution Manager Content (siehe Kapitel 13, »SAP SRM Solution Manager Content«).

SAP-Schulung SRM270 [«]

Die SAP-Schulung SRM270, »SRM-MDM Catalog«, gibt Ihnen die Möglichkeit, die Thematik »SRM-MDM Catalog« fachlich zu vertiefen. Weitere Informationen zu Schulungen im Bereich »SAP SRM« finden Sie in Anhang I, »Literaturverzeichnis und weiterführende Informationen«.

6.6.7 Lieferantenverzeichnisse

Lieferantenverzeichnisse sind eine besondere Form der Online-Kataloge, die über das *Open Partner Interface* (OPI) an SAP SRM angebunden werden. Sie ermöglichen es den Einkäufern, in einem externen Katalog nach potenziellen neuen Lieferanten zu suchen und diese an SAP SRM zu übertragen. Das Lieferantenverzeichnis können Sie von den folgenden Funktionen aus aufrufen:

- beim Anlegen eines Bieters in der Ausschreibungsverwaltung
- in der Liste bevorzugter Lieferanten
- in der Geschäftspartnerverwaltung

SRM-MDM Catalog kann als Lieferantenverzeichnis eingesetzt werden. Lieferantenverzeichnisse spielen im Prozess der Lieferantenqualifizierung eine wichtige Rolle. Mehr zu dieser Thematik lesen Sie in Abschnitt 10.1, »Lieferantenqualifizierung«.

Das Open Partner Interface ist dem Open Catalog Interface technisch sehr ähnlich. Daher werden Lieferantenverzeichnisse auch über dieselbe Customizing-Transaktion eingerichtet.

Rufen Sie zum Anbinden eines Lieferantenverzeichnisses zunächst die Transaktion SPRO und anschließend im Einführungsleitfaden (IMG) den Menüpfad

Supplier Relationship Management • SRM Server • Stammdaten • Externe Web-Services definieren auf. Gehen Sie nun analog zu der in Abschnitt 6.6.5, »Anbindung eines Produktkatalogs an SAP SRM«, beschriebenen Anleitung vor. Wählen Sie jedoch unter Betriebsw. Typ eines Web den Eintrag Lieferantenverzeichnis.

Lesen Sie zusätzlich die im Customizing unter Externe Web-Services definieren verfügbare Dokumentation.

6.7 Zusammenfassung

Das Kapitel zu den operativen Beschaffungsprozessen ist sicherlich eines der wichtigsten und umfangreichsten Kapitel dieses Buches. Mit der Beschreibung des Geschäftsszenarios »Beschaffung per Self-Service« geht es auf die absolute Kernfunktionalität der SAP SRM-Lösung ein. Den Einkaufswagen zur Beschaffung per Self-Service gab es bereits beim allerersten SAP SRM-Release.

Darüber hinaus dient dieses Kapitel der Vertiefung der in Teil I, »Grundlagen«, erarbeiteten Konzepte der SAP SRM-Lösung sowie als Basis für die weiteren Kapitel in Teil II, »Funktionen und Prozesse«. Diese beschreiben nun Geschäftsszenarien, die die Einkäufer bei ihrer täglichen Arbeit unterstützen.

Die Betrachtung der verschiedenen operativen Beschaffungsprozesse bestätigt die bereits in Kapitel 1, »Das Lösungsportfolio von SAP im Bereich ›Beschaffung‹«, gemachte Aussage, dass Beschaffungsprozesse in Abhängigkeit der Beschaffenheit der einzukaufenden Produkte unterschiedlich gestaltet werden müssen:

- Wir haben die unterschiedliche Funktionalität zur *Beschaffung von Materialien und Dienstleistungen* kennengelernt.
- Innerhalb der Materialien haben wir zwischen *indirekten Materialien* und *Direktmaterialien* unterschieden. Ebenfalls haben wir unterschieden, wie die Bestellanforderung entsteht: durch einen Benutzer im Bereich »Beschaffung per Self-Service« oder durch ein externes System im Bereich »Plangesteuerte Beschaffung«.
- Die Beschaffung von Dienstleistungen selbst haben wir – abhängig von der Art der zu beschaffenden Dienstleistung – wieder unterteilt: in die Beschaffung *einfacher Dienstleistungen*, die Beschaffung *komplexer Dienstleistungen* und die Beschaffung von *externem Personal*.

Des Weiteren haben wir noch einen Blick auf einige ergänzende Konzepte aus dem Bereich der Rechnungsprüfung geworfen.

Im Bereich der Katalogverwaltung bieten Online-Produktkataloge eine benutzerfreundliche Möglichkeit, um Produktstammdaten abzulegen. Produktkataloge können sowohl unternehmensintern verwaltet als auch von externen Dienstleistern oder Lieferanten über das Internet angeboten werden. Neben der zur Anbindung der Produktkataloge in SAP SRM notwendigen Konfiguration wurden die Content-Management-Prozesse für die Material- und für die Dienstleistungsbeschaffung vorgestellt.

Anhand eines Beispiels haben wir uns anschließend die notwendigen Schritte zum Anlegen eines internen Katalogs vor Augen geführt.

Abschließend haben wir die Möglichkeit erörtert, den Katalog als Lieferantenverzeichnis zu verwenden. Diese Möglichkeit wird in Kapitel 10, »Optimierung des Lieferantenportfolios«, noch genauer beschrieben. Im nächsten Kapitel widmen wir uns der Tätigkeit der operativen Einkäufer und betrachten die in diesem Kapitel bereits des Öfteren angedeuteten Möglichkeiten zur Bezugsquellenfindung in SAP SRM.

Eine effektive systemunterstützte Bezugsquellenfindung ermöglicht finanzielle Einsparungen, entlastet die Einkaufsabteilung und verringert die Prozesslaufzeiten. In SAP SRM ist die Bezugsquellenfindung mit den Szenarien »Beschaffung per Self-Service« und »Verwaltung von Kontrakten« voll integriert.

7 Bezugsquellenfindung

Verhandlungsgeschick gehört zu einer der wichtigsten Eigenschaften erfolgreicher Einkäufer. Aufgrund der Globalisierung der Beschaffungsmärkte, steigenden Kostendrucks und der verstärkten Anforderung nach Transparenz werden für die Verhandlung mit Lieferanten immer häufiger IT-basierte Ausschreibungsanwendungen eingesetzt. Einkäufer wollen heutzutage nicht nur die günstigsten und besten Lieferanten in ihrer Nähe finden, sondern sie wollen auch möglichst die besten und günstigsten Lieferanten weltweit identifizieren. Die Globalisierung der Beschaffungsmärkte bietet einerseits große Chancen, birgt andererseits aber auch Gefahren im Bereich der Bezugsquellenfindung. Deshalb müssen Einkäufer geografische, politische und kulturelle Risiken genau abwägen, bevor sie eine Sourcing-Entscheidung treffen.

Elektronische Ausschreibungsanwendungen sind wie erwähnt bereits weitverbreitet. Allerdings werden nur wenige dieser Anwendungen den Anforderungen eines voll integrierten Ausschreibungs- und Vertragsmanagements sowie Bezugsquellenfindungsprozesses gerecht. Eine erfolgreiche Lieferantenverhandlung bringt nur etwas, wenn ihre Ergebnisse klar und deutlich in einem Einkaufskontrakt dokumentiert sind. Außerdem steigt und fällt ihr Nutzen in Abhängigkeit davon, ob die verhandelten Konditionen in den operativen Beschaffungsprozessen (d.h. bei der Bezugsquellenfindung) auch wirklich genutzt werden.

SAP SRM unterstützt Einkäufer dabei, die Ausgaben zu analysieren und Sourcing-Strategien individuell für jede Produktkategorie auszuarbeiten und zu verfolgen. Darüber hinaus sorgt SAP SRM mithilfe von durchgängig integrierten Prozessen dafür, dass die verhandelten Konditionen auch in den operativen Beschaffungsprozessen genutzt werden.

Das in diesem Kapitel behandelte Thema »Bezugsquellenfindung« entspricht der Prozessgruppe »Sourcing« in der Solution Map von SAP SRM (siehe Abbildung 7.1).

Sourcing	Central Sourcing Hub	RFx / Auctioning	Bid Evaluation & Awarding

Abbildung 7.1 Auszug aus der Solution Map im Bereich »Bezugsquellenfindung«

Das Thema »Bezugsquellenfindung« beschreibt alle Aktivitäten der Zuordnung von Bezugsquellen zu Einkaufswagenpositionen mit dem Ziel, als Folgebeleg eine Bestellung anzulegen und diese an den Lieferanten zu senden.

Die Zuordnung von Bezugsquellen findet entweder automatisch statt oder mithilfe der *Sourcing-Anwendung* (Central Sourcing Hub), einer Arbeitsumgebung für operative Einkäufer. *Ausschreibungen* und *Live-Auktionen* (*RFx/Auctioning* sowie *Bid Evalutaion & Awarding*) werden durchgeführt, falls noch keine passenden Bezugsquellen im System abgebildet worden sind.

Damit eine Bestellung an einen Lieferanten gesendet werden kann, muss eine Anforderungsposition vollständig sein. Sie ist dann vollständig, wenn sie die folgenden Informationen enthält:

- Beschreibung (Was soll bestellt werden?)
- Lieferant (Wo soll bestellt werden?)
- Preis (Zu welchem Preis soll bestellt werden?)

Die Bezugsquellenfindung liegt im Verantwortungsbereich der Einkaufsabteilung. Daher werfen wir zunächst einen Blick auf die Einkaufsabteilung und speziell auf die verschiedenen Einkäuferrollen in SAP SRM. Anschließend erfahren Sie, wo überall im SRM-Server und im SAP ERP-Backend Bezugsquelleninformationen abgelegt werden können. Als Nächstes betrachten wir die Aktivitäten der operativen Bezugsquellenfindung mithilfe der Sourcing-Anwendung. Schließlich lernen Sie noch die Möglichkeiten zur Durchführung von Ausschreibungen und Live-Auktionen detailliert kennen.

7.1 Einkäuferrollen in SAP SRM

Im SAP SRM-basierten Einkauf unterscheidet man grundsätzlich zwischen operativen und strategischen Aktivitäten.

- **Operative Aktivitäten**
  Die operativen Einkaufsaktivitäten werden von Benutzern mithilfe der operativen Einkäuferrolle durchgeführt. Zu den Aufgaben des operativen Einkäufers gehören:
  - das Vervollständigen unvollständiger Einkaufswagenpositionen, damit das SAP SRM-System als Folgebeleg eine Bestellung anlegen kann
  - das Anlegen von Ausschreibungen und Auktionen zur Identifizierung von Bezugsquellen für unvollständige Einkaufswagenpositionen
  - das Anlegen von Einkaufswagenvorlagen
  - das direkte Anlegen von Bestellungen oder Serviceanforderungen
- **Strategische Aktivitäten**
  Strategische Einkaufsaktivitäten werden von Benutzern mithilfe der strategischen Einkäuferrolle durchgeführt. Die strategischen Einkäufer haben daher eher langfristige Aufgaben zu erfüllen. Zu ihren Aktivitäten gehören:
  - die Vertragsverhandlung mit Lieferanten unter der Verwendung von Ausschreibungs- und Auktionsfunktionalität
    Die daraus resultierenden Einkaufskontrakte stehen den operativen Einkäufern anschließend als Bezugsquelleninformationen zur Verfügung.
  - die Optimierung des Lieferantenportfolios
  - die Umverteilung des Arbeitsvorrats

Selbstverständlich können Sie die Aufgabenverteilung der Einkäufer entsprechend der Geschäftsprozesse Ihres Unternehmens auch anders definieren und dazu Ihre unternehmensindividuellen Einkäuferrollen im SAP SRM-System anlegen.

7.2 Verfügbare Bezugsquelleninformationen

In Abhängigkeit der verfügbaren Bezugsquelleninformationen und des Customizings kann SAP SRM den Einkaufswagenpositionen entweder automatisch eine Bezugsquelle zuordnen oder sie zur Weiterbearbeitung an die Sourcing-Anwendung leiten. In beiden Fällen stehen zur Bezugsquellenfindung die folgenden Informationsquellen zur Verfügung:

- **Einkaufskontrakte**
  Hierzu gehören lokale Einkaufskontrakte, globale Rahmenverträge, Backend-Einkaufskontrakte sowie Zentralkontrakte. Einkaufskontrakte – detailliert in Kapitel 8, »Verwaltung von Kontrakten«, behandelt – kön-

nen Konditionen für einzelne Produkte oder ganze Produktkategorien enthalten.

- **Produktkataloge**
  Das Hinterlegen von Bezugsquelleninformationen in OCI-basierten (OCI = Open Catalog Interface) Produktkatalogen ist eine gute Möglichkeit, um indirekte Beschaffungsprozesse (z.B. Büromaterialien) mit einfachen Preisen und vielen Produkten bzw. Lieferanten zu automatisieren. Weitere Informationen hierzu finden Sie in Abschnitt 6.6, »Katalogverwaltung«.
- **Produktverknüpfungen**
  Produktverknüpfungen, auch *Interlinkages* genannt, erlauben die Verknüpfung eines Produkts mit weiteren Objekten (z.B. einem Lieferanten). Die Produktverknüpfung wird in der Transaktion zur Produktbearbeitung (COMMPR01) manuell angelegt.

  Produktverknüpfungen werden heutzutage in der Regel nicht mehr verwendet, da Einkaufskontrakte dieselben Anforderungen weitaus benutzerfreundlicher und vielseitiger erfüllen.
- **Einkaufsinfosätze**
  In SAP SRM 7.0 werden auch die Einkaufsinfosätze aus dem SAP ERP-Backend als Bezugsquelleninformationen berücksichtigt.
- **Ausschreibungen und Live-Auktionen**
  Sind noch keine Bezugsquelleninformationen für ein bestimmtes Produkt im System hinterlegt, kann auch direkt auf der Basis einer unvollständigen Bestellung eine Ausschreibung oder Auktion angelegt werden. Auch können Ausschreibungen und Live-Auktionen für die Durchführung von Kontraktverhandlungen eingesetzt werden.
- **Lieferantenlisten**
  Bevorzugte Lieferanten können unter der Angabe von Prioritäten in Lieferantenlisten hinterlegt werden. Die Informationen aus Lieferantenlisten stehen ergänzend zu den obengenannten Bezugsquelleninformationen zur Verfügung. Weitere Informationen zu Lieferantenlisten finden Sie in Abschnitt 10.3, »Lieferantenlisten«. Im Customizing kann auch eingestellt werden, dass nur die in den Lieferantenlisten aufgeführten Lieferanten als Bezugsquellen vorgeschlagen werden – ähnlich dem Orderbuch in der SAP-Komponente MM.
- **Quotierungen**
  Soll ein bestimmtes Produkt in einem bestimmten Verhältnis bei mehreren Lieferanten bestellt werden, können Quotierungen verwendet wer-

den. Weitere Informationen finden Sie in Kapitel 8, »Verwaltung von Kontrakten«.

Ziel der strategischen Einkäufer sollte es sein, für möglichst viele Produkte eindeutige Bezugsquelleninformationen im System zu hinterlegen, damit die Anforderungsprozesse zeiteffektiv und möglichst automatisiert ablaufen.

7.3 Operative Bezugsquellenfindung

SAP SRM unterstützt die Bezugsquellenfindung für Anforderungen aus Einkaufswagenpositionen, wie Sie sie aus dem Geschäftsszenario »Beschaffung per Self-Service« kennen, und für Anforderungen aus externen Systemen, wie Sie sie aus dem Geschäftsszenario »Plangesteuerte Beschaffung« kennen. Im Geschäftsszenario »Dienstleistungsbeschaffung« stammen die Anforderungen entweder aus den Einkaufswagenpositionen oder aus externen Systemen (SAP ERP-Backend).

7.3.1 Bezugsquellenfindung im SAP ERP-Backend oder in SAP SRM

Falls für eine Einkaufswagenposition eindeutige Bezugsquelleninformationen vorliegen, kann das SAP SRM-System automatisch eine Bestellung anlegen. Somit läuft die Bezugsquellenfindung voll automatisiert im Hintergrund ab (siehe Abschnitt 7.3.2).

Falls keine eindeutigen Bezugsquelleninformationen vorliegen, muss ein operativer Einkäufer die Bezugsquellenfindung durchführen. Dies geschieht wahlweise im SRM-Server oder im SAP ERP-Backend.

Wenn die jeweiligen operativen Einkäufer bereits erfolgreich und seit längerem im SAP ERP-Backend arbeiten und dort die Bestellanforderungen durch Ergänzung der Bezugsquelleninformationen in Bestellungen umwandeln, kann dies eine durchaus sinnvolle und akzeptable Lösung sein. Dies gilt vor allem für kleinere Unternehmen, die viele Direktmaterialien für den Produktionsprozess beschaffen. Solche Unternehmen arbeiten hinsichtlich des technischen Szenarios mit dem klassischen Szenario und nutzen SAP SRM hauptsächlich für das Geschäftsszenario »Beschaffung per Self-Service«.

Neu in SAP SRM 7.0 [«]

Operative Einkäufer haben in SAP SRM 7.0 die Möglichkeit, über ihre Benutzerrolle in SAP NetWeaver Portal auch auf die Einkaufsbelege im SAP ERP-Backend zuzugreifen (siehe Abschnitt 7.3.5, »Sammelbearbeitung von Bestellanforderungen«).

Backend-Einkaufsinfosätze stehen bei der automatischen Bezugsquellenfindung sowie in der Sourcing-Anwendung als Bezugsquelleninformationen zur Verfügung.

In diesem Abschnitt wollen wir uns jedoch auf die »modernere« Variante der Bezugsquellenfindung konzentrieren – die Bezugsquellenfindung in der SRM-Sourcing-Anwendung (siehe Abschnitt 7.3.4).

7.3.2 Customizing der Bezugsquellenfindung in SAP SRM

Damit Sie die SRM-Sourcing-Anwendung nutzen können, gehen Sie folgendermaßen vor: Zum Aktivieren der Bezugsquellenfindung für eine Produktkategorie rufen Sie die Transaktion SPRO und anschließend im Einführungsleitfaden (IMG) den Menüpfad SUPPLIER RELATIONSHIP MANAGEMENT • SRM SERVER • BEZUGSQUELLENFINDUNG • SOURCING FÜR PRODUKTKATEGORIEN FESTLEGEN auf (siehe Abbildung 7.2).

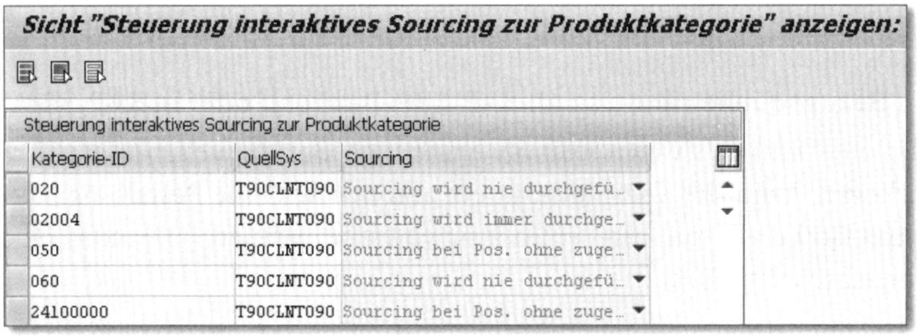

Sicht "Steuerung interaktives Sourcing zur Produktkategorie" anzeigen:

Steuerung interaktives Sourcing zur Produktkategorie

Kategorie-ID	QuellSys	Sourcing
020	T90CLNT090	Sourcing wird nie durchgefü...
02004	T90CLNT090	Sourcing wird immer durchge...
050	T90CLNT090	Sourcing bei Pos. ohne zuge...
060	T90CLNT090	Sourcing wird nie durchgefü...
24100000	T90CLNT090	Sourcing bei Pos. ohne zuge...

Abbildung 7.2 Customizing der Sourcing-Anwendung

Nun können Sie individuell für jede Produktkategorie eine der folgenden Einstellungen auswählen:

- Sourcing wird nie durchgeführt
- Sourcing wird immer durchgeführt
- Sourcing bei Positionen ohne zugeordnete Bezugsquelle durchführen
- automatisches Anlegen einer Ausschreibung bei Positionen ohne Bezugsquelle
- automatisches Gruppieren; Sourcing bei Positionen ohne zugeordnete Bezugsquelle
- automatisches Gruppieren; Sourcing wird nie durchgeführt
- automatisches Gruppieren und Anlegen einer Ausschreibung für Positionen ohne Bezugsquelle

Eine empfehlenswerte Variante ist die Einstellung Aut. Gruppieren, Sourcing bei Pos. ohne zugeordnete Bezugsquelle. Hierdurch sorgen Sie dafür, dass identische Positionen aus mehreren Einkaufswagen in einer Bestellung gruppiert werden und das Unternehmen somit gegebenenfalls von Mengenrabatten profitieren kann. Wenn eine eindeutige Bezugsquelleninformation vorhanden ist, legt das System direkt eine Bestellung an. Ansonsten landen die Anforderungen in der Sourcing-Anwendung zur manuellen Bezugsquellenfindung.

Bei der Auswahl der Produktkategorie müssen Sie auch das Backend-System (bzw. bei lokal angelegten Produktkategorien das logische System des SRM-Servers), aus der die Produktkategorie repliziert wurde, mitangeben (siehe Spalte QuellSys). Wenn Sie eine Regel für alle Produktkategorien definieren möchten, geben Sie einfach als Wildcard oder Joker den Stern (*) an (siehe Abbildung 7.3).

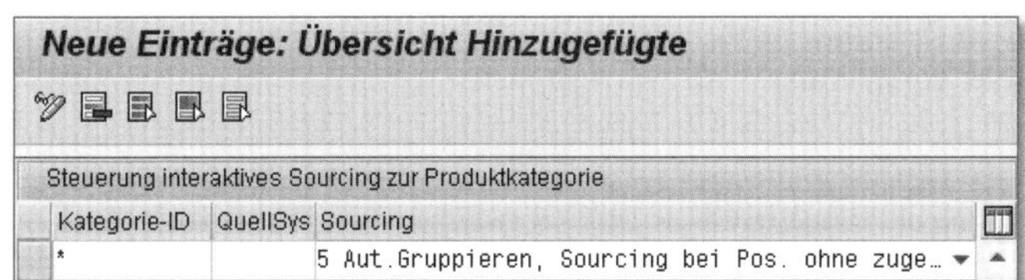

Abbildung 7.3 Verwendung von Wildcards im Sourcing-Customizing

Möchten Sie Anforderungen mit eindeutiger Bezugsquelle, die für eine automatische Gruppierung vorgesehen sind, automatisch vom System in Bestellungen umwandeln lassen, müssen Sie noch einen Job einplanen. Rufen Sie dazu Transaktion SM36 auf, und planen Sie Report `BP_SC_TRANSFER_GROUPED` als Job ein. Nun führt das SAP SRM-System für solche Anforderungen ein automatisches Gruppieren und Anlegen der Bestellung durch.

Haben Sie hier im Sourcing-Customizing keine Einträge gepflegt, legt das SAP SRM-System für Produktkategorien, für die das lokale oder erweiterte klassische Szenario aktiviert worden ist, unvollständige lokale Bestellungen an. Diese müssen von einem operativen Einkäufer manuell weiterbearbeitet und vervollständigt werden. Für Produktkategorien, für die das klassische Szenario aktiviert wurde, werden Bestellanforderungen im Backend-System angelegt.

Weitere Informationen zur Definition des technischen Szenarios in Abhängigkeit von der Produktkategorie finden Sie in Abschnitt 2.2.5, »Technisches Szenario im Customizing einrichten«.

7.3.3 Prozesse der Bezugsquellenfindung

Betrachten wir nun die Prozesse der Bezugsquellenfindung im Detail (siehe Abbildung 7.4).

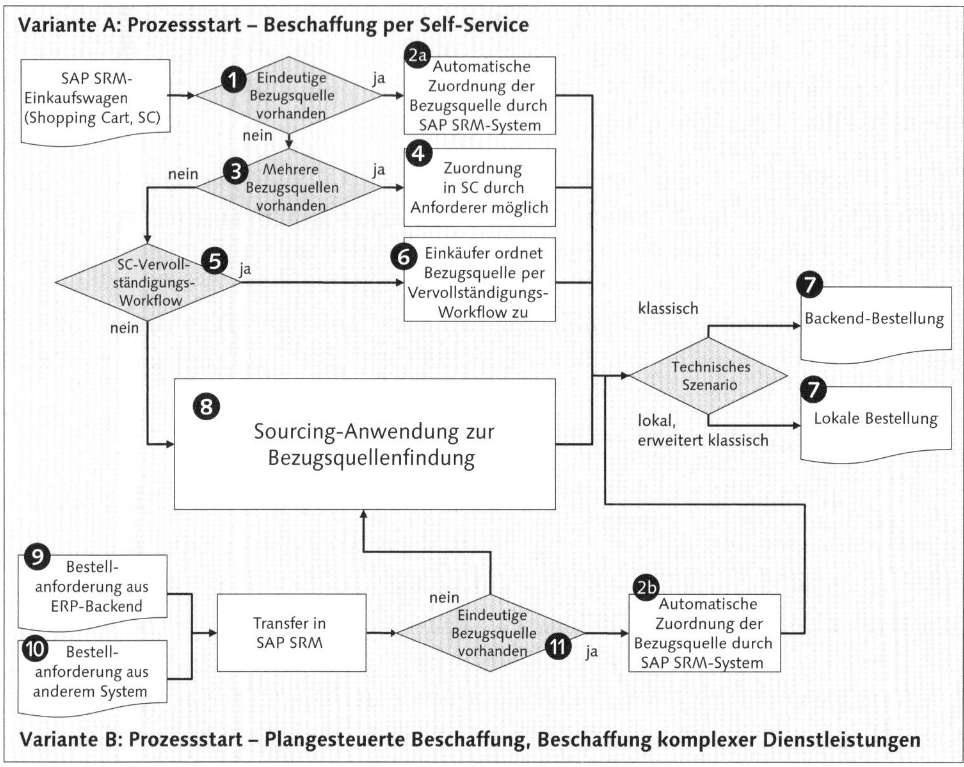

Abbildung 7.4 Prozesse der Bezugsquellenfindung

Starten wir mit der *Variante A*, der Bezugsquellenfindung für Anforderungen aus dem SAP SRM-Einkaufswagen, wie sie im Geschäftsszenario »Beschaffung per Self-Service« sowie bei der Anforderung einfacher Dienstleistungen entstehen.

Variante A: Bezugsquellenfindung für Anforderungen aus dem SAP SRM-Einkaufswagen

1. Ist eine eindeutige Bezugsquelle vorhanden (z.B. aus einem Produktkatalog oder einer Kontraktposition, siehe ❶ in Abbildung 7.4), kann das SAP SRM-System automatisch eine Bezugsquelle zuordnen ❷ und eine Bestellung anlegen ❼.

Fehlerbearbeitung bei Bezugsquellenfindungsanfragen [EHP 1]

Zur besseren Bearbeitung von Fehlern bei der Erzeugung von Folgebelegen können Sie die Funktion zur Fehlerbearbeitung bei Bezugsquellenfindungsanfragen aktivieren. Hierfür schalten Sie den Customizing-Schalter SRM_701_EXTREQ_ERR_HANDLING ein.

Dies ermöglicht eine erweiterte Nutzung des Reports `BBP_SC_TRANSFER_GROUPED`. Dieser Report wird zur Gruppierung von Anforderungen für Bestellungen oder Ausschreibungen verwendet und gibt eine Fehlermeldung aus, wenn ein Folgebeleg nach der Bearbeitung des Einkaufswagens nicht angelegt werden kann.

2. Falls mehrere Bezugsquelleninformationen vorliegen ❸, entscheidet sich entweder das SAP SRM-System für die Bezugsquelle mit der höheren Priorität, oder es muss bei gleichwertigen Bezugsquellen eine manuelle Auswahl durch den Benutzer, der den Einkaufswagen (Shopping Cart, SC) anlegt, durchgeführt werden ❹. Falls er diese Tätigkeit nicht durchführt, muss der operative Einkäufer die Auswahl der Bezugsquelle vornehmen ❽.
3. Falls das System keine Bezugsquellen findet, dürfen Benutzer mit der Mitarbeiterrolle, die den Einkaufswagen per Wizard anlegen, selbst keine Bezugsquellen angeben; sie können dabei höchstens einen Wunschlieferanten vorschlagen.

   Diese Einschränkung wurde bewusst so implementiert, um zu vermeiden, dass Benutzer befreundete Unternehmen, unabhängig von Qualität und Preis, bevorzugen. Hierdurch kann auf effektive Art und Weise den Möglichkeiten der Korruption vorgebeugt werden. Mit anderen Worten: Die Entscheidungshoheit darüber, bei welchem Lieferanten bestellt wird, liegt allein bei den *Einkäufern* und nicht bei den *Anforderern*. [«]
4. Falls der Einkaufswagenvervollständigungs-Workflow aktiviert worden ist ❺, erhält der zuständige Bearbeiter (z.B. ein operativer Einkäufer oder Einkaufsassistent) ein Workitem und muss anschließend den Einkaufswagen vervollständigen ❻. Abhängig vom neuen Wert des vervollständigten Einkaufswagens durchläuft dieser nun weitere Genehmigungsschritte. Anschließend kann das System, da die Bezugsquelleninformationen bereits komplett sind, automatisch eine Bestellung anlegen ❼.
5. Falls kein Einkaufswagenvervollständigungs-Workflow aktiv ist, landet die Einkaufswagenposition in der Sourcing-Anwendung ❽. Hier kann der operative Einkäufer die Einkaufswagenposition vervollständigen und direkt eine Bestellung anlegen ❼.

6. Die angelegte Bestellung kann als Folgebeleg in allen drei technischen Szenarien (Standalone-Szenario, klassisches Szenario oder erweitertes klassisches Szenario) angelegt werden.

Neben dem in Variante 1 beschriebenen Prozess kann das SAP SRM-System auch eine Bezugsquellenfindung für Anforderungen aus dem SAP ERP-Backend (9) oder aus externen Systemen (10) durchführen.

Variante B: Bezugsquellenfindung für externe Anforderungen

1. Ist eine eindeutige Bezugsquelleninformation vorhanden (z.B. aus einer Kontraktposition) (11), kann das SAP SRM-System die Zuordnung automatisch vornehmen (2b) und eine Bestellung anlegen (7).
2. Ist keine eindeutige Bezugsquelle vorhanden, kann der operative Einkäufer die Anforderungsposition in der Sourcing-Anwendung (8) vervollständigen und direkt eine Bestellung anlegen (7).
3. Die angelegte Bestellung kann als Folgebeleg in allen drei technischen Szenarien (Standalone-Szenario, klassisches Szenario oder erweitertes klassisches Szenario) angelegt werden.
4. Durch die Bündelung von Anforderungen aus den verschiedensten Quellen ist hier also eine system- und szenarioübergreifende zentralisierte Einkaufsabteilung realisierbar. Hierdurch lassen sich große Optimierungspotenziale in Bezug auf Arbeitsorganisation und Bedarfsbündelung nutzen (siehe Abschnitt 7.3.4, »Sourcing-Anwendung«).

Für die beschriebene automatische Zuordnung von Bezugsquellen (siehe (2a) und (2b) in Abbildung 7.4) gelten die folgenden Prioritäten:

1. Kontrakt (höchste Priorität)
2. Katalog
3. Produktverknüpfungen mit lieferantenabhängigen Preisen
4. Produktpreis (niedrigste Priorität)

Diese Priorisierung bedeutet jedoch nicht, dass immer die höher priorisierte Bezugsquelle die niedriger priorisierte Bezugsquelle überschreibt. Im Detail gelten hierbei die folgenden Regeln:

- Eine Kontraktposition überschreibt automatisch den Preis einer aus einem Produktkatalog übernommenen Position.

- Eine Kontraktposition überschreibt keinen Lieferantenpreis; hier ist eine manuelle Auswahl nötig.
- Eine Katalogposition überschreibt den Lieferantenpreis.
- Ein Lieferantenpreis überschreibt den Produktpreis.

Darüber hinaus berücksichtigt das SAP SRM-System je nach Customizing auch die Einträge in den Lieferantenlisten (siehe Abschnitt 10.3, »Lieferantenlisten«) bei der Bezugsquellenfindung.

7.3.4 Sourcing-Anwendung

Die Sourcing-Anwendung zur Bezugsquellenfindung, die oft auch *Sourcing Cockpit* genannt wird, ist die zentrale Arbeitsumgebung für operative Einkäufer (siehe Abbildung 7.5).

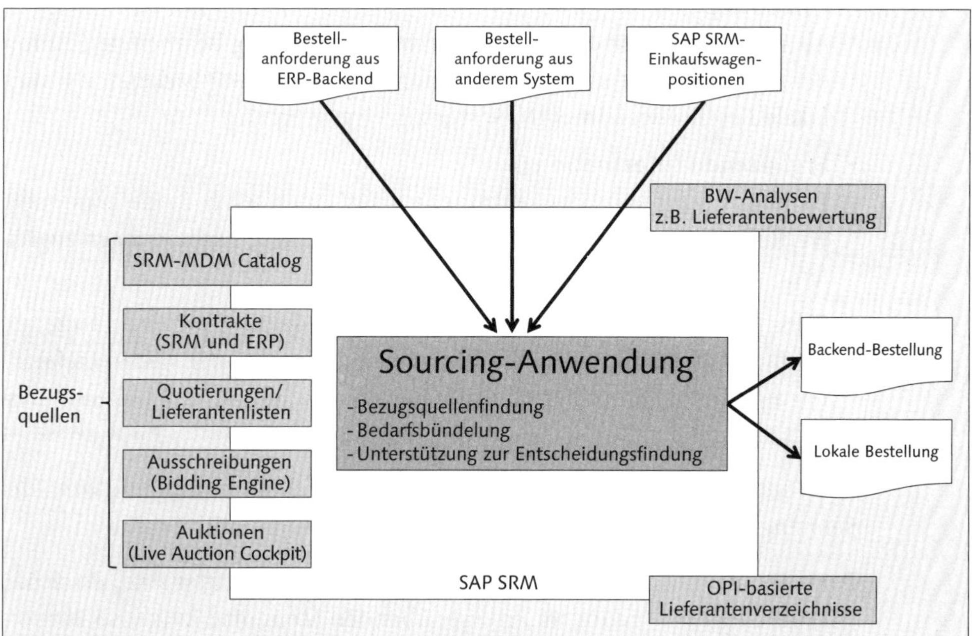

Abbildung 7.5 Sourcing-Anwendung

Operative Einkäufer führen hier die Bezugsquellenzuordnung durch, vervollständigen unvollständige Anforderungen (Ergänzung mit Preis und Lieferant) und legen Bestellungen an. Dazu erhalten die operativen Einkäufer in der voll integrierten Arbeitsumgebung der Sourcing-Anwendung Zugriff auf die folgenden SAP SRM-Objekte und -Funktionen:

- **Anforderungen**
  Sowohl externe Anforderungen als auch Einkaufswagenpositionen ohne Bezugsquelle erscheinen im Arbeitsvorrat in der Sourcing-Anwendung und können dort bearbeitet werden.
- **Bezugsquellen**
  Die Sourcing-Anwendung berücksichtigt alle in SAP SRM verfügbaren Bezugsquelleninformationen. Einkäufer können sich in der Sourcing-Anwendung die verfügbaren Bezugsquellen für unvollständige Anforderungen vorschlagen lassen. Falls keine Bezugsquelleninformationen vorliegen, kann der Einkäufer direkt eine Ausschreibung oder Live-Auktion anlegen.
- **Folgebelege**
  Als Folgebelege für die in der Sourcing-Anwendung bearbeiteten Anforderungen können sowohl Bestellungen im SAP ERP-Backend als auch lokale Bestellungen im SRM-Server angelegt werden
- **Ergänzende Informationen**
  Darüber hinaus kann der Einkäufer auf BW-Analysen (z.B. Lieferantenbewertungen) zur Unterstützung seiner Beschaffungsentscheidungen zugreifen.
- Falls über die Bezugsquelleninformationen kein geeigneter Lieferant gefunden werden konnte, kann der Einkäufer auch einen neuen Lieferanten aus einem OPI-basierten Lieferantenverzeichnis in das SAP SRM-System übernehmen.

Wir betrachten die Möglichkeiten der Bezugsquellenfindung in der Sourcing-Anwendung näher, indem wir Schritt für Schritt vorgehen:

Benutzer, die mit der operativen Einkäuferrolle ausgestattet sind, erreichen die Sourcing-Anwendung im Browser über den Menüpfad Einkauf • Bezugsquellenfindung • Bezugsquellenfindung durchführen. Offene Anforderungen sind entweder Einkaufswagenpositionen (aus SAP SRM) oder Anforderungspositionen aus externen Systemen (z.B. SAP ERP-Backend). Alle offenen Anforderungen, für die das SAP SRM-System aufgrund von Customizing-Einstellungen oder fehlenden Bezugsquelleninformationen nicht automatisch eine Bestellung anlegen konnte, werden in der Sourcing-Anwendung in einer Liste abgebildet (siehe Abbildung 7.6).

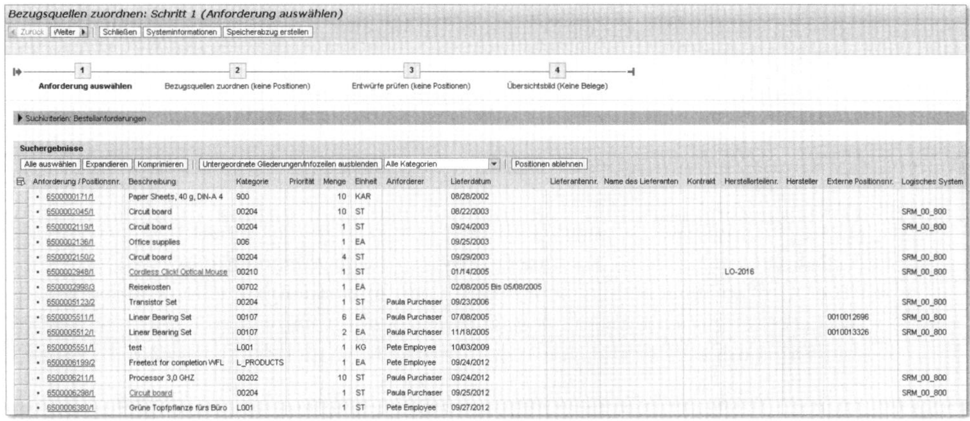

Anforderung / Positionsnr.	Beschreibung	Kategorie	Priorität	Menge	Einheit	Anforderer	Lieferdatum	Lieferantennr.	Name des Lieferanten	Kontrakt	Herstellerteilenr.	Hersteller	Externe Positionsnr.	Logisches System
6500000171/1	Paper Sheets, 40 g, DIN-A 4	900		10	KAR		08/28/2002							
6500002045/1	Circuit board	00204		10	ST		08/22/2003							SRM_00_800
6500002119/1	Circuit board	00204		1	ST		09/24/2003							SRM_00_800
6500002136/1	Office supplies	006		1	EA		09/25/2003							
6500002150/2	Circuit board	00204		4	ST		09/29/2003							SRM_00_800
6500002948/1	Cordless Click! Optical Mouse	00210		1	ST		01/14/2005				LO-2016			SRM_00_800
6500002998/3	Reisekosten	00702		1	EA		02/08/2005 Bis 05/08/2005							
6500005123/2	Transistor Set	00204		1	ST	Paula Purchaser	09/23/2006							SRM_00_800
6500005511/1	Linear Bearing Set	00107		6	EA	Paula Purchaser	07/08/2005						0010012696	SRM_00_800
6500005512/1	Linear Bearing Set	00107		2	EA	Paula Purchaser	11/18/2005						0010013326	SRM_00_800
6500005551/1	test	L001		1	KG	Pete Employee	10/03/2009							
6500006199/2	Freetext for completion WFL	L_PRODUCTS		1	EA	Pete Employee	09/24/2012							
6500006211/1	Processor 3,0 GHZ	00202		10	ST	Paula Purchaser	09/24/2012							SRM_00_800
6500006298/1	Circuit board	00204		1	ST	Paula Purchaser	09/25/2012							SRM_00_800
6500006380/1	Grüne Topfpflanze fürs Büro	L001		1	ST	Pete Employee	09/27/2012							

Abbildung 7.6 Arbeitsvorrat in der Sourcing-Anwendung anzeigen

Als operativer Einkäufer können Sie im Einstiegsbild im *ersten Schritt* nach Anforderungen suchen, die in den Zuständigkeitsbereich Ihrer Einkäufergruppe fallen. Der Zuständigkeitsbereich einer Einkäufergruppe wird bei der Pflege der Aufbauorganisation über die Transaktion PPOMA_BBP definiert (siehe Abschnitt 3.2, »Organisationsmanagement«).

Zusätzliche Funktionalität in der Bezugsquellenfindung [EHP 1]

Diese Funktionen stehen mit EHP 1 für SAP SRM 7.0 zur Verfügung. Sie können sie über den Customizing-Schalter SRM_701_MULTI_VALUE_SEARCH aktivieren, und sie bieten Ihnen die folgenden Möglichkeiten (siehe Abbildung 7.7):

- Sie können Intervallsuche nach Anforderungen durchführen.
- Sie können nach Bezugsquellen suchen und diese zu Anforderungen in Ihrem Arbeitsvorrat zuordnen.
- Sie können einen Kontrakt als Bezugsquelle im Arbeitsbereich festlegen, indem Sie eine Kontraktnummer angeben. Diese wird anschließend validiert, um Fehler bei der Bearbeitung der Folgebelege zu vermeiden.
- Sie können Kundenfelder in Suchbildern und Positionstabellen erweitern.
- Es wird zusätzlich eine Warnmeldung ausgegeben, wenn Sie eine konfigurierbare Anzahl an Einkaufswagenpositionen in der Bezugsquellenfindung überschritten haben. Diese Meldung informiert Sie darüber, dass es zu erhöhten Verarbeitungszeiten kommen kann.

[EHP 2]

Grafische Suche in der Bezugsquellenfindung

Ab EHP 2 für SAP SRM steht Ihnen auch eine grafische Suche zur Verfügung. Diese grafische Suche (siehe Abbildung 7.8.) ermöglicht es Ihnen, sich auf Basis der folgenden Gruppenkategorien Bezugsquellen für die externen Anforderungen anzeigen zu lassen:

- Priorität
- Produktkategorie
- bevorzugter Lieferant
- Einkaufsorganisation
- Lieferzeitraum
- Belegwert
- Einkäufergruppe

Die Ergebnisse können auch in Form von Kreisdiagrammen dargestellt werden. Hierdurch soll eine bessere Übersicht für den Anwender geschaffen werden. Diese visuelle Komponente soll die Kategorisierung der Anforderungen vereinfachen; in der Standardsuche kann dagegen nur auf Basis feldbasierter Suche gefiltert werden.

Die grafische Suche können Sie durch die Aktivierung des Customizing-Schalters SRM_702_SOURCNG_GRAPH_SEARCH nutzen.

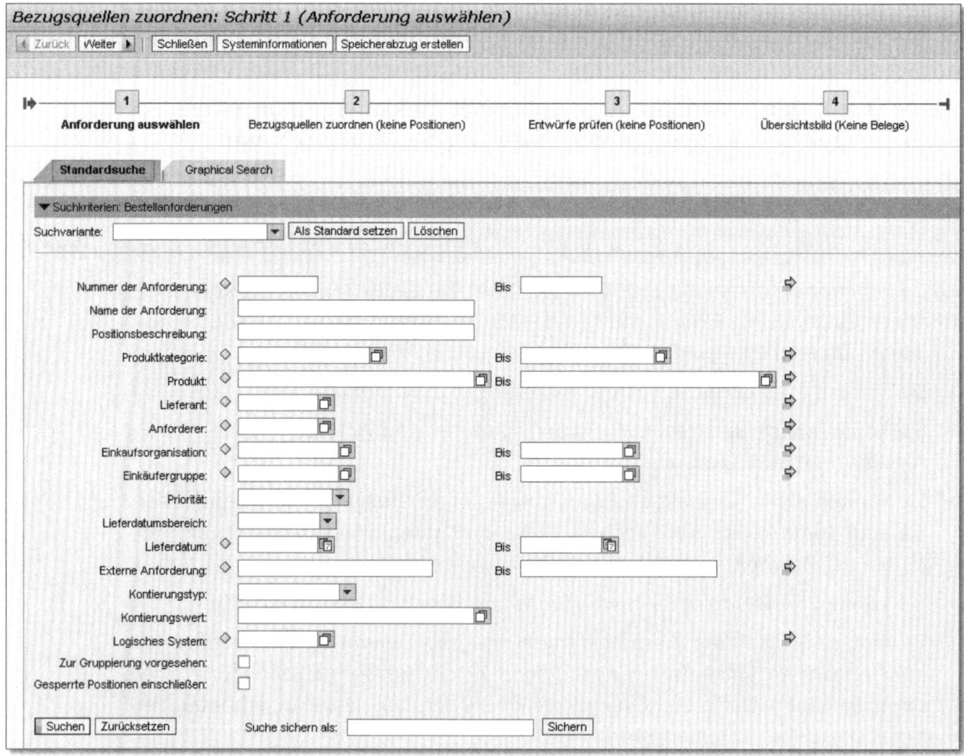

Abbildung 7.7 Bezugsquellenfindung in SAP SRM 7.0 EHP 1

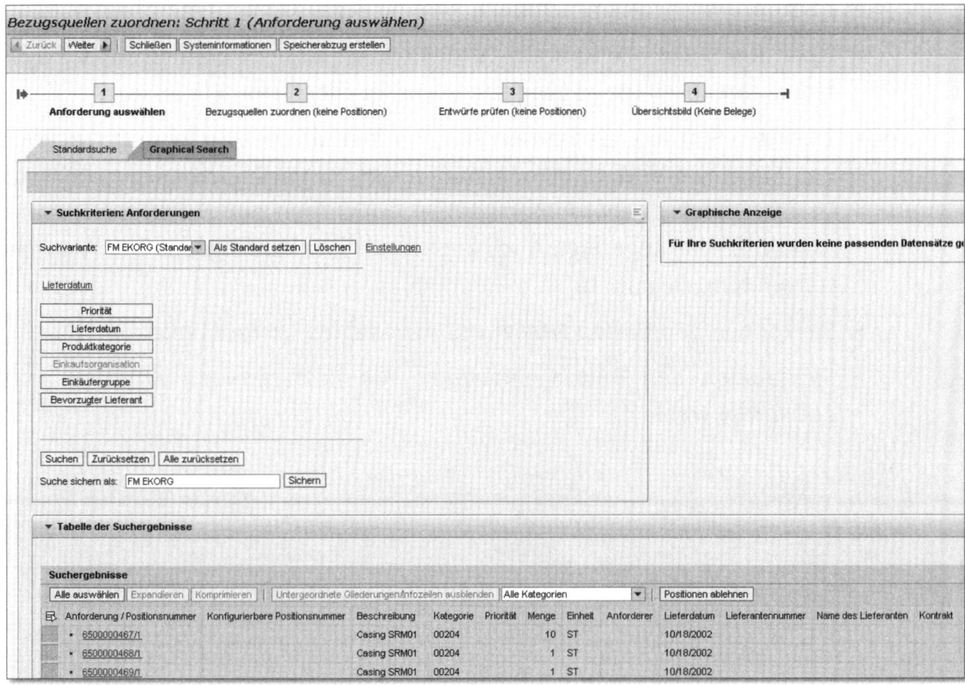

Abbildung 7.8 Selektion der grafischen Suche

Haben Sie passende Anforderungen gefunden, können Sie im *zweiten Schritt* eine oder mehrere Positionen auswählen, um sie weiterzubearbeiten.

Alternativ hierzu haben Sie als Einkäufer auch die Möglichkeit, Anforderungen aus den Suchergebnissen über den Button POSITIONEN STORNIEREN zu entfernen. In Abhängigkeit dessen, aus welchem System die Anforderung stammt, kommt es zu unterschiedlichen Folgeaktivitäten:

- Wenn die betreffende Anforderung aus SAP SRM stammt, erhält der Anforderer eine E-Mail mit möglichen Gründen für das Entfernen der Anforderung, z.B. dass für ein Produkt nicht die gewünschte Menge beschafft werden kann.
- Handelt es sich um eine geplante externe Anforderung, erhält das Planungssystem eine Nachricht, dass die Anforderung in SAP SRM nicht weiterverarbeitet wird.

Wenn Sie die zu bearbeitenden Positionen ausgewählt haben, können Sie zum *dritten Schritt* übergehen und sich die nun verfügbaren Bezugsquellen vorschlagen lassen (siehe Abbildung 7.9). Hierzu steht Ihnen die folgende Funktionalität zur Verfügung:

- Mithilfe der Checkboxen können Sie eine Bezugsquelle manuell auswählen.
- Über den Button GÜNSTIGSTE ANGEBOTE AUSWÄHLEN können Sie das System automatisch die günstigsten Bezugsquellen ermitteln lassen.
- Über den Button LIEFERANTENVERGLEICH DER MANUELLEN BEWERTUNG können Sie eine BW-Auswertung zum ausgewählten Lieferanten ausführen. In der Standardauswertung werden Kennzahlen zur Mengen-, Termin- und Preistreue angezeigt. Auch können Sie hier Ihre eigenen BW-Auswertungen hinterlegen.
- Sie können den Button NUR ZUORDNEN wählen (siehe Abbildung 7.9).
- Sie können den Button ENTWÜRFE FÜR BESTELLUNGEN ANLEGEN UND ZUORDNEN wählen.

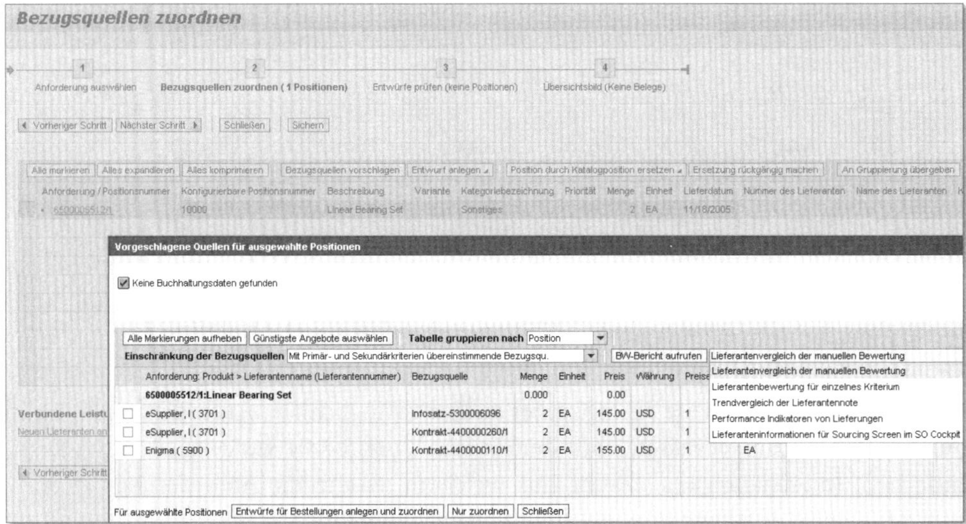

Abbildung 7.9 Bezugsquellen vorschlagen

Falls das System keine Bezugsquellen findet, die es vorschlagen kann, stehen Ihnen die folgenden Möglichkeiten zur Verfügung (siehe Abbildung 7.10):

- **Manuelle Zuordnung von Lieferant und Preis**
  Ordnen Sie Lieferant und Preis manuell zu, und legen Sie dann einen Entwurf für die *Bestellung* an. Wenn ein Lieferant zugeordnet werden soll, der noch nicht als Stammsatz im System existiert, bietet die Sourcing-Anwendung einen Absprung in die *Lieferantenpflege*. Von dort aus kann auch ein Lieferant aus einem OPI-basierten Lieferantenverzeichnis übernommen werden.

- **Anlegen eines Entwurfs für eine Ausschreibung**
  Wenn Sie den Eintrag AUSSCHREIBUNG in der Dropdown-Box BESTELLUNG ANLEGEN wählen, legen Sie zunächst einen Entwurf für eine Ausschreibung an. Auf Basis des Ergebnisses dieser Ausschreibung kann dann direkt eine Bestellung angelegt werden (siehe Abschnitt 7.4, »Ausschreibungen«).
- **Anlegen eines Entwurfs für eine Auktion**
  Über den Eintrag AUKTION können Sie einen Entwurf für eine Auktion anlegen. Auf Basis des Ergebnisses der Auktion können Sie dann direkt eine Bestellung anlegen (siehe Abschnitt 7.5, »Live-Auktionen«).
- **Anlegen eines Entwurfs für einen Kontrakt**
  Der Kontrakt (Eintrag KONTRAKT) steht Ihnen anschließend für zukünftige Anforderungen als Bezugsquelleninformation zur Verfügung.

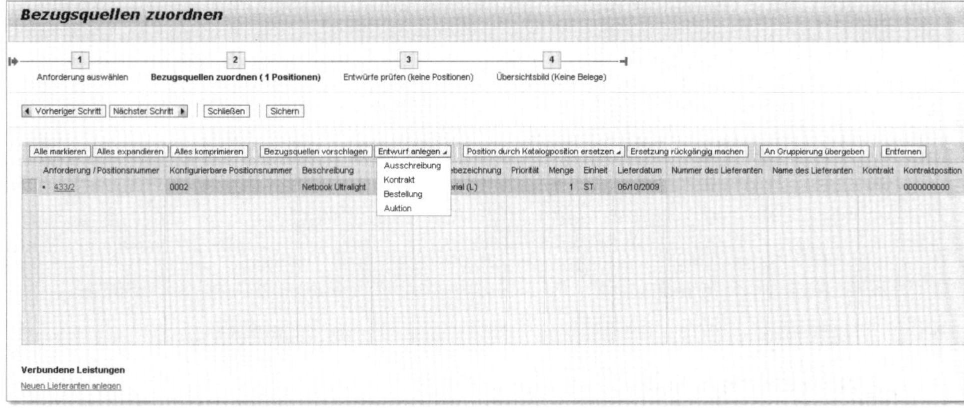

Abbildung 7.10 Entwurf für Folgebeleg manuell anlegen

Wenn der Ersteller des Einkaufswagens irrtümlicherweise eine Freitextposition angelegt hat, obwohl für das gewünschte Produkt eine Katalogposition existiert, kann der operative Einkäufer dies hier korrigieren, indem er POSITION DURCH KATALOGPOSITION ERSETZEN auswählt. Jetzt können Sie in einen OCI-basierten Produktkatalog abspringen und die gewünschte Katalogposition auswählen.

Neu in SAP SRM 7.0 [«]

Diese Zugriffsmöglichkeit auf Produktkataloge, mit deren Hilfe Sie Freitextpositionen durch Katalogpositionen ersetzen können, ist in Release SAP SRM 7.0 neu hinzugekommen.

Sind mehrere Anforderungen mit identischen Positionen vorhanden, kann der operative Einkäufer diese Anforderungen an eine Gruppierung übergeben und gemeinsam bestellen.

Im *vierten Schritt* prüft der operative Einkäufer die Entwürfe und kann, falls alles korrekt ist, die Funktion ALLE ENTWÜRFE VERARBEITEN oder AUSGEWÄHLTE ENTWÜRFE VERARBEITEN wählen (siehe Abbildung 7.11).

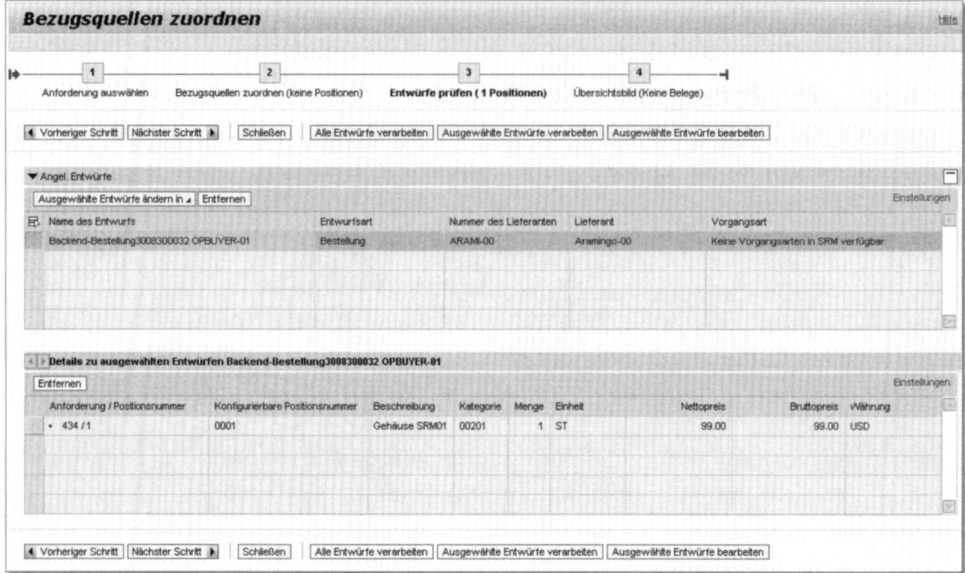

Abbildung 7.11 Entwürfe verarbeiten

Anschließend werden die gewünschten Folgebelege, z.B. eine Bestellung, angelegt. Das ist der *fünfte und letzte Schritt*. Damit ist der Prozess der Bezugsquellenfindung mithilfe der Sourcing-Anwendung abgeschlossen.

[»] **Keine 1:1-Zuordnung zwischen Einkaufswagen und Bestellung**

Beachten Sie, dass in SAP SRM nicht unbedingt pro Einkaufswagen genau eine Bestellung angelegt werden muss. Enthält ein Einkaufswagen oder eine externe Anforderung Positionen, die bei unterschiedlichen Lieferanten bestellt werden sollen, werden pro Einkaufswagen mehrere Bestellungen angelegt.

Insgesamt existieren die folgenden Split-Kriterien zum Anlegen unterschiedlicher Folgebelege zu einem Einkaufswagen:

- **Unterschiedliche Lieferanten**
  Wenn die Positionen eines Einkaufswagens oder einer externen Anforde-

rung bei unterschiedlichen Lieferanten bestellt werden, legt das System pro Lieferant eine eigene Bestellung an.

- **Technisches Szenario (lokales Szenario, klassisches Szenario, erweitertes klassisches Szenario)**
  Wenn die Positionen eines Einkaufswagens in unterschiedlichen technischen Szenarien beschafft werden, wird für jedes technische Szenario ein eigener Folgebeleg angelegt (z.B. Position 1: lokale Bestellung; Position 2: Backend-Bestellung).
- **Art des Folgebelegs (Bestellung, Bestellanforderung, Reservierung, Ausschreibung, Live-Auktion)**
  Wenn für die Positionen eines Einkaufswagens oder einer externen Anforderung unterschiedliche Folgebelege angelegt werden sollen, ist dies auch ein Split-Kriterium (z.B. Position 1: Reservierung; Position 2: Ausschreibung).

Andererseits besteht durch die oben beschriebene Funktionalität der Gruppierung die Möglichkeit, identische Anforderungspositionen aus mehreren Einkaufswagen oder externe Anforderungen in einer Bestellung zusammenzufassen.

7.3.5 Sammelbearbeitung von Bestellanforderungen

[«] Die Sammelbearbeitung von Bestellanforderungen ist eine neue SAP SRM 7.0-Funktionalität, die die tiefere Integration zwischen SAP SRM und dem SAP ERP-Backend in vielerlei Hinsicht unterstützt. Es handelt sich hierbei um eine Transaktion im SAP ERP-Backend-System, die per Browserzugriff von Benutzern mit der operativen Einkäuferrolle ausgeführt werden kann. Hierzu ist ein SAP ERP-Backend mit mindestens Release 6.0 Erweiterungspaket 4 (EHP 4) erforderlich.

In dieser Transaktion haben operative Einkäufer Zugriff auf die Bestellanforderungen im SAP ERP-Backend und können browserbasiert Backend-Bestellanforderungen anlegen, bearbeiten (siehe Abbildung 7.12) oder zur Weiterbearbeitung an die Sourcing-Anwendung oder die SAP Bidding Engine übergeben.

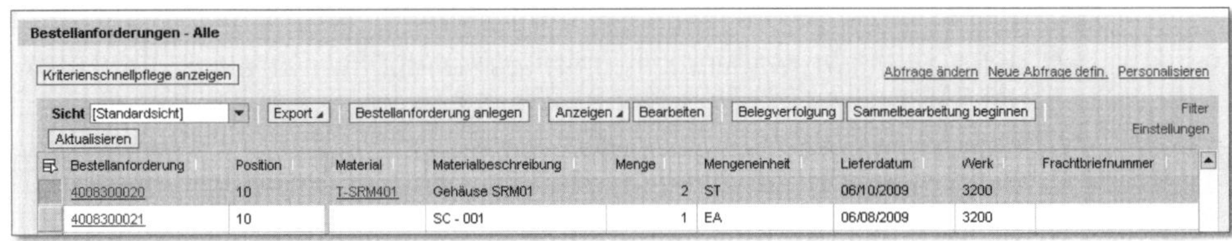

Abbildung 7.12 Einstiegsseite der BANF-Sammelbearbeitung

1. Zum Aufruf der Sammelbearbeitung von Bestellanforderungen melden Sie sich als operativer Einkäufer am System an und wählen den Menüpfad EINKAUF • EINKAUFSBELEGE • BESTELLANFORDERUNGEN.
2. Sie können Bestellanforderungen markieren und dann per Auswahl von SAMMELBEARBEITUNG BEGINNEN weiterbearbeiten (siehe Abbildung 7.13).

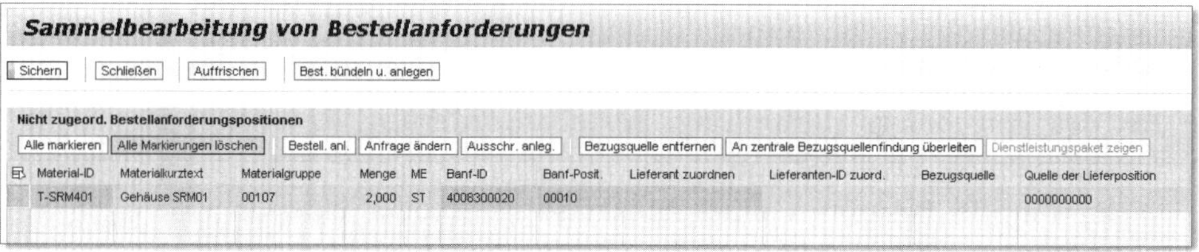

Abbildung 7.13 BANF-Sammelbearbeitung durchführen

Hier steht Ihnen nun browserbasiert und direkt im SAP ERP-Backend eine der folgenden Aktivitäten zur Verfügung:

- Bestellung anlegen
- Anfrage ändern
- Ausschreibung anlegen
- Bezugsquelle entfernen
- an die zentrale Bezugsquellenfindung (in der Sourcing-Anwendung) überleiten
- Dienstleistungspaket zeigen

Die Transaktion zur Sammelbearbeitung von Bestellanforderungen ist im Geschäftsszenario »Beschaffung komplexer Dienstleistungen mit hierarchischen Strukturen« (siehe Abschnitt 6.2.3) das essenzielle Bindeglied zwischen dem SAP ERP-Backend und dem SRM-Server. Darüber hinaus ist diese Transaktion bei der Bezugsquellenfindung für externe Anforderungen aus dem Geschäftsszenario »Plangesteuerte Beschaffung« (siehe Abschnitt 6.4) hilfreich.

[»]

Weiterführende Informationen zur Funktionalität »Sammelbearbeitung von Bestellanforderungen«

Die für die Sammelbearbeitung von Bestellanforderungen benötigte Konfiguration wird im SAP-Hinweis 1263876, »SAP SRM: Konfiguration des Beschaffungsprozessszenarios«, beschrieben.

7.3.6 Bestellungen manuell anlegen

Benutzern mit der operativen Einkäuferrolle steht auch die Möglichkeit zur Verfügung, Bestellungen manuell, also ohne Umweg über den Einkaufswagen, anzulegen. Die dafür erforderliche Transaktion erreichen Sie im Browser über den Menüpfad EINKAUF • EINKAUF • BELEGE ANLEGEN • BESTELLUNG (siehe Abbildung 7.14).

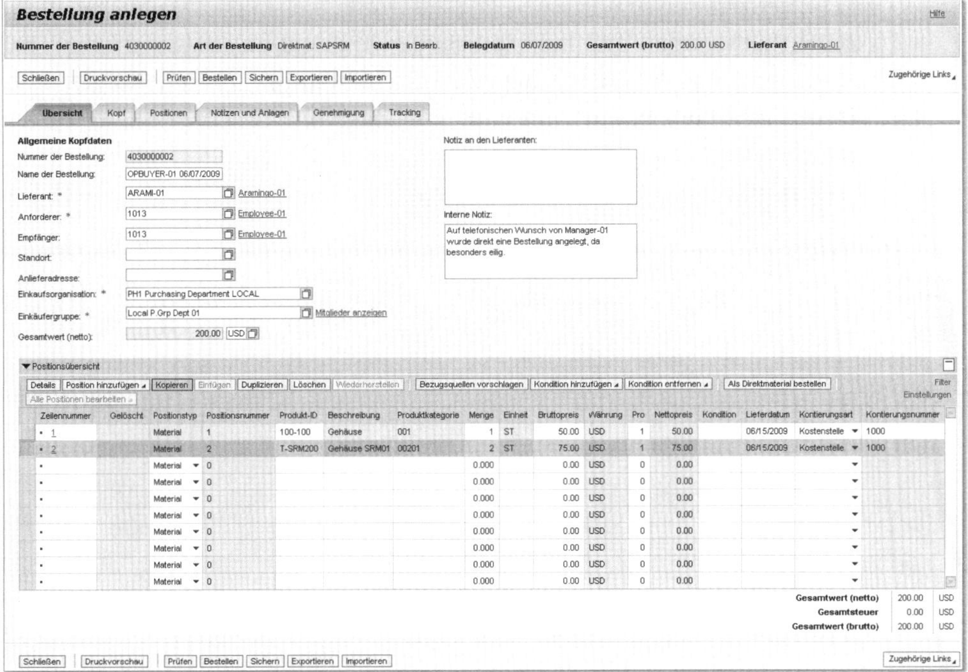

Abbildung 7.14 Bestellung manuell anlegen

In dieser Transaktion stehen Ihnen darüber hinaus die folgenden Möglichkeiten zur Verfügung:

- Positionen aus Produktkatalogen und alten Einkaufswagen können Sie hinzufügen.
- Sie können Limitpositionen hinzufügen.
- Interne Waren und Leistungen können Sie einfach über die Auswahl oder Eingabe des entsprechenden Produkts im Feld PRODUKT-ID hinzufügen.
- Über die Auswahl der Funktion BEZUGSQUELLEN VORSCHLAGEN können Sie sich vom System – wie in der Sourcing-Anwendung – die verfügbaren Bezugsquellen (z.B. aus Einkaufskontrakten) vorschlagen lassen.

- Wenn dem Einkäufer bestimmte Sonderkonditionen (z.B. ein prozentualer Rabatt) bekannt sind, kann er diese der Position hinzufügen.
- Auch die Möglichkeit, eine Direktmaterialbestellung anzulegen, steht Ihnen hier offen.

7.3.7 Umverteilung des Arbeitsvorrats

Benutzer mit der strategischen Einkäuferrolle und Einkaufsleiter haben die Möglichkeit, über die browserbasierte Transaktion UMVERTEILUNG DES ARBEITSVORRATS die Zuordnung von Ausschreibungen, Anforderungen, Kontrakten und Bestellungen von einer Einkaufsgruppe auf eine andere zu verschieben (siehe Abbildung 7.15).

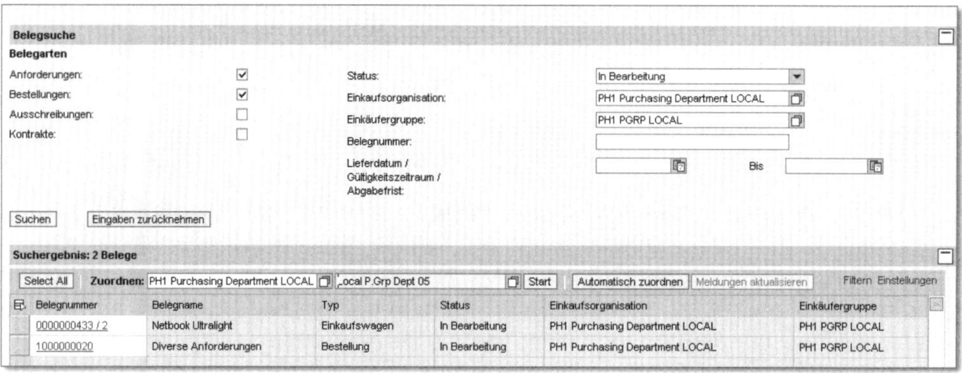

Abbildung 7.15 Umverteilung des Arbeitsvorrats

Das SAP SRM-System ermöglicht es auf diese Weise, Belege manuell neu zuzuordnen. Dies kann z.B. aus den folgenden Gründen erforderlich sein:

- Die für die entsprechende Einkäufergruppe zuständige Person ist vorübergehend abwesend.
- Es besteht eine unterschiedlich hohe Arbeitsbelastung von Einkäufergruppen, die ausgeglichen werden soll.

Neben der manuellen Zuordnung gibt es auch die Möglichkeit, über das BAdI `BBP_PGRP_ASSIGN_BADI` Zuordnungsregeln für die automatische Zuordnung der markierten Belege zu definieren.

Unterstützend steht Ihnen auch das BW-Web-Template »Ausnutzung pro Einkaufsorganisation« zur Auswertung des Arbeitsvorrats zur Verfügung (siehe Abschnitt 7.3.9, »Analysen zur Unterstützung der operativen Einkäufer«).

7.3.8 Genehmigungs-Workflows

Auch im Bereich des operativen Einkaufs stellt SAP SRM-Genehmigungs-Workflows zur Verfügung. Betrachten wir zunächst die bis inklusive SAP SRM 5.0 ausgelieferten anwendungsgesteuerten Workflow-Vorlagen, nämlich die Vervollständigungs-Workflows für den Einkaufswagen und die Workflows für die Genehmigung von Bestellungen und Bestellantworten.

Anschließend betrachten wir auch noch die neuen in SAP SRM 7.0 verfügbaren prozessgesteuerten Workflows.

Vervollständigungs-Workflow für Einkaufswagen (anwendungsgesteuerter Workflow)

Für den bereits kurz erwähnten Vervollständigungs-Workflow für Einkaufswagen (siehe Abschnitt 7.3.3, »Prozesse der Bezugsquellenfindung«) steht in SAP SRM 5.0 und früheren Releases die Workflow-Vorlage WS14000044 (einstufige Genehmigung) zur Verfügung. Dieser Workflow reagiert, wenn ein angelegter Einkaufswagen Positionen enthält, die eine der folgenden Eigenschaften aufweisen:

- Freitextpositionen
- Positionen ohne Preis
- Positionen ohne Lieferant

Tritt einer dieser Fälle auf, erhalten alle für den Einkaufswagen verantwortlichen Einkäufer ein Workitem. Nach der Vervollständigung der Einkaufswagenpositionen wird der Einkaufswagen zum Mitarbeiter zurückgesendet, um festzustellen, ob aufgrund des geänderten Wertes eine Genehmigung durch einen Manager erforderlich ist.

Genehmigung von Bestellungen (anwendungsgesteuerter Workflow)

Zur Genehmigung von neu angelegten oder geänderten Bestellungen durch den Einkäufer können die folgenden Workflow-Vorlagen genutzt werden:

- Workflow ohne Genehmigung (WS14000075)
- einstufige Genehmigung (WS14000089)
- n-stufige Genehmigung per BAdI (WS14000075)

Für den Workflow ohne Genehmigung (WS14000075) und die einstufige Genehmigung (WS14000089) wird als Genehmiger der Manager der Einkaufsorganisation ausgewählt. Im BAdI-Workflow (WS14000075) ist das Finden des Genehmigers frei implementierbar. Eine abgelehnte Bestellung kann jeweils vom Einkäufer weiterbearbeitet und erneut bestellt werden.

Genehmigung von Bestellantworten (anwendungsgesteuerter Workflow)

Auch für Bestellantworten, die in SAP SRM per XML-Nachricht vom Lieferanten eingehen oder manuell im System (z.B. durch einen Einkäufer) erfasst werden, stehen Workflow-Vorlagen zur Verfügung.

[»]

Anwendungsgesteuerte Workflow-Vorlagen zur Genehmigung von Bestellantworten auch für SAP SRM 7.0 verwendbar

Im Gegensatz zu den beiden anderen anwendungsgesteuerten Workflows (Vervollständigungs-Workflow und Genehmigung von Bestellungen) stehen die hier beschriebenen Workflow-Vorlagen zur *Genehmigung von Bestellantworten* auch in SAP SRM 7.0 zur Verfügung.

SAP SRM bietet zur Genehmigung von Bestellantworten die folgenden Workflow-Vorlagen:

- **Automatische Datenübernahme (WS14500001)**
  Der Workflow zur automatischen Datenübernahme wird gestartet, wenn sich die Daten innerhalb der im Customizing hinterlegten Toleranzen befinden.
- **Manuelle Datenübernahme durch Einkäufer (WS14500019)**
  Der Workflow WS14500019 startet, wenn die Daten der Bestellantwort so sehr von der Bestellung abweichen, dass sie außerhalb der Toleranzen liegen und somit die Bedingungen für eine automatische Datenübernahme nicht erfüllt wurden.
- **Benachrichtigungs-E-Mail an Einkäufer (WS14500007)**
  Der Workflow WS14500007 verhält sich grundsätzlich identisch zum Workflow WS14500019 (manuelle Datenübernahme durch den Einkäufer), aber er informiert den Einkäufer lediglich über das Eintreffen einer Bestellantwort und über die Notwendigkeit, manuell nachzuarbeiten. Er ist als Alternative zum Workflow WS14500019 gedacht.
- **Überwachung eingehender Bestellantworten (Alert Workflow) (WS14500017)**
  Eine Bestellung kann vor dem Bestellen mit dem Kennzeichen BESTELLANTWORT ERWARTET versehen werden. Dadurch wird dem Lieferanten

angezeigt, dass als Reaktion auf die Bestellung eine Bestellantwort von ihm erwartet wird. Falls innerhalb einer im Customizing definierten Zeitgrenze keine Bestellantwort eingeht, wird der Workflow zur Überwachung eingehender Bestellantworten angestoßen und der Einkäufer per E-Mail über die fehlende Antwort benachrichtigt.

Die Toleranzen für die Bestellantwort werden im Customizing gepflegt. Rufen Sie hierzu im SAP SRM-System die Transaktion SPRO und im Einführungsleitfaden (IMG) den Menüpfad Supplier Relationship Management • SRM Server • Anwendungsübergreifende Grundeinstellungen • Toleranzprüfungen einstellen auf.

Workflows in SAP SRM 7.0 (prozessgesteuerter Workflow)

Analog zu den anwendungsgesteuerten Workflow-Vorlagen früherer SAP SRM-Releases ist in SAP SRM 7.0 die entsprechende Funktionalität im prozessgesteuerten Workflow Framework vorhanden.

- Für die Business-Objekte »Einkaufswagen« und »Bestellung« stehen Business Configuration Sets (BC-Sets) zur automatischen Konfiguration einfacher einstufiger Genehmigungs-Workflows zur Verfügung.
- Zur Genehmigung von Bestellantworten werden in SAP SRM 7.0 weiterhin die bereits oben beschriebenen Workflow-Vorlagen des anwendungsgesteuerten Workflow Frameworks eingesetzt.

Weitere Informationen zur allgemeinen Konfiguration des prozessgesteuerten Workflows sowie zur Definition komplexerer Genehmigungsprozesse im *Business Rule Framework* (BRF) finden Sie in Abschnitt 5.3, »Prozessgesteuertes Workflow Framework«.

Genehmigung des Einkaufswagens nach der Sourcing-Cockpit-Bearbeitung [EHP 2]

Es besteht mit EHP 2 für SAP SRM die Möglichkeit, Felder zu bestimmen, nach deren Änderung ein neuer Einkaufswagen-Workflow angestoßen wird. Diese Neuerung ist gerade für Prozesse interessant, in denen der Einkauf zwischen verschiedenen Genehmigungsstufen angesiedelt ist. Wenn z.B. in einem Krankenhaus die Stationsschwester einen Einkaufswagen erstellt, muss dieser zuerst von der Stationsleitung genehmigt werden. Anschließend wird der Einkauf involviert.

Diese Funktion wird mithilfe des Customizing-Schalters SRM_702_SOURCING_SC_CHANGE aktiviert.

7.3.9 Analysen zur Unterstützung der operativen Einkäufer

Zur Analyse im Bereich der Bezugsquellenfindung und des operativen Einkaufs stehen die folgenden BW-Web-Templates zur Verfügung:

- **Einkaufswagen (Rolle SAP_BW_SRM_OPER_PURCHASER)**
  Dieses Web Template hilft dem operativen Einkäufer, einen Überblick darüber zu erhalten, welches Einkaufsvolumen ansteht. Hierzu werden ihm, nach Produktkategorie und Produkten sortiert, die Einkaufswagen mit Freigabestatus, Wert und Menge angezeigt (siehe Abbildung 7.16).

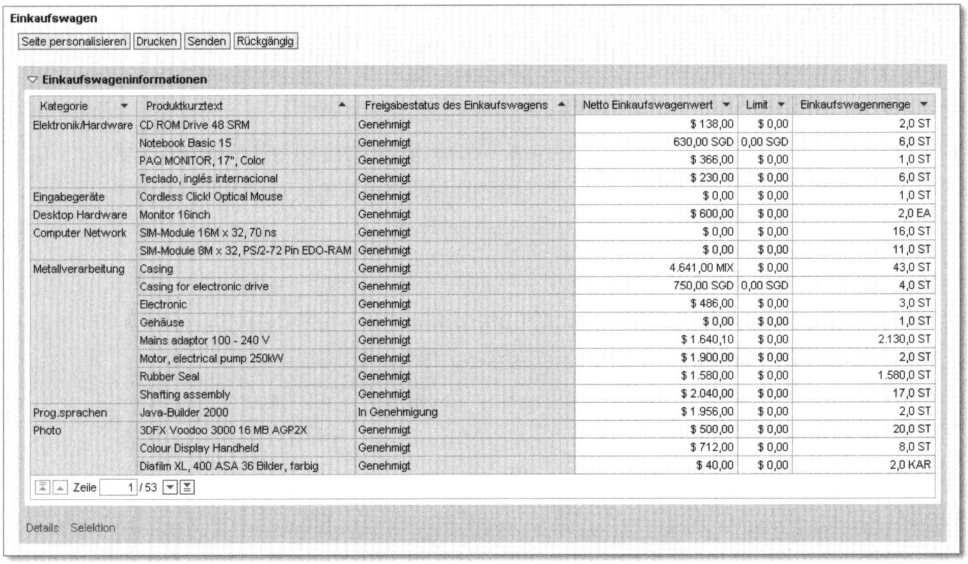

Einkaufswagen

Seite personalisieren | Drucken | Senden | Rückgängig

▽ Einkaufswageninformationen

Kategorie	Produktkurztext	Freigabestatus des Einkaufswagens	Netto Einkaufswagenwert	Limit	Einkaufswagenmenge
Elektronik/Hardware	CD ROM Drive 48 SRM	Genehmigt	$ 138,00	$ 0,00	2,0 ST
	Notebook Basic 15	Genehmigt	630,00 SGD	0,00 SGD	6,0 ST
	PAQ MONITOR, 17", Color	Genehmigt	$ 366,00	$ 0,00	1,0 ST
	Teclado, inglés internacional	Genehmigt	$ 230,00	$ 0,00	6,0 ST
Eingabegeräte	Cordless Click! Optical Mouse	Genehmigt	$ 0,00	$ 0,00	1,0 ST
Desktop Hardware	Monitor 16inch	Genehmigt	$ 600,00	$ 0,00	2,0 EA
Computer Network	SIM-Module 16M x 32, 70 ns	Genehmigt	$ 0,00	$ 0,00	16,0 ST
	SIM-Module 8M x 32, PS/2-72 Pin EDO-RAM	Genehmigt	$ 0,00	$ 0,00	11,0 ST
Metallverarbeitung	Casing	Genehmigt	4.641,00 MIX	$ 0,00	43,0 ST
	Casing for electronic drive	Genehmigt	750,00 SGD	0,00 SGD	4,0 ST
	Electronic	Genehmigt	$ 486,00	$ 0,00	3,0 ST
	Gehäuse	Genehmigt	$ 0,00	$ 0,00	1,0 ST
	Mains adaptor 100 - 240 V	Genehmigt	$ 1.640,10	$ 0,00	2.130,0 ST
	Motor, electrical pump 250kW	Genehmigt	$ 1.900,00	$ 0,00	2,0 ST
	Rubber Seal	Genehmigt	$ 1.580,00	$ 0,00	1.580,0 ST
	Shafting assembly	Genehmigt	$ 2.040,00	$ 0,00	17,0 ST
Prog.sprachen	Java-Builder 2000	In Genehmigung	$ 1.956,00	$ 0,00	2,0 ST
Photo	3DFX Voodoo 3000 16 MB AGP2X	Genehmigt	$ 500,00	$ 0,00	20,0 ST
	Colour Display Handheld	Genehmigt	$ 712,00	$ 0,00	8,0 ST
	Diafilm XL, 400 ASA 36 Bilder, farbig	Genehmigt	$ 40,00	$ 0,00	2,0 KAR

Zeile 1 / 53

Details Selektion

Abbildung 7.16 Web Template – Analyse der Einkaufswagen

- **Gemerkte Bestellungen (Rolle SAP_BW_SRM_OPER_PURCHASER)**
  Zusätzlich zu den Einkaufswageninformationen kann sich der operative Einkäufer mit dem Web Template »Gemerkte Bestellungen« nur die Bestellungen anzeigen lassen, die den Bearbeitungsstatus GEMERKT aufweisen. Dieser Bericht dient der Analyse des in den folgenden Tagen anstehenden wert- und mengenmäßigen Bestellvolumens.

- **Kontraktausnutzung (Rolle SAP_BW_SRM_OPER_PURCHASER)**
  Das Web Template zur Kontraktausnutzung dient dem operativen Einkäufer als Entscheidungshilfe bei der Ermittlung des »richtigen« Lieferanten für einen spezifischen Bedarf. Um diese Entscheidung zu treffen, stehen ihm zwei Berichte zur Verfügung:

  - Wenn zu einem Produkt Kontrakte mit verschiedenen Lieferanten existieren, können Sie sich auf Grundlage der im Bericht gezeigten *Kennzahlen* wie Zielwert und offener Zielwert für einen Kontrakt entscheiden.
  - Als zusätzliche Entscheidungsbasis dient der zweite Bericht mit Informationen aus der *Lieferantenbewertung*. Er zeigt zu einzelnen Lieferanten auf beliebiger Detailstufe (z.B. Produkt oder Produktkategorie) Key-Performance-Indikatoren wie Termintreue, Mengentreue, Preistreue und Anzahl perfekter Bestellungen.
- **Ausnutzung pro Einkaufsorganisation (Rolle SAP_BW_SRM_PROC_MANAGER)**
  Dieses Web Template gibt dem Manager einen Überblick über die Anzahl der Einkaufswagen, Bestellungen und Kontrakte der einzelnen Einkäufergruppen, inklusive Informationen dazu, in welchem Status sich die jeweiligen Belege befinden.
- **Bewertung der Leistungserbringer (Rolle SAP_BW_SRM_OPER_PURCHASER und Rolle SAP_BW_SRM_MANAGER)**
  Das Web Template zur Bewertung der Leistungserbringer hilft Managern oder operativen Einkäufern dabei, einen geeigneten Leistungserbringer zu finden. Die in der Bewertung enthaltenen Kriterien wie Qualifikation des Leistungserbringers, Qualität der Leistung, Einhaltung der Leistung und Termintreue werden aufgelistet.
- **Lieferantenauskunft (Rolle SAP_BW_BBP_APPL_CONTEXT)**
  Dieses Web Template zeigt allgemeine Informationen zu den Lieferanten an. Enthalten sind Daten wie Bestellwert, Rechnungswert und Anzahl der Bestellungen. Der Bericht ist nach Lieferant, Kategorie und Produkt unterteilt.
- **Performance-Indikatoren (Rolle SAP_BW_BBP_APPL_CONTEXT)**
  Das Web Template zu den Performance-Indikatoren zeigt Kennzahlen zur Performance einzelner Lieferanten an. Enthalten sind Daten wie durchschnittliche Lieferzeitabweichung oder die Anzahl perfekter Bestellungen. Es ist nach Lieferant, Kategorie und Produkt gegliedert.

Die Web Templates »Lieferantenauskunft« und »Performance-Indikatoren« können Sie im SRM-Server aus den Anwendungen »Bezugsquellenfindung durchführen« und »Bestellung anlegen« aufrufen. Dabei filtern die Kontextdaten aus der Anwendung (wie in Frage kommende Lieferanten, zu beschaffende Produktkategorien und Produkte) die angezeigten Berichtsdaten. So können Sie aufgrund der gefilterten Daten eine passende Lieferantenauswahl treffen.

Selbstverständlich ist es die ideale Situation in SAP SRM, wenn das System automatisch Bezugsquellen für offene Anforderungen zuordnen und direkt Folgebelege anlegen kann. Für all die Situationen, in denen das nicht möglich ist, bietet die Sourcing-Anwendung eine sehr leistungsfähige Arbeitsumgebung für operative Einkäufer zur Bearbeitung unvollständiger Anforderungen.

Von der Sourcing-Anwendung aus haben Sie auch die Möglichkeit, Ausschreibungen für offene Anforderungen anzulegen. Dem Thema »Ausschreibungen« werden wir uns im folgenden Abschnitt widmen.

7.4 Ausschreibungen

Wenn für ein bestimmtes Produkt noch keine passende Bezugsquelleninformation im System vorhanden ist, kann eine Ausschreibung angelegt werden. Mithilfe einer Ausschreibung werden Konditionen und Produktinformationen systembasiert bei mehreren Lieferanten angefragt. Hierdurch wird ein Vergleich möglich, wodurch das Unternehmen die besten Konditionen erzielen und infolgedessen Geld einsparen kann. Die Einsparungen entstehen einerseits durch die Wahl des besten Gebots, andererseits aber auch dadurch, dass eine systembasierte Ausschreibung die operativen Einkäufer entlastet. Ein weiteres Anwendungsbeispiel ist eine einfache Preisanfrage durch den Endanwender. So hat beispielsweise der Einkauf über eine Lieferantenliste bestimmte Lieferanten definiert, mit denen Kontrakte bestehen. Bestimmte Anwender dürfen nun bei diesen Lieferanten Preisanfragen vornehmen; hierbei handelt es sich immer um eine 1:1-Beziehung.

In diesem Abschnitt werden wir uns detailliert mit den Ausschreibungen im SAP SRM-System auseinandersetzen: von den Grundlagen und einem Prozessüberblick ausgehend über Genehmigungs-Workflows und das Customizing bis hin zur abschließenden Analyse.

7.4.1 Grundlagen

Ausschreibungen werden generell auch als *RFx* bezeichnet, dieses Kürzel steht für *Request for x* (Quotation, Information, Proposal usw.). Daraus lässt sich schließen, dass es verschiedene Ausschreibungsformen gibt:

- **Request for Quotation**
  Requests for Quotation (RFQ) werden normalerweise für einfache Materialien und Dienstleistungen verwendet, über deren Produktspezifikationen sich Einkäufer und Lieferant im Klaren sind.

- **Request for Information**
  Requests for Information (RFI) werden normalerweise verwendet, um Informationen für eine Anforderung einzuholen. Sie werden ebenfalls eingesetzt, wenn der Einkäufer grob weiß, was benötigt wird und sich nun Informationen über die verfügbaren technischen Optionen beschaffen möchte, bevor er die Spezifikationen der Anforderung final definiert.

  Eine weitere Möglichkeit der RFI-Ausschreibungen besteht darin, generelle Informationen über Lieferanten einzuholen. Hierbei werden keine Preise angefragt.
- **Request for Proposal**
  Requests for Proposals (RFP) werden generell für komplexe Anforderungen und Projektausschreibungen verwendet, für die der Einkäufer die Anforderung grob umreißt und der Lieferant ein detailliertes Angebot abgibt.

Die verschiedenen Ausschreibungsarten werden in SAP SRM über die Konfiguration von Vorgangsarten definiert. Dabei können auch noch weitere Aspekte vordefiniert werden (z.B., ob Bieter weitere Positionen hinzufügen dürfen).

Ausschreibungen werden in SAP SRM entweder dazu verwendet, einen Einkaufskontrakt auszuhandeln oder um eine Bezugsquelle für eine Anforderung zu identifizieren, die aus dem Arbeitsvorrat der Sourcing-Anwendung kommt. Alternativ dazu können Ausschreibungen auch manuell, ohne Bezug zum Kontraktmanagement und zur Sourcing-Anwendung, angelegt und durchgeführt werden (Navigationspfad für Benutzer mit einer Einkäuferrolle: EINKAUF • BEZUGSQUELLENFINDUNG • BELEGE ANLEGEN • AUSSCHREIBUNG).

Die SAP SRM-Anwendung zur Durchführung von Ausschreibungen ist die *SAP Bidding Engine*.

Neu in SAP SRM 7.0 [«]

In SAP SRM 7.0 steht hinsichtlich der Ausschreibungen die folgende Funktionalität neu zur Verfügung:

- Anlegen von Ausschreibungen direkt aus dem SAP ERP-Backend heraus (ab Erweiterungspaket 4, EHP 4)
- Anlegen einer Backend-Bestellung oder eines Backend-Kontrakts auf Basis des Lieferantenangebots, das den Zuschlag erhalten hat
- Ausschreibung mit Leistungshierarchien
- Bestätigung der Teilnahme durch den Bieter (teilnehmen, nicht teilnehmen, unter Vorbehalt)

- Einkäufer und Bieter haben Zugriff auf Produktkataloge inklusive Leistungshierarchien.
- automatisches Anlegen einer temporären Kontaktperson, wenn ein neuer Bieter aus einem OPI-basierten Lieferantenverzeichnis übernommen wurde
- Chat-Funktionen (Lieferanten können per Chat Fragen stellen, die die Einkäufer per Chat beantworten können)
- Ersetzen von Positionen (Ersatzpositionen), Vorschlagen von Alternativpositionen oder Hinzufügen von zusätzlichen Positionen
  Wenn die Ausschreibung auf Basis einer Backend-BANF angelegt worden ist, können Ersatzpositionen oder Alternativpositionen beim Folgebeleg, also bei der Backend-Bestellung berücksichtigt werden.
- Lieferanten können ihre Gebote zurückziehen.
- Versionierung von Geboten (Lieferanten können mehrere Gebote nacheinander abgeben)

SAP SRM unterscheidet grundsätzlich zwischen *offenen* und *nicht offenen* Ausschreibungen:

- **Offene Ausschreibungen**
  Offene Ausschreibungen sind allen potenziellen Bietern über das Web zugänglich und werden z.B. auf der Unternehmenswebseite oder in einem Lieferantenportal veröffentlicht. Voraussetzung ist allerdings, dass die Bieter bereits über einen Benutzerstammsatz im SAP SRM-System verfügen. Über einen Hyperlink in der Einladungs-E-Mail kann der Bieter direkt die SAP Bidding Engine aufrufen und sein Angebot abgeben.
- **Nicht offene Ausschreibungen**
  Nicht offene Ausschreibungen werden nur bekannten Bietern zugänglich gemacht, die per E-Mail eingeladen dazu worden sind. In der Einladungs-E-Mail befindet sich ein Hyperlink, über den der Bieter direkt die SAP Bidding Engine aufrufen und sein Angebot abgeben kann.

7.4.2 Prozesse der Ausschreibung

Betrachten wir nun den Prozessfluss der Ausschreibung im Detail. Die einzelnen Schritte können Sie wie gewohnt anhand eines Schaubildes nachvollziehen (siehe Abbildung 7.17). Dieses zeigt, dass der Ausschreibungsprozess im Wesentlichen im SRM-Server – im Einkauf und beim Lieferanten – abläuft. Die Nutzung von SAP Portfolio and Project Management (PPM) ist optional möglich.

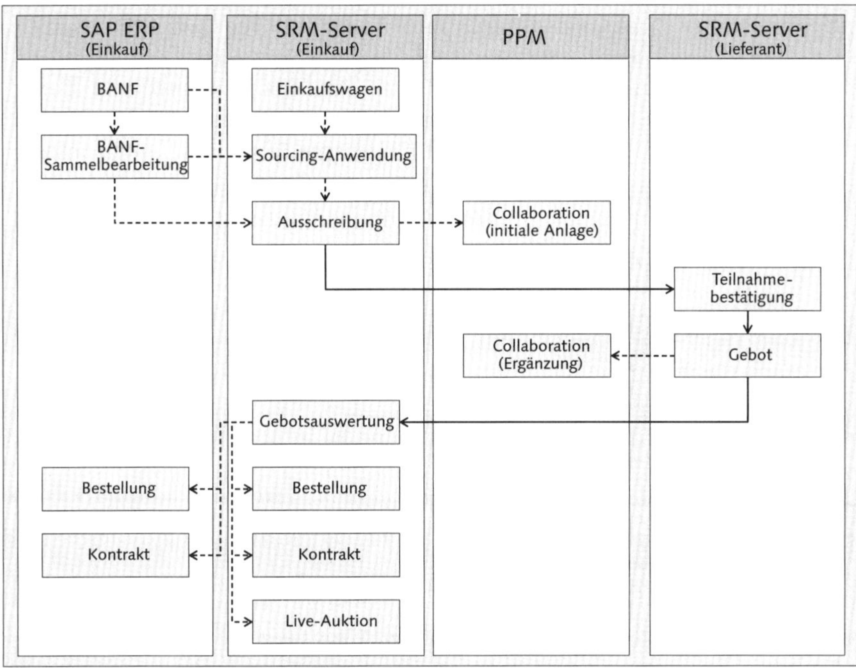

Abbildung 7.17 Ausschreibungsprozess

Ausschreibung anlegen

Die Ausschreibungsfunktionalität von SAP SRM ist voll mit den angrenzenden Geschäftsprozessen integriert. Daher bietet SAP SRM verschiedene Möglichkeiten, um Ausschreibungen anzulegen:

- manuelles Anlegen der Ausschreibung
- Ausschreibung aus der Sourcing-Anwendung heraus anlegen, um eine Bezugsquelle für eine offene Anforderung zu finden
- Ausschreibung direkt im SAP ERP-Backend über die Transaktion BANF-SAMMELBEARBEITUNG anlegen. Diese Funktionalität wird vor allem für die Beschaffung komplexer Dienstleistungen mit hierarchischen Strukturen benötigt.

Ausschreibung aus dem Einkaufswagen direkt anlegen [EHP 2]

Sie haben seit EHP 2 von SAP SRM die Möglichkeit, eine Ausschreibung direkt aus einem Einkaufswagen heraus anzulegen (siehe ❷ in Abbildung 7.18). Dies allerdings nur, solange sich der Einkaufswagen im Status IN GENEHMIGUNG oder im Status GESICHERT befindet (siehe ❶ in Abbildung 7.18). Hierdurch ist es möglich, schon vor der Genehmigung des Einkaufswagens eine Übersicht über die zu erwartenden Preise der einzelnen Positionen zu erhalten. Der erste Workflow-Schritt sollte eine Vervollständigungsstufe sein, die durch einen Einkäufer bearbeitet wird. Somit sind wertabhängige Genehmigungsprozesse für den betreffenden Einkaufswagen möglich und sinnvoll. Insbesondere für das klassische Szenario ist diese Funktion eine Bereicherung.

Sie aktivieren diese Funktion mithilfe des Customizing-Schalters SRM_702_RFX_FROM_SC.

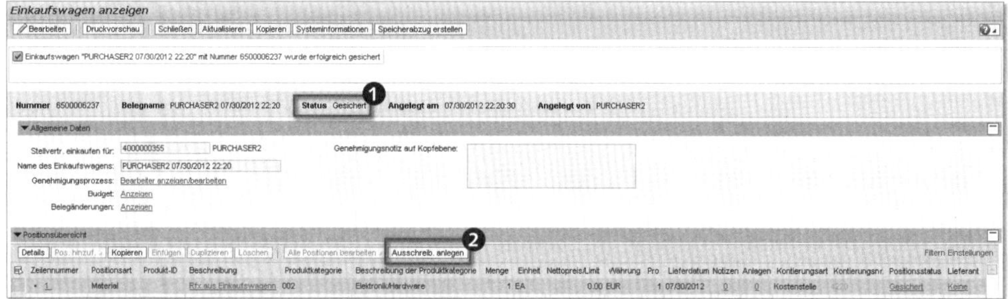

Abbildung 7.18 RFx direkt aus dem Einkaufswagen heraus anlegen

Beim Anlegen der Ausschreibung (siehe Abbildung 7.19) muss der Einkäufer zumindest die folgenden Informationen hinterlegen:

- Abgabefrist für die Lieferantengebote
- einen oder mehrere Bieter

Anschließend muss die Ausschreibung mit einer oder mehreren Positionen und/oder Fragen an den Lieferanten versehen werden. Darüber hinaus hat der Einkäufer die Möglichkeit, weitere Informationen zu pflegen. Im Folgenden möchten wir die Felder und Checkboxen, die beim Anlegen einer Ausschreibung verfügbar sind, näher erläutern.

Beginnen wir mit der Registerkarte AUSSCHREIBUNGSINFORMATIONEN (siehe Abbildung 7.19):

- **Feld »Detaillierte Preisinformationen«**
  Hier haben Sie die Wahl zwischen EINFACHER PREIS, PREIS MIT KONDITIONEN und KEIN PREIS. Wenn Sie PREIS MIT KONDITIONEN auswählen, hat der Bieter die Möglichkeit, spezielle Konditionen wie z. B. Staffelpreise bei der Angebotsabgabe zu hinterlegen.

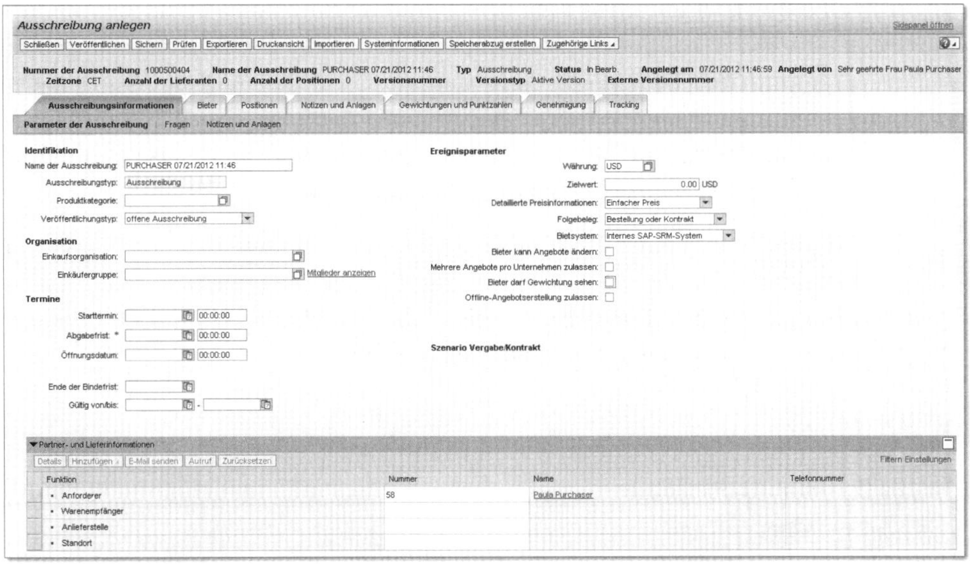

Abbildung 7.19 Ausschreibung anlegen – Registerkarte »Ausschreibungsinformationen« (EHP 2)

- **Feld »Bietsystem«**
  Über dieses Feld entscheiden Sie, ob Sie für diese Ausschreibung das Decoupled-Szenario (siehe Abschnitt 9.2.1, »SAP SUS-Prozesse mit SAP SRM-Integration«) nutzen möchten – EXTERNES LIEFERANTENSYSTEM. Falls Sie es nicht verwenden möchten, belassen Sie es bei der Anwahl der Option INTERNES SAP SRM-SYSTEM.
- **Checkbox »Bieter kann Angebote ändern«**
  Wenn Sie diese Checkbox anhaken, erlauben Sie dem Bieter, bereits abgegebene Angebote zu ändern. Für jede Angebotsänderung wird eine neue Version des Angebots angelegt. SAP SRM bietet die Möglichkeit, diese Versionen miteinander zu vergleichen.
- **Checkbox »Bieter darf Gewichtung sehen«**
  Sie haben die Möglichkeit, für jede Position und jede Frage eine Gewichtung zu hinterlegen (siehe Abschnitt 7.4.3, »Fragen und Gewichtungen«). Durch Anhaken dieser Checkbox erlauben Sie Ihrem Bieter, die Gewichtungen zu sehen.
- **Checkbox »Offline Bidding zulassen«**
  Hier haben Sie die Möglichkeit, die Offline-Angebotsabgabe für den jeweiligen Ausschreibungsprozess freizuschalten (siehe den EHP 1-Kasten zur Offline-Angebotsabgabe am Ende des vorliegenden Abschnitts).

- **Feld »Limit anzeigen als«**
  Seit EHP 1 können Sie auch Limitpositionen in den Ausschreibungsbelegen nutzen. Über dieses Feld steuern Sie in den Ausschreibungen den Umgang mit Limits. Hierzu stehen Ihnen die folgenden Wahlmöglichkeiten zur Verfügung: NICHT SICHTBAR, NUR ANZEIGE, ANGEBOTSABGABE MÖGLICH und ANNEHMEN ODER ABLEHNEN MÖGLICH.

Werfen Sie nun einen Blick in die Registerkarte BIETER. Hier wählen Sie alle Bieter aus, die zu einer Ausschreibung eingeladen werden sollen (siehe Abbildung 7.20). Dabei haben Sie auch die Möglichkeit, auf OPI-basierte externe Lieferantenverzeichnisse zuzugreifen.

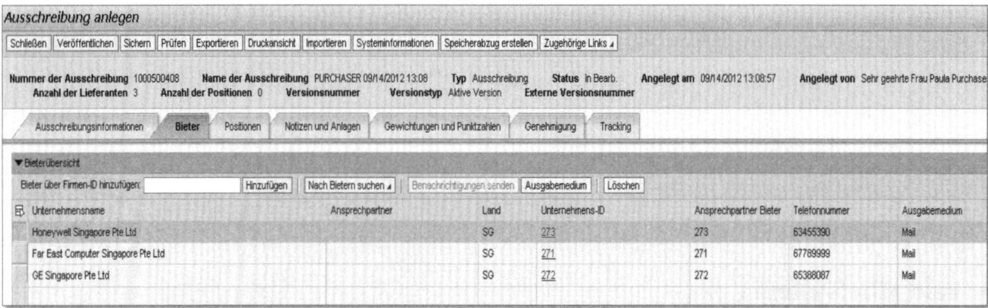

Abbildung 7.20 Ausschreibung anlegen – Registerkarte »Bieter«

In der Registerkarte POSITIONEN definieren Sie die auszuschreibenden Positionen (siehe Abbildung 7.21). Wurde die Ausschreibung basierend auf einer Anforderung angelegt, werden die Positionen der Anforderung direkt in die Ausschreibung übernommen. Sie können in der Registerkarte POSITIONEN die folgenden Einstellungen vornehmen:

- **Checkbox »Angebote für alle Positionen erforderlich«**
  Wenn Sie alle Positionen der Ausschreibung bei demselben Lieferanten kaufen möchten bzw. für alle Positionen ein Angebot einholen möchten, sollten Sie diese Option ankreuzen (siehe Abbildung 7.21).
- **Checkbox »Bieter kann neue Positionen hinzufügen«**
  Mit dem Häkchen bei BIETER KANN NEUE POSITIONEN HINZUFÜGEN geben Sie dem Bieter die Chance, darauf hinzuweisen, dass noch weitere Positionen erforderlich sind, damit die Ausschreibung komplett ist.
- **Checkbox »Angebotsmodifikation zulassen«**
  Wenn Sie diese Option anhaken, kann der Bieter Alternativprodukte vorschlagen, wenn er das gewünschte Produkt nicht im Angebot hat.

- **Checkbox »Bieter kann Mengen ändern«**
  Eventuell hat der Bieter nicht die gewünschte Anzahl an Produkten im Angebot, kann aber eine Teilmenge liefern. Wenn Sie dies akzeptieren würden, sollten Sie die Checkbox BIETER KANN MENGEN ÄNDERN anhaken.

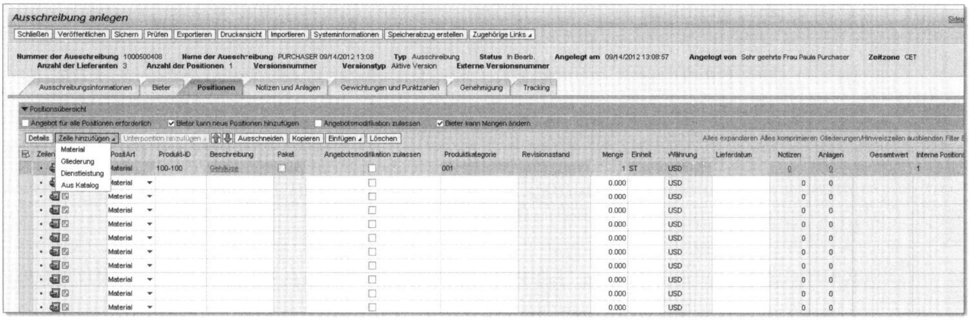

Abbildung 7.21 Ausschreibung anlegen – Registerkarte »Positionen«

In der Registerkarte NOTIZEN UND ANLAGEN haben Sie die Möglichkeit, weitere Informationen für die Ausschreibung zu hinterlegen (siehe Abbildung 7.22).

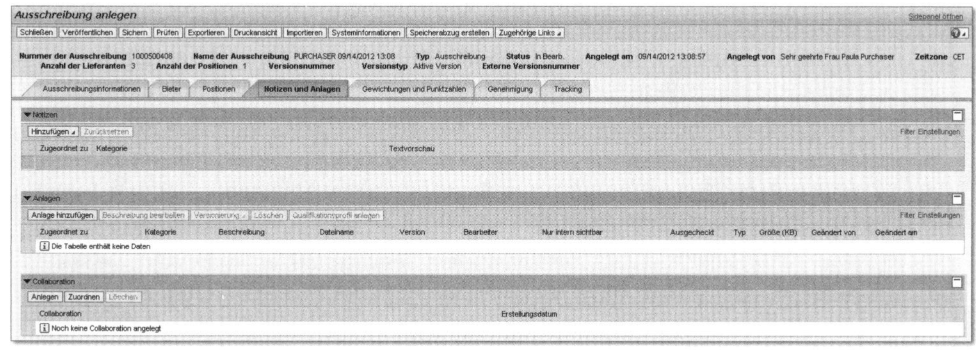

Abbildung 7.22 Ausschreibung anlegen – Registerkarte »Notizen und Anlagen«

Der Bieter hat bei der Abgabe seines Gebots auch die Möglichkeit, über die Registerkarte NOTIZEN UND ANLAGEN, Zusatzinformationen mitzusenden. Wenn Sie SAP Portfolio and Project Management (PPM)installiert haben, können Sie hier auch mit *Collaborations* arbeiten (siehe Abbildung 7.17). Collaborations sind Dokumentmappen, in denen Sie alle relevanten Spezifikations- und Designdokumente ablegen können. Sie haben dabei die Möglichkeit, die folgenden Arten von Inhalten abzulegen: Dokumente, Bookmarks und Datenblätter.

Darüber hinaus können durch den Einsatz von SAP Portfolio and Project Management (PPM) auch *Diskussionsforen* eingerichtet und verwendet werden. Bei Gebotsabgabe werden alle Dokumente der Ausschreibung in einen nichtöffentlichen Bereich in SAP SRM kopiert, auf den nur der Bieter und der Einkäufer Zugriff haben. Dort kann der Bieter nun gemeinsam mit dem Einkäufer an den Dokumenten arbeiten, bis alle Details geklärt sind.

In der Registerkarte GEWICHTUNGEN UND PUNKTZAHLEN können Sie die verschiedenen Kriterien der Ausschreibung (Preise der einzelnen Positionen, Fragen auf Kopfebene, Fragen auf Positionsebene) unterschiedlich bewerten. Diese Funktionalität beschreiben wir detailliert in Abschnitt 7.4.3, »Fragen und Gewichtungen«.

Anschließend kann der Einkäufer die Ausschreibung VERÖFFENTLICHEN. Abhängig vom Workflow Customizing ist sie nun noch zu genehmigen (z.B. von einem Einkaufsleiter). Nach erfolgreicher Genehmigung ist die Ausschreibung veröffentlicht; die Bieter werden per E-Mail benachrichtigt und um Angebotsabgabe gebeten.

[EHP 1]

Offline-Angebotsabgabe

Die EHP 1-Funktion zur Offline-Angebotsabgabe bietet einen großen Vorteil, wenn Sie einfache Anfragen, z.B. reine Preisanfragen, bei Ihren Lieferanten platzieren möchten. Denn durch diese Funktion ermöglichen Sie es Ihren Lieferanten, auf Ihre Ausschreibungen zu antworten, ohne sich an Ihrem SAP-System anmelden zu müssen.

Nach der Veröffentlichung der betreffenden Ausschreibung wird ein mit SAP Interactive Forms by Adobe erstelltes Formular (siehe Abbildung 7.23) als E-Mail-Anlage an alle Lieferanten gesendet.

Diese Möglichkeit ist auch aus finanziellen Gesichtspunkten interessant: Sie sparen sich eine mehrstufige SRM-Systemlandschaft in der demilitarisierten Zone (DMZ), wodurch sowohl Implementierungskosten als auch Betriebskosten in erheblichem Umfang eingespart werden können.

Die Offline-Angebotserstellung unterstützt die folgenden Funktionen:

- Dateneingabe für Felder wie MENGE, PREIS und PREISEINHEIT
- Eingabe von Fragen und deren Beantwortung

Da es sich bei dieser Funktion nicht um einen vollwertigen Ersatz des Standardszenarios handelt, gibt es hier einige Funktionen, die nicht unterstützt werden. Im Folgenden sind einige Beispiele hierzu aufgeführt:

- Excel-Export/Import
- Positionen hinzufügen
- Katalogintegration
- SAP Portfolio and Project Management (PPM)

- Prüfen-Funktion
- Anhänge durch den Lieferanten anfügen
- Preise auf der Basis von Konditionen
- Tabellenerweiterungen und Kundenfelder

Sie aktivieren die Offline-Angebotserstellung über den Customizing-Schalter SRM_701_OFFLINE_BIDDING. Damit Sie diese Funktion nutzen können, müssen neben deren Aktivierung auch noch einige Customizing-Einstellungen vorgenommen werden (siehe Abschnitt 7.4.5, »Customizing«).

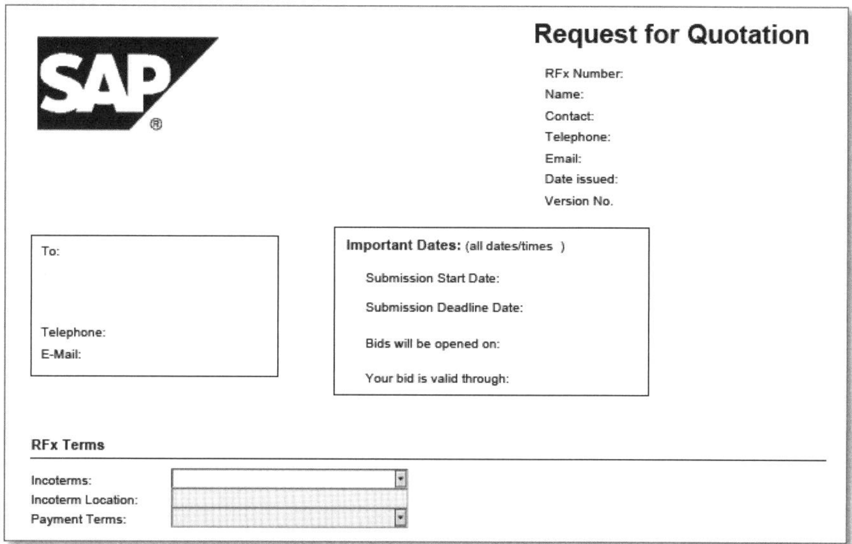

Abbildung 7.23 SAP Interactive Forms by Adobe – erste Seite des Offline Bidding Formulars

Lieferantengebot

Der Bieter meldet sich am SAP SRM-System an und klickt auf Ausschreibungen und Auktionen. Nun wählt er die Ausschreibung, die er beantworten möchte, und bekommt diese in einem neuen Fenster angezeigt (siehe Abbildung 7.24). Hier steht dem Bieter die folgende Funktionalität zur Verfügung:

- **Teilnahme**
  Als Bieter haben Sie hier die Möglichkeit, den Button Teilnehmen, Nicht teilnehmen oder Mit Vorbehalt zu wählen (siehe die Abbildung 7.24 und Abbildung 7.17).

- **Angebot anlegen**
  Sie können den Button ANGEBOT ANLEGEN wählen und sofort ein Angebot abgeben.
- **Q&A**
  Mithilfe des Buttons Q&A (Questions & Answers) können Sie die Chat-Funktionalität starten und direkt Fragen an den Einkäufer richten.
- **Exportieren**
  Sie können die Ausschreibung in eine Microsoft-Excel-Datei exportieren, offline bearbeiten und anschließend zur Angebotsabgabe wieder in das System laden. Dies ist vor allem bei größeren Ausschreibungen hilfreich.

Abbildung 7.24 Ausschreibung – Teilnahme bestätigen

[»] Ein MS Excel-Makro zur komfortableren Navigation sowie zur optimierten Anzeige der Excel-Datei wird über den SAP-Hinweis 734060, »SRM: Up- und Download von Belegen mithilfe von MS Excel«, zur Verfügung gestellt.

[EHP 2]

Hoch- und Herunterladen als Excel-Datei

Mithilfe dieser EHP 2-Funktion (Customizing-Schalter SRM_702_EXCEL_UP_DOWNLOAD) können Sie neben der Ausschreibung auch noch andere Beschaffungsbelege wie Zentralkontrakte, Bestellungen, Angebote auf Ausschreibungen oder Auktionen aus dem SAP SRM-System als Microsoft Excel-Datei herunterladen. Das heruntergeladene Dokument bietet Ihnen die folgenden Funktionen:

- Neben der Bearbeitung von bestehenden Einkaufsdaten ermöglichen Ihnen Funktionen zum Gruppieren und Filtern eine strukturierte Anzeige der dazugehörigen Einträge.

- Neue Einkaufsdaten können Sie anlegen, indem Sie die Kopf- und Positionszeilen aus dem Vorlagenarbeitsblatt in das SAP SRM-System hineinkopieren.
- Im Vorlagenarbeitsblatt können Sie Werte aus einer Liste auswählen, die den Feldern TEXT-ID, KONDITIONSART und PARTNERFUNKTION entsprechen.

Wenn Sie Ihre Änderungen durchgeführt haben, laden Sie die entsprechende Datei wieder in das SRM-System hoch. Die geänderten Daten werden nun im SRM-System aktualisiert.

Weitere Informationen zu diesem Thema finden Sie in SAP-Hinweis 1612239, »SAP SRM 7.0 (EHP 2): Upload/Download von Belegen mit MS Excel«.

Betrachten Sie nun die Option ANGEBOT ANLEGEN etwas näher. Wenn dieser Button angeklickt wird, öffnet sich das neue Browserfenster ANGEBOT ANLEGEN, in dem der Bieter sein Angebot abgeben kann (siehe Abbildung 7.25). Als Bieter können Sie hier nun die Preise für die ausgeschriebenen Produkte angeben (Registerkarte POSITIONEN) und die vom Einkäufer in der Ausschreibung hinterlegten Fragen beantworten.

Abbildung 7.25 Ausschreibung – Angebot anlegen

Auch kann der Bieter, falls notwendig und in der Ausschreibung zugelassen, Positionen ersetzen, Alternativpositionen vorschlagen oder zusätzliche Positionen hinzufügen.

Angebotsvergleich (erweitert)

[EHP 1]

Die Funktion zum Vergleichen von Angeboten aus Ausschreibungen und Auktionen wurde erweitert. Diese Funktion wird durch den Customizing-Schalter SRM_701_RFX_RESP_FLEXIBILITY aktiviert und gilt für Ausschreibungen und Auktionen, die auf Einkaufswagen- und ERP-Bestellanforderungen beruhen. Ihren Einkaufsmitarbeitern werden folgende Funktionen für die Bearbeitung von Lieferantenangeboten an die Hand gegeben:

- ein Angebot direkt im Änderungsmodus öffnen
- vom Bieter hinzugefügte Positionen ebenfalls anzeigen
- angeben, ob Sie Ihre Lieferanten berechtigen möchten, ein Angebot auf Positionsebene zu modifizieren
- Zahlungsbedingungen und Incoterms anzeigen

- Legende oder Rollover-Hilfe für Symbole hinzufügen
- Gewichtungen anpassen, wodurch die Punktzahlen automatisch neu berechnet werden
- Angebotsvergleich in einem leicht lesbaren Format herunterladen

In der Registerkarte Notizen und Anlagen kann der Bieter Notizen hinzufügen oder Anlagen hochladen. Hat der Einkäufer eine Collaboration angelegt, kann der Bieter nun auf die dort hinterlegten Dokumente zugreifen und diese bearbeiten.

Wenn der Einkäufer beim Anlegen der Ausschreibung die Option Preis mit Konditionen gewählt hat, haben Sie als Bieter in der Registerkarte Konditionen nun vielfältige Möglichkeiten, um Konditionen auf der Kopf- und Positionsebene anzugeben (siehe Abbildung 7.26).

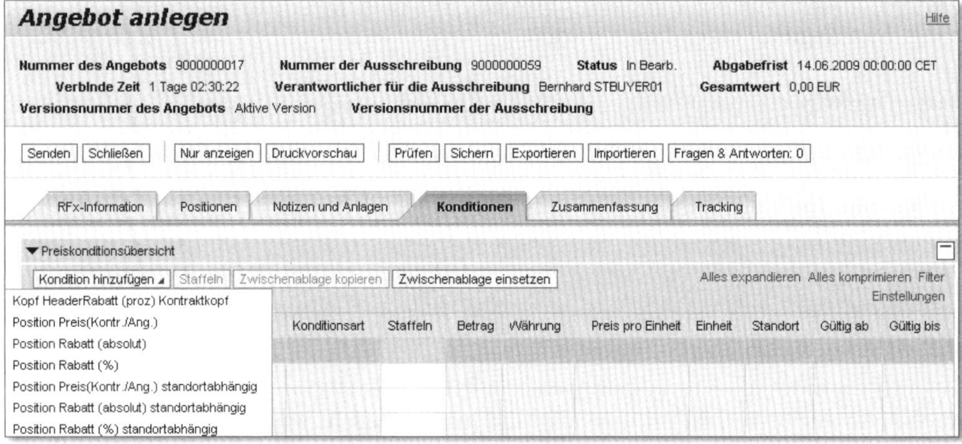

Abbildung 7.26 Konditionen bei der Angebotsabgabe

Anschließend können Sie das Angebot über den Button Senden abgeben.

Gebotsauswertung

Zur Auswertung der Gebote (siehe Abbildung 7.17) meldet sich der Einkäufer am System an und wählt den Menüpfad Strategischer Einkauf • Strategisches Sourcing. Anschließend erhalten Sie eine Übersicht über alle Ausschreibungen und können dort die gewünschte Ausschreibung auswählen. Über den Button Angebote und Zuschläge sind die eingegangenen Angebote zu sehen.

In dem sich öffnenden Fenster Angebote und Zuschläge erhalten Sie eine Übersicht über die Aktivitäten Ihrer Bieter (siehe Abbildung 7.27). In der

Spalte TEILNAHMEABSICHT sehen Sie, ob die Bieter ihre Teilnahme bestätigt haben. In der Spalte ANGEBOTSNUMMER sehen Sie, ob die Bieter ein Angebot abgegeben haben.

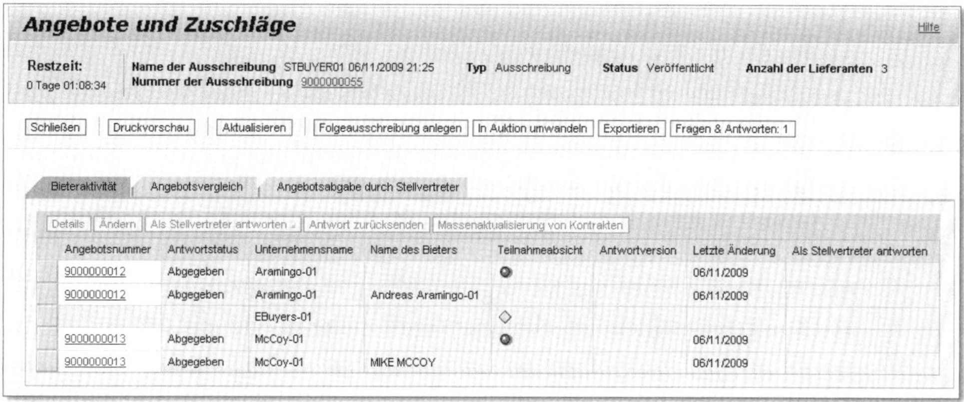

Angebotsnummer	Antwortstatus	Unternehmensname	Name des Bieters	Teilnahmeabsicht	Antwortversion	Letzte Änderung	Als Stellvertreter antworten
9000000012	Abgegeben	Aramingo-01		●		06/11/2009	
9000000012	Abgegeben	Aramingo-01	Andreas Aramingo-01			06/11/2009	
		EBuyers-01		◇			
9000000013	Abgegeben	McCoy-01		●		06/11/2009	
9000000013	Abgegeben	McCoy-01	MIKE MCCOY			06/11/2009	

Abbildung 7.27 Ausschreibung – Bieteraktivität

In der Registerkarte ANGEBOTSVERGLEICH können Sie als Einkäufer nun die Lieferantengebote vergleichen und dem favorisierten Bieter den Zuschlag erteilen (siehe Abbildung 7.28). Dies machen Sie, indem Sie das entsprechende Angebot markieren und den Button ZUSCHLAG anklicken.

Bieteraktivität | Angebotsvergleich | Angebotsabgabe durch Stellvertreter
Details | Bieter anzeigen | Zurück zur Übersichtsseite für Angebotsvergleich | Antwortvergleich herunterladen | Vergleichsdatum: 06/11/2009
Alles expandieren Alles komprimieren Filter Einstellungen

	Positionsdetails				Andreas Aramingo-01 : Abgegeben				MIKE MCCOY : Abgegeben			
Positionsnummer	Positionsbeschreibung	Benötigte Menge	Benötigt am	Einheit	Aktion	Beschreibung der Aktion	Preis	Währung	Aktion	Beschreibung der Aktion	Preis	Währung
• 1	Alle Positionen				☐	Alle annehmen	21,750.00	EUR	☑	Alle annehmen	19,000.00	EUR
• 2	Alle Positionen				☑	Alle ablehnen			☐	Alle ablehnen		
• 3	Notebooks Ultra Light	25	07/01/2009	ST	☐	Annehmen	18,750.00	EUR	☑	Annehmen	16,250.00	EUR
• 4	Docking Stations	25	07/01/2009	ST	☐	Annehmen	3,000.00	EUR	☑	Annehmen	2,750.00	EUR

Schließen | Druckvorschau | Aktualisieren | Anzeigen | Zuschlag | Sichern | Exportieren | Fragen & Antworten: 1

Abbildung 7.28 Ausschreibung – Angebotsvergleich

Angebotsvergleich

[EHP 2]

Mit SAP SRM EHP 2 werden Funktionen zur Verfügung gestellt, die Sie in die Lage versetzen, die Angebote der Bieter besser miteinander zu vergleichen. Durch den Customizing-Schalter SRM_702_BID_SIMULATION geben Sie Ihren Einkäufern die folgenden Funktionen an die Hand:

- Die Einkäufer können sich eine Bieterrangfolge anlegen, die in absteigender Reihenfolge angezeigt wird und innerhalb derer der aktuell beste Bieter an erster Position steht. Auch kann der Einkäufer eine Bieterrangliste für eine bestimmte Position anlegen.
- Die Ergebnisse des Angebotsvergleichs können als PDF heruntergeladen werden, um die Rückverfolgbarkeit zu gewährleisten.
- Das Bild mit den Ergebnissen des Angebotsvergleichs können die Einkäufer entsprechend ihrer Anforderungen konfigurieren, indem sie verschiedene Felder auf der Benutzungsoberfläche hinzufügen oder entfernen.
- Der horizontale Bilddurchlauf kann vermieden werden, da die Anzahl der Tabellenspalten auf dem Ergebnisbild reduziert wurde.

Anschließend können Sie das Angebot öffnen, das den Zuschlag erhalten hat, und den gewünschten Folgebeleg anlegen (siehe Abbildung 7.17).

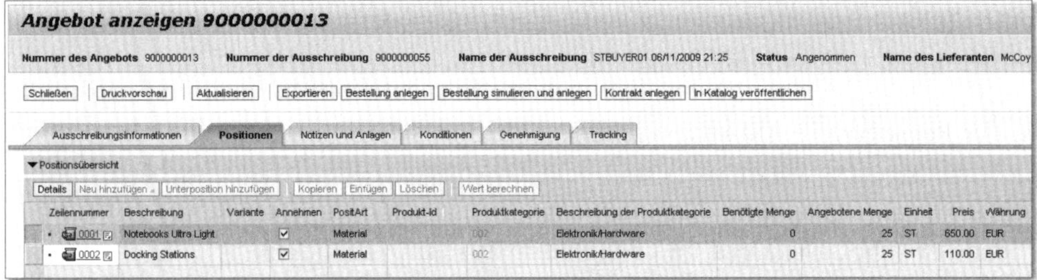

Abbildung 7.29 Ausschreibung – Folgebeleg anlegen

Sie können dabei unter den folgenden möglichen Folgebelegen wählen (siehe Abbildung 7.29):

- **Button »Bestellung anlegen«**
  Wurde die Ausschreibung auf Basis einer Einkaufswagenposition oder externen Anforderung angelegt, wird der Einkäufer eine Bestellung als Folgebeleg anlegen, um den Prozess abzuschließen.
- **Button »Kontrakt anlegen«**
  Sollen die ausgehandelten Konditionen zur Automatisierung zukünftiger Anforderungsprozesse zur Verfügung stehen, legt der Einkäufer nun einen Kontrakt an.

Falls keines der Lieferantengebote die gewünschten Konditionen enthält, kann der Einkäufer als Folgebeleg auch eine weitere Ausschreibung oder eine Live-Auktion anlegen.

Oft werden auch mehrere Ausschreibungsrunden geplant. In der ersten Runde werden qualitative Aspekte abgefragt, in der nächsten Runde kann dann innerhalb der geeigneten Lieferanten der Preis verhandelt werden. Sollte dieser Preis noch nicht niedrig genug sein, können in der Regel über Live-Auktionen noch erhebliche Einsparungen erzielt werden.

Weitere Informationen zum Thema »Live-Auktionen« finden Sie in Abschnitt 7.5, »Live-Auktionen«.

Erweiterter Ausschreibungsprozess

[EHP 1]

Diese mit EHP 1 von SAP SRM ergänzte Funktionalität bieten Ihnen weitere, im Folgenden aufgeführte Optionen, um den Ausschreibungsprozess Ihren Anforderungen entsprechend durchzuführen:

- Mithilfe der Funktion Bearbeitung der Ausschreibungsgebühr (Customizing-Schalter SRM_701_TENDER_FEE) können Sie von potenziellen Lieferanten eine erstattungsfähige Ausschreibungsgebühr fordern. Auf diese Weise lässt sich bei Bedarf die Anzahl der Angebote auf eine Ausschreibung begrenzen.
- Sie können festlegen, ob für eine Ausschreibung ein Vertragserfüllungsgegenstand notwendig ist. Denn die Funktion Bearbeitung des Vertragerfüllungspfands (Customizing-Schalter SRM_701_EARNEST_MONEY_DEP) ermöglicht es Ihnen, den Status der entsprechenden Zahlungen durch den Bieter nachzuverfolgen.
- Mithilfe der Funktion Getrennte Angebotseinreichung ermöglichen Sie Ihren Lieferanten eine von den Preisinformationen getrennte Abgabe der Angebotsinformationen. Neben der Aktivierung dieser Funktion über den Customizing-Schalter SRM_701_TWO_ENVELOPE ist auch hier die Integration in SAP Portfolio and Project Management (PPM) Voraussetzung.
- Die Anwendung des Vier-Augen-Prinzips bei der Angebotsöffnung ist durch die Aktivierung der Funktion Gleichzeitige Anmeldung bei Angebotsöffnung (Customizing-Schalter SRM_701_SIMULTANEOUS_LOGON) möglich.

Damit ist der Ausschreibungsprozess abgeschlossen. Betrachten wir nun ein Element in diesem Prozess genauer: die Ergänzung bzw. Festlegung von Fragen und Gewichtungen.

7.4.3 Fragen und Gewichtungen

Ein Vorteil der SAP SRM-basierten Ausschreibungsfunktionalität ist die Möglichkeit, nicht nur Preise anzufragen, sondern auch qualitative Aspekte einzubeziehen. So können Sie Ihren Lieferanten beispielsweise nach Qualitätszertifizierungen oder nach der Anzahl der Referenzkunden fragen.

Zusätzlich können pro Ausschreibung auf Kopf- und Positionsebene Fragen definiert werden, für die jeweils eine *Gewichtung* festgelegt werden muss. Auch kann pro Ausschreibungsposition eine Gewichtung für den Preis angegeben werden.

Die Antworten auf die Fragen und die Preisangaben werden mit der Gewichtung multipliziert. In der Angebotsauswertung steht dem Einkäufer als Information eine Punktzahl pro Lieferant zur Verfügung, über die er den Gewinner der Ausschreibung ermitteln kann. Tabelle 7.1 zeigt ein Beispiel zur Vorgehensweise beim Anlegen einer Ausschreibung mit Fragen und Gewichtungen.

1. Fragen anlegen	2. Art der Frage bestimmen	3. Gewichtung definieren	4. Gewichtungsfunktion auswählen
Allgemeine Fragen			**70%**
Frage 1	Ja/Nein-Feld	50%	Treppenfunktion
Frage 2	Menge	25%	lineare Funktion
Frage 3	Text (maximal 130 Zeichen)	25%	feste Werte
Fragen zu Position 1			**15%**
Frage 1	Preis	40%	Treppenfunktion
Frage 2	Menge	60%	lineare Funktion
Fragen zu Position 2			**5%**
Frage 1	Preis	35%	lineare Funktion
Frage 2	Menge	15%	Treppenfunktion
Frage 3	Text (maximal 130 Zeichen)	50%	manuelle Bewertung
Fragen zu Position 3			**10%**
Frage 1	Preis	50%	Treppenfunktion
Frage 2	Text (maximal 130 Zeichen)	50%	feste Werte
Summe			**100%**

Tabelle 7.1 Beispiel für Fragen und Gewichtungen

Gehen wir dieses Beispiel nun Schritt für Schritt durch, vom Anlegen der Frage bis zur Auswahl der Gewichtsfunktion:

1. **Fragen anlegen**

   Es können mehrere Fragen auf der Kopfebene der Ausschreibung angelegt werden. Darüber hinaus können auch für jede Ausschreibungsposition Fragen definiert werden.

   Abbildung 7.30 zeigt, wie Sie die Fragen im System anlegen können. In diesem Beispiel sehen Sie die allgemeinen Fragen auf der Kopfebene der Ausschreibung. Über den Button FRAGEN können Sie genauer bestimmen, ob Sie eine Frage hinzufügen oder löschen möchten.

RFx-Information | Bieter | Positionen | Notizen und Anlagen | Gewichtungen und Punktzahlen | Genehmigung | Tracking

Parameter der Ausschreibung | Fragen | Notizen und Anlagen

Details | Frage hinzufügen | Löschen — Filter Einstellungen

Frage	Typ	Einheit	Währung	Soll gewichtet werden	Erforderlich	Mehrfachselektion	Kommentar	Reihenfolge
ISO 9000 zertifiziert?	Ja / Nein Feld			☑	☐	☐	☐	0010
Anzahl Referenzkunden	Menge	ST		☑	☐	☐	☐	0020
Unternehmensform	Text (max. 130 Zeichen)			☑	☐	☐	☐	0030

Abbildung 7.30 Ausschreibung – Fragen anlegen

2. **Art der Frage bestimmen**
   In der Spalte TYP können Sie die Art der jeweiligen Frage bestimmen. Für die Fragen stehen die folgenden Feldarten zur Verfügung: JA/NEIN FELD, TEXT (MAX. 130 ZEICHEN), DATUM, MENGE und BETRAG.
3. **Gewichtung definieren**
   Anschließend definieren Sie für jede Frage die Gewichtung. Auch für den Preis einer Position können Sie eine Gewichtung definieren. Beim Festlegen der Gewichtung müssen Sie darauf achten, dass sich die Gesamt-Gewichtung aller Positionen zuzüglich der Gesamt-Gewichtung der allgemeinen Fragen auf 100% summiert. Innerhalb der allgemeinen Fragen bzw. innerhalb einer Position müssen sich die Gewichtungen der einzelnen Fragen auch auf jeweils 100% summieren. Abbildung 7.31 zeigt am Beispiel der ALLGEMEINEN FRAGEN, wie Sie im SAP SRM-System die Gewichtungen definieren.

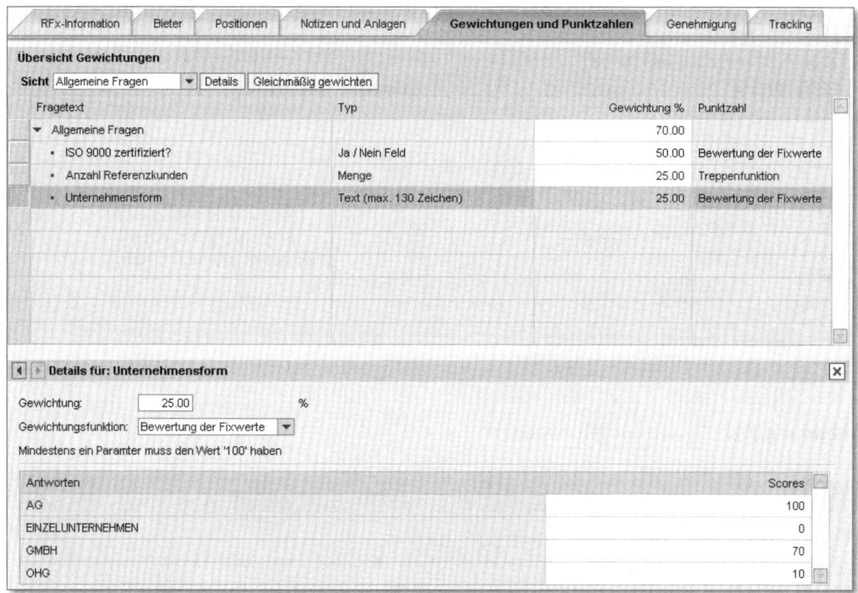

Abbildung 7.31 Gewichtungen für Fragen definieren

4. **Gewichtungsfunktion auswählen**

   Nun wählen Sie für jede Frage die gewünschte Gewichtungsfunktion aus. Hierzu stehen Ihnen vier verschiedene Funktionen zur Verfügung:

   - lineare Funktion
   - Treppenfunktion
   - feste Werte
   - manuelle Bewertung

   Für jede Gewichtungsfunktion definieren Sie die entsprechenden Werte, die abhängig von der Bewertung zu einer entsprechenden Punktzahl pro beantwortete Frage führen. So können Sie beispielsweise, in Abhängigkeit der Unternehmensrechtsform des Bieters, unterschiedliche Punktzahlen vergeben. In unserem Beispiel werden große Lieferanten, deren Unternehmensrechtsform eine Aktiengesellschaft ist, mit der maximalen Punktzahl bewertet. Abbildung 7.32 zeigt einen Überblick über die Gewichtungsfunktionen.

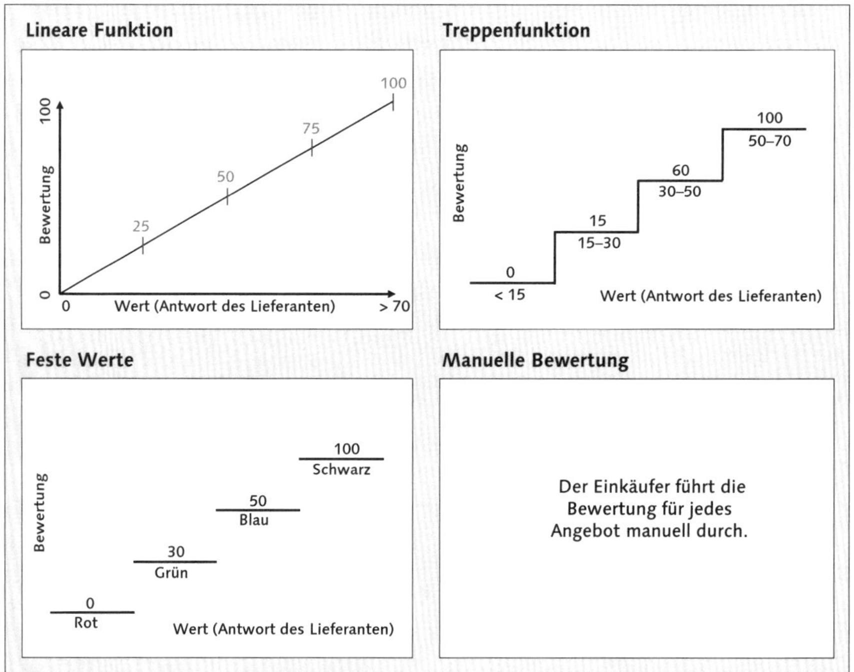

Abbildung 7.32 Gewichtungsfunktionen

   Beachten Sie Folgendes: Bei den Gewichtungsfunktionen muss mindestens ein Parameter den Wert 100 haben.

Durch die Verwendung der in der SAP Bidding Engine zur Verfügung stehenden Funktionalität, wie z.B. Fragen und Gewichtungen, haben Sie die

Möglichkeit, sehr elaborierte und zielgerichtete Ausschreibungen durchzuführen.

7.4.4 Genehmigungs-Workflows

SAP SRM stellt für die Ausschreibungsfunktionalität mehrere Genehmigungs-Workflows zur Verfügung. Betrachten wir wie gewohnt zunächst die bis inklusive SAP SRM 5.0 ausgelieferten anwendungsgesteuerten Workflow-Vorlagen und anschließend die mit SAP SRM 7.0 ausgelieferten prozessgesteuerten Workflow-Vorlagen.

Genehmigung bei der Veröffentlichung einer Ausschreibung

Es steht ein Genehmigungs-Workflow für das Veröffentlichen von Ausschreibungen und für deren Änderungsversionen zur Verfügung. Hierzu existieren drei verschiedene Workflow-Vorlagen:

- ohne Genehmigung (WS14500026)
- einstufige Genehmigung (WS14500027)
- n-stufige Genehmigung per BAdI (WS14500028)

Überwachung veröffentlichter Ausschreibungen

Ein Überwachungs-Workflow für veröffentlichte Ausschreibungen informiert deren Anleger per E-Mail, sobald die Abgabefrist einer Ausschreibung abgelaufen ist. Dies erinnert den Anleger daran, dass er nun die Angebote miteinander vergleichen kann. Zu diesem Zweck wird die Workflow-Vorlage WS14500035 (Alert Workflow) zur Verfügung gestellt.

Genehmigung von akzeptierten Angeboten

Der Workflow zur Genehmigung akzeptierter Angebote kommt zum Einsatz, nachdem der Initiator einer Ausschreibung – in der Regel der Einkäufer – einem oder mehreren Bietern den Zuschlag erteilt hat. Der Genehmiger, in der Regel der Einkaufsleiter, kann über diesen Workflow pro Angebot den Zuschlag genehmigen oder ablehnen. Es stehen hierzu drei verschiedene Workflow-Vorlagen zur Verfügung:

- **Ohne Genehmigung (WS79000010)**
  Im Standard startet dieser Workflow, wenn der Initiator der Ausschreibung die Rolle des Einkaufsmanagers innehat.

- **Einstufige Genehmigung (WS79000002)**
  Im Standard startet dieser Workflow, wenn der Initiator der Ausschreibung nicht die Rolle des Einkaufsmanagers innehat.
- **N-stufige Genehmigung per BAdI (WS14500044)**
  Dieser Genehmigungs-Workflow verfügt über besondere Eigenschaften, wie z.B. die Back-and-Forth-Bearbeitung. Die Regeln dieses Workflows werden per BAdI-Programmierung definiert.

Die Startbedingungen der beiden ersten Workflow-Vorlagen (ohne Genehmigung, einstufige Genehmigung) können in der Transaktion SWB_PROCUREMENT geändert werden.

Workflows in SAP SRM 7.0 (prozessgesteuerter Workflow)

Analog zu den anwendungsgesteuerten Workflow-Vorlagen früherer SAP SRM-Releases ist in SAP SRM 7.0 die entsprechende Funktionalität im prozessgesteuerten Workflow Framework vorhanden.

Für die Business-Objekte »Ausschreibung« und »Angebot« stehen BC-Sets zur automatischen Konfiguration einfacher einstufiger Genehmigungs-Workflows zur Verfügung.

Weitere Informationen zur allgemeinen Konfiguration des prozessgesteuerten Workflows sowie zur Definition komplexerer Genehmigungsprozesse im BRF finden Sie in Abschnitt 5.3, »Prozessgesteuertes Workflow Framework«.

7.4.5 Customizing

Betrachten wir nun die Konfigurationseinstellungen, die für die Ausschreibungsfunktionalität benötigt werden. Das grundlegende technische Customizing in den Bereichen »Backend-Integration«, »Aufbauorganisation« sowie »Produkt- und Lieferantenstammdaten« setzen wir hier voraus; es ist ausführlich in Teil I, »Grundlagen«, dieses Buches beschrieben. Weitere Details zum Customizing im Bereich »Ausschreibungen« finden Sie im Solution Manager Content von SAP SRM.

Nummernkreise definieren

Definieren Sie zunächst die Nummernkreise für die beiden Business-Objekte »Ausschreibungen« und »Angebote«. Rufen Sie hierzu die Transaktion SPRO und dann im Einführungsleitfaden (IMG) den Menüpfad Supplier Relationship Management • SRM Server • Anwendungsübergreifende Grundeinstellungen • Nummernkreise • Nummernkreise für SRM Server auf.

Pflegen Sie in der darunterliegenden Customizing-Transaktion Nummernkreise für lokale Ausschreibungen festlegen ein Nummernkreisintervall. Wechseln Sie dann zur Customizing-Transaktion Nummernkreise für lokale Angebote festlegen, und pflegen Sie auch hier ein Nummernkreisintervall.

Vorgangsarten festlegen

Über die Vorgangsarten können Sie vordefinierte Ausschreibungsprofile bearbeiten und weiter ausprägen. Rufen Sie zunächst die Transaktion SPRO und anschließend im Einführungsleitfaden (IMG) den Menüpfad Supplier Relationship Management • SRM Server • Anwendungsübergreifende Grundeinstellungen • Vorgangsarten festlegen auf.

Wählen Sie nun das Business-Objekt BUS2200 (Ausschreibung), und pflegen Sie eine vorhandene Vorgangsart, oder legen Sie eine neue Vorgangsart an (Button Neue Einträge in Abbildung 7.33).

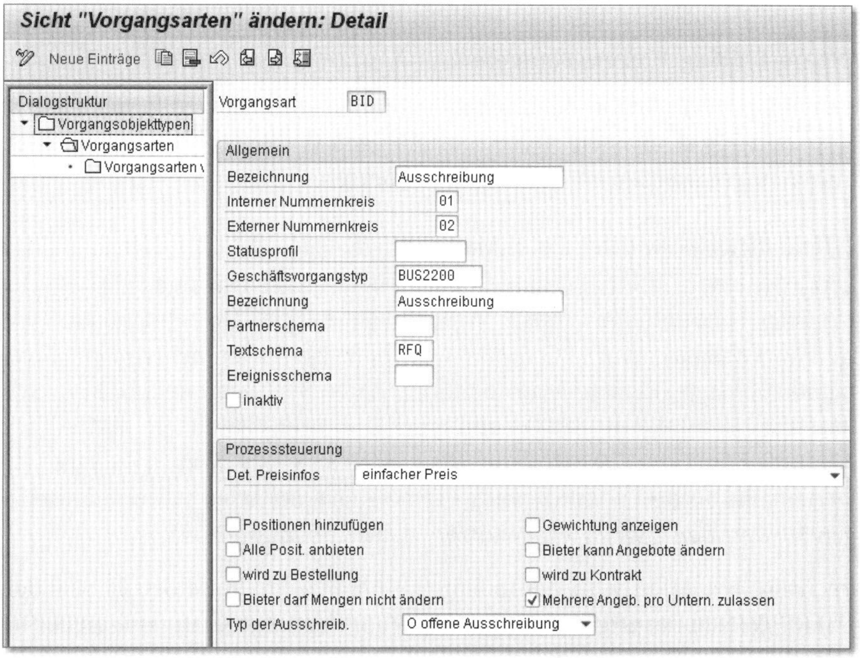

Abbildung 7.33 Definition von Ausschreibungsprofilen über Vorgangsarten

Bei der Definition der Ausschreibungsprofile haben Sie ähnliche Wahlmöglichkeiten wie beim Anlegen einer Ausschreibung. Beispielsweise können Sie die folgenden Einstellungen vornehmen:

- Det. Preisinfos (detaillierte Preisinformationen)
- Bieter kann Angebote ändern
- Gewichtung anzeigen (Bieter darf Gewichtung sehen)
- Typ der Ausschreib.

Der Einkäufer hat jedoch beim Anlegen der Ausschreibung immer noch die Möglichkeit, die hier im Ausschreibungsprofil von Ihnen definierten Einstellungen zu überschreiben.

Standardfelder für Fragen definieren

Wenn Sie häufig verwendete Fragen als Standardfelder definieren möchten, können Sie dies auch im Customizing durchführen. Rufen Sie hierzu zunächst die Transaktion SPRO und anschließend im Einführungsleitfaden (IMG) den Menüpfad Supplier Relationship Management • SRM Server • Ausschreibungen • Fragen • Dynamische Attribute bearbeiten auf.

Offline-Bidding-Prozess einrichten

Damit Sie die Funktion der Offline-Angebotsabgabe nutzen können (siehe Abschnitt 7.4.2), müssen einige Einstellungen durchgeführt werden. Diese Einstellungen werden im Folgenden betrachtet.

Offline-Bidding-Benutzer und E-Mail-Einstellungen

Legen Sie einen Offline-Bidding-Benutzer über die Transaktion SU01 an. Der Benutzer benötigt eine echte E-Mail-Adresse mit der Default-Domäne, wie sie in der Transaktion SAPCONNECT definiert ist. Außerdem wird der Kommunikationstyp »Remote-Mail« benötigt. Rufen Sie hierzu im SAP SRM-System die Transaktion SPRO und im Einführungsleitfaden (IMG) den Menüpfad Supplier Relationship Management • SRM Server • Sourcing • Offline Bidding • Proxy Settings • Define Offline User auf, und hinterlegen Sie dort den angelegten Benutzer (siehe Abbildung 7.34).

Im Anschluss daran wird der technische Benutzer mithilfe der Transaktion USERS_GEN in der Organisationsstruktur angelegt. Zur Konfiguration der Inbound-Verarbeitung rufen Sie die URL: *http://help.sap.com/saphelp_nw70-ehp2/helpdata/de/2b/d925bf4b8a11d1894c0000e8323c4f/frameset.htm* auf.

Abbildung 7.34 Festlegen des Offline-Benutzers

Konfiguration des Formulars zur Offline-Angebotsabgabe

Rufen Sie im Einführungsleitfaden (IMG) den Menüpfad Supplier Relationship Management • SRM Server • Anwendungsübergreifende Grundeinstellungen • Ausgabeaktionen und Ausgabeaufbereitung einstellen • Aktionen für Belegausgabe festlegen auf, und konfigurieren Sie das Aktionsprofil für die Offline-Angebotsabgabe. Zunächst nehmen Sie Einstellungen in der Aktionsdefinition vor, u.a. zum Verarbeitungszeitpunkt. Im nächsten Schritt definieren Sie die Verarbeitungsarten (siehe Abbildung 7.35).

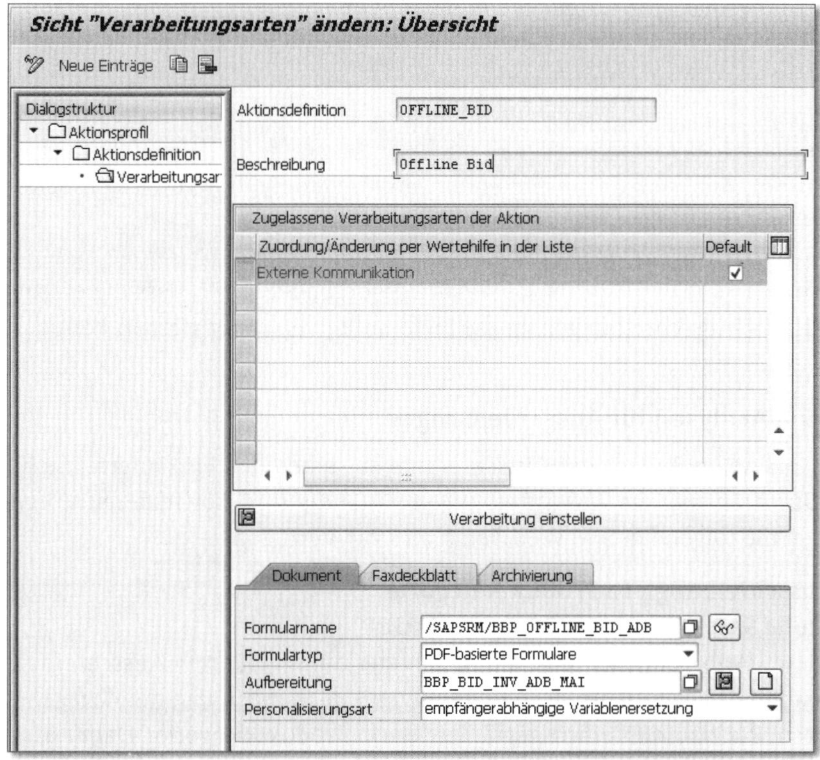

Abbildung 7.35 Definition des Aktionsprofils für die Offline-Angebotsabgabe

Definition von Bedingungen zur Belegausgabe

Rufen Sie nun im Einführungsleitfaden (IMG) den Menüpfad SUPPLIER RELATIONSHIP MANAGEMENT • SRM SERVER • ANWENDUNGSÜBERGREIFENDE GRUNDEINSTELLUNGEN • AUSGABEAKTIONEN UND AUSGABEAUFBEREITUNG EINSTELLEN • BEDINGUNGSABHÄNGIGE BELEGAUSGABE auf, und definieren Sie eine Einplanbedingung, die erfüllt sein muss, damit die Aktion ausgeführt wird (siehe Abbildung 7.36).

Abbildung 7.36 Definition einer Einplanbedingung

Durch den Start der Reports `RSPPFPROCESS` sorgen Sie dafür, dass die erzeugten Offline-Ausschreibungen an die Lieferanten versendet werden können.

7.4.6 Analysen für Ausschreibungen

Zur Analyse im Bereich der Ausschreibungen stehen den Einkäufern, die für die Durchführung der Ausschreibungen zuständig sind, sowie deren Vorgesetzten die folgenden BW-Web-Templates zur Verfügung:

- **Ausschreibung pro Produktkategorie (Rolle SAP_BW_SRM_PROC_MANAGER)**
  Dieses Web Template zeigt die Anzahl der durchgeführten Ausschreibungen mit der Anzahl der dazu versendeten Einladungen und der dazugehörigen Rücklaufquote an, gegliedert nach Produktkategorie. Damit lässt sich die *Effektivität* von Ausschreibungen abhängig von der Produktkategorie erkennen.

- **Einfacher Preisvergleich der Angebote (Rolle SAP_BW_SRM_BIDDING_PURCHASER)**
  Dieses Web Template listet alle Angebote zu einer Ausschreibung mit Preis-Mengen-Informationen auf und ermöglicht so einen preisbezogenen Angebotsvergleich. Es ermöglicht auch einen Absprung in die Templates, um einen Bietervergleich vorzunehmen. Die folgenden Darstellungs- bzw. Einschränkungsmöglichkeiten werden verwendet:
  - *Grüne Markierung*
    Für jede Position werden jeweils der niedrigste Preis und der niedrigste Wert durch eine grüne Markierung hervorgehoben.
  - *Rote Markierung*
    Das Angebot mit dem höchsten Preis und Wert wird rot markiert.
  - *Filtersymbol*
    Über das Filtersymbol können Sie die Darstellung einschränken, um nur die Informationen zu einem bestimmten Attribut zu vergleichen.
  - *X-Symbol*
    Über das X-Symbol können Sie Angebote ausblenden, die aus der Auswahl ausgeschlossen werden sollen.
- **Angebotsvergleich der Attribute (Rolle SAP_BW_SRM_BIDDING_PURCHASER)**
  Dieses Web Template zeigt alle Angebote zu einer Ausschreibung inklusive der Antworten zu den Fragen (Attributen).
- **Analyse der Ausschreibungspositionen (Rolle SAP_BW_SRM_BIDDING_PURCHASER)**
  Dieses Web Template zeigt alle Positionen einer Ausschreibung inklusive der dazu geforderten Menge und dem Wunschlieferdatum. Es stellt Detailinformationen bereit, von denen der Einkäufer zu einem Angebotsvergleich springen kann.
- **Angebotsvergleich für mehrere Ausschreibungen (Rolle SAP_BW_SRM_BIDDING_PURCHASER)**
  Dieses Web Template entspricht weitgehend dem Template »Einfacher Preisvergleich der Angebote«. Es zeigt ebenfalls Angebote mit Preis-Mengen-Informationen, allerdings über die Positionen mehrerer Ausschreibungen. Es kommt zum Einsatz, wenn mehrere Ausschreibungen zum gleichen Thema gleichzeitig laufen oder eine große Ausschreibung in mehrere kleinere Ausschreibungen aufgeteilt wurde.

- **Bieter pro Produktkategorie (Rolle SAP_BW_SRM_BIDDING_PURCHASER)**
  Dieses Web Template zeigt alle Bieter zu einer Produktkategorie an. Es dient als Überblicksseite, um die Auswahl der Bieter für eine Ausschreibung zu unterstützen. Es zeigt, welcher Bieter zu welchen Produkten in der Vergangenheit schon erfolgreich geboten hat.
- **Analyse der Bieter (Rolle SAP_BW_SRM_BIDDING_PURCHASER)**
  Dieses Web Template zeigt alle Bieter, die zu einer Ausschreibung Angebote abgegeben haben. Auf einer Überblicksseite zeigt es, wie erfolgreich ein Bieter in der Vergangenheit an Ausschreibungen teilgenommen hat. Es dient zur Auswahl des besten Bieters bei der Bestimmung des besten Angebots. Es werden die abgegebenen und gewonnenen Angebote sowohl auf Ausschreibungs- als auch auf Angebotspositionsebene gegenübergestellt.
- **Angebote eines Bieters im Detail (Rolle SAP_BW_SRM_BIDDING_PURCHASER)**
  Dieses Web Template zeigt alle Ausschreibungen sowie die dazugehörigen Angebote eines Bieters, die den Zuschlag erhielten. Es handelt sich um eine Überblicksseite, auf die von anderen Templates aus navigiert werden kann (z.B. Bieter pro Produktkategorie). Dadurch liefert das Template einen besseren Überblick zu einem bestimmten Bieter.
- **Attribute einer Ausschreibung (Rolle SAP_BW_SRM_BIDDING_PURCHASER)**
  Dieses Web Template zeigt eine Ausschreibung mit allen Informationen wie den dazugehörigen Positionen und den darunterstehenden Attributen. Es dient als Überblick und kann ausdruckt oder per Mail versendet werden.
- **Alle Ausschreibungen (Rolle SAP_BW_SRM_BIDDING_PURCHASER)**
  Dieses Web Template zeigt einen Überblick über die Ausschreibungen inklusive Status, Zahl der Angebotspositionen und der abgegebenen Angebote. Von hier können Sie per Absprung einzelne Ausschreibungen analysieren oder die abgegebenen Angebote vergleichen.
- **Bietervergleich mit Rückgabefunktion (Rolle SAP_BW_SRM_BIDDING_PURCHASER)**
  Dieses Web Template zeigt alle Bieter zu einer oder mehreren Produktkategorien und dient als Überblicksseite zur Auswahl der Bieter für eine

Ausschreibung. Es dient dazu, in einem zukünftigen Prozess verwendet zu werden, wenn der Einkäufer zu Beginn einer Ausschreibung den BW-Bericht aufruft, die Bieter markiert, die er zur Ausschreibung einladen will, und sie dann zurück in SAP SRM übernimmt.

Analytische Funktionen im Work Center der Bezugsquellenfindung [EHP 2]

Durch die Aktivierung des Customizing-Schalters SRM_702_POWL_COCKPIT haben Sie seit EHP 2 von SAP SRM die Möglichkeit, verschiedene Reports und Analysen im Work Center der strategischen Bezugsquellenfindung bereitzustellen. Diese Analysehilfen sollen Sie bei der strategischen Entscheidungsfindung unterstützen, da Ihnen an dieser Stelle alle Informationen auf einen Blick geliefert werden.

Die angezeigten Auswertungen können Sie nach Bedarf individuell einstellen (siehe Abbildung 7.37). Nach dem Öffnen des Reportkataloges ❶ finden Sie am rechten Bildrand eine Übersicht ❷ über die zur Verfügung stehenden Reports. Nun ziehen Sie einfach einen Report per Drag & Drop ❸ in die Arbeitsfläche am unteren Bildschirmrand. Auf diese Weise lässt sich Ihre individuelle Arbeitsumgebung schnell und einfach einrichten.

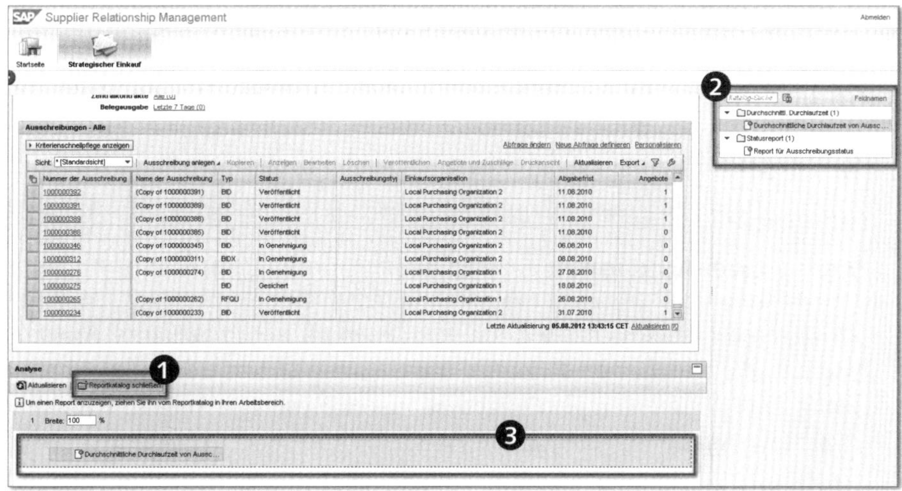

Abbildung 7.37 Konfigurieren des Arbeitsplatzes

So könnten Sie z. B. einen Arbeitsplatz für einen strategischen Einkäufer konfigurieren (siehe Abbildung 7.38). Es stehen hierfür alle Informationen im Hauptbild von SAP NetWeaver Portal zur Verfügung, und Sie können mithilfe des Scroll-Balkens wieder zu den Ausschreibungen zurücknavigieren.

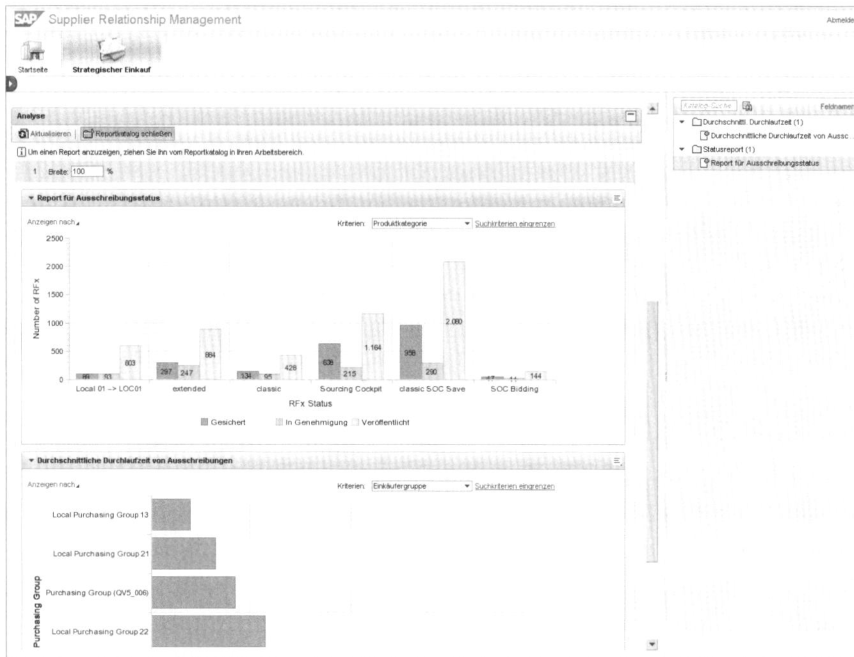

Abbildung 7.38 Beispiel für in den Arbeitsplatz eingebundene Auswertungen

Damit haben wir die in SAP SRM verfügbare Funktionalität zur Durchführung von Ausschreibungen betrachtet, die im aktuellen Release sehr vielfältige Möglichkeiten zur erfolgreichen Verhandlung mit Lieferanten bietet.

7.5 Live-Auktionen

Im Gegensatz zu Ausschreibungen, bei denen oft auch qualitative Aspekte, wie z.B. die Anzahl von Referenzkunden eines Bieters oder eine Abstimmung von Dokumenten per Collaborations, eine wichtige Rolle spielen, geht es bei Live-Auktionen nur um den Preis.

Während sich der Zeithorizont einer Ausschreibung oft über mehrere Tage oder Wochen erstreckt, ist eine Live-Auktion schon nach wenigen Stunden abgeschlossen.

Daher spielt bei Live-Auktionen auch der Aspekt der zeitnahen Aktualisierung der Informationen eine wichtige Rolle. Dazu hat SAP eine Java-basierte Lösung entwickelt, das *Live Auction Cockpit* (LAC). Beim Aufruf einer Live-Auktion startet eine Java-Anwendung im Browser, die eine Echtzeit-Interaktion zwischen allen an der Live-Auktion beteiligten Personen erlaubt.

Neu in SAP SRM 7.0 [«]

Auch die Funktionalität der Live-Auktion wurde in SAP SRM 7.0 verbessert. Wenn ein neuer Bieter aus einem OPI-basierten Lieferantenverzeichnis übernommen worden ist, wird automatisch eine *temporäre Kontaktperson* im SRM-System angelegt. Somit ist es nicht mehr zwingend erforderlich, für jeden Lieferanten einen permanenten Ansprechpartner im Geschäftspartnerstammsatz zu pflegen.

Des Weiteren können nun auch *Holländische Auktionen* durchgeführt werden. Dabei handelt es sich um Auktionen, bei denen das System mit einem niedrigen Startpreis beginnt und diesen Preis schrittweise so lange erhöht, bis sich der erste Bieter dazu bereit erklärt, seine Ware zu diesem Preis zu verkaufen.

Live-Auktionen auf dem ABAP-Server [EHP 1]

Das Live Auction Cockpit auf Basis des ABAP-Servers steht mit EHP 1 von SAP SRM zur Verfügung und wird automatisch aktiviert, sobald Sie die Business Function SRM_SOURCING_1 einschalten. SAP empfiehlt ausdrücklich die Nutzung der ABAP-basierten Variante. Auf diese Weise sparen Sie sich möglicherweise den Java-Enterprise-Server. Da dieser meist auch in einer Mehrsystemarchitektur besteht, könnten die Einsparungen attraktiv sein.

Wenn Sie Live-Auktionen auf dem ABAP-Server ausführen, können Sie die Java-Applets-Benutzeroberfläche verwenden. Insofern ändert sich an der Benutzeroberfläche für Live-Auktionen auf dem ABAP-Server nichts.

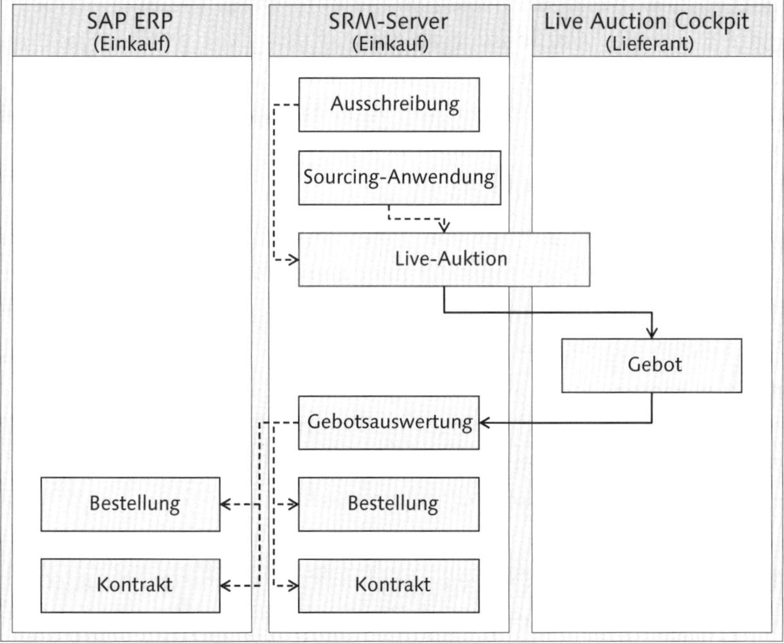

Abbildung 7.39 Prozessfluss – Live-Auktionen

Ähnlich wie Ausschreibungen sind auch Live-Auktionen voll in die anderen SAP SRM-Anwendungen integriert. Abbildung 7.39 zeigt, dass Live-Auktionen selbst im LAC ablaufen, jedoch im SRM-Server angelegt und ausgewertet werden und auch in die ERP-Prozesse integriert sind.

Auktion anlegen

Sie können eine Live-Auktion auf die folgenden Arten anlegen:

- manuelles Anlegen einer Live-Auktion (Navigationspfad für Benutzer mit einer Einkäuferrolle: Einkauf • Bezugsquellenfindung • Belege anlegen • Auktion)
- Anlegen einer Live-Auktion in der Sourcing-Anwendung mit Bezug zu einer Anforderung
- Anlegen einer Live-Auktion mit Bezug zu einer bereits abgeschlossenen Ausschreibung

[zB] **Kombination von Ausschreibung und Live-Auktion**

Möglich sind z.B. eine Ausschreibung zur Vorselektion der Bieter anhand von qualitativen Kriterien und anschließend die Durchführung einer Live-Auktion, um innerhalb der vorselektierten Bieter den günstigsten Preis zu ermitteln.

Beim Anlegen der Live-Auktion können Sie unter verschiedenen *Auktionsvorgangsarten* wählen. Auktionsvorgangsarten haben die gleiche Funktion wie Ausschreibungsprofile, sie definieren die ursprüngliche Angebotsbewertung und die Regeln zum Anzeigen von Auktionsdaten. Sie können Auktionsvorgangsarten im Customizing definieren. Im Standard werden die folgenden Auktionsvorgangsarten ausgeliefert:

- **Englische Auktion**
  Bei der Englischen Auktion muss das neue Gebot das insgesamt günstigste übertreffen. Der niedrigste Preis unter allen eingegangenen Geboten gilt als insgesamt bestes Gebot.
- **Verdecktes Bieten**
  Der Bieter muss jeweils sein bestes Gebot unterbieten, wenn er erneut bieten möchte. Er erhält keine Informationen darüber, wie gut er mit seinem Gebot innerhalb der Konkurrenzgebote liegt.
- **Nur-Rang-Auktion**
  Der Bieter sieht jeweils nur seinen Rang innerhalb der Bieter, nicht jedoch den Preis des aktuell günstigsten Gebots. Der Bieter muss jeweils sein bestes Gebot unterbieten, wenn er erneut bieten möchte.

- **Bestes Unternehmensgebot**
  Es geben mehrere Bieter desselben Unternehmens Gebote ab. Hier vergleicht das System jedes neue Gebot, das abgegeben wird, mit dem aktuell besten Gebot des jeweiligen Unternehmens.
- **Holländische Auktion**
  Bei der Holländischen Auktion beginnt das System mit einem niedrigen Startpreis. Schrittweise wird der Preis so lange erhöht, bis sich der erste Bieter bereit erklärt, zu diesem Preis zu verkaufen. Beim Anlegen der Auktion gibt der Einkäufer einen Startpreis, einen Zeitabstand und eine Preiserhöhung ein.

Nachdem die Auktionsvorgangsart ausgewählt wurde, öffnet sich ein Fenster zum Anlegen der Auktion (siehe Abbildung 7.40). Entsprechend der Auktionsvorgangsart sind Ereignisparameter sowie Parameter der Bietersicht voreingestellt.

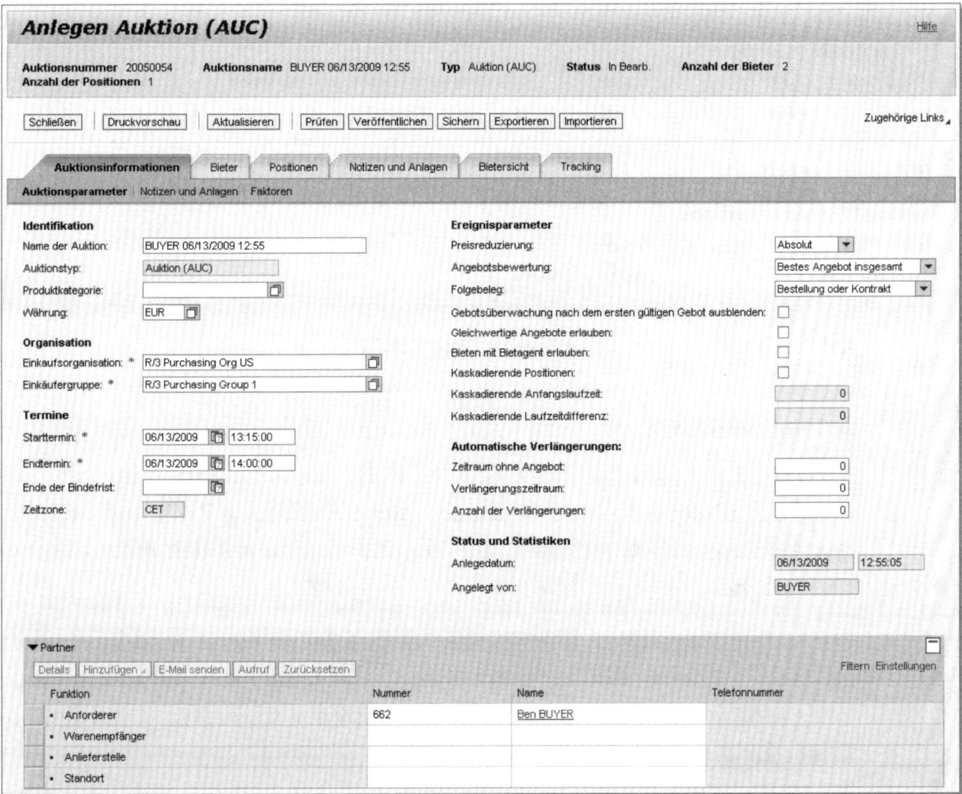

Abbildung 7.40 Live-Auktion anlegen – Übersicht

Die Auswahl von Bietern, Positionen, Notizen und Anlagen verläuft analog zum Anlegen einer Ausschreibung (siehe Überschrift »Ausschreibung anlegen« in Abschnitt 7.4.2, »Prozesse der Ausschreibung«).

In der Registerkarte BIETERSICHT werden weitere Parameter eingestellt (siehe Abbildung 7.41), in Abhängigkeit der gewählten Auktionsvorgangsart können einige davon schon vorbelegt sein (siehe Überschrift »Vorgangsarten festlegen« in Abschnitt 7.5.4, »Customizing«).

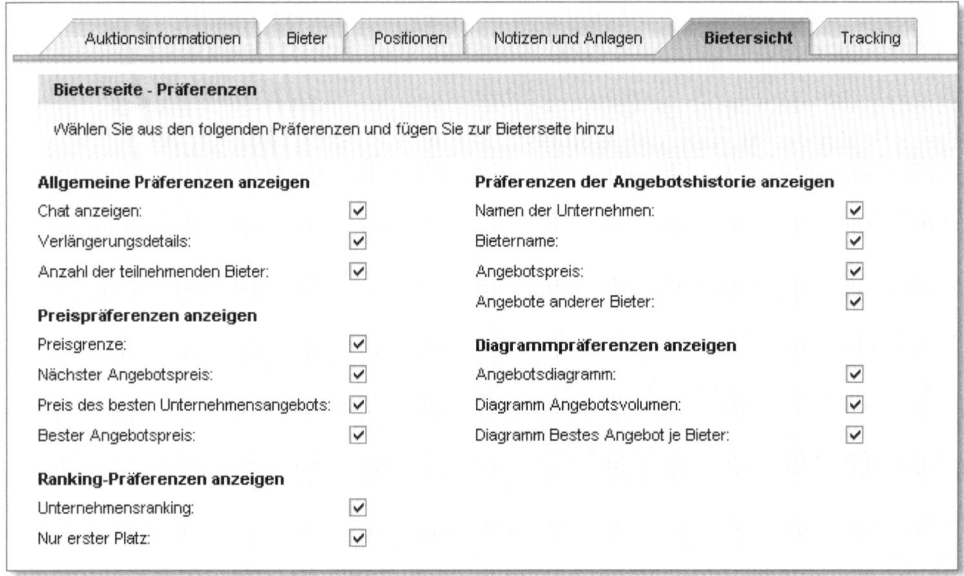

Abbildung 7.41 Live-Auktion anlegen – Bietersicht

Auktionsverlauf

Betrachten wir zunächst den *Einkäufer*. Nach der Veröffentlichung der Auktion kann dieser nun das LAC starten (siehe Abbildung 7.42) und hierüber den Auktionsverlauf verfolgen. Die Kommunikation mit den Bietern ist per Chat möglich.

Der Verbindungsstatus der einzelnen eingeladenen Bieter wird links unten im Fenster TEILNEHMER angezeigt (siehe Abbildung 7.42). Wenn ein Bieter keine Möglichkeit hat, um sich selbst am System anzumelden, kann der Einkäufer für diesen Bieter Angebote abgeben.

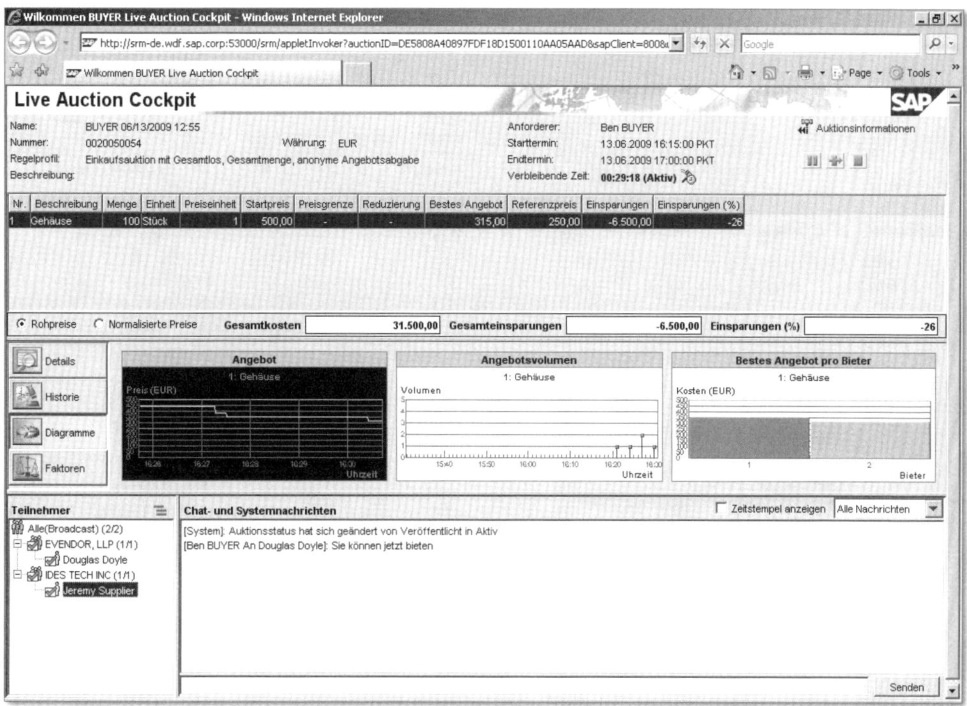

Abbildung 7.42 Live Auction Cockpit – Einkäufersicht

Neben diversen Grafiken zur Verfolgung des Auktionsverlaufs können Sie sich als Einkäufer auch direkt die Einsparungen anzeigen lassen. Falls mit *Factored Cost Bidding* (siehe Abschnitt 7.5.1, »Factored Cost Bidding«) gearbeitet wird, können Sie sich als Einkäufer wahlweise die Rohpreise oder die normalisierten Preise anzeigen lassen.

Der Bieter wird per E-Mail zur Auktion eingeladen, meldet sich am SAP SRM-System an, wählt die entsprechende Live-Auktion aus und startet ebenfalls das LAC (siehe Abbildung 7.43). Nun kann er den Auktionsverlauf verfolgen. In Abhängigkeit der Auktionsvorgangsart sieht er viele oder wenige Informationen.

Zur Abgabe seines Gebots gibt der Bieter den Preis in der Spalte ANGEBOT der entsprechenden Position an und bestätigt das anschließend erscheinende Popup-Fenster. Anschließend wird das Gebot an das System übertragen und ist in Echtzeit für den Einkäufer – und je nach Auktionsvorlage für die anderen Bieter – sichtbar.

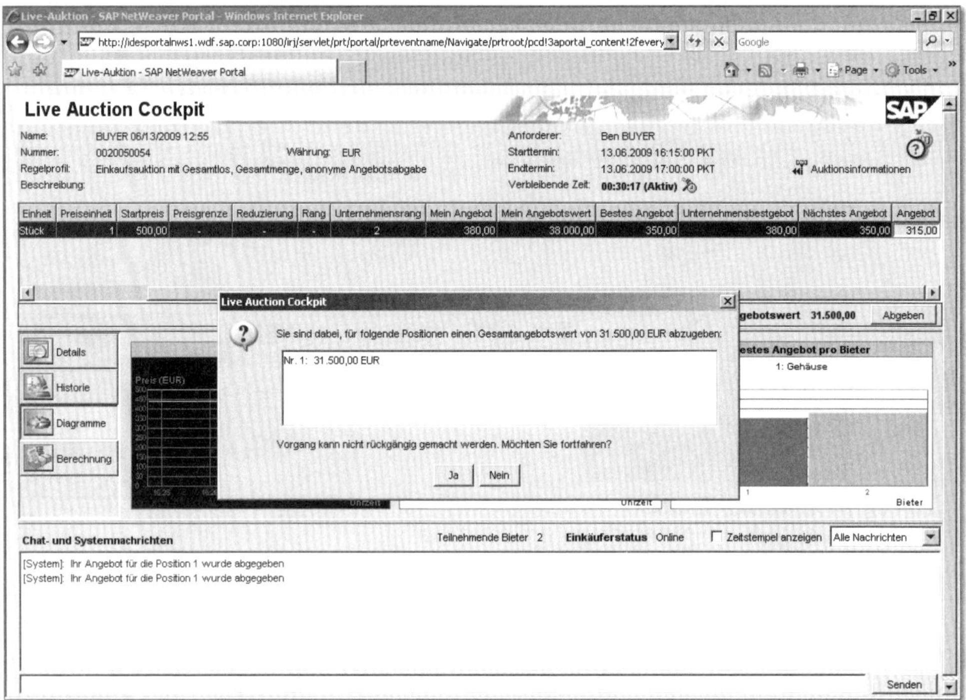

Abbildung 7.43 Live Auction Cockpit – Bietersicht

Gebotsauswertung

Nach Ablauf der für die Live-Auktion definierten Zeit werden alle Teilnehmer per Popup-Meldung darüber informiert, dass die Live-Auktion abgeschlossen ist.

Der Einkäufer kann nun, analog zur Funktionalität der Ausschreibungen, einen Gebotsvergleich durchführen. Er kann dies entweder direkt im System erledigen oder den Auktionsverlauf in eine MS Excel-Datei zur weiteren Analyse herunterladen. Anschließend kann ein Folgebeleg im System angelegt werden. Dabei stehen Ihnen die folgenden Belege zur Auswahl:

- Bestellung (lokal oder im SAP ERP-Backend)
- Kontrakt (lokal oder im SAP ERP-Backend)

7.5.1 Factored Cost Bidding

Generell geht es bei Live-Auktionen nur um den Preis. Allerdings gibt es Situationen, bei denen ein einkaufendes Unternehmen innerhalb der eingeladenen Bieter Präferenzen hat.

Möglicherweise möchte man dem bereits bekannten Lieferanten einen gewissen Vorteil einräumen, da dieser bereits mit den Gegebenheiten des Unternehmens vertraut ist und somit keine Einarbeitungszeit benötigt. Per *Factored Cost Bidding* können Wettbewerbsvorteile und Wettbewerbsnachteile auf Kopf- und Positionsebene für einzelne Bieter definiert werden (siehe Abbildung 7.44).

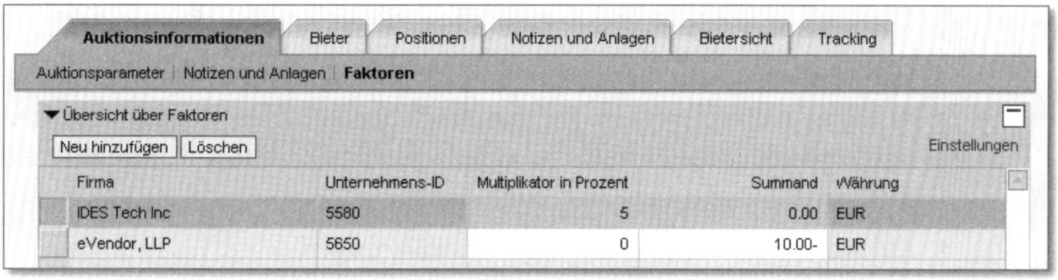

Auktionsinformationen | Bieter | Positionen | Notizen und Anlagen | Bietersicht | Tracking

Auktionsparameter | Notizen und Anlagen | **Faktoren**

Übersicht über Faktoren

Neu hinzufügen | Löschen | Einstellungen

Firma	Unternehmens-ID	Multiplikator in Prozent	Summand	Währung
IDES Tech Inc	5580	5	0.00	EUR
eVendor, LLP	5650	0	10.00-	EUR

Abbildung 7.44 Live-Auktion – Faktoren auf Kopfebene definieren

Der Einkäufer kann dabei Folgendes definieren:

- Summanden (Betrag) für einzelne Bieter
- Multiplikatoren (in %) für einzelne Bieter

Positive Werte in diesen beiden Spalten bedeuten einen Wettbewerbsnachteil für den Bieter, da diese zu den Angeboten des Bieters hinzugerechnet werden.

Der Bieter selbst sieht jeweils die angepassten Preise und bekommt daher vom Einsatz der Faktoren nichts mit.

Auf Basis der Faktoren berechnet das System den Preis für das nächste Angebot, das der Bieter abgeben kann, und zeigt ihm diesen an.

Wenn der Einkäufer ROHPREISE als Anzeigeoption ausgewählt hat, sieht er den tatsächlichen Preis der Gebote. Hat der Einkäufer NORMALISIERTE PREISE als Anzeigeoption gewählt, rechnet das System die Lieferantengebote nach der folgenden Formel um und zeigt sie ihm an:

Normalisierter Preis = (Rohpreis × Multiplikator) + Summand

7.5.2 Weitere Funktionalität des Live Auction Cockpits

Neben der bereits beschriebenen Funktionalität unterstützt das Live Auction Cockpit auch die folgenden Möglichkeiten:

- **Auktionen mit kaskadierenden Positionen**
  Auktionen mit kaskadierenden Positionen entlasten die Bieter und steigern die Effizienz einer Auktion. Alle Positionen und Pakete werden bei Auktionsbeginn gleichzeitig freigegeben. Sie enden jedoch nacheinander, entsprechend der Parameter, die der Einkäufer definiert hat. Somit können sich die Bieter besser auf einzelne Pakete oder Positionen konzentrieren.
- **Paketierung**
  Über Paketierungen können zusammengehörige Positionen in Gruppen zusammengefasst werden. Hierdurch können komplexe Auktionen strukturiert werden. Bieter müssen auf jede Position im Paket bieten, aber die Auswertung findet auf Paketebene statt.
- **Auktionen mit mehreren Angebotswährungen**
  Sie können pro Auktion mehrere Angebotswährungen erlauben. Dies macht den Auktionsvorgang für Bieter effizienter, da diese in ihrer Hauswährung bieten können. Voraussetzung ist, dass Sie im Customizing die Umrechnungskurse für Währungen definiert haben.
- **Bieten mit Bietagent**
  Das System kann automatisch Gebote für einen Bieter abgeben. Wenn BIETEN MIT BIETAGENT aktiviert ist, geben Bieter ein minimales Angebot mit dem niedrigsten Preis, den sie für eine Position abgeben würden, ab. Das System gibt entsprechend den Gebotsparametern die Gebote für den Bieter ab und hält somit seine führende Position aufrecht, bis die Auktion endet oder das Minimalgebot des Bieters erreicht ist.

7.5.3 Genehmigungs-Workflows

SAP SRM stellt im Bereich der Live-Auktionen mehrere Genehmigungs-Workflows zur Verfügung. Betrachten wir zunächst die bis inklusive SAP SRM 5.0 ausgelieferten anwendungsgesteuerten Workflow-Vorlagen:

Alerts für Auktionen auf der Basis von Ausschreibungen

Der Einkäufer kann auf der Basis einer Ausschreibung eine Live-Auktion anlegen. Dieser Workflow überwacht die Live-Auktion und informiert den Initiator bei Eintreten der folgenden Ereignisse:

- Die Frist der Auktion ist abgelaufen, das Enddatum wurde überschritten, und die Auktion ist erfolglos abgelaufen (WS14007971).

- Das Endergebnis der Auktion ist eingetroffen, die Auktion ist erfolgreich abgeschlossen, und es liegt mindestens ein Angebot vor (WS14007973).
- Fehlermeldung vom Live Auction Cockpit – die Auktion verlief fehlerhaft (WS14007972).

Workflows in SAP SRM 7.0 (prozessgesteuerter Workflow)

Analog zu den anwendungsgesteuerten Workflow-Vorlagen früherer SAP SRM-Releases ist in SAP SRM 7.0 die entsprechende Funktionalität im prozessgesteuerten Workflow Framework vorhanden.

Weitere Informationen zur allgemeinen Konfiguration des prozessgesteuerten Workflows sowie zur Definition komplexerer Genehmigungsprozesse im BRF finden Sie in Abschnitt 5.3, »Prozessgesteuertes Workflow Framework«.

7.5.4 Customizing

Hier gehen wir nur auf die zusätzlich für die Live-Auktionen benötigten Konfigurationseinstellungen ein und setzen ein technisches Grund-Customizing in den Bereichen »Backend-Integration«, »Aufbauorganisation« sowie »Produkt- und Lieferantenstammdaten« voraus. Dieses Grund-Customizing ist ausführlich in Teil I, »Grundlagen«, dieses Buches beschrieben.

Weitere Details zum Customizing im Bereich »Ausschreibungen« finden Sie im Solution Manager Content von SAP SRM.

Nummernkreise definieren

Definieren Sie zunächst den Nummernkreis für das Business-Objekt »Auktion«. Rufen Sie anschließend die Transaktion SPRO und dann im Einführungsleitfaden (IMG) den Menüpfad SUPPLIER RELATIONSHIP MANAGEMENT • SRM SERVER • ANWENDUNGSÜBERGREIFENDE GRUNDEINSTELLUNGEN • NUMMERNKREISE • NUMMERNKREISE FÜR SRM SERVER • NUMMERNKREISE FÜR AUKTIONEN FESTLEGEN auf. Pflegen Sie nun ein Nummernkreisintervall.

Vorgangsarten festlegen

Die Auktionsvorgangsarten werden ähnlich wie die Ausschreibungsprofile über das Customizing der Vorgangsarten definiert. Neben den von SAP ausgelieferten Standardauktionsvorgangsarten können Sie auch Ihre eigenen Auktionsvorgangsarten definieren.

Rufen Sie die Transaktion SPRO und anschließend im Einführungsleitfaden (IMG) den Menüpfad Supplier Relationship Management • SRM Server • Anwendungsübergreifende Grundeinstellungen • Vorgangsarten festlegen auf.

Wählen Sie nun das Business-Objekt BUS2208 (Auktion), und pflegen Sie eine vorhandene Vorgangsart, oder legen Sie eine neue Vorgangsart an (siehe Abbildung 7.45).

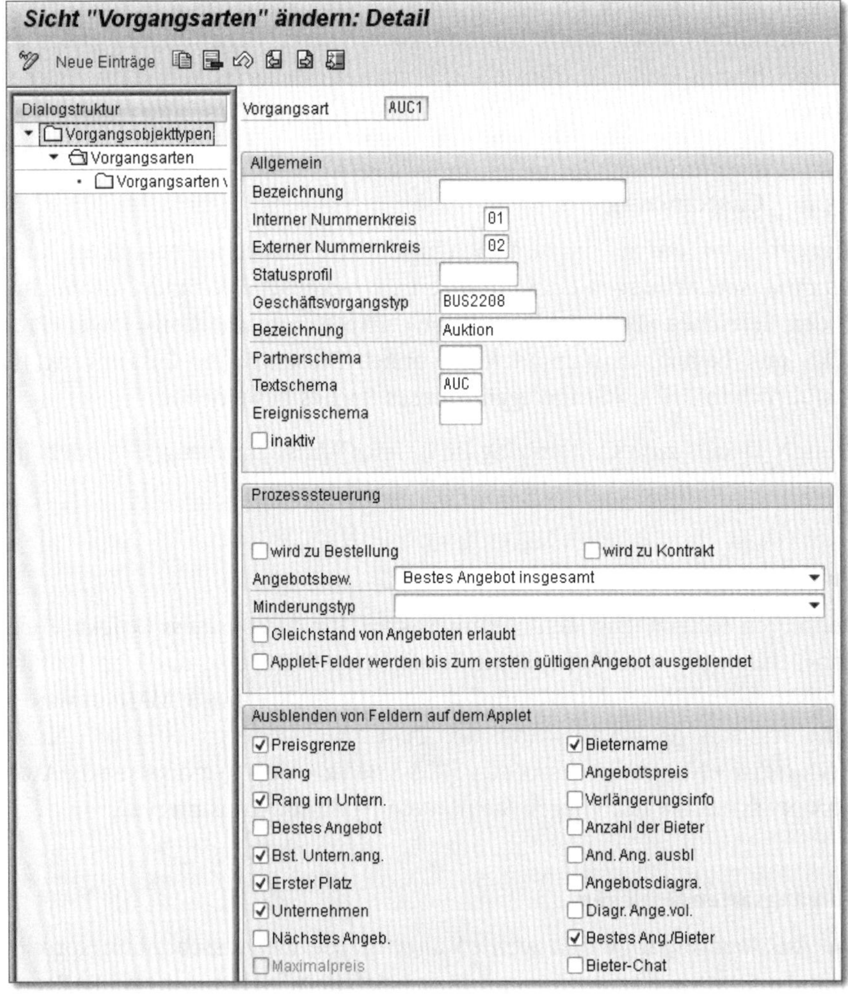

Abbildung 7.45 Auktionsvorgangsarten pflegen

In der sich anschließend öffnenden Eingabemaske können Sie die Parameter, die der Einkäufer beim Anlegen einer Auktion pflegen muss, vordefinieren. Der Einkäufer hat beim Anlegen der Auktion jedoch immer noch die Möglichkeit, die in der Auktionsvorgangsart von Ihnen definierten Einstellungen zu überschreiben.

Tabelle 7.2 gibt Ihnen einen Überblick über die standardmäßig ausgelieferten Auktionsvorgangsarten, inklusive ihrer Einstellungen:

Bietersichtparameter	Englische Auktion	Verdecktes Bieten	Nur Rang	Bestes Unternehmensgebot	Holländische Auktion
Preisgrenze nicht anzeigen	X	X	X	X	X
Unternehmensrang nicht anzeigen	X	X	X		N/V
Rang nicht anzeigen		X			N/V
besten Angebotspreis nicht anzeigen		X	X		N/V
besten Unternehmensangebotspreis nicht anzeigen	X	X	X		N/V
nächsten Angebotspreis nicht anzeigen		X	X		N/V
Rang nicht anzeigen, nur ersten Platz anzeigen	X		X	X	N/V
in Angebotshistorie Unternehmensname nicht anzeigen	X	X	X	X	
in Angebotshistorie Bietername nicht anzeigen		X	X		
Verlängerungsdetails nicht anzeigen					N/V
Anzahl der teilnehmenden Bieter nicht anzeigen					
in Angebotshistorie Angebote der anderen Bieter nicht anzeigen		X	X		
Angebotsdiagramm nicht anzeigen		X	X		N/V
Angebotsvolumendiagramm nicht anzeigen					N/V
Diagramm für das beste Angebot pro Bieter nicht anzeigen	X	X	X	X	N/V
Bieter dürfen keine Chat-Nachrichten senden					

Tabelle 7.2 Bietersichtparameter nach Auktionsvorgangsart (N/V = nicht verfügbar)

In der Englischen Auktion z.B. spielt das beste Gebot innerhalb der von demselben Unternehmen abgegebenen Gebote keine Rolle. Wie wir einleitend in diesem Abschnitt gesehen haben, muss das neue Gebot das insgesamt günstigste Gebot aller Bieter übertreffen. Daher wird bei der Vorgangsart für die Englische Auktion die Checkbox BST. UNTERN.ANG. (besten Unternehmensangebotspreis nicht anzeigen) aktiviert, um diesen Inhalt auszublenden.

7.5.5 Analysen für Live-Auktionen

Für Live-Auktionen stehen die folgenden BW-basierten Analysen zur Verfügung:

- **Auktionsanalyse**
  Dieser Bericht liefert aggregierte Informationen zu Auktionen, inklusive der Gesamtkosten und Einsparungen je Produktkopfkategorie und Zeit.
- **Auktionspositionsanalyse**
  Die Auktionspositionsanalyse liefert Informationen zu Auktionen auf Positionsebene, einschließlich der Gesamtkosten und Einsparungen je Produkt, Produktkopfkategorie und Zeit.
- **Bieteranalyse**
  Die Bieteranalyse zeigt Ihnen aggregierte Informationen zum Verhalten von Bietern, einschließlich der Gesamtkosten und Einsparungen je Bieter, Produkt, Produktkopfkategorie und Zeit.

Von diesen aggregierten Berichten aus können Sie einen der beiden Detailberichte aufrufen:

- **Auktionsdetails**
  Dieser Bericht liefert detaillierte Informationen zu einzelnen Auktionen.
- **Detaillierte Analyse der Angebote nach Kategorie**
  Dieser Bericht liefert genaue Informationen zu den Geboten, die zu einem bestimmten Produkt oder einer Produktkategorie abgegeben wurden.

Neben der in SAP SRM verfügbaren Funktionalität zur Durchführung von Ausschreibungen hat auch der Einsatz von Live-Auktionen seine Existenzberechtigung. Vor allem, wenn die potenziellen Lieferanten schon klar identifiziert sind und es jetzt darum geht, den Preis zu reduzieren, sind Live-Auktionen eine gute Alternative. Und wie jede andere SAP SRM-Funktionalität sind auch die Live-Auktionen sehr gut in die restlichen Beschaffungsprozesse integriert. Dies ist beispielsweise bei der automatischen Datenübergabe von der Sourcing-Anwendung in eine Live-Auktion bzw. von der Live-Auktion zur Anlage der Folgebelege Bestellung oder Kontrakt von Nutzen.

7.6 Zusammenfassung

In Kapitel 6, »Operative Beschaffungsprozesse«, haben Sie eine SAP SRM-Funktionalität kennengelernt, bei der die Anforderer im Vordergrund standen. In diesem Kapitel sind wir nun in die Tätigkeitsbereiche der operativen und strategischen Einkäufer vorgedrungen. Hier war erst einmal die Frage zu stellen, in welchem System die operativen Einkäufer die Bezugsquellenzuordnung durchführen. Bei einigen Unternehmen läuft die Bezugsquellenfindung komplett im SAP ERP-Backend ab; das heißt, dass die operativen Einkäufer auch dort arbeiten (klassisches Szenario). Andere Unternehmen möchten die Bezugsquellenfindung zentralisiert im SRM-Server durchführen. Für diese Unternehmen steht die voll integrierte Sourcing-Anwendung zur Verfügung, die in allen technischen Szenarien einsetzbar ist.

Die mit SAP SRM 7.0 hinzugekommene Funktionalität der Sammelbearbeitung von Bestellanforderungen ist für Unternehmen von Vorteil, die die Bezugsquellenfindung im SAP ERP-Backend belassen, aber trotzdem browserbasiert arbeiten möchten. Hier können Einkäufer auch fallweise entscheiden, ob sie Anforderungen an die Sourcing-Anwendung nach SAP SRM überleiten möchten. Darüber hinaus bietet die Sammelbearbeitung von Bestellanforderungen auch die Möglichkeit, Bestellanforderungen mit komplexen Dienstleistungen in SAP SRM auszuschreiben.

Durch die große Anzahl an Neuerungen durch EHP 1 und EHP 2 für SAP SRM wird deutlich, dass SAP dem strategischen Einkauf mit SAP SRM einen hohen Stellenwert beimisst. Die neuen Funktionen schließen viele Funktionslücken und sorgen für mehr Prozessdurchgängigkeit.

Ausschreibungen und Live-Auktionen waren die weiteren Themen dieses Kapitels. Ausschreibungen (RFx) sind von Vorteil, wenn neben dem Preis auch qualitative Fragen (z. B. Anzahl Referenzkunden, ISO-Zertifizierung) bei der Lieferantenauswahl eine Rolle spielen. Live-Auktionen sind hingegen ausschließlich auf den Preis fokussiert. Als Folgebelege von Ausschreibungen und Live-Auktionen können auch Einkaufskontrakte angelegt werden; diese sind Gegenstand des nächsten Kapitels.

Erfolgreich verhandelte, klar dokumentierte und unternehmensweit genutzte Einkaufskontrakte bieten die Grundlage für eine effektive Beschaffungsstrategie. Sie sind die Verbindung zwischen strategischem und operativem Einkauf und sichern die Beschaffung von Waren und Leistungen – die Basis für einen reibungslosen Geschäftsbetrieb.

8 Verwaltung von Kontrakten

Die erfolgreichsten Verhandlungen mit Lieferanten bringen wenig, wenn sich der operative Einkauf und die Lieferanten nicht an die ausgehandelten Konditionen halten. Insbesondere bei weltweit tätigen Unternehmen ist dies aufgrund der Unternehmensgröße und der unterschiedlichen lokalen Besonderheiten häufig der Fall.

Zentralisierte IT-basierte Systeme zur Verwaltung von Einkaufskontrakten sorgen für die hier benötigte Transparenz. Damit die Einkaufskontrakte auch vom operativen Einkauf genutzt werden, ist eine technische Integration der Kontraktverwaltung mit den operativen Beschaffungsprozessen erforderlich. Hier geben systembasierte Auswertungen zur Nutzung der Kontrakte den strategischen Einkäufern Rückmeldung über die Effektivität der verhandelten Konditionen und zeigen Bereiche auf, in denen die Verhandlungsergebnisse noch nicht optimal genutzt werden. SAP bietet eine solche integrierte Lösung zur Kontraktverwaltung, die alle Bereiche des Kontraktmanagement-Lebenszyklus abdeckt (siehe Abbildung 8.1):

- Verwaltung von Vertragsklauseln
  (Legal Contract Repository und Contract Authoring)
- Kontraktverhandlung (Contract Negotiation)
- Kontraktabruf (Contract Execution)
- Überwachung von Kontrakten (Contract Monitoring)

Contract Management	Legal Contract Repository	Contract Authoring	Contract Negotiation	Contract Execution	Contract Monitoring

Abbildung 8.1 Auszug aus der Solution Map im Bereich »Verwaltung von Kontrakten«

Die *Verwaltung von Vertragsklauseln* wird derzeit im Standard nur von der SAP-Lösung *SAP Sourcing* mit SAP Contract Lifecycle Management (SAP CLM) unterstützt. In der SAP SRM-Variante *Procurement for Public Sector*, die auch die Verwaltung von Vertragsklauseln unterstützt, ist eine Integration mit *SAP Document Builder* möglich. Durch die Möglichkeit Einkaufsbelegen, in SAP SRM 7.0 und früheren Releases Anhänge hinzuzufügen, kann der eingescannte juristische Rahmenvertrag an den SRM-Kontrakt oder an den Zentralkontrakt angehängt werden.

Die Funktionalität zur *Kontraktverhandlung* über Ausschreibungen und Live-Auktionen haben wir bereits ausführlich in Kapitel 7, »Bezugsquellenfindung«, behandelt, und auf die Funktionalität des *Kontraktabrufs* sind wir in Abschnitt 7.3.4, »Sourcing-Anwendung«, eingegangen. Die Möglichkeiten zur *Überwachung von Kontrakten* werden wir schließlich am Ende dieses Kapitels in den Abschnitten 8.3, »Workflows für die Verwaltung von Kontrakten«, und 8.5, »Analyse in der Kontraktverwaltung«, aufzeigen.

8.1 Kontraktarten in Abhängigkeit vom SAP SRM-Release

Um die Kontraktverwaltungsfunktionalität in SAP SRM zu verstehen, müssen wir zunächst die Unterschiede zwischen den verfügbaren Kontraktarten in SAP SRM herausarbeiten. Bis zum Release SAP SRM 7.0 war die Kontraktverwaltung in die beiden Kontraktarten »Lokaler Einkaufskontrakt« und »Globaler Rahmenvertrag« aufgeteilt. Mit SAP SRM 7.0 wurde der *Zentralkontrakt* eingeführt, der die Funktionalität der lokalen Kontrakte und die Funktionalität der globalen Rahmenverträge miteinander kombiniert.

Betrachten wir nun die einzelnen Kontraktarten etwas genauer:

8.1.1 Lokaler Einkaufskontrakt (vor SAP SRM 7.0)

Der lokale Einkaufskontrakt stellt Bezugsquelleninformationen für die automatische oder die manuelle Bezugsquellenfindung in SAP SRM zur Verfügung.

Ein lokaler Einkaufskontrakt wird in der Bezugsquellenfindung folgendermaßen eingesetzt:

- von operativen Einkäufern zum Suchen von Bezugsquellen für die Einkaufswagenpositionen oder von externen Anforderungen in der Sourcing-Anwendung

- zur automatischen Bezugsquellenfindung im Hintergrund, wenn Mitarbeiter einen Einkaufswagen anlegen oder wenn eine externe Anforderung in das SAP SRM-System übertragen wird
- Positionen auf Einkaufskontrakten können auch in einen OCI-basierten (OCI = Open Catalog Interface) Produktkatalog (etwa SRM-MDM Catolog) hochgeladen werden. Anschließend stehen sie dem Anforderer beim Anlegen des Einkaufswagens als Katalogpositionen zur Verfügung.

Lokale Einkaufskontrakte sind mit der Sourcing-Anwendung, der SAP Bidding Engine und dem Live Auction Cockpit in SAP SRM voll integriert. Auch können lokale Einkaufskontrakte über Kontrakthierarchien kombiniert und gegliedert werden.

Durch Quotierungen kann die Kontraktnutzung so gesteuert werden, dass die Bestellungen anteilig auf mehrere Kontrakte und somit auf mehrere Lieferanten verteilt werden.

Kontrakte und Lieferpläne können aus dem SAP ERP-Backend in SAP SRM hochgeladen werden. Abhängig vom Customizing stehen sie anschließend als lokaler Einkaufskontrakt oder globaler Rahmenvertrag in SAP SRM zur Verfügung.

8.1.2 Globaler Rahmenvertrag (vor SAP SRM 7.0)

Ab SAP SRM 4.0 werden globale Rahmenverträge zur Verfügung gestellt. Hierbei handelt es sich um übergreifende Vereinbarungen, die für eine Einkaufsorganisation oder sogar für einen gesamten Konzern ausgehandelt werden.

Globale Rahmenverträge werden in SAP SRM angelegt (siehe Abbildung 8.2) und als lokale Einkaufskontrakte oder Lieferpläne in die ERP-Backend-Systeme der abrufberechtigten Einkaufsorganisationen verteilt. Diese Einkaufskontrakte bzw. Lieferpläne stehen dann in den ERP-Backend-Systemen zur lokalen Bezugsquellenfindung zur Verfügung.

Die Abrufmenge oder der Abrufwert werden in den globalen Rahmenverträgen in SAP SRM definiert; lokale Kontraktabrufe in den SAP ERP-Backends werden in den globalen Rahmenvertrag von SAP SRM zurückgespielt und dort aggregiert überwacht. Alternativ können die aggregierten Informationen der Kontraktabrufe auch mithilfe von SAP NetWeaver BW überwacht werden..

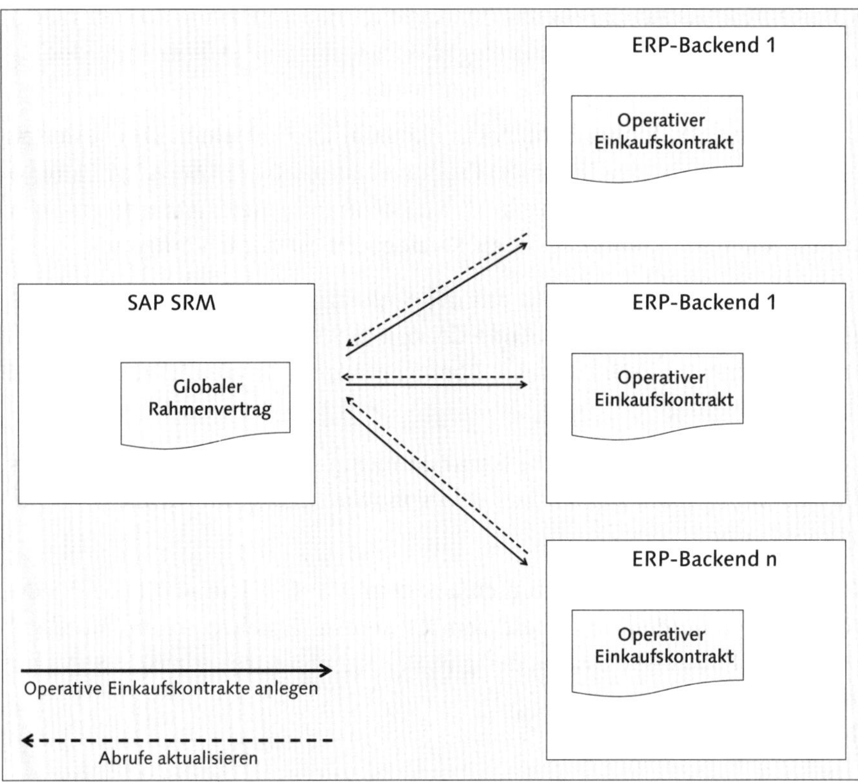

Abbildung 8.2 Verteilung des globalen Rahmenvertrages

[»]

Kontraktabruf, Abrufmenge und Abrufwert

Mit *Kontraktabruf* ist eine Bestellung mit Bezug zu einem Kontrakt gemeint. Bei einem Kontraktabruf werden die *Abrufmenge* (d.h. die Menge der bestellten Produkte) sowie der *Abrufwert* (d.h. die Beträge der Bestellungen mit Bezug zu diesem Kontrakt) an den zugrunde liegenden Kontrakt übermittelt.

Anschließend werden im Kontrakt die aggregierten Abrufmengen und Abrufwerte mit der dort definierten *Zielmenge* bzw. dem dort definierten *Zielwert* verglichen. Sind Zielmenge oder Zielwert noch nicht erreicht, werden die Einkäufer rechtzeitig über diesen Umstand informiert, um den Kontrakt erweitern oder neu verhandeln zu können Globale Rahmenverträge sind mit der SAP Bidding Engine und dem Live Auction Cockpit in SAP SRM voll integriert und können von dort aus angelegt werden. Auch können solche Verträge aus der Sourcing-Anwendung heraus angelegt werden. Allerdings stehen sie in der Sourcing-Anwendung des SAP SRM-Systems nicht als Bezugsquelleninformation zur Verfügung, sondern nur lokal in den SAP ERP-Backends.

Globale Rahmenverträge können nur an SAP ERP-Backends ab Release SAP R/3 4.6 B und höher verteilt werden.

8.1.3 Zentralkontrakt (ab SAP SRM 7.0)

Mit SAP SRM 7.0 wurde ein neuer Kontrakttyp eingeführt, der *Zentralkontrakt*. Der Zentralkontrakt ist eine Kombination aus lokalem Einkaufskontrakt und globalem Rahmenvertrag und ersetzt die beiden vorherigen Kontrakttypen. Der größte Teil der Funktionalität des Zentralkontrakts war auch schon in früheren SAP SRM-Releases vorhanden. Daher werden wir im Folgenden die verschiedenen Möglichkeiten zur Verwaltung von Kontrakten in SAP SRM am Beispiel des Zentralkontrakts beschreiben.

8.2 Verwaltung von Zentralkontrakten

Die mit SAP SRM 7.0 neu eingeführten Zentralkontrakte lösen die lokalen Einkaufskontrakte und die globalen Rahmenverträge früherer SAP SRM-Releases ab. [«]

Ein Zentralkontrakt bildet eine rechtsverbindliche Vereinbarung zwischen einem einkaufenden Unternehmen und einem Lieferanten ab. Im Zentralkontrakt werden die folgenden Informationen dokumentiert: die Vereinbarung zu Kauf und Lieferung von Waren oder Dienstleistungen zu vereinbarten Konditionen (Preisen und Rabatten) und zu vereinbarten Abrufwerten oder Abrufmengen.

Zentralkontrakte werden von strategischen Einkäufern angelegt, sobald feststeht, dass mit einem Lieferanten eine längerfristige Handelsbeziehung eingegangen werden soll. Die Menge und der Wert von Bestellungen, Limitbestätigungen und Rechnungen werden vom Zentralkontrakt abgerufen.

Zentralkontrakte können für bestimmte Produkte oder aber auch für eine Produktkategorie erstellt werden. Ein Zentralkontrakt wird immer für genau einen Lieferanten angelegt.

8.2.1 Neuerungen beim Zentralkontrakt in SAP SRM 7.0

Bevor wir zu den einzelnen Arbeitsschritten im Zusammenhang mit den Zentralkontrakten kommen und diese genau beleuchten werden, finden Sie im Folgenden eine Zusammenstellung der funktionalen Neuerungen in dem mit SAP SRM 7.0 eingeführten Zentralkontrakt.

Neu in SAP SRM 7.0 im Bereich der Kontraktverwaltung

Der neu eingeführte Zentralkontrakt bietet umfangreiche Kontraktmanagement-Funktionen.

Allgemeine Funktionalität

- Zentralkontrakte kombinieren die Funktionalität lokaler Einkaufskontrakte und globaler Rahmenverträge.
- In den Einkaufswagenpositionsdetails werden in der Registerkarte BEZUGSQUELLEN bei zugeordneten Zentralkontrakten zusätzliche Informationen angezeigt. Insgesamt sind die folgenden Informationen sichtbar: Beschreibung der Zentralkontraktposition, Lieferantenproduktnummer, Priorität in der Lieferantenliste.
- Massenänderung von Zentralkontrakten auf der Basis von Ausschreibungsergebnissen.

Abbildung detaillierterer Informationen

- Zahlungsbedingungen auf Positionsebene.
- Der in SAP SRM 7.0 neu eingeführte Revisionsstand von aus dem SAP ERP-Backend replizierten Materialien ist auch in Zentralkontrakten verfügbar.

Besondere Funktionalität bei der Verteilung von Zentralkontrakten

- Bei der Zentralkontraktverteilung ist es möglich, Zahlungsbedingungen auf Positionsebene individuell für jedes SAP ERP-Backend anzugeben.
- Ermittlung von Rabatten, die auf dem Gesamtabrufwert für die gesamte Zentralkontrakthierarchie basieren.
- Die Währung kann auf Positionsebene individuell für jedes SAP ERP-Backend, an das der Kontrakt verteilt werden soll, eingestellt werden.
- Erweiterte Gruppierungsfunktionalität beim Anlegen der verteilten Backend-Kontrakte.
- Das Hochladen von Zentralkontraktinformationen in einen Katalog ist auf der Positionsebene steuerbar.

Alert-Funktionalität

- Alert-Schwellenwerte für auslaufende Kontrakte können individuell auf Kopf- und Positionsebene für Abrufmenge und Abrufwert sowie auf der Kopfebene für den Zeitraum der Kontraktgültigkeit individuell für jeden Kontrakt oder übergreifend im Customizing eingestellt werden.
- Schwellenwerte für Wechselkurse informieren operative Einkäufer beim Anlegen von Bestellungen, sobald der im Kontrakt definierte Schwellenwert über- oder unterschritten wird.

Änderungsverfolgung und Revisionssicherheit

- Detaillierte Änderungsverfolgung und Versionierung für Zentralkontraktkonditionen in der Registerkarte TRACKING des Zentralkontrakts.

- Erhöhte Revisionssicherheit dadurch, dass Änderungen an allen Zentralkontraktfeldern aufgezeichnet werden.
- Integration mit SAP NetWeaver Folders Management (vormals SAP Records Management): Zentralkontrakte können in SAP NetWeaver Folders Management hochgeladen werden.

8.2.2 Pflege von Zentralkontrakten

Die Verwaltung von Zentralkontrakten ist voll mit der Sourcing-Anwendung, der SAP Bidding Engine und dem Live Auction Cockpit von SAP SRM integriert. Darüber hinaus ist die Verwaltung von Zentralkontrakten auch mit dem Kontraktmanagement der angebundenen SAP ERP-Backends integriert.

Hierdurch ergeben sich verschiedene Möglichkeiten zur Anlage und Bearbeitung von Zentralkontrakten in SAP SRM:

- manuelles Anlegen und Bearbeiten von Zentralkontrakten durch einen Benutzer mit der Rolle des strategischen Einkäufers
- Anlegen von Zentralkontrakten in der Sourcing-Anwendung
- Anlegen von Zentralkontrakten in der SAP Bidding Engine als Folgebeleg einer Ausschreibung oder Live-Auktion
- Upload von Kontrakten aus einem SAP ERP-Backend-System über den Report `BBP_CONTRACT_INITIAL_UPLOAD`
- Up- und Download über eine Tab-separierte Textdatei (Tab-separiert = einzelne Spalteneinträge werden per Tabulator voneinander getrennt)

Betrachten wir nun diese Möglichkeiten im Detail, und beginnen wir mit der ersten Variante.

Zentralkontrakte manuell anlegen und bearbeiten

Zum Anlegen eines Zentralkontrakts melden Sie sich zunächst vom Browser aus mit dem User eines strategischen Einkäufers am SAP SRM-System an. Rufen Sie nun den Menüpfad Strategischer Einkauf • Kontraktverwaltung • Zentralkontrakt anlegen auf (siehe Abbildung 8.3).

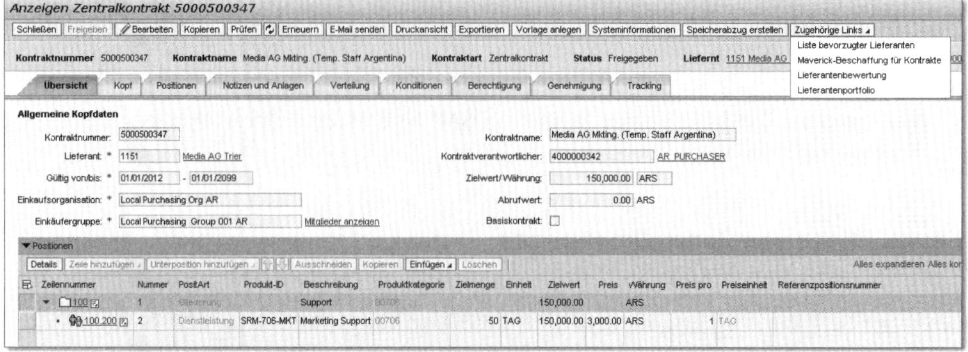

Abbildung 8.3 Zentralkontrakt – Übersichtsseite

Wählen Sie nun die Registerkarte ÜBERSICHT, und erfassen Sie die entsprechenden Informationen in den folgenden Feldern:

- **Lieferant**
  Hier spezifizieren Sie den Lieferanten, mit dem Sie den Kontrakt ausgehandelt haben.
- **Gültig von/bis**
  Hier definieren Sie den Gültigkeitszeitraum des Kontrakts.
- **Einkaufsorganisation, Einkäufergruppe**
  In den Feldern EINKAUFSORGANISATION und EINKÄUFERGRUPPE definieren Sie, wer aus Einkaufssicht für den Kontrakt zuständig ist.
- **Optionale Informationen**
  Darüber hinaus können Sie die optionalen Felder KONTRAKTNAME, ZIELWERT/WÄHRUNG und BASISKONTRAKT auf der Kopfebene pflegen.

Im Feld KONTRAKTVERANTWORTLICHER erscheinen die SAP-Geschäftspartnernummer und der Name des Erstellers des Zentralkontrakts. Im Feld ABRUFWERT können Sie später überwachen, welcher Wert des Kontrakts abgerufen worden ist.

Sie können Kontraktpositionen entweder in der Registerkarte ÜBERSICHT oder in der Registerkarte POSITIONEN hinzufügen, wobei Sie viele Positionsdetails nur in der Registerkarte POSITIONEN bearbeiten können. Auf das Hinzufügen von Positionen gehen wir auch im Zusammenhang mit der gleichnamigen Registerkarte weiter unten in diesem Abschnitt ein.

In der Registerkarte KOPF (siehe Abbildung 8.4) können Sie unter anderem die folgenden Felder bearbeiten:

- **Währung**
  Hier definieren Sie die Währung, in der der Kontrakt ausgehandelt worden ist.
- **Alert »Auslaufender Kontrakt«**
  Hier können Sie definieren, wie viele Tage vor Ablauf des Kontrakts Sie benachrichtigt werden möchten.
- **Alert »Abrufwert«**
  Hier können Sie einen Prozentsatz des Kontraktabrufwerts definieren, bei dem Sie benachrichtigt werden möchten.
- **Abrufberechtigte Einkaufsorg.**
  Hier definieren Sie die Einkaufsorganisationen, die berechtigt sind, den Kontrakt als Bezugsquelle zu verwenden. Wenn Sie keine Einkaufsorganisation angeben, ist der Kontrakt für alle Einkaufsorganisationen des Unternehmens verfügbar.
- **Vertraulich**
  Wenn Sie in diesem Feld den Eintrag VERTRAULICH auswählen, ist der Kontrakt nur für Personen Ihrer Organisation zugänglich, die die entsprechende Berechtigung haben.

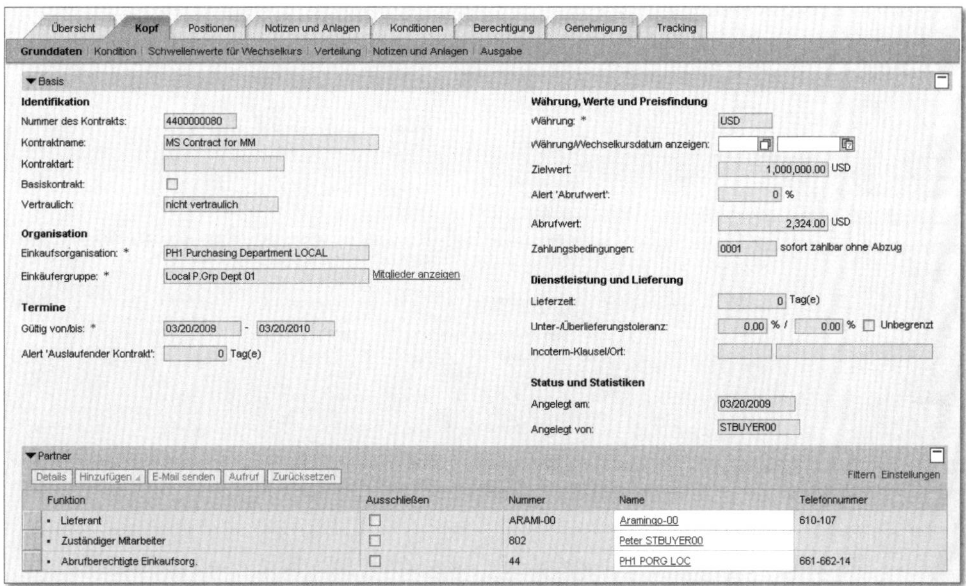

Abbildung 8.4 Zentralkontrakt – Registerkarte »Kopf«

Konditionen können Sie auf der Kopf- und der Positionsebene definieren. Weitere Informationen zum Thema »Konditionen« finden Sie in Abschnitt 8.2.6, »Konditionen«.

In der Registerkarte KOPF finden Sie auch den Gliederungspunkt SCHWELLENWERTE FÜR WECHSELKURS definieren (siehe Abbildung 8.4). Durch die Definition von Schwellenwerten für Wechselkurse können Sie das Risiko von Wechselkursschwankungen reduzieren. Beim Speichern oder Freigeben des Zentralkontrakts sowie beim Anlegen einer Bestellung mit Bezug zu diesem Kontrakt wird der zu diesem Zeitpunkt im System aktuelle Wechselkurs mit dem im Zentralkontrakt definierten Wechselkurs verglichen. Wird dabei der definierte Schwellenwert über- oder unterschritten, wird der Benutzer über eine Systemmeldung darüber in Kenntnis gesetzt.

In der Registerkarte POSITIONEN fügen Sie dem Kontrakt Positionen hinzu (siehe Abbildung 8.5).

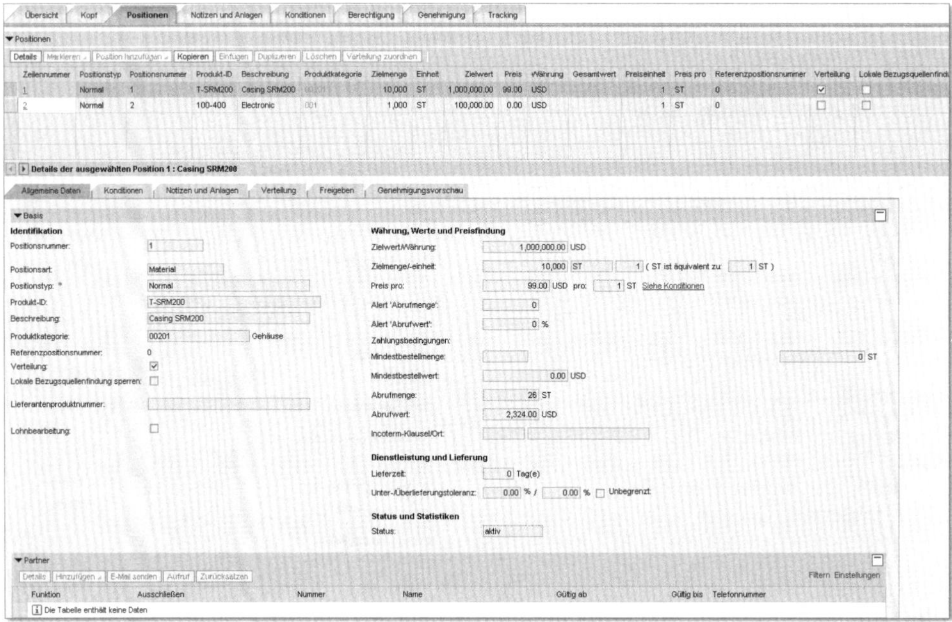

Abbildung 8.5 Zentralkontrakt – Registerkarte »Positionen«

Hierbei können Sie zwischen den folgenden Möglichkeiten auswählen:

- **Normal**
  Hier wählen Sie eine Position aus den internen Produktstammdaten des SAP SRM-Systems aus.

- **Produktkategorie**
  Nutzen Sie diese Option, wenn Sie Konditionen für eine gesamte Produktkategorie erfassen möchten.
- **Katalogposition**
  Bei der Nutzung dieser Option wählen Sie eine Position aus einem per OCI angebundenen Produktkatalog aus.

Definieren Sie für jede Position entweder eine ZIELMENGE oder einen ZIELWERT sowie die weiteren, mit Ihrem Lieferanten ausgehandelten Konditionen. Wenn Sie nicht möchten, dass der Kontrakt zur lokalen Bezugsquellenfindung in SAP SRM genutzt wird, setzen Sie ein Häkchen in der Spalte LOKALE BEZUGSQUELLENFINDUNG SPERREN.

In der Registerkarte NOTIZEN UND ANLAGEN können Sie den Kontrakt mit weiteren Informationen ergänzen. In der Registerkarte KONDITIONEN erhalten Sie einen Überblick über alle für den Kontrakt erfassten Konditionen auf Kopf- und Positionsebene. In der Registerkarte BERECHTIGUNG können Sie einstellen, welche Benutzer welche Teile eines als VERTRAULICH eingestuften Zentralkontrakts sehen oder bearbeiten dürfen (siehe Abbildung 8.6).

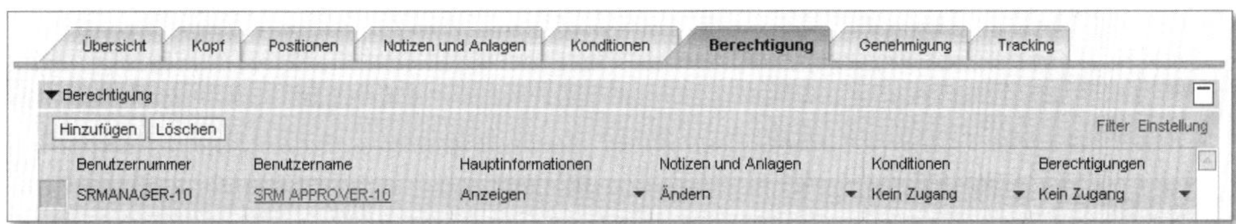

Abbildung 8.6 Zentralkontrakt – Registerkarte »Berechtigung«.

Berechtigungen in Zentralkontrakten [zB]

Wenn Sie beispielsweise der Rechtsabteilung erlauben bzw. ihr die Gelegenheit geben möchten, die Notizen und Anlagen eines Zentralkontrakts zu überprüfen, bevor dieser freigegeben wird, müssen Sie diese Einstellung in der Registerkarte BERECHTIGUNG vornehmen.

In der Registerkarte GENEHMIGUNG sehen Sie, ob der Zentralkontrakt vor der Freigabe noch zu genehmigen ist, und wenn ja, von wem. Die Registerkarte TRACKING enthält ausführliche Details zur Zentralkontrakthistorie. Ab dem Release SAP SRM 7.0 werden dabei die Änderungen jedes einzelnen Feldes des Zentralkontrakts aufgezeichnet.

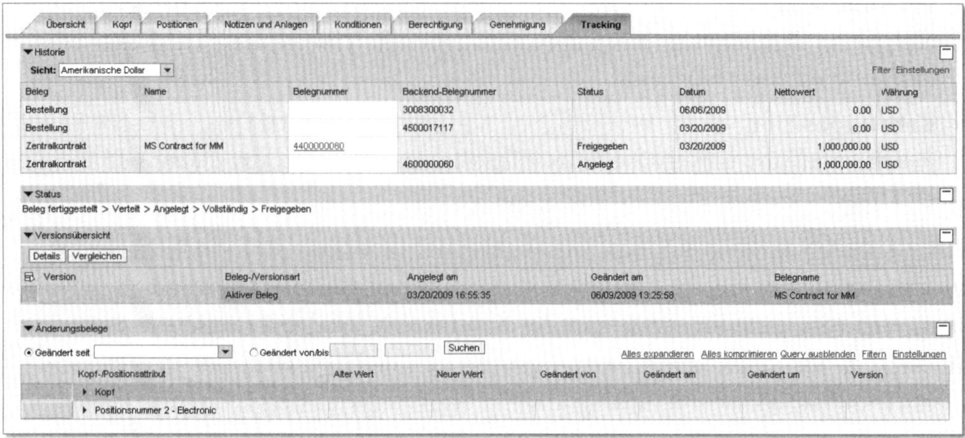

Abbildung 8.7 Zentralkontrakt – Registerkarte »Tracking«

Wenn die *Versionsverwaltung* im Customizing aktiviert ist, wird bei der Änderung eines Kontrakts, der bereits freigegeben ist, oder bei der erneuten Freigabe eines bereits freigegebenen Kontrakts jeweils eine neue Version angelegt. Hierdurch haben Sie die Möglichkeit, später verschiedene Versionen des Zentralkontrakts miteinander zu vergleichen.

[EHP 1]

Vorlage aus dem Zentralkontrakt

Auf der Grundlage eines gesicherten oder freigegebenen Zentralkontrakts können Sie seit SAP SRM 7.0 EHP 1 Vorlagen anlegen, die von den zuständigen Einkäufern als Basis für neue Kontrakte genutzt werden können. So werden beispielsweise beim Anlegen einer Vorlage aus einem Zentralkontrakt die Positionen und Preisinformationen kopiert, wohingegen Rabatte, Konditionen und Berechtigungen nicht dupliziert werden. Die Funktion zum Anlegen von Kontraktvorlagen wird durch die Aktivierung des Customizing-Schalters SRM_701_TEMPLATE implementiert.

Zentralkontrakte aus der Sourcing-Anwendung heraus anlegen

Operative Einkäufer haben die Möglichkeit, einen Zentralkontrakt direkt aus der Sourcing-Anwendung heraus anzulegen. Dies ist z.B. dann hilfreich, wenn ein operativer Einkäufer gerade dabei ist, einer Anforderungsposition manuell einen Preis und einen Lieferanten zuzuordnen. Wählt er nun die Menüpunkte Entwurf anlegen • Kontrakt, wird ein neuer Zentralkontrakt mit diesen Bezugsquelleninformationen angelegt (siehe Abbildung 8.8).

Anschließend kann ein strategischer Einkäufer den Kontrakt über die bereits beschriebenen Funktionen zur Kontraktbearbeitung vervollständigen und freigeben. Dies führt zu einer weiteren Optimierung der operativen Beschaffungsprozesse: Das entsprechende Customizing vorausgesetzt, kann nun das entsprechende Produkt bei der nächsten Anforderung vom System automatisch bestellt werden.

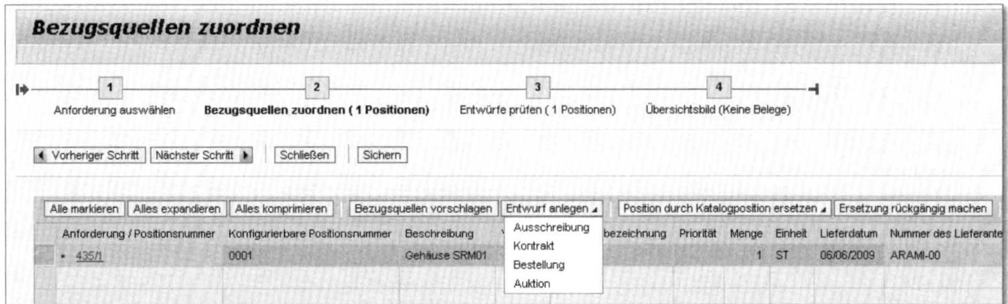

Abbildung 8.8 Zentralkontrakte aus der Sourcing-Anwendung heraus anlegen

Auch besteht die Möglichkeit, aus der Sourcing-Anwendung heraus SAP Backend-Kontrakte anzulegen. Hierzu sind jedoch weitere Customizing-Einstellungen notwendig. Informationen zu dieser Thematik finden Sie im Solution Manager Content für SAP SRM.

Zentralkontrakte aus der SAP Bidding Engine heraus anlegen

Operative und strategische Einkäufer können Zentralkontrakte aus der SAP Bidding Engine heraus anlegen. Dies ist sowohl auf der Basis des Ergebnisses einer Ausschreibung als auch auf der Basis einer Live-Auktion möglich.

Ein Lieferantenangebot muss den Status ANGENOMMEN aufweisen, damit es für das Anlegen eines Zentralkontrakts verwendet werden kann. Ein Kontrakt kann direkt aus der Angebotssicht heraus angelegt werden (siehe Abbildung 8.9).

Es können die folgenden Daten aus der SAP Bidding Engine auf der Basis einer Ausschreibung oder Live-Auktion in den Zentralkontrakt übernommen werden:

- Geschäftspartnerdaten (z.B. Lieferant)
- Positionsdaten (z.B. Produktkategorie, Menge, Preis und Preiseinheit)
- Einkaufsorganisation des Einkäufers
- Ausschreibungstexte (Lieferantentexte)
- Währung der Ausschreibung
- Kopfdaten des Angebots

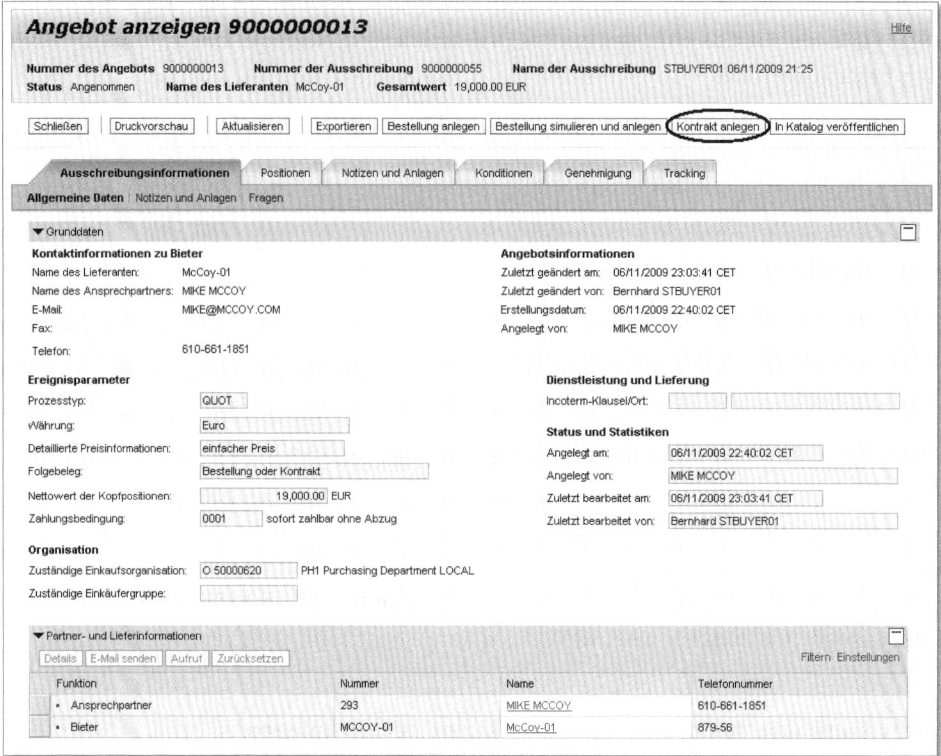

Abbildung 8.9 Zentralkontrakt aus der SAP Bidding Engine heraus anlegen

Eine hilfreiche neue Funktionalität von SAP SRM 7.0 ist die *Massenpflege von Zentralkontrakten* aus der SAP Bidding Engine heraus.

Die Integration der SAP Bidding Engine mit der Zentralkontraktverwaltung unterstützt somit die folgende Funktionalität:

- Massenpflege zur Aktualisierung vorhandener Positionen, gleichzeitig in mehreren existierenden Zentralkontrakten und auf der Basis von Lieferantengeboten
- Hinzufügen von Positionen zu einem existierenden Zentralkontrakt auf Basis eines Lieferantenangebots
- Anlegen eines neuen Zentralkontrakts auf der Basis eines Lieferantenangebots

Auch haben Sie die Möglichkeit, eine Ausschreibung aus einem Zentralkontrakt heraus anzulegen. Dies geschieht über die Schaltfläche ERNEUERN (siehe Abbildung 8.10). Je nach Customizing kann über diese Schaltfläche auch eine Live-Auktion angelegt werden.

Abbildung 8.10 Zentralkontrakt erneuern

Sie sehen, dass das Kontraktmanagement vollständig mit der SAP Bidding Engine integriert ist und damit den kompletten Prozessablauf zwischen Zentralkontrakt, Ausschreibung, Lieferantengebot und Zentralkontrakt unterstützt.

Weiterhin besteht die Möglichkeit, Zentralkontrakte mit Dienstleistungshierarchien mithilfe der SAP Bidding Engine anzulegen. Hierzu müssen Sie den Customizing-Schalter SRM_701_SERV_PROC_CCM aktivieren. [EHP 1]

Übernahme von Kontrakten aus einem ERP-Backend

Sie haben auch die Möglichkeit, einen oder mehrere Kontrakte oder Lieferpläne aus einem ERP-Backend zu übernehmen. Verwenden Sie zum Upload den Report `BBP_CONTRACT_INITIAL_UPLOAD`, den Sie in SAP GUI mithilfe der Transaktion SA38 (ABAP: Programmausführung) ausführen können (siehe Abbildung 8.11).

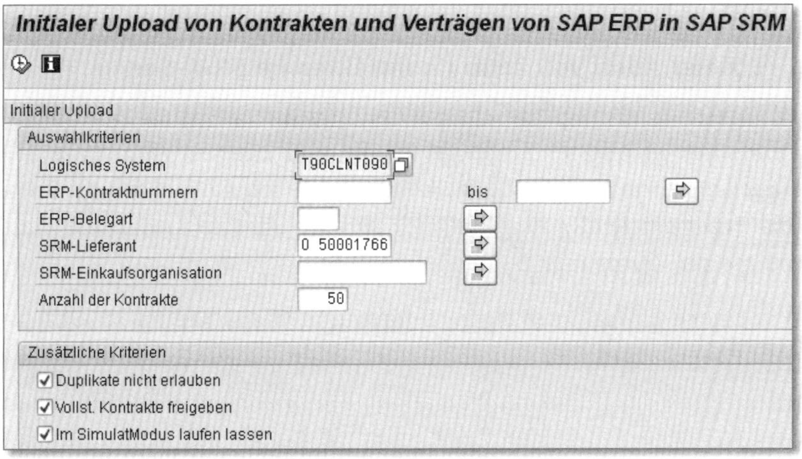

Initialer Upload von Kontrakten und Verträgen von SAP ERP in SAP SRM

Initialer Upload

Auswahlkriterien

Logisches System: T90CLNT090

ERP-Kontraktnummern: bis

ERP-Belegart:

SRM-Lieferant: 0 50001766

SRM-Einkaufsorganisation:

Anzahl der Kontrakte: 50

Zusätzliche Kriterien

☑ Duplikate nicht erlauben

☑ Vollst. Kontrakte freigeben

☑ Im SimulatModus laufen lassen

Abbildung 8.11 Upload von Kontrakten aus dem ERP-Backend

In diesem Report haben Sie die Möglichkeit, den Upload anhand diverser Kriterien wie z.B. SRM-Lieferant und ERP-Kontraktnummern einzuschränken. Als logisches System geben Sie das ERP-Backend an, aus dem Sie die Kontrakte hochladen möchten.

Up- und Download über Tab-separierte Datei

Mithilfe dieser Funktionalität können Sie Zentralkontrakte auf Ihren PC herunterladen, diese lokal bearbeiten und die geänderten Belege wieder in SAP SRM hochladen. Sie führen diese Aktivität im Browser in der Kontraktverwaltung über den Menüpfad Datenaustausch • Import oder Datenaustausch • Export durch.

Tab-separierte Dateien können Sie mit einem beliebigen Tabellenkalkulationsprogramm, z.B. Microsoft Excel, bearbeiten.

[EHP 2]

Excel Export und Import

Durch die Aktivierung des Customizing-Schalters SRM_702_EXCEL_UP_DOWNLOAD erweitern Sie das Tabellenkalkulationsformat um ein Vorlagenarbeitsblatt. Mit diesem Vorlagenarbeitsblatt können Sie u.a. bestehende Daten des Zentralkontraktes bearbeiten und neue Daten anlegen. Ein Export in Tab-separierte Dateien ist somit nicht mehr notwendig. Diese Option steht seit SAP SRM 7.0 EHP 2 zur Verfügung.

[+]

Benutzerfreundlichere Anzeige

In SAP-Hinweis 734060, »SRM: Up- und Download von Belegen mithilfe von MS Excel«, finden Sie ein Add-in, das die Anzeige der Dateien benutzerfreundlicher gestaltet.

8.2.3 Lokaler Abruf von Zentralkontrakten im SRM-Server

Wie in Kapitel 7, »Bezugsquellenfindung«, beschrieben, sind Zentralkontrakte eines der wichtigsten SAP SRM-Business-Objekte zur Abbildung von Bezugsquelleninformationen. Zentralkontrakte stehen sowohl für die automatische Bezugsquellenfindung als auch für den Einsatz in der Sourcing-Anwendung zur Verfügung.

Fassen wir noch einmal kurz einige Informationen aus Kapitel 7, »Bezugsquellenfindung«, zusammen:

- **Automatische Bezugsquellenfindung**
  Bei eindeutiger Bezugsquelleninformation ordnet das SAP SRM-System der Anforderung automatisch und direkt sowohl den Lieferanten als auch den Preis zu.
- **Manuelle Bezugsquellenfindung**
  Bei mehrdeutiger Bezugsquelleninformation wählt der Anforderer oder ein operativer Einkäufer eine der verfügbaren Bezugsquellen aus. Ist keine Bezugsquelleninformation vorhanden, ergänzt der operative Einkäufer diese Informationen in der Sourcing-Anwendung.

Wenn der Anforderung ein Zentralkontrakt zugeordnet und als Folgebeleg eine Bestellung angelegt worden ist, handelt es sich um einen *Kontraktabruf*. Abrufwert und Abrufmenge werden dann an den Zentralkontrakt übertragen und können dort vom strategischen Einkäufer überwacht werden.

Bei der lokalen Bezugsquellenfindung im SRM-Server überprüft das System anhand der folgenden Kriterien, ob eine Zentralkontraktposition als Bezugsquelle für eine Anforderungsposition geeignet ist:

- Das Produkt muss in Anforderung und Kontrakt identisch sein.
- Die Produktkategorie muss in Anforderung und Kontrakt identisch sein.
- Der Lieferant muss in Anforderung und Kontrakt identisch sein.
- Die Beschaffung erfolgt für dieselbe Firma, mit der auch der Kontrakt besteht.
- Die für die Anforderung zuständige Einkaufsorganisation ist berechtigt, den Kontrakt zu verwenden.
- Der in der Anforderung angegebene Standort ist für den Kontrakt abrufberechtigt.
- Der Warenempfänger ist nicht gelöscht und für diesen Kontrakt nicht von einer Warenlieferung ausgeschlossen.

8.2.4 Verteilung von Zentralkontrakten

Neben der Möglichkeit des lokalen Abrufs im SRM-Server kann der Zentralkontrakt (siehe ❶ in Abbildung 8.12) auch in angebundene ERP-Backends verteilt werden. Durch die Verteilung von Zentralkontrakten werden in den ERP-Backends lokale Kontrakte ❷ oder Lieferpläne angelegt. Diese stehen nun für den Backend-Einkauf als Bezugsquelle zur Verfügung.

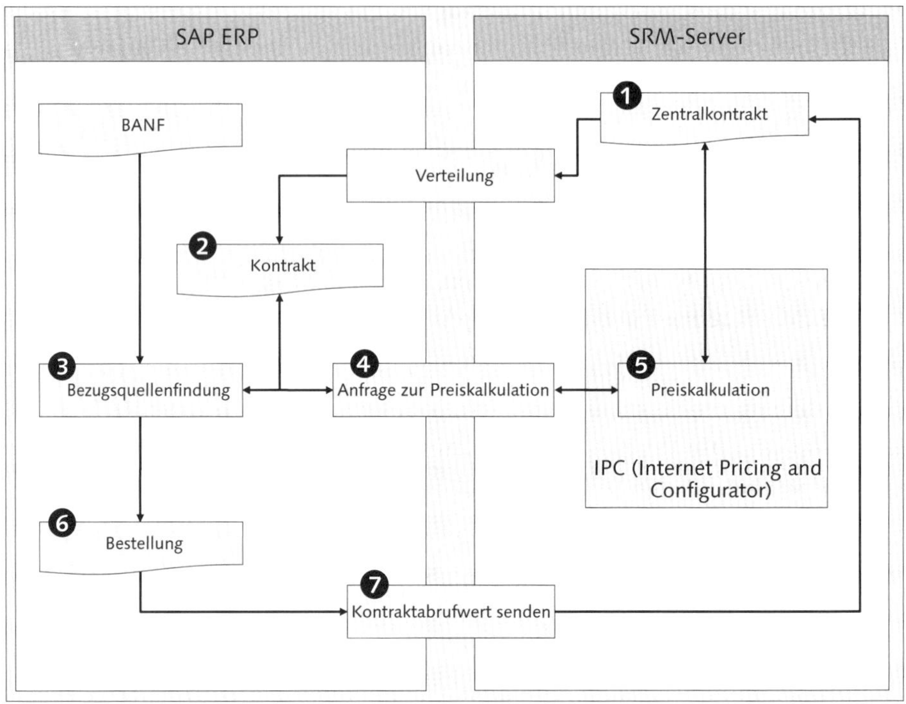

Abbildung 8.12 Zentralkontrakt – Verteilung und ERP-Bezugsquelle

Verteilte Zentralkontrakte unterstützen in SAP SRM 7.0 Konditionen, die z.B. auf dem Gesamtabrufwert einer kompletten Zentralkontrakthierarchie basieren können. Um diese Konditionen während der Bezugsquellenfindung ❸ berechnen zu können, wird die SAP SRM-Preisberechnung ❹ vom ERP-Backend aus aufgerufen. Die Preiskalkulation findet in SAP IPC (SAP Internet Pricing and Configurator) statt ❺. Der von SAP SRM zurückgegebene Preis wird anschließend für das Anlegen der Backend-Bestellung ❻ verwendet.

Abschließend sendet das ERP-Backend die Informationen über die Abrufmenge und den Abrufwert an den SRM-Server ❼. Dort werden Abrufmenge und Abrufwert auf der Basis der Kontraktabrufe aus den verschiedenen angebundenen ERP-Backends aggregiert und stehen für die zentrale Überwachung des Zentralkontrakts und für künftige Preiskalkulationen zur Verfügung.

Wenn Sie den Kontrakt an ein oder mehrere ERP-Backends verteilen möchten, gehen Sie dabei folgendermaßen vor:

Wählen Sie auf der Positionsebene in der Registerkarte VERTEILUNG (siehe Abbildung 8.13) die entsprechenden Backend-Einkaufsorganisationen aus. In der Aufbauorganisation haben Sie die Backend-Einkaufsorganisationen definiert und dabei angegeben, zu welchem Backend diese gehören (siehe Abschnitt 3.2, »Organisationsmanagement«). Anhand der Auswahl über ABRUFBERECHTIGTE EINKAUFSORGANISATION »weiß« SAP SRM, an welche Backends der Kontrakt zu verteilen ist. Wählen Sie anschließend unter BELEGART IM ZIELSYSTEM aus, ob im Zielsystem ein KONTRAKT oder ein LIEFERPLAN angelegt werden soll.

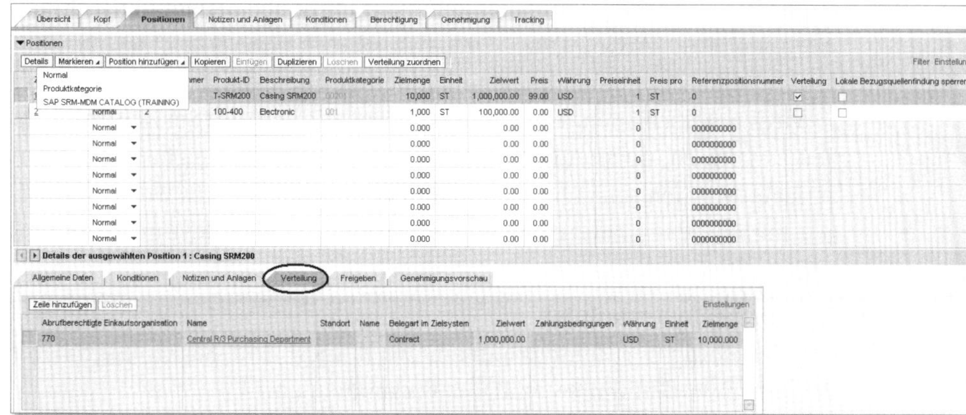

Abbildung 8.13 Zentralkontrakt verteilen

Abbildung 8.14 Infosatz- und Orderbuchaktualisierung (EHP 2)

Infosatz- und Orderbuchaktualisierung

[EHP 2]

In der Registerkarte VERTEILUNG können Sie seit EHP 2 von SAP SRM beim Anlegen oder Aktualisieren des Zentralkontraktes entscheiden, ob der Einkaufsinfosatz und/oder das Orderbuch aktualisiert werden (siehe Abbildung 8.14):

- Aktivieren Sie den Customizing-Schalter SRM_702_UPDATE_INFO_RECORD, um die automatische Aktualisierung des Infosatzes in SAP ERP auszulösen.
- Für das Orderbuch aktivieren Sie den Customizing-Schalter SRM_702_UPDATE_SOURCE_LIST, wodurch sichergestellt wird, dass bei der Bezugsquellenfindung im ERP-System nur die aktuell gültigen Bezugsquellen zur Verfügung stehen.

In Abhängigkeit des jeweiligen SAP ERP-Backend-Releases stellt SAP SRM drei verschiedene technische Varianten für die Kontraktverteilung zur Verfügung:

- **SOA-basierte Verteilung mit PI-Unterstützung**
  An die SAP ERP-Backends ab Version 6.0 mit Erweiterungspaket 4 (EHP 4) erfolgt die Verteilung der Zentralkontrakte unter der Verwendung der serviceorientierten Architektur (SOA). Hinsichtlich der Nachrichtenverarbeitung wird hier zwischen den asynchronen und den synchronen Enterprise Services unterschieden. Um die asynchronen Enterprise Services verwenden zu können, muss zuvor SAP NetWeaver Process Integration (PI) eingerichtet worden sein. Die synchronen Enterprise Services werden hingegen mithilfe der Transaktion SOAMANAGER in SAP SRM und SAP ERP eingerichtet.
- **IDoc-basierte Verteilung**
  Die Verteilung der Zentralkontrakte an die SAP ERP-Backends früherer Versionen wird mithilfe von IDocs vorgenommen.
- [EHP 1] **SOA-basierte Verteilung mit PI-unabhängigen Enterprise Services**
  Durch die Aktivierung der Business Function FND_SOA_REUSE_1 wird eine Point-to-Point-Kommunikation zwischen SAP SRM und SAP ERP ermöglicht. Somit ist die Nutzung von SAP NetWeaver PI obsolet. Allerdings muss im Vorfeld geprüft werden, ob alle benötigten Funktionen durch diese Technik ersetzt werden können.

Für die hier beschriebene Funktionalität der Zentralkontraktverteilung mit zentraler Preisberechnung ist die SOA-basierte Variante erforderlich.

8.2.5 Zentralkontrakte in einen Katalog hochladen

In SAP SRM angelegte Zentralkontrakte können in SRM-MDM Catalog hochgeladen werden. Hierdurch stehen die Informationen den Anforderern im Geschäftsszenario »Beschaffung per Self-Service« sowie allen anderen Benutzern, die Zugriff auf SRM-MDM Catalog haben (Einkäufer, Lieferanten), zur Verfügung.

Die Verteilung an den Katalog stellen Sie in der Registerkarte KOPF über das Feld KONTRAKT AN KATALOG VERTEILEN ein (siehe Abbildung 8.15). Alternativ ist die Verteilung auch auf der Positionsebene auswählbar.

Nach der Freigabe des Zentralkontrakts wird dieser dann komplett oder positionsweise an den Katalog verteilt.

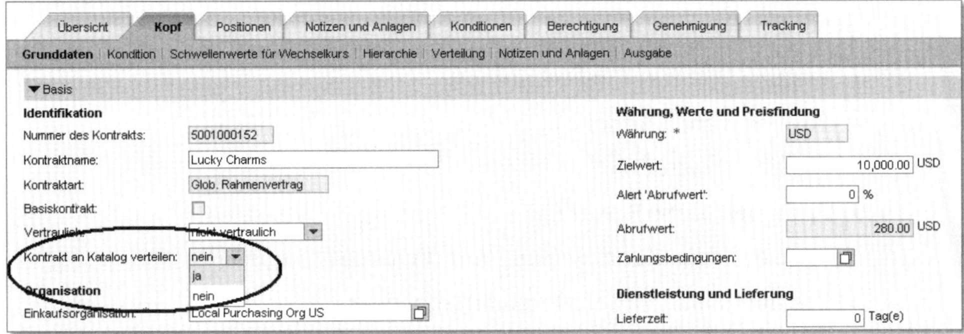

Abbildung 8.15 Zentralkontrakt an den Katalog verteilen

Der Vorteil dieser Funktionalität ist, dass Benutzern im Katalog Positionen zur Verfügung stehen, bei denen durch die systembasierte Verteilung sichergestellt ist, dass sie den allgemeinen Bedingungen des Zentralkontrakts entsprechen.

Die Zentralkontraktdaten werden über SAP NetWeaver PI 7.0 nach SRM-MDM Catalog übertragen.

Es besteht auch die Möglichkeit, Zentralkontrakte mit Dienstleistungshierarchien in den SRM-MDM Catalog hochzuladen. Hierzu müssen Sie den Customizing-Schalter SRM_701_SERV_PROC_CCM aktivieren. [EHP 1]

8.2.6 Konditionen

Eine der wichtigsten Funktionen von Zentralkontrakten ist die Verwaltung von Konditionen. Diese können dabei sowohl auf Kopfebene (also gültig für alle Produkte bzw. Produktkategorien des Zentralkontrakts) als auch auf Positionsebene abgebildet werden.

Konditionen können ebenfalls von Lieferanten in Ausschreibungen angegeben werden, wenn diese ihr Lieferantengebot anlegen. Wird auf der Basis der Ausschreibungsergebnisse ein Zentralkontrakt angelegt, werden diese Konditionen übernommen.

Konditionsarten

Auf der *Kopfebene* können nur Rabatte oder Zuschläge als Konditionsarten angelegt werden; auf der *Positionsebene* sind in der Standardkonfiguration die folgenden Konditionsarten verfügbar:

- Position Preis (Kontrakt/Angebot)
- Position Rabatt (absolut)
- Position Rabatt (%)
- Positionsgruppe Rabatt (%)
- Position Preis (Kontrakt/Angebot) standortabhängig
- Position Rabatt (absolut) standortabhängig
- Position Rabatt (%) standortabhängig
- Positionsgruppe Rabatt (%) standortabhängig

Ergänzend hierzu haben Sie die Möglichkeit, eigene Konditionsarten (z.B. einen Jubiläumsrabatt) festzulegen (siehe Abschnitt 8.4.5, »Preisfindung«).

Mengen- oder Wertstaffeln

Die in SAP SRM ausgelieferten Konditionsarten enthalten eine Staffelungsmöglichkeit. Im Bereich STAFFELKONDITIONEN PREIS(KONTR./ANG) in der Registerkarte KONDITIONEN können Sie die Konditionen nach Preisen oder Mengen weiterdifferenzieren (siehe Abbildung 8.16).

Allgemeine Daten | Konditionen | Notizen und Anlagen | Verteilung | Freigeben | Genehmigungsvorschau

Konditionen

Kondition hinzufügen | Staffeln | Duplizieren | Entfernen — Filter Einstellungen

Konditionsart	Staffeln	Betrag	Währung	Preiseinheit pro	Einheit	Gültig ab	Standort	Gültig bis
Preis(Kontr./Ang.)	EXISTING	99.00	USD	1	ST	03/20/2009		12/31/9999

Staffelkonditionen Preis(Kontr./Ang.)

Hinzufügen | Löschen — Einstellungen

Von	Bis	Einheit	Betrag	Währung	Preis-ME
0	9	ST	99.00	USD	1
10	49	ST	89.00	USD	1
50	99	ST	85.00	USD	1
100		ST	79.00	USD	1

Abbildung 8.16 Zentralkontrakt mit Staffelkonditionen

In Abbildung 8.16 sehen Sie als Beispiel eine Staffelkondition, die über mehrere Stufen verschiedene Mengenrabatte einräumt. So beträgt beispielsweise der Stückpreis bei Bestellungen von 0–9 Stück 99 USD und bei Bestellungen von 10–49 Stück nur noch 89 USD usw.

Automatische Berechnung von Gruppenrabatten

Zur Berechnung von Wert- oder Mengenrabatten werden alle relevanten Positionen berücksichtigt. Der Gruppenrabatt wird automatisch berechnet, wenn in der Bestellung Positionen vorhanden sind, die sich auf denselben Kontrakt bzw. dieselbe Kontraktposition beziehen.

Beispiel 1

Kontraktkopfkonditionen: 10% Rabatt ab einem Bestellwert von 1.000 EUR

Bestellbezug zu Kontrakt:

- Bestellposition 1: 750 EUR
- Bestellposition 2: 300 EUR

Ergebnis: Die Kopfkondition gilt für beide Bestellpositionen, da die Schwelle von 1.000 EUR erreicht worden ist. Das heißt, dass wir auf beide Positionen jeweils 10% Rabatt erhalten.

Beispiel 2

Mengenstaffel für Produkt mit der Materialnummer 100-100:

- Preis: 10 EUR/Stück
- 5% Rabatt bei einer Bestellung von 0–10 Stück
- 10% Rabatt bei einer Bestellung ab 10 Stück

Bestellbezug zum Kontrakt:

- Bestellposition 1, Materialnummer 100-100: 4 Stück à 9 EUR
- Bestellposition 2, Materialnummer 100-100: 8 Stück à 9 EUR

Ergebnis: Das System hat die Menge beider Bestellpositionen addiert, und die Schwelle von 10 Stück ist erreicht worden; es gibt also auf beide Bestellpositionen jeweils einen Rabatt von 10%.

Preisfindung

Beim Anlegen einer Bestellung in SAP SRM werden die Preise der Bestellpositionen anhand der gewählten Bezugsquelleninformation berechnet. Die Berechnung findet in SAP IPC statt. SAP IPC ist eine Komponente von SAP Customer Relationship Management (SAP CRM), die auch von SAP SRM verwendet wird.

SAP IPC ermittelt automatisch den Bruttopreis sowie – gemäß den vorhandenen Konditionen – die Zu- und Abschläge. Aus der Differenz zwischen dem Bruttopreis und den Zu- und Abschlägen ermittelt das System anschließend den Nettopreis.

Die IPC-basierte Preisfindung in SAP SRM basiert auf den folgenden Konzepten:

- **Konditionsart**
  Die in der Standardauslieferung verfügbaren Konditionsarten für Zentralkontrakte (z.B. Position Rabatt %) haben wir unter der Überschrift »Konditionsarten« weiter oben in diesem Abschnitt bereits betrachtet. Darüber hinaus werden auch selbst festgelegte Konditionen wie manueller Preis, Katalogpreis und Preis aus einer Produktverknüpfung berücksichtigt.
- **Kalkulationsschema**
  Das Kalkulationsschema beschreibt eine Folge von Konditionsarten, die der Ermittlung des Preises dienen. In SAP SRM ist das Kalkulationsschema 0100 fest voreingestellt. Sie können dies im Customizing ändern und Ihre eigenen Konditionsarten hinzufügen.
- **Zugriffsfolge**
  Die Zugriffsfolge ist eine Suchstrategie für Daten, die bei einer bestimmten Konditionsart benötigt werden. Für jede Konditionsart kann die Zugriffsfolge – also die Suchstrategie nach den entsprechenden Daten – festgelegt werden. In SAP SRM sind die Zugriffsfolgen voreingestellt.
- **Konditionstabelle**
  Eine Konditionstabelle enthält Preisinformationen zu einem Stammdatentyp (z.B. Produktstamm). Wenn Sie z.B. einen Produktpreis oder einen speziellen Rabatt angeben, legt das System damit Konditionssätze in der zugehörigen Konditionstabelle an.

Das im Standard ausgelieferte Kalkulationsschema 0100 priorisiert die Konditionsarten in der folgenden Reihenfolge (höchste Priorität zuerst):

1. manueller Preis
2. Kontraktpreis
3. Katalogpreis
4. Preis aus der Produktverknüpfung mit lieferantenabhängigen Preisen
5. Produktpreis (z.B. Bewertungspreis ohne Bezug zum Lieferanten)

Somit stellt die Preisfindung sicher, dass ein manueller Preis Vorrang vor einem Kontraktpreis, ein Kontraktpreis Vorrang vor einem Katalogpreis und dieser wiederum Vorrang vor einem Produktpreis hat.

8.2.7 Zentralkontrakthierarchien

Sollen komplexe Kontraktregelwerke angelegt werden, bietet sich die Nutzung von Zentralkontrakthierarchien an. Diese können zum Beispiel eingesetzt werden, wenn Sie ein komplexes Regelwerk aus globalen und lokalen Konditionen erstellen möchten.

Zur Abbildung der globalen Konditionen legen Sie einen Basiskontrakt an. Dieser enthält keine Positionen und bildet nur Konditionen auf der Kopfebene ab. Solch ein Basiskontrakt umfasst oft allgemeine Bedingungen und Konditionen, unabhängig von Standort, Produktkategorie und Produkt.

Dem Basiskontrakt können Sie dann in Form einer Hierarchie weitere lokal oder regional gültige Zentralkontrakte unterordnen. Diese können dann Konditionen für die Produktkategorie oder für produktspezifische Preise und Lieferbedingungen auf der Positionsebene enthalten.

Zentralkontrakthierarchien können aber auch einfach genutzt werden, um ähnliche Zentralkontrakte zu gruppieren, so dass sie leichter gefunden und bearbeitet werden können.

Zum Aufbau einer Kontrakthierarchie gehen Sie folgendermaßen vor:

1. Legen Sie zuerst einen Basiskontrakt an, indem Sie die Checkbox BASISKONTRAKT anhaken (siehe Abbildung 8.17).

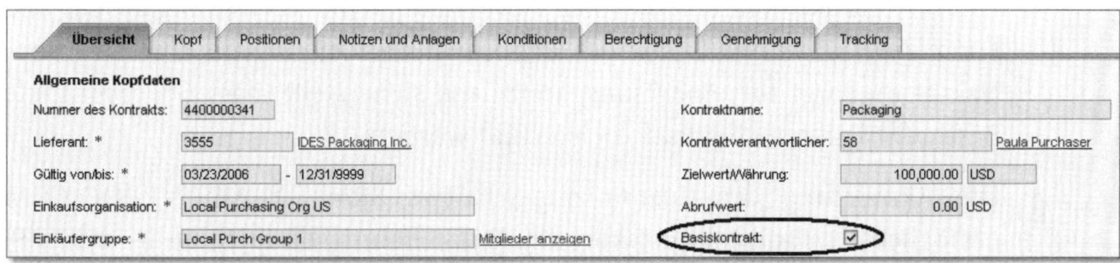

Abbildung 8.17 Zentralkontrakthierarchie – Basiskontrakt

2. Fügen Sie nun dem Basiskontrakt die gewünschten Konditionen auf der Kopfebene hinzu; einem Basiskontrakt können keine Positionen zugeordnet werden.

3. Legen Sie anschließend die untergeordneten Zentralkontrakte mit den Positionen und allen anderen Details an.
4. Um die untergeordneten Zentralkontrakte anschließend einer Zentralkontrakthierarchie zuzuordnen, gehen Sie auf KOPF • HIERARCHIE und wählen dort den übergeordneten Basiskontrakt oder Zentralkontrakt aus (siehe Abbildung 8.18).

Abbildung 8.18 Zentralkontrakthierarchie – untergeordneter Kontrakt

5. Das System ermittelt den Abrufwert für jede Hierarchieebene automatisch und aktualisiert den Gesamtabrufwert für die gesamte Zentralkontrakthierarchie. Es ermittelt dabei auch Rabatte, die auf dem Gesamtabrufwert für die gesamte Zentralkontrakthierarchie basieren.

Zentralkontrakthierarchien in SAP SRM erlauben die Verwaltung großer und komplexer Kontraktbäume. Das Reporting über einen vollständigen Kontraktbaum sorgt für eine Transparenz, die sicherstellt, dass übergeordnete Beschaffungsstrategien und -ziele erfüllt werden.

[EHP 1] Die Aktivierung des Customizing-Schalters SRM_701_SERV_PROC_CCM ermöglicht es Ihnen, Kontrakte mit Dienstleistungshierarchien in das ERP-System zu verteilen.

8.2.8 Quotierungen

Über Quotierungen kann im System definiert werden, dass die Bestellungen zu einem Produkt über mehrere Lieferanten verteilt werden sollen. Quotierungen stehen in der Bezugsquellenfindung sowohl bei der manuellen als auch in der automatischen Generierung von Bestellungen zur Verfügung (siehe Abbildung 8.19).

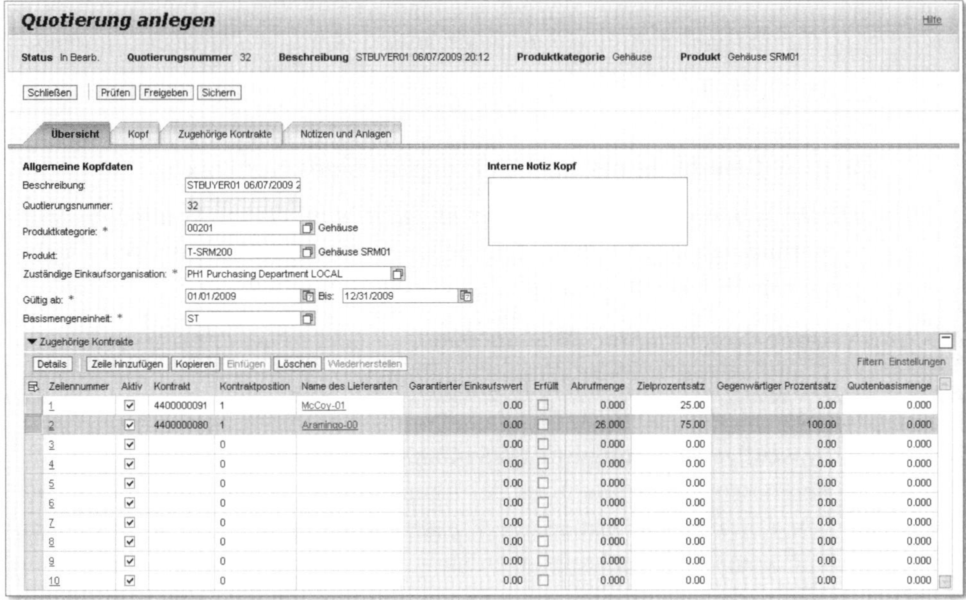

Abbildung 8.19 Quotierung anlegen

Beim Anlegen der Quotierung werden Zielprozentwerte definiert (siehe Abbildung 8.19), anhand derer die Bestellungen auf zwei oder mehr Zentralkontrakte verteilt werden. Pro Zentralkontrakt können ein Mindestverkaufsvolumen und ein prozentualer Anteil des Gesamteinkaufsvolumens – jeweils für ein Produkt oder eine Produktkategorie – definiert werden. Quotierungen haben bei der Bezugsquellenfindung die höchste Priorität.

Vor der Zuordnung von Zentralkontrakten auf der Grundlage der Zielprozentwerte stellt die Quotierung sicher, dass alle garantierten Mindestwerte des Zentralkontrakts erfüllt sind (siehe Spalte GARANTIERTER EINKAUFSWERT).

Wenn alle garantierten Mindestwerte der Zentralkontrakte, die zu einer Quotierung gehören, erfüllt worden sind, beginnt das System mit der Zuordnung der Zentralkontrakte auf der Basis der in der Quotierung festgelegten Zielprozentwerte. Dabei erhält jeweils die Kontraktposition den Zuschlag, deren gegenwärtiger Prozentsatz am weitesten unter dem Zielprozentsatz liegt.

Nachdem wir nun die Möglichkeiten der Pflege und Verteilung von Zentralkontrakten kennengelernt haben, ist es an der Zeit, einen Blick auf die hier verfügbaren Genehmigungs-Workflows zu werfen.

8.3 Workflows

SAP SRM stellt für die Verwaltung von Kontrakten bzw. Zentralkontrakten mehrere Genehmigungs-Workflows zur Verfügung. Betrachten wir zunächst die bis inklusive SAP SRM 5.0 ausgelieferten anwendungsgesteuerten Workflow-Vorlagen:

8.3.1 Genehmigung bei der Freigabe eines Kontrakts

Dieser Workflow überwacht die Freigabe von neuen Kontrakten sowie Änderungsversionen bereits freigegebener Kontrakte. Es existieren drei verschiedene Workflow-Vorlagen:

- **Ohne Genehmigung (WS14000086)**
  Die Workflow-Vorlage »Ohne Genehmigung« wird gestartet, wenn gemäß den Startbedingungen keine Genehmigung erforderlich ist.
- **Einstufige Genehmigung (WS14000088)**
  Bei diesem Workflow muss der Manager der für den Kontrakt zuständigen Einkaufsorganisation die Freigabe genehmigen. Der Kontrakt kann nur komplett genehmigt werden – eine positionsweise Genehmigung wird nicht unterstützt.

  Eine Änderung des Kontrakts durch den Genehmiger ist auch nicht möglich. Falls Änderungsversionen des Kontrakts existieren, kann er sich hier über den Versionsvergleich die Unterschiede zwischen alter und neuer Version anzeigen lassen. Lehnt der Genehmiger die Freigabe ab, erhält der Kontrakt den Status GEMERKT. Nun kann ihn der Anleger wieder bearbeiten und anschließend erneut zur Genehmigung vorlegen.
- **n-stufige Genehmigung per BAdI (WS14500027)**
  Dieser Genehmigungs-Workflow verfügt über besondere Eigenschaften wie z.B. die Back-and-Forth-Bearbeitung. Die Regeln dieses Workflows werden per BAdI-Programmierung definiert.

8.3.2 Alert Workflow bei Kontraktüberschreitungen

Dieser Workflow dient gemeinsam mit der in Abschnitt 8.5, »Analysen«, beschriebenen Funktionalität der Überwachung von Kontrakten. Hierbei steht nur die Workflow-Vorlage »Alert Workflow« (WS14500035) zur Verfügung.

Der Workflow wird ausgelöst, wenn Wertlimits von Kontrakten überschritten wurden, Kontrakte auslaufen oder Auswertungen in SAP NetWeaver BW das Ereignis ALERTBUSINESSWAREHOUSE kreieren.

Je nach Customizing wird von diesem Workflow ein Alert oder eine Benachrichtigung (Meldung) an alle Einkäufer versendet, die zu der dem Kontrakt zugeordneten Einkäufergruppe gehören. Die Workflow-Benachrichtigung ist mit einem Link versehen, über den der Empfänger direkt in den Kontrakt verzweigen kann. Nun kann dieser den Kontrakt bei Bedarf neu verhandeln bzw. erweitern.

Die Workflow-Vorlage des anwendungsgesteuerten Alert Workflows bei Kontraktüberschreitungen wird auch in SAP SRM 7.0 noch eingesetzt.

8.3.3 Workflows in SRM 7.0 (prozessgesteuerter Workflow)

Analog zu den anwendungsgesteuerten Workflow-Vorlagen früherer SAP SRM-Releases ist in SAP SRM 7.0 die entsprechende Funktionalität im prozessgesteuerten Workflow Framework vorhanden.

Für das Business-Objekt »Kontrakt« stehen BC-Sets zur automatischen Konfiguration einfacher einstufiger Genehmigungs-Workflows zur Verfügung.

Anwendungsgesteuerter Alert Workflow auch in SAP SRM 7.0 gültig

Beachten Sie, dass der in Abschnitt 8.3.2, »Alert Workflow bei Kontraktüberschreitungen«, erwähnte anwendungsgesteuerte Workflow auch noch in SAP SRM 7.0 verwendet wird.

Weitere Informationen zur allgemeinen Konfiguration des prozessgesteuerten Workflows sowie zur Definition komplexerer Genehmigungsprozesse im Business Rule Framework (BRF) finden Sie in Abschnitt 5.3, »Prozessgesteuertes Workflow Framework«.

8.4 Customizing

Hier gehen wir nur auf zusätzlich für die Verwaltung von Zentralkontrakten benötigte Konfigurationseinstellungen ein und setzen ein Grund-Customizing in den folgenden Bereichen voraus:

- Backend-Integration
- Aufbauorganisation
- Produkt- und Lieferantenstammdaten

Das Grund-Customizing ist ausführlich in Teil I, »Grundlagen«, dieses Buches beschrieben. Weitere Details zum Customizing für die Verwaltung von Zentralkontrakten finden Sie im SAP SRM Solution Manager Content.

8.4.1 Backend-Systeme definieren

Rufen Sie die Transaktion SPRO auf und anschließend im Einführungsleitfaden (IMG) den Menüpfad Supplier Relationship Management • SRM Server • Technische Grundeinstellungen • Systemlandschaft festlegen. Führen Sie nun die folgenden Aktivitäten durch:

1. Geben Sie alle angebundenen SAP ERP-Backend-Systeme ein, siehe Abschnitt 2.3, »Backend-Integration im Beschaffungsprozess«.
2. Wenn Sie die TREX-Suchfunktionalität (TREX = SAP NetWeaver Search and Classification) für die Verwaltung von Zentralkontrakten nutzen möchten, fügen Sie einen Eintrag für TREX hinzu. In der Spalte Logisches System können Sie einen Dummy-Eintrag (z.B. TREX) angeben. Wählen Sie die RFC-Destination zum TREX-Server aus, und geben Sie als Systemart »TREX« an. Zur weiteren Konfiguration von TREX lesen Sie die Dokumentation im Solution Manager Content für SAP SRM und SAP NetWeaver 7.0.
3. Wenn Sie Kontraktpositionen in den SRM-MDM-Produktkatalog verteilen möchten, fügen Sie einen Eintrag für den Katalog hinzu. Auch hierfür können Sie in der Spalte Logisches System einen Dummy-Eintrag, z.B. »KATALOG«, angeben. Lassen Sie das Feld RFC-Destination leer, und geben Sie als Systemart »CATALOG« an.

8.4.2 Nummernkreise definieren

Definieren Sie nun den Nummernkreis für die Zentralkontrakte. Rufen Sie hierzu die Transaktion SPRO und anschließend im Einführungsleitfaden (IMG) den Menüpfad Supplier Relationship Management • SRM Server • Anwendungsübergreifende Grundeinstellungen • Nummernkreise • Nummernkreise für SRM Server • Nummernkreise für Einkaufskontrakte festlegen auf.

Pflegen Sie ein Nummernkreisintervall, das zu dem für die Vorgangsart(en) des Business-Objekts BUS2000113 (Kontrakt) angegebenen internen Nummernkreis passt.

Wenn Sie Detailinformationen zu den Vorgangsarten benötigen, rufen Sie die Transaktion SPRO und dann im Einführungsleitfaden (IMG) den Menüpfad SUPPLIER RELATIONSHIP MANAGEMENT • SRM SERVER • ANWENDUNGSÜBERGREIFENDE GRUNDEINSTELLUNGEN • VORGANGSARTEN FESTLEGEN auf.

8.4.3 Versionssteuerung für Einkaufsbelege einschalten

Nachdem Backend und Nummernkreise definiert sind, kümmern wir uns nun um die Versionssteuerung. Wenn Sie diese für Kontrakte einschalten, können ihre Einkäufer die Änderungen an den Kontrakten noch besser nachverfolgen. In diesem Fall wird bei der Änderung eines Kontrakts, der bereits freigegeben ist, oder bei der erneuten Freigabe eines bereits freigegebenen Kontrakts eine neue Version angelegt.

Zur Aktivierung dieser Funktionalität rufen Sie die Transaktion SPRO und dann im Einführungsleitfaden (IMG) den Pfad SUPPLIER RELATIONSHIP MANAGEMENT • SRM SERVER • ANWENDUNGSÜBERGREIFENDE GRUNDEINSTELLUNGEN • VERSIONSSTEUERUNG FÜR EINKAUFSBELEGE EINSCHALTEN auf. Fügen Sie als Geschäftsvorgangstyp KONTRAKT hinzu, und aktivieren Sie die Checkbox EIN/AUS (siehe Abbildung 8.20).

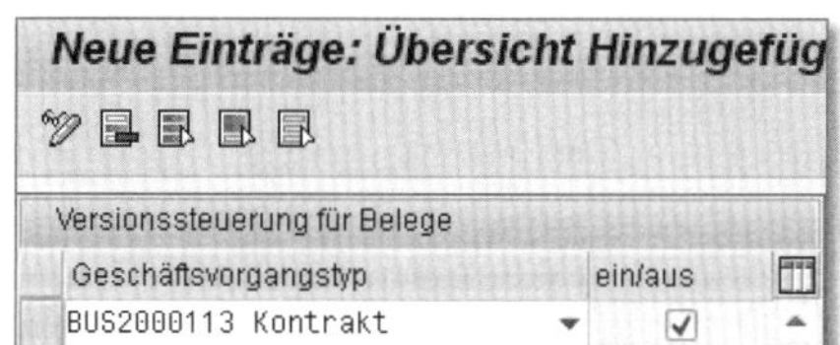

Abbildung 8.20 Versionssteuerung aktivieren

Dies ist eine optionale, jedoch sicherlich empfehlenswerte Systemeinstellung.

8.4.4 Aktivierung von Zentralkontrakthierarchien

Damit Sie Zentralkontrakthierarchien nutzen können, müssen Sie deren Verwendung erst im Customizing zulassen.

Rufen Sie hierzu die Transaktion SPRO und anschließend im Einführungsleitfaden (IMG) den Menüpfad SUPPLIER RELATIONSHIP MANAGEMENT • SRM SERVER • ANWENDUNGSÜBERGREIFENDE GRUNDEINSTELLUNGEN • HIERARCHIEN FÜR

Produktkategorien, Lieferanten und Kontrakte aktivieren auf. Wählen Sie Neue Einträge, und aktivieren Sie anschließend die Checkbox Kontrakthierarchien aktivieren.

8.4.5 Preisfindung

Die für das Customizing im Bereich der Preisfindung nötigen Transaktionen finden Sie, wenn Sie die Transaktion SPRO und anschließend im Einführungsleitfaden (IMG) den Menüpfad Supplier Relationship Management • SRM Server • Anwendungsübergreifende Grundeinstellungen • Preisfindung aufrufen.

Unter diesem Customizing-Knoten finden Sie die Transaktionen, mit denen Sie Konditionsarten, Kalkulationsschema und Konditionsgruppen bearbeiten sowie die Einstellungen zu den Konditionen prüfen können. Es handelt sich dabei um optionale Customizing-Einstellungen. In der Regel können Sie die Standardeinstellungen beibehalten.

Konditionsarten bearbeiten

Neben den erwähnten Standardkonditionsarten (siehe Abbildung 8.21) können Sie hier eigene Konditionsarten hinzuzufügen.

Konditionen: Konditionsarten

KArt	Konditionsart	Konditionsklasse	Rechenregel	Quellsystem
0100	Preis	B Preise	C Menge	B Herkunft: lok...
01AG	Abrufwertbas. Rabatt	A Zu- oder Absch...	A Prozentual	B Herkunft: lok...
01BE	Preis (BE-Kontrakt)	B Preise	C Menge	B Herkunft: lok...
01CG	Preis (Katalog)	B Preise	C Menge	B Herkunft: lok...
01CT	Preis(Kontr./Ang.)	B Preise	C Menge	B Herkunft: lok...
01PB	Preis (manuell)	B Preise	C Menge	B Herkunft: lok...
01PV	Preis (Produkt)	B Preise	C Menge	B Herkunft: lok...
01RA	Rabatt (absolut)	A Zu- oder Absch...	B Fester Be...	B Herkunft: lok...
01RH	HeaderRabatt (proz)	A Zu- oder Absch...	A Prozentual	B Herkunft: lok...
01RP	Rabatt (%)	A Zu- oder Absch...	A Prozentual	B Herkunft: lok...
01SP	Netto (manuell)	B Preise	C Menge	B Herkunft: lok...

Abbildung 8.21 Im Standard ausgelieferte Konditionsarten

Die Konditionsarten, die Sie hinzufügen möchten, können Sie auf unterschiedliche Art und Weise ausprägen. Beispielhaft haben wir hier die Details zur Konditionsart 01PV Preis (Produkt) abgebildet – siehe Abbildung 8.22.

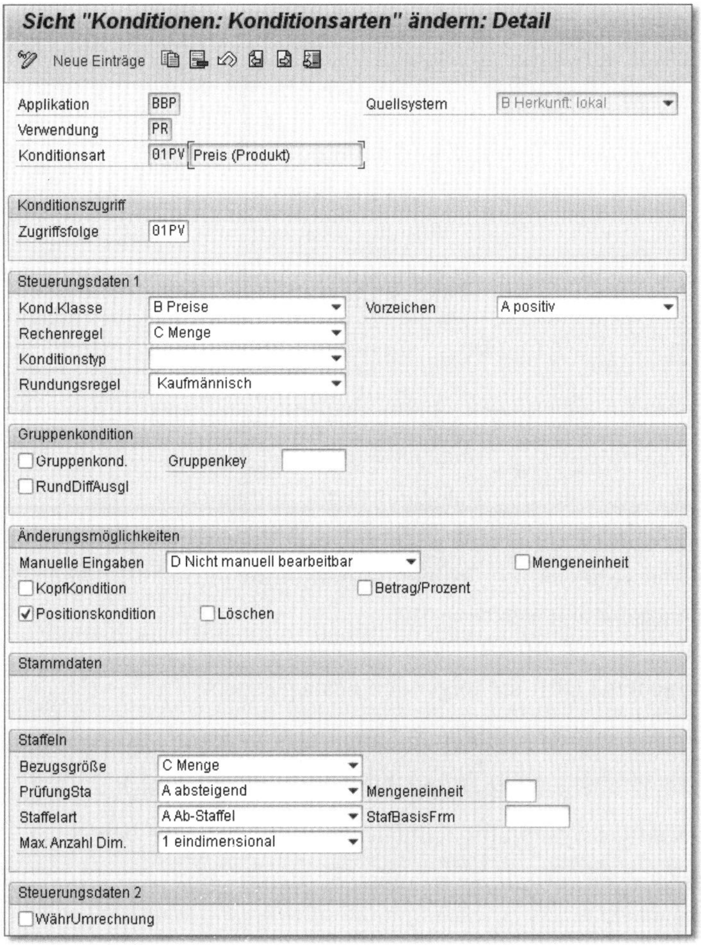

Abbildung 8.22 Konditionsart »01PV Preis (Produkt)« ausprägen

Kalkulationsschema bearbeiten

Unter dem Menüpunkt PREISFINDUNG können Sie auch das Kalkulationsschema 0100 (siehe Abbildung 8.23) um weitere, selbst angelegte Konditionsarten ergänzen. Das Kalkulationsschema legt fest, welche gültige Konditionsart SAP IPC in welcher Reihenfolge für die Preisberechnung heranzieht.

Aufgrund der Komplexität der Preisberechnungsmechanismen und des daraus resultierenden Risikos, fehlerhafte Einträge zu erstellen, sollten Sie das ausgelieferte Kalkulationsschema nur in wichtigen Ausnahmefällen ändern.

Abbildung 8.23 Standardkalkulationsschema 0100

Das Kalkulationsschema trifft die folgenden Festlegungen:

- welche Zwischensummen gebildet und angezeigt werden
- inwieweit eine manuelle Bearbeitung der Preisfindung möglich ist
- auf welcher Basis das System prozentuale Zu- und Abschläge berechnet
- welche Bedingungen erfüllt sein müssen, damit eine Konditionsart berücksichtigt wird

Konditionsgruppen bearbeiten

Die Konditionsgruppe legt fest, welche Konditionsarten die Benutzer in der Konditionsbearbeitung – z.B. für Kontrakte – verwenden dürfen. Wenn Sie eine neue Konditionsart in eine Gruppe aufnehmen möchten, müssen Sie diese zuvor unter KONDITIONSARTEN BEARBEITEN angelegt haben.

SAP SRM enthält jeweils Konditionsgruppen für die Konditionsbearbeitung im Produktstamm, im Angebot und im Zentralkontrakt. Für den Zentralkontrakt sind dies z.B. die folgenden Konditionsgruppen:

- 01CH – Zentralkontraktkopf
- 01CC – Zentralkontraktposition
- 01CP – Zentralkontrakt-Produktkategorieposition

Abbildung 8.24 zeigt beispielhaft die Konditionsgruppe 01CC (Zentralkontraktposition).

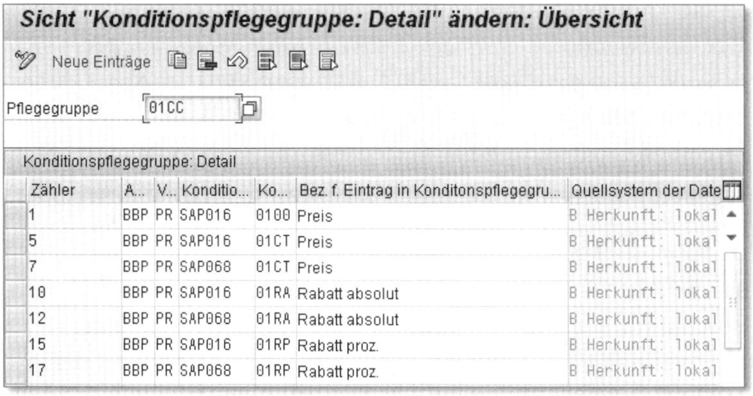

Sicht "Konditionspflegegruppe: Detail" ändern: Übersicht

Neue Einträge

Pflegegruppe 01CC

Konditionspflegegruppe: Detail

Zähler	A...	V...	Konditio...	Ko...	Bez. f. Eintrag in Konditonspflegegru...	Quellsystem der Date
1	BBP	PR	SAP016	0100	Preis	B Herkunft: lokal
5	BBP	PR	SAP016	01CT	Preis	B Herkunft: lokal
7	BBP	PR	SAP068	01CT	Preis	B Herkunft: lokal
10	BBP	PR	SAP016	01RA	Rabatt absolut	B Herkunft: lokal
12	BBP	PR	SAP068	01RA	Rabatt absolut	B Herkunft: lokal
15	BBP	PR	SAP016	01RP	Rabatt proz.	B Herkunft: lokal
17	BBP	PR	SAP068	01RP	Rabatt proz.	B Herkunft: lokal

Abbildung 8.24 Konditionsgruppe 01CC (Zentralkontraktposition)

Technische und Customizing-Einstellungen für die Konditionen prüfen

In dieser Aktivität (ebenfalls unter PREISFINDUNG erreichbar) können Sie prüfen, ob die technischen Grund- und die Customizing-Einstellungen für die Konditionen korrekt sind. Unter anderem können Sie sich hier anzeigen lassen, ob die Komponente SAP IPC funktionsbereit ist, und außerdem eine Aktualisierung des IPC-Puffers (z.B. um veraltete Preisfindungsdaten zu entfernen) sowie eine Simulation der Preisfindung ausführen.

8.4.6 Alerts für Zentralkontrakte

Wie in Abschnitt 8.3.2, »Alert Workflow bei Kontraktüberschreitungen«, beschrieben, wird in SAP SRM 7.0 die Workflow-Vorlage WS14500035 (Alert Workflow) des anwendungsgesteuerten Workflows weiterverwendet.

Seit SAP 2007 (SAP SRM 6.0) können die Schwellenwerte für Alerts direkt in der browserbasierten Transaktion zum Anlegen des Zentralkontrakts definiert werden.

Alternativ können Sie die Schwellenwerte auch im Customizing vorbelegen. In diesem Fall werden dann beim Anlegen des Zentralkontrakts die entsprechenden Felder vorausgefüllt. Diese Vorbelegungen können aber von den Benutzern beim Anlegen des Zentralkontrakts jederzeit wieder überschrieben werden.

Alert-Schwellenwert definieren

Zur Definition der Schwellenwerte im Customizing gehen Sie wie folgt vor:

1. Rufen Sie die Transaktion SPRO und anschließend im Einführungsleitfaden (IMG) den Menüpfad Supplier Relationship Management • SRM Server • Anwendungsübergreifende Grundeinstellungen • Alert-Schwellenwert für Kontrakte anlegen auf.
2. Wählen Sie den Button Neue Einträge.
3. Wählen Sie eine Vorgangsart aus der Drop-down-Liste, beispielsweise CCTR für einen Zentralkontrakt.
4. Geben Sie die Alert-Schwelle (in Prozent) für den Abrufwert eines Kontrakts – sowohl für die Kopf- als auch für die Positionsebene – ein. Wenn Sie beispielsweise möchten, dass das System den Benutzer benachrichtigt, wenn der Abrufwert eines Kontrakts auf der Kopfebene 95 % des Zielwerts erreicht hat, geben Sie »95« in der Spalte Kopfwert ein.
5. Geben Sie die Anzahl der Tage ein, für die der Kontrakt ab dem jetzigen Tag noch gültig sein soll. Wenn Sie beispielsweise möchten, dass das System den Benutzer 100 Tage vor Auslauf des Kontrakts benachrichtigt, geben Sie »100« in der Spalte Ablauf Tg ein.
6. Geben Sie die Alert-Schwelle (in Prozent) für die Abrufmenge eines Kontrakts an. Wenn Sie beispielsweise möchten, dass das System den Benutzer benachrichtigt, wenn die Zielmenge zu 95 % ausgeschöpft ist, geben Sie »95« in der Spalte PosMenge ein.

Report BBP_CONTRACT_CHECK einplanen

Damit das SAP SRM-System die Alerts auch tatsächlich erzeugt, müssen Sie noch mit der Transaktion SM36 den Report `BBP_CONTRACT_CHECK` als periodischen Job einplanen.

8.4.7 Konfiguration für die SOA-basierte Verteilung von Zentralkontrakten

Wenn Sie ein SAP ERP 6.0-System ab Erweiterungspaket 4 (EHP 4) im Einsatz haben, können Sie die Verteilung von Zentralkontrakten an das Backend über SOA-basierte Enterprise Services mithilfe von SAP NetWeaver PI vornehmen.

Lesen Sie hierzu die folgenden SAP-Hinweise:

- 1268821, »SAP SRM 7.0/ERP 6.04: Konfiguration der Zentralkontraktverwaltung«

- 1263876, »SAP SRM: Konfiguration des Beschaffungsprozessszenarios«
- 1286936, »PI-Konfiguration für SAP SRM – zusätzliche Informationen«
- 1268336, »SAP Business Suite 2008: Synchrone Peer-to-Peer-Services«

Zusätzlich sollten Sie einen Blick auf die Dokumentation im SAP SRM Solution Manager Content werfen.

Die für die SOA-basierte Verteilung von Zentralkontrakten notwendigen Konfigurationseinstellungen umfassen folgende Einstellungen:

- **Einstellungen im SRM-Server**
  Hierzu gehören die folgenden Einstellungen:
  - Konfigurieren der Backend-Systeme in der Systemlandschaftspflege
  - Hinzufügen eines WF-BATCH-Benutzers zur SRM-Aufbauorganisation
- **Einstellungen im SAP ERP-Backend**
  Hierzu gehören die folgenden Einstellungen:
  - Aktivieren des EHP4-Funktionsbereichs »Integration Beschaffung – SAP SRM« (LOG_MM_P2PSE_1)
  - Registrieren des SRM-Systems
  - Einrichten von synchronen Services
  - Abstimmung der Belegarten und Nummernkreise für Kontrakte und Lieferpläne zwischen SRM-Server und SAP ERP-Backend
  - Customizing für das Mapping der Konditionen
  - Feld ZENTRALKONTRAKT für ERP-Geschäftsprozesse sichtbar machen
- **Einstellungen in SAP NetWeaver PI**
  Die im SAP-Hinweis 1268821 erwähnten asynchronen Enterprise Services werden eingerichtet.
- **Einstellungen in SAP NetWeaver Portal**
  Hierzu gehört die Zuordnung der harmonisierten Rollen zu Benutzern und die Verwendung des Systemalias SAP_ECC_PROCUREMENT für das angeschlossene ERP-System. Weitere Informationen hierzu erhalten Sie in SAP-Hinweis 1263876 im Abschnitt »Einstellungen im Enterprise Portal«.

Zu den bei der SOA-Integration verwendeten Enterprise Services finden Sie weitere Informationen in Abschnitt 2.4.2, »Enterprise Services für die Verwaltung von Zentralkontrakten«, dieses Buches.

An den SAP ERP-Backends früherer Versionen wird die Verteilung mithilfe von IDocs vorgenommen. Die hierzu notwendigen Konfigurationseinstellungen umfassen:

- Abstimmung der Belegarten und Nummernkreise für Kontrakte und Lieferpläne zwischen SRM-Server und SAP ERP-Backend
- Customizing für das Mapping der Konditionen
- Einrichtung eines ALE-Verteilungsmodells, über das Kontrakte, Lieferpläne und Konditionen vom SRM-Server aus im SAP ERP-Backend angelegt werden
- Einrichtung eines ALE-Verteilungsmodells vom SAP ERP-Backend zum SRM-Server, über das die Abrufwerte der Kontraktabrufe an den SRM-Server zurückübertragen werden.

Lesen Sie zur Konfiguration der Zentralkontraktverteilung an solche ERP-Backend-Releases die entsprechende Konfigurationsdokumentation im SAP SRM Solution Manager Content.

Für die in diesem Kapitel beschriebene Funktionalität der Zentralkontraktverteilung mit zentraler Preisberechnung ist die SOA-basierte Variante zur Verteilung von Zentralkontrakten erforderlich.

[+]

Szenarioabhängige Steuerung für die Erstellung von Folgebelegen

Im SRM-System wird in der Tabelle BBP_BACKEND_DEST das Release des angeschlossenen ERP-Backend-Systems festgelegt. Um das Zentralkontraktmanagement in der zuvor beschriebenen Ausprägung einsetzen zu können, wird für das SAP ERP-Backend mindestens die Einstellung ERP_4.0 benötigt. Dies erfordert allerdings für die Erstellung weiterer Folgebelege (z. B. Bestellung) die Umstellung auf Enterprise Services. Dies kann allerdings in verschiedenen Fällen nicht gewünscht sein, z. B. wenn Sie die solide RFC-Technik für die Erstellung aller weiteren ERP-Belege nutzen möchten.

Durch die Implementierung einer Kundentabelle (siehe Tabelle 8.1) und die Ausprägung des BAdIs `BBP_DETERMINE_DRIVER` kann die Auswahl des benutzten Adapter-Bausteins je nach verwendetem Business-Objekt übersteuert werden. Das in Tabelle 8.1 gezeigte Beispiel einer kundenindividuellen Tabelle setzt voraus, dass die Tabelle BBP_BACKEND_DEST so eingestellt ist, dass die Integration zum SAP ERP-Backend weiterhin auf der Basis der RFC-Funktionalität stattfindet. Der Eintrag für das Backend-System lautet »ERP_2.0«.

Mandant	Regel	Log_Sys	Objekt	Methode	OrgFunc	NeuFunc
100	001	ERP001	BUS2000113	Create-FromData	B46B_CTR_CREATE	BBP_SAPXML1_CTR_CREATE
100	002	ERP001	BUS2000113	Transfer-FromData	B46B_CTR_TRANSFER	BBP_SAPXML1_CTR_REPLICATION

Tabelle 8.1 Beispieltabelle »Übersteuerung BBP_FUNCTION_MAP«

8.5 Analysen

Für die Analyse im Bereich der Kontraktverwaltung sowie zur allgemeinen Unterstützung des strategischen Einkaufs stehen Ihnen die im Folgenden aufgelisteten BW-Web-Templates zur Verfügung.

Zur besseren Übersichtlichkeit sind diese nach den verschiedenen Perspektiven gegliedert. Die folgenden Perspektiven sind für die Optimierung der Beschaffungssituation mithilfe von Kontrakten relevant:

- Identifikation von Einsparungspotenzialen
- Identifikation von Kontrakt-Optimierungspotenzialen
- Lieferanteninformationen für Kontraktneuverhandlungen
- Analyse verteilter Kontrakte
- Optimierung der Arbeitsauslastung im Einkauf

Da diese Web Templates zu SAP SRM 5.0 und zum Teil zu früheren Releases abwärtskompatibel sind, wird hier noch zwischen lokalem Kontrakt und globalem Rahmenvertrag unterschieden. In SAP SRM 7.0 ist die komplette Funktionalität (Kontrakt und globaler Rahmenvertrag) im Zentralkontrakt vereint.

8.5.1 Web Templates zur Identifikation von Einsparungspotenzialen

Die folgenden Web Templates geben dem strategischen Einkäufer einen Überblick über die Beschaffungswerte und damit Informationen dazu, in welchen Bereichen durch eine Optimierung im Kontraktmanagement zusätzliche Einsparungen möglich sind.

- **Analyse der Beschaffungswerte (Rolle SAP_BW_SRM_STRAT_PURCHASER)**
  In diesem Web Template erhält der strategische Einkäufer einen Überblick über die wichtigsten Beschaffungswerte.

  Er kann mithilfe dieses Templates eine Analyse der Beschaffungswerte pro Lieferant durchführen, die sich durch den zusätzlichen Aufriss nach D-U-N-S-Nummer (weltweite eindeutige Lieferanten-ID, vergeben durch Dun & Bradstreet) konzernweit konsolidieren lässt. Dabei werden auch die verschiedenen Bestellwerte der letzten Monate/Jahre nach Produktkategorie oder Produkt dargestellt.

  Zusätzlich wird anhand einer Lorenzkurve die kumulierte mengen- und wertmäßige Verteilung der Produkte in Form einer ABC-Analyse visualisiert. Von hier aus ist ein Absprung in eine detaillierte Analyse der A-Produkte möglich.

- **Auswertung der A-Produkte (Rolle SAP_BW_SRM_STRAT_PURCHASER)**
  Im Web Template »Auswertung der A-Produkte« erhält der strategische Einkäufer anhand zweier Berichte einen Überblick zu den Bestellwerten seiner wichtigsten Produkte.

  Der obere Bericht zeigt die möglichen Bezugsquellen bzw. Lieferanten der A-Produkte inklusive der entsprechenden historischen Bestellwerte. Hier kann der strategische Einkäufer erkennen, wie hoch der Anteil des über Kontrakte vollzogenen Bestellvolumens ist.

  Der untere Bericht stellt anhand eines Diagramms die kumulierte Entwicklung des Bestellvolumens für die A-Produkte dar.

- **Preisentwicklung pro Produkt (Rolle SAP_BW_SRM_STRAT_PURCHASER)**
  Über dieses Web Template wird die Preisentwicklung für ein bestimmtes Produkt dargestellt.

- **Pareto-Analyse des Bestellvolumens (Rolle SAP_BW_SRM_STRAT_PURCHASER)**
  Dieses Web Template ist die Grundlage für eine Pareto-Analyse. Damit kann sich der strategische Einkäufer eine Übersicht über die Verteilung der Bestellungen in seinem eigenen Unternehmen für bestimmte Wertebereiche anzeigen lassen. Stellt er dabei fest, dass ein Großteil der Bestellungen mit geringen Bestellwerten angelegt worden ist, kann dies auf Optimierungspotenziale hinweisen. Er kann dann z.B. gemeinsam mit

dem operativen Einkäufern überlegen, wie mehrere Bestellungen mit geringen Werten zu weniger großen Bestellung zusammengefasst werden können, um Preisnachlässe von dem Lieferanten zu erhalten.

8.5.2 Web Templates zur Identifikation von Kontrakt-Optimierungspotenzialen

Die folgenden Web Templates unterstützen den strategischen Einkäufer bei der Optimierung seiner bestehenden Kontrakte:

- **Analyse Maverick Buying (Rolle SAP_BW_SRM_STRAT_PURCHASER)**
  Dieses Web Template zeigt zu einzelnen Produkten den Wert der Bestellungen, die über Kontrakte erfolgt sind, und den Wert der Bestellungen, die ohne Kontrakte erfolgt sind. Der strategische Einkäufer kann damit Anhäufungen teurer Bestellvorgänge vorbei am vorgesehenen Einkaufsprozess (Maverick Buying) aufdecken. Durch die Einleitung entsprechender Maßnahmen kann die Nutzung der Kontrakte und damit das Ausschöpfen aller verhandelten Rabatte gefördert werden.
- **Kontrakte pro Produktkategorie (Rolle SAP_BW_SRM_STRAT_PURCHASER)**
  Dieses Web Template zeigt die Kontrakte aufgelistet nach ihren Produktkategorien. Es werden nur solche Kontrakte angezeigt, deren Laufzeit noch nicht abgelaufen ist. Aus betriebswirtschaftlicher Sicht können Sie es also nutzen, um zu auslaufenden Kontrakten alternative Bezugsquellen zu finden.
- **Kontraktanalyse (Rolle SAP_BW_SRM_STRAT_PURCHASER)**
  Mithilfe dieses Web Templates können Sie sich die folgenden Berichte anzeigen lassen:
  - die SRM-Kontrakthierarchie mit den Zielwerten und -mengen sowie mit den abgerufenen Werten und Mengen
  - die SRM-Lieferantenhierarchie mit Rechnungswerten, Kontraktbezügen und Informationen zum Maverick Buying (auf der Basis von FI-Daten)
  - die SRM-Produktkategoriehierarchie mit Rechnungswerten, Kontraktbezügen und Informationen zum Maverick Buying (auf der Basis von FI-Daten)
- **Auslaufende Kontrakte (Rolle SAP_BW_SRM_STRAT_PURCHASER)**
  Mithilfe dieses Web Templates können Sie die Laufzeit von Kontrakten, die bald auslaufen werden oder bereits ausgelaufen sind, genauer analysieren. Dabei haben Sie die Möglichkeit, nach Kontraktnummer, Einkaufs-

organisation, Einkäufergruppe, Geschäftspartner und Warenempfänger zu selektieren.

Die Ergebnisse dienen Ihnen als Entscheidungshilfe, für welche Kontrakte gegebenenfalls eine Neuverhandlung oder Erweiterung initiiert werden sollte.

8.5.3 Web Template mit Lieferanteninformationen für Kontraktneuverhandlungen

Ist ein strategischer Einkäufer im Begriff, einen neuen Kontrakt zu verhandeln, liefert ihm das folgende Web Template ergänzende Informationen zu den Lieferanten. Abhängig von den in der Vergangenheit mit dem Lieferanten gemachten Erfahrungen kann er nun entscheiden, ob er mit diesem einen Kontrakt aushandeln möchte oder nicht.

- **Lieferantenauskunft – Lieferantenliste (Rolle SAP_BW_BBP_APPL_CONTEXT)**
  Dieses Web Template zeigt allgemeine Informationen zum Lieferanten, wie Bestellwert, Rechnungswert und Anzahl der Bestellungen, als Trendanalyse (Quartal) an. Der Webbericht ist nach Lieferant, Kategorie und Produkt aufgerissen.

  Sie können das Web Template im SRM-Server aus der Lieferantenliste und aus KONTRAKTE BEARBEITEN heraus aufrufen, wobei die Kontextdaten vom SRM-Server (wie Lieferanten und Produktkategorien) die angezeigten Berichtsdaten filtern. Über die Checkboxen in der Navigationsleiste können Sie zusätzlich Einkaufsorganisationen und Einkäufergruppen in den Aufriss aufnehmen.

  Vom diesem Web Template aus können Sie unter WEITERFÜHRENDE ANALYSEN in weitere Web Templates der Lieferantenbewertung springen.

8.5.4 Web Templates zur Analyse verteilter Kontrakte

Die folgenden Web Templates unterstützen Sie bei der Analyse, wenn Sie einen globalen Rahmenvertrag oder einen Zentralkontrakt in verschiedene ERP-Backends verteilt haben:

- **Globale Rahmenverträge: Zielwerte (Rolle SAP_BW_SRM_STRAT_PURCHASER)**
  Dieses Web Template zeigt die Zielmengen und/oder Zielwerte, die innerhalb globaler Rahmenverträge festgelegt worden sind.

- **Abrufe lokaler Kontrakte von globalen Rahmenverträgen (Rolle SAP_BW_SRM_STRAT_PURCHASER)**
  Dieses Web Template zeigt die Abrufe von lokalen Kontrakten, die aus globalen Kontrakten heraus angelegt worden sind. So können Sie sehen, wie hoch die Abrufe in der Summe zu einem bestimmten globalen Rahmenvertrag sind und wie viel die einzelnen lokalen Kontrakte dazu beigetragen haben.
- **Lieferplanabrufe von globalen Rahmenverträgen (Rolle SAP_BW_SRM_STRAT_PURCHASER)**
  Dieses Web Template zeigt die Abrufe von Lieferplänen aus dem Backend-System, die auf Grundlage globaler Rahmenverträge erstellt worden sind. Auf diese Weise können Sie sämtliche Abrufe für einen bestimmten globalen Rahmenvertrag sehen und prüfen, wie viel die einzelnen Lieferpläne dazu beigetragen haben.

8.5.5 Web Template zur Optimierung der Arbeitsauslastung im Einkauf

Das folgende Web Template ermöglicht dem Einkaufsmanager einen Überblick über die Arbeitsbelastung bzw. die Effektivität der verschiedenen Einkäufergruppen in seiner Einkaufsorganisation.

- **Ausnutzung pro Einkaufsorganisation (Rolle SAP_BW_SRM_PROC_MANAGER)**
  Durch dieses Web Template erhält der Manager einen detaillierteren Überblick über die Anzahl der Einkaufswagen, Bestellungen und Kontrakte der einzelnen Einkäufergruppen. Dabei wird genau aufgelistet, wie viele Einkaufswagen, Bestellungen und Kontraktpositionen sich in den verschiedenen Status befinden.

Analytische Funktionen im Work Center [EHP 1]

Durch die Aktivierung des Customizing-Schalters SRM_701_EMB_ANALYTICS haben Sie seit EHP 1 von SAP SRM 7.0 die Möglichkeit, verschiedene Reports und Analysen in den Work Centern der Kontraktverwaltung (siehe Abbildung 8.25) und der Geschäftspartnerverwaltung bereitzustellen. Diese Analysehilfen können Sie dabei unterstützen, strategische Entscheidungen zu fällen, da Ihnen alle Informationen auf einen Blick geliefert werden. Die angezeigten Auswertungen (siehe Abbildung 8.26) können Sie nach Bedarf individuell einstellen. Sie können die gewünschten Auswertungen aus dem Reportkatalog per Drag & Drop in den Work-Center-Bereich ziehen (siehe Abschnitt 7.4.6, »Analysen für Ausschreibungen«).

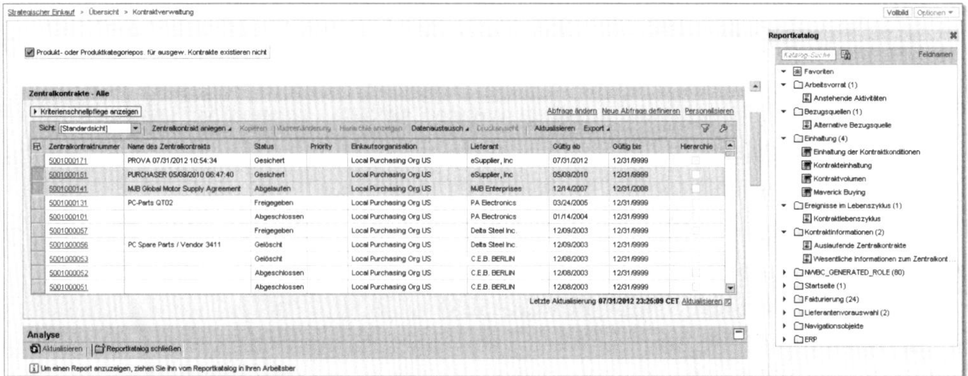

Abbildung 8.25 Reportkatalog für Work Center im Kontraktmanagement

Auslaufende Zentralkontrakte

Anzeigen: Laufen in 30 Tagen aus

Typ	Kontraktname	Gültig ab	Gültig bis	Zielwert	Abrufwert	Währung
• 5000500356	C.E.B. Cons. ERP (Temp. Staff Germany)	01/01/2011	01/01/2012	100,000.00		EUR
• 5000500357	C.E.B. Cons. SCM (Temp. Staff Germany)	01/01/2011	01/01/2012	100,000.00		EUR
• 5000500358	C.E.B. Cons. HR (Temp. Staff Germany)	01/01/2011	01/01/2012	100,000.00		EUR
• 5000500359	C.E.B. Consult. IT (Temp. Staff China)	01/01/2011	01/01/2012	1,000,000.00		CNY
• 5000500360	C.E.B. Consult. ERP (Temp. Staff China)	01/01/2011	01/01/2012	1,000,000.00		CNY
• 5000500361	C.E.B. Consult. SCM (Temp. Staff China)	01/01/2011	01/01/2012	1,000,000.00		CNY
• 5000500362	C.E.B. Consult. HR (Temp. Staff China)	01/01/2011	01/01/2012	1,000,000.00		CNY
• 5000500363	C.E.B. Cons. IT (Temp. Staff Argentina)	01/01/2011	01/01/2012	500,000.00		ARS
• 5000500364	C.E.B. Cons. ERP (Temp. Staff Argentina)	01/01/2011	01/01/2012	500,000.00		ARS
• 5000500365	C.E.B. Cons. SCM (Temp. Staff Argentina)	01/01/2011	01/01/2012	500,000.00		ARS

Abbildung 8.26 Übersicht der auslaufenden Zentralkontrakte

8.6 Zusammenfassung

Die Kontraktverwaltung gehört sicherlich zu einer besonders wichtigen und mit Release 7.0 ausgereiften Funktionalität von SAP SRM. Die in früheren Releases problematische Trennung in Kontrakte und zentrale Rahmenverträge wurde durch die Einführung der Zentralkontrakte mit SAP SRM 7.0 überwunden.

Durch die Integration mit der SAP Bidding Engine zur Verhandlung von Kontrakten auf der einen Seite und mit der SRM-Sourcing-Anwendung zur Bezugsquellenfindung auf der anderen Seite sind die Zentralkontrakte in

SAP SRM ein äußerst mächtiges Werkzeug zur durchgängigen Nutzung der mit Lieferanten ausgehandelten Konditionen.

Die Möglichkeiten zur Verteilung der Zentralkontrakte an die verschiedenen ERP-Backends zur lokalen Bezugsquellenfindung sowie der zentralen Überwachung der Kontraktabrufe machen SAP SRM darüber hinaus zu einer Plattform, die selbst komplexe Einkaufsorganisationsmodelle internationaler Großkonzerne mit mehreren SAP ERP-Backends unterstützen kann.

Die mit EHP 1 und EHP 2 ausgelieferten neuen Funktionen bieten u.a. eine Erweiterung zur Verwaltung von Zentralkontrakten. Hiermit stehen Ihnen nun viele weitere für die Praxis nützliche Funktionen zur Verfügung. Auch hier zeigt sich, dass SAP SRM immer mehr hin zu einer Lösung für den gesamten Einkauf, operativ und strategisch, entwickelt wird.

Eine Vielzahl von SAP NetWeaver BW-basierten Web Templates rundet die Funktionalität der Kontraktverwaltung ab und unterstützt die strategischen Einkäufer dabei, die Nutzung der Zentralkontrakte zu überwachen und zu optimieren.

Die vielfältigen technischen Möglichkeiten der Anbindung von externen Lieferanten in SAP SRM garantieren transparente und automatisierte Beschaffungsprozesse über die Unternehmensgrenzen hinweg.

9 Lieferantenkollaboration

SAP SRM bietet verschiedene technische Möglichkeiten zur Kollaboration mit externen Lieferanten. Durch die systembasierte Einbindung von Lieferanten in die operativen Beschaffungsprozesse ergeben sich signifikante betriebswirtschaftliche Vorteile in den folgenden Bereichen:

- weniger Arbeitsaufwand auf Einkäufer- und Lieferantenseite durch die Reduktion manueller Schnittstellen
- schnellere Prozesslaufzeiten
- transparentere Prozesse, da zu jedem Zeitpunkt allen beteiligten Personen und Unternehmen Echtzeit-Informationen des gesamten End-to-End-Beschaffungsprozesses vorliegen
- umfangreiche Reduktion von klassischen papiergestützten Prozessen, insbesondere in der Dienstleistungsbeschaffung
- geringere Anzahl von Fehllieferungen, da Kommunikationsfehler bei der Bestellabwicklung vermieden werden; hierdurch weniger Kosten für Rücklieferungen
- Minimierung des Risikos einer Bedarfsunterdeckung
- signifikant schnellere und messbar günstigere Prozesse im Bereich der Rechnungs- und Gutschriftenverarbeitung

Im Bereich der Materialbeschaffung unterstützt die Lieferantenkollaboration eine transparente und effiziente Abwicklung der Waren- und Werteflüsse. Ihr gesamtes Potenzial entfaltet die Lieferantenkollaboration allerdings erst in Kombination mit SAP Supplier Self-Services (SAP SUS) und dort in der Dienstleistungsbeschaffung. Hier können gleich zwei klassische papier- und kostenintensive Prozesse in Zusammenarbeit mit den Lieferanten stark vereinfacht und optimiert werden: die Leistungsrückmeldung und die Rechnungserstellung.

In diesem Kapitel werden wir die Lieferantenkollaboration genauer betrachten. Wir beginnen mit einem kurzen Überblick und beschäftigen uns dann intensiv mit den verschiedenen Integrations- und Kollaborationsmöglichkeiten: SAP SUS mit SAP SRM- und SAP ERP-Integration, Lieferantenportal, direkter Dokumentenaustausch und Online-Marktplätze.

9.1 Überblick

Bevor wir die verschiedenen Möglichkeiten der technischen Anbindung von Lieferanten im Rahmen der Bestellkollaboration vertiefen, ist es sinnvoll, sich noch einmal die technischen Szenarien vor Augen zu führen (siehe Abschnitt 2.2, »Technische Szenarien«), denn abhängig vom technischen Szenario findet die Ausgabe der Bestellung in SAP SRM oder im SAP ERP-Backend statt (siehe Tabelle 9.1).

Technisches Szenario	System für Bestellausgabe
klassisches Szenario	SAP ERP-Backend
erweitertes klassisches Szenario	SRM-Server
Standalone-Szenario	SRM-Server

Tabelle 9.1 Bestellausgabe in Abhängigkeit des technischen Szenarios

Die in diesem Kapitel beschriebenen Möglichkeiten der Lieferantenkollaboration lassen sich sowohl mit dem SRM-Server als auch mit dem SAP ERP-Backend als System für die Bestellausgabe betreiben. Allerdings unterscheiden sich die jeweilige technische Integration und die einzelnen funktionalen Möglichkeiten je nach technischem Szenario.

Vergleichen wir im Folgenden die Möglichkeiten der Lieferantenkollaboration in SAP SRM, und ordnen wir sie den Kategorien der Solution Map für SAP SRM zu (siehe Abbildung 9.1).

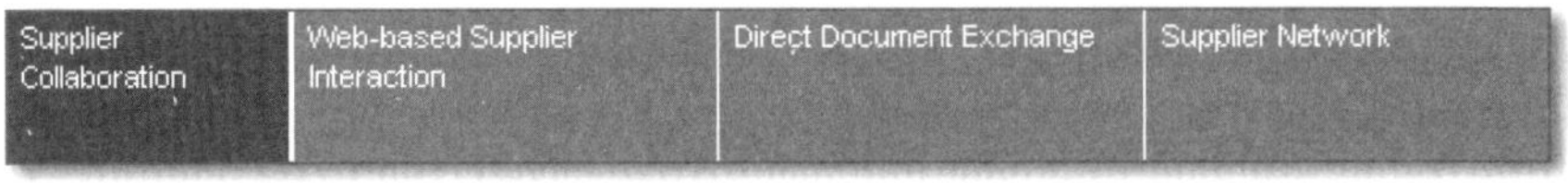

Abbildung 9.1 Auszug aus der Solution Map für den Bereich »Lieferantenkollaboration«

In Abhängigkeit von der Unternehmensgröße des Lieferanten, des Bestellvolumens, der Art der bestellten Waren und Dienstleistungen sowie der individuellen Anforderungen und Präferenzen des einkaufenden Unternehmens stehen Ihnen verschiedene Möglichkeiten der Integration zur Verfügung (siehe Abbildung 9.2), auf die wir in den folgenden Abschnitten eingehen werden.

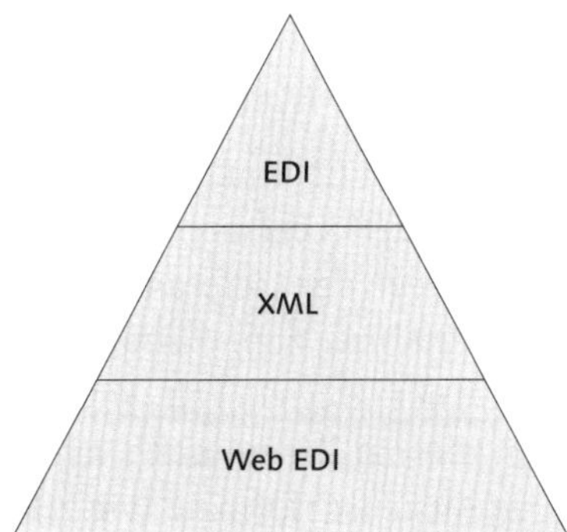

Abbildung 9.2 Darstellung der Lieferanten-Integrationspyramide

9.1.1 Direkter Dokumentenaustausch (EDI)

Für größere Lieferanten bietet sich eine direkte System-zu-System-Verbindung für den Austausch der Bestelldaten per *Electronic Data Interchange* (EDI) an. Hierdurch werden maximale Sicherheit, schnellere Prozesse sowie eine höhere Datenqualität erreicht. Auf der Lieferantenseite werden zudem Kosten eingespart, da die prozessrelevanten Informationen des einkaufenden Unternehmens direkt und automatisch an das Lieferantensystem übertragen werden.

Aufgrund der großen Anzahl an B2B-Kommunikationsstandards (B2B = Business-to-Business) kann jedoch die direkte Integration eines Lieferanten aufwendig sein. Dies ist der Grund, dass der direkte System-zu-System-Dokumentenaustausch auch nur bei größeren Lieferanten und einem hohen Bestellvolumen pro angebundenen Lieferanten sinnvoll ist.

Bei der technischen Anbindung werden häufig branchenspezifische Standards, wie z. B. VDA (Verband der Automobilindustrie) in der Automobilindustrie, eingesetzt, die den hohen Sicherheitsanforderungen genügen. Im Zuge der EDI-Kommunikation werden nahezu immer die produktionsrelevanten Belege in Zusammenarbeit mit wenigen, dafür aber äußerst wichtigen Lieferanten abgewickelt. Hierbei wird die gesamte Belegkette, von der Planung bis zur Abrechnung, berücksichtigt. Die zuvor genannten Anforderungen an Sicherheit und Technik haben dazu geführt, dass sich hier Spezialanbieter etabliert haben, die sowohl den Content als auch die Infrastruktur für den direkten Datenaustausch zur Verfügung stellen. Daher ist die direkte Integration via EDI häufig sehr zeitaufwendig und teuer.

Den direkten Dokumentenaustausch können Sie in der Solution Map dem Bereich »Direct Document Exchange« zuordnen.

9.1.2 Direktintegration via XML und über Online-Marktplätze

Für Warengruppen, die nicht direkt für die Produktion notwendig sind, ist es häufig möglich, auf die maximale Sicherheit des EDI-Verfahrens zu verzichten und zugunsten niedrigerer Kosten andere Wege der Lieferantenintegration zu beschreiten. Häufig kommen dabei Verfahren zum Einsatz, die zwischen den einzelnen Parteien über das Internet abgewickelt werden (über http(s) oder E-Mail). Aus den ebenfalls in diesem Zusammenhang zu erwähnenden Online-Marktplätzen sind diverse Austauschformate wie z.B. xCBL oder cXML hervorgegangen, die sich optimal für den Einsatz im Rahmen des Belegaustauschs eignen. Insbesondere im Umfeld von SAP SRM werden häufig XML-basierte Integrationsvarianten eingesetzt, um z.B. Büromaterial- oder Werkzeugbestellungen mit den Lieferanten abzuwickeln. Die Kommunikation erfolgt dabei wie erwähnt meist über das Internet; selten werden Bestellbestätigungen oder Lieferavise eingesetzt, und Rechnungen aufgrund der schwierigen gesetzlichen Lage so gut wie nie. Als technische Infrastruktur eignet sich SAP NetWeaver PI aber auch der noch immer verfügbare SAP Business Connector (SAP BC).

Online-Marktplätze ermöglichen den direkten Dokumentenaustausch im Bereich der Bestelldaten zwischen dem einkaufenden Unternehmen und den Lieferanten. Allerdings muss hier nicht für jeden Lieferanten, wie bei der Kommunikation über EDI, eine eigene Verbindung eingerichtet werden, denn es reicht aus, das Beschaffungssystem mit dem Online-Marktplatz zu verbinden. Dort werden die Dokumente automatisch an den entsprechenden Lieferanten und wieder zum einkaufenden Unternehmen zurückgeleitet.

Die Teilnahme an Online-Marktplätzen ist allerdings mit zusätzlichen Kosten verbunden. Außerdem hängt der Mehrwert der Nutzung von Online-Marktplätzen sehr von der Anzahl und der Branche der teilnehmenden Unternehmen ab. Beispiele für Online-Marktplätze sind z.B. hubwoo (*http://www.hubwoo.com*) oder mercateo (*http://www.mercateo.com*).

Online-Marktplätze können wir in der Solution Map von SAP SRM dem Bereich »Supplier Network« zuordnen.

9.1.3 Web EDI: SAP Supplier Self-Services und das Lieferantenportal

Unter Web EDI versteht man die Nutzung von Standards wie HTML und Java für den elektronischen Datenaustausch über das Internet (siehe Thomas (1999), S. 1–7f). *SAP Supplier Self-Services* bietet als WebEDI-System eine browserbasierte Benutzeroberfläche für kleine und mittelgroße Lieferanten, die selbst nicht über ein ERP-System verfügen, das direkt mit dem Beschaffungssystem integriert werden kann. Da solche Lieferanten oft im Dienstleistungssektor tätig sind (z. B. Berater oder Handwerker), ist SAP SUS die ideale Plattform zur Anbindung von kleineren Lieferanten aus dem Dienstleistungsbereich.

Die Anbindungsart ist dabei im Backend-System fest eingestellt, so dass sich der Bestellende keine Gedanken darüber machen muss, auf welchem Wege eine Bestellung übertragen wird. Ist die Bestellung dann im SUS-System angekommen, dient sie als Vorlage für sämtliche weitere Belege. Während auf diese Weise stets der Bestellbezug des gesamten Vorgangs garantiert ist, kann der Lieferant dennoch jederzeit bewusst in den Bestellprozess eingreifen.

SAP SUS kann sowohl an SAP SRM als auch an SAP ERP angebunden werden. In der SAP SRM Solution Map ist SAP SUS dem Bereich »Web-based Supplier Interaction« (browserbasierte Interaktion mit den Lieferanten) zugeordnet.

Das *Lieferantenportal* von SAP wird auch *Supplier Portal* genannt. Es handelt sich hierbei um das *Business Package for Supplier Collaboration*, das in SAP NetWeaver Portal implementiert wird. SAP SUS kann in das Lieferantenportal integriert werden. Darüber hinaus können in das Lieferantenportal weitere Funktionen zur Lieferantenkollaboration auf der Basis von SAP SRM, SAP ERP und SAP SCM eingebunden werden.

Der Vorteil des Lieferantenportals ist, dass man den Lieferanten eine einheitliche Benutzeroberfläche für die Kommunikation mit den Unternehmen zur Verfügung stellen kann.

Supplier Portal Content in der Praxis [+]

Ebenso wie bei vielen anderen fertigen Contents von SAP werden mit dem Supplier Portal Content-Funktionen in Form von vordefinierten Portalrollen ausgeliefert, die in der Praxis selten in der vorhandenen Ausprägung eingesetzt werden. Vielmehr stellen sich die Unternehmen im Rahmen von Implementierungsprojekten gern selbst die von Ihnen benötigten Portalfunktionen in eigens definierten Rollensets zusammen.

Auch das Lieferantenportal können Sie in der Solution Map von SAP SRM dem Bereich »Web-based Supplier Interaction« zuordnen.

Neben dem direkten Dokumentenaustausch, der Direktintegration über XML oder Online-Marktplätze sowie Web-EDI-Lösungen wie SAP SUS gibt es noch separate SAP-Softwareanwendungen zur Lieferantenkollaboration, wie z. B. die SCM-Komponente *SAP Supply Network Collaboration* (früher *SAP Inventory Collaboration Hub*, SAP ICH) oder *SAP E-Sourcing*.

[»] **Begrifflichkeiten**

Leider sind die Begrifflichkeiten im Bereich der Lieferantenkollaboration etwas verwirrend, da der SRM-Server sowohl als Einkaufssystem als auch als Lieferantensystem (SAP SUS) eingesetzt werden kann. Früher wurde die Funktionalität des Einkaufssystems *Enterprise Buyer Professional* (EBP) genannt, aber dieser Begriff wird von SAP nicht mehr verwendet (siehe Einleitung). Da es für SAP SUS noch einen Eigennamen gibt, aber für EBP nicht mehr, verwenden wir den Begriff SRM-Server auch für die Funktionalität des Einkaufssystems.

Nun haben Sie einen ersten Überblick über die verschiedenen Möglichkeiten der Lieferantenkollaboration in SAP SRM erhalten. In den folgenden Abschnitten vertiefen wir die einzelnen Varianten und beginnen mit SAP Supplier Self-Services.

9.2 SAP Supplier Self-Services mit SAP SRM-Integration

SAP Supplier Self-Services mit SAP SRM-Integration (früher auch *SUS-EBP-Szenario* genannt) wird in den folgenden Geschäftsszenarien verwendet, die in Kapitel 6, »Operative Beschaffungsprozesse«, bereits detailliert beschrieben worden sind:

- Beschaffung per Self-Service (erweitertes klassisches Szenario, Standalone-Szenario)
- Dienstleistungsbeschaffung (Beschaffung von externem Personal)
- plangesteuerte Beschaffung mit Instandhaltung (Bezugsquellenfindung in SRM)

Betrachten wir zunächst das gesamte Szenario im Bereich »SAP Supplier Self-Services mit SAP SRM-Integration« und vertiefen anschließend die einzelnen Prozesse.

9.2.1 SAP SUS-Prozesse mit SAP SRM-Integration

Abbildung 9.3 zeigt die in SAP SUS mit SAP SRM-Integration möglichen Prozesse, die die komplette Lieferantenkollaboration, von der Bestellung über die Bestätigung bis hin zur Rechnung, abdecken.

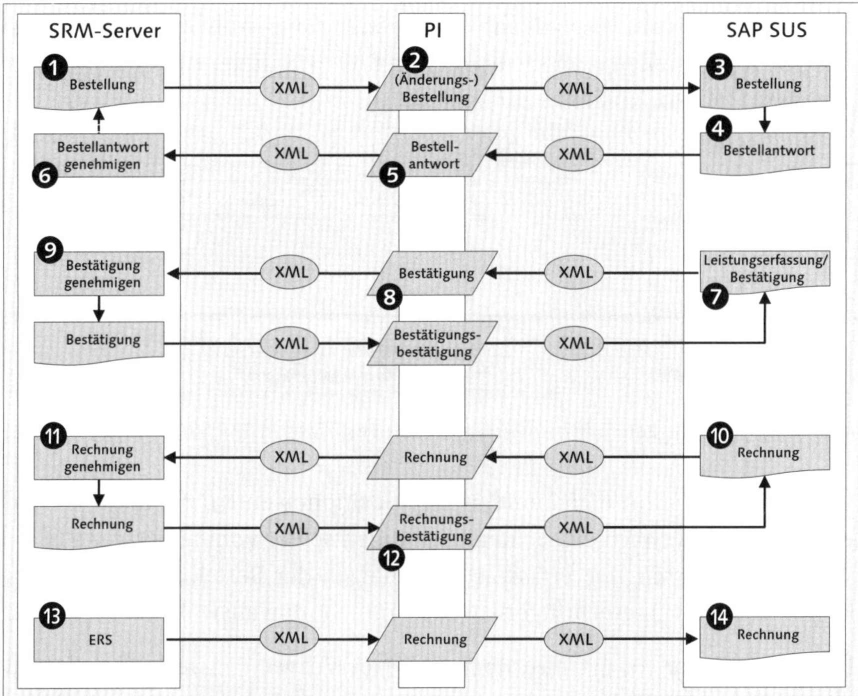

Abbildung 9.3 SUS-SRM-Szenario

Der Dokumentenaustausch zwischen dem SRM-Server und SAP SUS läuft in dieser Variante über XML-basierte Enterprise Services über SAP NetWeaver PI oder unter bestimmten Umständen auch direkt als Peer2Peer-Integration.

Direkte Anbindung per Enterprise Services [+]

Im Peer2Peer-Integrationsszenario kommt kein Mapping im PI-System zum Einsatz. Somit haben Sie die Möglichkeit, beide Systeme direkt ohne SAP NetWeaver PI miteinander zu verbinden. Allerdings können Sie weder SAP SRM noch SAP SUS an ein zweites System per Enterprise Service anbinden.

Bestellung

Die Bestellung (siehe ❶ in Abbildung 9.3) wird im SRM-Server mit Bezug auf eine Einkaufswagenposition, eine offene Anforderung, ein Lieferantenangebot oder manuell angelegt. Weitere Informationen hierzu finden Sie in den Kapiteln 6, »Operative Beschaffungsprozesse«, und 7, »Bezugsquellenfindung«.

Die in der Belegkontrolle der jeweiligen Bestellposition angekreuzten Einstellungen steuern die für den Bestellprozess erforderlichen Folgebelege (z.B. Bestellantwort, Bestätigung, Rechnung; siehe Abbildung 9.4). Diese Informationen stehen dem Lieferanten in SAP SUS in der Aufstellung ANGEFORDERTE FOLGEDOKUMENTE zur Verfügung.

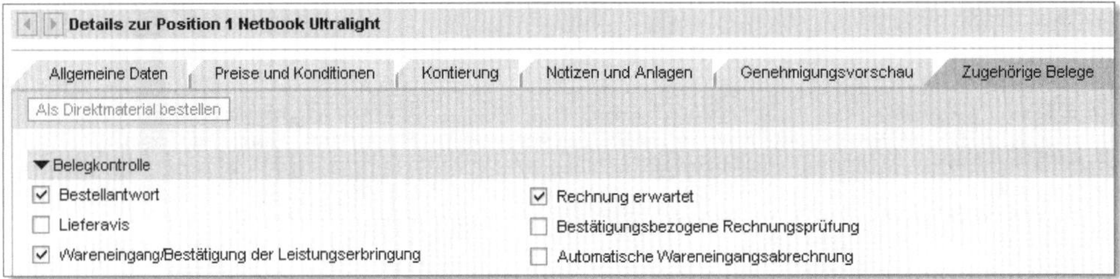

Abbildung 9.4 Belegkontrolle beim Anlegen einer Bestellung in SAP SRM

Eine Bestellung kann auch Limitleistungspositionen enthalten. In diesem Fall werden die tatsächlich erbrachten Leistungen später vom Lieferanten in der *SUS-Leistungsbestätigung* erfasst. Beim Anlegen der Bestellung können Einkäufer auch Leistungserbringer aus dem SUS-System auswählen.

Der SRM-Server sendet nun über SAP NetWeaver PI (siehe ❷ in Abbildung 9.3) eine XML-Nachricht an SAP SUS. Dort wird nun eine neue Bestellung angelegt ❸.

Bestellantwort

Der Lieferant meldet sich per Browser an SAP SUS an und kann die Bestellung dort überprüfen (siehe Abbildung 9.5).

Anschließend legt er eine Bestellantwort in SAP SUS an ❹. Dies geschieht, indem er in der Bestellung BEARBEITEN auswählt. Nun gibt er an, ob er die bestellten Waren oder Dienstleistungen im angegebenen Umfang zu den genannten Konditionen liefern kann. Falls dies nicht der Fall sein sollte, kann er in der Bestellantwort abweichende Informationen angeben. Beispielsweise kann er das vom Einkäufer spezifizierte Lieferdatum anpassen oder eine Preisänderung durchführen. Auch hat er die Möglichkeit, einzelne Positionen abzulehnen.

Abbildung 9.5 Bestellung in SAP SUS per Bestellantwort bestätigen

Mit einem Klick auf den SENDEN-Button wird die Bestellantwort anschließend als XML-Nachricht von SAP SUS zurück an den SRM-Server gesendet (siehe ❺ in Abbildung 9.3).

Nun wird im SRM-Server der entsprechende Genehmigungs-Workflow für Bestellantworten gestartet (siehe Abschnitt 7.4.4, »Genehmigungs-Workflows«). Befinden sich die Informationen der Bestellantwort innerhalb der im Customizing definierten Toleranzen, wird die Bestellantwort automatisch im SRM-Server angelegt. Sind die Abweichungen so groß, dass sie sich außerhalb der Toleranzen bewegen, muss die Bestellantwort vom zuständigen Einkäufer genehmigt werden (siehe ❻ in Abbildung 9.3).

Wenn der Einkäufer die abweichende Bestellantwort genehmigt, wird eine Änderungsbestellung ausgegeben und wiederum an SAP SUS übertragen (siehe ❷ in Abbildung 9.3). Falls der Einkäufer ablehnt, wird der Status der Bestellantwort in SAP SUS aktualisiert. Nun hat der Lieferant die Möglichkeit, die Originalbestellung erneut zu überprüfen und eine angepasste Bestellantwort zu versenden.

Dieser iterative Prozess zwischen der (Änderungs-)Bestellung und der Bestellantwort wird so lange wiederholt, bis sich Einkäufer und Lieferant einig sind.

Bestätigung

Im nächsten Schritt kann der Lieferant eine Bestätigung in SAP SUS erfassen (siehe ❼ in Abbildung 9.3). Eine Bestätigung kann entweder für die Bestätigung der versendeten Waren (im Sinne eines Lieferavis) oder für erbrachte Dienstleistungen erfolgen.

Aufgrund der technischen Unterschiede der Integrationsvarianten (SUS-SRM-Integration oder SUS-ERP-Integration) werden für die Bestätigung der versendeten Waren unterschiedliche Funktionen verwendet. In der SUS-SRM-Integration erfolgt sowohl die Leistungserfassung als auch die Bestätigung der versendeten Waren (im Sinne eines Lieferavis) über BESTÄTIGUNG ANLEGEN. Der Lieferant wählt dazu die Menüpunkte SUS BESTELLUNGEN • BESTÄTIGT und lässt sich alle per Bestellantwort bestätigten Bestellungen anzeigen. Nun wählt er die Bestellung aus, für die er eine Bestätigung erfassen möchte, und klickt anschließend auf BESTÄTIGEN (siehe Abbildung 9.6).

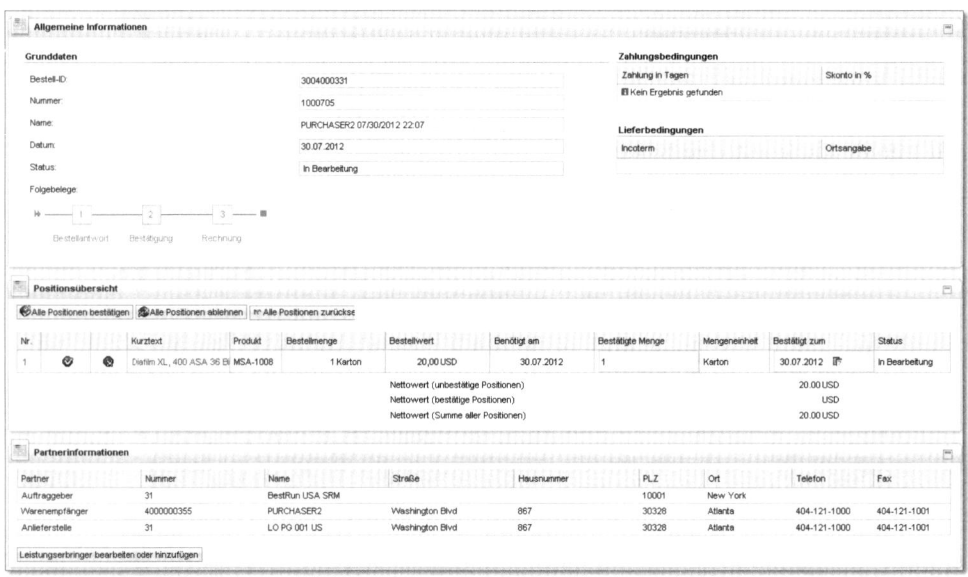

Abbildung 9.6 Bestätigung von Waren in SAP SUS

Im Falle einer *Leistungsbestätigung* (Geschäftsszenario »Beschaffung von externem Personal«) kann der Leistungserbringer des Lieferanten in SAP SUS in einem Leistungserfassungsblatt die geleisteten Zeiten sowie die angefallene Spesen erfassen (siehe Abbildung 9.7).

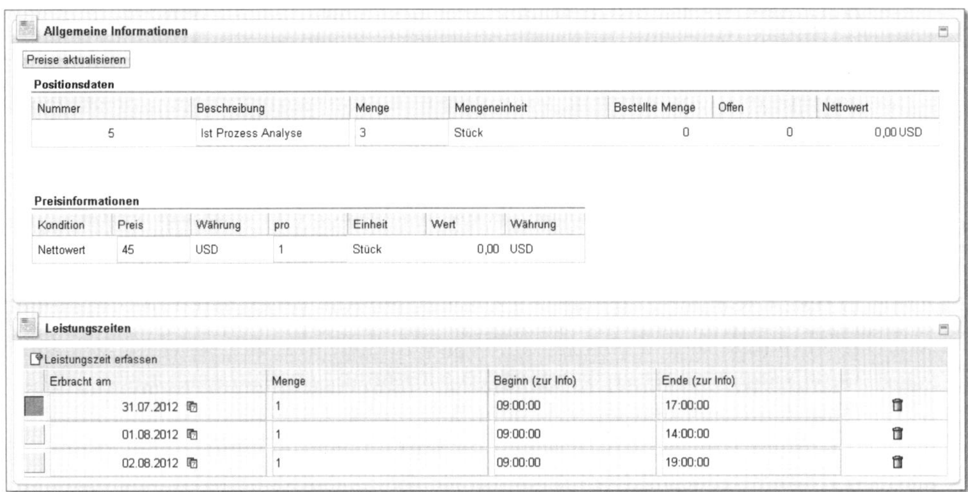

Abbildung 9.7 Leistungserfassungsblatt in SAP SUS erstellen

Im Falle einer *Limitbestellung* hat der Lieferant auch die Möglichkeit, bei der Erfassung der Bestätigung die Positionen aus einem OCI-basierten Produktkatalog hinzuzufügen.

Die Bestätigung wird per XML-Nachricht von SAP SUS an den SRM-Server gesendet (siehe ❽ in Abbildung 9.3). Nun wird im SRM-Server der entsprechende Genehmigungs-Workflow für die Bestätigungen gestartet (siehe Abschnitt 6.1.4, »Genehmigungs-Workflows«, und Abbildung 9.3). Der Benutzer, der die Waren oder Leistungen ursprünglich angefordert hat, kann nun, nach Erhalt der Waren oder nach Verifizierung der erbrachten Leistungen, die Bestätigung genehmigen oder ablehnen (siehe ❾ in Abbildung 9.3). Der Genehmigungsstatus wird an SAP SUS zurückübertragen. Falls die Bestätigung abgelehnt wurde, kann der Lieferant sie erneut mit korrigierten Werten erfassen und absenden. Hierzu steht die Kopieren-Funktion zur Verfügung; eine Änderung der Bestätigung in SAP SUS ist jedoch nicht vorgesehen.

Auch dieser iterative Bestätigungsprozess wird so lange wiederholt, bis sich Genehmiger und Lieferant einig sind. Die Bestätigungsfunktion ist für das erweiterte klassische Szenario nicht verfügbar.

Rechnung

Im nächsten Schritt hat der Lieferant die Möglichkeit, direkt in SAP SUS die Rechnung mit Bezug auf Bestellungen oder Bestätigungen anzulegen (siehe ❿ in Abbildung 9.3). Ob er zu einer Position eine Rechnung anlegen kann, hängt von der Belegsteuerung in der Bestellung ab. Mit den Einstellungen zur Belegsteuerung legt der Einkäufer fest, welche Folgebelege er erwartet.

Möchte der Lieferant z.B. eine Rechnung mit Bezug auf eine Bestätigung erfassen, geht er auf BESTÄTIGUNGEN • GENEHMIGT und lässt sich die Bestätigung der Bestellung anzeigen, für die er eine Rechnung erfassen möchte. Nun wählt er die Schaltfläche RECHNUNG ANLEGEN im Kopf der Bestätigung.

Das SUS-System startet nun die browserbasierte Transaktion RECHNUNG BEARBEITEN und legt die neue Rechnung an. Alle verfügbaren Informationen werden automatisch aus der Bestätigung übernommen. Der Lieferant kann Details ändern oder ergänzen und die Rechnung anschließend an das einkaufende Unternehmen senden (siehe Abbildung 9.8).

Abbildung 9.8 Rechnung in SAP SUS erfassen

Im SRM-Server wird daraufhin der entsprechende Genehmigungs-Workflow für Rechnungen gestartet (siehe Abschnitt 6.1.4, »Genehmigungs-Workflows«, und Abbildung 9.3).

Der Benutzer, der die Waren oder Leistungen ursprünglich angefordert hat, kann nun die Rechnung prüfen und sie anschließend genehmigen oder ablehnen ⓫. Das Ergebnis der Genehmigung wird wieder an das SUS-System übertragen (siehe ⓬ in Abbildung 9.3).

Falls die Rechnung abgelehnt wurde, kann der Lieferant sie erneut mit korrigierten Werten erfassen und absenden; ebenso wie bei der Bestellung und

Bestätigung wird auch dieser Prozess so lange fortgesetzt, bis beide Seiten mit dem Ergebnis zufrieden sind.

Auch die Rechnungsfunktion ist für das erweiterte klassische Szenario nicht verfügbar.

Einsatz der SUS-Rechnungsfunktion [+]

In der Praxis ist der Einsatz der Rechnungsfunktion stark umstritten. Denn der Gesetzgeber fordert in den meisten Ländern eine digitale Signatur, um die Authentizität und Integrität einer Eingangsrechnung zu gewährleisten. Häufig wird der Vorsteuerabzug erst dann anerkannt, wenn diese Auflagen erfüllt sind. Nun bietet SAP im Standard keine Möglichkeit, um die SUS-Rechnung digital zu signieren. Die Anwendung eines separaten Verfahrens, wie z. B. das der *qualifizierten digitalen Signatur*, ist häufig viel zu aufwendig, da zuvor alle Lieferanten mit Signaturkarten ausgerüstet werden müssten. Daher ist es dringend anzuraten, vor der Implementierung der SUS-Rechnung einen Wirtschaftsprüfer hinzuzuziehen. Zudem ist bei dieser Prozessvariante zu beachten, dass der Betreiber des SUS-Systems dafür Sorge trägt, dass die Steuerschlüssel und -beträge in der Rechnung korrekt ermittelt werden.

ERS-Rechnung

Ein Alternativprozess zur Rechnungserfassung durch den Lieferanten ist das ERS-Verfahren (ERS = *Evaluated Receipt Settlement*, siehe Abschnitt 6.5.1, »Automatische Wareneingangsabrechnung«). Wenn das einkaufende Unternehmen und der Lieferant das ERS-Verfahren vereinbart haben, muss der Lieferant keine Rechnung mehr in SAP SUS erfassen. Die Rechnung wird stattdessen im SRM-Server auf Basis der genehmigten Bestätigung (für Waren oder Leistungen) beim nächsten ERS-Lauf erstellt (siehe ⓭ in Abbildung 9.3). Daraufhin wird sie per XML-Nachricht an SAP SUS übertragen und dort angezeigt (siehe ⓮ in Abbildung 9.3), so dass der Lieferant erkennen kann, dass die Rechnung erstellt worden ist.

Auch hinsichtlich der Gutschriftenerstellung sind die Auflagen des Gesetzgebers zu erfüllen (u.a. Individualvereinbarung zur Übertragung der Abrechnungslast auf den Leistungsempfänger), denn es handelt sich auch hier um im Namen von Lieferanten erstellte Rechnungen. Allerdings können diese Auflagen häufig erfüllt werden, indem im rechnungsstellenden System regelmäßig ein Summenblatt erstellt, an den Lieferanten versendet wird und im Vorfeld eine Individualvereinbarung schriftlich getroffen wurde. [+]

Verlaufsinformationen

Sowohl die am Prozess beteiligten Personen des einkaufenden Unternehmens als auch der Lieferant erhalten im System einen Verlauf der Lieferantenkollaboration angezeigt. Auf diese Weise sind beide Seiten darüber im Bilde, wie weit der Prozess vorangeschritten ist. Abbildung 9.9 zeigt den Verlauf im SRM-Server aus der Sicht des einkaufenden Unternehmens.

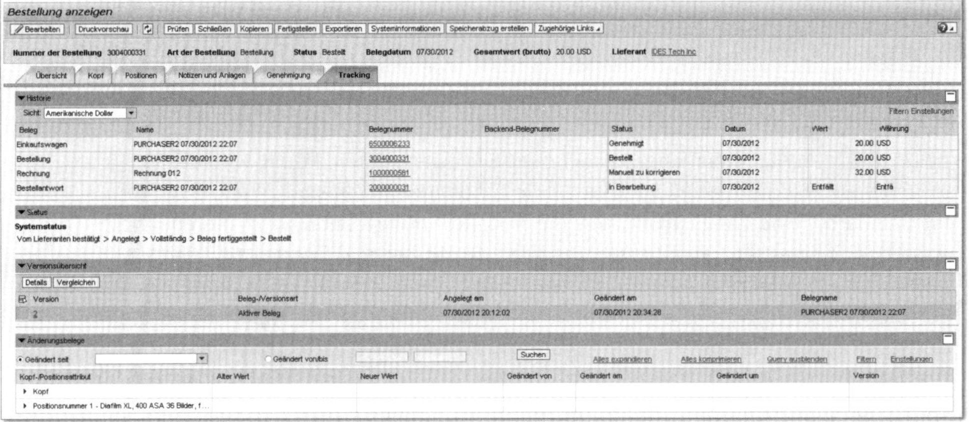

Abbildung 9.9 Verlauf im SRM-Server

Wie Sie sehen, ist unter HISTORIE der komplette Szenarioverlauf – wie wir ihn in diesem Abschnitt vorgestellt haben – vom Einkaufswagen bis hin zur Rechnung abgebildet. Sie erhalten in der Historie Statusinformationen zu den Geschäftsdokumenten, das Belegdatum und weitere Informationen. Wenn Sie auf den jeweiligen Beleg klicken, können Sie in die Detailinformationen zu dem Beleg verzweigen. Abbildung 9.10 zeigt den Verlauf in SAP SUS aus der Lieferantensicht.

Supplier Self-Services

Startseite | Suchen | Hilfe | FAQ | Abmelden

SAP SRM SUS: Lieferantenbenutzer für

Suchen
Bestellungen
Alle
Neu
Geändert
In Bearbeitung
Bestätigt
Teilweise bestätigt
Abgelehnt
Vom Kunden storniert

Liste der Bestellungen > Bestellung anzeigen > Bestätigung anzeigen > Rechnung anzeigen > Dokumentenfluss anzeigen

Dokumentenfluss

Zurück zum Dokument

Dokumententyp	Nummer	Belegname	Belegdatum	Status	Gesamtwert
Bestellung	1000705	PURCHASER2 07/30/2012 22:07	30.07.2012	Bestätigt	20,00 USD
Bestätigung	0004000032		30.07.2012	Vom Kunden abgelehnt	20,00 USD
Rechnung	0005000031	Rechnung 012	30.07.2012	Dokument versendet	20,00 USD

Abbildung 9.10 Verlauf in SAP SUS

Der Lieferant sieht in SAP SUS unter DOKUMENTENFLUSS ebenfalls den kompletten Verlauf inklusive aller ihn betreffenden Geschäftsdokumente (also ohne Einkaufswagen). Auch sieht er die zu den Geschäftsdokumenten gehörenden Statusinformationen sowie das jeweilige Belegdatum. Wenn er auf den Hyperlink des entsprechenden Dokumenttyps klickt, kann er sich zudem die zum Beleg gehörenden Details anzeigen lassen.

Weitere SAP SUS-Funktionalität

Lieferanten können über SAP SUS auch auf die vom Einkäufer über die SAP Bidding Engine erstellten Ausschreibungen zugreifen und hierzu Gebote abgeben (siehe Kapitel 7, »Bezugsquellenfindung«). SAP SUS kann in das in Abschnitt 9.5 beschriebene Lieferantenportal eingebunden werden.

Ausschreibungen und Live-Auktionen: Angebotsabgabe vor der Firewall [EHP 1] [EHP 2]

Mit EHP 1 von SAP SRM haben Sie die Möglichkeit, die Angebotsseite des Ausschreibungsprozesses außerhalb der Firewall, also auf einem eigenen System, wie z.B. SAP SUS, zu aktivieren. Auch die Lieferantenfunktionen der ABAP-basierten Live-Auktion können auf diese Weise sicher vor die Firewall gelegt werden, so dass der Lieferant bei der Angebotsabgabe nicht länger auf das gleiche System wie der Einkäufer zugreifen muss. SAP ist mit dieser Funktion einer zentralen Forderung der Kunden nach Sicherheit nachgekommen. In der Praxis wird als äußeres Angebotssystem häufig SAP SUS eingesetzt.

Um diese Funktionalität aufzurufen, verwenden Sie den Customizing-Schalter SRM_701_SUCO_BIDDER_DECOUP.

EHP 2 von SAP SRM bringt in diesem Kontext weitere Prozessverbesserungen. So können Bieter beispielsweise nun entscheiden, ob Sie an einem Bietereignis außerhalb der Firewall teilnehmen möchten. Eine weitere Funktion erlaubt es Ihren Einkäufern, Angebote stellvertretend für ihre Lieferanten abzugeben. Die beschriebenen Funktionen aktivieren Sie mithilfe des Customizing-Schalters SRM_702_BID_DECOUPLING_IMPR.

Über ein kleines, integriertes Nachrichtensystem können Sie den Lieferanten zudem Informationen, wie z.B. hinsichtlich des Buchungsschlusses, zukommen lassen. Das Nachrichtensystem können Sie für alle, aber auch nur für einzelne Lieferanten einsetzen und dabei auch Prioritäten vergeben.

Die integrierte Benutzerverwaltung ist lieferantenspezifisch aufgebaut und kann mithilfe eines Lieferantenadministrators durchgeführt werden.

Lieferantenbenachrichtigungen [EHP 1]

Mithilfe von EHP 1 können Sie eine lieferantenspezifische Benachrichtigung bei neu eingehenden Belegen einstellen; dies war zuvor nur global für alle Lieferanten möglich. Um diese Funktion nutzen zu können, müssen Sie den Customizing-Schalter SRM_701_SUCO_NOTIF_FILTER aktivieren.

9.2.2 Technische Aspekte der SUS-SRM-Integration

In diesem Abschnitt gehen wir auf die technischen Aspekte von SAP SUS mit SAP SRM-Integration ein.

Architektur

Die für SAP SUS benötigten Programme sind technisch bereits im SRM-Server enthalten, so dass es möglich ist, SAP SUS einfach in einem anderen Mandanten des SRM-Servers zu betreiben, also z.B. Mandant 300 als Einkaufssystem (Einkaufswagen, Zentralkontrakte usw.) und Mandant 400 als Lieferantensystem (SAP SUS). Auch ist es möglich, SAP SUS im selben Mandanten zu betreiben wie ein SRM-Einkaufssystem oder sogar wie MM.

Aus Sicherheitsaspekten wird der SRM-Server jedoch häufig zweimal installiert: einmal in der Rolle des Einkaufssystems und einmal in der Rolle des Lieferantensystems (SAP SUS). Der SRM-Server, der als Einkaufssystem agiert, wird innerhalb der Unternehmens-Firewall installiert. SAP SUS als Lieferantensystem wird hingegen außerhalb der Unternehmens-Firewall installiert. Hierdurch wird die Sicherheit der Systemlandschaft erhöht und das Risiko, Opfer von Angriffen zu werden, reduziert.

Stammdaten

Im SRM-Server vorhandene Lieferantenstammdaten können an SAP SUS repliziert werden. Damit dies möglich ist, müssen Sie im jeweiligen Stammsatz die Checkbox PORTAL-LIEFERANT anhaken.

Führen Sie anschließend zur Replikation von Lieferantenstammdaten an SAP SUS über die Transaktion SA38 den Report `BBP_SP_COMP_INI` aus. Danach startet das SRM-System den folgenden Prozess:

1. SAP SUS sendet eine E-Mail-Benachrichtigung an den Administrator des Lieferanten. Diese E-Mail enthält die Registrierungsnummer sowie die URL zur Anmeldung an SAP SUS.
2. Der Lieferantenadministrator meldet sich mit der Registrierungsnummer an SAP SUS an und legt einen oder mehrere Benutzer für die Mitarbeiter seines Unternehmens an.
3. SAP SUS sendet an jeden durch den Lieferantenadministrator angelegten Benutzer eine E-Mail, die eine Registrierungsnummer sowie eine URL enthält.
4. Die Lieferantenbenutzer melden sich an SAP SUS an und können damit arbeiten.

Damit haben wir die Betrachtung von SAP SUS mit SAP SRM-Integration abgeschlossen. Informationen zum Workflow und zu den für SAP SUS relevanten BW-Analysen enthält Abschnitt 9.4, »SAP Supplier Self-Services – übergreifende Themen«, da diese für beide Integrationsvarianten von SAP SUS gültig sind.

Die für die Einrichtung von SAP SUS mit SAP SRM-Integration relevanten Customizing-Informationen finden Sie im SAP SRM Solution Manager Content.

Das SUS-SRM-Szenario ist in der Praxis nicht sehr weit verbreitet. Dies liegt daran, dass die meisten Unternehmen ihr SRM-System im klassischen Szenario betreiben, in dem die Bestellung aus dem ERP-System ausgegeben wird. Die SUS-Integration im erweiterten klassischen Szenario beschränkt sich im SAP-Standard auf die Bestellantwort. Der sehr wichtige Prozess der Dienstleistungsabwicklung wird hier allerdings ausgeklammert. Daher wird SAP SUS in den überwiegenden Fällen in einem der nachfolgend beschriebenen Szenarien mit SAP ERP als Backend-System einsetzt. [«]

Anpassungen an die Benutzeroberfläche [EHP 2]

Mit EHP 2 von SAP SRM wurde die komplette Oberfläche der SUS-Applikation überarbeitet, um die Vorgaben zur Barrierefreiheit für blinde oder sehbehinderte Benutzer zu erfüllen.

In diesem Zusammenhang wurde die Customizing-Tabelle BBPC_SUS_BTNDEF eingeführt, die es Ihnen ermöglicht, die Steuerung der Funktionsleisten in den SUS-Belegen zu beeinflussen.

9.3 SAP Supplier Self-Services mit SAP ERP-Integration

SAP Supplier Self-Services mit SAP ERP-Integration (auch *SUS-MM-Szenario* genannt) wird in den folgenden Geschäftsszenarien verwendet, die bereits in diesem Buch beschrieben worden sind (siehe Kapitel 6):

- **Beschaffung per Self-Service (klassisches Szenario)**
- **Dienstleistungsbeschaffung (klassisches Szenario)**
  (siehe Abschnitt 6.2.3, »Beschaffung komplexer Dienstleistungen mit hierarchischen Strukturen«)

Ergänzend zu den bereits in diesem Buch beschriebenen Geschäftsszenarien wird von SAP Supplier Self-Services mit SAP ERP-Integration auch das folgende Geschäftsszenario unterstützt:

- **Plangesteuerte Beschaffung mit Lieferantenanbindung (Bezugsquellenfindung in SAP ERP)**
  In diesem Szenario findet die plangesteuerte Beschaffung und Bezugsquellenfindung direkt im SAP ERP-Backend statt. SAP SUS wird somit direkt an das SAP ERP-Backend angebunden.

In Abhängigkeit des SAP ERP-Backend-Releases gibt es von SAP SUS an SAP ERP zwei verschiedene technische Anbindungsmöglichkeiten:

- **IDoc-basierte Anbindung**
  Diese auf *Intermediate Documents* (IDocs) basierende Technologie wird verwendet, um SAP SUS an die SAP ERP-Backends vor SAP ERP 6.0 Erweiterungspaket 4 anzubinden. Im Standard unterstützt diese Variante nur die Beschaffung von Materialien.
- **SOA-basierte Anbindung**
  Diese Technologie wird verwendet, um SAP SUS an SAP ERP-Backends mit Release 6.0 Erweiterungspaket 4 (EHP 4) oder an neuere Releases anzubinden.

  Diese Variante ergänzt die IDoc-basierte Anbindung mit Übertragungsmöglichkeiten für Leistungsbestellungen und Leistungserfassungsblätter. Daher bietet sie die technische Grundlage für das Geschäftsszenario »Dienstleistungsbeschaffung (klassisches Szenario)«, das in Abschnitt 6.2.3, »Beschaffung komplexer Dienstleistungen mit hierarchischen Strukturen«, vorgestellt wurde.

In den folgenden zwei Abschnitten werden wir beide Varianten detaillierter betrachten, die einzelnen Prozessschritte durchleuchten und auf die jeweiligen Unterschiede eingehen.

[+] Es besteht die Möglichkeit, auf Projektbasis einen sogenannten Downport durchführen zu lassen, mit dessen Hilfe sich die Funktionen der SOA-basierten Anbindung auf die SAP ERP-Releases ab 4.7 Enterprise übertragen lassen.

9.3.1 SAP SUS mit IDoc-basierter SAP ERP-Anbindung

Abbildung 9.11 zeigt die in SAP SUS mit IDoc-basierter ERP-Anbindung möglichen Prozesse. Diese Variante wird zur Anbindung von SAP ERP-Backends mit Releases vor SAP ERP 6.0 Erweiterungspaket 4 (EHP 4) verwendet. Das SAP ERP-Backend kommuniziert in diesem Fall mit SAP NetWeaver PI über IDocs. SAP NetWeaver PI setzt die IDocs in XML-Nachrichten um und sendet sie an SAP SUS. Betrachten wir auch diesen Prozess genauer.

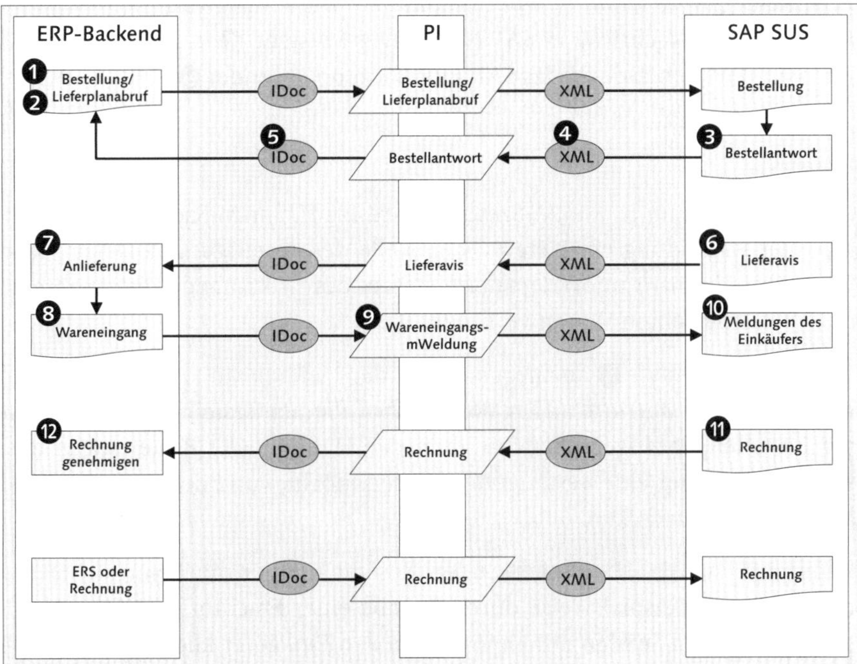

Abbildung 9.11 SUS-ERP-Szenario (IDoc-basierte Anbindung)

Bestellung oder Lieferplanabruf

Die Bestellung wird im SAP ERP-Backend (z.B. über die Transaktion ME21N) direkt oder mit Bezug zu einer BANF angelegt (siehe ❶ in Abbildung 9.11). Alternativ kann auch über die Transaktion ME84 ein Lieferplanabruf an SAP SUS übergeben werden ❷.

Bestellantwort

Der Lieferant meldet sich per Browser an SAP SUS an und kann die Bestellung dort überprüfen. Anschließend legt er eine Bestellantwort in SAP SUS an ❸. Dies geschieht, indem er bei der Bestellung den Button BEARBEITEN auswählt. Nun gibt er an, ob er die Waren im bestellten Umfang zu den angegebenen Konditionen liefern kann. Falls dies nicht der Fall sein sollte, kann er in der Bestellantwort abweichende Informationen angeben. Beispielsweise kann er das vom Einkäufer spezifizierte Lieferdatum anpassen oder eine Preisänderung durchführen. Auch hat er die Möglichkeit, einzelne Positionen abzulehnen.

Nun wählt der Lieferant den Button SENDEN. Daraufhin wird die Bestellantwort per XML-Nachricht an SAP NetWeaver PI (siehe ❹ in Abbildung 9.11) und von dort per IDoc an das SAP ERP-Backend gesendet ❺.

Lieferavis

Im Gegensatz zum SUS-SRM-Szenario wird im SUS-MM-Szenario mit IDoc-basierter Anbindung ein Lieferavis (anstelle der Bestätigung) angelegt. Mithilfe eines *Lieferavis* informiert der Lieferant das einkaufende Unternehmen, dass er die bestellten Waren versendet hat.

Um einen Lieferavis ❻ anzulegen, wählt der Lieferant in SAP SUS den Pfad BESTELLUNGEN • BESTÄTIGT. Hier werden ihm alle per Bestellantwort bestätigten Bestellungen angezeigt. Nun kann der Lieferant die Bestellungen auswählen, für die er eine Bestätigung erfassen möchte, und den Button LIEFERAVIS ANLEGEN anklicken.

In der nun in SAP SUS erscheinenden Ansicht kann er die Lieferinformationen ergänzen, beispielsweise durch Angabe eines Frachtbriefs (siehe Abbildung 9.12). Zum Senden des Lieferavis an den Einkäufer klickt er schließlich auf den Button WARE AN EMPFÄNGER AUSGELIEFERT.

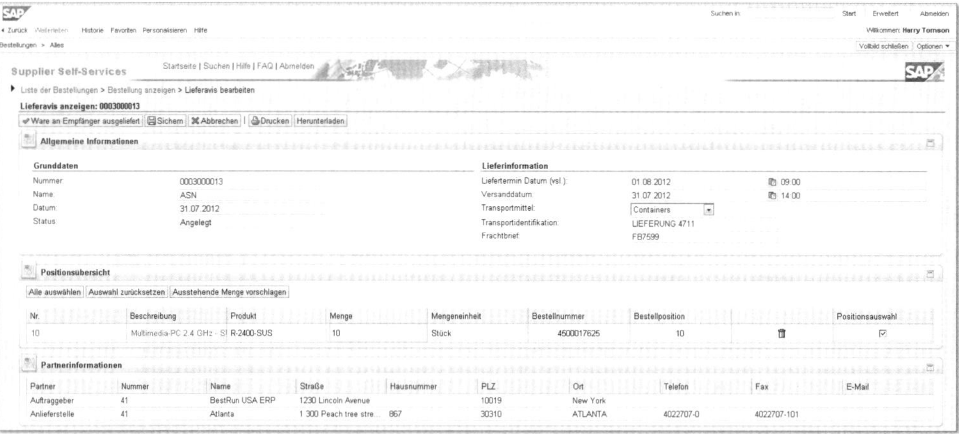

Abbildung 9.12 Lieferavis in SAP SUS erstellen

Der Einkäufer kann die Informationen zur Bestellantwort (Auftragsbestätigung, AB) und zum Lieferavis (LA) in der Registerkarte BESTÄTIGUNGEN seiner Bestellung einsehen (siehe Abbildung 9.13).

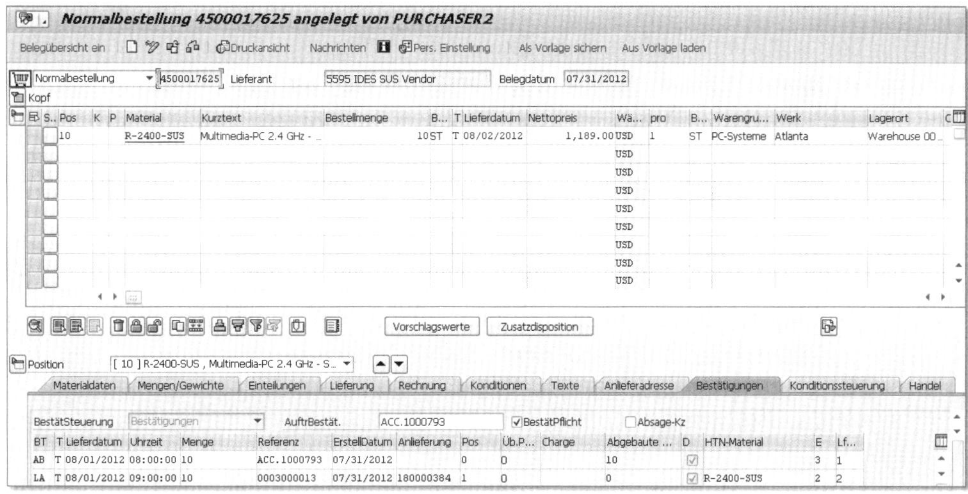

Abbildung 9.13 Bestätigungen im SAP ERP-Backend

Auf Basis des Lieferavis wird im SAP ERP-Backend ein Anlieferungsbeleg erzeugt (siehe ❼ in Abbildung 9.11).

Wareneingang

Sobald die Waren ausgeliefert worden sind, wird der Wareneingang ❽ im SAP ERP-Backend über die Transaktion MIGO mit Bezug zum Anlieferungsbeleg erfasst. Anschließend sammelt der ERP-Report RPODDELVRY die erfassten SUS-relevanten Wareneingänge ein und übermittelt diese als IDoc in Richtung SAP SUS.

Informationen über Wareneingänge und Rücklieferungen werden als Wareneingangsmeldung ❾ an SAP SUS zurückgesendet und können dort vom Lieferanten unter Benachrichtigungen vom Einkäufer eingesehen werden ❿.

Rechnung

Mithilfe dieser Funktion können Lieferanten Rechnungen mit Bezug zur Bestellung, mit Bezug zum Lieferavis oder mit Bezug zu einem Wareneingang anlegen und bearbeiten.

Wenn der Lieferant zum Beispiel eine Rechnung mit Bezug zu einem Lieferavis erfassen möchten, wählt er Lieferavise • Versendet. Nun lässt er sich den Lieferavis anzeigen, für den er eine Rechnung erfassen möchte, und klickt auf den Button Rechnung anlegen im Kopf des Lieferavis.

SAP SUS startet nun die browserbasierte Transaktion RECHNUNG BEARBEITEN und legt die neue Rechnung ⓫ an. Alle verfügbaren Informationen werden automatisch aus dem Lieferavis übernommen. Der Lieferant kann, wenn es erforderlich ist, Details ändern oder Angaben ergänzen und anschließend die Rechnung mit einem Klick auf den Button SENDEN abschicken. Die Rechnungsprüfung ⓬ findet im SAP ERP-Backend statt.

Lieferanten können anschließend über den Button ZAHLUNGSSTATUS PRÜFEN in SAP SUS den Zahlungsstatus einer Rechnung abrufen. Dabei können Sie sich Informationen über den Status einer Rechnung, den in Rechnung gestellten bezahlten Betrag sowie das Rechnungsdatum anzeigen lassen. Auf diese Weise können Lieferanten sehen, ob eine Rechnung vollständig bzw. teilweise beglichen wurde oder ob sie noch offen ist.

Alternativ kann die Rechnung auch von einem Rechnungsprüfer des einkaufenden Unternehmens im SAP ERP-Backend manuell angelegt und an SAP SUS übertragen werden, um den Lieferanten zu informieren. Auch ERS-Rechnungen werden vom SAP ERP-Backend an SAP SUS übertragen und dort angezeigt.

Verlaufsinformationen

Sowohl die am Prozess beteiligten Personen des einkaufenden Unternehmens als auch der Lieferant erhalten im System einen Verlauf der Lieferantenkollaboration angezeigt. Abbildung 9.14 zeigt den Verlauf im SAP ERP-Backend aus der Sicht des einkaufenden Unternehmens.

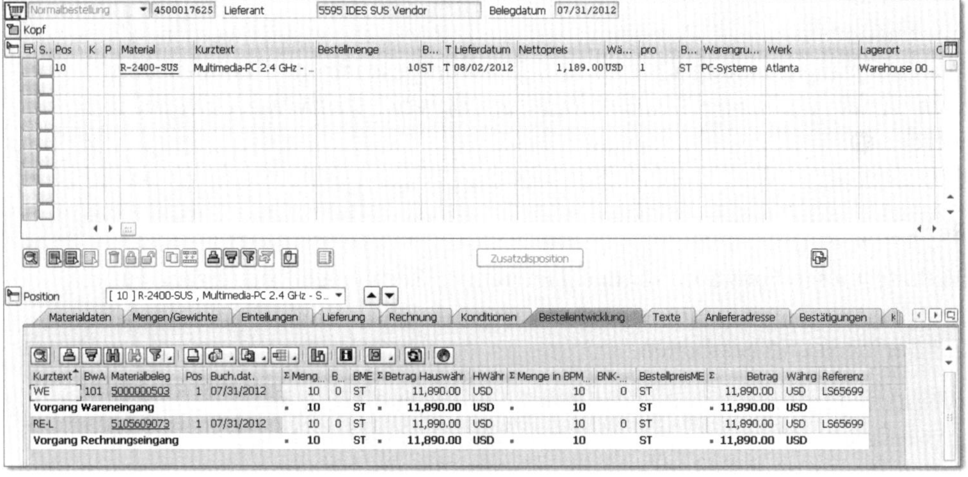

Abbildung 9.14 Verlauf im SAP ERP-Backend

Der Lieferant sieht also die Folgebelege zur Bestellung – in unserem Beispiel sind dies Wareneingang und Rechnung. Dabei hat er auch die Möglichkeit, in die Detailansicht des dazugehörigen Materialbelegs abzuspringen. Abbildung 9.15 zeigt den Verlauf in SAP SUS aus der Sicht des Lieferanten.

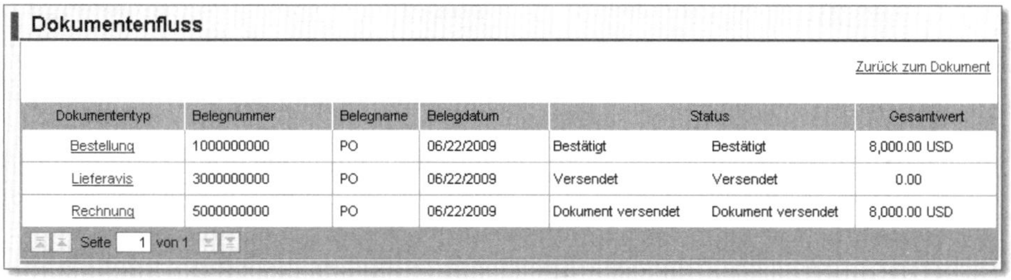

Dokumentenfluss

Zurück zum Dokument

Dokumententyp	Belegnummer	Belegname	Belegdatum	Status		Gesamtwert
Bestellung	1000000000	PO	06/22/2009	Bestätigt	Bestätigt	8,000.00 USD
Lieferavis	3000000000	PO	06/22/2009	Versendet	Versendet	0.00
Rechnung	5000000000	PO	06/22/2009	Dokument versendet	Dokument versendet	8,000.00 USD

Seite 1 von 1

Abbildung 9.15 Verlauf in SAP SUS

Ebenso wie im SUS-SRM-Szenario sieht der Lieferant im SUS-ERP-Szenario in SAP SUS unter DOKUMENTENFLUSS den kompletten Verlauf inklusive aller ihn betreffenden Geschäftsdokumente.

9.3.2 SAP SUS mit SOA-basierter SAP ERP-Anbindung

Ergänzend zur IDoc-basierten Anbindung von SAP SUS an SAP ERP ist in der Kombination von SAP SRM 7.0 und SAP ERP 6.0 Erweiterungspaket 4 die SOA-basierte Anbindung für Dienstleistungsbestellungen mit Leistungshierarchien inklusive der dazugehörigen Leistungserfassungen möglich.

Da die SOA-basierte Anbindung die SUS-ERP-Integration um die Funktionalität der Leistungsbeschaffung ergänzt, ist sie auch die technische Grundlage für das Geschäftsszenario »Dienstleistungsbeschaffung (klassisches Szenario)« (siehe Abschnitt 6.2.3, »Beschaffung komplexer Dienstleistungen mit hierarchischen Strukturen«).

Abbildung 9.16 zeigt die in SAP SUS mit SOA-basierter ERP-Anbindung zusätzlich möglichen Geschäftsprozesse. Im Folgenden gehen wir nur auf die durch diese Integrationstechnologie zusätzlich mögliche Funktionalität ein. Die weitere Funktionalität, wie z. B. die Übertragung der Rechnung, wurde bereits in Abschnitt 9.3.1, »SAP SUS mit IDoc-basierter ERP-Anbindung«, beschrieben.

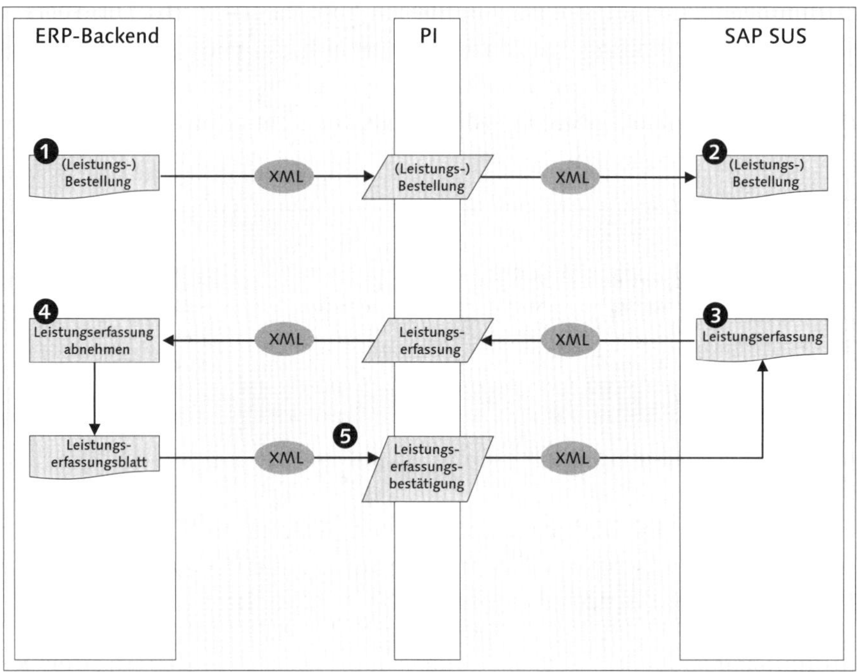

Abbildung 9.16 SUS-ERP-Szenario (SOA-basierte Anbindung)

[»] **Neu in SRM 7.0 im Bereich »SAP SUS mit SAP ERP-Integration«**

Die Nutzung der SUS-Funktionalität im Umfeld der Dienstleistungsbeschaffung wurde um wichtige Funktionen erweitert:

- Backend-Bestellungen mit Leistungshierarchien und Limitpositionen können an SAP Supplier Self-Services übertragen werden.
- Leistungshierarchien können in SAP SUS angezeigt werden.
- Eine Bestellantwort durch den Lieferanten für Leistungshierarchien ist möglich.
- Die Leistungserfassung durch den Lieferanten in kombinierten Material- und Leistungsbestellungen ist möglich.
- Die Leistungsbestätigung unterstützt die Leistungshierarchien.
- Der Lieferant kann ungeplante erbrachte Leistungen für eine Limitposition aus einer Backend-Bestellung entweder manuell erfassen oder sie aus einem Produktkatalog auswählen.
- Die Benachrichtigung des Lieferanten (Status-Update) auf der Basis des Backend-Leistungserfassungsblatts ist möglich.
- Der Lieferant kann die Rechnung auf Basis eines genehmigten Leistungserfassungsblatts erfassen.
- Die ERS-Rechnung aus dem SAP ERP-Backend wird automatisch an SAP Supplier Self-Services übertragen.

(Leistungs-)Bestellung

Die Bestellung wird im SAP ERP-Backend – entweder manuell über die Transaktion ME21N, direkt in der Sourcing-Anwendung oder als Folgebeleg einer Ausschreibung oder Auktion – angelegt (siehe ❶ in Abbildung 9.16). Bei der SOA-basierten Integration wird die Übertragung von Dienstleistungsbestellungen mit komplexen Leistungshierarchien unterstützt (siehe Abbildung 9.17).

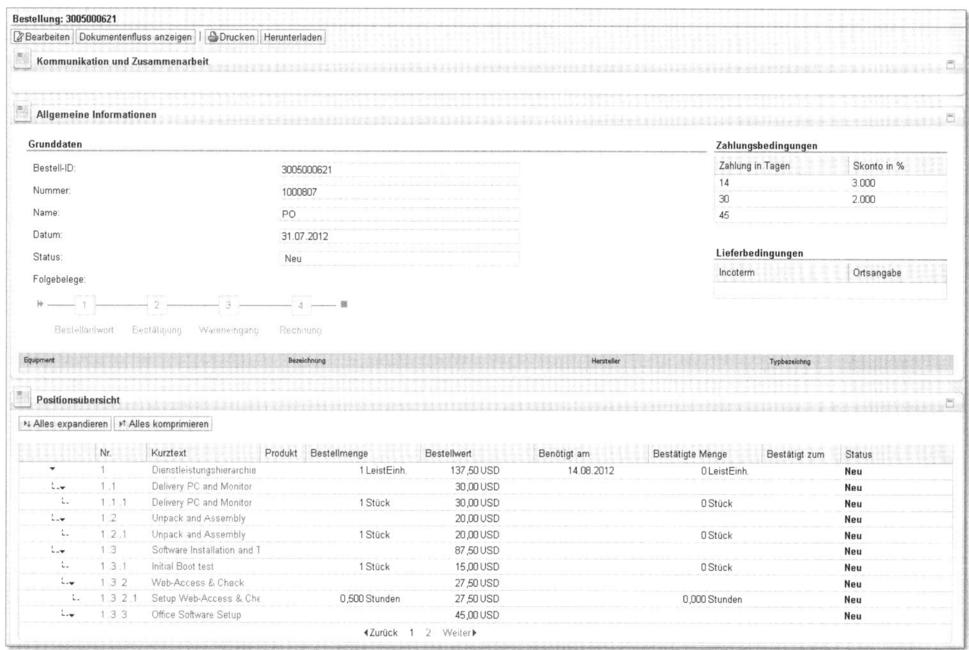

Abbildung 9.17 Bestellung in SAP SUS anzeigen

Die Bestellung wird per XML-Nachricht an SAP SUS gesendet und kann nun vom Lieferanten eingesehen werden (siehe ❷ in Abbildung 9.16).

Leistungserfassung

Der Lieferant erbringt nun seine Leistungen und erstellt anschließend eine *Leistungsbestätigung*, um die Leistung zu erfassen (siehe ❸ in Abbildung 9.16).

Hierzu lässt sich der Lieferant in SAP SUS die Liste der Bestellungen anzeigen (Button BESTELLUNGEN). Nun wählt er die entsprechende Bestellung und klickt den Button BESTÄTIGEN an. Anschließend kann er sich die ausstehenden Mengen vorschlagen lassen oder manuell die erbrachten Leistungen in der Leistungshierarchie angeben.

Im Falle einer Limitposition hat der Lieferant die Möglichkeit, erbrachte Leistungen manuell zu erfassen oder sie aus einem Produktkatalog auszuwählen. Die Leistungsbestätigung wird dann um die Angaben BELEGNAME und wahlweise NAME DES LEISTUNGSERBRINGERS sowie ORT DER LEISTUNGSERBRINGUNG ergänzt. Anschließend klickt er auf den Button BESTÄTIGEN, um die Leistungsbestätigung an den Einkäufer zu senden.

Der Einkäufer meldet sich an SAP NetWeaver Portal an und lässt sich die eingegangenen Leistungserfassungsblätter im Workset der operativen Einkäuferrolle über EINKAUF • EINGÄNGE anzeigen (siehe Abbildung 9.18).

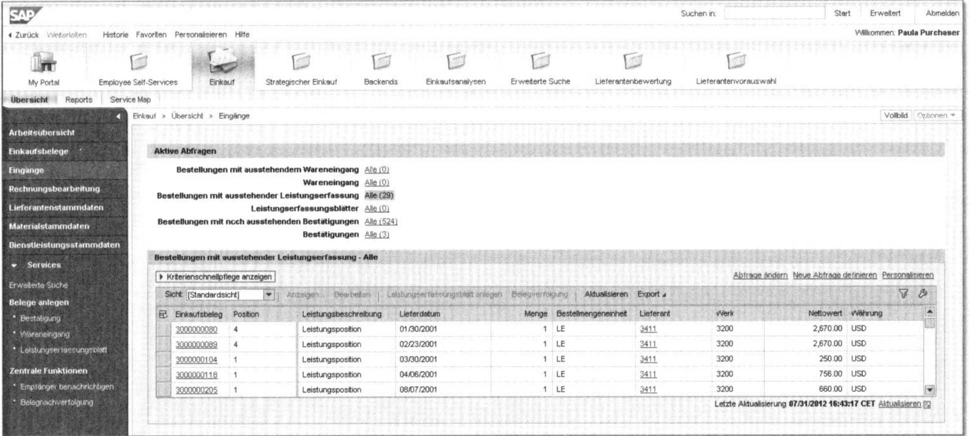

Abbildung 9.18 Liste der Leistungserfassungsblätter

Als Einkäufer können Sie nun das gewünschte Leistungserfassungsblatt auswählen und abnehmen (siehe ❹ in Abbildung 9.16). Die Information der erfolgreichen Abnahme des Leistungserfassungsblatts wird anschließend an SAP SUS zurückübertragen ❺. Der Lieferant sieht, dass sich der Status seines Leistungserfassungsblatts auf VOM KUNDEN ANGENOMMEN geändert hat.

Analog dazu ist natürlich auch das Ablehnen des Leistungserfassungsblatts durch das einkaufende Unternehmen inklusive eines iterativen Prozesses zur Klärung mit dem Lieferanten möglich.

[+] Die Funktion der Leistungserfassung im Zusammenspiel mit dem SAP ERP-Backend war lange Zeit eine wichtige Anforderung von Kunden, die nur mittels aufwendiger Beratungslösungen implementiert werden konnte. Seit SAP SRM 7.0 ist es nun möglich, diese Funktion im Standard zu nutzen. Neben den hier beschriebenen Funktionen gibt es eine Reihe von BAdIs (Business

Add-ins), mit deren Hilfe die Funktionen erweitert werden können. Leider deckt auch diese wichtige Weiterentwicklung der Leistungserfassung mithilfe von BAdIs nicht sämtliche Funktionen ab, die in der Praxis gefordert werden. Themen, wie z.B. der Austausch von Dateianlagen zwischen SAP ERP und SAP SUS, Limitprüfungen, Workflows im Backend oder der Einsatz von Formeln in der Leistungserfassung sind nur durch Erweiterungen des Standards abzudecken.

9.3.3 Technische Aspekte der SUS-ERP-Integration

In diesem Abschnitt gehen wir auf die technischen Aspekte der Integration von SAP ERP und SAP Supplier Self-Services ein.

Betrachten wir zunächst die *Architektur*. In der Praxis wird ein SRM-Server, der die Rolle von SAP SUS übernimmt, außerhalb der Unternehmens-Firewall installiert. Dieser kommuniziert über XML-Nachrichten mit SAP NetWeaver PI, das wiederum per XML-Nachrichten oder über IDocs mit dem SAP ERP-Backend kommuniziert.

[+] Bei der SOA-basierten Anbindung ist der Einsatz von SAP NetWeaver PI nicht zwingend erforderlich. Ebenfalls ist es möglich, Bestellungen, Leistungserfassungen und Rückmeldungen zu den Leistungserfassungen mittels Peer2Peer-Verbindung zwischen dem ERP- und dem SUS-System zu übermitteln. Dies ist aber nur möglich, wenn an das SUS-System nur ein ERP-System angebunden ist und man auf den Einsatz von Bestellbestätigungen, Wareneingangsinformationen, Rechnungen und Gutschriften verzichten kann, für die außerdem ein PI-Mapping benötigt wird.

Die im SAP ERP-Backend vorhandenen Stammdaten des Lieferanten können über die Transaktion BD14 an SAP SUS repliziert werden. Dieser Prozess lässt sich in die folgenden Teilschritte gliedern:

1. SAP SUS sendet eine E-Mail-Benachrichtigung an den Administrator des Lieferanten. Diese E-Mail enthält die Registrierungsnummer sowie die URL zur Anmeldung an SAP SUS.
2. Der Administrator des Lieferantenunternehmens meldet sich mit der Registrierungsnummer an SAP SUS an und legt einen oder mehrere Benutzer für die Mitarbeiter seines Unternehmens an.
3. SAP SUS sendet an jeden durch den Lieferantenadministrator angelegten Benutzer eine E-Mail, die eine Registrierungsnummer sowie eine URL enthält.

4. Die Lieferantenbenutzer melden sich mit der Registrierungsnummer und der URL an SAP SUS an und können nun mit dem System arbeiten.

[EHP 1]

Verbesserung der Kommunikation zwischen Einkauf und Lieferant

Im Umfeld der Kommunikation zwischen dem Einkauf und Ihren Lieferanten sind mit EHP 1 von SAP SRM einige neue Funktionalitäten hinzugekommen, die die Zusammenarbeit verbessern sollen und darüber hinaus vor allem den Lieferanten die folgenden Optionen an die Hand geben:

- Aktivierung des Enderfassungskennzeichens in der Bestätigung (Customizing-Schalter SRM_701_SUCO_FINAL_ENTRY)
- Das Senden der Texte zusammen mit den Bestellantworten (Customizing-Schalter SRM_701_SUCO_TEXT_TRANSFER)

Eine weitere Neuerung ist die Möglichkeit, die Anzeige von Preisen über ein Berechtigungsobjekt zu steuern.

Damit haben wir die Betrachtung von SAP SUS mit SAP ERP-Integration abgeschlossen. Informationen zum Workflow und zu den für SAP SUS relevanten BW-Analysen enthält Abschnitt 9.4.

Die für die Einrichtung von SAP Supplier Self-Services mit SAP ERP-Integration relevanten Customizing-Informationen finden Sie im SAP SRM Solution Manager Content.

9.4 SAP Supplier Self-Services – übergreifende Themen

Die sowohl für Abschnitt 9.2, »SAP Supplier Self-Services mit SAP SRM-Integration«, als auch für Abschnitt 9.3, »SAP Supplier Self-Services mit SAP ERP-Integration«, übergreifend gültigen Themen werden im Folgenden besprochen.

9.4.1 Workflows

SAP SRM stellt für SAP Supplier Self-Services den anwendungsgesteuerten Genehmigungs-Workflow »Sperren von SUS-Lieferanten (WS1450 00021)« zur Verfügung. Hierbei handelt es sich um einen Benachrichtigungs-Workflow, der verwendet wird, wenn der Benutzer eines SUS-Lieferanten gesperrt worden ist. Alle Einkäufer der Einkaufsorganisation des gesperrten Lieferanten erhalten hierüber eine Benachrichtigung per E-Mail.

Die Workflow-Vorlage dieses anwendungsgesteuerten Workflows wird auch in SAP SRM 7.0 noch im Standard eingesetzt.

Für die Abnahme eines Leistungserfassungsblattes in SAP ERP steht Ihnen leider kein Standard-Workflow zur Verfügung.

[+] SUS-Spezialisten sind in der Lage, sehr schnell und einfach Workflows auf der Basis der Standardfreigabestrategie in SAP ERP zu erstellen. Diese Workflows lassen sich mittels der Universal Worklist (UWL) nahtlos in SAP NetWeaver Portal integrieren. Da viele Unternehmen bereits solche Workflows oder auch klassische Freigabestrategien im ERP-System verwenden, wird diese Variante am häufigsten eingesetzt.

9.4.2 Analysen

Die Analysen im Bereich »SAP Supplier Self-Services« dienen der Versorgung Ihrer Lieferanten mit Informationen. Durch ein spezielles Berechtigungskonzept (Filterung über Berechtigungsvariablen) wird dabei vom System gewährleistet, dass die Lieferanten nur die für deren Augen bestimmten Berichte sehen können.

Wenn Sie Ihren Lieferanten Ihr Berichtswesen für SAP Supplier Self-Services zur Verfügung stellen möchten, benötigen Sie zunächst das entsprechend konfigurierte SUS-System oder ein Lieferantenportal mit Anbindung an SAP NetWeaver BW.

Über die hier beschriebenen Analysen können Ihre Lieferanten Antworten auf die folgenden Fragen erhalten:

- Welche Mengen habe ich in den letzten Monaten verkauft?
- Wie werden die Kontrakte genutzt? Laufen Kontrakte in naher Zukunft aus?
- Wie werde ich aktuell/historisch von meinem Kunden bewertet?
- Wie ist der aktuelle Bestand in meinem Konsignationslager?

Für die Analyse im Bereich von SAP Supplier Self-Services stehen Ihnen die im Folgenden aufgelisteten BW-Web-Templates zur Verfügung.

- **Kontrakte (Rolle SAP_BW_SRM_SUPPLIER)**
  Das Web Template »Kontrakte« versetzt den Lieferanten in die Lage, aktiv bei der Gestaltung von Kontrakten mitzuwirken.

  Auf der Basis einer Übersicht über die demnächst auslaufenden Kontrakte kann der Lieferant z.B. selbst seinem Kunden eine Verlängerung oder Neuverhandlung des Kontrakts anbieten.

  Zudem werden ihm Informationen zu sämtlichen Kontrakten angezeigt, die ihm dabei helfen, anstehende Abrufmengen abzuschätzen und die Kontraktvolumen zu verwalten.

- **Beschaffungswerte (Rolle SAP_BW_SRM_SUPPLIER)**
  Das Web Template »Beschaffungswerte« zeigt dem Lieferanten eine Aufstellung zu den historischen Bestellvorgängen seiner Kunden. In mehreren Berichten wird ihm die Entwicklung diverser Bestellwerte aus verschiedenen Perspektiven dargestellt.
- **Lieferantenbewertung (Rolle SAP_BW_SRM_SUPPLIER)**
  Mithilfe des Web Templates »Lieferantenbewertung« kann der Lieferant die Noten erfahren, die die Einkäufer in der Lieferantenbewertung vergeben haben.

  Damit erhält der Lieferant Transparenz hinsichtlich seiner Lieferanten-Abnehmer-Beziehung. Dieses Web Template kann vom Lieferanten verwendet werden, um seine Performance zu überwachen und um sich beispielsweise auf Zielgespräche mit seinem Kunden vorzubereiten.
- **Bewertungssätze der manuellen Lieferantenbewertung (Rolle SAP_BW_SRM_SUPPLIER)**
  Dieses Web Template zeigt dem Lieferanten alle bewerteten Bestellungen und selektiert nach dem Ereignis, zu dem die Bewertung abgegeben worden ist. Damit kann der Lieferant einzelne Liefervorgänge, die vom Warenempfänger oder Rechnungsprüfer des Kunden schlecht bewertet worden sind, nachprüfen.
- **Bewertung der Leistungserbringer (Rolle SAP_BW_SRM_SUPPLIER)**
  Durch das Web Template »Bewertung der Leistungserbringer« sieht der Lieferant, wie die erbrachten Leistungen der letzten zwölf Monate bewertet wurden. Hierzu werden dem Lieferanten die Durchschnittsnoten pro Leistungserbringer in den Kriterien »Qualität des Leistungserbringers«, »Qualität der Leistung« und »Termintreue« angezeigt. Ebenfalls erhält er einen Überblick darüber, welches wert- und mengenmäßige Leistungsvolumen der Leistungserbringer in den letzten zwölf Monaten erbracht hat.
- **Lieferantenüberblick (Rolle SAP_BW_SRM_SUPPLIER)**
  Das Web Template »Lieferantenüberblick« zeigt dem Lieferanten die Entwicklung der Bestell- und Rechnungswerte des letzten Jahres in Form eines Säulendiagramms.
- **Konsignationsbestände (Rolle SAP_BW_SRM_SUPPLIER)**
  Das Web Template »Konsignationsbestände« zeigt dem Lieferanten die aktuellen Bestandswerte in seinen Konsignationsbeständen beim Kunden für einzelne Werke und Materialien. Mit dieser Information kann er den Lagerbestand selbst kontrollieren und gegebenenfalls steuern. Zusätzlich werden die abgerufenen Mengen in einem frei wählbaren Zeitraum dargestellt.

9.5 Lieferantenportal

Das Lieferantenportal (auch *Supplier Portal* genannt) basiert für SAP SRM 7.0 auf dem *Business Package for Supplier Collaboration 4.0*. Es wird auf SAP NetWeaver Portal 7.0 installiert und bietet den Lieferanten einen einheitlichen Zugang zu allen SAP-Systemen, die eine Funktionalität zur Lieferantenkollaboration anbieten. Diese Funktionalität sorgt also für eine transparente, schnelle und effektive Kommunikation zwischen den Einkaufsorganisationen und Lieferanten des Unternehmens.

Dabei integriert das Lieferantenportal Daten aus den folgenden SAP-Systemen (siehe Abbildung 9.19):

- SAP Supplier Relationship Management (SAP SRM)
- SAP Supplier Self-Services (SAP SUS)
- SAP Supply Network Collaboration (SAP SNC, früher ICH) der Lösung SAP Supply Chain Management
- SAP ERP
- SAP NetWeaver BW
- Collaboration Folders (cFolders) der Lösung SAP Product Lifecycle Management (SAP PLM)

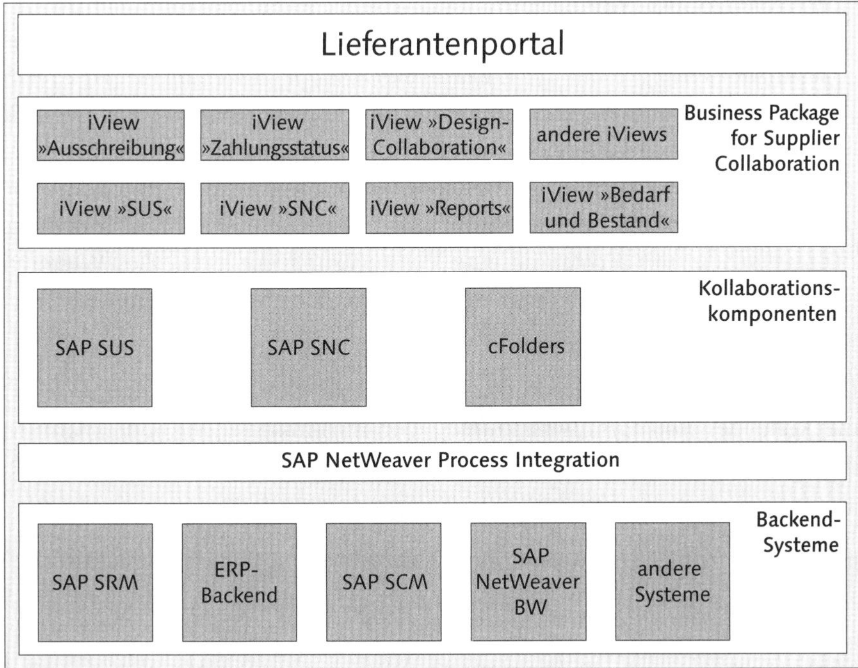

Abbildung 9.19 Komponenten des Lieferantenportals

Darüber hinaus können auch weitere Anwendungen integriert werden, z.B. solche, die mithilfe von *SAP NetWeaver Composition Environment* (SAP NetWeaver CE) entwickelt wurden.

Über entsprechende Berechtigungsprofile wird dafür gesorgt, dass ein Ansprechpartner des Lieferantenunternehmens nur die für ihn bestimmte Funktionalität nutzen kann. Das Business Package for Supplier Collaboration 4.0 wird mit den folgenden Standardbenutzerrollen für Lieferanten ausgeliefert:

- **Administrator**
  Diese Rolle ist für IT- oder Support-Mitarbeiter des Lieferantenunternehmens vorgesehen. Die Administratoren sind für die Benutzerverwaltung und die Benutzerberechtigungen auf der Lieferantenseite verantwortlich.
- **Ingenieur**
  Ingenieure können an Ausschreibungen (vor allem im Bereich der Design-Collaboration) teilnehmen.
- **Disponent**
  Der Disponent koordiniert alle Abläufe in der Logistikkette zwischen Einkaufsorganisation und Lieferant; er überwacht den Bestandsbedarf der Einkaufsorganisation anhand von Lagerbestands-, Bedarfs- und Dispositionslisten.
- **Vertriebsbeauftragter**
  Der Vertriebsbeauftragte des Lieferantenunternehmens ist für die Geschäftsbeziehungen mit der Einkaufsorganisation zuständig. Er hat Zugriff auf die komplette Funktionalität von SAP Supplier Self-Services wie z.B. Bestellannahme, Lieferavis und Rechnungserfassung (siehe Abbildung 9.20). Als Bieter kann er an Ausschreibungen teilnehmen, und über BW-Analysen kann er beispielsweise die Kontrakte seines Unternehmens überwachen und rechtzeitig eine Verlängerung initiieren. Des Weiteren kann er über die Applikation zur Kontrolle der offenen Rechnungen den Status seiner Rechnungen einsehen.

Darüber hinaus enthält das Business Package for Supplier Collaboration 4.0 die Rolle des *Einkaufsadministrators*, der im einkaufenden Unternehmen dafür zuständig ist, dieses Business Package zu verwalten.

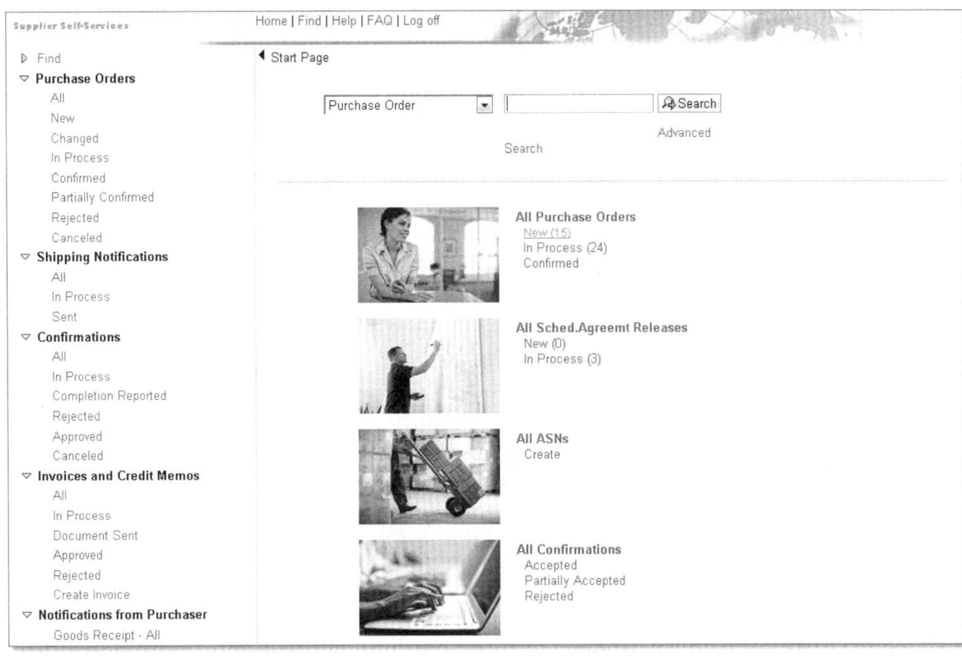

Abbildung 9.20 Lieferantenportal mit integriertem SAP SUS

9.6 Direkter Dokumentenaustausch

Die direkte System-zu-System-Verbindung zum Austausch der Bestelldaten per EDI ist vor allem für größere Lieferanten mit hohem Bestellvolumen geeignet, da die initialen Integrationsaufwände je nach Lieferantensystem recht aufwendig sein können.

Die direkte Anbindung der Systeme ermöglicht schnellere Prozesse und eine höhere Datenqualität. Auf der Lieferantenseite werden zudem Kosten eingespart, da die prozessrelevanten Informationen direkt und automatisch zwischen dem Einkäufersystem und dem Lieferantensystem ausgetauscht werden.

Abhängig vom Lieferantensystem sind die Prozesse der Integration ähnlich den in den Abschnitten 9.2, »SAP Supplier Self-Services mit SAP SRM-Integration«, und 9.3, »SAP Supplier Self-Services mit SAP ERP-Integration«, dargestellten Prozessen.

SAP SRM und SAP ERP tauschen die Daten der Bestellkollaboration über SAP NetWeaver PI oder über den noch verfügbaren SAP Business Connector aus. SAP NetWeaver PI koordiniert das Routing der Daten zum richtigen Lieferanten und sorgt für die Konvertierung der Daten in ein vom Lieferantensystem lesbares Format. Mögliche Formate sind *XML Common Business Library* (xCBL, XML = Extended Markup Language) oder aber auch das SAP-IDoc-Format, das mittlerweile auch sehr viele Lieferanten interpretieren können, die kein SAP-System verwenden.

Darüber hinaus existieren Business Packages für SAP NetWeaver PI zur Integration mit anderen Standardformaten wie z.B.:

- **SAP Business Package for RosettaNet**
  Dieses Business Package unterstützt die Prozessintegration auf der Basis des Industriestandards RosettaNet. Der Process Integration Content (PI-Content) dieses Business Packages bildet *Partner Interface Processes* (PIP) von RosettaNet ab (siehe *www.rosettanet.org*).
- **SAP Business Package for CIDX**
  Dieses Business Package unterstützt die Prozessintegration auf der Basis des Industriestandards Chem eStandards der Organisation *Chemical Industry Data Exchange* (CIDX). Der PI-Content dieses Business Packages bildet die Schnittstellen von Chem eStandards ab (siehe *www.cidx.org*).

Mappings zu weiteren Formaten können manuell in SAP NetWeaver PI erstellt werden.

SAP SRM unterstützt den XML-basierten Datenaustausch mit Lieferanten für die folgenden Geschäftsbelege:

- Bestellung
- Auftragsbestätigung
- Lieferavis
- Bestätigung/Antwort auf Bestätigung
- Rechnung/Antwort auf Rechnung
- Ausschreibung/Angebot

Weitere Informationen zu den XML-basierten Möglichkeiten des Datenaustauschs in SAP SRM finden Sie auch unter *http://help.sap.com* • SOA • SAP SRM.

9.7 Online-Marktplätze

Online-Marktplätze ermöglichen den direkten Austausch von Bestelldokumenten zwischen den einkaufendem Unternehmen und den Lieferanten. Der große Vorteil von Online-Marktplätzen ist, dass Sie durch eine einzige Systemanbindung (Anbindung Ihres Systems an den Marktplatz) mit einer Vielzahl von Lieferanten Bestelldaten austauschen können.

Online-Marktplätze übernehmen damit als Integrationsplattform die folgenden Funktionen:

- automatisches Routing der Nachrichten zum entsprechenden Lieferanten und auf dem Rückweg wieder zum einkaufenden Unternehmen
- Austausch von Geschäftsdokumenten wie Bestellungen, Auftragsbestätigungen, Bestelländerungen, Lieferavis, Gutschriften und Rechnungen
- Konvertierung der Datenformate (z.B. PIDX, xCBL, CIDX und RosettaNet) zwischen den Systemen der angebundenen Partner über eigene Adapter

Online-Marktplätze bieten oft auch eine ergänzende Funktionalität an. Sie können z.B. als Content Broker agieren und einen OCI-basierten Multilieferantenkatalog bereitstellen. In der Regel bieten Online-Marktplätze auch ein Partnerverzeichnis, z.B. ein OPI-basiertes Lieferantenverzeichnis, an. Manche Online-Marktplätze agieren auch als Hosting-Anbieter und stellen Softwareanwendungen wie z.B. SAP SRM, SAP SUS und Standalone-Ausschreibungsplattformen wie SAP E-Sourcing als On-Demand-Lösung mit browserbasiertem Zugriff bereit.

Online-Marktplätze finanzieren sich über Gebühren für die Anbindung der Systeme und Gebühren, die pro Transaktion fällig werden. Somit ist die Teilnahme an Online-Marktplätzen mit zusätzlichen Kosten verbunden.

Außerdem hängt der Mehrwert des Marktplatzes sehr von der Anzahl und der Branche der teilnehmenden Unternehmen ab. Es ist deshalb empfehlenswert, sich einem Online-Marktplatz der passenden Branche (z.B. Chemie, Finanzwesen oder Automobilindustrie) des einkaufenden Unternehmens anzuschließen.

SAP selbst bietet den Online-Marktplatz *SAP Supplier Network* an, der auf einer Kooperation mit dem Marktplatzbetreiber Hubwoo basiert (siehe *www.hubwoo.com*).

9.8 Zusammenfassung

Wie Sie in diesem Kapitel gesehen haben, gibt es verschiedene technische Möglichkeiten der Lieferantenkollaboration im SAP-Umfeld. Es existiert also nicht »die« ideale Technologie zur Lieferantenkollaboration für alle Anforderungen, sondern jede Variante passt z. B. zu einem speziellen technischen Integrationsszenario oder zu einer bestimmten Lieferantengröße. Es ist sicherlich eine betriebswirtschaftliche und technische Herausforderung, die für Ihr Unternehmen und Ihre Lieferanten idealen Kollaborationstechnologien zu identifizieren und sie effektiv zu nutzen.

Als Entscheidungshilfe zum Einsatz der vorgestellten Technologien zeigt Abbildung 9.21 eine abschließende Zusammenfassung aller mit SAP SRM verfügbaren Möglichkeiten der Lieferantenkollaboration. Durch die gezielte Nutzung der idealen Kollaborationsplattformen können Sie die Qualität Ihrer Lieferantenbeziehungen steigern und hierdurch den Wettbewerbsvorteil Ihres Unternehmens langfristig sichern.

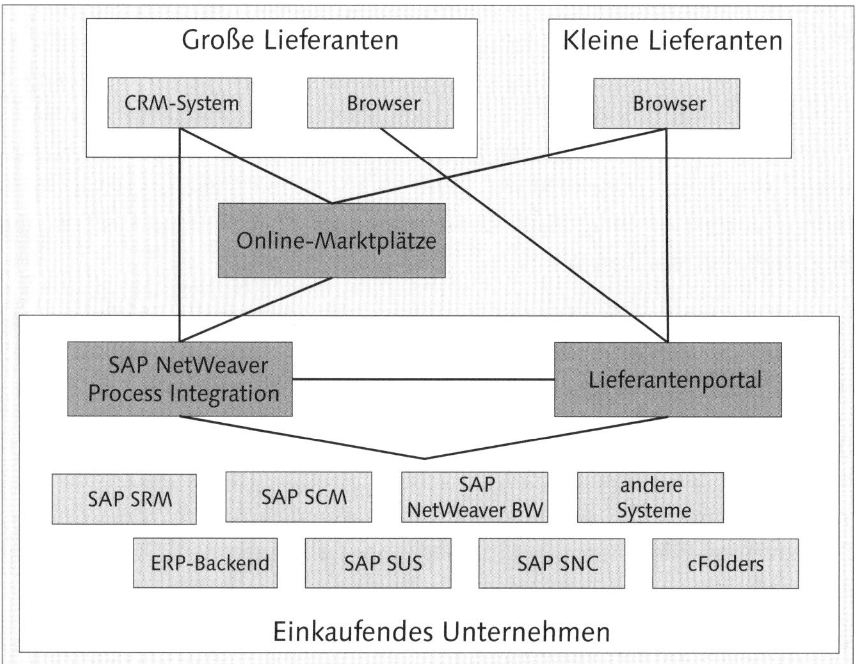

Abbildung 9.21 Möglichkeiten der Lieferantenkollaboration

Wie der Name »Supplier Relationship Management« schon aussagt, ist die Verwaltung von Lieferantenbeziehungen eine der Kernaufgaben dieser SAP-Softwarelösung. Hierzu gehört auch die stetige Evaluierung der eigenen Lieferanten in Bezug auf Qualität, Leistung und Preis sowie das sukzessive Optimieren des Lieferantenportfolios.

10 Optimierung des Lieferantenportfolios

Eine gut ausgewählte und abgestimmte Lieferantenbasis ist die Voraussetzung für den effektiven Einkauf. Die kontinuierliche Optimierung des Lieferantenportfolios gewährleistet eine sichere Versorgung mit qualitativ hochwertigen Waren und Dienstleistungen zu günstigen Konditionen – und dies ist wiederum ein essenzieller Erfolgsfaktor für eine positive Unternehmensentwicklung. In der SAP SRM Solution Map finden Sie die Aktivitäten zur *Optimierung des Lieferantenportfolios* in der Prozessgruppe »Supply Base Management« (siehe Abbildung 10.1).

Supply Base Management	Supplier Identification & Onboarding	Supplier Development & Performance Management	Supplier Portfolio Management

Abbildung 10.1 Auszug aus der SAP SRM Solution Map für den Bereich »Optimierung des Lieferantenportfolios«

Die kontinuierliche Optimierung des Lieferantenportfolios ist ein iterativer Prozess, der aus vier Phasen besteht (siehe Abbildung 10.2). Zur *Identifikation neuer Lieferanten* und zu deren anschließenden Übernahme nach SAP SRM steht das *Open Partner Interface* (OPI) zur Verfügung, das der Anbindung von Lieferantenverzeichnissen dient. Die Übernahme neuer Lieferanten aus über OPI angebundenen Lieferantenverzeichnissen ist in verschiedenen browserbasierten Transaktionen in SAP SRM möglich (siehe Abschnitt 6.6.7, »Lieferantenverzeichnisse«). So können entweder öffentlich verfügbare Lieferantenverzeichnisse, wie z.B. Hoppenstedt, Lieferantenverzeichnisse von Online-Marktplätzen oder unternehmensinterne Lieferantenverzeichnisse auf der Basis einer Lieferantenvorauswahl angebunden werden. Die Lieferantenvorauswahl ist ein Zwischenschritt im Prozess der Lieferantenqualifizierung (siehe Abschnitt 10.1, »Lieferantenqualifizierung«), der auf die Lieferantenselbstregistrierung folgt.

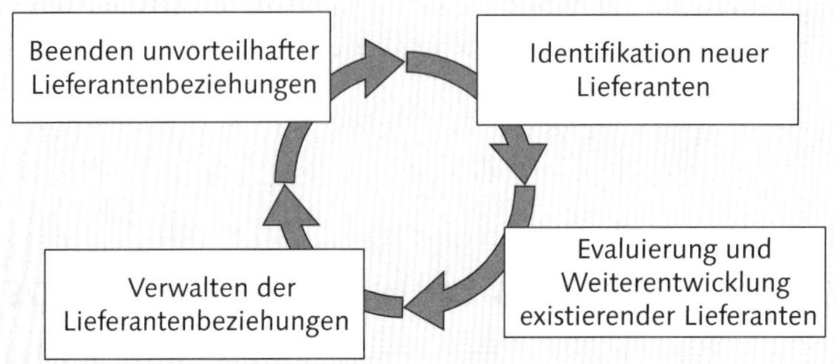

Abbildung 10.2 Optimierung des Lieferantenportfolios

Die *Evaluierung und Weiterentwicklung von existierenden Lieferanten* wird auf der Basis der Analysedaten der Lieferantenbewertung durchgeführt (siehe Abschnitt 10.2, »Lieferantenbewertung«). So kann anhand der Lieferantenbewertungsergebnisse gemeinsam mit den Lieferanten an der Optimierung der Lieferantenbeziehungen gearbeitet werden. Beispielsweise können regelmäßige Gesprächstermine mit den wichtigsten Lieferanten eingeplant werden. Gibt es bei einem Lieferanten z.B. Qualitätsprobleme, werden diese spätestens im Rahmen der Lieferantenbewertung sichtbar und können infolgedessen angesprochen werden. Ein klar definierter Plan zur Behebung der Qualitätsprobleme kann anschließend über zukünftige Lieferantenbewertungen überwacht werden.

Des Weiteren gehören auch Anfragen und Verhandlungen von Konditionen, wie sie in den Abschnitten 7.4, »Ausschreibungen«, und 7.5, »Live-Auktionen«, beschrieben werden, zum Thema der Weiterentwicklung von existierenden Lieferanten.

Die Aktivitäten zur *Verwaltung der Lieferantenbeziehungen* inklusive des *Beendens unvorteilhafter Lieferantenbeziehungen* werden u.a. mithilfe von Lieferantenlisten abgebildet. In diese werden bevorzugte Lieferanten mit verschiedenen Prioritäten aufgenommen. Lieferanten, mit denen man momentan nicht zusammenarbeiten möchte, können in der Lieferantenliste deaktiviert werden. Das Thema »Lieferantenlisten« ist Gegenstand des gleichnamigen Abschnitts 10.3.

Auch die in Kapitel 8, »Verwaltung von Kontrakten«, beschriebenen Aktivitäten gehören im weitesten Sinne zur Verwaltung von Lieferantenbeziehungen.

Beginnen wir nun mit der Lieferantenqualifizierung, die eine wichtige Rolle im Rahmen der Identifikation von neuen Lieferanten spielt.

10.1 Lieferantenqualifizierung

Das Geschäftsszenario der Lieferantenqualifizierung unterstützt Einkäufer bei der Erfüllung der Aufgabe, das Lieferantenportfolio durch die Aufnahme neuer, erfolgversprechender Lieferanten zu optimieren.

Neu in SAP SRM 7.0 [«]

Neu in SAP SRM 7.0 ist der *Geschäftspartnermonitor*, der die folgenden Optionen bereithält:

- die Überwachung von Änderungen an den Lieferantenstammdaten
- die Übertragung von geänderten Lieferantendaten an das SAP ERP-Backend

Neu in SAP SRM 7.0 ist auch das automatische Anlegen einer temporären Kontaktperson in der SAP Bidding Engine, wenn ein neuer Bieter aus einem OPI-basierten Lieferantenverzeichnis übernommen worden ist.

Im Folgenden betrachten wir die Prozesse im Geschäftsszenario der Lieferantenqualifizierung, wobei wir die Schritte der SAP SRM- und SAP ERP-Integration zusammenfassen, um ein ganzheitliches Bild darzustellen. Falls Sie SAP Supplier Self-Services (SAP SUS) nur mit dem SAP ERP-Backend integriert haben und keine SAP SRM-basierten Einkaufsprozesse einsetzen, können Sie das Geschäftsszenario »Lieferantenqualifizierung« dennoch in einer vereinfachten Variante einsetzen.

10.1.1 Prozesse der Lieferantenqualifizierung

Die Prozesse der Lieferantenqualifizierung in SAP SRM umfassen die folgenden Aktivitäten bzw. Schritte:

1. Selbstregistrierung durch den Lieferanten
2. Lieferantenvorauswahl
3. Übernahme der Lieferanten
4. Änderung der Lieferantendaten per SAP Supplier Self-Services

SAP SRM bietet eine browserbasierte Oberfläche zur Lieferantenregistrierung. Über diese Oberfläche können sich interessierte Lieferanten selbst registrieren und sich damit als potenzielle Geschäftspartner des einkaufenden Unternehmens bewerben.

Einkäufer können in einer Transaktion zur Lieferantenvorauswahl bestimmen, welche dieser potenziellen Lieferanten in ein OPI-basiertes Lieferantenverzeichnis aufgenommen werden. Die Funktionalität der Lieferantenvorauswahl steht sowohl Benutzern mit der strategischen als auch mit der operativen Einkäuferrolle zur Verfügung.

Im Laufe der Zeit entsteht so ein immer kompletteres Verzeichnis mit potenziell geeigneten Lieferanten. In SAP SRM haben Sie nun über verschiedene Transaktionen die Möglichkeit, die Lieferanten aus diesem Lieferantenverzeichnis zu übernehmen. Nach deren Übernahme stehen die Lieferantenstammsätze in SAP SRM als Geschäftspartner bereit.

Wird diesen in SAP SRM aufgenommenen Lieferanten auch ein SUS-Zugang zur Verfügung gestellt, können sie ihre Daten sogar selbst ändern. Damit etwaige Änderungen der Lieferantendaten auch im SAP ERP-Backend verfügbar sind, können diese im Geschäftspartnermonitor übertragen werden.

Abbildung 10.3 zeigt das komplette Geschäftsszenario der Lieferantenqualifizierung, das wir im Folgenden detailliert betrachten werden.

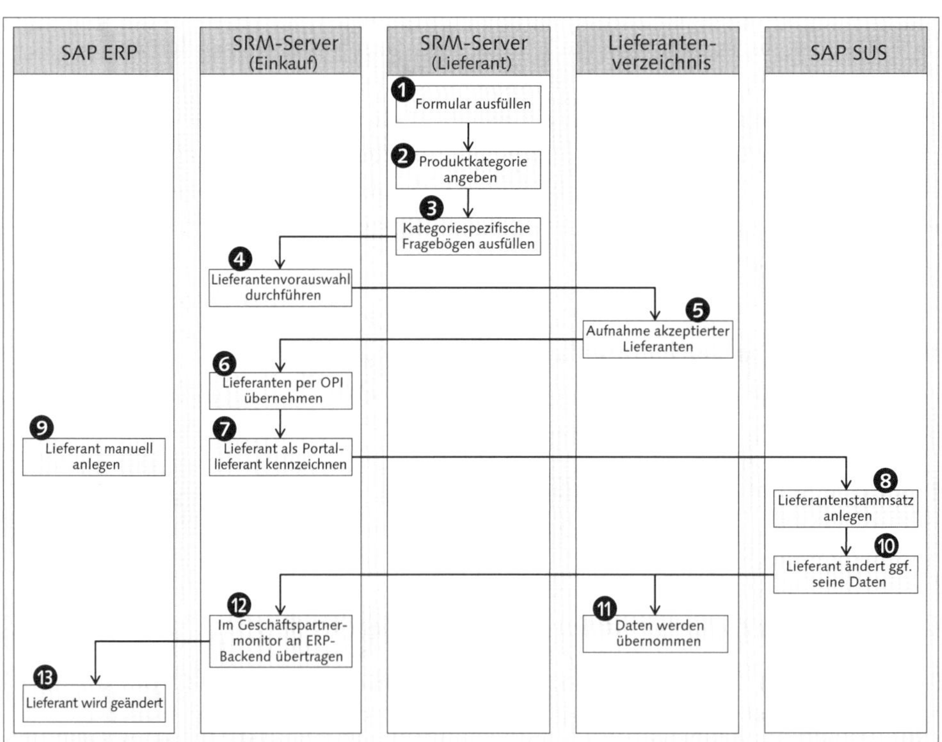

Abbildung 10.3 Prozess der Lieferantenqualifizierung

Schritt 1: Selbstregistrierung durch den Lieferanten

Ein interessierter Lieferant ruft die Homepage des einkaufenden Unternehmens auf und findet dort die URL, die die Seite zur Selbstregistrierung für neue Lieferanten öffnet (siehe Abbildung 10.4). In diesem Formular (siehe ❶ in Abbildung 10.3) erfasst der Interessent seine Stammdaten und wählt, abhängig vom seinem Produkt- oder Leistungsangebot, eine oder mehrere Produktkategorien ❷ aus.

Lieferanten-Selbstregistrierung

Willkommen zur Selbstregistrierung für Lieferanten

Um sich als Lieferant zu registrieren, geben Sie Ihre Daten ein und klicken Sie auf ABSCHICKEN.

* Musseingabe

Angaben zur Firma

Firmenname *: BRADLER Effective Business Solutions
D-U-N-S-Nummer:
Sprache *: Deutsch

Adressdaten

E-Mail-Adresse *: mail@bradler-solutions.com
Telefon *: +49 / 621 / 4834853 — Durchwahl: 0
FAX: +49 / 621 / 4834853 — Durchwahl: 9
Straße: Julius-Hatry-Str. — Hausnummer: 1
Gebäude:
Stockwerk: — Raumnummer:
Postleitzahl *: 68163 — Ort *: Mannheim
Ortsteil:
Jurisdict. Code:
Land *: Deutschland
Postfach: — PLZ Postfach:
Postfach-Ort: — Land zum Postfach: Bitte auswählen

Welche Produktkategorien können Sie beliefern?

Wählen Sie die Sprache aus, in der die Fragebögen verschickt werden sollen *: Deutsch

☐ Equipment ☐ Office Material / Service ☐ Produkte
☑ Service ☐ Verpackung ☐ Wartung

Datenschutz-Erklärung

Datenschutz-Erklärung

Bitte fügen Sie hier die von Ihnen gewünschte Datenschutzerklärung ein.

Der Text kann z.B. erklären, dass der Speicherung und Verwendung der eingegebenen Daten zugestimmt wird.

Sie können dazu einen Text in Transaktion SE61 pflegen. Im Einführungsleitfaden können Sie dann einstellen, dass dieser Text als Datenschutzerkärung verwendet wird.

☑ Ja, ich habe die Datenschutzerklärung gelesen und stimme ihr zu.

Abschicken | Eingaben löschen

Abbildung 10.4 Lieferantenselbstregistrierung – Formular

Der potenzielle neue Lieferant wird im SAP-System als Geschäftspartner mit dem Status INTERESSENT erfasst. Das SAP SRM-System sendet dem Interessenten nun per E-Mail pro ausgewählte Produktkategorie einen oder mehrere Fragebögen zu (siehe ❸ in Abbildung 10.3).

Nachdem der Interessent die Fragebögen ausgefüllt und zurückgesendet hat, werden diese im SAP SRM-System abgelegt und stehen dem Einkäufer im Rahmen der Lieferantenvorauswahl zur Verfügung.

[»] **Zusatznutzen der ausgefüllten Fragebögen**

Die Fragebögen der Lieferantenvorauswahl bieten noch einen Zusatznutzen: Wenn ein Einkäufer beabsichtigt, für ein neu zu beschaffendes Produkt einen Kontrakt zu verhandeln, prüft er in der Regel zunächst, ob ein bereits im System vorhandener Geschäftspartner als Lieferant für dieses Produkt in Frage kommt. Bei der Suche nach einem geeigneten Lieferanten stehen dem Einkäufer nun die im Rahmen der Lieferantenselbstregistrierung ausgefüllten Fragebögen zur Verfügung und bieten somit eine wertvolle Informationsgrundlage für ihn.

[EHP 1] **Lieferantenregistrierung in SAP Supplier Self-Services**

Lieferanten können sich seit SAP SRM 7.0 EHP 1 direkt in SAP SUS registrieren. Hierzu ist die Aktivierung des Customizing-Schalters SRM_701_SUCO_SUP_REG notwendig. Es steht hierfür eine Selbstregistrierungsseite auf Basis der harmonisierten Web-Dynpro-Benutzeroberfläche zur Verfügung. Anschließend kann der registrierte Lieferant vom zuständigen Einkäufer direkt in SAP SUS angelegt werden.

Schritt 2: Lieferantenvorauswahl

In der Lieferantenvorauswahl (siehe ❹ in Abbildung 10.3) kann sich der Einkäufer vom System alle an einer Zusammenarbeit interessierten Lieferanten anzeigen lassen (siehe Abbildung 10.5) und hat dann die Möglichkeit, die von den Interessenten erfassten Daten inklusive der Fragebögen zu prüfen. Einzelne Interessenten können nun akzeptiert (siehe ❺ in Abbildung 10.3) oder abgelehnt werden.

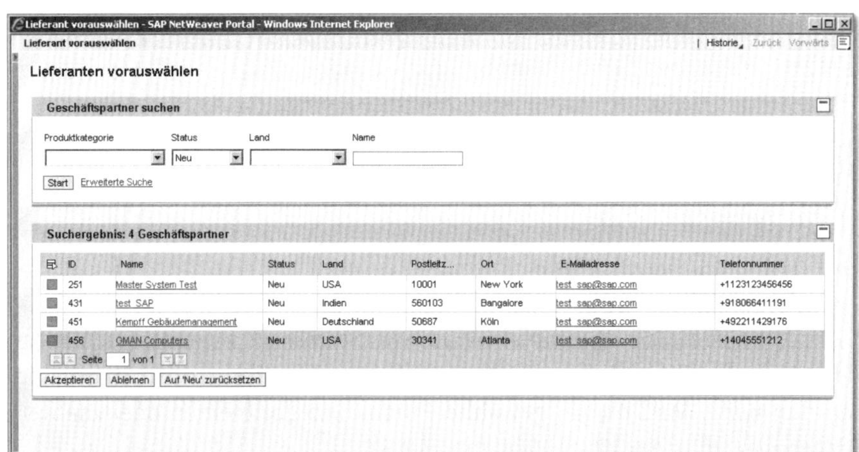

Abbildung 10.5 Lieferantenvorauswahl

Akzeptierte Lieferanten erscheinen im OPI-basierten Lieferantenverzeichnis und können im nächsten Schritt an SAP SRM übertragen werden.

Technische Komponente des Lieferantenverzeichnisses [«]

Die im Geschäftsszenario der Lieferantenqualifizierung eingesetzten OPI-basierten Lieferantenverzeichnisse befinden sich in SRM-MDM Catalog. SRM-MDM Catalog kann also neben Produktdaten auch Lieferantenverzeichnisse abbilden.

Schritt 3: Übernahme der Lieferanten

Einkäufer können nun die vorausgewählten, im Lieferantenverzeichnis verfügbaren Lieferanten als Stammdaten in das SAP SRM-System übernehmen (siehe ❻ in Abbildung 10.3). Von den folgenden Funktionen aus kann das Lieferantenverzeichnis aufgerufen werden:

- beim Anlegen eines Bieters in der Ausschreibungsverwaltung
- in der Liste bevorzugter Lieferanten
- in der Geschäftspartnerverwaltung

Anschließend haben Einkäufer die Möglichkeit, ausgewählte Lieferanten vom SRM-Server aus an SAP SUS übertragen zu lassen. Hierzu muss in den Lieferantenstammdaten in der Geschäftspartnerverwaltung das Feld PORTAL-LIEFERANT angekreuzt werden (siehe ❼ in Abbildung 10.3), damit die betreffenden Lieferantendaten vom SRM-Server automatisch an SAP SUS übertragen ❽ werden können.

Die Daten der neuen Lieferanten werden an den Geschäftspartnermonitor im SRM-Server übertragen. Ist ein solcher Lieferant noch nicht im SAP ERP-Backend-System vorhanden, müssen seine Lieferantendaten manuell vom Geschäftspartnermonitor an das SAP ERP-Backend übertragen werden ❾. Übrigens werden die Lieferantenstammdaten im SAP ERP-Backend auf jeden Fall auch dann benötigt, wenn Sie nur im Standalone-Szenario oder im erweiterten klassischen Szenario arbeiten, da das FI-System im Rahmen der Rechnungsprüfung einen Kreditorenstammsatz für jeden Lieferanten benötigt.

Schritt 4: Änderung der Lieferantendaten

Hat ein Lieferant einen Zugang über SAP SUS, kann er seine Daten selbst ändern ❿. In SAP SUS geänderte Daten werden an das Lieferantenverzeichnis ⓫ und an den SRM-Server übertragen.

Im Geschäftspartnermonitor (siehe ⑫ in Abbildung 10.3 und Abbildung 10.6) werden die Änderungen nun angezeigt und können von dort aus automatisch in das SAP ERP-Backend-System übertragen werden ⑬. Der Geschäftspartnermonitor überwacht sowohl Änderungen an Lieferantenstammdaten, die durch den Lieferanten selbst in SAP SUS durchgeführt, als auch Änderungen, die von einem Einkäufer in der Geschäftspartnerverwaltung in SAP SRM getätigt worden sind.

Abbildung 10.6 Geschäftspartnermonitor

Zum Aufrufen des Geschäftspartnermonitors navigieren Sie zum Work Center SRM ADMINISTRATION sowie zum Workset ANWENDUNGSMONITORE und wählen MONITOR FÜR ÄNDERUNGEN AN GESCHÄFTSPARTNERN aus. Um die Daten in das Backend-System zu übertragen, wählen Sie einen Geschäftspartner aus und klicken auf ÄNDERUNGEN AN BACKEND ÜBERTRAGEN.

[»] **Keine Übertragung von SRM-spezifischen Daten an das ERP-Backend**

SAP SRM-spezifische Daten, wie z. B. die Daten zur Einkaufsorganisation, werden über den Geschäftspartnermonitor nicht an das ERP-Backend übertragen, sondern es werden nur allgemeine Stammdaten übertragen, wie z. B. die Telefonnummer oder die E-Mail-Adresse. Hierzu muss der betreffende Lieferant allerdings schon im Vorfeld manuell im ERP-Backend angelegt worden sein.

10.1.2 Workflow im Bereich der Lieferantenqualifizierung

SAP SRM stellt im Bereich der Lieferantenqualifizierung anwendungsgesteuerte Workflow-Vorlagen für die Übertragung von Lieferanten aus OPI-basierten Lieferantenverzeichnissen zur Verfügung. Diese Workflow-Vorlagen überwachen das Anlegen neuer Lieferanten, die aus einem OPI-basierten Lieferantenverzeichnis übernommen worden sind. Je nach Berechtigung des Bearbeiters wird der entsprechende Genehmigungs-Workflow gestartet. Es existieren zwei unterschiedliche Workflow-Vorlagen:

- ohne Genehmigung (WS14000043)
- einstufige Genehmigung (WS14000030)

10.2 Lieferantenbewertung

Die Methode der kontinuierlichen Bewertung der Leistung von Lieferanten wird immer wichtiger, da sie ein effektives Mittel zur Optimierung der Qualität der gelieferten Waren und Leistungen sowie zur Verbesserung der langfristigen Lieferantenbeziehung ist; das Geschäftsszenario »Lieferantenbewertung« beschreibt die Möglichkeiten zur Lieferantenbewertung in SAP SRM.

In der Lieferantenbewertung geht es darum, die bereits aktiv in die operativen Beschaffungsprozesse eingebundenen Lieferanten kontinuierlich zu bewerten und die Lieferantenleistung stetig zu verbessern. Abhängig von den Bewertungsergebnissen kann es erforderlich sein, mit einzelnen Lieferanten Gesprächstermine zu vereinbaren, um die Bewertung gemeinsam zu analysieren und Ziele festzulegen, die nach einem definierten Zeitraum erneut überprüft werden. Gegebenenfalls können aufgrund von Bewertungsergebnissen auch Lieferantenportfolio-Entscheidungen insofern getroffen werden, dass ein im System vorhandener Lieferant durch einen neuen Lieferanten ersetzt wird.

Positiver Nebeneffekt der Lieferantenbewertung [«]

Über die SAP SRM-Lieferantenbewertung können unter Umständen auch Schiefstände in den Beschaffungsprozessen des einkaufenden Unternehmens aufgedeckt und anschließend korrigiert werden. Mit anderen Worten: Die Ergebnisse aus der Lieferantenbewertung helfen manchmal dabei, dem einkaufenden Unternehmen einen Spiegel vorzuhalten und Defizite aufzudecken, die es den Lieferanten schwermachen, mit dem Unternehmen zusammenzuarbeiten.

Die Lieferantenbewertung in SAP SRM berücksichtigt die verschiedensten Datenquellen und konsolidiert diese in einer ganzheitlichen Bewertung für jeden Lieferanten in SAP NetWeaver BW.

Die folgende Auflistung gibt Ihnen einen Überblick über die Datenquellen, die von der SAP SRM-Lieferantenbewertung berücksichtigt werden können:

- **Befragungen beim Erfassen von Bestätigungen und Rechnungen**
  SAP SRM integriert die Lieferantenbewertung in die Transaktionen zur Erfassung von Bestätigung und Rechnung und ermöglicht somit Ihren Anwendern über Fragebögen regelmäßig Rückmeldung zu deren Zufriedenheit mit den Lieferanten zu geben.
- **Aufruf der Befragungen in der Lieferantenliste**
  Die Lieferantenbewertung ist auch in der Transaktion zur Pflege der Lieferantenliste integriert. Dort können Einkäufer die Fragebögen aufrufen und eine Lieferantenbewertung abgeben.

- **Befragungen aus dem SAP SRM-Lieferantenbewertungs-Cockpit**
  Über das SAP SRM-Lieferantenbewertungs-Cockpit können Sie auch aktiv Umfragen zur Lieferantenbewertung an Ihre Benutzer senden und diese um das Ausfüllen browserbasierter Fragebögen bitten. Dies ist eine mit SAP SRM 6.0 neu eingeführte und mit SRM 7.0 erweiterte Funktionalität.
- **Automatisch erfasste Werte**
  Automatisch z.B. im SAP ERP-Backend auf Basis der operativen Beschaffungsprozesse erfasste Werte wie Preis, Qualität und Liefertreue ergänzen die Bewertung.

[+]

Rundumsicht auf den Lieferanten mithilfe von SAP NetWeaver BW

Viele produzierende Unternehmen sind auf die tadellosen Leistungen Ihrer Lieferanten angewiesen, z.B. hinsichtlich Menge, Termin und Qualität. Um eine gleichbleibende Leistung der Lieferanten zu gewährleisten, ist es sinnvoll, beispielsweise den Wareneingang anhand einer der vielfältigen Auswertungsmöglichkeiten zu bewerten. Die für solche Auswertungen zugrunde liegenden Daten, wie die Materialbelege, werden ebenfalls für einen Extrakt in SAP NetWeaver BW bereitgestellt und können dort mit anderen Hard und Soft Facts abgeglichen werden. Die Sicht auf den Lieferanten erhält hierdurch einen ganzheitlichen Charakter.

Die in der Lieferantenbewertung verwendeten Fragebögen können entsprechend Ihren unternehmensspezifischen Anforderungen individuell im SAP Web Survey Cockpit zusammengestellt werden. Sie können dabei eine eigene Werteskala zur Auswertung der Fragebögen definieren. Die Daten der Lieferantenbewertung werden an SAP NetWeaver BW übertragen. Dort stehen verschiedene Reports zur Verfügung, anhand derer Sie die Ergebnisse analysieren, passende Lieferanten auswählen, Konditionen aushandeln und langfristig das Lieferantenportfolio optimieren können.

Die verfügbaren Bewertungsergebnisse können in der Lieferantenliste, in der Sourcing-Anwendung, in der SAP Bidding Engine, in der Zentralkontraktverwaltung sowie im ERP-Backend-System per Web-Link im Rollenmenü angezeigt werden.

Im folgenden Abschnitt vertiefen wir die mit SAP SRM 6.0 eingeführte und mit SRM 7.0 erweiterte Funktionalität der Umfragen im Lieferantenbewertungs-Cockpit.

10.2.1 Lieferantenbewertungs-Cockpit

Im Lieferantenbewertungs-Cockpit können Sie Umfragen erstellen und verteilen, und darüber hinaus werden die eingehenden Antworten hier überwacht. Auch haben Sie im Lieferantenbewertungs-Cockpit die Möglichkeit, Erinnerungsschreiben an die Benutzer zu versenden, die die Fragebögen noch nicht ausgefüllt haben.

Neue Funktionalität »Lieferantenbewertungs-Cockpit« in SAP SRM 7.0 [«]

SAP SRM 7.0 bietet mit dem Lieferantenbewertungs-Cockpit die folgenden neuen Möglichkeiten:

- browserbasiertes Cockpit, um Ad-hoc-Umfragen zu verteilen und zu überwachen
- Integration mit dem SAP Web Survey Tool zur Erstellung der Fragebögen
- Integration mit SAP NetWeaver BW zur Datenkonsolidierung und Berichterstellung
- MS Excel-Upload von Lieferanten und Bewertern
- »Wer bewertet wen«-Liste zur leichteren Identifikation der am besten geeigneten Bewerter für spezifische Lieferanten
- E-Mail-Einladungsschreiben
- Überwachungs- und Erinnerungsfunktionalität

Betrachten wir nun die Arbeitsabläufe mit dem Lieferantenbewertungs-Cockpit im Detail.

Prozess der Lieferantenbewertung anhand von Umfragen

Das Lieferantenbewertungs-Cockpit (siehe Abbildung 10.7) ist die zentrale Benutzeroberfläche für die Lieferantenbewertung anhand von Umfragen.

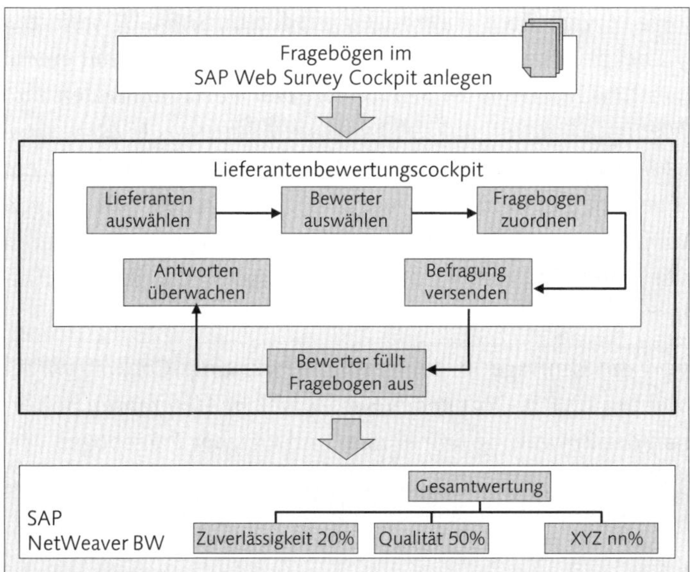

Abbildung 10.7 Ablauf der Bewertungen im Lieferantenbewertungs-Cockpit

Im Folgenden betrachten wir die einzelnen Schritte einer über das Lieferantenbewertungs-Cockpit durchgeführten Umfrage: Zentraler Einstiegspunkt für die Umfragen ist dabei die *Personal Object Worklist* (POWL) im Lieferantenbewertungs-Cockpit (siehe Abbildung 10.8).

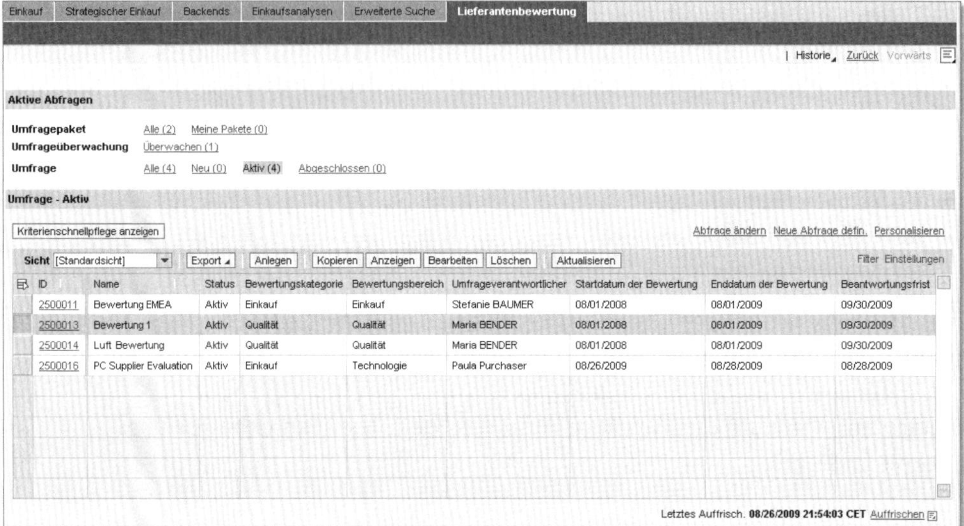

Abbildung 10.8 POWL im Lieferantenbewertungs-Cockpit

Schritt 1: Umfrage vorbereiten

Die für die Umfrage verwendeten Fragebögen werden im SAP GUI-basierten SAP Web Survey Cockpit erstellt, das Sie erreichen, wenn Sie sich mit einem Benutzer mit einer Einkäuferrolle an SAP NetWeaver Portal anmelden und den folgenden Menüpfad aufrufen: LIEFERANTENBEWERTUNG • UMFRAGEMANAGEMENT • BELEGE ANLEGEN • FRAGEBOGEN. Nun wird vom Portal aus ein SAP GUI-Fenster geöffnet, in dem Sie den gewünschten Fragebogen anlegen können (siehe Abbildung 10.9). Beim Anlegen des Fragebogens spezifizieren Sie nun die gewünschten Fragen und die Bewertungspunktzahlen pro Antwort.

Anschließend wird die Umfrage im Lieferantenbewertungs-Cockpit vorbereitet (siehe Abbildung 10.10). Dort geben Sie an, welche Lieferanten bewertet werden, wer an der Bewertung teilnehmen und welcher Fragebogen versendet werden soll.

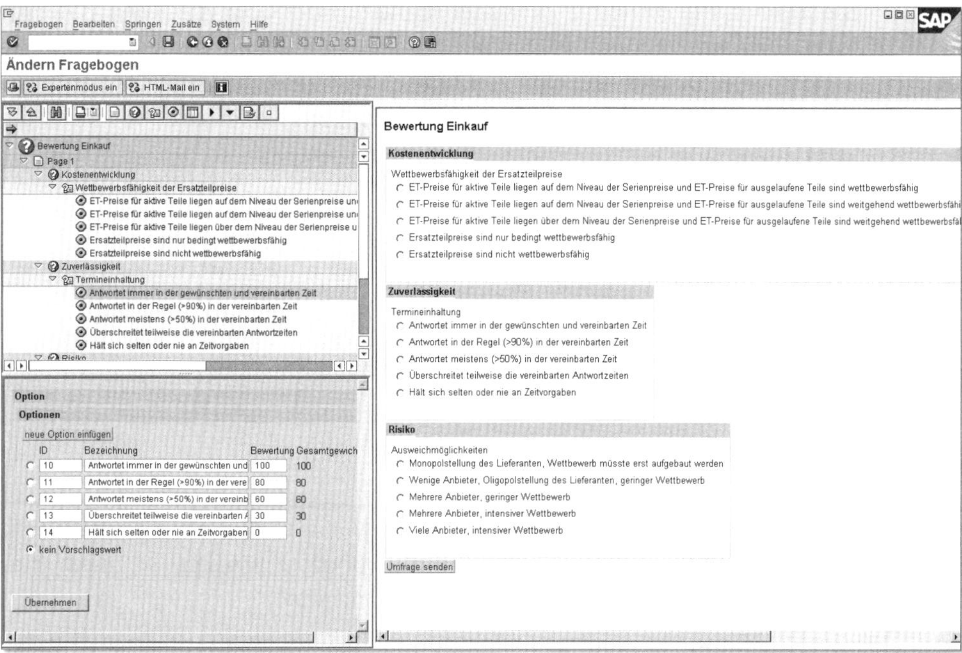

Abbildung 10.9 SAP Web Survey Cockpit

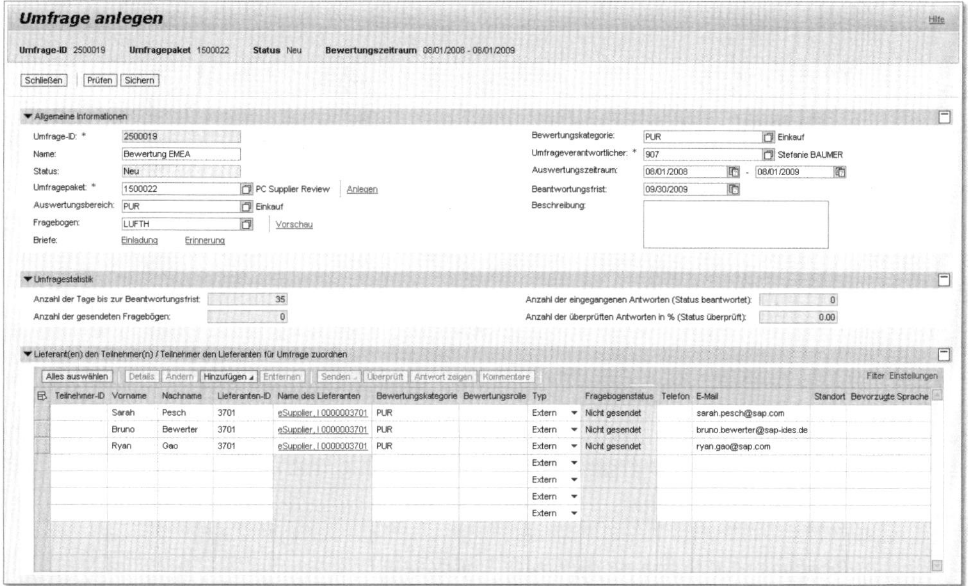

Abbildung 10.10 Umfrage anlegen

Sie können die Bewerter entweder manuell oder über die »Wer bewertet wen«-Liste hinzufügen (siehe Abbildung 10.11). Die »Wer bewertet wen«-Liste ist ein Dokument, das potenzielle Umfrageteilnehmer in Bezug auf deren Expertise in Bereichen wie z.B. »Qualität«, »Liefertreue« und »Kundenfreundlichkeit« für spezielle Lieferanten abbildet.

Abbildung 10.11 »Wer bewertet wen«-Liste

Über den Button AUSTAUSCHEN kann die »Wer bewertet wen«-Liste von MS Excel importiert oder nach MS Excel exportiert werden, wodurch eine benutzerfreundliche Offline-Pflege ermöglicht wird.

Schritt 2: Umfrage verteilen

Im nächsten Schritt formulieren Sie eine E-Mail, über die die Teilnehmer zu Ihrer Umfrage eingeladen werden sollen (siehe Abbildung 10.12).

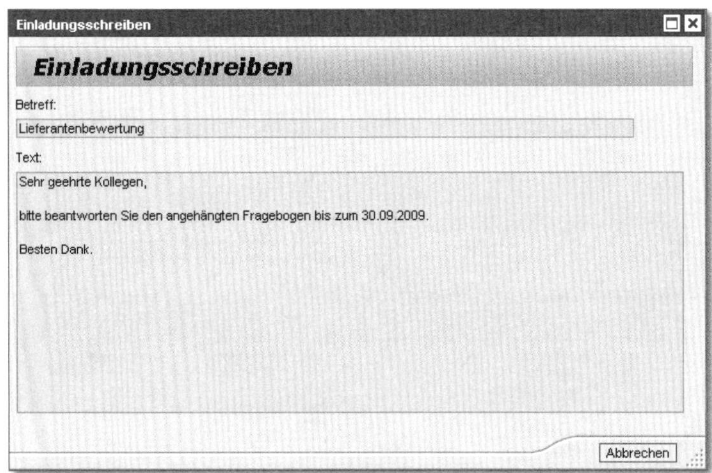

Abbildung 10.12 Editor für die E-Mail-Einladung

Anschließend schicken Sie die Umfrage aus dem Lieferantenbewertungs-Cockpit heraus per E-Mail an alle Teilnehmer.

Schritt 3: Antworten überwachen

Zur Überwachung der Antworten der Umfrage steht Ihnen einerseits ein übersichtlicher POWL-basierter Monitor zur Verfügung (siehe Abbildung 10.13).

Aktive Abfragen

Umfragepaket Alle (2) Meine Pakete (0)
Umfrageüberwachung Überwachen (4)
Umfrage Alle (4) Neu (0) Aktiv (4) Abgeschlossen (0)

Umfrageüberwachung - Überwachen

Kriterienschnellpflege anzeigen — Abfrage ändern Neue Abfrage def

Sicht [Standardsicht] Export Anlegen Kopieren Anzeigen Bearbeiten Löschen Aktualisieren

ID	Name	Status	Bewertungskategorie	Umfrageverantwortlicher	Bewertungszeitraum	Beantwortungsfrist	Verbleibende Tage	Gesendet	Antworten	Rücklaufquote
2500011	Bewertung EMEA	Aktiv	Einkauf	Stefanie BAUMER	08/01/2008 - 08/01/2009	09/30/2009	35	2	2	100.00
2500013	Bewertung 1	Aktiv	Qualität	Maria BENDER	08/01/2008 - 08/01/2009	09/30/2009	35	1	0	0.00
2500014	Luft Bewertung	Aktiv	Qualität	Maria BENDER	08/01/2008 - 08/01/2009	09/30/2009	35	1	0	0.00
2500016	PC Supplier Evaluation	Beendet	Einkauf	Paula Purchaser	08/26/2009 - 08/26/2009	08/28/2009	2	3	3	100.00

Abbildung 10.13 POWL-basierter Monitor für die Umfrage

Andererseits können Sie auch in ein Detailbild verzweigen, in dem Sie Informationen zu jedem eingeladenen Teilnehmer einsehen können (siehe Abbildung 10.14).

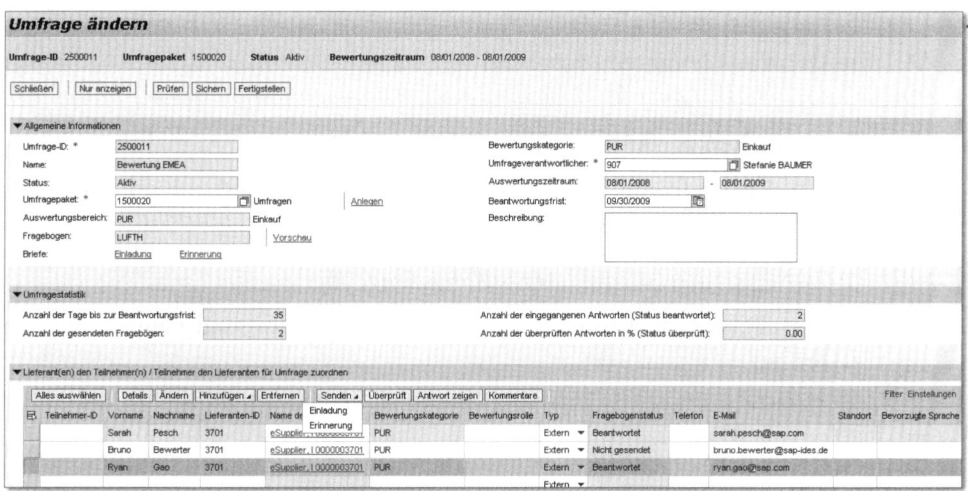

Abbildung 10.14 Umfragedetails

Auch haben Sie dort die Möglichkeit, einzelnen Teilnehmern ein Erinnerungsschreiben zuzusenden. Zusätzlich können Sie in die Antworten der Bewerter verzweigen und nach der Überprüfung der dortigen Informationen den Status ÜBERPRÜFT vergeben.

Schritt 4: Umfrage fertigstellen

Ist die gewünschte Anzahl an Antworten eingegangen, können Sie den Status der Umfrage auf BEENDET setzen. Nun werden die Daten an SAP NetWeaver BW übertragen und stehen dort für die weitere Analyse zur Verfügung.

Umfragepakete

Unternehmen bewerten Lieferanten nach verschiedenen Kriterien wie z.B. Liefertreue, Qualität, Kundenfreundlichkeit und Preis. Umfragen werden daher an verschiedene Personen im Unternehmen verteilt, die ihre Expertise oft in jeweils unterschiedlichen Bereichen für die Bewertung einbringen können. Im Lieferantenbewertungs-Cockpit ist *genau eine* Umfrage mit *genau einem* Fragebogen verknüpft. Der Organisator der Umfrage muss daher, wenn er für jedes Kriterium individuelle Fragebögen verwenden möchte, für jeden Themenbereich eine eigene Umfrage anlegen, also z.B. eine Umfrage zur Qualität, eine Umfrage zur Liefertreue und eine Umfrage zum Thema »Kundenfreundlichkeit«.

Um alle Umfragen ganzheitlich zu überwachen, können Sie ein Umfragepaket anlegen, das alle Einzelumfragen gruppiert. Hierdurch sind 360°-Bewertungen von Lieferanten möglich.

Datenanalyse in SAP NetWeaver BW

Damit die Umfragedaten in den BW-Reports zur Verfügung stehen, sind abschließend die folgenden Schritte notwendig:

1. Extraktion der Stammdaten aus den Fragebögen
2. Vornahme des Customizings für die Gruppierung und Gewichtung der Fragen
3. Laden von Gruppierungstexten und Gewichtung
4. Laden der Umfrageparameter (Lieferanten, Bewerter, Bewertungsbereich)
5. Laden der Umfrageantworten

Wie Sie in diesem Abschnitt gesehen haben, bietet das SAP SRM-Lieferantenbewertungs-Cockpit vielfältige und benutzerfreundliche Möglichkeiten, um die Lieferantenbewertungen aktiv zu planen und durchzuführen.

10.2.2 Customizing

Im Vergleich zur bisher beschriebenen Reporting-Funktionalität für SAP SRM ist das Einrichten der Reporting-Funktionalität für die Lieferantenbewertung um einiges aufwendiger.

Die Customizing-Aufwände hängen dabei von diversen Aspekten ab: einerseits davon, ob Sie Ihre Lieferanten in SAP SRM oder in SAP NetWeaver BW bewerten möchten. Andererseits ist zu überlegen, ob die Lieferantenbewertung ausschließlich über Fragebögen durchgeführt werden soll oder ob auch Daten aus den Beschaffungsprozessen (z.B. Einhaltung des Lieferdatums) hinzugezogen werden sollen. Auch ist es möglich, Daten aus anderen Lieferantenbewertungssystemen zu übernehmen.

Für die Einrichtung der verschiedensten Varianten der Lieferantenbewertung sind daher weitreichende BW-Kenntnisse erforderlich – weiterführende Informationen zur Einrichtung von SAP NetWeaver BW finden Sie im SAP NetWeaver Solution Manager Content.

Wir konzentrieren uns hier auf die wichtigsten SAP SRM-seitigen Konfigurationseinstellungen. Betrachten wir hierzu zuerst das Customizing des in Abschnitt 10.2.1 beschriebenen Lieferantenbewertungs-Cockpits, um anschließend auch die Konfiguration für die ereignisgesteuerte Lieferantenbewertung zu beschreiben.

Einrichten der Lieferantenbewertung über das Lieferantenbewertungs-Cockpit

Das Einrichten der Lieferantenbewertung mithilfe des Lieferantenbewertungs-Cockpits umfasst die Definition von Bewertungsbereichen und Bewertungskategorien, die als Kategorisierungsmerkmale benötigt werden.

1. Rufen Sie zunächst die Transaktion SPRO und dann im Einführungsleitfaden (IMG) den Menüpfad Supplier Relationship Management • SRM Server • Lieferantenbewertung • Bewertungskategorie auf. Definieren Sie anschließend die in der Lieferantenbewertung zu verwendenden Bewertungskategorien (siehe Abbildung 10.15).

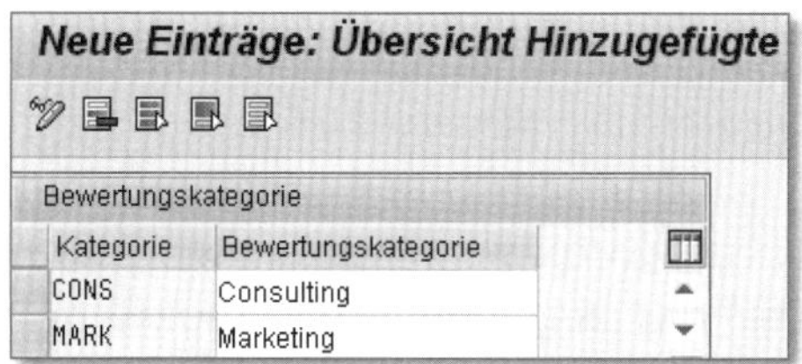

Abbildung 10.15 Definition von Bewertungskategorien

2. Rufen Sie nun die Transaktion SPRO und dann im Einführungsleitfaden (IMG) den Menüpfad Supplier Relationship Management • SRM Server • Lieferantenbewertung • Bewertungsbereich auf. Definieren Sie außerdem die zu verwendenden Bewertungsbereiche (siehe Abbildung 10.16).

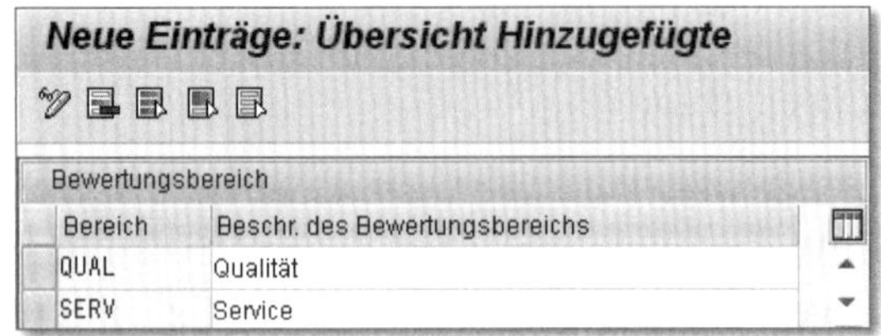

Abbildung 10.16 Definition von Bewertungsbereichen

3. Gehen Sie anschließend wie in Abschnitt 10.2.1, »Lieferantenbewertungs-Cockpit«, beschrieben vor, und beginnen Sie mit der Definition der Fragebögen.

Einrichten der ereignisgesteuerten Lieferantenbewertung

Im Gegensatz zu den aktiv durchgeführten Umfragen im Lieferantenbewertungs-Cockpit sind die Auslöser der ereignisgesteuerten Lieferantenbewertung die Ereignisse »Sichern einer Bestätigung« oder »Sichern einer Rechnung«. Diese Ereignisse lösen wiederum die Anzeige eines Fragebogens in einem neuen Browserfenster aus. Darüber hinaus kann auch eingestellt werden, dass der Benutzer den Fragebogen über einen Button aufrufen kann.

Für die ereignisgesteuerte Lieferantenbewertung müssen Sie zuerst im Customizing angeben, unter welchen Umständen eine Bewertung durchgeführt werden soll. Beispielsweise können Sie definieren, dass die Bewertung bei bestimmten Produktkategorien, Lieferanten oder Einkaufsorganisationen durchgeführt werden soll. Auch können Sie die Häufigkeit der Bewertungen festlegen (z.B. bei jeder dritten Rechnung oder Bestätigung).

Zur Definition der Ereignisse, die eine ereignisgesteuerte Lieferantenbewertung auslösen sollen, rufen Sie die Transaktion SPRO und dann im Einführungsleitfaden (IMG) den Menüpfad Integration mit anderen mySAP Komponenten • Datenübertragung in das SAP Business Information Warehouse • Einstellungen für anwendungsspezifische DataSources (SRM) • Ereignisse für Lieferantenbewertung in SRM festlegen auf (siehe Abbildung 10.17).

Sicht "Ereignisse für Lieferantenbewertung" anzeigen: Übersicht

Ereignisse für Lieferantenbewertung

Vorgangstyp	Lieferant	Einkaufs...	Kategor...	Quellsys...	Produkt...	Verfahren	Wahrs...	WebSurve...	Frageboge
Bestätigung	*	*	*	*	*	Individ...	100.000	SRM_CONF_E	SRM_CONF
Bestätigung	*	*	*	*	DPC2008	Immer -...	100.000	SRM_CONF	ZSRM_CON
Bestätigung	*	*	*	*	DPC2010	Individ...	100.000	SRM_CONF	ZSRM_CON
Bestätigung	*	*	*	*	MSA-400...	Individ...	100.000	SRM_CONF	SRM_CONF
Bestätigung	*	*	007	*	*	Individ...	100.000	SRM_CONF_E	SRM_CONF
Bestätigung	*	*	L_SERVI...	*	*	Individ...	100.000	SRM_CONF_E	SRM_CONF
Eingangsrec...	*	*	*	*	*	Individ...	100.000	SRM_INV_E	SRM_INV_
Eingangsrec...	*	*	*	*	DPC2008	Individ...	100.000	SRM_INV	ZSRM_INF
Lieferanten...	*	*	*	*	*	Individ...	100.000	SRM_VL_E	SRM_VL_E
Lieferanten...	3701	*	*	*	*	Individ...	100.000	SRM_VL	ZSRM_VL_

Abbildung 10.17 Ereignisse für Lieferantenbewertung festlegen

Anschließend müssen Sie auch hier Fragebögen anlegen. Rufen Sie dazu die Transaktion SPRO und dann im Einführungsleitfaden (IMG) den Menüpfad INTEGRATION MIT ANDEREN MYSAP KOMPONENTEN • DATENÜBERTRAGUNG IN DAS SAP BUSINESS INFORMATION WAREHOUSE • EINSTELLUNGEN FÜR ANWENDUNGSSPEZIFISCHE DATASOURCES (SRM) • WEBSURVEY COCKPIT FÜR SRM LIEFERANTENBEWERTUNG auf (siehe Abbildung 10.18).

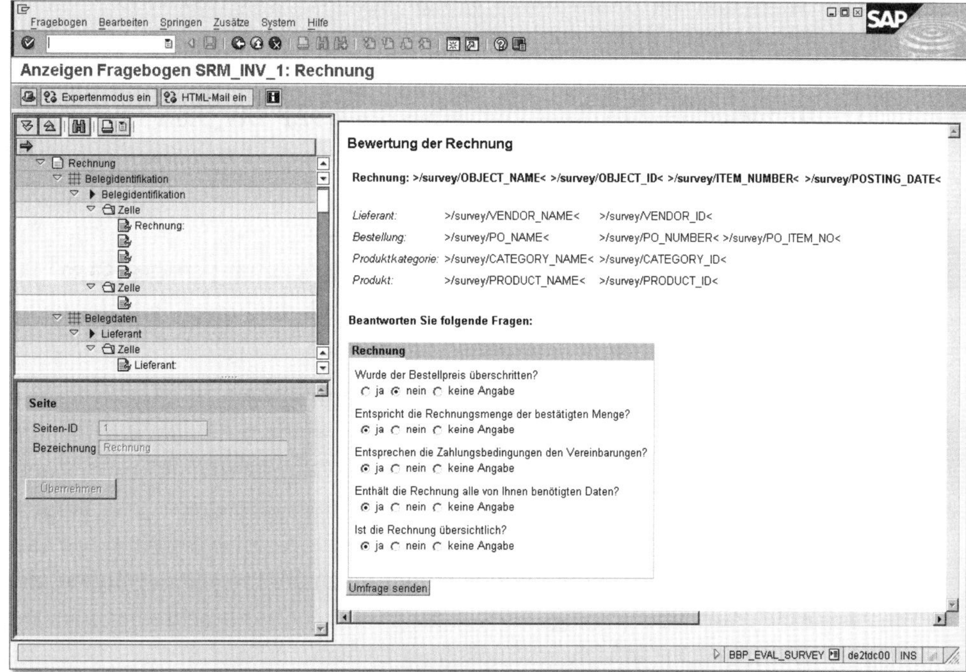

Abbildung 10.18 Fragebogen für die ereignisgesteuerte Lieferantenbewertung

Nachdem wir die essenziellen SAP SRM-Konfigurationseinstellungen für die Lieferantenbewertung betrachtet haben, kommen wir nun zum interessantesten Punkt der Lieferantenbewertung: der Betrachtung der Bewertungsergebnisse.

10.2.3 Analysen

Kern der Lieferantenbewertung sind die vielfältigen Analysen, die auf der Basis der Auswertungsergebnisse in SAP NetWeaver BW verfügbar sind. Die folgende Auflistung gibt Ihnen einen Überblick über die verfügbaren Web Templates.

Web Templates zur Organisation der Lieferantenbewertung

Die folgenden Web Templates unterstützen den Einkäufer bei der Durchführung und Verfolgung der Aktivitäten der Lieferantenbewertung:

- **Bewertungscontrolling (Rolle SAP_BW_SRM_PROC_MANAGER)**
  Dieses Web Template zeigt dem Einkaufsleiter, welche Wareneingänge, Rechnungseingänge und Lieferanten von welchen Benutzern zu bewerten bzw. schon bewertet worden sind.
- **Rechnungen bewerten (Rolle SAP_BW_SRM_ACCOUNTANT)**
  Mithilfe dieses Web Templates können Sie sich die Fragebögen der Lieferantenbewertung zu den einzelnen Rechnungen anzeigen lassen.
- **Wareneingänge/Leistungen bewerten (Rolle SAP_BW_SRM_RECIPIENT)**
  Mithilfe dieses Web Templates können Sie sich die Fragebögen der Lieferantenbewertung zu den einzelnen Wareneingängen oder die Fragebögen zu den Leistungsbestätigungen anzeigen lassen.
- **Lieferanten bewerten (Rolle SAP_BW_SRM_STRAT_PURCHASER)**
  Mithilfe dieses Web Templates können Sie sich die Fragebögen der Lieferantenbewertung zu den einzelnen Lieferanten anzeigen lassen.
- **Analysebericht: Lieferantenbewertung Cube-Inhalt (Rolle SAP_BW_SRM_VENDOR_EVAL)**
  Dieses Web Template dient der Analyse des Cube-Inhalts der Lieferantenbewertungsdaten anhand verschiedener Auswahlkriterien. Sie können damit die Berechnung von Zählern und Nennern sowie der Note pro Satz nachvollziehen. Mit »Cube-Inhalt« ist der Inhalt des InfoCubes gemeint, der die Lieferantenbewertungsdaten enthält. Ein InfoCube beschreibt einen (aus Reporting-Sicht) in sich geschlossenen Datenbestand, z.B. eines betriebs-

wirtschaftlichen Bereichs. Das Web Template zeigt neben den Nennern und Zählern, die im Gewichtungs-Customizing für ein Kriterium definiert worden sind, auch die durchschnittliche Bewertung aus den Fragebögen an.

Das Web Template hilft Ihnen dabei, sich bei der Einführung der Lieferantenbewertung mit der Notenberechnung vertraut zu machen, um die Inhalte des InfoCubes zu überprüfen.

- **Analysebericht: Lieferantenbewertung Gruppennoten (Rolle SAP_BW_SRM_VENDOR_EVAL)**
  Anhand dieses Web Templates können Sie sich bei der Einführung der Lieferantenbewertung mit der Notenberechnung vertraut machen und dadurch die Berechnungen in den Querys (Abfragen) zur Lieferantenbewertung verstehen.

Web Templates zur Anzeige der Analyseergebnisse

Die folgenden Web Templates zeigen die Analyseergebnisse der Lieferantenbewertung an und unterstützen dadurch Einkäufer bei der Bezugsquellenfindung sowie bei der Optimierung des Lieferantenportfolios. Viele der hier beschriebenen Web Templates sind untereinander verknüpft, so dass Sie jeweils von einer Auswertung in mehrere andere Auswertungen zur Vertiefung der Analyse abspringen können.

- **Lieferantenportfolio (Rollen SAP_BW_SRM_VENDOR_EVAL, SAP_BW_SRM_STRAT_PURCHASER)**
  Dieses Web Template führt Daten aus der Lieferantenbewertung mit verdichteten Bestelldaten in Lieferantenportfolios zusammen (siehe Abbildung 10.19).

  Die einzelnen Lieferanten werden als Blase gemäß ihrer gewichteten Gesamtnote und dem über sie abgewickelten Bestellvolumen eingezeichnet. Je weiter rechts die Lieferantenblase steht, desto besser ist die gewichtete Gesamtnote des Lieferanten. Je weiter oben die Lieferantenblase steht, desto höher ist das über ihn abgewickelte wertmäßige Bestellvolumen. Die Größe der Lieferantenblase symbolisiert zusätzlich die Anzahl der Bestellvorgänge und damit tendenziell die Höhe der Transaktionskosten.

  Aus diesem Lieferantenportfolio kann der strategischen Einkäufer Strategien und Maßnahmen ableiten: Ein Lieferant, der im rechten oberen Quadranten liegt (hohe Lieferantenbewertung und hohes Beschaffungsvolumen), ist als ideal anzusehen. Bei einer Beziehung mit Lieferanten, die links oben liegen (geringe Lieferantenbewertung bei hohem Beschaffungsvolumen), sollte hingegen über zukünftige Strategien und Maßnahmen nachgedacht werden (z.B. Aktivitäten zur Lieferantenentwicklung oder Ausschluss des Lieferanten).

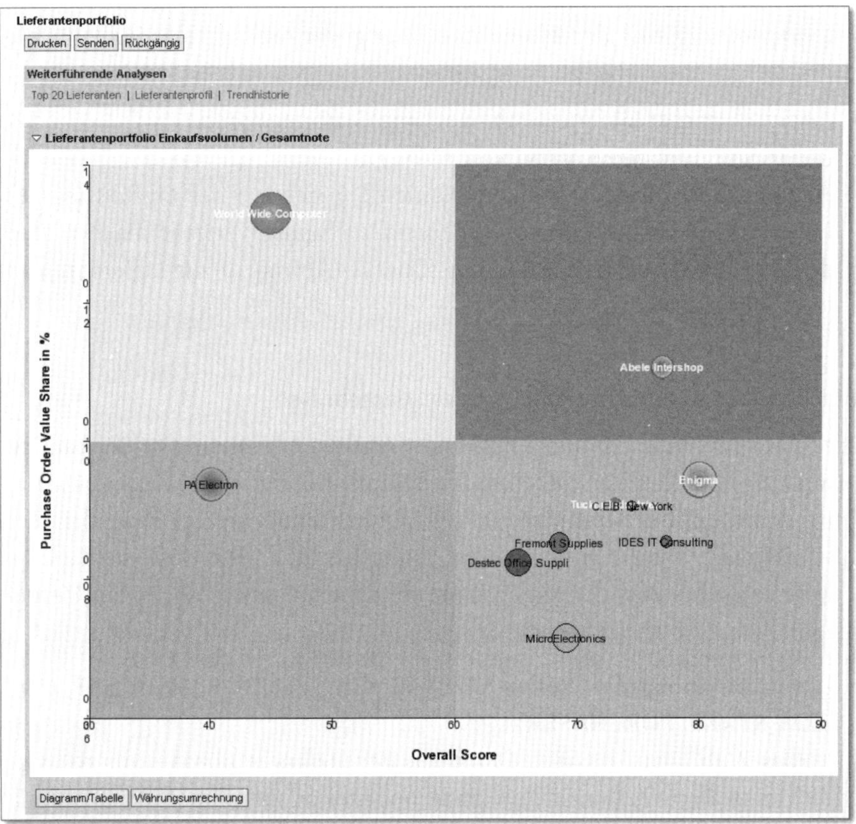

Abbildung 10.19 Web Template »Lieferantenportfolio«

- **SRM-Lieferantenbewertung – Belegebene (Rolle SAP_BW_BBP_APPL_CONTEXT, Berichte zum SRM-Server im Applikationskontext)**
  Dieses Web Template zeigt auf Ebene der einzelnen Belege die Werte der manuellen Lieferantenbewertung. Es ist daher für Detailanalysen einzelner Vorgänge gedacht. Das Web Template kann sowohl aus der Sourcing-Transaktion als auch aus der Lieferantenliste heraus aufgerufen werden.

  Nach der obligatorischen Auswahl eines Ereignisses (z.B. Wareneingang) und eines Lieferanten werden alle manuell bewerteten Einkaufsvorgänge mit Positionsnummern aufgelistet und die zugehörigen Kriterien und eingegebenen Werte dargestellt.

- **SRM-Lieferantenbewertung – Lieferant pro Produktkategorie (Rolle SAP_BW_BBP_APPL_CONTEXT, Berichte zum SRM-Server im Applikationskontext)**
  Dieses Web Template zeigt die auf Lieferant und Produktkategorie verdichteten Werte der manuellen Lieferantenbewertung. Es ist daher für Lieferantenanalysen gedacht. Das Web Template kann sowohl in der Sourcing-Transaktion als auch in der Lieferantenliste aufgerufen werden.
- **Lieferantenvergleich – manuelle Bewertung (Rolle SAP_BW_SRM_VENDOR_EVAL)**
  Dieses Web Template zeigt dem operativen Einkäufer die Noten der Lieferantenbewertung über die verschiedenen Lieferanten hinweg.

  Sie können das Web Template im SRM-Server aus der Sourcing-Transaktion und der Transaktion BESTELLUNG ANLEGEN heraus aufrufen, wobei die Kontextdaten aus dem SRM-Server (wie in Frage kommende Lieferanten, zu beschaffende Produktkategorien und Produkte) die angezeigten Berichtsdaten filtern. So können Sie aufgrund der gefilterten Lieferantenbewertungsdaten eine passende Lieferantenauswahl treffen.
- **Beste Lieferanten (Kriterienauswahl) (Rolle SAP_BW_SRM_VENDOR_EVAL)**
  Dieses Web Template zeigt dem operativen Einkäufer zu frei auswählbaren Kriterien die durchschnittliche Bewertung zusammen mit der Anzahl der Bewertungssätze pro Lieferant, Produktkategorie und Produkt.

  Sie können das Web Template im SRM-Server aus der Sourcing-Anwendung und der Transaktion BESTELLUNG ANLEGEN heraus aufrufen, wobei die Kontextdaten aus der jeweiligen Transaktion (wie in Frage kommende Lieferanten, zu beschaffende Produktkategorien und Produkte) die angezeigten Berichtsdaten filtern. So können Sie aufgrund der gefilterten Lieferantenbewertungsdaten eine geeignete Lieferantenauswahl treffen.
- **Trendvergleich der Lieferantenbewertung (Rolle SAP_BW_SRM_VENDOR_EVAL)**
  Dieses Web Template stellt dem operativen Einkäufer zu einem ausgewählten Kriterium grafisch die durchschnittliche Bewertung verschiedener Lieferanten im Zeitverlauf dar.

  Es kann genauso wie das Web Template »Beste Lieferanten« aus der Sourcing-Anwendung und der Transaktion BESTELLUNG ANLEGEN heraus aufgerufen werden, wobei auch hier die Kontextdaten die angezeigten Berichtsdaten filtern.

- **Web Templates zu Gruppennoten (Rolle SAP_BW_SRM_VENDOR_EVAL)**
  Diese Web Templates zeigen zu den Gruppen ihrer Gruppierungsstufe die gewichteten Gruppennoten der verschiedenen Lieferanten. Sie werden in einer Hierarchie mit den dazugehörigen über- bzw. untergeordneten Gruppen dargestellt. Diese Darstellung ermöglicht es Ihnen, nur Bewertungen relevanter Gruppen zu betrachten und irrelevante Gruppen temporär auszublenden.

  Sie können den Bericht sowohl im operativen Beschaffungsprozess (z.B. Lieferantenauswahl im Rahmen des Sourcings) als auch im strategischen Beschaffungsprozess (z.B. Überwachung der Lieferantenleistung) verwenden.

  Folgende vier untereinander verknüpfte Web Templates zur Analyse nach Gruppennoten sind verfügbar: »Gruppennoten Stufe 1«, »Gruppennoten Stufe 2«, »Noten nach Gruppen (Navigation Stufe 1)«, »Noten nach Gruppen (Navigation Stufe 2)«.
- **Lieferantenvergleich – Lieferantenliste (Rolle SAP_BW_SRM_VENDOR_EVAL)**
  Dieses Web Template zeigt dem operativen Einkäufer die Noten der Lieferantenbewertung als Liste, die alle bewerteten Lieferanten enthält.

  Sie können das Web Template im SRM-Server aus der Lieferantenliste und aus Kontrakte bearbeiten heraus aufrufen, wobei die Kontextdaten aus dem SRM-Server (wie Lieferanten und Produktkategorien) die angezeigten Berichtsdaten filtern.
- **Top-20-Lieferanten – Lieferantenliste (Rolle SAP_BW_SRM_VENDOR_EVAL)**
  Dieses Web Template zeigt dem operativen Einkäufer auf einen Blick die 20 besten und die 20 schlechtesten Lieferanten an, gemessen an der gewichteten Gesamtnote (siehe Abbildung 10.20).

  Das Web Template kann beispielsweise beim Anlegen einer neuen oder beim Überarbeiten einer bestehenden Lieferantenliste genutzt werden. Aufrufen können Sie es aus der Lieferantenliste heraus.
- **Ausreißerliste Lieferanten (Rolle SAP_BW_SRM_VENDOR_EVAL)**
  Mithilfe dieses Web Templates kann sich der operative Einkäufer ausschließlich »schlechte« Bewertungssätze mit einem Wert von unter 50 von 100 Punkten anzeigen lassen.

  Die Ausreißerliste kann vom operativen oder strategischen Einkäufer beispielsweise zur Lieferantenüberwachung oder bei der Vorbereitung von Lieferantenzielgesprächen genutzt werden.

Das Web Template können Sie aus der Lieferantenliste heraus aufrufen.

- **Trendvergleich – Lieferantenliste (Rolle SAP_BW_SRM_VENDOR_EVAL)**
Dieses Web Template zeigt dem operativen oder strategischen Einkäufer im Zeitverlauf zu einem ausgewählten Kriterium die durchschnittliche Bewertung eines Lieferanten an, verglichen mit der durchschnittlichen Bewertung aller anderen Lieferanten.

▽ Top 20 Lieferanten

Lieferant	
Enigma	79
IDES IT Consulting	79
Abele Intershop	79
Tucker Industries	76
C.E.B. New York	75
MicroElectronics	72
Destec Office Suppli	65
Fremont Supplies	65
NJ Electronics	60
World Wide Computer	59
PA Electron	55
IDES High Tech Inc.	49
eSupplier, I	44
IDES Photo Tech Inc	43
eVendor, LLP	31

Abbildung 10.20 Web Template der 20 besten Lieferanten

Darüber hinaus stehen auch Web Templates zur Verfügung, die dem Lieferanten direkt die Ergebnisse der Lieferantenbewertung zeigen. Informationen zu diesen Web Templates finden Sie in Abschnitt 9.4.2, »Analysen«.

10.3 Lieferantenlisten

Bei der Suche nach Bezugsquellen für ihre Einkäufe werden Benutzer durch *Lieferantenlisten* unterstützt, die somit ein wichtiges Hilfsmittel bei der Optimierung des Lieferantenportfolios darstellen. Die Lieferantenlisten liefern den am Beschaffungsprozess teilnehmenden Benutzern (Anforderern und Einkäufern) Antworten auf die folgenden Fragen:

- Welcher Lieferant kann Produkte oder Waren aus einer bestimmten Produktkategorie liefern?
- Welche Lieferanten sollen bevorzugt eingesetzt werden?
- Welche Lieferanten sollen bei bestimmten Produkten oder Produktkategorien vorzugsweise nicht eingesetzt werden?

Sind mehrere Bezugsquellen für eine Einkaufswagenposition vorhanden, kann der Anforderer im Einkaufswagen eine Bezugsquelle auswählen und diese der Einkaufswagenposition zuordnen. Bezugsquellen, die in einer Lieferantenliste enthalten sind, werden dabei besonders gekennzeichnet (siehe Abbildung 10.21).

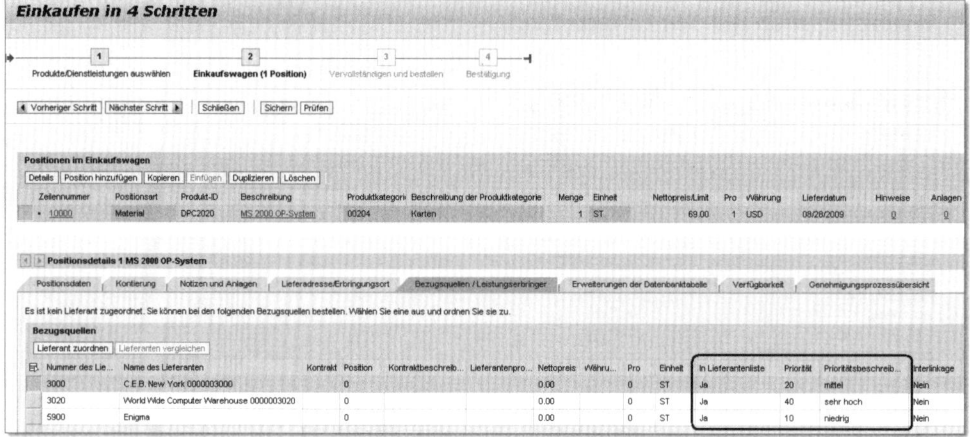

Abbildung 10.21 Einkaufswagenposition in der Lieferantenliste

[»] **Neu in SAP SRM 7.0**

Im Einkaufswagen ist unter BEZUGSQUELLEN nun auch die Priorität der Bezugsquelle gemäß dem Eintrag in der Lieferantenliste sichtbar.

Wenn sich operative Einkäufer Bezugsquellen für eine Anforderungsposition in der Sourcing-Anwendung vorschlagen lassen, erkennen Sie auch anhand einer speziellen Kennzeichnung, welche der vorgeschlagenen Lieferanten in einer Lieferantenliste enthalten sind (siehe Abbildung 10.22).

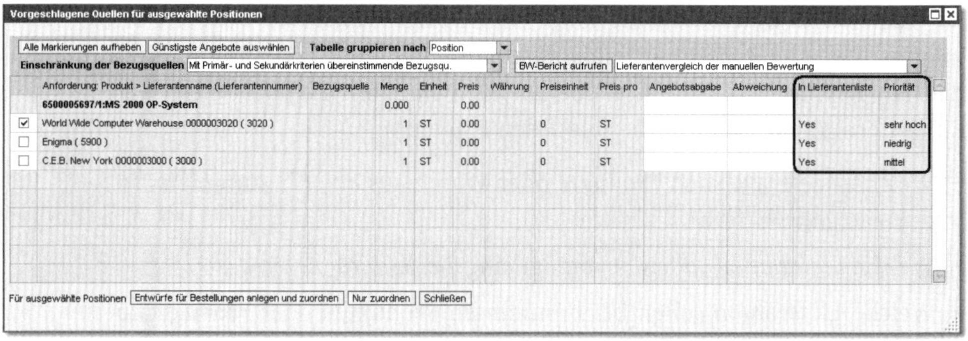

Vorgeschlagene Quellen für ausgewählte Positionen

Alle Markierungen aufheben | Günstigste Angebote auswählen | Tabelle gruppieren nach Position

Einschränkung der Bezugsquellen Mit Primär- und Sekundärkriterien übereinstimmende Bezugsqu. | BW-Bericht aufrufen | Lieferantenvergleich der manuellen Bewertung

	Anforderung: Produkt > Lieferantenname (Lieferantennummer)	Bezugsquelle	Menge	Einheit	Preis	Währung	Preiseinheit	Preis pro	Angebotsabgabe	Abweichung	In Lieferantenliste	Priorität
	6500005697/1:MS 2000 OP-System		0.000		0.00							
☑	World Wide Computer Warehouse 0000003020 (3020)		1	ST	0.00		0	ST			Yes	sehr hoch
☐	Enigma (5900)		1	ST	0.00		0	ST			Yes	niedrig
☐	C.E.B. New York 0000003000 (3000)		1	ST	0.00		0	ST			Yes	mittel

Für ausgewählte Positionen | Entwürfe für Bestellungen anlegen und zuordnen | Nur zuordnen | Schließen

Abbildung 10.22 Sourcing von Anforderungspositionen – Bezug zur Lieferantenliste

Die Lieferantenliste ist auch in die Transaktionen EINKAUFEN MIT WERTLIMIT und BIDDING ENGINE (Suche nach geeigneten Bietern über eine Lieferantenliste) integriert.

Lieferantenlisten werden von strategischen Einkäufern auf der Basis von Lieferantenbewertungen, Formularen der Lieferantenqualifizierung, Zentralkontrakten sowie Lieferantenstammdaten zusammengestellt (siehe Abbildung 10.23).

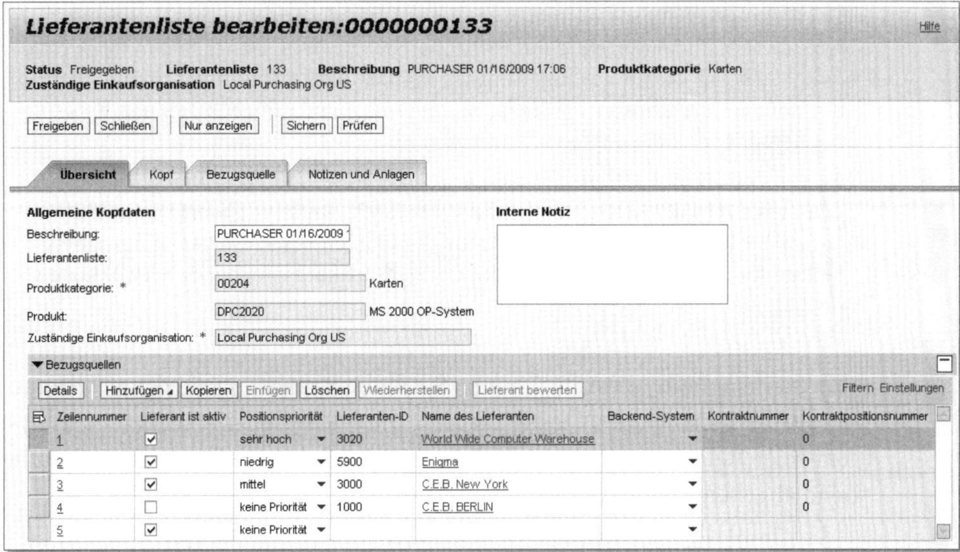

Abbildung 10.23 Lieferantenliste

OPI-basierte Lieferantenverzeichnisse sind in die Lieferantenliste integriert. Somit können Sie Ihre Lieferantenliste durch die Aufnahme neuer Lieferanten aus OPI-basierten Lieferantenverzeichnissen (z. B. aus dem Geschäftsszenario der Lieferantenqualifizierung) ergänzen.

Für jeden Lieferanten in der Lieferantenliste können Sie eine Priorität vergeben und somit besser geeignete Lieferanten mit einer höheren Priorität kennzeichnen. Sollte ein Lieferant, z. B. aufgrund von Qualitätsproblemen, zeitweise nicht mehr vorgeschlagen werden, können Sie ihn in der Lieferantenliste über die Checkbox LIEFERANT IST AKTIV deaktivieren.

Lieferantenlisten können für Produkte oder Produktkategorien angelegt werden. Setzen Sie Produktkategoriehierarchien (z. B. entsprechend den weitverbreiteten Standards eCl@ss oder UNSPSC) ein, können Sie eine Lieferantenliste für einen Teilbaum einer Produktkategoriehierarchie anlegen. Diese

Lieferantenliste ist dann auch für die dem Teilbaum untergeordneten Produktkategorien gültig.

Des Weiteren können Sie einer Lieferantenliste mehrere abrufberechtigte Einkaufsorganisationen zuordnen. Diese Einkaufsorganisationen können dann die in der Lieferantenliste ausgewählten Lieferanten als mögliche Bezugsquellen verwenden.

[»] **Einfluss der Lieferantenliste auf die Bezugsquellenfindung steuern**

Die Lieferantenliste soll normalerweise nicht in die Bezugsquellenfindung eingreifen, sondern nur ergänzende Informationen dazu liefern. Daher sind in einer Lieferantenliste (im Gegensatz zum Zentralkontrakt) auch keine Konditionen abgebildet, sondern die Lieferantenliste ist vielmehr als eine Liste geprüfter und für geeignet befundener Lieferanten zu betrachten.

Es ist möglich, im Customizing die Einstellung Bezugsquellenfindung ausschliesslich über Lieferantenliste festlegen zu aktivieren. Denn nun werden nur Lieferanten als Bezugsquelle berücksichtigt, für die es auch einen Eintrag in der Lieferantenliste für das entsprechende Produkt bzw. für die entsprechende Produktkategorie gibt.

Von der Lieferantenliste aus können Sie in die Bewertung einzelner Lieferanten abspringen. Wählen Sie hierzu die Option Lieferant bewerten. Das System zeigt Ihnen nun einen Fragebogen an, den Sie ausfüllen und anschließend abgeben können.

10.3.1 Customizing

Hier gehen wir nur auf zusätzlich für die Lieferantenliste benötigte Konfigurationseinstellungen ein und setzen ein technisches Grund-Customizing in den Bereichen »Backend-Integration«, »Aufbauorganisation« sowie »Produkt- und Lieferantenstammdaten« voraus. Dieses Grund-Customizing ist ausführlich in Teil I, »Grundlagen«, beschrieben.

Weitere Details zum Customizing für die Lieferantenliste finden Sie im SAP SRM Solution Manager Content.

Nummernkreise

Definieren Sie hier den Nummernkreis für die Lieferantenliste. Rufen Sie hierzu zunächst die Transaktion SPRO und dann im Einführungsleitfaden (IMG) den Menüpfad Supplier Relationship Management • SRM Server • Anwendungsübergreifende Grundeinstellungen • Nummernkreise •

Nummernkreise für SRM Server • Nummernkreise für Lieferantenliste festlegen auf.

Pflegen Sie nun ein Nummernkreisintervall, passend zu dem für die Vorgangsart(en) des Business-Objekts BUS2206 (Lieferantenliste) angegebenen internen Nummernkreis.

Bezugsquellenfindung nur über Lieferantenliste aktivieren

Dies ist eine optionale Customizing-Einstellung, in der Sie angeben können, ob nur Bezugsquellen, die auch in einer Lieferantenliste enthalten sind, für die Bezugsquellenfindung verwendet werden sollen (siehe Abbildung 10.24). Wenn Sie diese Customizing-Einstellung deaktiviert lassen (Standard), werden die Einträge aus der Lieferantenliste in einer zusätzlichen Spalte in der Bezugsquellenliste angezeigt, und das System berücksichtigt auch Bezugsquellen (z.B. aus Zentralkontrakten), die nicht in einer Lieferantenliste enthalten sind.

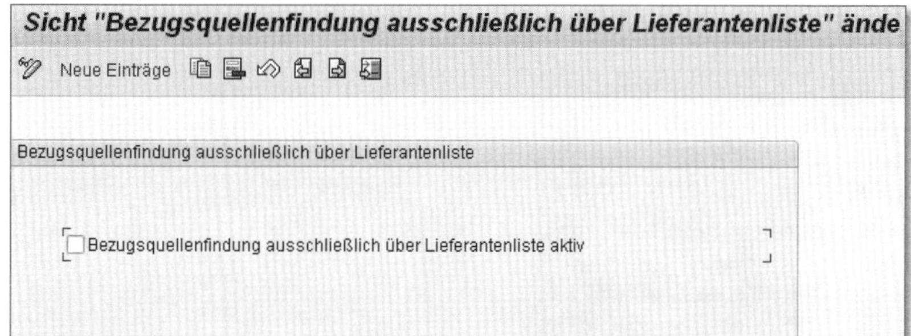

Abbildung 10.24 Bezugsquellenfindung nur über Lieferantenliste zulassen

Rufen Sie für diese Einstellung die Transaktion SPRO und dann im Einführungsleitfaden (IMG) den Menüpfad Supplier Relationship Management • SRM Server • Bezugsquellenfindung • Bezugsquellenfindung ausschliesslich über Lieferantenliste festlegen auf.

10.3.2 Analysen

Anhand der bereits in Abschnitt 10.2.3, »Analysen«, beschriebenen Web Templates können Sie die Leistung Ihrer Lieferanten analysieren und das über die Lieferantenlisten abgebildete Lieferantenportfolio kontinuierlich optimieren.

10.4 Verwaltung der Lieferantenbeziehung

In der Geschäftspartnerverwaltung von SAP SRM haben Sie die Möglichkeit, weitere Einstellungen zur Verwaltung der Lieferantenbeziehung vorzunehmen.

Einerseits können Sie hier den Lieferanten als Portallieferant kennzeichnen, wodurch er an SAP Supplier Self-Services repliziert wird. Nun hat er die Möglichkeit, seine Daten selbstständig zu bearbeiten sowie Geschäftsbelege mit dem SRM-Server auszutauschen (siehe Kapitel 9, »Lieferantenkollaboration«).

Andererseits kann ein Einkäufer in der Geschäftspartnerverwaltung einen Lieferanten auch sperren lassen. In diesem Fall ist es nicht mehr möglich, weitere Beschaffungsbelege für diesen Lieferanten anzulegen. Hintergrund könnten Qualitätsverlust oder generelle Unstimmigkeiten zwischen Einkäufer und Lieferant sein. Beim Sperren wird dem Einkäufer angezeigt, welche Belege bereits zu diesem Lieferanten existieren. Abbildung 10.25 zeigt die Funktionalität zur Kennzeichnung eines Lieferanten als Portallieferanten sowie zur Sperrung von Lieferanten.

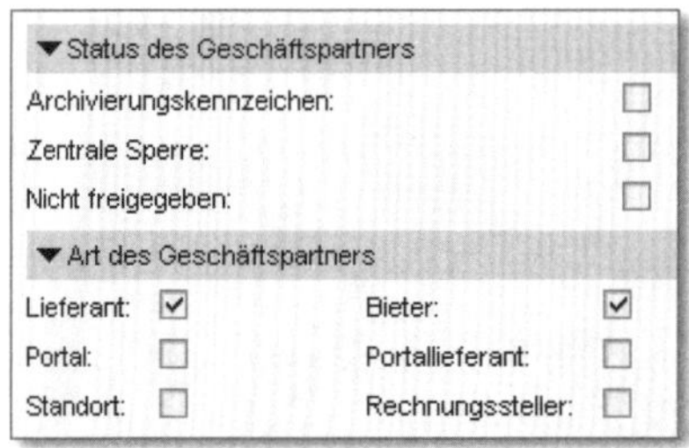

Abbildung 10.25 Lieferantenbeziehung verwalten

10.5 Zusammenfassung

Das Thema »Optimierung des Lieferantenportfolios« ist im Vergleich zu den in den vorherigen Kapiteln besprochenen Themen relativ neu. Einzelbereiche, wie z.B. die Lieferantenbewertung, stehen sicherlich schon länger auf der Agenda der Einkaufsabteilungen. Den größten Nutzen bietet dieses Thema jedoch, wenn man den gesamten Zyklus zur Verwaltung des Lieferantenportfolios betrachtet: von der Identifikation neuer Lieferanten über die Evaluierung und Entwicklung aktiver Lieferanten bis hin zum Beenden unvorteilhafter Lieferantenbeziehungen.

SAP SRM bietet dazu sinnvolle Funktionalitäten in allen zentralen Bereichen der Verwaltung des Lieferantenportfolios. Ob diese integrativ genutzt werden, hängt natürlich davon ab, wie das SRM-System eingerichtet wurde und wie die einzelnen Prozesse im jeweiligen Unternehmen ablaufen.

In den vergangenen Jahren gab es in vielen Unternehmen den Trend zu einer Reduzierung der Lieferantenzahl. Dies ist verständlich, da viele Großunternehmen ihre Waren und Dienstleistungen von mehreren tausend Lieferanten bezogen. Die daraus resultierende Komplexität führte zu Intransparenz und erhöhten Prozesskosten. Oftmals waren die Kosten zur Verwaltung des einzelnen Lieferanten (z.B. Anlegen der Stammdaten im SAP ERP-Backend) höher als die relative Einsparung gegenüber einem bereits im System vorhandenen Konkurrenzunternehmen.

Allerdings kann eine zu starke Reduzierung des Lieferantenportfolios auch Nachteile mit sich bringen. Wer mit einer zu kleinen Anzahl von Lieferanten Ware beschafft, wird schnell von diesen Lieferanten abhängig. Somit liegt – wie so oft – die Wahrheit in der Mitte. Die Herausforderung besteht darin, über ein Portfolio mit der genau richtigen Anzahl an Lieferanten zu verfügen. Dabei sollte einerseits eine langfristige Beziehung mit den Lieferanten im Vordergrund stehen – andererseits sollte aber auch eine ausreichende Flexibilität gewährleistet werden.

Eine besondere Herausforderung besteht darin, das Lieferantenportfolio nicht nur in einer separaten Liste abzubilden, sondern auch operativ im Beschaffungssystem zu nutzen. Dabei ist zu beachten, dass das Lieferantenportfolio über verschiedene Stammdaten im System abgebildet wird. Dies sind unter anderem: Lieferantenstamm, Kontrakte, Lieferantenlisten, Lieferantenverzeichnisse und Produktkataloge.

Gerade in der Integration des Lieferantenportfolios in die operativen Beschaffungsprozesse spielt SAP SRM seine Stärken aus. Wie wir in diesem Kapitel gesehen haben, stehen die Lieferanteninformationen u.a. direkt bei der Erstellung des Einkaufswagens und der Sourcing-Anwendung zur Verfügung – einerseits über Einträge in der Lieferantenliste und andererseits über verfügbare Zentralkontrakte.

Zur Identifikation neuer Lieferanten stehen dabei sowohl die Funktionalität der Lieferantenselbstregistrierung als auch auch Ausschreibungen und Live-Auktionen zur Verfügung.

Abgerundet wird die Verwaltung des Lieferantenportfolios durch vielfältige Möglichkeiten zur Bewertung von Lieferanten.

Ein wichtiger Vorteil der SAP SRM-Lösung ist, dass sie die für die Überwachung und Steuerung der Beschaffungsaktivitäten erforderliche Transparenz schafft. Dabei spielen die Aspekte des Beschaffungscontrollings sowie das Einhalten gesetzlich definierter Regelwerke eine große Rolle.

11 Purchasing Governance

In diesem Kapitel werden szenario- und prozessübergreifende Funktionen zur Überwachung, Steuerung und Optimierung der Beschaffungsaktivitäten beschrieben. Dabei geht es einerseits um Funktionen, die dafür sorgen, dass Mitarbeiter sowohl die gesetzlichen Rahmenbedingungen als auch die unternehmensinternen Beschaffungsrichtlinien einhalten. Andererseits gehen wir auch auf die im Hinblick auf die finanzielle Optimierung sehr wichtige Transparenz der Ausgabensituation des Unternehmens ein.

Darüber hinaus werden in diesem Zusammenhang auch die Möglichkeiten zur Optimierung des Beschaffungsprozesses, fokussiert auf einzelne Produktkategorien, betrachtet. Zunächst werfen wir einen Blick auf die SAP SRM Solution Map; wir befinden uns hier im Bereich »Purchasing Governance« (siehe Abbildung 11.1).

Purchasing Governance	Global Spend Analysis	Category Management	Compliance Management

Abbildung 11.1 Auszug aus der SAP SRM Solution Map

Zur *Purchasing Governance* gehören die folgenden Themenbereiche, die wir in diesem Kapitel ausführlich behandeln werden:

- **Ausgabenanalyse (Global Spend Analysis)**
  Ein auf SAP NetWeaver BW basierendes Berichtswesen schafft Transparenz über die Ausgabensituation und ermöglicht dadurch ein effektives Beschaffungscontrolling (siehe Abschnitt 11.1, »Ausgabenanalyse«).
- **Gesetzes- und Regelkonformität sicherstellen**
  Aufgrund detaillierter Berechtigungskonzepte und Customizing-Möglichkeiten der Geschäftsprozesse ist in SAP SRM genau definiert, wer wann

welche Aktivitäten ausführen darf (Compliance Management). Dies schafft Transparenz und führt zu mehr Gerechtigkeit und Effektivität (siehe Abschnitt 11.2, »Sicherstellung von Gesetzes- und Regelkonformität«).

- **Category Management**
  Das Category-Management-Konzept beschreibt, wie Category Manager mithilfe von nach Produktkategorien gegliederten Optimierungsprogrammen und Initiativen die Beschaffungssituation im Unternehmen kontinuierlich verbessern können (siehe Abschnitt 11.3, »Category Management«).

Da die Kostenkontrolle ein wichtiges Thema für den Einkauf in Unternehmen ist, beginnen wir mit dem Thema »Ausgabenanalyse«.

11.1 Ausgabenanalyse

Im Geschäftsszenario »Ausgabenanalyse« können Sie die Ausgaben Ihres Unternehmens analysieren. Dabei können Sie Daten aus einer ganzen Bandbreite von heterogenen Systemen und aus allen relevanten Geschäftsbereichen miteinbeziehen.

Durch die Nutzung der Möglichkeiten zur automatischen Datenerfassung und zur Harmonisierung von SAP NetWeaver können Sie arbeitsaufwendige und daher teure Analyseaktivitäten reduzieren. Dank der daraus resultierenden höheren Qualität der Analysedaten können Sie z. B. die Kontraktnutzung überwachen und optimieren und damit sicherstellen, dass jeweils die günstigsten mit den Lieferanten ausgehandelten Preise berücksichtigt werden.

Außerdem ist auf unternehmensübergreifender strategischer Ebene eine echtzeitbasierte Kostenüberwachung möglich, was zeitnahe Managemententscheidungen erlaubt.

Die Erstellung einer ganzheitlichen unternehmensübergreifenden Ausgabenanalyse stellt die zuständigen Mitarbeiter vor erhebliche Herausforderungen:

- **Heterogene IT-Landschaften**
  Häufig sind die für die Analyse der Ausgaben relevanten Daten über mehrere Systeme in heterogenen IT-Landschaften verteilt.
- **Inkonsistente Stammdaten**
  Eine uneinheitliche Benennung von Stammdaten wie Produkten, Lieferanten und Produktkategorien in den verschiedenen Systemen verhindert die Erstellung konsistenter, unternehmensweit konsolidierter Berichte. Dies bringt die folgenden Nachteile mit sich:

  - Es ist schwierig, das Beschaffungsvolumen pro Lieferant zu erfassen und darzustellen.
  - Oft werden die maximal nutzbaren Rabatte nicht ausgeschöpft, da das gesamte Beschaffungsvolumen pro Lieferant nicht bekannt ist.
  - Oft ist unbekannt, wie abhängig ein einkaufendes Unternehmen von einem spezifischen Lieferanten oder ein spezifischer Lieferant vom einkaufenden Unternehmen ist.
- **Generalisierte Auswertungen**
  Berichte sind in der Regel nicht individualisiert auf die Anforderungen der einzelnen Benutzer und Abteilungen zugeschnitten.
- **MS Excel-basierte Auswertungen**
  Auch die weitverbreitete Nutzung von MS Excel bietet sich nicht als Ersatz für eine zentrale und integrierte Ausgabenanalyse an.
  - Die Erstellung individualisierter Analysen wird häufig in MS Excel durchgeführt, was zeitaufwendig ist und in der Regel nur eine Momentaufnahme der Situation darstellt.
  - Die relevanten Informationen werden oft nicht zeitnah an die betroffenen Mitarbeiter weitergegeben.

Um einigen dieser Herausforderungen zu begegnen, bietet sich der Einsatz von SAP NetWeaver BW an. SAP NetWeaver BW stellt Berichte zur ganzheitlichen, systemübergreifenden Analyse der Ausgaben im Einkauf zur Verfügung. Dabei können sowohl Daten aus SAP SRM und MM als auch aus weiteren Beschaffungssystemen berücksichtigt werden. Durch die Nutzung von SAP NetWeaver BW zur Erstellung von Auswertungen ergeben sich viele Vorteile und Nutzungsmöglichkeiten, auf die wir nun einen Blick werfen:

- Die in Ihrer Systemlandschaft anfallenden Daten der verschiedensten Quellen können automatisch erfasst werden. Des Weiteren werden Ihnen Funktionalitäten zur Konsolidierung und Standardisierung der Daten angeboten, die vergleichbare und übersichtliche Berichtsergebnisse erzeugen. In Abhängigkeit der gewählten Berichtsvariante stehen Ihnen die browserbasierten Berichte nun sogar in Echtzeit zur Verfügung.
- Darüber hinaus können geschäftskritische Prozesse über spezielle Berichte überwacht werden. Sollte ein Eingreifen erforderlich sein, werden die zuständigen Benutzer über automatisch generierte Alerts (Erinnerungen) darüber informiert.
- Die in SAP NetWeaver BW verfügbaren Berichte können so erstellt werden, dass vom System individualisierte Auswertungen für einzelne Mitar-

beiter generiert werden (z.B. abhängig von der Rolle des Benutzers). Solche Berichte bieten oft interaktive Bearbeitungsmöglichkeiten, die das Anzeigen einer spezifischen Dimension, das Filtern von Daten und das Verzweigen in Detailinformationen (häufig bis auf Belegebene) erlauben.

Diese von SAP NetWeaver BW zur Verfügung gestellten Funktionalitäten bieten wiederum den Einkaufsabteilungen neue Möglichkeiten zur effektiveren Durchführung ihrer täglichen Arbeit. So können die Einkäufer durch Nutzung der BW-basierten Analysen von den folgenden Vorteilen profitieren:

- **Optimierung des Lieferantenportfolios**
  Hier bieten sich folgende Möglichkeiten:
  - bessere Möglichkeiten zur Optimierung des Lieferantenportfolios und der individuellen Lieferantenbeziehungen durch höhere Transparenz
  - höhere Verhandlungsmacht, da die Abhängigkeit des Unternehmens von einzelnen Lieferanten deutlich wird
- **Finanzielle Einsparungen**
  Hier bieten sich folgende Möglichkeiten:
  - bessere Nutzung und Einhaltung vereinbarter Kontraktkonditionen durch Sichtbarkeit der Ausgaben, die über bzw. ohne Kontrakte abgewickelt worden sind
  - Identifikation von Möglichkeiten zur Bündelung von Bedarfen, was zur besseren Nutzung von Mengenrabatten führt
- **Höhere Transparenz**
  Hier bieten sich folgende Möglichkeiten:
  - klare Übersicht der Ausgaben dank harmonisierter und kategorisierter Lieferanten- und Produktstammdaten
  - Erfassung von Ausgaben auch ohne Bezug zu einer Bestellung oder anderen Einkaufsbelegen, um eine ganzheitliche Ausgabenanalyse erstellen zu können
  - Unterstützung von strategischen Entscheidungen durch die Möglichkeit, historische Werte mit aktuellen Werten und Planwerten ins Verhältnis zu setzen. Hieraus ergibt sich die Möglichkeit, Entwicklungen abzulesen, auf die der strategische Einkauf reagieren kann.
- **Optimierung der Beschaffungsstrategie**
  Hier bieten sich folgende Möglichkeiten:
  - Identifizierung neuer Geschäftspotenziale durch die Analyse von Preisen und Lieferantenleistung

- ganzheitliche Analyse und Optimierung der Geschäftsprozesse auf Unternehmensebene
- leichteres und präziseres Fällen strategischer und operativer Entscheidungen im Einkauf anhand klarer Analysedaten möglich

Das Geschäftsszenario »Ausgabenanalyse« lässt sich in einzelne Prozesse untergliedern, die wir im Folgenden betrachten werden.

11.1.1 Prozesse der Ausgabenanalyse

Im Geschäftsszenario »Ausgabenanalyse« können Unternehmen ihre Beschaffungsoperationen system- und organisationsübergreifend analysieren. Dieses Geschäftsszenario umfasst die folgenden Prozesse, die Sie entsprechend Ihren Unternehmensanforderungen einzeln oder kombiniert einsetzen können:

1. **Extraktion der Daten**
   Die Daten für die Ausgabenanalyse können aus verschiedenen Quellen stammen. Die folgenden beiden Varianten der Datenextraktion werden standardmäßig ausgeliefert:
   - *Variante 1a*
     Ermittlung ausgabenrelevanter Daten in der Finanzbuchhaltung
   - *Variante 1b*
     Erfassung der Bestell- und Rechnungswerte über die Beschaffungssysteme
2. **Konsolidierung von Stammdaten**
   Abhängig von der Anzahl der Datenquellen und der Datenqualität kann eine Konsolidierung der Stammdaten nötig sein, um konsistente Ausgabeberichte zu erhalten. Je nach Unternehmensgröße und Datenvolumen stehen Ihnen hier die folgenden beiden Varianten zur Verfügung:
   - *Variante 2a*
     Konsolidierung von Stammdaten durch lokalen Stammdatenabgleich in SAP NetWeaver BW. Diese Variante bietet sich bei kleineren Unternehmen mit geringerem Beschaffungsvolumen an, da hierfür die vorhandene BW-Installation verwendet werden kann.
   - *Variante 2b*
     Konsolidierung von Stammdaten mit SAP NetWeaver Master Data Management (SAP NetWeaver MDM). Diese Vorgehensweise empfiehlt sich vor allem bei größeren Unternehmen. Sie ist zwar technisch aufwendiger, da zusätzlich ein SAP NetWeaver MDM-System benötigt wird, bietet jedoch auch mehr Möglichkeiten zur Konsolidierung der Stammdaten.

3. **Anreicherung der Analysedaten**
   Zur weiteren Optimierung per Konsolidierung und Anreicherung der Analysedaten können Sie das Angebot »D&B Lieferantenanalyse für SAP NetWeaver BW« des Unternehmens Dun & Bradstreet nutzen.
4. **Analyse von Ausgaben**
   Zur Analyse der Ausgaben stehen Ihnen standardmäßig ausgelieferte Web Templates zur Verfügung (siehe Abschnitt 11.1.2, »Verfügbare Web Templates für die Ausgabenanalyse«). Darüber hinaus können Sie mit SAP NetWeaver BW weitere, speziell an Ihre Anforderungen angepasste Analyseberichte erstellen.

Betrachten wir die Prozesse nun im Detail, beginnend mit der ersten Variante.

Variante 1a: Ermittlung ausgabenrelevanter Daten in der Finanzbuchhaltung

Über die Komponente Financials in SAP ERP – genauer gesagt, in der Finanzbuchhaltung (FI) – können im Hauptbuch und in den Nebenbüchern Ihres Unternehmens alle handels- und steuerrechtlich relevanten Daten in Form von Buchhaltungsbelegen erfasst werden. Damit stehen diese Daten automatisch auch als Grundlage für die Analyse der Ausgaben zur Verfügung.

Für das Szenario »Ausgabenanalyse« ist hierbei Folgendes zu beachten:

- Alle Ausgaben an Lieferanten werden erfasst, also auch Rechnungen, die direkt ohne Bestellbezug in FI gebucht worden sind.
- Die bestellrelevanten Daten stehen nicht so detailliert wie im Einkaufssystem (SAP SRM oder MM) zur Verfügung; es fehlen z.B. Daten zur Einkaufsorganisation.

Die in FI vorhandenen Ausgabedaten werden nach SAP NetWeaver BW übergeleitet und dort ausgewertet (siehe Abbildung 11.2). Dabei werden die Möglichkeiten eines *speziellen Ledgers* (Special Ledger, SL) genutzt, um die Daten nach Ausgaberelevanz zu filtern. Dies stellt sicher, dass nur Belege von Kreditoren in SAP NetWeaver BW geladen werden.

Anschließend werden die Daten in SAP NetWeaver BW nach Gesichtspunkten der Beschaffung neu sortiert. Kreditoren werden in jede Position kopiert und die umsatzrelevanten Belege – Rechnungen, Gutschriften sowie Stornierungen von Rechnungen und Gutschriften – mit einem Kennzeichen für die Umsatzrelevanz versehen.

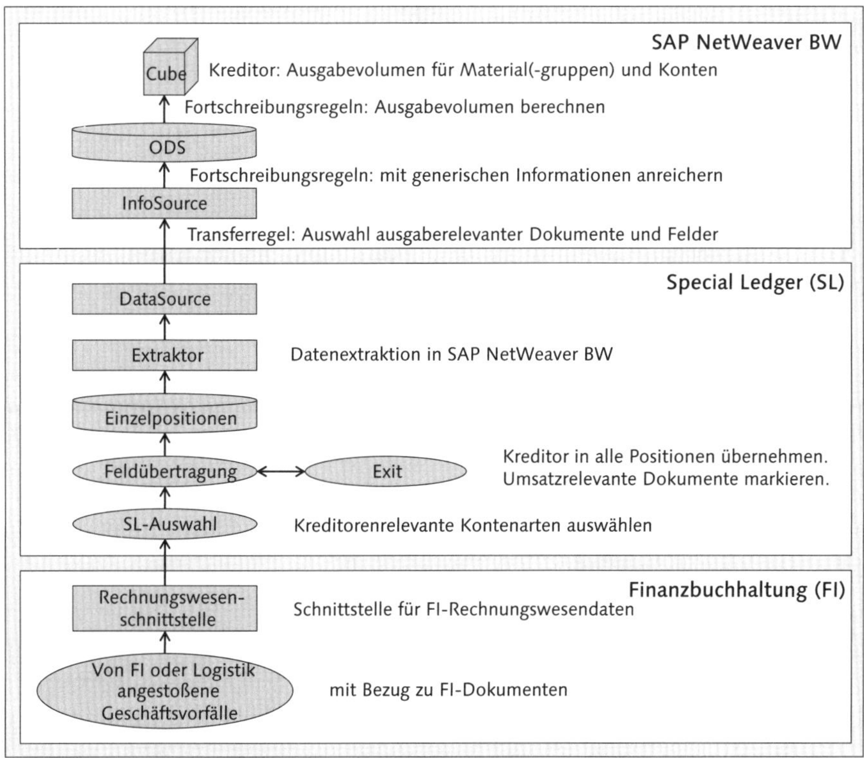

Abbildung 11.2 Ermittlung ausgaberelevanter Daten in FI

Bei Rechnungen mit Bestellbezug werden die Produktkategorie sowie gegebenenfalls dazugehörige Kontrakte aus dem ODS-Objekt 0BBP_INV nachgelesen.

Voraussetzung für diese Analysevariante ist, dass die Rechnungen vor der Extraktion der FI-Daten aus SAP SRM oder der Materialwirtschaftskomponente MM des SAP ERP-Backends in SAP NetWeaver BW geladen wurden.

Variante 1b: Erfassung der Bestell- und Rechnungswerte über die Beschaffungssysteme

Für die Ausgabenanalyse können relevante Daten auch direkt aus SAP SRM oder aus der Materialwirtschaftskomponente MM des SAP ERP-Backends extrahiert werden (siehe Abbildung 11.3).

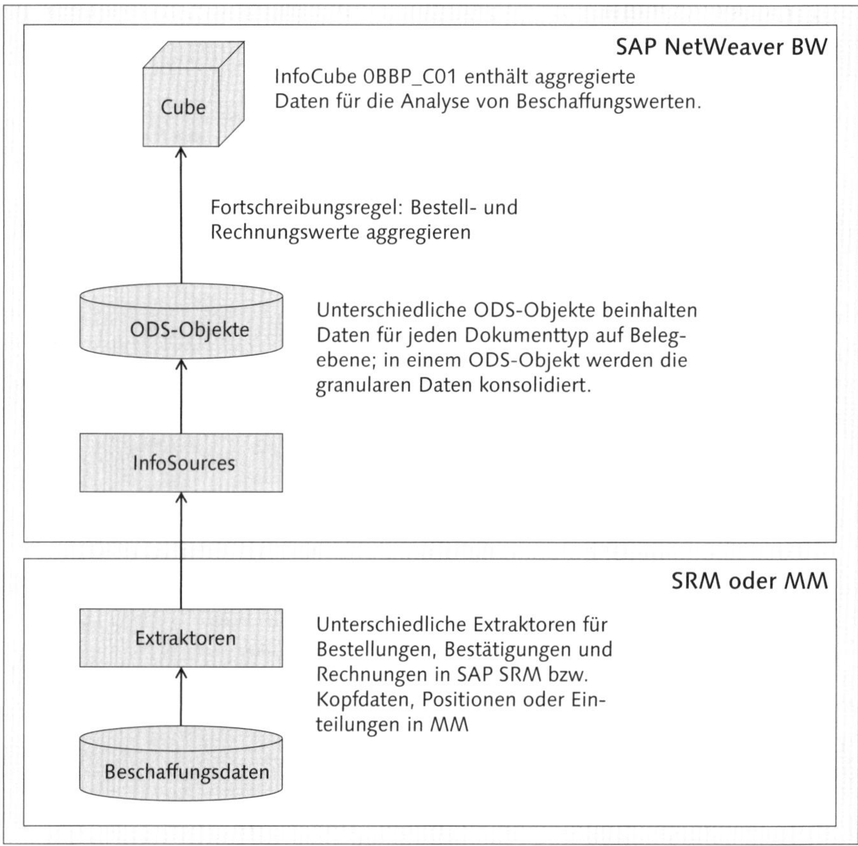

Abbildung 11.3 Bestell- und Rechnungswerte aus den Beschaffungssystemen

Beachten Sie dabei Folgendes:

- Alle Detaildaten aus den Bestellbelegen stehen zur Verfügung.
- Ausgaben für Waren oder Dienstleistungen, die nicht zuvor als Bestellung erfasst worden sind, gehen nicht in die Analyseergebnisse ein.

Bei dieser Variante werden die einzelnen Beschaffungssysteme direkt an SAP NetWeaver BW angebunden.

Variante 2a: Konsolidierung von Stammdaten durch lokalen Stammdatenabgleich in SAP NetWeaver BW

Zur Harmonisierung von Stammdaten für Reporting-Zwecke werden mehrfach gepflegte Lieferanten identifiziert und Produkte zu Standardklassifikationssystemen wie dem *United Nations Standard Products and Services Code* (UNSPSC) oder *eCl@ss* zugeordnet.

UNSPSC und eCl@ss [«]

Der UNSPSC (United Nations Standard Products and Services Code) ist ein international eingesetztes Klassifikationssystem der Warenwirtschaft. Das UNSPSC-System entstand 1998 durch eine Kooperation der United Nations Development Programme (UNDP) mit der Dun & Bradstreet Corporation (D&B). Das UNSPSC-System wird im E-Procurement, insbesondere im amerikanischen Raum, zur unternehmensübergreifenden Klassifikation von Waren und Dienstleistungen aller Art verwendet.

eCl@ss ist ein standardisiertes Klassifikationssystem für Warengruppen und Warenmerkmale mit dem Ziel, den elektronischen Handel klassifizierter Produkte zu ermöglichen. Dieser Standard wurde vor allem vom von der deutschen Industrie getragenen *eClass e. V.* etabliert. eCl@ss ist in der Version 7.0 verfügbar und hat sich national und international als Industriestandard durchgesetzt. Weitere Informationen zu eCl@ss erhalten Sie auf *www.eclass.de*.

Die Konsolidierung von Stammdaten mittels SAP NetWeaver BW Local Master Data Alignment (LMDA) umfasst die folgenden Funktionalitäten:

- Identifikation und Gruppierung von doppelt geführten Lieferanten, um das Ausgabenvolumen für die Geschäftspartner des Unternehmens transparent zu machen
- Gruppierung von ähnlichen Produkten für das Reporting
- Klassifikation von Produkten und Produktkategorien nach United Nations Standard Products and Services Code (UNSPSC) und eCl@ss, um eine unternehmensweite Standardisierung der Produkte zu ermöglichen

Bei der Durchführung dieser Funktionalitäten werden heterogene Systemlandschaften mit den unterschiedlichsten Datenquellen unterstützt.

Voraussetzung für die Durchführung der LMDA-Funktion ist jedoch, dass die Beschaffungsdaten bereits nach SAP NetWeaver BW extrahiert worden sind.

Betrachten wir nun beispielsweise die Aktivitäten der LMDA-Funktion am Beispiel der Rekategorisierung von Produkten.

1. Im ersten Schritt wird über die Transaktion SRM_AMDM die Funktionalität REKATEGORISIERUNG ausgewählt sowie die Suche nach den Produkten initiiert, die in neue Kategorien eingeordnet werden sollen (siehe Abbildung 11.4).

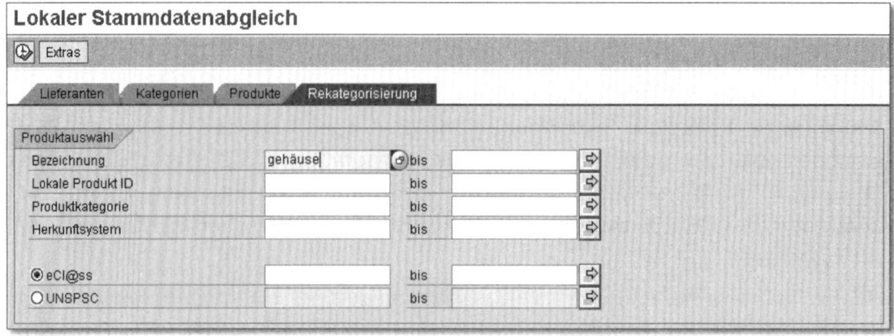

Abbildung 11.4 LMDA – Suche nach Produkten

2. In der Liste der Suchergebnisse werden die umzukategorisierenden Produkte angekreuzt (siehe Abbildung 11.5).

Lokaler Stammdatenabgleich

Neue Zuordnung | Zuordnung löschen

Produkte

Auswahl	Name	Gruppe	Lokale Produkt ID	Produktkategorie
☐	GEHÄUSE 102		102-100	AP 3CAT001
☑	GEHÄUSE ANTRIEBSELE		102-410	AP 3CAT001
☐	GEHÄUSE 103		103-100	AP 3CAT001
☐	GEHÄUSE 104		104-100	AP 3CAT001
☑	GEHÄUSE 101		ML-100	AP 3CAT
☑	GEHÄUSE FÜR MODEM		R-1260C	AP 3CAT002
☐	GEHÄUSE (APO)		T-APO-100	AP 3CAT001
☐	GEHÄUSE		T-B100	AP 3CAT001
☐	GEHÄUSE		T-B101	AP 3CAT001

Abbildung 11.5 LMDA – Produkte auswählen

3. Abschließend wird die neue Kategorie für die ausgewählten Produkte zugeordnet (siehe Abbildung 11.6).

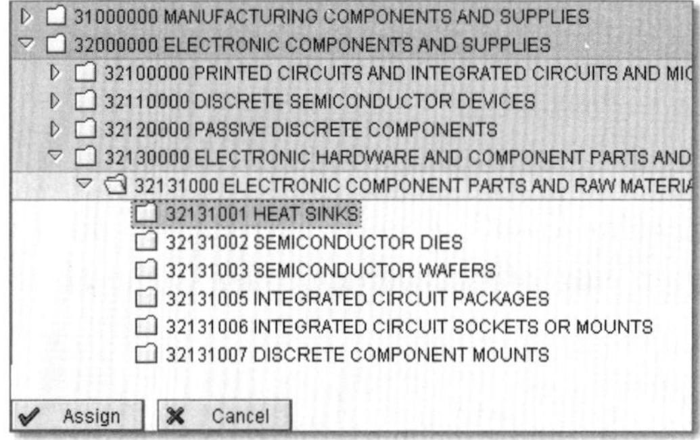

Abbildung 11.6 Produkte umkategorisieren

Die Regeln für die Klassifizierung und Bereinigung werden in der LMDA-Funktion in SAP NetWeaver BW definiert und können sofort für die Stammdaten genutzt werden, die bereits nach SAP NetWeaver BW extrahiert worden sind. Diese Lösung kann allerdings nur genutzt werden, wenn das Datenvolumen nicht allzu groß ist.

Variante 2b: Konsolidierung von Stammdaten mit SAP NetWeaver MDM

Stammdaten können mithilfe von SAP NetWeaver MDM zu Reporting-Zwecken harmonisiert werden. Denn SAP NetWeaver MDM bietet Funktionen für die Suche, Identifizierung und Konsolidierung von Lieferanten- und Produktdaten im gesamten Unternehmen. SAP NetWeaver BW liefert im Anschluss daran die Funktionalitäten zur Darstellung der Informationen.

Ergänzend zu den Funktionalitäten der oben beschriebenen LMDA-Funktion bietet die Konsolidierung und Harmonisierung von Stammdaten mithilfe von SAP NetWeaver MDM die folgenden Funktionen:

- Unterstützung heterogener Systemlandschaften komplexer Großunternehmen mit den unterschiedlichsten Datenquellen
- flexible Suche nach Lieferanten und Produkten über eine Vielzahl von Attributen
- Zuordnung von Produkten zu Hierarchien und mehreren parallelen Standardschemen wie z.B. UNSPSC und eCl@ss
- Anreicherung von Analysedaten mit neuen Attributen (z.B. Informationen externer Anbieter)
- weiterer Ausbau der SAP NetWeaver MDM-Funktionalitäten, z.B. die Implementierung einer zentralen Stammdatenverwaltung und Synchronisierung (siehe auch die Erläuterungen zu SRM-MDM Catalog in Abschnitt 6.6, »Katalogverwaltung«)

Der Prozess der Konsolidierung von Stammdaten mit SAP NetWeaver MDM umfasst dabei die folgenden Schritte:

1. **Daten aus SAP NetWeaver BW nach SAP NetWeaver MDM importieren**
   In SAP NetWeaver BW vorhandene Daten werden zur Weiterbearbeitung in SAP NetWeaver MDM geladen.
2. **Lieferanten konsolidieren und Produktdaten klassifizieren in SAP NetWeaver MDM**
   Die Stammdaten können in SAP NetWeaver MDM benutzerfreundlich gesucht, bearbeitet und klassifiziert werden (siehe Abbildung 11.7).

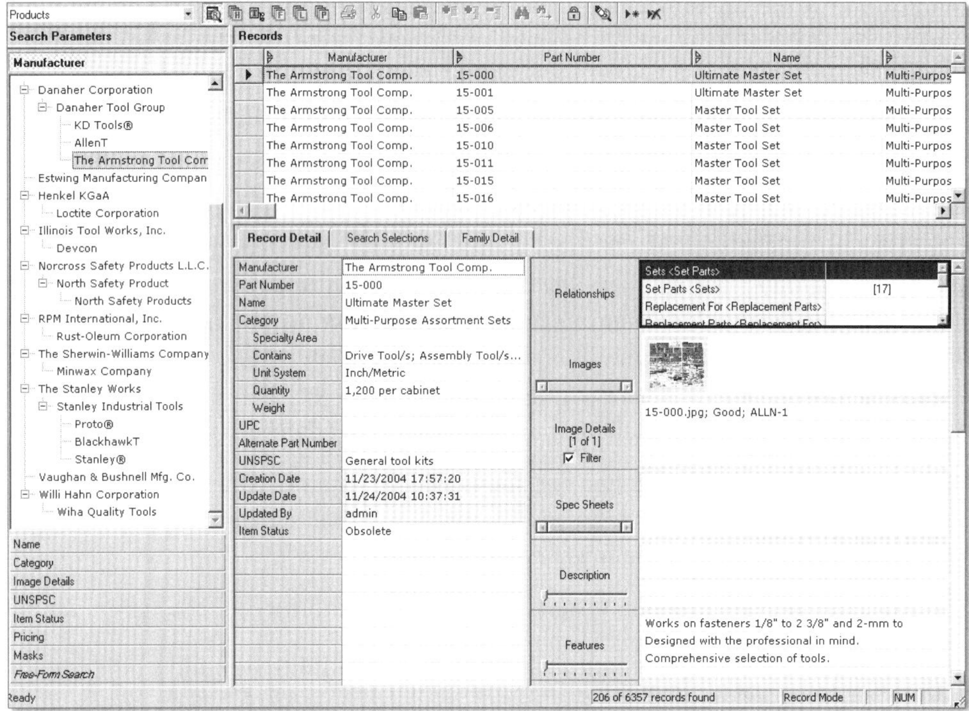

Abbildung 11.7 Produktbearbeitung in SAP NetWeaver MDM

3. **Daten nach SAP NetWeaver BW exportieren**
   Die harmonisierten Daten werden wieder nach SAP NetWeaver BW exportiert und als Basis für die Erstellung der konsolidierten Ausgabenanalyse verwendet.

D&B-Lieferantenanalyse für SAP NetWeaver BW

Um die Funktionalität der D&B-Lieferantenanalyse für SAP NetWeaver BW nutzen zu können, muss mit dem Unternehmen *Dun & Bradstreet* ein Vertrag abgeschlossen werden.

Sie haben nun die Möglichkeit, Ihre aus SAP NetWeaver BW extrahierten ❶ Lieferantenstammdaten an Dun & Bradstreet zu senden ❷. Dun & Bradstreet ❸ liefert Ihnen dann Geschäftsdaten über Ihre Lieferanten zurück, mit denen Sie konsolidierte Ausgabenanalysen erstellen können (siehe ❹ in Abbildung 11.8).

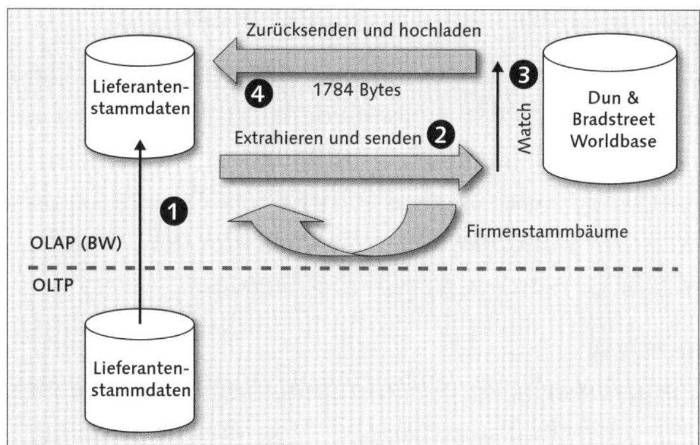

Abbildung 11.8 Datenaustausch mit Dun & Bradstreet (Quelle: http://help.sap.com)

Die gelieferten Daten umfassen die folgenden Informationen:

- Die D-U-N-S-Nummer, mit deren Hilfe Sie Ihre Lieferunternehmen eindeutig identifizieren können.
- Firmenstammbäume, die Strukturinformationen über Konzerne liefern; darüber können Sie Lieferanten finden, die demselben Konzern angehören.
- Den Jahresumsatz der Lieferanten, auf dessen Basis Sie die Abhängigkeit Ihres Lieferanten von Ihren Bestellungen einschätzen können.

SAP NetWeaver BW gleicht Ihre extrahierten Daten mit den Informationen von Dun & Bradstreet ab und liefert Ihnen anschließend die konsolidierten Ausgabenanalysen (siehe Abbildung 11.9).

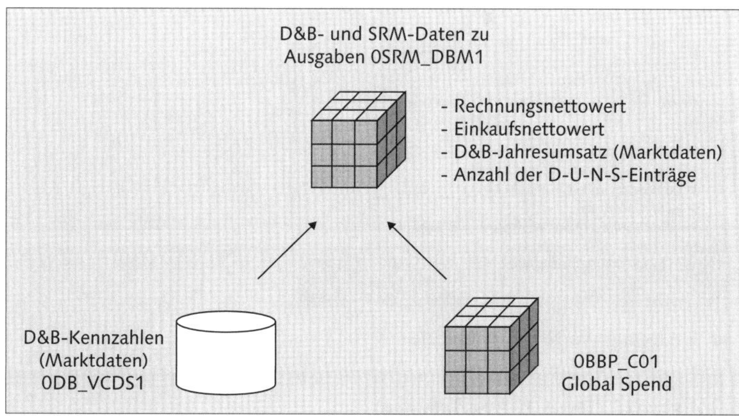

Abbildung 11.9 Konsolidierte Ausgabenanalysen mit D&B-Daten (Quelle: http://help.sap.com)

11.1.2 Verfügbare Web Templates für die Ausgabenanalyse

Die folgenden standardmäßig ausgelieferten Web Templates unterstützen Sie dabei, Ihr Ausgabenvolumen aus den verschiedensten Sichtweisen heraus zu analysieren. Die in den Web Templates enthaltenen Berichte basieren auf bewährten Geschäftspraktiken. Sie sind sofort einsatzbereit, können aber auch als Ausgangspunkt für kundenspezifische Berichte, die speziell an Ihre Geschäftsprozesse angepasst werden, verwendet werden.

- **Allgemeine Einkaufsanalyse**
  Mithilfe dieses Web Templates erhalten Sie Informationen für Auswertungen zur Optimierung Ihrer Beschaffungsstrategie. Von diesem Web Template aus können Sie zu den folgenden Abfragen navigieren:
  - Anzahl der Lieferanten pro Kategorie
  - Top-15-Lieferanten
  - Rechnungswerte pro Kategorie (siehe Abbildung 11.10)
  - Top-15-Kategorien
  - Rechnungen je Konto
  - Rechnungswerte mit Bestellbezug und Kontrakt

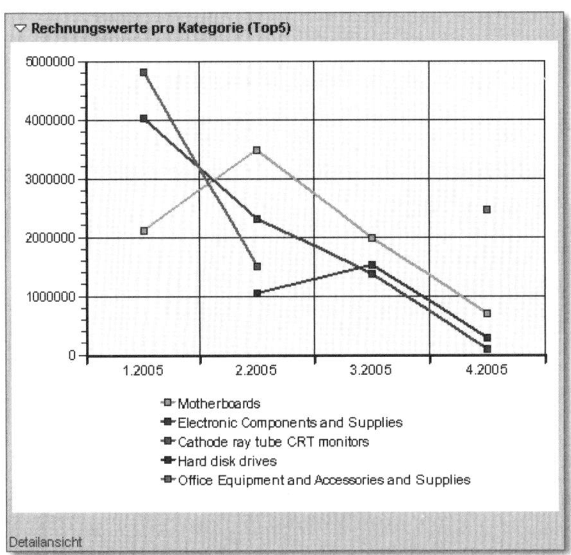

Abbildung 11.10 Rechnungswerte pro Kategorie

- **Abhängigkeitsrate (Dun & Bradstreet)**
  Dieses Web Template steht Ihnen zur Verfügung, wenn Sie die weiter oben beschriebene D&B-Lieferantenanalyse für SAP NetWeaver BW nutzen.

Es stellt für alle Lieferanten Ihres Unternehmens deren Gesamtumsatz und den Bestellwert des jeweiligen Lieferantenunternehmens in einem bestimmten Jahr gegenüber. Es dient also zur Ermittlung der Abhängigkeit eines Lieferanten von Ihnen als dem einkaufenden Unternehmen und ist somit eine hilfreiche Informationsquelle für Verhandlungen mit dem Lieferanten. Durch die hierarchische Darstellung der Lieferanten wird zudem aufgezeigt, welche Lieferanten zum gleichen Mutterunternehmen gehören.

- **Lieferantenallokation**
  Das Web Template »Lieferantenallokation« zeigt Ihnen das Bestellvolumen Ihres Unternehmens, aufgeschlüsselt nach Standardkategorien und Lieferanten. Damit gibt der Bericht auch Aufschluss darüber, welche Produkte bei welchen Lieferanten angeboten werden. Dies kann als Informationsbasis zur Konsolidierung der Beschaffung genutzt werden, wenn Sie zum Beispiel Ihr Bestellvolumen auf eine geringere Anzahl von Lieferanten verteilen möchten.

  Über die Navigationsleiste können Sie zusätzlich die D-U-N-S-Nummer (Dun & Bradstreet-Lieferantennummer) und die lokale Produktkategorie einblenden.

  Ausgehend vom Web Template »Lieferantenallokation«, können Sie mithilfe der Icons neben dem Lieferanten in die Web Templates »Volumenanalyse« oder in die Kontraktdetails zu diesem Lieferanten abspringen.

- **Volumenanalyse**
  Das Web Template »Volumenanalyse« zeigt die Aufteilung des Bestellvolumens über die Standardkategorien sowie die zeitliche Entwicklung des absoluten Bestellvolumens. Zusätzlich gibt der Bericht auch Aufschluss über den Anteil des Bestellvolumens, der über Kontrakte beschafft wurde. Für eine detailliertere Darstellung der Informationen nutzen Sie die Navigationsleiste, um zusätzlich die lokale Produktkategorie einzublenden.

  Wählen Sie das Icon neben der Standardkategorie, um in das Web Template »Lieferantenallokation« abzuspringen. Wenn die lokale Produktkategorie im Aufriss ist, können Sie von dieser auch in das Web Template »Kontraktdetails« abspringen.

- **Kontraktdetails**
  Das Web Template »Kontraktdetails« zeigt Details zu Kontrakten an. Es dient als Sprungziel für die Templates »Auslaufende Kontrakte«, »Lieferantenallokation« und »Volumenanalyse«.

  Es sollte nicht direkt aufgerufen werden, da in diesem Fall alle Kontrakte angezeigt werden!

Der Bericht zeigt den Zielwert des Kontrakts und den bereits abgerufenen Wert an. Damit gibt er Aufschluss über die bisherige Ausnutzung und den Status des Kontrakts, und er ermöglicht Ihnen, Rückschlüsse auf eine potenzielle Optimierung Ihrer Beschaffungsstrategie zu ziehen.

Wählen Sie die Icons neben Lieferant, Einkaufskategorie und Standardkategorie, um in das Web Template »Volumenanalyse« abzuspringen. Von Einkaufskategorie und Standardkategorie können Sie zudem in das Web Template »Lieferantenallokation« springen.

In allen Fällen ist der Absprung kontextsensitiv; es wird also die jeweils ausgewählte Information an den Zielbericht weitergegeben.

11.1.3 Weitere SRM-Analysen mit SAP NetWeaver BW

SAP SRM ist komplett mit dem Standard-Analytics-Content von SAP SRM integriert. Somit sind für alle Geschäftsszenarien hilfreiche Analysen in Form von Web Templates und Querys verfügbar.

Die im Fokus stehenden Analysethemen sind dabei:

- Ausgabenanalyse
- Kontraktverwaltung und Nutzung
- Ausschreibungen und Live-Auktionen
- operative Beschaffungsbelege: Einkaufswagen, Bestellung, Wareneingang, Leistungsbestätigung und Rechnung

Details zu den jeweils verfügbaren Web Templates zum Aufrufen der SAP NetWeaver BW-Analysen finden Sie am Ende des jeweiligen Kapitels von Teil II, »Funktionen und Prozesse«.

11.1.4 Konfigurationshinweise

Abhängig von der Unternehmensgröße und der Nutzung von Analyseszenarien haben Sie zwei verschiedene Installationsoptionen für SAP NetWeaver BW:

- Wenn Sie SAP NetWeaver BW nur zur Analyse von SAP SRM-Daten nutzen, können Sie SAP NetWeaver BW auf dem gleichen SAP-System wie den SRM-Server in einem eigenen Mandanten installieren.
- Wenn Sie SAP NetWeaver BW zur Analyse von Daten aus den verschiedensten Systemen nutzen und hohe Datenvolumina erwarten, empfiehlt es sich, SAP NetWeaver BW auf einem eigenen Server zu installieren.

Informationen zum Customizing der Ausgabenanalyse finden Sie in SAP SRM sowie im SAP SRM Solution Manager Content.

Weitere Informationen zu SAP NetWeaver BW [«]

Wenn Sie das Thema »SAP NetWeaver BW-basierte Analysemöglichkeiten« – über die SRM-bezogenen Prozesse hinausgehend – vertiefen möchten, empfehlen wir Ihnen die folgenden Informationsquellen:

- SAP-Online-Hilfe: *http://help.sap.com*
- SAP SRM Solution Manager Content
- Unter *http://www.sap-press.de* finden Sie SAP PRESS-Bücher, die zu den Themen »SAP NetWeaver BW« bzw. »Business Intelligence« und »SAP BusinessObjects« erschienen sind.

11.1.5 Weitere SAP SRM-Analyseanwendungen

SAP bietet mehrere Analyseanwendungen, die die jeweiligen unterschiedlichen Anforderungen an IT-basierte Berichtswesen erfüllen. Da SAP NetWeaver BW aktuell die Lösung mit dem größten Funktionsumfang ist, haben wir uns bislang auf die BW-basierten Web Templates zur Berichterstellung bzw. auf die BW-basierte Ausgabenanalyse konzentriert.

Im Folgenden möchten wir Ihnen die weiteren Analysemöglichkeiten kurz vorstellen.

Analyseanwendungen mit SAP NetWeaver Visual Composer

SAP NetWeaver Visual Composer ist Teil von SAP NetWeaver Composition Environments, der neuen SAP-Entwicklungsumgebung für SOA-basierte Anwendungen. Die Besonderheit der Softwareentwicklung mithilfe von SAP NetWeaver Visual Composer ist, dass die Anwendungen nicht mit einer Programmiersprache programmiert, sondern über eine grafische Benutzeroberfläche entwickelt werden (siehe Abbildung 11.11).

Damit wird die Entwicklung von Anwendungen direkt von den Softwareexperten an den Endanwender übertragen, der die Anwendungen flexibel und genau für seine Anforderungen erstellen und sie daran anpassen kann.

Ein weiterer Vorteil von SAP NetWeaver Composition Environment ist, dass auch prozessübergreifende Anwendungen entwickelt werden können, die analytische, transaktionale und kollaborative Prozessschritte umfassen.

Neben der Integration mit SAP SRM ist auch eine Integration mit SAP ERP und weiteren SAP- und Nicht-SAP-Systemen möglich.

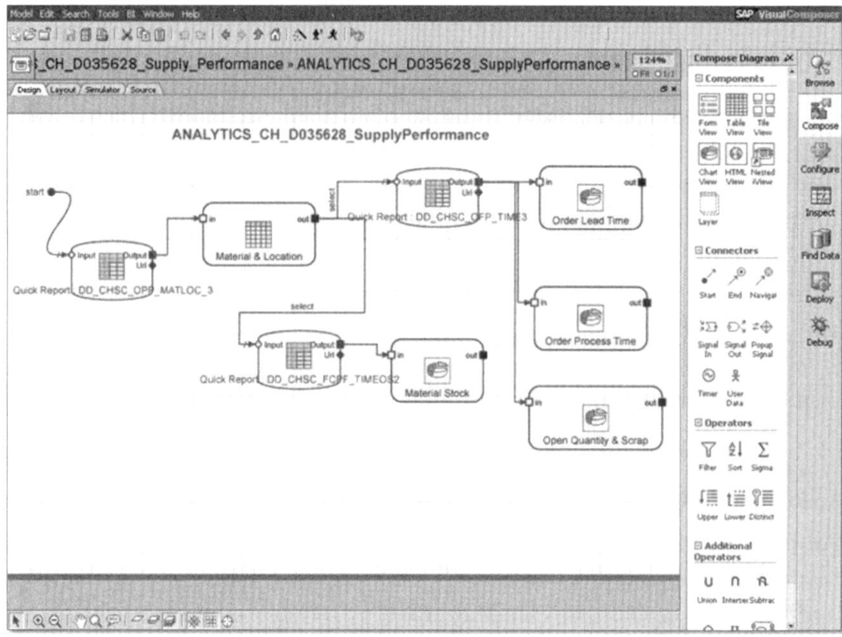

Abbildung 11.11 SAP NetWeaver Visual Composer

Mit SAP NetWeaver Visual Composer erstellte Berichte und Dashboards können Sie auch in SAP NetWeaver Portal einbinden (siehe Abbildung 11.12).

Abbildung 11.12 SAP Business Explorer

Dabei werden die Visualisierungsfunktionalitäten des SAP Business Explorers (BEx) genutzt.

SAP Spend Analytics

SAP Spend Analytics (früher SAP xApp Spend Analytics) ist eine Composite Application zur ganzheitlichen, unternehmensübergreifenden Ausgabenanalyse. Diese Anwendung ist eine Kombination von SAP-Software auf der Basis von SAP NetWeaver BW und Dienstleistungen des SAP-Partnerunternehmens Analytics Inc, das die Harmonisierung der Analysedaten übernimmt.

Zur Anzeige der Analysedaten werden die besonders dynamischen und benutzerfreundlichen browserbasierten Technologien Adobe Flex und Adobe Flash verwendet. Auch eine Integration in die neue on-Demand-basierte Ausschreibungslösung SAP E-Sourcing ist möglich (siehe Abschnitt 1.5, »SAP Supplier Lifecycle Management«). Hierdurch kann z.B. der integrierte Geschäftsprozess »Analyse zu Kontrakt« realisiert werden. Auf der Basis der Analyseergebnisse werden dann neue Kontraktverhandlungen in SAP CLM initiiert.

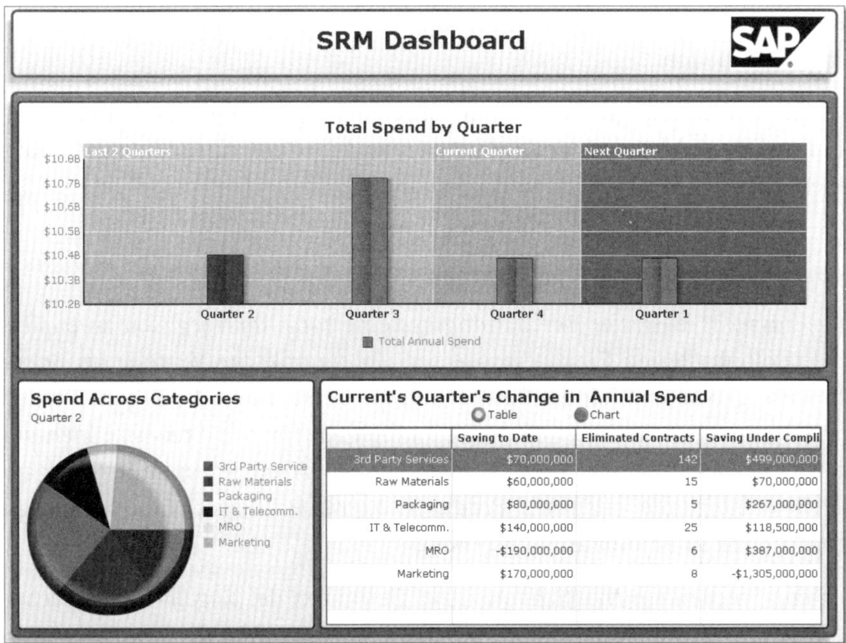

Abbildung 11.13 SAP BusinessObjects Dashboards (ehemals Xcelsius)

Wie der Abschnitt 11.1, »Ausgabenanalyse«, zeigt, stellt SAP vielfältige Möglichkeiten zur Ausgabenanalyse zur Verfügung – einerseits mit SAP SRM, andererseits auch auf der Basis von FI-Daten. Neben den in Abschnitt 11.1 gezeigten Möglichkeiten zur Anzeige der Analysedaten können auch die neuen Reporting-Funktionalitäten von SAP BusinessObjects verwendet werden (siehe Abbildung 11.13), die in der Regel auf eine SAP NetWeaver BW-basierte Extraktion und Konsolidierung von Daten aufsetzen.

11.2 Sicherstellung von Gesetzes- und Regelkonformität

In diesem Abschnitt betrachten wir die in der SAP SRM Solution Map als *Compliance Management* bezeichneten Themen.

Ziel der hier beschriebenen Aktivitäten ist es, die gesetzlichen Rahmenbedingungen sowie unternehmensweiten Richtlinien und Ziele in Bezug auf die Beschaffungsaktivitäten einzuhalten und die dafür notwendigen Maßnahmen zu implementieren und zu überwachen. Dabei gilt es nicht nur zu überwachen, ob die definierten Regeln und Richtlinien unternehmensintern eingehalten werden, sondern auch zu prüfen, ob sich die Lieferanten an die getroffenen Vereinbarungen hinsichtlich der Konditionen und Vertragsbedingungen halten.

Wir können die Möglichkeiten zur Sicherstellung der Gesetzes- und Regelkonformität in *vorbeugende Maßnahmen* und in *Kontrollmaßnahmen* unterteilen.

11.2.1 Vorbeugende Maßnahmen

Der Einsatz IT-basierter Beschaffungssysteme sorgt im Vergleich zu papier- und telefonbasierten Einkaufsprozessen für signifikante Vorteile im Bezug auf die Regelkonformität der Beschaffungsprozesse. Denn die Regeln werden im System selbst definiert und sind einheitlich für alle Prozessteilnehmer gültig. Dies schafft Klarheit und Transparenz. Unsicherheiten im Hinblick auf die Bestellung, die erlaubten Produkte oder die nötigen Genehmigungsschritte wird so automatisch vorgebeugt.

Die entsprechenden Möglichkeiten zur Definition der Regeln und Berechtigungen im Customizing haben wir bereits ausführlich in den vorangegangenen Kapiteln dieses Buches beschrieben. Dies ist nun ein guter Zeitpunkt für eine zusammenfassende Betrachtung des Compliance Managements.

Berechtigungssteuerung

Jeder Benutzer darf nur die Aktivitäten durchführen bzw. die Dokumente sehen, die für seine Arbeit im Unternehmen erforderlich sind. Dies wird durch die folgenden Funktionalitäten im SAP SRM-System gesteuert:

- **Benutzerrollen**
  Über Benutzerrollen erhalten die einzelnen Anwender individuell auf ihren Arbeitsbereich zugeschnittene Menüs, die es ihnen erlauben, die benötigten Transaktionen zu starten. In den Benutzerrollen enthaltene *Berechtigungsprofile* steuern auf der Detailebene (z.B. innerhalb einer Transaktion), welche Aktivitäten ein Benutzer durchführen kann. Die standardmäßig ausgelieferten Benutzerrollen können Sie so anpassen, dass sie genau zu den betriebswirtschaftlichen Anforderungen Ihres Unternehmens passen (siehe Abschnitt 3.3, »Benutzerverwaltung«).
- **Attribute in der Aufbauorganisation**
  Die Attribute in der SAP SRM-Aufbauorganisation steuern sehr detailliert, welche Rolle ein Benutzer im Beschaffungsprozess spielt und welche Aktivitäten er dabei durchführen darf. So wird z.B. gesteuert, welche Produktkategorien bestellt werden dürfen und welche Produktkataloge für den Benutzer sichtbar sein sollen (siehe Abschnitt 3.2, »Organisationsmanagement«).

Steuerung des Prozessflusses

Über das Customizing in SAP SRM werden die Regeln zur automatischen Steuerung der Beschaffungsprozesse definiert. So gibt es Einstellungen, die den organisatorischen Ablauf festlegen, Einstellungen für den Genehmigungsprozess und für die Belegerstellung:

- **SAP Business Workflow**
  Die im SAP Business Workflow definierten Regelwerke steuern genau, für welche Benutzer bei welchen Vorgängen Genehmigungen durch andere Benutzer erforderlich sind (siehe Kapitel 5, »SAP Business Workflow«).
- **Konfiguration der Beschaffungsprozesse**
  Bestimmte Konfigurationseinstellungen ergänzen die im SAP Business Workflow definierten Regeln zur Prozesssteuerung:
  - In der Aufbauorganisation wird die Unternehmenshierarchie abgebildet, die für die Ermittlung von Genehmigern für Workitems herangezogen wird. Die Attribute »Ausgabelimit«, »Genehmigungslimit« und »Userbudget« in der Aufbauorganisation sind zusätzliche Informations-

quellen für den Genehmigungs-Workflow. Auch die Zuständigkeiten von Einkäufergruppen werden in der Aufbauorganisation definiert und steuern dadurch die Beschaffungsprozesse (siehe Abschnitt 3.2, »Organisationsmanagement«).

- Die Regeln für die Bezugsquellenfindung (automatische Bezugsquellenfindung, Sourcing-Anwendung usw.) werden im Customizing definiert (siehe Kapitel 7, »Bezugsquellenfindung«).
- Auch die Regeln für die Folgebelege im Backend (Bestellung, Reservierung, BANF) sind im System voreingestellt (siehe Abschnitt 6.1, »Beschaffung per Self-Service«).

Konditionen

Im System hinterlegte Konditionen sorgen für Klarheit darüber, was zu welchem Preis bei welchem Lieferanten bestellt werden kann (siehe die Kapitel 7, »Bezugsquellenfindung«, und 8, »Verwaltung von Kontrakten«).

Korruptionsvorbeugung

Mitarbeiter haben beim Anlegen eines Einkaufswagens nicht die Möglichkeit, selbst einen Lieferanten (z.B. einen Freund oder Verwandten) frei als Bezugsquelle auszuwählen. Es stehen vielmehr nur die im Vorfeld – z.B. in Form von Zentralkontrakten – definierten Bezugsquellen zur Auswahl. Die Hoheit über die Auswahl der geeigneten Bezugsquellen liegt also bei den Einkäufern.

11.2.2 Kontrollmaßnahmen

Zur Sicherstellung der Einhaltung von gesetzlichen Rahmenbedingungen und unternehmensweiten Richtlinien bietet SAP SRM Funktionalitäten in den folgenden Bereichen:

Transparenz

Durch die Reporting-Funktionalitäten von SAP NetWeaver BW steht ein umfangreiches Berichtswesen zur Analyse der Beschaffungsaktivitäten und Lieferantenbeziehungen zur Verfügung. Die verfügbaren Auswertungsmöglichkeiten sind jeweils am Ende der jeweiligen Kapitel in Teil II, »Funktionen und Prozesse«, sowie in den Abschnitten 10.2, »Lieferantenbewertung«, und 11.1, »Ausgabenanalyse«, dargestellt.

Zur Einhaltung der Kontraktnutzung steht das spezielle Web Template »Analyse Maverick Buying« zur Verfügung, das zu einzelnen Produkten den Wert der Bestellungen, die über Kontrakte erfolgt sind, und den Wert der Bestellungen, die ohne Kontrakte erfolgt sind, zeigt. Der strategische Einkäufer kann damit Anhäufungen teurer Bestellvorgänge vorbei am vorgesehenen Einkaufsprozess (Maverick Buying) aufdecken.

Revisionssicherheit

Alle in SAP SRM durchgeführten Aktivitäten werden dokumentiert. Einerseits durch das Anlegen von Geschäftsdokumenten wie z.B. Einkaufswagen oder Bestellung, andererseits durch die automatische Dokumentation der Änderungen an wichtigen Geschäftsdokumenten bzw. deren Feldern.

Für die Geschäftsdokumente (Zentral-)Kontrakt und Bestellung ist auch die Möglichkeit vorhanden, im Customizing eine Versionsverwaltung zu aktivieren, die eine noch detailliertere Änderungsverfolgung ermöglicht (siehe Abschnitt 8.4.3, »Versionssteuerung für Einkaufsbelege einschalten«).

11.2.3 Einhaltung von gesetzlichen Handelsrichtlinien

Zur Überwachung gesetzlicher Richtlinien des internationalen Handels können Sie die ergänzende SAP-Softwarelösung *SAP Global Trade Services* (SAP GTS) einsetzen.

Mit SAP GTS können Sie Ihre internationalen Handelsprozesse automatisieren, eine große Anzahl von Geschäftspartnern und Belegen verwalten und dabei sicherstellen, dass Ihr Unternehmen die sich ständig ändernden internationalen Rechtsvorschriften einhält. Diese Lösung unterstützt Sie im globalen Handel mit den Tools, die Sie benötigen, um mit den modernisierten Systemen und elektronischen Kommunikationsmitteln der Regierungs- und Zollbehörden zu kooperieren.

Mit SAP GTS vermeiden Sie zudem kostspielige Verspätungen und finanzielle Risiken beim Import bzw. Export und können schnell auf internationale Geschäftschancen reagieren. Die für die Beschaffung relevanten Funktionalitäten von SAP GTS umfassen die folgenden Bereiche:

- **SAP Compliance Management**
  Eine wichtige Funktionalität aus Sicht der Beschaffung ist hier die gesetzliche Kontrolle für die Einfuhr, inklusive der Embargoprüfung und der Kontrollstammverwaltung.

- **SAP Customs Management**
  SAP GTS unterstützt Sie bei der Automatisierung von Importprozessen gegenüber den Zollbehörden.
- **SAP Electronic Compliance Reporting**
  Wenn Sie innerhalb der EU grenzübergreifend Waren und Leistungen einkaufen, sind Sie ab einem gewissen Beschaffungsvolumen (die Meldeschwelle in Deutschland wurde zum 1. Januar 2012 auf 500.000 EUR pro Jahr erhöht) zur Abgabe von *Intrastat-Meldungen* verpflichtet. Die Erstattung dieser Meldungen können Sie über SAP Electronic Compliance Reporting automatisieren.

Durch den Einsatz von SAP GTS kann Ihr Unternehmen seine Beschaffungskosten mithilfe von globalen Beschaffungsinitiativen reduzieren und dennoch das Risiko, Strafen oder Bußgelder zahlen zu müssen, vermeiden.

11.2.4 Weitere Aspekte zur Einhaltung der Konformität

Gesetzliche Rahmenbedingungen und unternehmensweite Richtlinien bezüglich der Beschaffung durchzusetzen ist nur möglich, wenn sich diese auch durchgehend in der verwendeten Softwarelösung für die Beschaffung und Verwaltung der Lieferantenbeziehungen abbilden lassen.

Da die Beschaffungsprozesse von Unternehmen sehr individuell sind, lässt sich selbst bei einer Lösung wie SAP SRM nicht alles im Standard per Customizing abbilden. Daher gibt es vielfältige Erweiterungskonzepte (z.B. über BAdIs, SOA und Systemmodifikationen), die fast keine Wünsche offen lassen. Weitere Details hierzu finden Sie in Anhang F, »Erweiterungskonzepte für SAP SRM«.

[»] **Zusatzkapitel auf der Verlagswebsite**

Zum Abschluss der Thematik Purchasing Governance lässt sich noch ergänzen, dass SAP SRM sogar die hohen Anforderungen für den Einsatz in Unternehmen der öffentlichen Hand erfüllt und dazu besondere Funktionalitäten bietet, die im Zusatzkapitel »Government Procurement« beschrieben werden. Dieses Kapitel können Sie über die Verlagswebsite unter *www.sap-press.de* herunterladen.

11.3 Category Management

Das *Category Management* unterstützt die Durchführung von strategischen Optimierungsprogrammen im Einkauf, strukturiert nach Produktkategorien.

Hintergrund des Category Managements ist die in vielen Unternehmen vorhandene Rolle des *Category Managers*, der im Einkauf für eine oder mehrere Produktkategorien verantwortlich ist.

Im operativen Einkauf bietet SAP SRM ja bereits die Möglichkeit, die Zuständigkeit der Einkaufsgruppen klar nach Produktkategorien zu trennen. Dies wird durch das Customizing der sachlichen Zuständigkeit in der Aufbauorganisation eingestellt (siehe Abbildung 11.14).

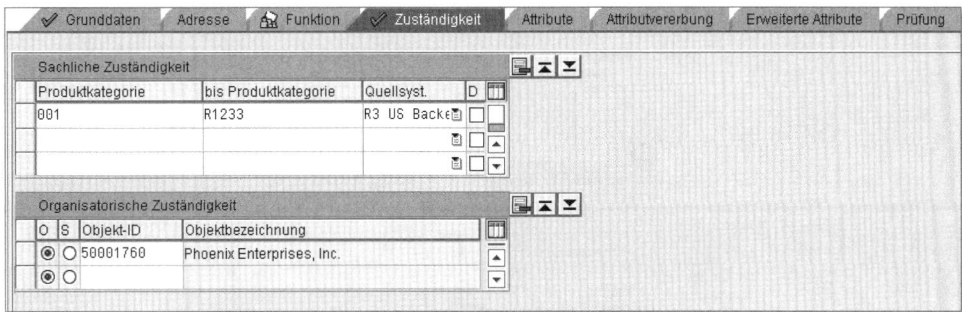

Abbildung 11.14 Definition der sachlichen Zuständigkeit einer Einkäufergruppe

Für die SAP SRM-Releases 4.0, 5.0 und 6.0 wird darüber hinaus ein spezielles *Business Package for Category Management* ausgeliefert, das ergänzende Aspekte der Tätigkeit in den Bereichen »Strategiedefinition« und »Programmmanagement« im SAP SRM-System abbildet. Damit wurde das Konzept der sachlichen Zuständigkeit für die Produktkategorie in Richtung des strategischen Einkaufs vertieft. Abbildung 11.15 zeigt den Prozessfluss sowie die Gliederungsstufen des Category-Management-Prozesses.

Betrachten wir den Prozessfluss nun im Detail:

1. **Kollaborative Sourcing-Methodologie (CSM, Collaborative Sourcing Methodology) anlegen**
   Die *Collaborative Sourcing Methodology* (CSM) wird im SRM-System vom Administrator angelegt ❶.
2. **CSM-Programm anlegen**
   Für die CSM können von einem Einkaufsleiter mehrere Programme angelegt werden. Der Einkaufsleiter weist jedem CSM-Programm eine oder mehrere Produktkategorien zu ❷.
3. **Leistungen der Produktkategorien analysieren und Initiativen anlegen**
   Der zuständige Category Manager analysiert nun anhand der verfügbaren BW-Reports die Leistungen der Produktkategorien nach verschiedenen

Aspekten wie z.B. Lieferantenbewertung, Maverick Buying oder Ausgabenanalyse ❸ und legt auf der Basis der Analyseergebnisse eine oder mehrere Initiativen an ❹.

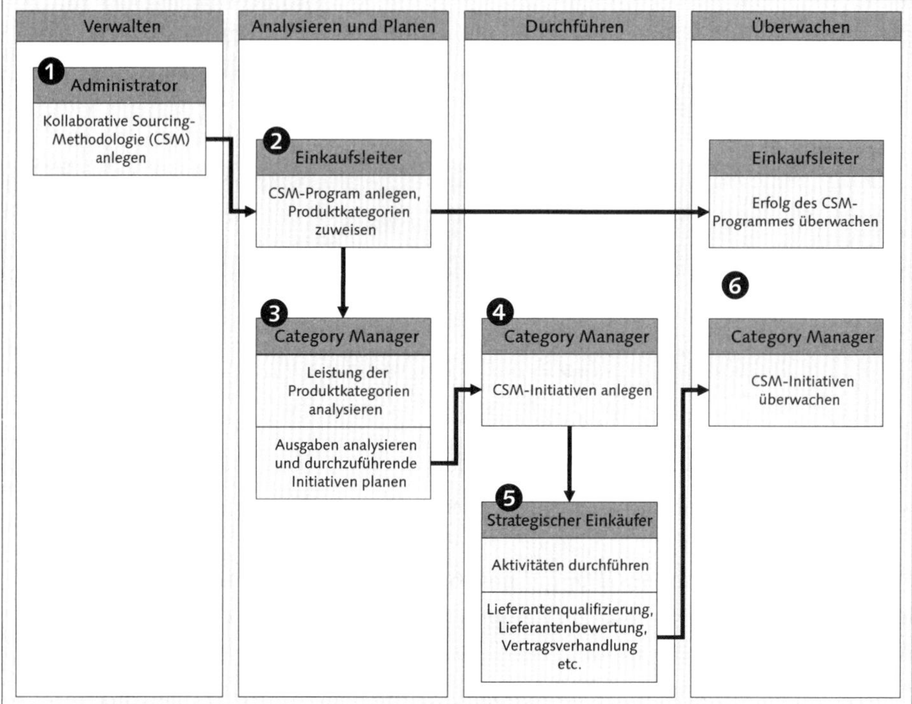

Abbildung 11.15 Category-Management-Prozessfluss

4. **Optimierungsaktivitäten durchführen**
   Die zuständigen strategischen Einkäufer führen nun die entsprechenden Optimierungsaktivitäten durch, d.h., sie optimieren gegebenenfalls das Lieferantenportfolio auf der Basis von Lieferantenbewertung und Lieferantenqualifizierung und initiieren über Ausschreibungen und Live-Auktionen die Kontraktverhandlungen mit den Lieferanten ❺.
5. **Überwachen**
   Sowohl der Einkaufsleiter als auch der Category Manager können den Erfolg von Programmen und Initiativen anhand von BW-basierten Analysen überwachen und gegebenenfalls weitere Maßnahmen einleiten ❻.

Das Business Package for Category Management wird im aktuellen SAP SRM-Release 7.0 nicht mehr ausgeliefert. Allerdings können Sie über eine Kombination von einigen der folgenden SAP-Lösungen nach wie vor eine ähnliche und gegebenenfalls noch besser zu Ihren unternehmensindividuellen Anforderungen passende Lösung im Bereich »Category Management« implementieren:

- **SAP SRM**
  Nutzen Sie die in diesem Buch beschriebenen Funktionalitäten bezüglich der Konfiguration der Zuständigkeiten im Bereich »Einkauf nach Produktkategorien«.
- **SAP PLM und PPM**
  Diese Lösungen helfen Ihnen beim Projektmanagement, bei der Ablage und Strukturierung von unstrukturiertem Content (z.B. MS Word, MS Excel, MS PowerPoint und PDF-Dateien) sowie bei einer gemeinsamen, mitarbeiterübergreifenden Bearbeitung der Dokumente im Rahmen einer *Kollaboration*.
- **Prozessgesteuerter SAP SRM 7.0 Business Workflow**
  Diesen Workflow können Sie für spezifische Workflow-Anforderungen nutzen.
- **SAP NetWeaver Composition Environment**
  Verwenden Sie SAP NetWeaver Composition Environment zur Entwicklung individueller browserbasierter Transaktionen, die auf die SAP SRM- bzw. SAP ERP-Datenbasis zugreifen.
- **SAP NetWeaver BW**
  Nutzen Sie SAP NetWeaver BW für das relevante Reporting, um den Category Manager zu unterstützen.
- **SAP NetWeaver Portal**
  Nutzen Sie SAP NetWeaver Portal, um die oben genannten Funktionalitäten in einer einheitlichen Anwendung zu integrieren und sie über Berechtigungskonzepte den zuständigen Category Managern zuzuweisen.

Ergänzende Informationen im Bereich der Erweiterungskonzepte für SAP SRM finden Sie in Anhang F, »Erweiterungskonzepte für SAP SRM«.

11.4 Zusammenfassung

Nicht nur in Unternehmen des öffentlichen Sektors, auch in Industrieunternehmen wird das Einhalten der »Spielregeln« immer wichtiger. Dies liegt nicht zuletzt an den ökonomischen Entwicklungen der letzten Jahre, die die Gesetzgeber vieler Länder dazu veranlasst haben, zusätzliche Regelwerke zur Einhaltung der »Compliance« einzuführen.

Das Thema »Regelkonformität« geht Hand in Hand mit der Thematik »Purchasing Governance« – also der Überwachung und Steuerung der Beschaffungsaktivitäten. Gerade die Nutzung von IT-basierten Systemen sorgt hier für die notwendige Transparenz, die es dem CPO (Chief Procurement Officer, Einkaufsleiter) ermöglicht, strategische Entscheidungen zur Steuerung und Optimierung des Einkaufs zu treffen.

Diese Transparenz sorgt auch dafür, dass sich die Mitarbeiter zunehmend an die unternehmensinternen Regeln halten. Falls Prozesse nicht regelkonform ablaufen sollten (z.B. Maverick Buying), wird der Einkauf per BW-basiertes Berichtswesen darauf aufmerksam gemacht und kann entsprechend eingreifen.

Der Nutzen der verschiedenen SAP-Funktionalitäten im Bereich »Purchasing Governance« hängt natürlich wie immer davon ab, wie effektiv die verfügbaren Lösungen vom jeweiligen Unternehmen eingesetzt werden. Und gerade für die in diesem Kapitel erwähnten Themengebiete ist es sicherlich nicht immer einfach, die Prozesse korrekt zu definieren und das System so einzurichten, dass die Anforderungen an Transparenz, Regelkonformität und Kontrolle voll erfüllt werden.

TEIL III
Weiterführende Themen

SAP SRM und MM sind komplementäre Lösungen, die, miteinander kombiniert, komplette Beschaffungsprozesse – vom Einkaufswagen bis hin zur Bezahlung – unterstützen. Durch die Harmonisierung der SAP Business Suite werden sowohl diese Prozesse als auch die Benutzeroberflächen der beiden Lösungen besser miteinander integriert und aufeinander abgestimmt.

12 Harmonisierung von Procure-to-Pay in der SAP Business Suite

Dieses Kapitel fasst die bereits in den vorherigen Kapiteln angesprochenen und mit SAP SRM 7.0 neu eingeführten Funktionen zur besseren Integration und Abstimmung der Beschaffungslösungen MM und SAP SRM zusammen. Hintergrund der Einführung dieser neuen Funktionalität ist die Tatsache, dass SAP SRM nicht als Ablösung von MM zu sehen ist, sondern als Ergänzung der in MM verfügbaren Logistik- und Finanzprozesse.

Die Harmonisierung dient vor allem den folgenden Geschäftsszenarien:

- Beschaffung komplexer Dienstleistungen mit hierarchischen Strukturen (siehe Abschnitt 6.2.3, »Beschaffung komplexer Dienstleistungen mit hierarchischen Strukturen«)
- Verwaltung von Zentralkontrakten (siehe Abschnitt 8.2, »Verwaltung von Zentralkontrakten«)
- strategische Bezugsquellenfindung mit Ausschreibung (siehe die Abschnitte 7.3.5, »Sammelbearbeitung von Bestellanforderungen«, und 7.4, »Ausschreibungen«)

Die neuen, im Rahmen der Harmonisierung von Procure-to-Pay (Beschaffung bis zur Bezahlung) in der SAP Business Suite hinzugekommenen Funktionen sind nur verfügbar, wenn Sie das technische klassische Szenario verwenden und ein SAP ERP 6.0-Backend mit Erweiterungspaket 4 oder höher einsetzen.

12.1 Funktionalitäten der Harmonisierung

Die folgenden neuen, mit SAP SRM 7.0 eingeführten Funktionalitäten sind konzeptuell im Bereich der Harmonisierung von Procure-to-Pay in der SAP Business Suite einzuordnen.

12.1.1 Zentralkontrakt

Zentralkontrakte stehen sowohl in SAP SRM als auch in allen angebundenen ERP-Backend-Systemen für die Bezugsquellenfindung zur Verfügung. Ein Zentralkontrakt wird von einer zentralen Einkaufsorganisation verhandelt und kann anschließend von allen berechtigten Einkaufsorganisationen als Bezugsquelle verwendet werden.

12.1.2 Integrierte Bezugsquellenfindung

Auf der Basis von Bestellanforderungen im SAP ERP-Backend kann entweder in SAP SRM ein Ausschreibungsprozess gestartet oder die Übergabe an die Bezugsquellenfindung in SAP SRM eingeleitet werden. Bestellanforderungen können dabei sowohl automatisch als auch manuell vom SAP ERP-Backend nach SAP SRM übertragen werden. Ein manuelles Übertragen wird über die neue Funktionalität Sammelbearbeitung von Bestellanforderungen durchgeführt.

Dabei stehen dem Einkäufer die folgenden Arten der manuellen Bezugsquellenfindung zur Verfügung:

- **Anlegen von Ausschreibungen aus ERP-Bestellanforderungen**
  Bei dieser Art der Bezugsquellenfindung kann der Einkäufer wahlweise mehrere Bestellanforderungen bündeln und direkt im Anschluss daran eine Ausschreibung in SAP SRM anlegen.
- **Zentrale Bezugsquellenbearbeitung**
  Der Einkäufer kann bei dieser Art der Bezugsquellenfindung wahlweise mehrere Bestellanforderungen bündeln und sie anschließend zur Bezugsquellenfindung in SAP SRM senden. Dort kann er dann in der Sourcing-Anwendung eine geeignete Bezugsquelle zentral zuordnen (manuell, per Kontrakt oder Ausschreibung) und im Anschluss daran eine Bestellung im SAP ERP-Backend anlegen.

Benutzer mit der harmonisierten Rolle »Operativer Einkäufer (ERP/SRM)« können sich dabei Statusinformationen zum Fortschritt des Bezugsquellenfindungsprozesses in SAP SRM anzeigen lassen.

12.1.3 Dienstleistungsbeschaffung

Die Sourcing-Anwendung zur zentralen Bezugsquellenfindung in SAP SRM unterstützt in Release SAP SRM 7.0 auch die Findung von Bezugsquellen für hierarchisch strukturierte Dienstleistungsanforderungen (siehe Kapitel 6, »Operative Beschaffungsprozesse«), die im SAP ERP-Backend angelegt worden sind. Als Folgebeleg wird dann wieder eine Bestellung im SAP ERP-Backend angelegt. SAP Supplier Self-Services (SAP SUS) unterstützt mit SAP SRM 7.0 auch die Erfassung von Leistungserfassungsblättern und Rechnungen für hierarchisch strukturierte ERP-Dienstleistungsbestellungen.

12.2 Harmonisierte Beschaffungsrollen

Im Rahmen der Harmonisierung von Procure-to-Pay in der SAP Business Suite wurden zwei neue Benutzerrollen eingeführt: die Rolle »Operativer Einkäufer (ERP/SRM)« sowie die Rolle »Strategischer Einkäufer (ERP/SRM)«. Mit diesen Rollen haben Benutzer eine zentrale Zugriffsmöglichkeit auf ihren persönlichen Arbeitsvorrat sowie auf Transaktionen, die es ihnen ermöglichen, Einkaufsbelege sowohl in SAP SRM als auch im SAP ERP-Backend zu suchen, anzulegen oder zu bearbeiten. Im Folgenden erfahren Sie, welche Funktionalitäten die harmonisierten Beschaffungsrollen zur Verfügung stellen:

12.2.1 Operativer Einkäufer (ERP/SRM)

Die Rolle »Operativer Einkäufer (ERP/SRM)« enthält die folgenden Worksets:

- **Arbeitsübersicht**
  Hier findet der Benutzer seine Workflow Items, Alerts, Benachrichtigungen und Aufgaben.
- **Einkaufsbelege**
  Dieses Workset ermöglicht dem operativen Einkäufer sowohl das Suchen, Anlegen und Bearbeiten von Einkaufswagen in SAP SRM als auch von Bestellanforderungen in SAP ERP (siehe Abbildung 12.1).

  Auch kann der operative Einkäufer mithilfe dieses Worksets auf die Anwendungen zur Bezugsquellenfindung in SAP SRM und SAP ERP zugreifen, um Bezugsquellen zuzuordnen und dabei unvollständige Belege zu komplettieren. Er kann sowohl mit SAP SRM- als auch mit SAP ERP-Bestellungen arbeiten sowie auf Bestellantworten in SAP SRM zugreifen.

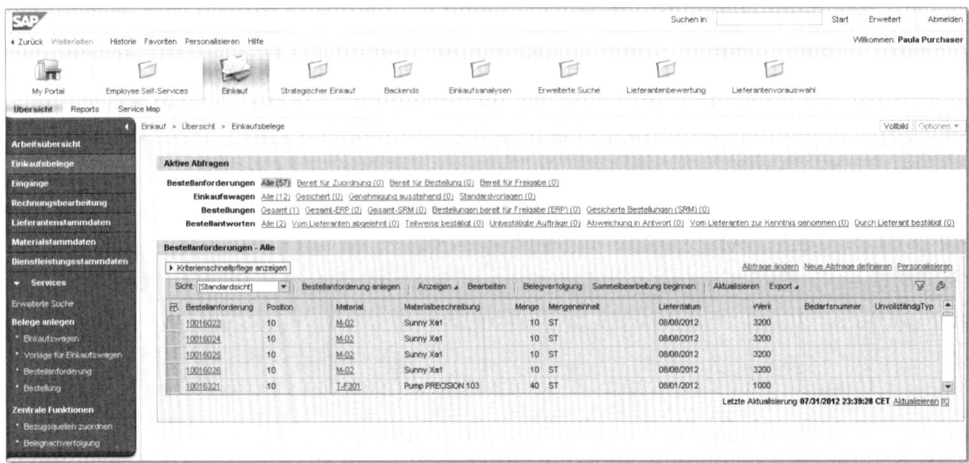

Abbildung 12.1 Workset zur Bearbeitung von Einkaufsbelegen

- **Eingänge**
  Im Workset »Eingänge« kann sich der operative Einkäufer gezielt Bestellungen mit noch ausstehendem Wareneingang sowie Bestellungen mit ausstehender Leistungserfassung in SAP ERP anzeigen lassen und bearbeiten. Auch kann hier auf Leistungserfassungsblätter in SAP ERP zugreifen bzw. dort Leistungserfassungsblätter anlegen (siehe Abbildung 12.2).

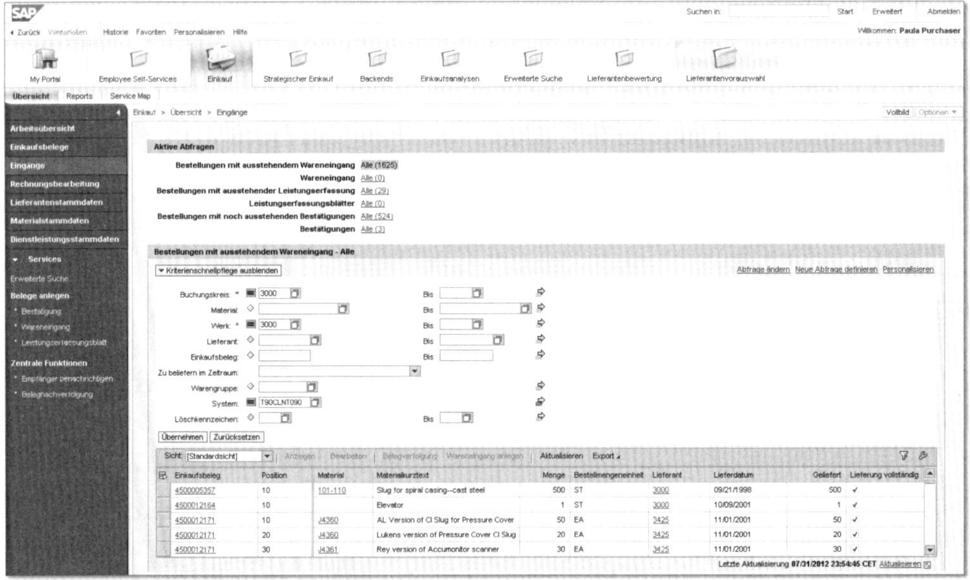

Abbildung 12.2 Workset »Eingänge«

Auch kann der operative Einkäufer auf Bestellungen zugreifen, deren Bestätigung in SAP SRM noch aussteht.

- **Rechnungsbearbeitung**
  Dieses Workset ermöglicht dem operativen Einkäufer die Bearbeitung von Rechnungen sowie von Bestellungen in SAP ERP und SAP SRM, deren Rechnungen noch ausstehen.
- **Lieferantenstammdaten, Materialstammdaten und Dienstleistungsstammdaten**
  Mithilfe der drei Stammdaten-Worksets können operative Einkäufer die entsprechenden Stammdaten in SAP ERP bearbeiten.

12.2.2 Strategischer Einkäufer (ERP/SRM)

Die Rolle »Strategischer Einkäufer (ERP/SRM)« enthält die folgenden Worksets:

- **Arbeitsübersicht**
  Hier findet der Benutzer seine Workflow Items, Alerts, Benachrichtigungen und Aufgaben.
- **Strategische Bezugsquellenfindung**
  Dieses Workset ermöglicht dem strategischen Einkäufer die Bearbeitung von Lieferantenanfragen in SAP ERP sowie von Ausschreibungen und Auktionen in SAP SRM.
- **Kontraktverwaltung**
  Hier kann der strategische Einkäufer Kontrakte und Lieferpläne in SAP ERP sowie Zentralkontrakte und Quotierungen in SAP SRM bearbeiten.
- **Umverteilung des Arbeitsvorrats**
  Hier kann der strategische Einkäufer die Zuordnung von Ausschreibungen, Anforderungen, Kontrakten und Bestellungen von einer Einkaufsgruppe auf eine andere ändern.
- **Geschäftspartner**
  Dieses Workset erlaubt die Bearbeitung von Geschäftspartnern (z.B. Lieferanten, Bietern und Ansprechpartnern).

Betrachten wir im Folgenden die wichtigsten technischen Aspekte der in diesem Kapitel vorgestellten neuen Funktionalitäten.

12.3 Technische Aspekte der Harmonisierung

Um Ihren Benutzern diese Funktionalitäten zugänglich zu machen, müssen Sie darüber hinaus das *Procurement Business Package for SAP ERP and SAP SRM* in SAP NetWeaver Portal installieren. Dieses Business Package enthält die oben beschriebenen harmonisierten Benutzerrollen, mit deren Hilfe operative und strategische Einkäufer sowohl Einkaufsbelege in SAP SRM als auch in einem oder mehreren SAP ERP-Backends anzeigen, anlegen oder bearbeiten können.

12.3.1 Integration der Systeme

Die technische Verbindung von SAP SRM und dem SAP ERP-Backend wird für die neuen Funktionalitäten im Rahmen der Harmonisierung von Procure-to-Pay in der SAP Business Suite mithilfe von Enterprise Services abgebildet. Diese Enterprise Services stehen im Rahmen der bereits erwähnten Aktivitäten »Bezugsquellenfindung«, »Verwaltung von Zentralkontrakten« sowie »Dienstleistungsbeschaffung« zur Verfügung.

Weitere Informationen zu den in SAP SRM 7.0 verfügbaren Enterprise Services finden Sie unter *http://esoadocu.sap.com* und hier unter dem Aufzählungspunkt PROCESS COMPONENTS IN ESM SRM 702.

12.3.2 Einstellung der Bezugsquellenfindung im SAP ERP-Backend

Im SAP ERP-Backend können Sie beispielsweise einstellen, ob Sie für alle Bestellanforderungen manuell entscheiden möchten, ob Sie diese an die Bezugsquellenfindung in SAP SRM weiterleiten oder ob Sie sie für einige Produktkategorien automatisieren möchten.

Die entsprechenden Regeln definieren Sie durch die Implementierung des BAdIs `ME_REQ_SOURCING_CUST`.

Zum Aktivieren und Implementieren dieses BAdIs rufen Sie im SAP ERP-Backend die Transaktion SPRO und dann im Einführungsleitfaden (IMG) den Menüpfad MATERIALWIRTSCHAFT • EINKAUF • PORTAL • BUSINESS ADD-INS FÜR DAS EINKAUFSPORTAL • BANF-VERSAND AN EXTERNES BESCHAFFUNGSSYSTEM AKTIVIEREN auf.

In der Methode `CHECK_EXTERNAL_SOURCE` des BAdIs können Sie codieren, welche Bestellanforderungen automatisch verschickt werden sollen (siehe Abbildung 12.3). Wenn Sie Bestellanforderungen ausschließlich manuell versenden möchten, können Sie diese Methode leer lassen.

Weitere Konfigurationshinweise [«]

Zur Konfiguration der hier beschriebenen Funktionalitäten beachten Sie auch die Informationen in den jeweils referenzierten Kapiteln, den dazugehörigen Solution Manager Content von SAP SRM 7.0 sowie die folgenden SAP-Hinweise:

- 1263876, »SAP SRM: Konfiguration des Beschaffungsprozess-Szenarios«
- 1286936, »PI-Konfiguration für SRM – zusätzliche Informationen«
- 1268336, »Business Suite 2008: Synchrone Peer-to-Peer-Services«

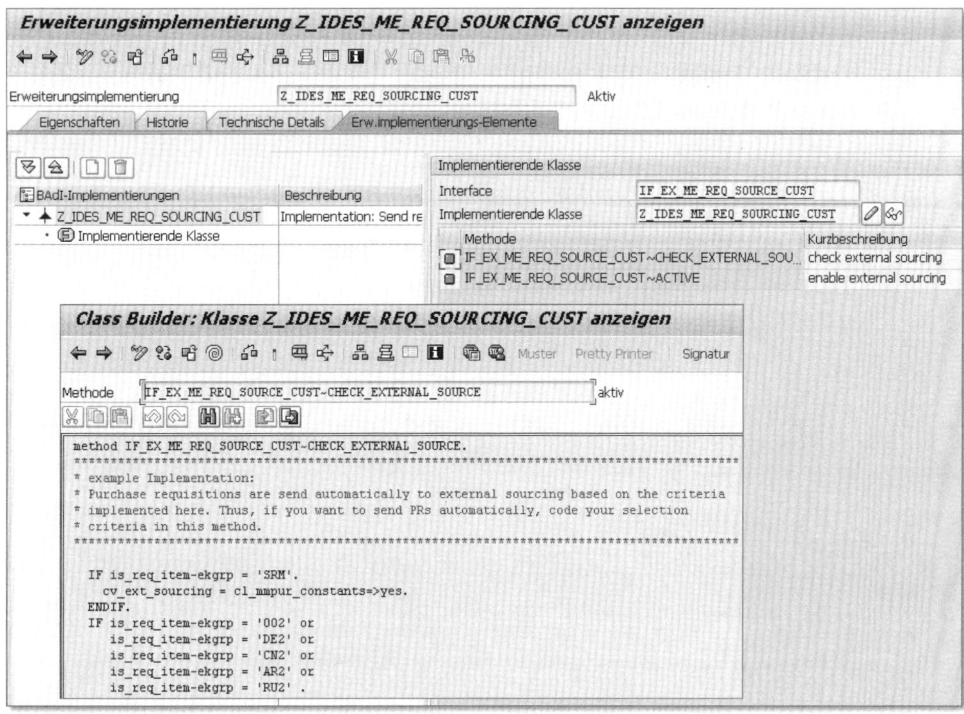

Abbildung 12.3 BAdI: ME_REQ_SOURCING_CUST

12.4 Zusammenfassung

Die Harmonisierung von Procure-to-Pay in der SAP Business Suite bietet viele Vorteile.

Vor allem Unternehmen, die im technischen klassischen Szenario arbeiten, profitieren davon, dass sich Einkäufer nun freier zwischen den SAP SRM-basierten und den SAP ERP-basierten Transaktionen bewegen und beide Systeme über die harmonisierten Beschaffungsrollen von einem zentralen Einstiegspunkt aus erreichen können.

Auch die neuen, durch die Business-Suite-Harmonisierung verfügbaren Geschäftsszenarien in den Bereichen »Bezugsquellenfindung«, »Zentralkontraktverwaltung« und »Dienstleistungsbeschaffung« zeigen schon jetzt, dass infolge der weiteren Integration beider Systeme hilfreiche Zusatzfunktionalitäten bereitgestellt werden.

Dank der neuen Strategie der SAP AG, die SAP Business Suite 7 über Erweiterungspakete schrittweise zu erweitern, wird es sicherlich in Zukunft viele wertvolle Funktionalitäten auf Basis der Integration und Harmonisierung von SAP SRM und SAP ERP geben.

Zur effektiven Implementierung von SAP-Lösungen wurde der SAP Solution Manager Content entwickelt. Dieser löst die früheren Konfigurationsleitfäden ab und bietet den Vorteil, dass auch komplexere Systemlandschaften, wie z. B. SAP SRM, von einem zentralen Punkt aus, dem SAP Solution Manager, konfiguriert werden können.

13 SAP SRM Solution Manager Content

Bis inklusive SAP SRM 4.0 wurden zur Konfiguration der SAP SRM-Lösung Konfigurationsleitfäden, sogenannte *Business Scenario Configuration Guides*, ausgeliefert. Diese Leitfäden beschrieben die Konfiguration einer SAP-Lösung für jeweils ein Geschäftsszenario.

Die Business Scenario Configuration Guides boten den Vorteil, dass man sich die Konfigurationsleitfäden herunterladen und sie auch ohne Systemzugang lesen konnte. Allerdings kam es nur selten vor, dass ein SAP-Kunde lediglich ein einziges »reines« Geschäftsszenario implementierte. Denn die Anforderungen der SAP SRM einsetzenden Unternehmen sind so unterschiedlich, dass sie sich in der Regel gleichzeitig mehrerer Funktionen diverser Geschäftsszenarien und Geschäftsprozesse bedienen. Somit ergab sich aus den Business Configuration Guides auch der Nachteil, dass die Kunden die zum Teil redundanten Konfigurationsinformationen aus mehreren Konfigurationsleitfäden kombinieren mussten.

Hinsichtlich großer SAP SRM-Implementierungsprojekte ergab sich noch eine weitere Problematik: Da häufig mehrere Berater gemeinsam an der Implementierung arbeiten, war es ohne die Verwendung des SAP Solution Managers oft schwierig nachzuvollziehen, welcher Berater für welche Customizing-Aktivitäten zuständig war bzw. welche dieser Aktivitäten bereits erfolgreich erledigt worden waren. Verließ ein Berater das Projekt und kam ein neuer Berater hinzu, bestand oft das Problem, dass die bereits durchgeführten Aktivitäten nicht konsistent an einem zentralen Punkt dokumentiert worden waren. Somit waren oft mehrere Tage der Einarbeitung erforderlich, bis der neue Berater sich einen Überblick über die bereits durchgeführten Aktivitäten verschafft hatte.

Gab es Probleme mit dem SAP SRM-System, bei denen der SAP-Support unterstützend zur Seite stehen musste, war es durch die fehlende Dokumentation teilweise besonders schwierig, das bestehende Problem zeitnah und effektiv zu analysieren und zu beheben.

Die resultierende Intransparenz bzw. inkonsistente Informationen waren eine potenzielle Quelle für Beratungs- und Implementierungsfehler sowie für Ineffizienzen, die den Projektfortschritt verzögerten. Um hier eine zentrale Plattform zur Überwachung und Steuerung der Implementierungsaktivitäten zu schaffen, hat SAP den Solution Manager entwickelt. Der SAP Solution Manager ist die Softwarekomponente, in die der SAP SRM Solution Manager Content geladen wird. Mit SAP SRM 4.0 stand erstmals ein Solution Manager Content zur Verfügung und löste mit SAP SRM 5.0 die *Business Scenario Configuration Guides* komplett ab.

Seit SAP SRM 5.0 ist eine SAP SRM-Softwareinstallation ohne SAP Solution Manager technisch nicht mehr möglich. Um SAP SRM installieren zu können, müssen Sie im SAP Solution Manager einen speziellen Schlüssel generieren, den Sie dann im SAP SRM-Installationsassistenten eingeben.

[»] **Total Cost of Ownership des SAP Solution Managers**

Ein gelegentlich ausgesprochenes Argument gegen den SRM Solution Manager Content ist das Thema »Total Cost of Ownership (TCO)«. Es wird befürchtet, dass nun für die Implementierung der SAP SRM-Lösung extra ein neues SAP Solution Manager-System aufgesetzt werden muss. In der Regel ist dieses Problem allerdings überhaupt nicht vorhanden, da die meisten SAP-Kunden den SAP Solution Manager bereits im Bereich der Systemüberwachung einsetzen. Sollten Sie noch keinen SAP Solution Manager verwenden, können Sie diesen auch auf demselben Server wie z. B. das SAP SRM-Entwicklungssystem installieren, um Hardwarekosten zu sparen.

13.1 SAP Solution Manager

Der SAP Solution Manager unterstützt Unternehmen über alle Projektphasen hinweg: vom Business Blueprint über die Konfiguration bis hin zum Produktivbetrieb der SAP-Lösungen. Alle Phasen eines Implementierungsprojekts werden zentral im SAP Solution Manager durchgeführt, wodurch die Grundlage für mehr Transparenz und konsistente Informationen geschaffen ist. Neben der Unterstützung von Softwareimplementierungen bietet der SAP Solution Manager noch viele weitere Funktionalitäten (siehe Abbildung 13.1).

Das Leistungsspektrum des SAP Solution Managers lässt sich in drei Kategorien unterteilen:

- **Tool**
  Hierbei handelt es sich um das SAP Solution Manager-System, das die verschiedenen Funktionalitäten über Transaktionen zur Verfügung stellt.
- **Content**
  Mit »Content« sind die Inhalte gemeint, die in das SAP Solution Manager-System eingespielt werden (z.B. der SAP SRM 7.0-Implementierungs-Content)
- **Gateway zu SAP**
  Dies ist eine Schnittstelle zum SAP-Support

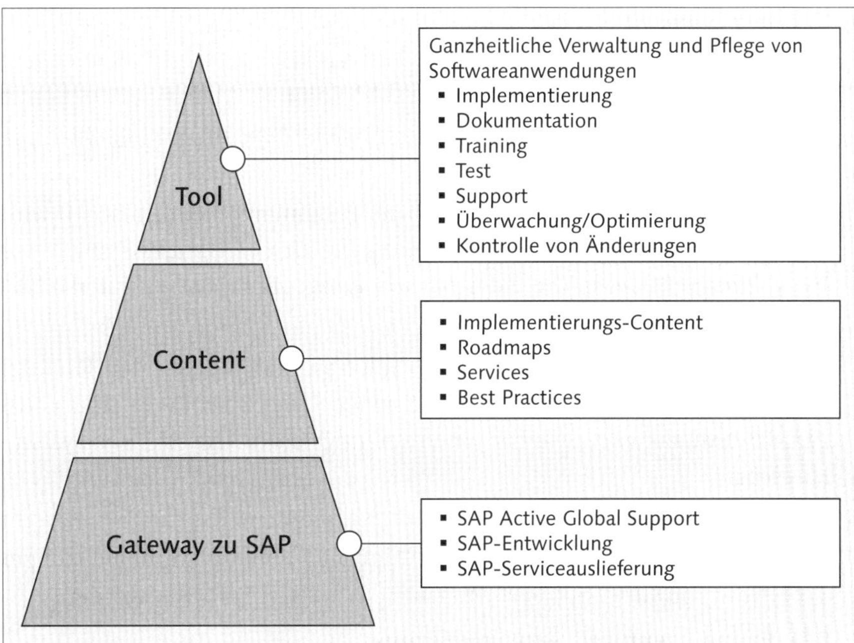

Abbildung 13.1 SAP Solution Manager – Leistungsspektrum

Vertiefen wir die Betrachtung; die folgende Aufzählung gibt Ihnen nun einen detaillierten Überblick über den gesamten Funktionsumfang des SAP Solution Managers:

- **Implementierung und Upgrade von SAP-Lösungen**
  Der SAP Solution Manager bietet den zentralen Zugriff auf alle für ein Implementierungsprojekt relevanten Funktionen: PROJEKTVERWALTUNG, BUSINESS BLUEPRINT, KONFIGURATION und ERSTELLUNG VON VORLAGEN für den konzernweiten Roll-out der Softwarelösung.

Die Funktionen ROADMAPS, VERWALTUNG VON SYSTEMLANDSCHAFTEN und PROJEKTDOKUMENTATION dienen insbesondere der Unterstützung von Projektmanagern.

Darüber hinaus bietet der SAP Solution Manager Möglichkeiten zum *Vergleich* und zur *Synchronisation von Customizing-Einstellungen* in verschiedenen SAP-Komponenten.

- **Lösungsdokumentation**
  Mithilfe des Assistenten zur Lösungsdokumentation können *Analyseprojekte* zur Evaluierung von Geschäftsprozessen durchgeführt werden. Das *Custom Development Cockpit* unterstützt Sie bei der Verwaltung von Eigenentwicklungen und Systemmodifikationen.
- **Testmanagement**
  Damit Sie Ihre frisch implementierte Softwarelösung auch erfolgreich und koordiniert testen können, stellt der SAP Solution Manager Funktionen zur zentralen *Testverwaltung* und zur *Testauswertung* zur Verfügung.
- **Betrieb von Geschäftsprozessen**
  Der Betrieb von Geschäftsprozessen in der gesamten Systemlandschaft wird durch Funktionalitäten zur *Überwachung der Geschäftsprozesse* sowie zur *Verwaltung von Jobs* mithilfe des *Job Scheduling Managements* unterstützt.
- **Systemverwaltung**
  Auf technischer Ebene sorgt der SAP Solution Manager mit den Funktionen ZENTRALE SYSTEMVERWALTUNG, SERVICE LEVEL REPORTING und ECHTZEIT-SYSTEMÜBERWACHUNG für einen reibungslosen Betrieb Ihrer Systemlandschaft.
- **Incident Management**
  Problemmeldungen können im SAP Solution Manager angelegt und per Workflow von Ihren Support-Mitarbeitern weiterbearbeitet werden.
- **SAP-Engagement und Servicelieferung**
  SAP kann durch die Anbindung eines beim Kunden betriebenen SAP Solution Manager-Systems Dienstleistungen (z.B. Systemanalyse) erbringen. Im SAP Solution Manager erfasste *Problemmeldungen* können auch zur Weiterbearbeitung an SAP gesendet werden.
- **Verwaltung von Änderungsanträgen und Änderungskontrolle**
  Zur Steuerung von Änderungen in Projekten bietet der SAP Solution Manager Funktionen zur Verwaltung von Änderungsanträgen sowie zur Änderungskontrolle durch die Anwendungen *Quality Gate Management*, *Maintenance Optimizer* sowie *automatische Verteilung von Wartungszertifikaten*.

Der Zugriff auf den SAP Solution Manager erfolgt im Bereich der Implementierung von Softwareanwendungen über die SAP GUI-basierte Benutzeroberfläche. Darüber hinaus bietet der SAP Solution Manager auch browserbasierte Funktionalitäten, z.B. für Trainingsfunktionen oder im Bereich der Systemverwaltung.

13.2 SAP SRM Solution Manager Content

Der SAP SRM Solution Manager Content wird in das SAP Solution Manager-System eingespielt. Er bildet alle für die Implementierung von SAP SRM benötigten Informationen zentral ab. Der SAP SRM Solution Manager Content umfasst Informationen für Projektmanager, die in Form von *Roadmaps* abgebildet sind, sowie den Implementierungs-Content für *Business Blueprint* und *Customizing*, der das gesamte Projektteam unterstützt (siehe Abbildung 13.2).

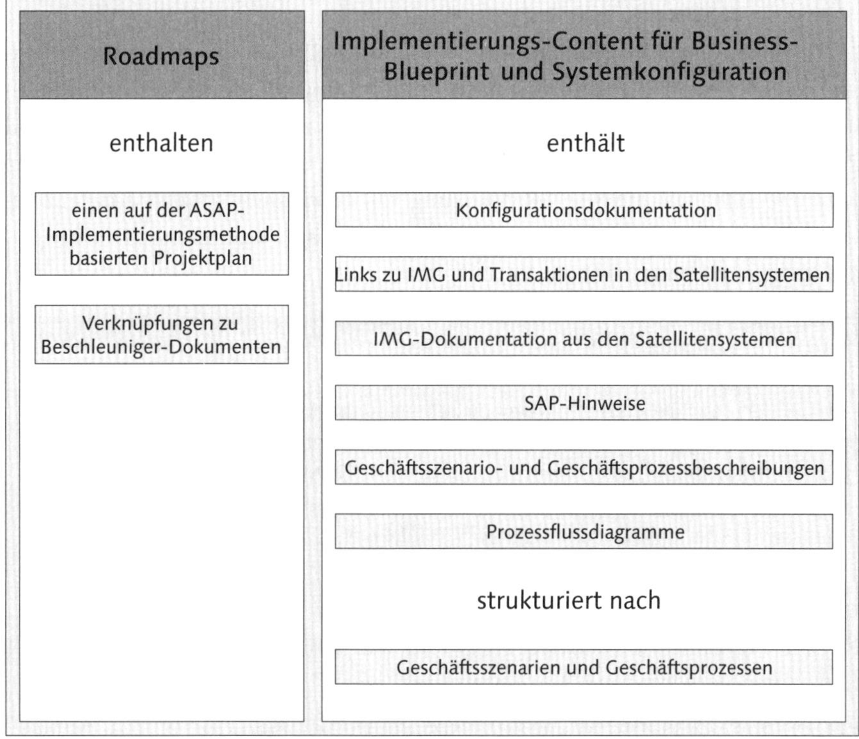

Abbildung 13.2 Umfang des SAP SRM Solution Manager Contents

Neben den Implementierungsinformationen enthält der SAP SRM Solution Manager Content auch Links zu den Customizing-Transaktionen inklusive der dazugehörigen Dokumentation aus den angebundenen Satellitensystemen. Mit dem Begriff *Satellitensysteme* sind alle Systeme gemeint, die an den SAP Solution Manager angebunden sind (z. B. SRM-Server und SAP ERP-Backend).

Für SAP SRM 7.0 umfasst der SAP SRM Solution Manager Content die folgenden Funktionen:

- 13 Geschäftsszenarien bzw. Szenariovarianten
- 49 Geschäftsprozesse
- Dokumentation der beiden SAP NetWeaver Portal-Business-Packages
- eine Implementierungs-Roadmap
- eine Upgrade-Roadmap

Der SAP SRM Solution Manager Content wird sowohl auf Deutsch als auch auf Englisch ausgeliefert.

Die Szenario- und Prozessmodellierung im SAP SRM Solution Manager Content weicht von der Darstellung nach Prozesskategorien und Hauptprozessen in der SAP SRM Solution Map (siehe Einleitung zu Teil II, »Funktionen und Prozesse«) ab. Dies hat den folgenden Grund: In der SAP SRM Solution Map wird die Sicht auf die SAP SRM-Lösung mit *betriebswirtschaftlich-funktionalem Fokus* dargestellt. Im SAP SRM Solution Manager Content steht hingegen die *Implementierungssicht* im Vordergrund.

[»] **Verwendung des Begriffs »Geschäftsszenario« in diesem Buch**

In den anderen Kapiteln dieses Buches verwenden wir den Begriff »Geschäftsszenario« auch zur Beschreibung der einzelnen funktionalen Themenbereiche. Teilweise weichen jedoch »unsere« Geschäftsszenarien etwas von den Namen im SAP SRM Solution Manager Content bzw. in der SAP SRM Solution Map ab. Dies liegt daran, dass wir versucht haben, die verschiedenen Sichten des SAP SRM Solution Manager Contents sowie der SAP SRM Solution Map zu kombinieren und in einen für dieses Buch sinnvollen Kontext zu bringen.

Im SAP SRM Solution Manager Content wurden für einige Geschäftsszenarien auch verschiedene Varianten des jeweiligen Geschäftsszenarios in jeweils unterschiedlichen technischen Szenarien abgebildet. So existieren z.B. gleichzeitig die beiden Szenariovarianten »Self-Service Procurement (klassisches Szenario)« und »Self-Service Procurement (erweitertes klassisches Szenario)«. Aus Gründen der Übersichtlichkeit haben wir im Folgenden eine Vereinfachung vorgenommen, indem wir Geschäftsszenarien ohne Varianten auf der gleichen Gliederungsebene wie die Szenariovarianten abgebildet haben.

Im Folgenden finden Sie eine Auflistung der im SAP SRM 7.0 Solution Manager Content enthaltenen Geschäftsszenarien inklusive des Bezugs zum jeweiligen Kapitel oder zum jeweiligen Abschnitt dieses Buches, in dem die Funktionalität des Geschäftsszenarios beschrieben ist.

- **Self-Service Procurement (klassisches Szenario)**
  Dieses Geschäftsszenario beschreibt die Beschaffung von indirekten Materialien (siehe Abschnitt 6.1, »Beschaffung per Self-Service«), bei denen der operative Einkauf die Vervollständigung von Bestellanforderungen im SAP ERP-Backend durchführt und diese in Bestellungen umwandelt (siehe Abbildung 13.3).

Self-Service Procurement (klassisches Szenario)
- Organisationseinheiten
- Stammdaten
- Geschäftsprozesse
  - Bearbeitung von Einkaufswagen
  - Bearbeitung von Bestellanforderungen in ERP
  - Bearbeiten von Bestellungen
  - Wareneingangsbearbeitung und Bestätigungen mit Warehouse Management
  - Durchführung der Logistik-Rechnungsprüfung online
  - Self-Service Procurement analysieren

Abbildung 13.3 Geschäftsszenario »Self-Service Procurement (klassisches Szenario)«

- **Self-Service Procurement (erweitertes klassisches Szenario)**
  Dieses Geschäftsszenario beschreibt die Beschaffung von indirekten Materialien (siehe Abschnitt 6.1, »Beschaffung per Self-Service«), bei denen der operative Einkauf die Vervollständigung von Anforderungen bis hin zur Bestellausgabe in der Sourcing-Anwendung im SRM-Server durchführt (siehe Abschnitt 7.3.4, »Sourcing-Anwendung«, und Abbildung 13.4).

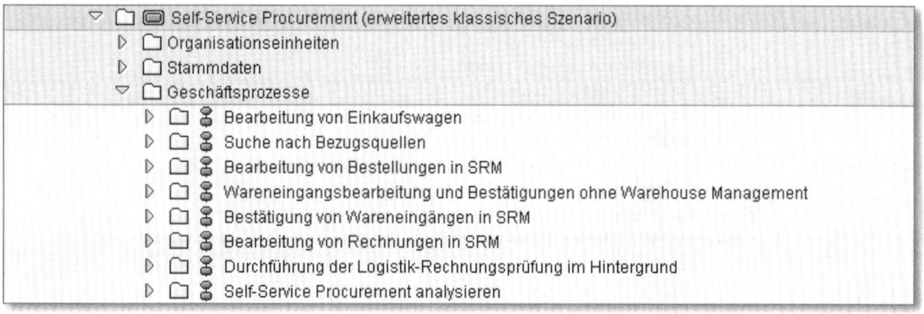

Self-Service Procurement (erweitertes klassisches Szenario)
- Organisationseinheiten
- Stammdaten
- Geschäftsprozesse
  - Bearbeitung von Einkaufswagen
  - Suche nach Bezugsquellen
  - Bearbeitung von Bestellungen in SRM
  - Wareneingangsbearbeitung und Bestätigungen ohne Warehouse Management
  - Bestätigung von Wareneingängen in SRM
  - Bearbeitung von Rechnungen in SRM
  - Durchführung der Logistik-Rechnungsprüfung im Hintergrund
  - Self-Service Procurement analysieren

Abbildung 13.4 Geschäftsszenario »Self-Service Procurement (erweitertes klassisches Szenario)«

- **Service Procurement External Staffing**
  Dieses Geschäftsszenario beschreibt die Beschaffung von externem Personal (siehe Abschnitt 6.2.4, »Beschaffung von externem Personal«) inklusive der in Abschnitt 9.2, »SAP Supplier Self-Services mit SAP SRM-Integration«, beschriebenen Anbindung von SAP Supplier Self-Services mit SAP SRM-Integration (siehe Abbildung 13.5).

Service Procurement External Staffing
- Organisationseinheiten
- Stammdaten
- Geschäftsprozesse
  - Anfrage bezüglich externer Mitarbeiter
  - Bearbeitung von Einkaufswagen
  - Bearbeitung von Bestellungen in SRM
  - Bearbeiten von Kundenaufträgen in SRM-SUS
  - Erfassung von Dienstleistungen in SRM
  - Bearbeitung von Rechnungen in SRM
  - Bearbeitung von automatischen Wareneingangsabrechnungen in SRM
  - Fakturierung von Fremdleistungen
  - Service Procurement analysieren

Abbildung 13.5 Geschäftsszenario »Service Procurement External Staffing«

- **Service Procurement Classic**
  Dieses Geschäftsszenario umfasst die in Abschnitt 6.2.3 beschriebene Beschaffung komplexer Dienstleistungen mit hierarchischen Strukturen inklusive der Integration der SAP SRM-Ausschreibungsfunktionalität (siehe Abschnitt 7.4, »Ausschreibungen«) sowie der in Abschnitt 9.3.2 beschriebenen Funktionalität SAP SUS MIT SOA-BASIERTER SAP ERP-ANBINDUNG (siehe Abbildung 13.6).

Service Procurement Classic
- Organisationseinheiten
- Stammdaten
- Geschäftsprozesse
  - Bestellanforderung mit Dienstleistungsverzeichnissen
  - Suche nach Bezugsquellen
  - Durchführung von Ausschreibungen
  - Angebote bewerten
  - Bearbeitung von Folgebelegen
  - Bearbeiten von Bestellungen
  - Bearbeiten von Kundenaufträgen in SRM-SUS
  - Entering Services by Supplier
  - Erfassung von Dienstleistungen in ERP
  - Processing Invoices by Supplier
  - Durchführung der Logistik-Rechnungsprüfung im Hintergrund
  - Durchführung der Logistik-Rechnungsprüfung online
  - Bearbeitung von automatischen Wareneingangsabrechnungen in ERP
  - Service Procurement analysieren

Abbildung 13.6 Geschäftsszenario »Service Procurement Classic«

- **Plan-Driven Procurement with Plant Maintenance**
  Dieses Geschäftsszenario umfasst die in den Abschnitten 6.3 und 6.4 beschriebene plangesteuerte Beschaffung von Direktmaterialien (siehe Abbildung 13.7).

Plan-Driven Procurement with Plant Maintenance
- Organisationseinheiten
- Stammdaten
- Geschäftsprozesse
  - Bearbeitung von Bestellanforderungen in ERP
  - Suche nach Bezugsquellen
  - Bearbeitung von Bestellungen in SRM
  - Wareneingangsbearbeitung und Bestätigungen ohne Warehouse Management
  - Wareneingangsbearbeitung und Bestätigungen mit Warehouse Management
  - Bearbeitung von Leasing-Rechnungen in SRM
  - Durchführung der Logistik-Rechnungsprüfung im Hintergrund
  - Durchführung der Logistik-Rechnungsprüfung online
  - Bearbeitung von automatischen Wareneingangsabrechnungen in ERP
  - Plan-Driven Procurement analysieren

Abbildung 13.7 Geschäftsszenario »Plan-Driven Procurement with Plant Maintenance«

- **Plan-Driven Procurement with Supplier Integration**
  Dieses Geschäftsszenario beschreibt einen plangesteuerten Beschaffungsprozess, der komplett im SAP ERP-Backend abläuft und bei dem daher SAP Supplier Self-Services direkt an das SAP ERP-Backend angebunden wird. Diese Funktionalität wird in Abschnitt 9.3, »SAP Supplier Self-Services mit SAP ERP-Integration«, beschrieben (siehe Abbildung 13.8).

Plan-Driven Procurement with Supplier Integrationn
- Organisationseinheiten
- Stammdaten
- Geschäftsprozesse
  - Bearbeitung von Bestellanforderungen in ERP
  - Bearbeiten von Bestellungen
  - Bearbeitung von Lieferplänen
  - Bearbeiten von Kundenaufträgen in SRM-SUS
  - Bearbeitung von Lieferavis
  - Wareneingangsbearbeitung und Bestätigungen ohne Warehouse Management
  - Wareneingangsbearbeitung und Bestätigungen mit Warehouse Management
  - Processing Invoices by Supplier
  - Durchführung der Logistik-Rechnungsprüfung im Hintergrund
  - Durchführung der Logistik-Rechnungsprüfung online
  - Bearbeitung von automatischen Wareneingangsabrechnungen in ERP
  - Plan-Driven Procurement analysieren
  - Durchführen von Order Collaboration über Supplier Network

Abbildung 13.8 Geschäftsszenario »Plan-Driven Procurement with Supplier Integration«

- **Strategic Sourcing with RFx**
  Dieses Geschäftsszenario umfasst die in Abschnitt 7.4, »Ausschreibungen«, beschriebene Durchführung von Ausschreibungen zur Bezugsquellenfindung und Kontraktverhandlung (siehe Abbildung 13.9).

- Strategic Sourcing with Ausschreibungen
  - Organisationseinheiten
  - Stammdaten
  - Geschäftsprozesse
    - Bearbeitung von Einkaufswagen
    - Bearbeitung von Bestellanforderungen in ERP
    - Suche nach Bezugsquellen
    - Verhandlung von Kontrakten
    - Durchführung von Ausschreibungen
    - Bearbeitung gemeinschaftlicher Ausschreibungen mit cFolders
    - Angebote bewerten
    - Bearbeitung von Folgebelegen
    - Sourcing with RFx analysieren

Abbildung 13.9 Geschäftsszenario »Strategic Sourcing with RFx«

- **Strategic Sourcing with Live Auction**
  Dieses Geschäftsszenario umfasst das in Abschnitt 7.5, »Live-Auktionen«, beschriebene Durchführen von Live-Auktionen zur Bezugsquellenfindung und Kontraktverhandlung (siehe Abbildung 13.10).

- Strategic Sourcing with Live Auction
  - Organisationseinheiten
  - Stammdaten
  - Geschäftsprozesse
    - Bearbeitung von Einkaufswagen
    - Bearbeitung von Bestellanforderungen in ERP
    - Suche nach Bezugsquellen
    - Durchführen von Live-Auktionen
    - Angebote bewerten
    - Bearbeitung von Folgebelegen
    - Sourcing with Live Auction analysieren

Abbildung 13.10 Geschäftsszenario »Strategic Sourcing with Live Auction«

- **Qualifizierung von Lieferanten**
  Dieses Geschäftsszenario umfasst die in Abschnitt 10.1, »Lieferantenqualifizierung«, beschriebene Selbstregistrierung neuer Lieferanten inklusive der Folgeprozesse der Präqualifizierung und Aufnahme in die Lieferantenstammdaten (siehe Abbildung 13.11).

- Qualifizierung von Lieferanten
  - Organisationseinheiten
  - Stammdaten
  - Geschäftsprozesse
    - Registrierung von Lieferanten
    - Verwalten von Lieferantenbeziehungen

Abbildung 13.11 Geschäftsszenario »Qualifizierung von Lieferanten«

- **Operational Contract Management**
  Dieses Geschäftsszenario umfasst die in Kapitel 8 beschriebene Verwaltung von Kontrakten (siehe Abbildung 13.12).

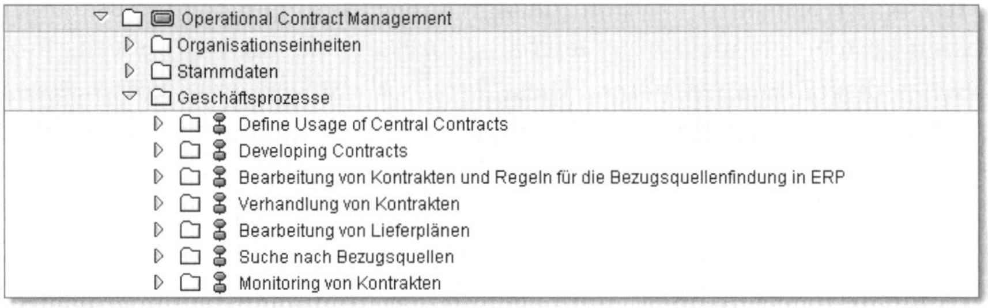

Operational Contract Management
Organisationseinheiten
Stammdaten
Geschäftsprozesse
Define Usage of Central Contracts
Developing Contracts
Bearbeitung von Kontrakten und Regeln für die Bezugsquellenfindung in ERP
Verhandlung von Kontrakten
Bearbeitung von Lieferplänen
Suche nach Bezugsquellen
Monitoring von Kontrakten

Abbildung 13.12 Geschäftsszenario »Operational Contract Management«

- **Catalog Content Management**
  Dieses Geschäftsszenario umfasst die in Abschnitt 6.6, »Katalogverwaltung«, beschriebene Verwaltung von Kataloginhalten (siehe Abbildung 13.13).

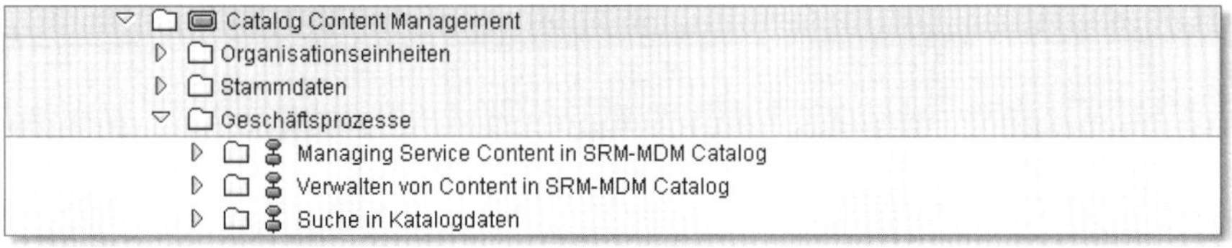

Catalog Content Management
Organisationseinheiten
Stammdaten
Geschäftsprozesse
Managing Service Content in SRM-MDM Catalog
Verwalten von Content in SRM-MDM Catalog
Suche in Katalogdaten

Abbildung 13.13 Geschäftsszenario »Catalog Content Management«

- **Spend Analysis**
  Dieses Geschäftsszenario umfasst die in Abschnitt 11.1, »Ausgabenanalyse«, beschriebenen SAP SRM- und SAP ERP-übergreifenden Analysemöglichkeiten der Ausgabensituation durch den Einsatz von SAP NetWeaver BW inklusive der lokalen Harmonisierung von Stammdaten (siehe Abbildung 13.14).

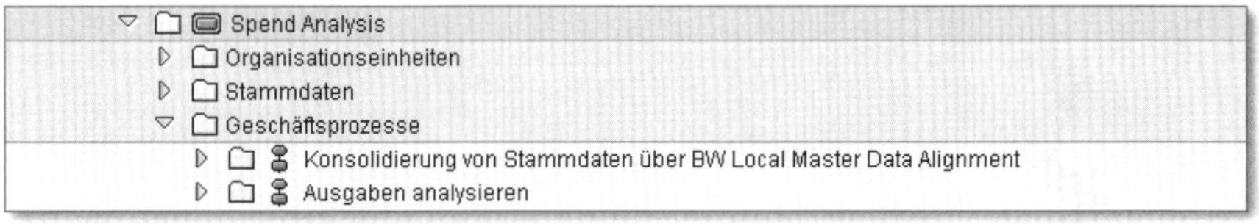

Spend Analysis
Organisationseinheiten
Stammdaten
Geschäftsprozesse
Konsolidierung von Stammdaten über BW Local Master Data Alignment
Ausgaben analysieren

Abbildung 13.14 Geschäftsszenario »Spend Analysis«

- **Lieferantenbewertung**
  Dieses Geschäftsszenario umfasst die in Abschnitt 10.2 beschriebenen SAP SRM-Funktionalitäten zur Lieferantenbewertung (siehe Abbildung 13.15).

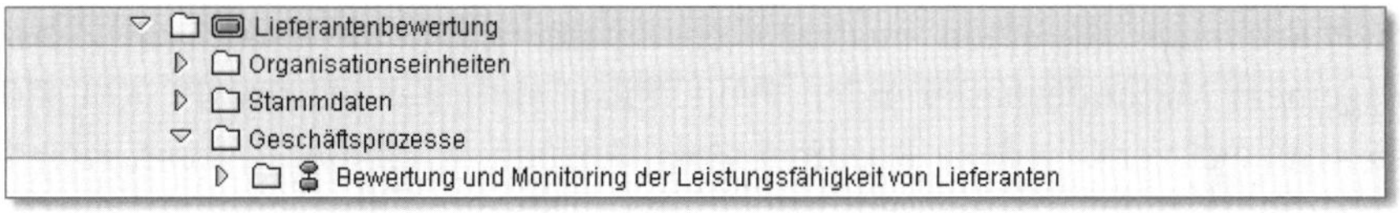

Lieferantenbewertung
Organisationseinheiten
Stammdaten
Geschäftsprozesse
Bewertung und Monitoring der Leistungsfähigkeit von Lieferanten

Abbildung 13.15 Geschäftsszenario »Lieferantenbewertung«

Jedes der im SAP SRM Solution Manager Content enthaltenen Geschäftsszenarien besteht aus mehreren Geschäftsprozessen, für die auch jeweils Prozessflussdiagramme existieren. Diese Prozessflussdiagramme kombinieren die Abbildung von Prozessschritten, Systemkomponenten, in denen die Prozessschritte ablaufen, und Benutzerrollen der Benutzer, die diese Prozessschritte durchführen. Abbildung 13.16 zeigt am Beispiel des Geschäftsszenarios »Self-Service Procurement (klassisches Szenario)« die dazugehörigen Geschäftsprozesse inklusive ihrer einzelnen Prozessschritte, Systemkomponenten und Benutzerrollen.

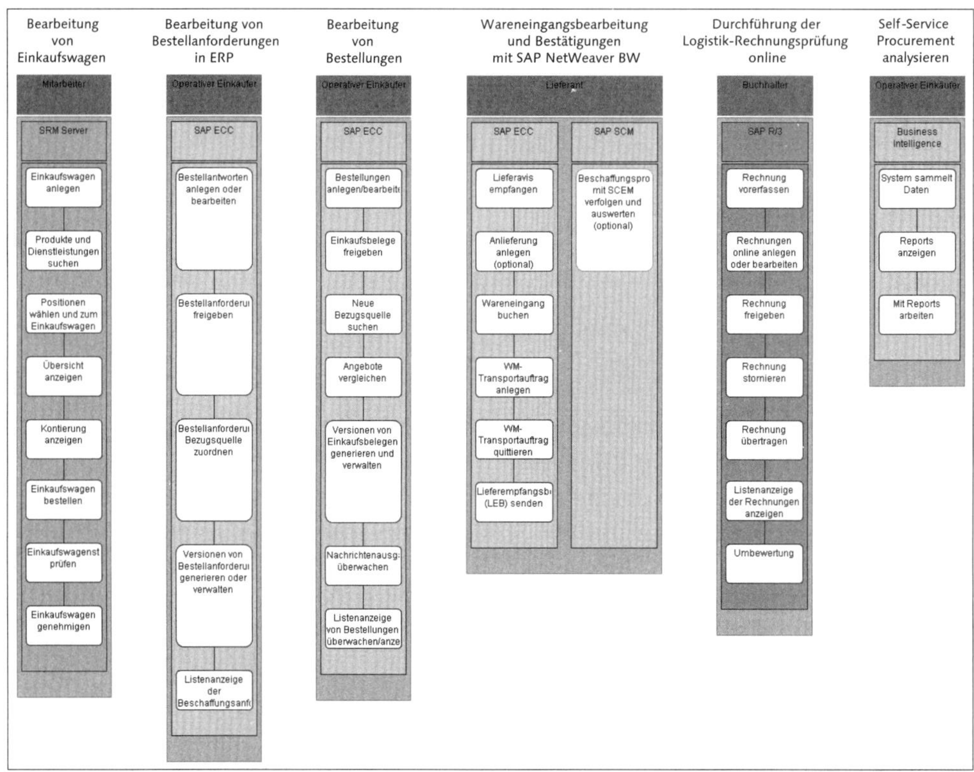

Abbildung 13.16 Prozesse des Geschäftsszenarios »Self-Service Procurement (klassisches Szenario)«

Neben dem Implementierungs-Content für den *Business Blueprint* und die *Systemkonfiguration* umfasst der SAP SRM 7.0 Solution Manager Content auch *Roadmaps*, die einen musterhaften, auf der bekannten ASAP-Projektmanagement-Methode basierenden Projektplan enthalten. Für SAP SRM 7.0 stehen zwei verschiedene Roadmaps zur Verfügung: eine *Implementierungs-*

Roadmap für Neuimplementierungen sowie eine *Upgrade-Roadmap* für System-Upgrades (siehe Abbildung 13.17).

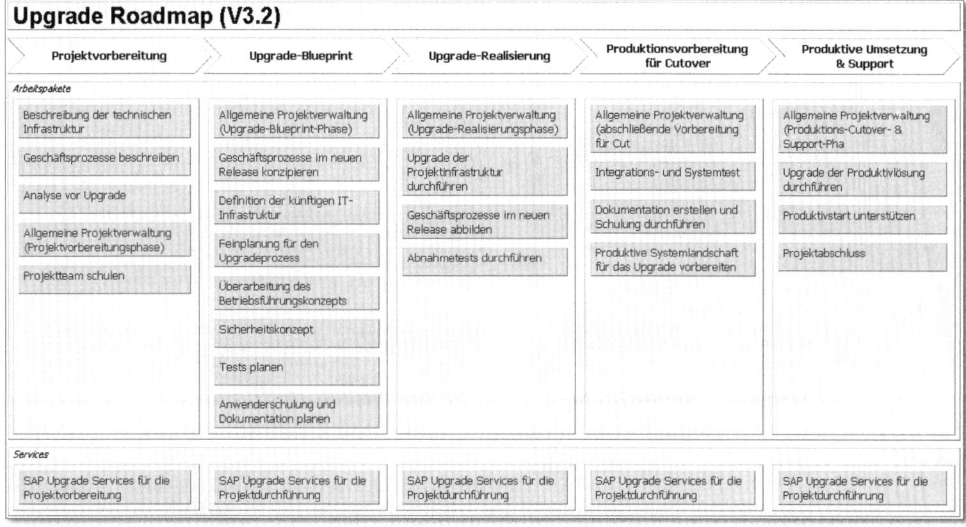

Abbildung 13.17 Upgrade-Roadmap

Unter den verschiedenen Knotenpunkten einer Roadmap stehen Accelerator-Dokumente zum Download zur Verfügung. Dies sind Links, Transaktionen und Dokumentvorlagen, die den Projektmanager bei seiner Arbeit unterstützen und den Projektfortschritt beschleunigen sollen (Accelerator = Beschleuniger). Abbildung 13.18 zeigt die geöffnete Upgrade-Roadmap. Im rechten unteren Teil des Fensters sehen Sie die Liste der für den Punkt BESTIMMUNG ALLER KUNDENENTWICKLUNGEN UND -MODIFIKATIONEN verfügbaren Accelerator-Dokumente.

Die Roadmaps können Sie auch aus dem SAP Solution Manager heraus in Microsoft Project-Dateien exportieren und dort für Ihre individuelle Projektplanung nutzen.

Im nächsten Abschnitt beschreiben wir, wie Sie, unter der Verwendung der im SAP SRM Solution Manager Content vorhandenen Inhalte, Ihr eigenes Implementierungsprojekt im SAP Solution Manager aufsetzen. Dabei laden Sie die vordefinierten Geschäftsszenarien und Geschäftsprozesse in Ihr eigenes Projekt und können diese dann frei anpassen, umstrukturieren und ergänzen.

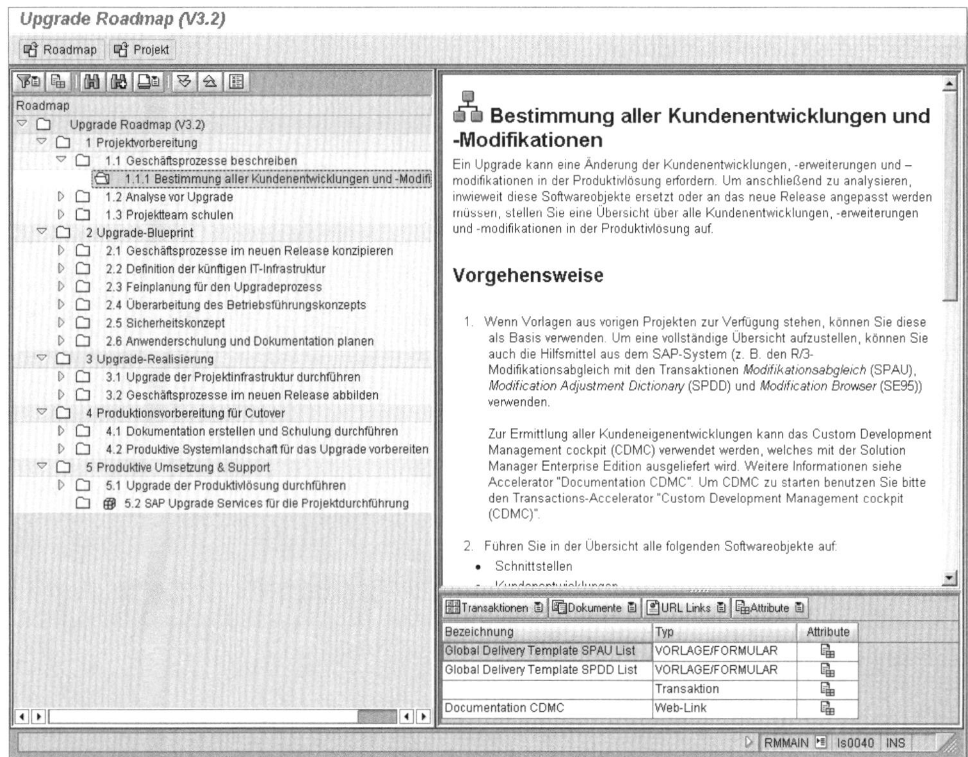

Abbildung 13.18 Upgrade-Roadmap mit Accelerator-Dokumenten

13.3 Aufsetzen eines SAP SRM-Projekts im SAP Solution Manager

Der SAP SRM 7.0 Solution Manager Content ist in der Content-Auslieferung mit der Releasebezeichnung ST-ICO 150_700, SP15 enthalten. Diese Content-Auslieferung enthält neben dem SAP SRM Solution Manager Content auch den Implementierungs-Content für weitere SAP Business Suite-Applikationen. Die ST-ICO-Content-Auslieferungen können Sie vom SAP Service Marketplace unter *www.service.sap.com/swdc* herunterladen und vom zuständigen Basisadministrator installieren lassen. Anschließend können Sie den Content in Ihr SAP Solution Manager-System laden und für SAP SRM-Implementierungsprojekte nutzen.

[»] **Benötigte SAP Solution Manager-Version ist 7.0 oder neuer**

Um die Auslieferung des Contents ST-ICO 150_700, SP15 oder höher zur Implementierung Ihres SAP SRM 7.0-Systems nutzen zu können, benötigen Sie einen SAP Solution Manager mit Release 7.0 oder neuer.

SAP SRM Solution Manager Content-Versionen

[EHP 1]
[EHP 2]

Der Solution Manager Content für SAP SRM 7.0 EHP 1 ist mit der Releasebezeichnung ST-ICO 150 700 SP27 verfügbar (siehe SAP-Hinweis 1461039, »Solution Manager Content für SAP SRM 7.0 EHP 1«). Für SAP SRM 7.0 EHP 2 handelt es sich um das Solution Manager Content-Release ST-ICO 150 700 (siehe SAP-Hinweis 1580107, »Solution Manager Content für SAP SRM 7.0 EHP 2«).

Das Aufsetzen eines SAP SRM-Projekts im SAP Solution Manager umfasst in der Regel die folgenden Schritte:

1. Einrichten der Systemlandschaft
2. Anlegen des Projekts
3. Anlegen des Business Blueprints
4. Auswählen der Konfigurationsstrukturen

Im Folgenden betrachten wir diese Schritte nacheinander im Detail.

13.3.1 Einrichten der Systemlandschaft

Die Systemlandschaft richten Sie im SAP Solution Manager mithilfe der Transaktion SMSY ein (siehe Abbildung 13.19). Fügen Sie hier, falls nicht bereits im Vorfeld durch einen Basisadministrator erledigt, die Systeme Ihrer SAP SRM-Systemlandschaft hinzu.

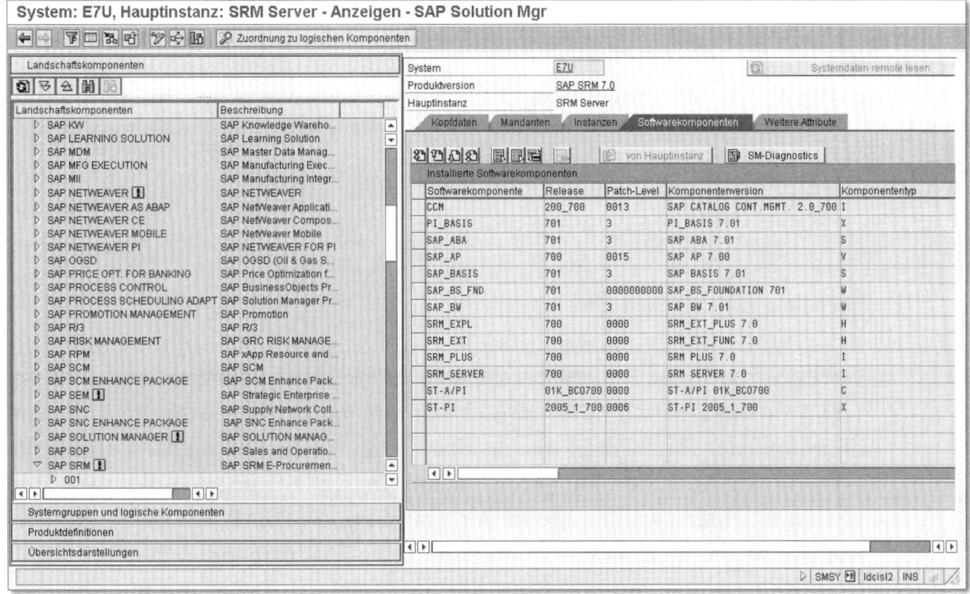

Abbildung 13.19 Einrichten der Systemlandschaft

Die hier hinterlegte Information dient dem SAP Solution Manager einerseits dazu, Ihnen später die geeigneten Geschäftsszenarien vorzuschlagen, und andererseits verwendet er sie, damit Sie später während der Konfiguration in die angebundenen Satellitensysteme abspringen können.

13.3.2 Anlegen eines Projekts

Mithilfe der Transaktion SOLAR_PROJECT_ADMIN legen Sie ein Projekt im SAP Solution Manager an. Fügen Sie nun in dieser Transaktion über die Auswahl der dazugehörigen logischen Komponenten alle Systeme Ihrer Systemlandschaft ein (siehe Abbildung 13.20).

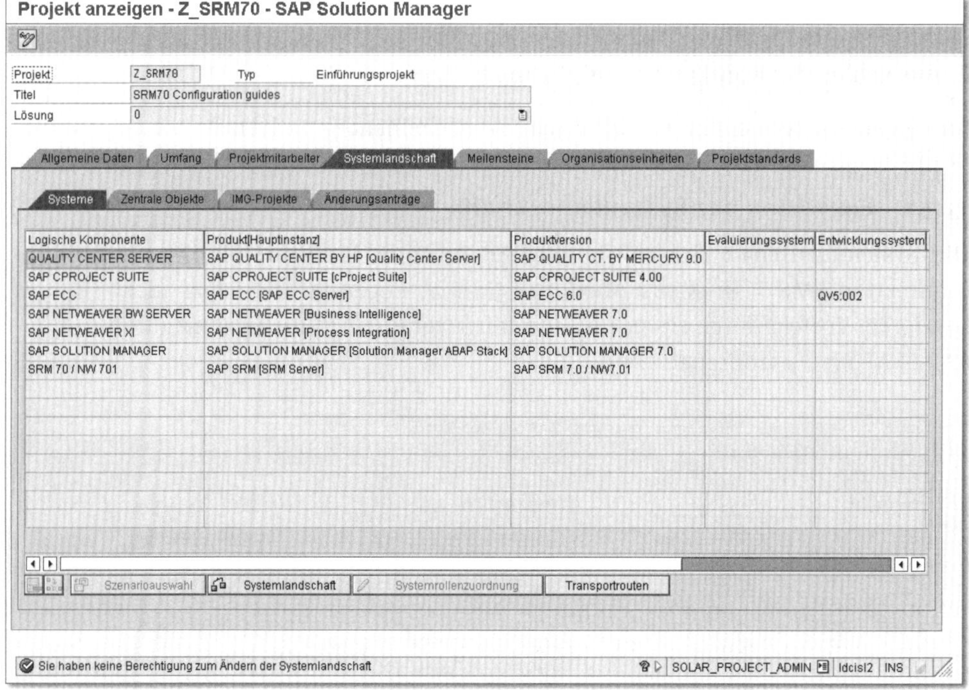

Abbildung 13.20 Anlegen eines Projekts

Geben Sie nun eine Projektsprache an. Der SAP SRM Solution Manager Content steht auf Deutsch oder Englisch zur Verfügung. Fügen Sie anschließend die Mitglieder Ihres Projektteams hinzu. Diesen können Sie dann später die Customizing-Aufgaben zuordnen. Wenn Sie die Roadmap-Funktionalitäten nutzen möchten, wählen Sie in der Transaktion SOLAR_PROJECT_ADMIN wahlweise die SAP SRM-Implementierungs-Roadmap oder die SAP SRM-Upgrade-Roadmap aus. Ergänzen Sie Ihr Projekt abschließend mit weiteren optionalen Informationen und Kommentaren.

13.3.3 Anlegen des Business Blueprints

In der Transaktion SOLAR01 legen Sie den Business Blueprint an. Dieser wird dadurch erzeugt, dass Sie die gewünschten Geschäftsszenarien und Geschäftsprozesse auswählen (siehe Abbildung 13.21).

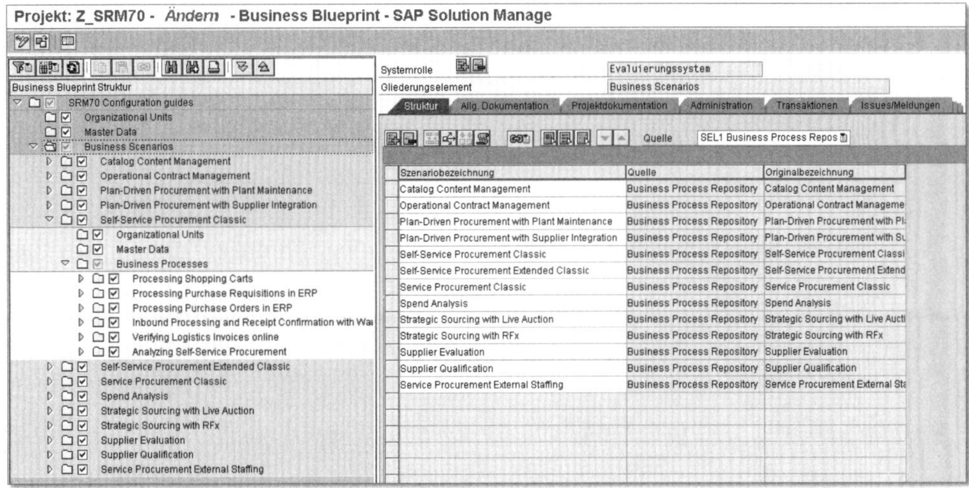

Abbildung 13.21 Anlegen des Business Blueprints

Falls die vorausgelieferten Geschäftsszenarien und Geschäftsprozesse nicht zu Ihren Anforderungen passen, können Sie diese ändern und eigene Elemente auf allen Ebenen, bis hinunter zum einzelnen Prozessschritt, hinzufügen.

13.3.4 Auswählen der Konfigurationsstrukturen

Die für Ihr Projekt relevanten Konfigurationsstrukturen wählen Sie über die Transaktion SOLAR02 aus (siehe Abbildung 13.22).

Um eine modulare und individuelle Nutzung des SAP SRM 7.0 Solution Manager Contents zu erlauben, sind die Konfigurationsinformationen auf verschiedenen Ebenen abgelegt:

- Konfigurationsinformationen, die für jede Art von SAP SRM-Implementierungen gültig sind, finden Sie in den Konfigurationsstrukturen unter dem Knotenpunkt Basis Settings for SAP SRM.
- Konfigurationsinformationen, die für ein gesamtes Geschäftsszenario gültig sind, finden Sie in den Konfigurationsstrukturen unter dem jeweiligen Kontenpunkt für das Geschäftsszenario, also z. B. unter Basic Settings for Self-Service Procurement.

- Konfigurationsinformationen, die nur für einen einzelnen Geschäftsprozess gültig sind, finden Sie direkt unter dem jeweiligen Geschäftsprozess, den Sie bereits in der Transaktion SOLAR01 ausgewählt haben.
- Auf Prozessschrittebene befinden sich keine Konfigurationsinformationen.

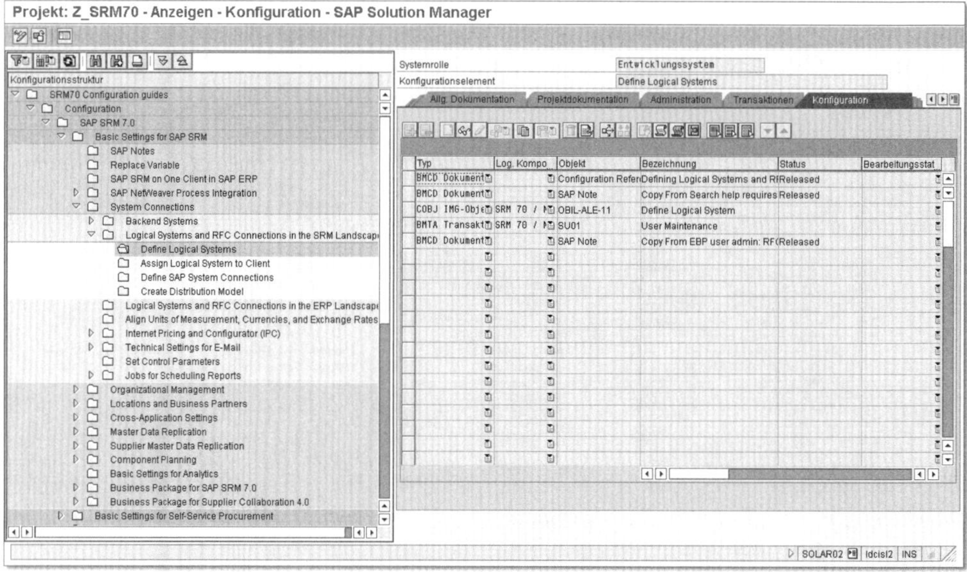

Abbildung 13.22 Konfigurationsstrukturen

Nun haben Sie Ihr Projekt erfolgreich im SAP Solution Manager angelegt. Wenn in den Transaktionen SOLAR01 oder SOLAR02 Texte fehlen, wählen Sie die Menüpunkte Umgebung • Texte aus Komponentensystemen aktualisieren.

Sie können Ihr SAP SRM Solution Manager-Projekt jetzt nutzen (siehe Abschnitt 13.4, »Nutzung des SAP SRM Solution Manager Contents«).

13.3.5 Weitere Nutzungsmöglichkeiten eines SAP Solution Manager-Projekts

Hatten Sie bereits zu einem früheren Zeitpunkt SAP SRM mithilfe eines SAP Solution Manager-Projekts implementiert, können Sie nun ein Upgrade-Projekt aufsetzen, das Ihnen durch farbliche Markierungen der entsprechenden Punkte genau die Änderungen im Content zur vorherigen Version aufzeigt.

Auch haben Sie die Möglichkeit, sich über die Transaktion SOLAR02 auf der Basis Ihres nun aufgesetzten Implementierungsprojekts Ihren ganz individuellen MS Word-basierten Konfigurationsleitfaden ausgeben zu lassen.

13.4 Nutzung des SAP SRM Solution Manager Contents

Nach der erfolgreichen Einrichtung des Implementierungsprojekts im SAP Solution Manager können die Mitglieder Ihres Projektteams mit der Implementierung der SAP SRM-Lösung beginnen. Hierzu rufen sie jeweils die Transaktion SOLAR02 auf und arbeiten schrittweise die durchzuführenden Customizing-Aktivitäten ab. Dabei können sie sich für jeden Arbeitsschritt in der Registerkarte KONFIGURATION die dazugehörige Dokumentation, die SAP-Hinweise sowie die IMG-Dokumentationen aus den Satellitensystemen anzeigen lassen (siehe Abbildung 13.23).

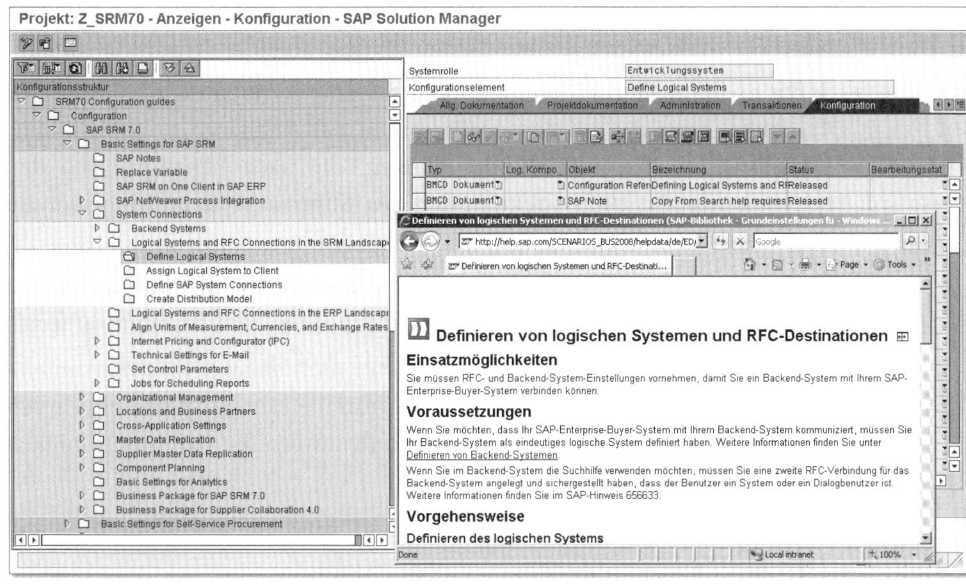

Abbildung 13.23 Anzeige der Dokumentation über die Transaktion SOLAR02

Nachdem sie die Dokumentation gelesen haben, können die Projektmitarbeiter per Doppelklick direkt in die dazugehörige Customizing-Transaktion im Satellitensystem springen und die erforderlichen Customizing-Schritte durchführen. Nach der erfolgreichen Durchführung der Customizing-Aktivität können Sie per Drop-down-Menü in der Zeile der Customizing-Transaktion den Status auf ERLEDIGT setzen (siehe Abbildung 13.24).

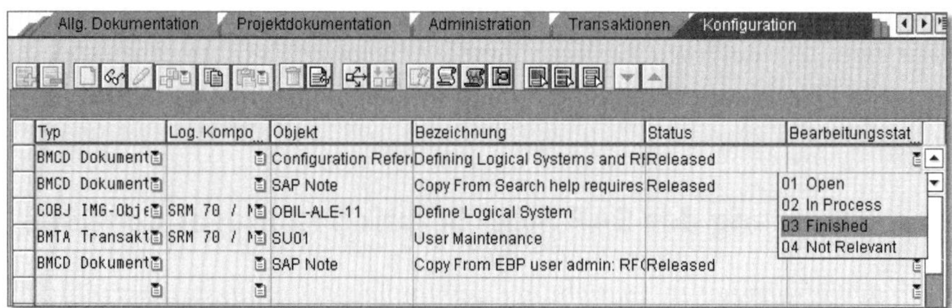

Abbildung 13.24 Setzen des Bearbeitungsstatus

- In der Registerkarte ADMINISTRATION kann ein übergreifender Status auf der Ebene des gesamten Knotenpunkts gesetzt werden. Auch können dort für die jeweiligen Knotenpunkte die Customizing-Zuständigkeiten an die einzelnen Projektmitglieder vergeben werden.
- Sollte es schon während der Customizing-Phase erforderlich werden, Entwicklungen im System durchzuführen, können diese über die Registerkarte ENTWICKLUNGEN dokumentiert werden.
- Sollte es beim Durchführen der Customizing-Aktivitäten zu Problemen kommen, kann die zuständige Person in der Registerkarte ISSUES/MELDUNGEN eine Problemmeldung erfassen, die nach Klärung durch den internen Support auch direkt an den SAP-Support weitergeleitet werden kann.
- In der Registerkarte PROJEKTDOKUMENTATION können die durchgeführten Customizing-Schritte dokumentiert werden. Dies ist besonders hilfreich bei häufig wechselnden Zuständigkeiten in großen Projektteams.
- In der Registerkarte TESTFÄLLE können Testfälle hinterlegt und abgearbeitet werden, um nach Abschluss der Konfiguration die Funktionsfähigkeit des Systems zu überprüfen.
- Schulungsunterlagen zur Ausbildung der Endbenutzer können in der Registerkarte LERNMATERIAL hinterlegt werden.
- Den Projektfortschritt kann der Projektleiter jederzeit über die Transaktion SOLAR_EVAL verfolgen. Dort werden die durch die Projektmitglieder in der Transaktion SOLAR_02 gepflegten Statusinformationen in Form verschiedener Auswertungen angezeigt (siehe Abbildung 13.25).

Somit bietet der SAP Solution Manager eine sehr hilfreiche Infrastruktur zur Planung, Koordination, Durchführung und Kontrolle von SAP SRM-Implementierungs- und Upgrade-Projekten.

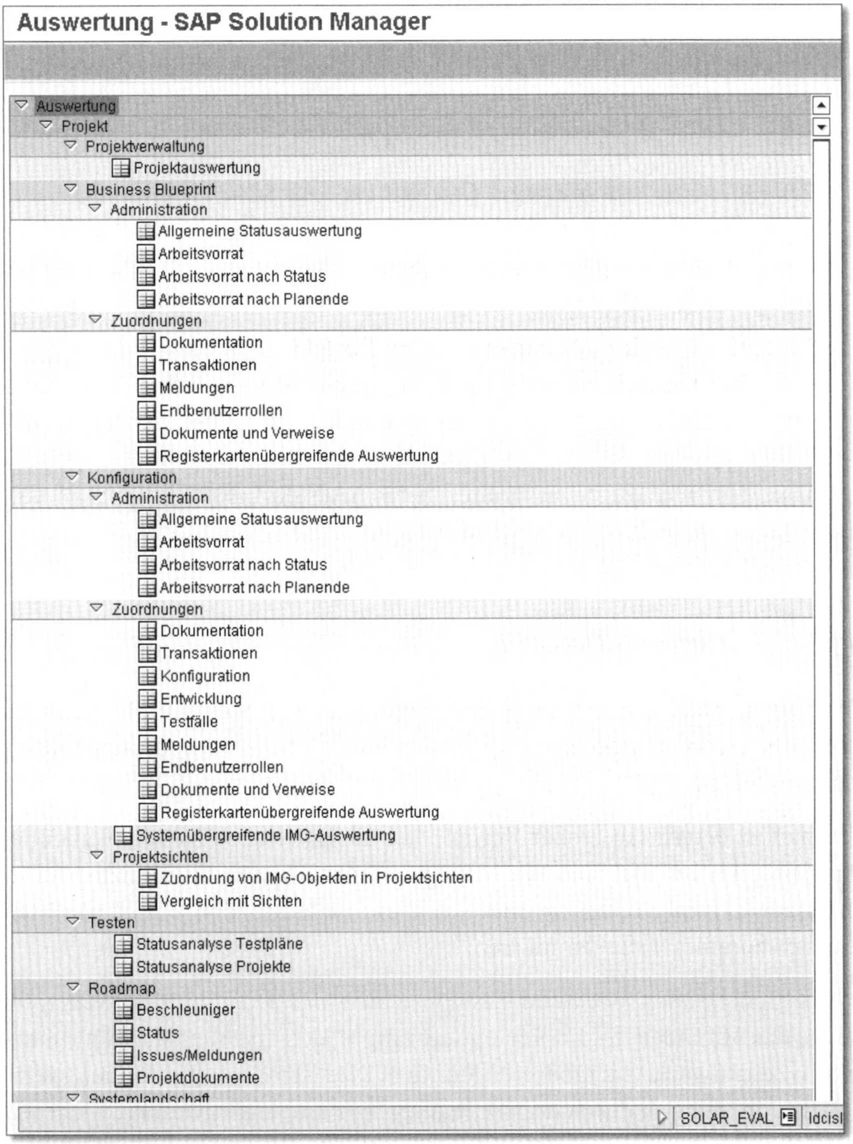

Auswertung - SAP Solution Manager

- Auswertung
  - Projekt
    - Projektverwaltung
      - Projektauswertung
    - Business Blueprint
      - Administration
        - Allgemeine Statusauswertung
        - Arbeitsvorrat
        - Arbeitsvorrat nach Status
        - Arbeitsvorrat nach Planende
      - Zuordnungen
        - Dokumentation
        - Transaktionen
        - Meldungen
        - Endbenutzerrollen
        - Dokumente und Verweise
        - Registerkartenübergreifende Auswertung
    - Konfiguration
      - Administration
        - Allgemeine Statusauswertung
        - Arbeitsvorrat
        - Arbeitsvorrat nach Status
        - Arbeitsvorrat nach Planende
      - Zuordnungen
        - Dokumentation
        - Transaktionen
        - Konfiguration
        - Entwicklung
        - Testfälle
        - Meldungen
        - Endbenutzerrollen
        - Dokumente und Verweise
        - Registerkartenübergreifende Auswertung
      - Systemübergreifende IMG-Auswertung
      - Projektsichten
        - Zuordnung von IMG-Objekten in Projektsichten
        - Vergleich mit Sichten
    - Testen
      - Statusanalyse Testpläne
      - Statusanalyse Projekte
    - Roadmap
      - Beschleuniger
      - Status
      - Issues/Meldungen
      - Projektdokumente
    - Systemlandschaft

SOLAR_EVAL | ldcisl

Abbildung 13.25 Auswertung des Projektfortschritts

13.5 Weiterführende Informationen

Sollten Sie bei der Nutzung des SAP SRM 7.0 Solution Manager Contents auf Probleme stoßen, können Sie auf dem SAP Service Marketplace eine Problemmeldung unter der Komponente SV-SMG-ICO-SRM anlegen.

Generelle Informationen zur Nutzung des SAP Solution Managers finden Sie in der SAP-Online-Hilfe unter *http://help.sap.com*.

Die folgenden SAP-Hinweise bieten Ihnen Anleitungen zum Anlegen Ihres SAP SRM-Projekts im SAP Solution Manager:

- **1230438, »Solution Manager Content für SAP SRM 7.0«**
  Dieser SAP-Hinweis gibt in Form eines Überblicks eine deutschsprachige Schritt-für-Schritt-Anleitung, wie ein SAP SRM-Projekt im SAP Solution Manager aufgesetzt werden kann.
- **1001556, »Solution Manager Content für SAP SRM 6.0«**
  Dieser SAP-Hinweis enthält im Anhang eine englischsprachige MS Word-Datei mit einer sehr ausführlichen Anleitung zum Aufsetzen eines SAP SRM-Projekts im SAP Solution Manager, die Sie herunterladen können. Dieser Hinweis wurde ursprünglich für SAP SRM 2007 (SAP SRM 6.0) erstellt, ist jedoch weitestgehend auch für SAP SRM 7.0 gültig.

13.6 Zusammenfassung

Auch wenn nach wie vor häufig der Einsatz des SAP Solution Managers als zentrales Customizing-System abgelehnt wird, können wir dessen Einsatz nur empfehlen.

Denn es ist bereits ein großer Vorteil, dass Sie innerhalb eines Implementierungsprojekts im SAP Solution Manager alle relevanten Customizing-Informationen zentral vorfinden und sich diese nicht aus den verschiedensten Quellen zusammensuchen müssen.

Zugegebenermaßen bedeuten das Einrichten des SAP Solution Managers sowie das Aufsetzen des Implementierungsprojekts erst einmal einen zusätzlichen Zeitaufwand von mehreren Stunden. Dies ist jedoch eine lohnenswerte Investition, die sich durch höhere Transparenz und effektivere Projektarbeit spätestens nach den ersten Wochen der Systemkonfiguration auszahlt.

14 Fazit

SAP SRM 7.0 ist seit der Veröffentlichung von SAP SRM 5.0 im Jahr 2005 das erste allgemein verfügbare SAP SRM-Release, und entsprechend groß ist der Zuwachs an Funktionalität.

SAP SRM 7.0 unterstützt die durchgängige Beschaffung von Dienstleistungen mithilfe komplexer Hierarchien. Die neue Web-Dynpro-Oberfläche überwindet viele Limitationen im Vergleich zur Technologie und zur Benutzerfreundlichkeit der früheren ITS-Benutzeroberfläche, und das neue prozessgesteuerte Workflow Framework erlaubt außerdem aufgrund seiner hohen Flexibilität die modifikationsfreie Abbildung der komplexesten Genehmigungsprozesse. Darüber hinaus vereinfacht die Kombination von lokalen Einkaufskontrakten und globalen Rahmenverträgen in den neuen Zentralkontrakten die unternehmensweite Verwaltung, Verteilung und Nutzung von Einkaufskontrakten. SOA wanderte von den Analystenpapieren in real funktionierende Integrationsszenarien und hilft nun im Rahmen der Harmonisierung der SAP Business Suite vor allem dabei, dass SAP SRM und SAP ERP enger miteinander integriert werden. Zudem gibt es viele kleine Erweiterungen in allen Geschäftsszenarien, durch die die SAP SRM-Lösung heute nicht nur benutzerfreundlicher, sondern auch vielseitiger einsetzbar ist, als es vor SAP SRM 7.0 der Fall war.

Aufgrund des mittlerweile immensen Funktionsumfangs der SAP SRM-Lösung sind die über 600 Seiten dieses Buches aus unserer Sicht nicht zu großzügig bemessen. Zur Vertiefung der einzelnen Themen empfehlen wir die im Anhang erwähnten Informationsquellen inklusive des regen Austauschs mit weiteren SAP SRM-Experten in der SDN Community unter *https://forums.sdn.sap.com/forum.jspa?forumID=143*. In der SDN Community sind Mitglieder aus einer Vielzahl von Ländern vertreten. So hatten wir schon häufig das positive Erlebnis, dass wir abends eine Frage platziert haben, die prompt über Nacht, beispielsweise von einem Experten aus den USA, aus Indien oder China, gelesen und beantwortet wurde.

Planen Sie die Neueinführung von SAP SRM, empfehlen wir aufgrund des großen Funktionsumfangs einen schrittweisen Ansatz: Starten Sie zunächst mit einem einfacheren Szenario, wie z.B. der Beschaffung per Self-Service, und erweitern Sie den Funktionsumfang erst nach und nach, gegebenenfalls auch schrittweise für einzelne Produktkategorien. Für komplexere neue Funktionalität empfehlen wir das Implementieren eines Prototyps, mit dessen Hilfe sich sowohl das Projektteam als auch die Fachabteilung mit den Möglichkeiten des Systems vertraut machen kann. Sollte ein gewünschter Geschäftsprozess auf den ersten Blick nicht im System abzubilden sein, empfiehlt sich oft eine detailliertere Prüfung der zur Verfügung stehenden Alternativen. Insbesondere raten wir Ihnen von Systemmodifikationen ab, da häufig bessere modifikationsfreie Lösungen zu finden sind. Denn im SAP-basierten Einkauf stehen durch die Kombination von SAP SRM und SAP ERP häufig mehrere sinnvolle Prozessalternativen zur Verfügung. Die Vermeidung von Systemmodifikationen dient langfristig einer stabilen, fehlerfreien und kostengünstig betreibbaren SAP SRM-Systemlandschaft.

Mithilfe der Erweiterungspakete (EHPs) ist ein flexibler Ausbau der Funktionalität möglich. So wurden mit EHP 1 und EHP 2 umfangreiche Erweiterungen von SAP SRM 7.0 bereitgestellt. Vor allem die Erweiterungen in den Bereichen »Sourcing« und »Kontraktmanagement« unterstreichen, dass die Lösung so ausgerichtet ist, dass sie der Unterstützung des operativen und strategischen Einkaufs dient.

Immer hervorzuheben ist hierbei – auch im Rahmen der Abgrenzung zu auf dem Markt angebotenen Lösungen – die tiefe und standardisierte Integration in die geschäftskritischen Unternehmensprozesse.

Weitere erwähnenswerte Neuerungen sind die Überarbeitung der SUS-Benutzeroberflächen mit EHP 2 und die Anpassungen im Self-Service-Prozess sowie auf der Katalogoberfläche. Ein Großteil der Neuerungen schließt lang bestehende Funktionslücken.

Wie schon in der Einleitung dieses Buches erwähnt, freuen wir uns über alle Fragen, Anregungen und Ergänzungen zu diesem Buch. Sie erreichen uns am besten per E-Mail unter *mail@bradler-gmbh.com* sowie unter *info@fmp-consulting.com* – wir freuen uns auf Ihre Nachricht!

Nun wünschen wir Ihnen viel Erfolg bei der Evaluierung und Implementierung sowie beim Ausbau oder Betrieb Ihrer SAP SRM-Lösung sowie allzeit transparente Beschaffungsprozesse!

Anhang

A Systemarchitekturen je Geschäftsszenario

In Abhängigkeit der in diesem Buch beschriebenen Geschäftsszenarien werden unterschiedliche Softwareinstanzen benötigt. In diesem Anhang zeigen wir Ihnen, welche Softwareinstanzen in den jeweiligen Geschäftsszenarien eingesetzt werden.

Wir gehen dabei jeweils von den zum Zeitpunkt der Drucklegung dieses Buches aktuellsten Produktversionen aus. In einigen Fällen, wie z.B. im Fall des SAP ERP-Backends, können Sie auch ältere Produktversionen einsetzen. Eine genaue Übersicht darüber, welche Softwareinstanzen Sie mit welcher Produktversion für welches Geschäftsszenario in welcher Kombination verwenden können, finden Sie unter *http://service.sap.com/scl.*

Die Architekturdiagramme beziehen sich auf die Ausprägungen für SAP SRM 7.0. Dabei gibt es für einige Architekturdiagramme zwei unterschiedliche Ausprägungen. Die erste Ausprägung heißt *SRM Core-Szenario* und beschreibt die Architektur unter der Verwendung der bis inklusive SAP SRM 6.0 verwendeten Integrationsarchitekturen. Die zweite Ausprägung heißt *SRM Suite-Szenario* und beschreibt die im Rahmen der Harmonisierung von Procure-to-Pay in der SAP Business Suite (siehe Kapitel 12, »Harmonisierung von Procure-to-Pay in der SAP Business Suite«) eingeführten neuen und SOA-basierten Integrationsmöglichkeiten (siehe Abschnitt 2.4, »SOA-basierte Integrationsszenarien«). SAP SRM Suite-Szenarien erfordern den kombinierten Einsatz von SAP SRM 7.0 sowie SAP ERP mit Erweiterungspaket 4 oder höher.

In den Kapiteln dieses Buches sind wir jeweils von den neuen SAP SRM Suite-Szenarien ausgegangen und haben dann die Limitationen beim Einsatz älterer SAP ERP-Backends beschrieben bzw. erwähnt, welche der Funktionalitäten ein SAP ERP 6.0-System mit Erweiterungspaket 4 oder höher erfordert.

Die im Folgenden aufgeführten Architekturdiagramme liegen in englischer Sprache vor. Von einer Übersetzung ins Deutsche wurde bewusst abgesehen, da SAP für die Softwareinstanzen ausschließlich englische Namen verwendet und wir dadurch Verwechslungen und Fehlinterpretationen beim Planen einer Systemlandschaft vermeiden.

Wie schon in den vorangegangenen Kapiteln erwähnt, sind die hier vorgeschlagenen Geschäftsszenarien ausschließlich exemplarisch und in sich stimmige Gruppierungen von Geschäftsszenarien, die das Verstehen der SAP SRM-Lösung erleichtern. Die wenigsten Unternehmen übernehmen allerdings diese vorgestellten Geschäftsszenarien eins zu eins. Sie können sich also frei der verschiedenen Geschäftsszenarien und Softwareinstanzen bedienen und Ihre eigenen, auf Ihr Unternehmen zugeschnittenen Geschäftsszenarien entwerfen. Beachten Sie jedoch dabei, dass nicht alle Funktionalitäten in allen technischen Szenarien zur Verfügung stehen.

Betrachten wir nun die Architekturdiagramme in der Reihenfolge, in der die Geschäftsszenarien in diesem Buch beschrieben werden.

A.1 Catalog Content Management

Abbildung A.1 zeigt die Systemarchitektur für das Geschäftsszenario »Catalog Content Management«. Dieses Geschäftsszenario beschreibt die Verwaltung von Kataloginhalten (siehe Abschnitt 6.6, »Katalogverwaltung«).

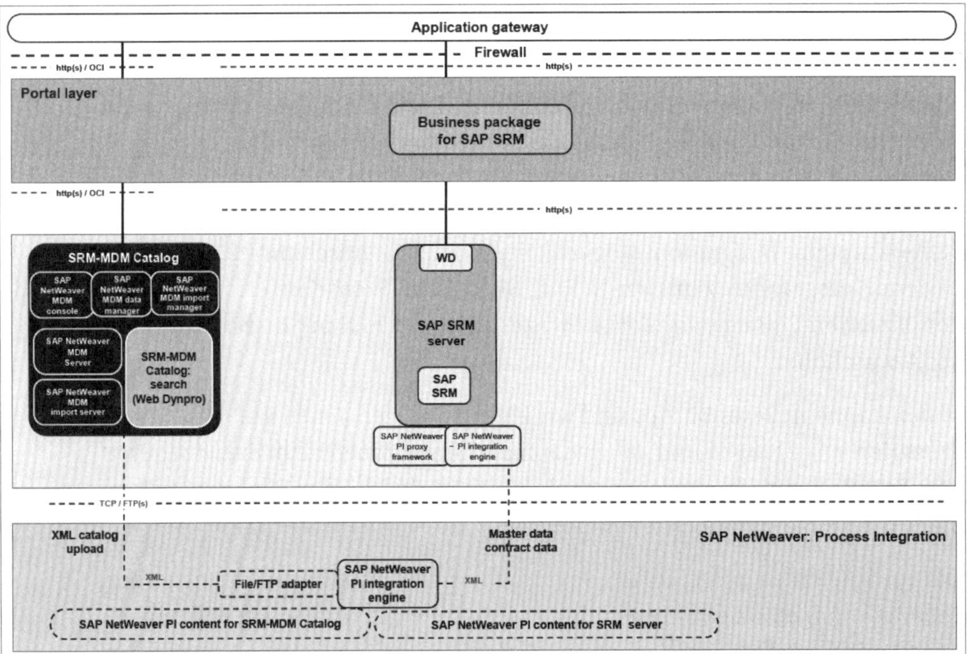

Abbildung A.1 Systemarchitektur des Geschäftsszenarios »Catalog Content Management«

Tabelle A.1 enthält eine Liste aller im Geschäftsszenario »Catalog Content Management« verwendeten Softwareinstanzen.

Softwareinstanz	Version	Erforderlich
SRM-Server	SAP SRM 7.0/SAP NetWeaver 7.01	ja
SAP NetWeaver Portal	SAP EHP 1 for SAP NetWeaver 7.0	ja
Portal Content SRM	SAP SRM/SAP NetWeaver 7.01	ja
Frontend-GUIs	SAP SRM/SAP NetWeaver 7.01	ja
Process Integration (PI)	SAP EHP 1 for SAP NetWeaver 7.0	optional
PI Content	SAP SRM/SAP NetWeaver 7.01	optional
ESR Content		optional
SRM Java	SAP SRM/SAP NetWeaver 7.01	optional
Portal Content Supplier	SAP SRM/SAP NetWeaver 7.01	optional
SRM Supplier Java		optional
TREX	SAP SRM/SAP NetWeaver 7.01	optional
SAP ERP	EHP4 for SAP ERP 6.0/ SAP NetWeaver 7.01	optional
SRM-MDM Catalog UI	SAP SRM 7.0/SAP NetWeaver 7.01	ja
Portal Content SRM-MDM Catalog		ja
Business Content Repository		ja
MDM ABAP API		ja
MDM-Importserver		ja
MDM-Server		ja
MDM Technical Configuration		ja
MDM Content Handling		ja
MDM Java API		ja
MDM Import UI		ja
MDM Administration Clients		ja
MDM Change Tracker		ja

Tabelle A.1 Softwareinstanzen des Geschäftsszenarios »Catalog Content Management«

A.2 Self-Service Procurement

Abbildung A.2 zeigt die Systemarchitektur für das Geschäftsszenario »Self-Service Procurement«. Bei diesem Geschäftsszenario steht die Erstellung von Einkaufswagen durch die Benutzer per Self-Service im Vordergrund (siehe Abschnitt 6.1, »Beschaffung per Self-Service«).

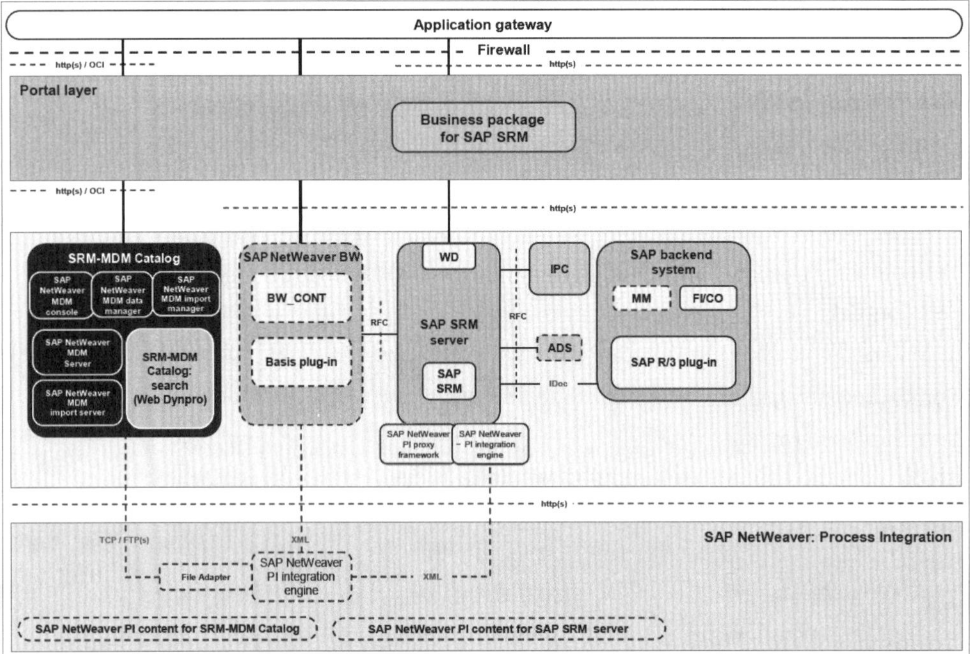

Abbildung A.2 Systemarchitektur des Geschäftsszenarios »Self-Service Procurement«

Tabelle A.2 enthält eine Liste aller im Geschäftsszenario »Self-Service Procurement« verwendeten Softwareinstanzen.

Softwareinstanz	Version	Erforderlich
SRM-Server	SAP SRM 7.0/SAP NetWeaver 7.01	ja
Business Intelligence	SAP EHP 1 for SAP NetWeaver 7.0	optional
BI Content	SAP SRM/SAP NetWeaver 7.01	optional
SAP NetWeaver Portal	SAP EHP 1 for SAP NetWeaver 7.0	optional
Portal Content SRM	SAP SRM/SAP NetWeaver 7.01	optional
Frontend-GUIs	SAP SRM/SAP NetWeaver 7.01	ja
Adobe Document Services	SAP EHP 1 for SAP NetWeaver 7.0	ja
Process Integration (PI/XI)	SAP EHP 1 for SAP NetWeaver 7.0	für SAP ERP 6.0, EHP 4 + klassisches Szenario erforderlich, sonst optional
XI Content	SAP SRM/SAP NetWeaver 7.01	
ESR Content		
SRM Java	SAP SRM 7.0/SAP NetWeaver 7.01	optional

Tabelle A.2 Softwareinstanzen des Geschäftsszenarios »Self-Service Procurement«

Softwareinstanz	Version	Erforderlich
Portal Content Supplier	SAP SRM 7.0/SAP NetWeaver 7.01	optional
SRM Supplier Java		optional
TREX	SAP SRM/SAP NetWeaver 7.01	optional
PPM (cProjects)	SAP SRM/SAP NetWeaver 7.01	optional
SAP ERP	EHP4 for SAP ERP 6.0/ SAP NetWeaver 7.01	ja
SRM-MDM Catalog	siehe *Catalog Content Management*	optional

Tabelle A.2 Softwareinstanzen des Geschäftsszenarios »Self-Service Procurement« (Forts.)

A.3 Service Procurement

Bei diesem Geschäftsszenario steht die Beschaffung im Vordergrund (siehe Abschnitt 6.2, »Dienstleistungsbeschaffung«). Abbildung A.3 zeigt die Systemarchitektur für das Geschäftsszenario »Service Procurement« als SAP SRM Suite-Szenario.

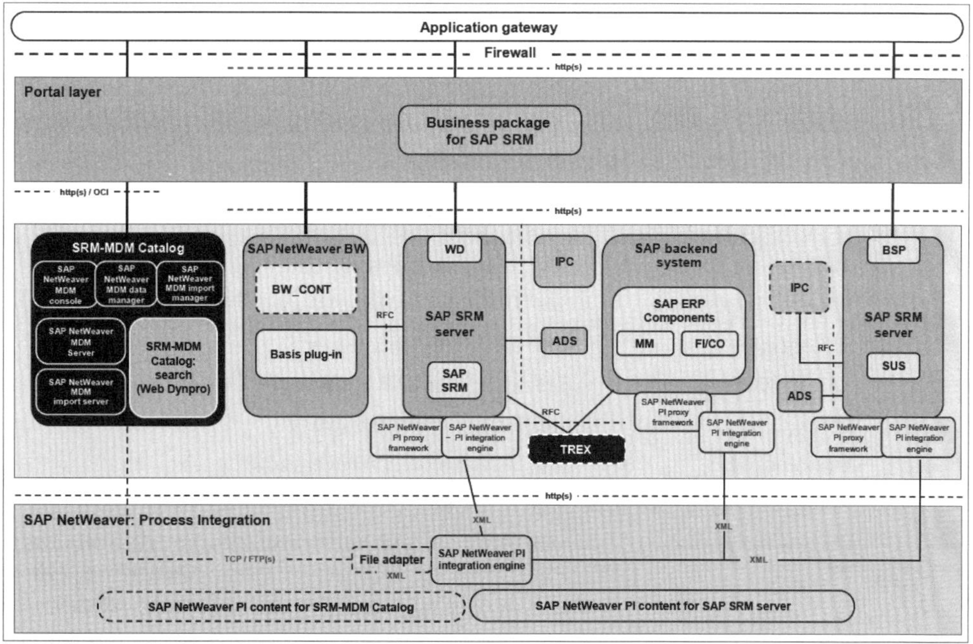

Abbildung A.3 Systemarchitektur des Geschäftsszenarios »Service Procurement« (SRM Suite-Szenario)

Abbildung A.4 zeigt die Systemarchitektur für das Geschäftsszenario »Service Procurement« als SAP SRM Core-Szenario.

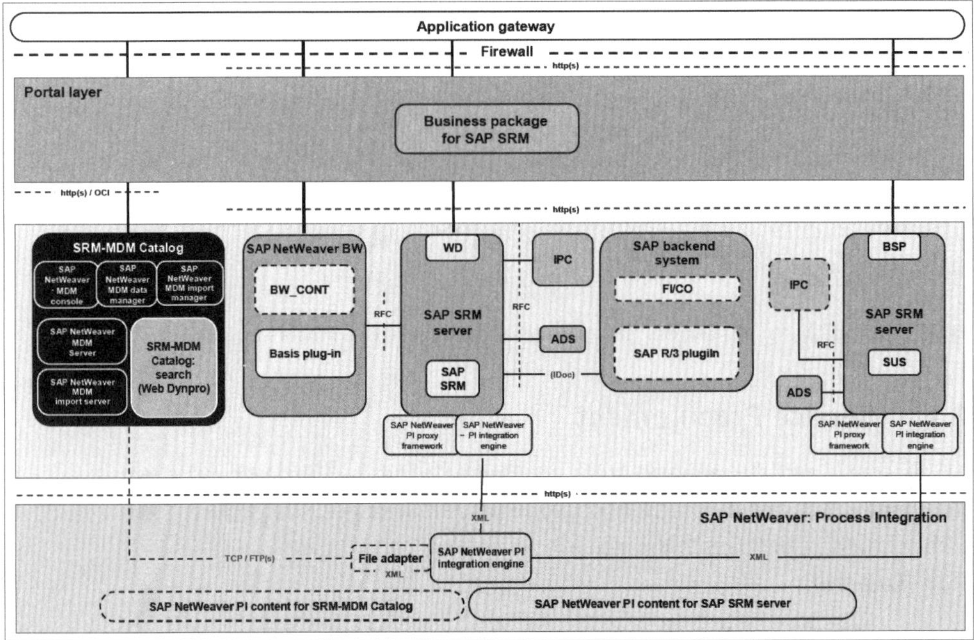

Abbildung A.4 Systemarchitektur des Geschäftsszenarios »Service Procurement« (SRM Core Szenario)

Tabelle A.3 enthält eine Liste aller im Geschäftsszenario »Service Procurement« verwendeten Softwareinstanzen.

Softwareinstanz	Version	Erforderlich
SRM-Server	SAP SRM 7.0/SAP NetWeaver 7.01	ja
Business Intelligence	SAP EHP 1 for SAP NetWeaver 7.0	optional
BI Content	SAP SRM/SAP NetWeaver 7.01	optional
SAP NetWeaver Portal	SAP EHP 1 for SAP NetWeaver 7.0	optional
Portal Content SRM	SAP SRM/SAP NetWeaver 7.01	optional
Frontend-GUIs	SAP SRM/SAP NetWeaver 7.01	ja
Adobe Document Services	SAP EHP 1 for SAP NetWeaver 7.0	ja
Process Integration (PI)	SAP EHP 1 for SAP NetWeaver 7.0	für SAP SUS sowie SAP ERP 6.0, EHP 4 + klassisches Szenario erforderlich, sonst optional
PI Content	SAP SRM/SAP NetWeaver 7.01	
ESR Content		
SRM Java	SAP SRM 7.0/SAP NetWeaver 7.01	optional
Portal Content Supplier	SAP SRM 7.0/SAP NetWeaver 7.01	optional
SRM Supplier Java		optional

Tabelle A.3 Softwareinstanzen des Geschäftsszenarios »Service Procurement«

Softwareinstanz	Version	Erforderlich
TREX	SAP SRM/SAP NetWeaver 7.01	optional
PPM (cProjects)	SAP SRM/SAP NetWeaver 7.01	optional
SAP ERP	EHP 4 for SAP ERP 6.0/ SAP NetWeaver 7.01	ja
SRM-MDM Catalog	siehe *Catalog Content Management*	optional

Tabelle A.3 Softwareinstanzen des Geschäftsszenarios »Service Procurement« (Forts.)

A.4 Plan-Driven Procurement

Dieses Geschäftsszenario beschreibt die plangesteuerte Beschaffung (siehe Abschnitt 6.4, »Plangesteuerte Beschaffung«) von Direktmaterialien. Abbildung A.5 zeigt die Systemarchitektur für das Geschäftsszenario »Plan-Driven Procurement« als SRM Suite-Szenario.

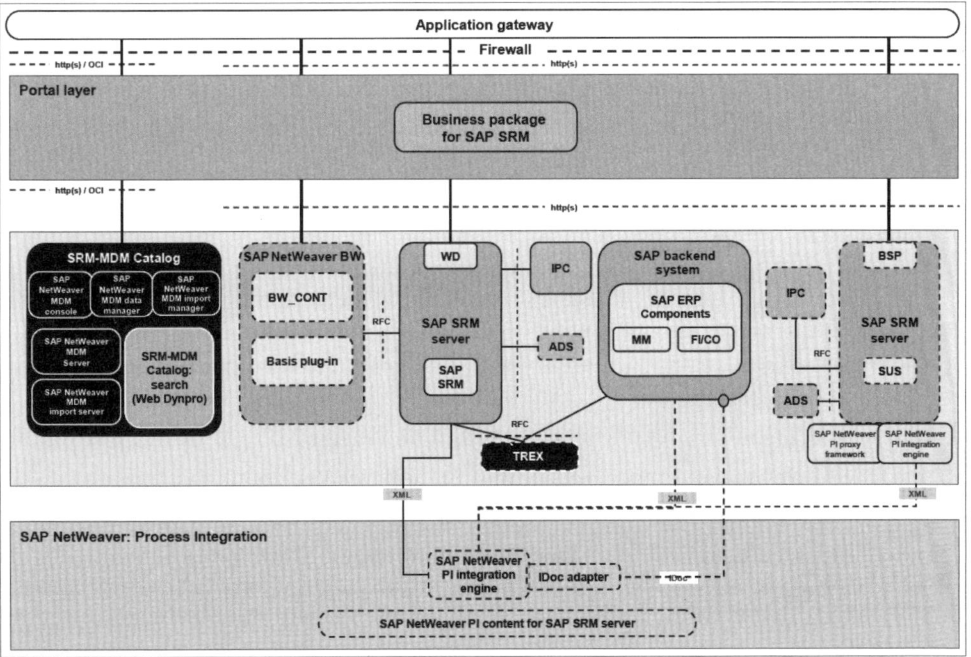

Abbildung A.5 Systemarchitektur des Geschäftsszenarios »Plan-Driven Procurement« (SRM Suite-Szenario)

Abbildung A.6 zeigt die Systemarchitektur für das Geschäftsszenario »Plan-Driven Procurement« als SRM Core-Szenario.

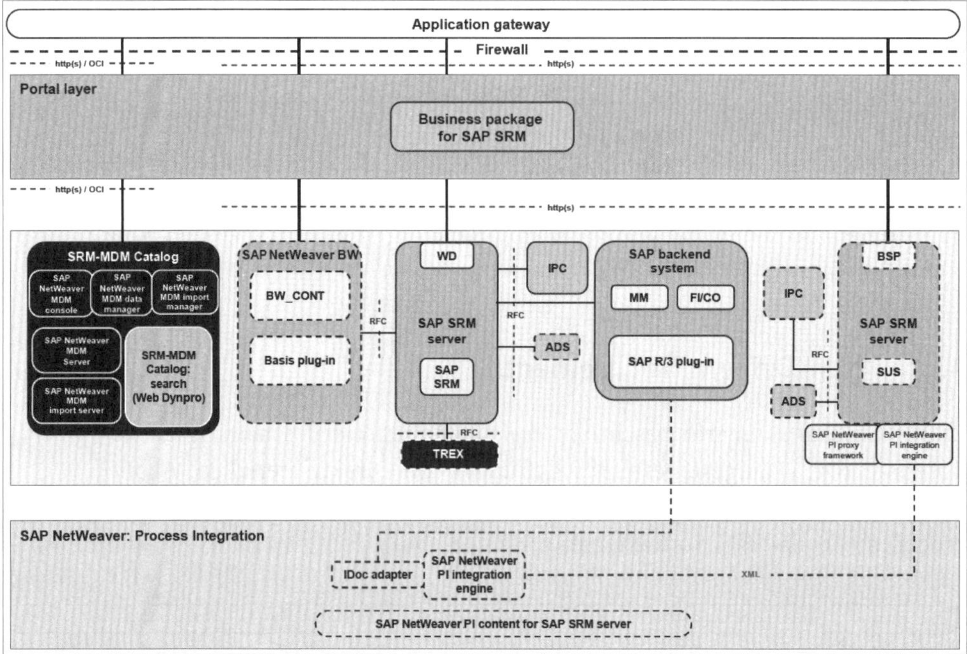

Abbildung A.6 Systemarchitektur des Geschäftsszenarios »Plan-Driven Procurement« (SRM Core-Szenario)

Tabelle A.4 enthält eine Liste aller im Geschäftsszenario »Plan-Driven Procurement« verwendeten Softwareinstanzen.

Softwareinstanz	Version	Erforderlich
SRM-Server	SAP SRM 7.0/ SAP NetWeaver 7.01	ja
Business Intelligence	SAP EHP 1 for SAP NetWeaver 7.0	optional
BI Content	SAP SRM/SAP NetWeaver 7.01	optional
SAP NetWeaver Portal	SAP EHP 1 for SAP NetWeaver 7.0	optional
Portal Content SRM	SAP SRM/SAP NetWeaver 7.01	
Frontend-GUIs	SAP SRM/SAP NetWeaver 7.01	ja
Adobe Document Services	SAP EHP 1 for SAP NetWeaver 7.0	ja
Process Integration (PI)	SAP EHP 1 for SAP NetWeaver 7.0	für PDP mit SAP SUS sowie SAP ERP 6.0, EHP 4 erforderlich, sonst optional
PI Content	SAP SRM/SAP NetWeaver 7.01	
ESR Content		

Tabelle A.4 Softwareinstanzen des Geschäftsszenarios »Plan-Driven Procurement«

Softwareinstanz	Version	Erforderlich
SRM Java	SAP SRM 7.0/ SAP NetWeaver 7.01	optional
Portal Content Supplier	SAP SRM 7.0/ SAP NetWeaver 7.01	optional
SRM Supplier Java		optional
TREX	SAP SRM/SAP NetWeaver 7.01	optional
SAP ERP	EHP 4 for SAP ERP 6.0/ SAP NetWeaver 7.01	ja
SRM-MDM Catalog	siehe *Catalog Content Management*	optional

Tabelle A.4 Softwareinstanzen des Geschäftsszenarios »Plan-Driven Procurement« (Forts.)

A.5 Strategic Sourcing

Abbildung A.7 zeigt die Systemarchitektur der Geschäftsszenarien im Bereich »Strategic Sourcing«. Dazu gehören die Szenariovarianten »Strategic Sourcing with RFx« (siehe Abschnitt 7.4, »Ausschreibungen«) und »Strategic Sourcing with Live Auction« (siehe Abschnitt 7.5, »Live-Auktionen«) inklusive der Aktivitäten der Bezugsquellenfindung, die in Abschnitt 7.3.4, »Sourcing-Anwendung«, beschrieben sind.

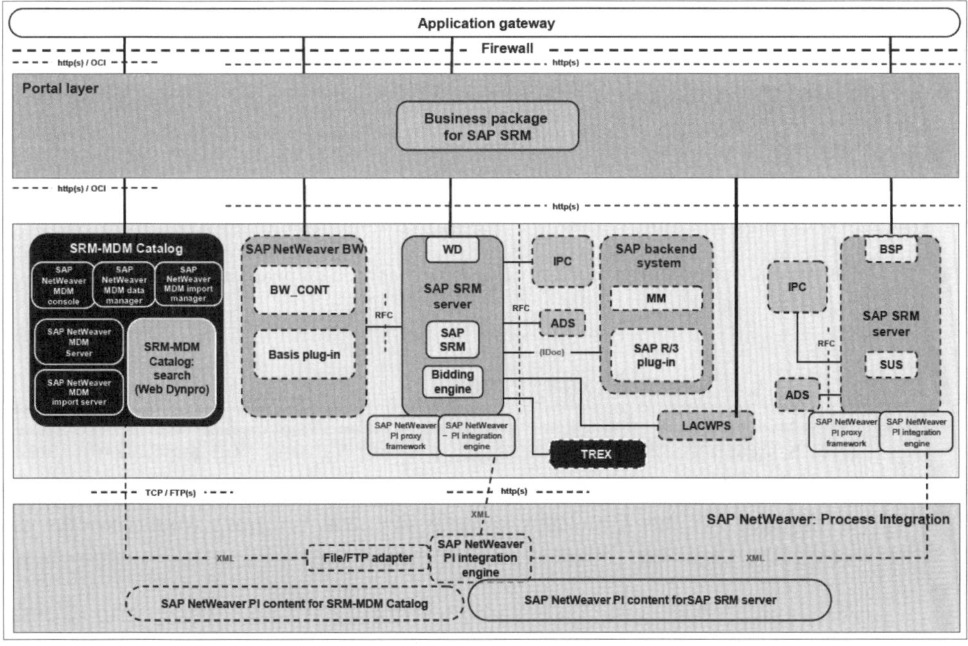

Abbildung A.7 Systemarchitektur des Geschäftsszenarios »Strategic Sourcing«

Tabelle A.5 enthält eine Liste aller in den Geschäftsszenarien im Bereich »Strategic Sourcing« verwendeten Softwareinstanzen.

Softwareinstanz	Version	Erforderlich
SRM-Server	SAP SRM 7.0/SAP NetWeaver 7.01	ja
Business Intelligence	SAP EHP 1 for SAP NetWeaver 7.0	optional
BI Content	SAP SRM/SAP NetWeaver 7.01	optional
SAP NetWeaver Portal	SAP EHP 1 for SAP NetWeaver 7.0	optional
Portal Content SRM	SAP SRM/SAP NetWeaver 7.01	optional
Frontend-GUIs	SAP SRM/SAP NetWeaver 7.01	ja
Adobe Document Services	SAP EHP 1 for SAP NetWeaver 7.0	ja
Process Integration (PI)	SAP EHP 1 for SAP NetWeaver 7.0	optional
PI Content	SAP SRM/SAP NetWeaver 7.01	
ESR Content		
SRM Java	SAP SRM 7.0/SAP NetWeaver 7.01	optional
Portal Content Supplier	SAP SRM 7.0/SAP NetWeaver 7.01	optional
SRM Supplier Java		optional
TREX	SAP SRM 7.0/SAP NetWeaver 7.01	optional
PPM (cProjects)	SAP SRM 7.0/SAP NetWeaver 7.01	optional
LAC WPS	SAP SRM 7.0/SAP NetWeaver 7.01	ja für Sourcing mit Live-Auktion
SAP ERP	EHP 4 for SAP ERP 6.0/ SAP NetWeaver 7.01	optional
SRM-MDM Catalog	siehe *Catalog Content Management*	ja

Tabelle A.5 Softwareinstanzen des Geschäftsszenarios »Strategic Sourcing«

A.6 Contract Management

Dieses Geschäftsszenario beschreibt die Verwaltung von Kontrakten (siehe Kapitel 8, »Verwaltung von Kontrakten«). Abbildung A.8 zeigt die Systemarchitektur für das Geschäftsszenario »Central Contract Management« als SRM Suite-Szenario.

Abbildung A.9 zeigt die Systemarchitektur für das Geschäftsszenario »Operational Contract Management« als SRM Core-Szenario.

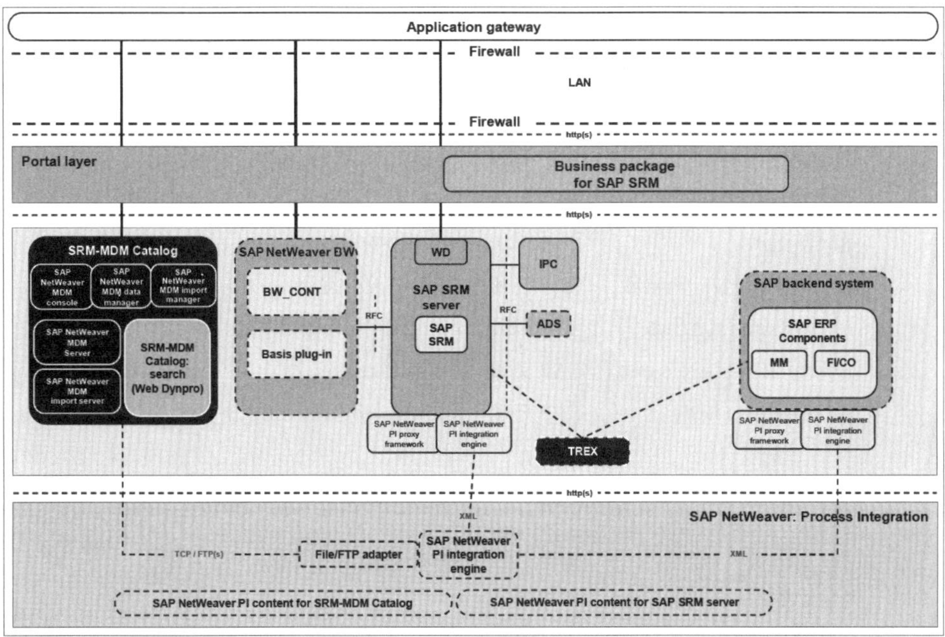

Abbildung A.8 Systemarchitektur des Geschäftsszenarios »Central Contract Management« (SRM Suite-Szenario)

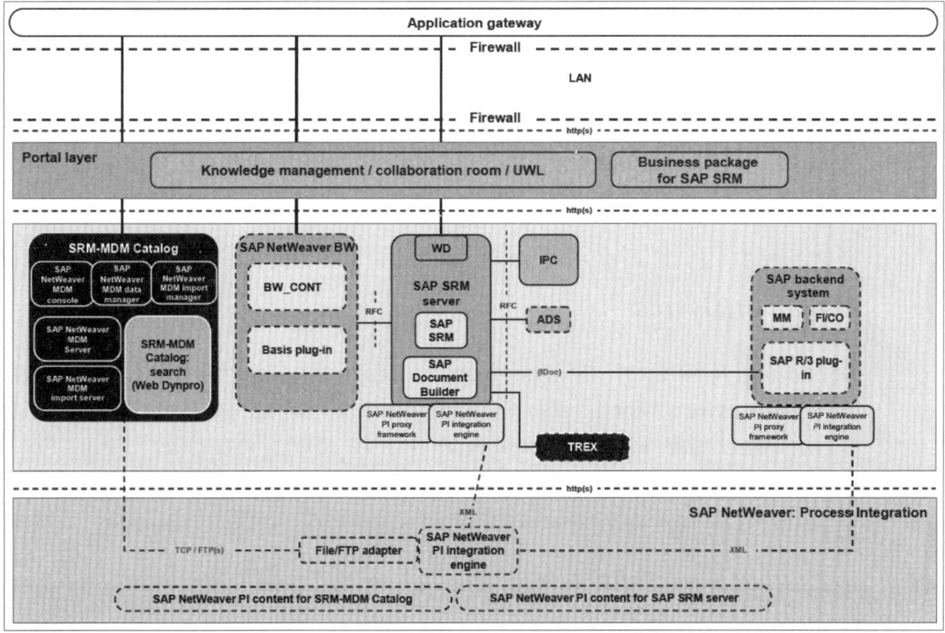

Abbildung A.9 Systemarchitektur des Geschäftsszenarios »Operational Contract Management« (SRM Core-Szenario)

Tabelle A.6 enthält eine Liste aller im Geschäftsszenario »Contract Management« verwendeten Softwareinstanzen.

Softwareinstanz	Version	Erforderlich
SRM-Server	SAP SRM 7.0/SAP NetWeaver 7.01	ja
Business Intelligence	SAP EHP 1 for SAP NetWeaver 7.0	optional
BI Content	SAP SRM /SAP NetWeaver 7.01	optional
SAP NetWeaver Portal	SAP EHP 1 for SAP NetWeaver 7.0	optional
Portal Content SRM	SAP SRM/SAP NetWeaver 7.01	
Frontend-GUIs	SAP SRM/SAP NetWeaver 7.01	optional
Adobe Document Services	SAP EHP 1 for SAP NetWeaver 7.0	ja
Process Integration (PI)	SAP EHP 1 for SAP NetWeaver 7.0	für Central Contract Management mit SAP ERP 6.0, EHP 4 erforderlich, sonst optional
PI Content	SAP SRM/SAP NetWeaver 7.01	
ESR Content		
SRM Java	SAP SRM 7.0/SAP NetWeaver 7.01	optional
Portal Content Supplier	SAP SRM 7.0/SAP NetWeaver 7.01	optional
SRM Supplier Java		optional
TREX	SAP SRM/SAP NetWeaver 7.01	optional
SAP ERP	EHP 4 for SAP ERP 6.0/ SAP NetWeaver 7.01	optional
SRM-MDM Catalog	siehe *Catalog Content Management*	optional

Tabelle A.6 Softwareinstanzen des Geschäftsszenarios »Contract Management«

A.7 Analytics

Abbildung A.10 zeigt die Systemarchitektur, die für SAP NetWeaver BW-basierte Auswertungen, wie z.B. im Geschäftsszenario »Spend Analysis« (siehe Abschnitt 11.1, »Ausgabenanalyse«) sowie »Supplier Evaluation« (siehe Abschnitt 10.2, »Lieferantenbewertung«), verwendet wird.

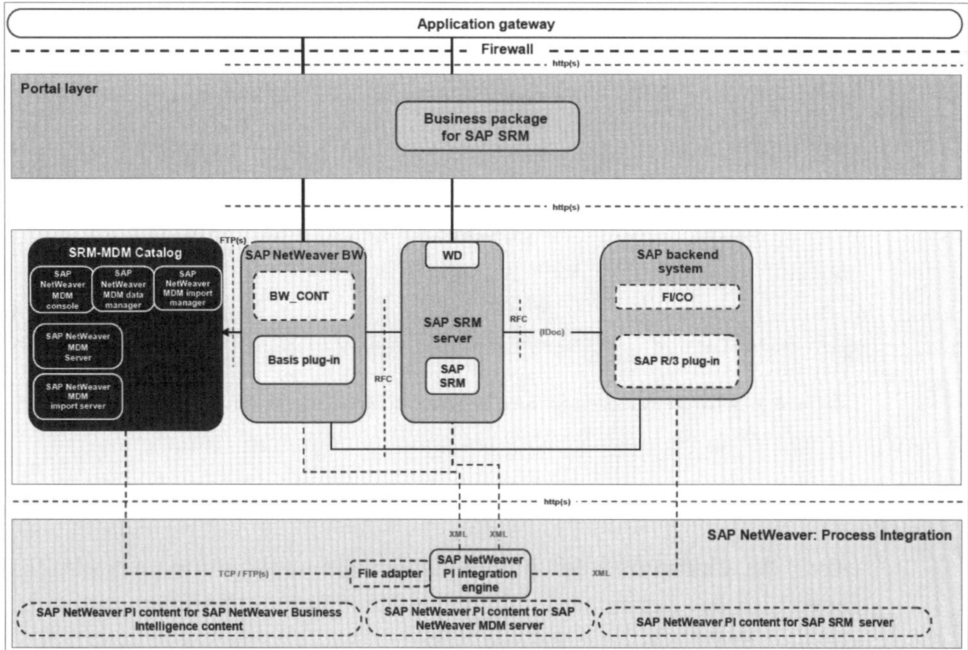

Abbildung A.10 Systemarchitektur für SAP NetWeaver BW-basierte Auswertungen

Tabelle A.7 enthält eine Liste aller für »Analytics« verwendeten Softwareinstanzen.

Softwareinstanz	Version	Erforderlich
SRM-Server	SAP SRM 7.0/SAP NetWeaver 7.01	ja
Business Intelligence	SAP EHP 1 for SAP NetWeaver 7.0	optional
BI Content		optional
SAP NetWeaver Portal	SAP EHP 1 for SAP NetWeaver 7.0	optional
Portal Content SRM	SAP SRM/SAP NetWeaver 7.01	optional
Frontend-GUIs	SAP SRM/SAP NetWeaver 7.01	ja
Adobe Document Services	SAP EHP 1 for SAP NetWeaver 7.0	ja
Process Integration (PI)	SAP EHP 1 for SAP NetWeaver 7.0	für SAP ERP 6.0, EHP 4 + klassisches Szenario erforderlich, sonst optional
PI Content	SAP SRM/SAP NetWeaver 7.01	
ESR Content		

Tabelle A.7 Softwareinstanzen für SAP NetWeaver BW-basierte Auswertungen

Softwareinstanz	Version	Erforderlich
SRM Java	SAP SRM 7.0/SAP NetWeaver 7.01	optional
Portal Content Supplier	SAP SRM 7.0/SAP NetWeaver 7.01	optional
SRM Supplier Java		optional
TREX	SAP SRM/SAP NetWeaver 7.01	optional
PPM (cProjects)	SAP SRM/SAP NetWeaver 7.01	optional
SAP ERP	EHP4 for SAP ERP 6.0/ SAP NetWeaver 7.01	ja
SRM-MDM Catalog	siehe *Catalog Content Management*	optional

Tabelle A.7 Softwareinstanzen für SAP NetWeaver BW-basierte Auswertungen (Forts.)

A.8 Änderungen durch EHP 1 und EHP 2

Durch die Einführung der beiden Erweiterungspakete für SAP SRM 7.0 ändert sich das Zusammenspiel zwischen der SAP SRM-Serverkomponente und dem SAP NetWeaver-Release:

- Für EHP 1 wird die folgende Kombination benötigt: SAP SRM Server 7.01/ SAP NetWeaver 7.02
- Für EHP 2 wird die folgende Kombination benötigt: SAP SRM Server 7.02/ SAP NetWeaver 7.03

B Wichtige SAP GUI-Transaktionen und Jobs

Dieser Anhang enthält eine Liste der wichtigsten SAP SRM-Transaktionen und einzuplanenden Jobs, gegliedert nach den Kapiteln dieses Buches. Dabei wurden auch einige ergänzende Transaktionen aufgenommen, die im jeweiligen Kapitel nicht explizit erklärt wurden, jedoch im Gesamtkontext des Kapitels hilfreich sein können. Bereits erwähnte Transaktionen werden nicht mehrfach aufgeführt.

Beachten Sie, dass die Listen nur direkt über das SAP GUI aufrufbare Transaktionen enthalten. Browserbasierte Transaktionen und nur über die Transaktion SPRO erreichbare IMG-Customizing-Transaktionen werden nicht genannt, da diese nicht durch die Eingabe eines Transaktionscodes im SAP GUI aufrufbar sind.

SAP GUI-Transaktionen (kapitelübergreifend)

Transaktion	Verwendung
SPRO	Aufrufen des Customizings
SA38	ABAP: Programmausführung
SE16	Data Browser zur Pflege von Tabellen ohne Pflegedialog
SE30	Tabellenpflege zur Pflege von Tabellen mit Pflegedialog
/n	eine Ebene nach oben, sollte bei jedem Aufruf einer Transaktion vor dem Transaktionsnamen ergänzt werden, falls Sie sich bereits in einer Transaktion befinden
SE80	ABAP Workbench zur Entwicklung von ABAP-Programmen
SE18	BAdI Builder: Einstieg Definitionen
SE19	BAdI Builder: Einstieg Implementierungen
SM21	System Log anzeigen lassen
SLG1	Anwendungslog anzeigen lassen
ST22	ABAP Shortdumps analysieren
BBP_PD	technische Zusammenhänge der in SAP SRM verwendeten Tabellen für die existierenden Business-Objekte, z.B. Shopping Cart (2121), anzeigen lassen
SMARTFORMS	Einstellen des Layouts der Bestellausgabe

Tabelle B.1 SAP GUI-Transaktionen (kapitelübergreifend)

Transaktion	Verwendung
SARA	Archivadministration
SPAU	Modifikationsabgleich

Tabelle B.1 SAP GUI-Transaktionen (kapitelübergreifend) (Forts.)

Kapitel 2, »Architektur und Technologie von SAP SRM«

Transaktion	Verwendung
SM59	RFC-Destinationen definieren
BD64	ALE-Verteilung
SM36	Jobs einplanen
BD87	IDocs nach verschiedenen Kriterien und Status anzeigen lassen
WE05	IDoc-Liste

Tabelle B.2 Transaktionen aus Kapitel 2, »Architektur und Technologie von SAP SRM«

Kapitel 3, »Organisationsmanagement und Benutzerverwaltung«

Transaktion	Verwendung
PPOCA_BBP	Wurzelorganisationseinheit der Aufbauorganisation anlegen
PPOMA_BBP	Aufbauorganisation pflegen
PPOSA_BBP	Aufbauorganisation anzeigen
BBP_BP_OM_INTEGRATE	Aufbauorganisationen auf technische Inkonsistenzen überprüfen
BBP_ATTR_CHECK	Attribute der Aufbauorganisation individuell für eine einzelne Anwendung (z. B. Einkaufswagen) auf Korrektheit überprüfen
RHALEINI	initiale Verteilung der Objekte zur Replikation der Aufbauorganisation aus dem HCM-System (SAP ERP-Transaktion)
SU01	Benutzerstammsatz pflegen
PFCG	Benutzerrollen bearbeiten
USERS_GEN	Transaktion zur Benutzergenerierung in SAP SRM mit vielen unterschiedlichen Funktionalitäten

Tabelle B.3 Transaktionen aus Kapitel 3, »Organisationsmanagement und Benutzerverwaltung«

Kapitel 4, »Stammdaten«

Transaktion	Verwendung
PPOCV_BBP	Wurzelorganisationseinheit der Lieferantenhierarchie anlegen
PPOMV_BBP	Lieferantenhierarchie pflegen
PPOSV_BBP	Lieferantenhierarchie anzeigen
BBP_UPLOAD_PAYMENT_TERMS	Upload der Zahlungsbedingungen aus SAP ERP in SAP SRM
BBP_UPLOAD_QM_SYSTEMS	Upload der Qualitätsmanagement-Systeme aus SAP ERP in SAP SRM
BBPGETVD	Upload der Lieferantenstammsätze aus SAP ERP in SAP SRM
BBP_UPDATE_PORG	Massenpflege zur Bearbeitung der Zuordnung der Einkaufsorganisation zum Lieferanten
BBP_UPDATE_MAPPING	Zuordnung eines Lieferanten zu weiteren ERP-Backend-Systemen
BBP_SNEW_SYNCVD	Anzeige, welche Lieferanten aus welchem Backend über den Report BBP_VENDOR_SYNC neu hinzugefügt worden sind
COMM_HIERARCHY	Produktkategorie-Hierarchien bearbeiten
COMM_PRAPPLCAT	Hierarchien Anwendungen zuordnen
COMMPR01	manuelle Pflege von Produkten
BBP_PRODUCT_SETTINGS	Deaktivieren der CRM-spezifischen Middleware-Einstellungen
SMOEAC	Sites für die Produktreplikation von SAP ERP in SAP SRM über die CRM-Middleware einrichten
R3AC1	Filtereinstellung zur Replikation von Produkten von SAP ERP in SAP SRM
R3AC3	Filtereinstellung zur Replikation von Produktkategorien von SAP ERP in SAP SRM
R3AS	initiale Datenübernahme bei der Produktreplikation aus SAP ERP in SAP SRM starten
R3AM1	Überwachung der Produktreplikation aus SAP ERP in SAP SRM
SMQ1	Prüfung der Ausgangs-Queue im SAP ERP-Backend
SMQ2	Prüfung der Eingangs-Queue in SAP SRM

Tabelle B.4 Transaktionen aus Kapitel 4, »Stammdaten«

Transaktion	Verwendung
R3AC4	Delta Load für die Produktreplikation aus SAP ERP in SAP SRM einrichten
MECCM	Hochladen von Musterleistungsverzeichnissen aus MM in den SRM-MDM Catalog (SAP ERP-Transaktion)
SLG1	Anwendungslog anzeigen lassen

Tabelle B.4 Transaktionen aus Kapitel 4, »Stammdaten« (Forts.)

Kapitel 5, »SAP Business Workflow«

Transaktion	Verwendung
OOCU	aufgabenspezifisches Customizing durchführen
SWB_PROCUREMENT	Startbedingungen für Workflows festlegen
BRF	Ereignisse und Ausdrücke im BRF pflegen
SWIA	Administratorüberwachung von Workitems
SCOT	Konfigurieren der E-Mail-Benachrichtigung
SO50	Eingangsverarbeitung für Offline-Genehmigung aktivieren
SWDD	Workflow-Editor
SWI1	Workitems überprüfen
SWI2_FREQ	Workitems pro Aufgabe anzeigen
SWID	Analyse fehlerhafter Workflows
SWUD	Workflow-Simulation
PPWFBUF	Pufferbereinigung/-abgleich
SWU-OBUF	Pufferbereinigung/-abgleich
SM58	transaktionale RFC-Queue prüfen und gegebenenfalls blockierte Workitems freigeben

Tabelle B.5 Transaktionen aus Kapitel 5, »SAP Business Workflow«

Kapitel 6, »Operative Beschaffungsprozesse«

Transaktion	Verwendung
SMICM	Verwendung des ICM-Monitors
ME21N	Bestellung anlegen (SAP ERP-Transaktion)

Tabelle B.6 Transaktionen aus Kapitel 6, »Operative Beschaffungsprozesse«

Transaktion	Verwendung
ME23N	Bestellung anzeigen (SAP ERP-Transaktion)
ME51N	Bestellanforderung anlegen (SAP ERP-Transaktion)
ME53N	Bestellanforderung anzeigen (SAP ERP-Transaktion)
MIGO	Wareneingang erfassen (SAP ERP-Transaktion)
ML81N	Leistungserfassungsblatt anlegen (SAP ERP-Transaktion)
MIRO	Logistik-Rechnungsprüfung (SAP ERP-Transaktion)

Tabelle B.6 Transaktionen aus Kapitel 6, »Operative Beschaffungsprozesse« (Forts.)

Kapitel 9, »Lieferantenkollaboration«

Transaktion	Verwendung
BD14	ERP-Lieferant an SAP SUS replizieren (SAP ERP-Transaktion)

Tabelle B.7 Transaktion aus Kapitel 9, »Lieferantenkollaboration«

Kapitel 10, »Optimierung des Lieferantenportfolios«

Transaktion	Verwendung
BBP_EVAL_SURVEY	SAP Web Survey Cockpit

Tabelle B.8 Transaktion aus Kapitel 10, »Optimierung des Lieferantenportfolios«

Kapitel 13, »SAP SRM Solution Manager Content«

Beachten Sie, dass es sich bei den hier beschriebenen Transaktionen um SAP Solution Manager-Transaktionen handelt, die nicht in SAP SRM vorhanden sind.

Transaktion	Verwendung
SMSY	Systemlandschaft pflegen
SOLAR_PROJECT_ADMIN	Projekt anlegen
SOLAR01	Business Blueprint anlegen
SOLAR02	Auswahl Konfigurationsstrukturen sowie Nutzung des Projekts
SOLAR_EVAL	Auswertungen im SAP Solution Manager

Tabelle B.9 Transaktionen aus Kapitel 13, »SAP SRM Solution Manager Content«

Wichtige Jobs

Jobs sind Programme (ABAP-Reports), die zur regelmäßigen Ausführung mithilfe der Transaktion SM36 eingeplant werden.

Report	Verwendung
CLEAN_REQREQ_UP	Prüfung, ob alle Daten richtig ins Backend übertragen worden sind, und anschließende Löschung der Einträge in Tabelle BBP_DOCUMENT_TAB
BBP_GET_STATUS_2	Aktualisierung der Statusangaben zu Bestellanforderungen, Bestellungen und Reservierungen
BBP_VENDOR_SYNC	Synchronisation von Lieferantenstammdaten von SAP ERP nach SAP SRM
BBP_EXTREQ_TRANSFER	Übertragen von Bestellanforderungen in SAP SRM (SAP ERP-Report)
RSPPFPROCESS	Übertragung von Bestellungen an Lieferanten
BBPERS	automatische Wareneingangsabrechnung für lokale Bestellungen
RBBP_NOTIFICATION_OFFAPP	Anlegen von E-Mails aus Workitems zur Offline-Genehmigung

Tabelle B.10 Wichtige Jobs in SAP SRM

C Hilfreiche SAP-Hinweise

Dieser Anhang enthält eine Liste hilfreicher SAP-Hinweise. Wir empfehlen, dass Sie während eines SAP SRM-Implementierungsprojekts bzw. falls Sie auf Probleme beim Betrieb Ihres SAP SRM-Systems stoßen, diese Liste zur ergänzenden Information oder zur Fehlersuche hinzuziehen.

SAP-Hinweise zur Konfiguration neuer SAP SRM 7.0-Funktionalitäten

- 1230438, »Solution Manager Content für SAP SRM 7.0«
- 1237150, »SRM 7.0 – Erweiterungen des BI Contents«
- 1261825, »SAP SRM: Matrix der verwendeten Rollen«
- 1263876, »SAP SRM: Konfiguration des Beschaffungsprozessszenarios«
- 1267549, »SRM 7.0: Anlegen neuer Vorgangsarten zu Ausschreibg. u. Angeb.«
- 1268336, »Business Suite 2008: Synchrone Peer-to-Peer-Services«
- 1268821, »SRM 7.0/ERP 6.04: Konfig der Zentralkontraktverwaltung«
- 1269540, »SUS: planungsgesteuerte u. Leistungsbeschaffg. konfigurieren«
- 1270081, »Fehlerbehebung bei SOA-Services«
- 1286936, »PI-Konfiguration für SRM – zusätzliche Informationen«
- 1287412, »Voraussetzungen für OCI-Integration in SRM 7.0«
- 1437987, »Freigabe von portalunabhängigen Navigationsrahmen für SRM 7.0«
- 1261825, »SAP SRM 7.xx: Infos zu PFCG- und Portalrollen«
- 1463992, »SAP SRM: Änderungen an PFCG-Rollen in SRM 7.01«
- 1457932, »BP für SRM 7.0 EHP 1: Installationsinformation«

SAP-Hinweise im Bereich »Katalogverwaltung«

- 395312, »Katalogdaten werden nicht in den Einkaufskorb übernommen«
- 1077701, »SRM-MDM Catalog – FAQ«

SAP-Hinweise im Bereich »Organisationsmanagement und Benutzerverwaltung«

- 312090, »Integration HR – BBP/CRM«
- 363187, »HR-CA-ALE: Initialverteilung mit HRMD_A/HRMD_ABA (Tipp)«
- 402592, »EBP im Umfeld einer zentralen Benutzerverwaltung«
- 548862, »FAQ: EBP-Benutzeradministration«
- 550055, »EBP/CRM: Neue Integration zum Geschäftspartner«
- 615896, »HR-ALX: Verteilungsmodelle – Schablonen«
- 934372, »SRM/CRM: HR-Integration zum Geschäftspartner – Neuigkeiten«
- 1252052, »SAP NetWeaver Portal: Self-Registration and Toolkit«

SAP-Hinweise im Bereich »SAP Business Workflow«

- 322526, »Analyse von Workflow-Problemen«
- 547601, »FAQ Workflow, Laufzeitumgebung und Fehleranalyse«
- 1277921, »Genehmigd./Reviewer während Workflow Feldänd erlaub./n.erl.«

Sonstige hilfreiche SAP SRM-Hinweise

- 441892, »Integration externer Anforderungen«
- 451245, »Rahmenbedingungen Anbindung MRP ↔ EBP«
- 505030, »Restriktionen bei der Integration externer Anforderungen«
- 1258757, »FAQ: Durch ext. Anford. erstellten Einkaufswagen bearbeiten«
- 543544, »SUS: Erweit. klassisches Szenario für EBP nicht unterstützt«
- 563180, »Standorte – Replikation von R/3-Werken«
- 734060, »SRM: Up- und Download von Belegen mithilfe von MS Excel«
- 767461, »Übergabe der Anlieferadresse an das Backend-System«
- 963000, »Verwendung & Freigabe von SRM als Add-on für ECC in ERP 6.0«
- 1427561, »Einstellungen v. Internet Explorer 8 für SRM-MDM Katalog«
- 1480779, »Empfehlungen für die sichere Katalogintegration via OCI«
- 1723534, »Häufig gestellte Fragen: SRM-MDM Catalog 3.0 und 7.01«
- 1287412, »Voraussetzungen für die OCI-Integration in SRM 7.0«
- 1274642, »Änd. im Solution Manager – im März-Release ausgeliefert«

D Attribute der Aufbauorganisation

Dieser Anhang gibt Ihnen einen Überblick über die für die SAP SRM-Aufbauorganisation verfügbaren Attribute. Die Attributpflege erfolgt über die Transaktion PPOMA_BBP (siehe Abschnitt 3.2, »Organisationsmanagement«).

- **Aktueller ITS eines Benutzers (ITS_DEST)**
  Aktuelle Adresse des Internetzugangs des Benutzers (wird automatisch geliefert). Dieses Attribut wird nur bis inklusive SAP SRM 5.0 benötigt. Beispielwert: *http://abcde.com:52580/sap/bc/gui/sap/its/.*
- **Aktueller ITS eines externen Partners (EXT_ITS)**
  Gibt den ITS-Server für einen externen Geschäftspartner (Bieter oder Lieferant) an – z.B. ein ITS-Server hinter der Firewall. Dieses Attribut wird nur bis inklusive SAP SRM 5.0 benötigt.
  Beispielwert: *http://abcde.com:52580/sap/bc/gui/sap/its/.*
- **Anlage (AN1)**
  Definiert die Anlage im Backend-System. Vorschlagswert für die Kontierung beim Anlegen eines Einkaufswagens oder einer lokalen Bestellung. Beispielwert: ABCCLNT123\000000001111.
- **Anlagenunternummer (AN2)**
  Definiert die Anlagenunternummer im Backend-System. Vorschlagswert für die Kontierung beim Anlegen eines Einkaufswagens oder einer lokalen Bestellung. Beispielwert: Q4CCLNT300\1234.
- **Anlagenklasse (ANK)**
  Definiert die Anlagenklasse im Backend-System. Vorschlagswert für die Kontierung beim Anlegen eines Einkaufswagens oder einer lokalen Bestellung. Beispielwert: QW4CLNT100\00001000.
- **Anlieferadresse in der Bestellung (ADDR_SHIPT)**
  Hier wird die Adressnummer einer vorher vom Administrator (über den SRM-Webzugang, Transaktion: Interne Adressen bearbeiten) definierten Anlieferadresse zugewiesen. Beispielwert: 0000013450.
- **Auftrag (ANR)**
  Definiert den Auftrag im Backend-System. Vorschlagswert für die Kontierung beim Anlegen eines Einkaufswagens oder einer lokalen Bestellung. Beispielwert: ABCCLNT123\000000000040.

- **Auftragsart (PM_AUART)**
  Auftragsarten unterscheiden Aufträge nach ihrer Verwendung, z.B. Instandhaltungs- und Serviceaufträge. Dieses Attribut wird bei der Selektion von Aufträgen im Backend-System verwendet.
  Beispielswert: ABCCLNT123\PM01.
- **Ausgabelimit (SPEND_LIM)**
  Wert, bis zu dem ein Benutzer Ausgaben machen kann, bevor ein Workflow zur Genehmigung des Ausgabelimits gestartet wird. Sie definieren dieses Attribut in der Registerkarte ERWEITERTE ATTRIBUTE.
- **Belegart im R/3-System (BSA)**
  Dieses Attribut definiert die Vorgangsart im jeweiligen System für Folgebelege (Bedarfsanforderung und Bestellung) aus Einkaufswagenpositionen. Das Attribut muss einmal pro angeschlossenem Backend-System definiert werden. Beispielwert: T90CLNT090\EC.
- **Benutzerbudget (BUDGET)**
  Betrag, der einem Mitarbeiter zum Einkaufen zur Verfügung gestellt wird (Einkaufsbudget); unter anderem benötigt für den Einkaufsbudget-Workflow.
- **Benutzerrolle (ROLE)**
  Gibt die verfügbaren Benutzerrollen an, die ein Manager einem neuen Benutzer, der per Benutzerselbstregistrierung einen Zugang beantragt hat, zuweisen kann. Beispielwert: SAP_BBP_STAL_EMPLOYEE.
- **Bewegungsart (BWA)**
  Definiert die Art der Materialbewegung im Backend-System. Dieser Wert ist erforderlich, wenn im Backend-System Reservierungen angelegt werden sollen. Beispielwert: T90CLNT090\201.
- **Buchungskreis (BUK)**
  Buchungskreis im Backend-System. Der Benutzer erbt den Buchungskreis in der Regel von seiner Firma. Definieren Sie den Buchungskreis nur über dieses Attribut, wenn Sie den über die Firma geerbten Wert überschreiben möchten. Den Buchungskreis der Firma definieren Sie für die der Firma zugeordnete Organisationseinheit in der Registerkarte FUNKTION. Beispielwert: QW4CLNT100\1000.
- **Default-Drucker (PRI)**
  Name des Druckers. Beispielwert: LP01.
- **Einkäufergruppe (PURCH_GRP)**
  Nummer einer Organisationseinheit, die in der Aufbauorganisation als

lokale Einkäufergruppe gekennzeichnet ist. Dieses Attribut wird simuliert. Sie definieren eine Organisationseinheit in der Registerkarte FUNKTION als Einkäufergruppe.

- **Einkaufsorganisation**
  Nummer einer Organisationseinheit, die in der Aufbauorganisation als lokale Einkaufsorganisation gekennzeichnet ist. Dieses Attribut wird simuliert. Sie definieren eine Organisationseinheit in der Registerkarte FUNKTION als Einkaufsorganisation.
- **Flag: Workitem weiterleiten (FORWARD_WI)**
  Kennzeichen: Gibt an, ob Workitems als E-Mails weitergeleitet werden sollen. Beispielwert: X.
- **Genehmiger für Wertgrenze (SLAPPROVER)**
  Gibt den in Workflows zum Ausgabelimit verwendeten Genehmigenden an. Beispielwert: USMANAGER1.
- **Genehmigungslimit (APPRV_LIM)**
  Der Wert, bis zu dem ein Benutzer genehmigen darf. Sie definieren dieses Attribut in der Registerkarte ERWEITERTE ATTRIBUTE.
- **Hauswährung (CUR)**
  Standardwährung des Benutzers. Beispielwert: EUR.
- **Katalog-ID (CAT)**
  Dieses Attribut legt fest, auf welche Online-Kataloge ein Benutzer zugreifen darf. Beispielwert: KATALOG1.
- **Kennzeichen: Einkäufergruppe (IS_PGR)**
  Kennzeichen, das eine Organisationseinheit als Einkäufergruppe identifiziert. Dieses Attribut wird simuliert. Sie setzen dieses Kennzeichen in der Registerkarte FUNKTION.
- **Kennzeichen: Einkaufsorganisation (IS_POR)**
  Kennzeichen, das eine Organisationseinheit als Einkaufsorganisation identifiziert. Dieses Attribut wird simuliert. Sie setzen dieses Kennzeichen in der Registerkarte FUNKTION.
- **Kennzeichen: Firma (IS_COMPANY)**
  Kennzeichen, das eine Organisationseinheit als unabhängigen Rechtsträger identifiziert. Dieses Attribut wird simuliert. Sie setzen das Kennzeichen für eine Organisationseinheit in der Registerkarte FUNKTION, indem Sie FIRMA ankreuzen.

  Sie sollten eine Organisationseinheit weit oben in der Aufbauorganisation als Firma definieren, indem Sie dieses Kennzeichen setzen. Wenn es bei

Ihnen weitere Organisationseinheiten in einer unteren Ebene Ihres Plans gibt, die Tochtergesellschaften darstellen, müssen Sie auch für sie dieses Kennzeichen setzen.

- **Kontierungstyp (KNT)**
  Vorschlagswert für die Kontierung beim Anlegen eines Einkaufswagens oder einer lokalen Bestellung. Der Vorschlagswert für die Kontierung wird auf der Grundlage des Werts für dieses Attribut (Beispielwert: CC (Kostenstelle)) in Verbindung mit dem entsprechenden Kontierungsobjekt (in diesem Beispiel CNT, Kostenstelle) festgelegt. Beispielwert: CC.
- **Kostenstelle (CNT)**
  Definiert die Kostenstelle im Backend-System. Vorschlagswert für die Kontierung beim Anlegen eines Einkaufswagens oder einer lokalen Bestellung. Beispielwert: 1000/T90CLNT090.
- **Kundenauftrag (AUN)**
  Definiert den Kundenauftrag im Backend-System. Vorschlagswert für die Kontierung beim Anlegen eines Einkaufswagens oder einer lokalen Bestellung. Beispielwert: ABCCLNT123\000000000333.
- **Kundenauftragsposition (APO)**
  Definiert die Kundenauftragsposition im Backend-System. Vorschlagswert für die Kontierung beim Anlegen eines Einkaufswagens oder einer lokalen Bestellung. Beispielwert: Q4CCLNT300\123456.
- **Lagerort (LAG)**
  Eine Organisationseinheit, die es Ihnen erlaubt, zwischen verschiedenen Materialbeständen innerhalb eines Werkes zu unterscheiden. Sie definieren dieses Attribut in der Registerkarte ERWEITERTE ATTRIBUTE.
- **Netzplan (NET)**
  Definiert den Netzplan im Backend-System. Vorschlagswert für die Kontierung beim Anlegen eines Einkaufswagens oder einer lokalen Bestellung. Beispielwert: ABCCLNT123\000000600003.
- **Planungswerk (PM_IWERK)**
  Werk, in dem Instandhaltungsmaßnahmen geplant und vorbereitet werden. Dieses Attribut wird bei der Selektion von Aufträgen im Backend-System verwendet. Beispielwert: ABCCLNT123\1234.
- **PM-Einkäufergruppe (PM_PUR_GRP)**
  Nummer einer Organisationseinheit, die in der Aufbauorganisation als Einkaufsorganisation gekennzeichnet ist. Vorschlagswert in den Komponentendetaildaten. Beispielwert: ABCCLNT123\001.

- **PM-Einkaufsorganisation (PM_PUR_ORG)**
  Nummer einer Organisationseinheit, die in der Aufbauorganisation als Einkaufsorganisation gekennzeichnet ist. Vorschlagswert in den Komponentendetaildaten. Beispielwert: ABCCLNT123\1000.
- **PM: Vorschlag Sachkonto (PM_GL_ACCT)**
  Vorschlagswert für das Sachkonto in den Komponentendetaildaten.
  Beispielwert: ABCCLNT123\417000.
- **PM-Warengruppe (PM_WGR)**
  Gibt den Schlüssel der Warengruppe an, in der Materialien oder Dienstleistungen mit denselben Eigenschaften zusammengefasst werden. Vorschlagswert in den Komponentendetaildaten.
  Beispielwert: ABCCLNT123\000000001.
- **Phase (PM_IPHAS)**
  Phasen unterteilen den Lebenszyklus eines Auftrags in mehrere Abschnitte (z.B. eröffnet und freigegeben) und bestimmen, welche Aktivitäten auf dem Auftrag im jeweiligen Abschnitt erlaubt sind.

  Dieses Attribut wird bei der Selektion von Aufträgen im Backend-System verwendet. Beispielwert: ABCCLNT123\0.
- **PSP-Element (PRO)**
  Definiert das PSP-Element. Der Projektstrukturplan (PSP) bildet die hierarchische Aufbauorganisation eines Projekts ab. PSP-Elemente sind die einzelnen Strukturelemente des Projektstrukturplans. Vorschlagswert für die Kontierung beim Anlegen eines Einkaufswagens oder einer lokalen Bestellung.
- **R/3- bzw. ERP-Einkäufergruppe (PURCH_GRPX)**
  Nummer einer Organisationseinheit, die in der Aufbauorganisation als Einkäufergruppe gekennzeichnet ist. Der Wert enthält die ID und das zugehörige Backend-System einer Backend-Einkäufergruppe. Dieses Attribut wird simuliert. Sie definieren die ID und das zugehörige System in der Registerkarte FUNKTION.
- **R/3- bzw. ERP-Einkaufsorganisation (PURCH_ORGX)**
  Nummer einer Organisationseinheit, die in der Aufbauorganisation als Einkaufsorganisation gekennzeichnet ist. Dieses Attribut wird simuliert. Sie definieren die ID und das zugehörige System in der Registerkarte FUNKTION.
- **Rechnungswesensystem für den Lieferanten (VENDOR_ACS)**
  Definiert das Backend-System, in dem die Kontierung überprüft wird. Dieses Attribut wird benötigt für Rechnungen ohne Bestellbezug und lokale Rechnungen. Beispielwert: ABCCLNT123.

- **SAP Smart Forms: Fußzeile (SF_FOOTER)**
  Definiert die bei der Ausgabe von Bestellungen und Kontrakten zu verwendende Fußzeile. Die Werte werden unter der Verwendung von Smart Forms auf der Grundlage der Einkäufergruppe bestimmt. Sie definieren die Fußzeile in der Transaktion SE78.
- **SAP Smart Forms: Firmenlogo (SF_GRAPHIC)**
  Definiert das bei der Ausgabe von Bestellungen oder Kontrakten zu verwendende Firmenlogo. Die Werte werden unter der Verwendung von Smart Forms auf der Grundlage der Einkäufergruppe bestimmt. Sie definieren das Firmenlogo in der Transaktion SO10.
- **SAP Smart Forms: Kopfzeile (SF_HEADER)**
  Definiert die bei der Ausgabe von Bestellungen und Kontrakten zu verwendende Kopfzeile. Die Werte werden unter der Verwendung von Smart Forms auf der Grundlage der Einkäufergruppe bestimmt. Sie definieren die Kopfzeile in der Transaktion SE78. Beispielwert: BBP_COMPANY.
- **Standortwerk (PM_SWERK)**
  Werk, in dem die technischen Objekte eines Unternehmens installiert sind. Dieses Attribut wird bei der Selektion von Aufträgen im Backend-System verwendet. Beispielwert: ABCCLNT123\1234.
- **Systemalias (SYS)**
  Legt die Systeme fest, die nach Bestellungen zu durchsuchen sind. Mit diesem Attribut werden für Mitarbeiter, die Bestätigungen oder Rechnungen zentral anlegen, Arbeitsvorräte erzeugt. Das Attribut kann sich sowohl auf das lokale System als auch auf Backend-Systeme beziehen. In der Regel werden mehrere Werte definiert: die lokalen Systeme und verschiedene Backend-Systeme. Beispielwert: SRMCLNT300 und T90CLNT090.
- **Systemalias für den Lieferanten (VENDOR_SYS)**
  Definiert das nach Bestellungen zu durchsuchende System, in dem ein Arbeitsvorrat für einen Lieferanten generiert wird, der Bestätigungen oder Rechnungen zentral anlegt. Kann sich sowohl auf das lokale System als auch auf Backend-Systeme beziehen. Im Allgemeinen werden mehrere Werte eingegeben: die lokalen Systeme und die verschiedenen Backend-Systeme. Beispielwert: ABCCLNT123.
- **Systemalias für Rechnungswesensysteme (ACS)**
  Definiert das Backend-System, in dem die Kontierung überprüft wird. Beispielwert: T90CLNT090.

- **Toleranzgruppe (TOG)**
  Definiert die Toleranzgruppe. Mit diesem Attribut können Sie für eine Benutzergruppe definieren, welche Toleranzprüfungen verwendet werden, wenn die Menge oder die Werttoleranzen für Lieferungen oder Rechnungen überschritten werden. Beispielwert: CONF.
- **URL-Adresse eines Fotos (PHOTO)**
  URL-Adresse eines Fotos oder Bildes zur Anzeige auf dem Einstiegsbild.
- **Verantwortliche Einkäufergruppe (RESP_PRGRP)**
  Nummer der Organisationseinheit, für die die Einkäufergruppe zuständig ist. Dieses Attribut wird simuliert. Sie definieren die organisatorische Zuständigkeit einer Einkäufergruppe in der Registerkarte ZUSTÄNDIGKEIT.
- **Vorgangsart: Ausschreibung (TEND_TYPE)**
  Gibt die Vorgangsart für automatisch erstellte Ausschreibungen an, z.B. in SAP PLM (Collaborative Engineering). Sie definieren dieses Attribut für die Einkäufergruppe, die für die Organisationseinheit des Eingangskanals verantwortlich ist. Der Wert für dieses Attribut kann vererbt werden; beispielsweise können Einkäufergruppen ihn von ihrer Einkaufsorganisation erben. Beispielwert: BID.
- **Vorgangsart: Direktmaterial (DP_PROC_TY)**
  Gibt die verwendete Vorgangsart an, wenn Bestellungen für Direktmaterial über BAPIs, über den Einkaufswagen oder per Ausschreibung/Angebot angelegt werden. Sie müssen dieses Attribut für die zuständige Einkäufergruppe pflegen (siehe auch Attribut TEND_TYPE). Die angegebene Vorgangsart muss der Belegart entsprechen, die im Backend-System für Direktmaterialbestellungen mit externer Nummernvergabe verwendet wird. Der Wert für dieses Attribut kann vererbt werden; z.B. können Einkäufergruppen ihn von ihrer Einkaufsorganisation erben. Beispielwert: ECDP.
- **Vorgangsart: Einkaufswagenfolgebelege (BSA)**
  Definiert die Vorgangsart im jeweiligen System für Folgebelege aus Einkaufswagen.

  Das Attribut sollte einmal pro System definiert werden, d.h. für das lokale SRM-System und für alle angeschlossenen Backend-Systeme. Beispielwert: ABCCLNT123\ECA3.
- **Warenempfänger (REQUESTER)**
  Gibt an, für welche Organisationseinheiten bzw. Benutzer der Mitarbeiter Einkaufswagen usw. anlegen darf. Ein Benutzer kann alle Benutzer einer Organisationseinheit als abweichende Warenempfänger auswählen, falls

das Attribut z.B. mit dem folgenden Eintrag gepflegt wird: O 50000019. Falls ein bestimmter Benutzer als Warenempfänger ausgewählt werden soll, muss das Attribut folgendermaßen gepflegt werden: <US><User-ID des abweichenden Warenempfängers>, z.B. USMANAGER22. Für die Anwendung »Einkaufen als Stellvertreter« müssen Sie dieses Attribut pflegen. Sie geben alle Benutzer ein, für die ein anderer Benutzer (z.B. Teamassistent) bestellberechtigt ist.

- **Warengruppe (PRCAT)**
  Definiert die Warengruppen (Produktkategorien), für die der Benutzer bestellberechtigt ist. Wir empfehlen, einen Vorschlagswert zu definieren. Wenn ein Benutzer beispielsweise hauptsächlich Büromaterial bestellt, ist es sinnvoll, Büromaterial als Vorschlagswert zu definieren. Um die Performance zu verbessern, empfehlen wir, die definierten Produktkategorien durch die Verwendung von Platzhaltern und Wertebereichen möglichst einzuschränken. Sie definieren dieses Attribut in der Registerkarte ERWEITERTE ATTRIBUTE.
- **Warengruppenzuständigkeit (RESP_PRCAT)**
  Nummer der Warengruppe, für die die Einkäufergruppe zuständig ist. Dieses Attribut wird simuliert. Sie definieren die sachliche Zuständigkeit einer Einkäufergruppe in der Registerkarte ZUSTÄNDIGKEIT.
- **Werk (WRK)**
  Definiert das Werk im Backend-System. Dieses Attribut wird nur benötigt, wenn das Backend-System ein SAP-System ist. Sie definieren dieses Attribut in der Registerkarte ERWEITERTE ATTRIBUTE.
- **Werk der Komponente (PM_WRK)**
  Werk, in dem die für die Auftragsabwicklung (Reservierung oder Bedarfsanforderung) erforderliche Komponente geplant wird. Vorschlagswert in den Komponentendetaildaten. Beispielwert: ABCCLNT123\1000.
- **Werk für Arbeitsplatz (PM_ARWRK)**
  Werk, in dem sich der eingetragene ausführende Arbeitsplatz befindet. Dieses Attribut wird bei der Selektion von Aufträgen im Backend-System verwendet. Beispielwert: ABCCLNT123\1234.
- **Werk Verantwortlicher Arbeitsplatz (PM_VAWRK)**
  Werk, in dem sich der eingetragene verantwortliche Arbeitsplatz befindet. Dieses Attribut wird bei der Selektion von Aufträgen im Backend-System verwendet. Beispielwert: ABCCLNT123\1234.

E Tipps und Tricks zu Konfiguration und Fehlersuche

Dieser Anhang geht auf bei SAP SRM-Implementierungen häufig auftretende Fehler und Ansätze zur Problembehebung ein.

E.1 Kryptische Fehlermeldungen bei ITS-Transaktionen

Viele Unternehmen setzen nach wie vor das Release SAP SRM 5.0 oder ältere Releases von SAP SRM ein. Bei diesen Versionen wird der *Internet Transaction Server* (ITS) zur Anzeige der browserbasierten Transaktionen verwendet. Der ITS hat, in Abhängigkeit des SAP SRM-Releases, die Eigenschaft, dass nicht alle Fehlermeldungen klar und verständlich angezeigt werden. Oft führt ein fehlerhaft gepflegtes Attribut in der Aufbauorganisation zu kryptischen Fehlermeldungen.

Es gibt allerdings auch die Möglichkeit, sich die ITS-basierten Transaktionen in SAP GUI anzeigen zu lassen (siehe Abbildung E.1). Dies ist zwar nicht besonders benutzerfreundlich, da die den ITS-basierten Transaktionen zugrunde liegenden SAP GUI-basierten Screens nicht für die eigentliche Nutzung durch die Endanwender entwickelt wurden. Sie dienen vielmehr nur als Datenquelle für den ITS, der sie in browserbasierte Transaktionen umwandelt. Diese Vorgehensweise hat jedoch den Vorteil, dass Ihnen klarere Fehlermeldungen angezeigt werden.

Um den Transaktionscode zu ermitteln, den Sie für den Aufruf der ITS-basierten Transaktion per SAP GUI benötigen, starten Sie die Transaktion PFCG und lassen sich die gewünschte Benutzerrolle anzeigen (z.B. SAP_BBP_STAL_EMPLOYEE). Wählen Sie die Registerkarte MENÜ, und klicken Sie in der rechten oberen Ecke der Registerkarte auf die Lupe (TECHNISCHE NAMEN ANZEIGEN). Nun sehen Sie die den einzelnen Menüpunkten zugrunde liegenden Transaktionscodes. Hinter der Funktionalität EINKAUFEN steht z.B. der Transaktionscode BBPSC02.

Melden Sie sich nun mit einem User, der in der Aufbauorganisation enthalten ist, und die gewünschte Benutzerrolle enthält, in SAP GUI an. Geben Sie »/n« in das Feld zum Eingeben des Transaktionscodes ein, und bestätigen Sie mit der [↵]-Taste; hierdurch verlassen Sie SAP Easy Access. Geben Sie nun den Transaktionscode der Transaktion ein, die Sie testen möchten (z.B. BBPSC02). Nun können Sie die browserbasierte Transaktion in SAP GUI durchspielen und das System testen.

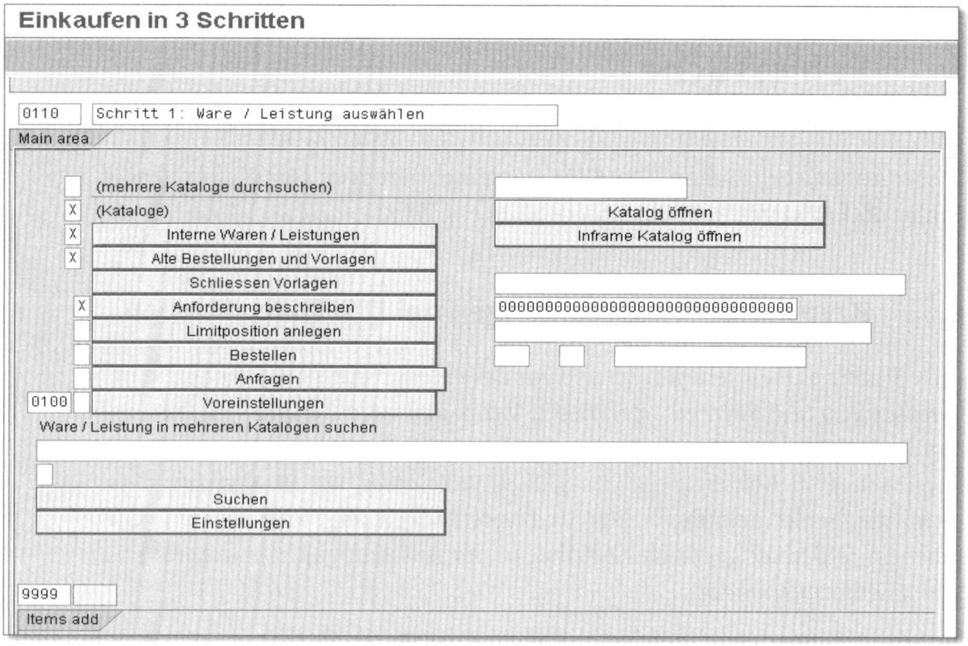

Abbildung E.1 Einkaufswagentransaktion in der SAP GUI-Benutzeroberfläche testen

E.2 Analyse von Workflow-Problemen

Aufgrund seiner vielseitigen Funktionalität und der daraus resultierenden Komplexität ist der SAP Business Workflow eine häufige Fehlerquelle. Der SAP-Hinweis 322526, »Analyse von Workflow-Problemen«, gibt einen hervorragenden Überblick über die Analyse von Workflow-Problemen. Ergänzend können Sie auch die folgenden Schritte vornehmen, um Workflow-Probleme zu analysieren und zu beheben:

- Mithilfe der Transaktion SWB_PROCUREMENT können Sie prüfen, ob widersprüchliche oder lückenhaft gepflegte Startbedingungen im System gepflegt worden sind.
- Wenn sich Workitems aus unerklärlichen Gründen über längere Zeit im Status IN GENEHMIGUNG befinden, obwohl keine Genehmigung erforderlich ist, kann dies an Einträgen in der transaktionalen RFC-Queue liegen. Sie erreichen diese Queue über die Transaktion SM58. Über die [F6]-Taste (LUW AUSFÜHREN) können Sie diese Workitems starten. Das Vorhandensein solcher Einträge kann z.B. auf fehlerhafte Einstellungen in der SAP-Basis zurückzuführen sein.

- Transaktion SWIA (Administrator Überwachung von Workitems)
- Transaktion SWI2_FREQ (Workitems pro Aufgabe anzeigen und bearbeiten)
- Transaktionen PPWFBUF (Pufferbereinigung) und SWU-OBUF (Pufferabgleich)
- Zur Analyse von möglichen Fehlern im Process-controlled-Workflow steht Ihnen ein Analysewerkzeug zur Verfügung, das Sie über die URL *http://<appserver>:<port>/sap/bc/webdynpro/sapsrm/wda_wf_anlysis_cfg* aufrufen können (siehe Abbildung E.2).

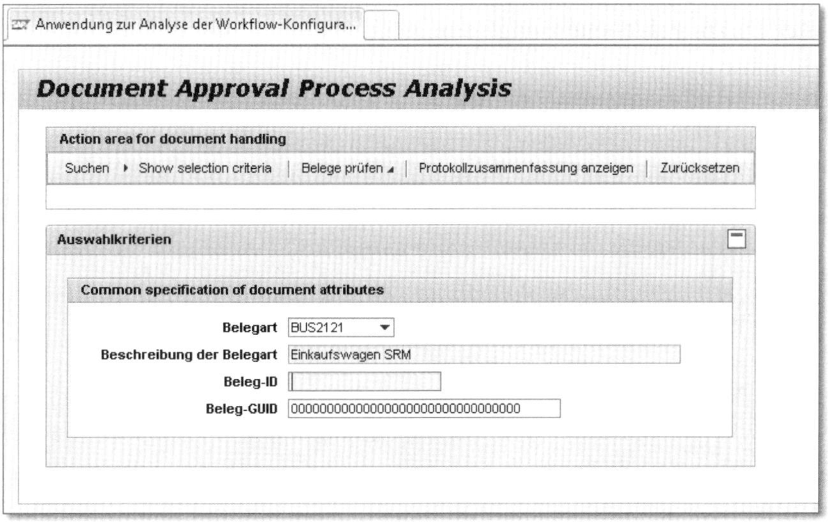

Abbildung E.2 Workflow-Analysewerkzeug

E.3 Problemanalyse im Bereich der CRM Middleware

Ein häufig auftretendes Problem in der CRM Middleware (siehe Kapitel 4, »Stammdaten«) ist, dass die Filter hier alphanumerisch aufgebaut sind. Das heißt, für das System ist der Wert 2.500 höher als der Wert 199.999. Im Zweifel ist oft das Tauschen der Filterwerte ausreichend. Der Filter im System unterscheidet darüber hinaus zwischen Groß- und Kleinschreibung.

Ein weiteres häufiger auftretendes Problem bei der Produktreplikation sind »verstopfte« Queues. Um diese Problematik zu prüfen und gegebenenfalls zu beheben, starten Sie die Transaktion SMQ2 (Eingangs-Queue im SRM-Server) sowie die Transaktion SMQ1 (Ausgangs-Queue im SAP ERP-Backend) und prüfen diese auf vorhandene Einträge. Aktivieren Sie diese gegebenenfalls manuell, oder verzweigen Sie bei technischen Problemen in die Fehlermeldung, und korrigieren Sie das Customizing (z.B. Passwort des RFC-Users ändern).

E.4 Einkaufswagen überwachen

Neben der browserbasierten Transaktion zur Überwachung von Einkaufswagen, die Benutzern mit der Administratorrolle zur Verfügung steht, gibt es auch eine sehr hilfreiche SAP GUI-basierte Transaktion zur Überwachung von Einkaufswagen: BBP_PD (siehe Abbildung E.3). Dort können Sie den gewünschten Objekttyp (z.B. BUS2121 für den Einkaufswagen) auswählen und entweder die GUID (Global Unique Identifier) des Objekts angeben oder sich alle Objekte des ausgewählten Objekttyps anzeigen lassen. Anschließend können Sie in der Tabellenstruktur des Objekts per Doppelklick bis auf Feldebene navigieren.

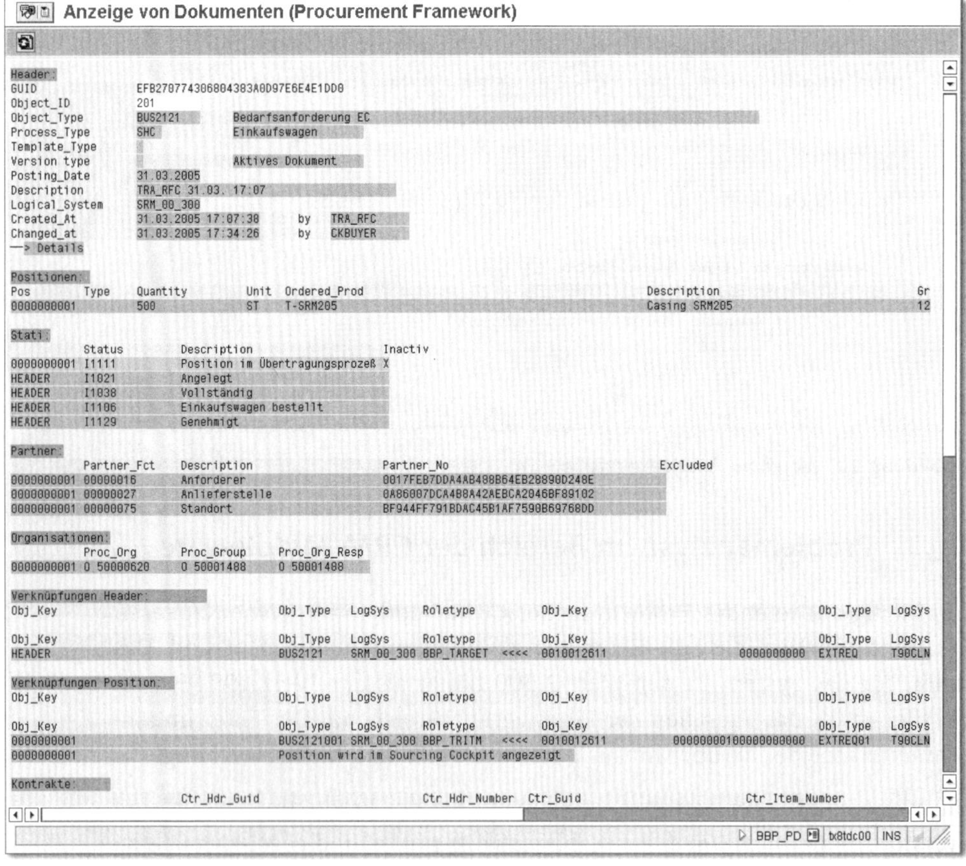

Abbildung E.3 Einkaufswagenanzeige in der Transaktion BBP_PD

Dies bietet Ihnen einerseits einen sehr guten Überblick über die Zusammenhänge der SAP SRM-Tabellen und andererseits eine gute Möglichkeit zur Fehlersuche.

Eine hervorragende Hilfe zur Analyse von Problemen bietet einmal mehr SAP SCN. Hinter der URL *http://wiki.sdn.sap.com/wiki/display/SRM/Transfer+process+of+the+Shopping+Cart* verbirgt sich die schrittweise Anleitung zur Analyse des Einkaufswagen-Übertragungsprozesses.

E.5 Anwendungsmonitore

Die Anwendungsmonitore stehen Benutzern mit der Administratorrolle sowohl über einen browserbasierten Zugang als auch per SAP GUI über die Transaktion RZ20 zur Verfügung. Bevor die Anwendungsmonitore verwendet werden können, müssen diese im Customizing des SRM-Servers gestartet werden. Rufen Sie hierzu die Transaktion SPRO und dann im Einführungsleitfaden (IMG) den Menüpfad Supplier Relationship Management • SRM Server • Anwendungsübergreifende Grundeinstellungen • Anwendungsmonitore starten auf.

F Erweiterungskonzepte für SAP SRM

Trotz des in diesem Buch beschriebenen immensen Funktionsumfangs von SAP SRM gibt es nach wie vor häufig Situationen, in denen Unternehmen eine Spezialanforderung haben, die nicht vom SAP SRM-Standard unterstützt wird. Dieser Anhang beschreibt die technischen Möglichkeiten zur Erweiterung von SAP SRM, ohne dabei das SAP SRM-System selbst modifizieren zu müssen. Das Vermeiden von Systemmodifikationen bringt erhebliche Vorteile in Bezug auf die Update- und Upgrade-Sicherheit. Dies liegt daran, dass jede Systemmodifikation nach dem Einspielen von Support Packages oder einem System-Update manuell überprüft und gegebenenfalls angepasst werden muss.

F.1 BAdIs

Business Add-ins (BAdIs) bieten Möglichkeiten zur Erweiterung von SAP-Systemen, ohne dabei den Programmcode des Systems modifizieren zu müssen. Sie stellen stabile Schnittstellen zur Verfügung, für die Sie ABAP-Code hinterlegen können, der die SAP SRM-Prozesse entsprechend Ihren Anforderungen individuell steuert. BAdIs stehen z.B. im SAP Business Workflow zur Verfügung. Auch das Filtern oder Ändern von Feldinhalten (z.B. im Einkaufswagen) kann die in einem BAdI hinterlegte Logik übernehmen. Ferner kann das Ausprogrammieren von BAdIs das Customizing im SAP SRM-System ergänzen. Wenn Sie z.B. das technische Szenario (klassisches Szenario versus erweitertes klassisches Szenario) abhängig von der Produktkategorie einstellen möchten, können Sie dies durch das Ausprogrammieren eines BAdIs erledigen.

Sie finden die meisten SAP SRM-BAdIs, wenn Sie die Transaktion SPRO und dann im Einführungsleitfaden (IMG), in Abhängigkeit des gewünschten Funktionsbereichs, einen der folgenden Pfade aufrufen (siehe Abbildung F.1):

- Supplier Relationship Management • SRM Server • Business Add-Ins
- Supplier Relationship Management • Supplier Self Services • Business Add-Ins
- Supplier Relationship Management • Lieferantenregistrierung • Business Add-Ins

Alternativ können Sie auch mithilfe der Transaktionen SE18 (BAdI-Builder: Einstieg Definitionen) sowie SE19 (BAdI-Builder: Einstieg Implementierungen) arbeiten.

Business Add-Ins
Eingabewerte zum Anlegen eines temporären Ansprechpartners
Änderung der Einkaufsbelegdaten
Rundung von Mengenfeldern
Änderung der Einkäufergruppen- und Einkaufsorganisationszuordnung
Aktionsausführung beim Sichern
Versionssteuerung
Ermittlung der Treiber-Funktionsbausteine
Anzeige Arbeitsvorräte und Suchergebnislisten
Trennzeichendefinition für die Mehrfacheingabe in der Suche (Obsolet)
Fragebogenfindung für Lieferantenbewertung in SRM
E-Mail-Steuerung im globalen Rahmenvertrag
Gruppierungskriterien für lokale Bestellungen
Zuordnungslogik von Belegpositionen festlegen
Externe Druckaufbereitung für Office-Dokumente festlegen
Definition von Sprache und Land für E-Mail und PDF bei Rechnungsausnahmen
Archivierung von SRM-Belegen
Up-/Download von SRM-Belegen
Weitere Berechtigungsprüfung für SRM-Belege
Lieferantenmonitoraktivierung
Erstellung eines Qualifikationsprofils
Einteilungen für Lieferungen berechnen

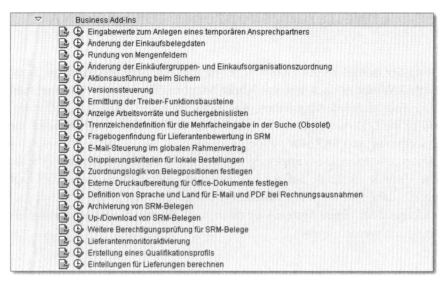

Abbildung F.1 Ausschnitt aus der BAdI-Liste im SRM-Customizing

Die folgende Liste enthält die in diesem Buch erwähnten BAdIs, ergänzt durch einige weitere häufig verwendete BAdIs.

- **BBP_DOC_CHECK_BADI**
  Mithilfe dieses BAdIs können Sie individuelle Prüfungen in allen SAP SRM-Geschäftsdokumenten (z.B. Einkaufswagen) vornehmen.
- **BBP_DOC_CHANGE_BADI**
  Mithilfe dieses BAdIs können Sie individuelle Änderungen in allen SAP SRM-Geschäftsdokumenten (z.B. Einkaufswagen) vornehmen.
- **BBP_WFL_APPROV_BADI**
  Dies ist ein BAdI, um komplexe Workflows wie z.B. einen n-stufigen Workflow zu implementieren. Dieses BAdI kann nur bis inklusive SAP SRM 5.0 verwendet werden und wird ab SAP SRM 6.0 durch die BRF-basierte prozessgesteuerte Workflow-Konfiguration ersetzt.
- **BBP_EXTLOCALPO_BADI**
  Mit diesem BAdI können Sie das technische Szenario (klassisches Szenario versus erweitertes klassisches Szenario) in Abhängigkeit der Produktkategorie einstellen.
- **BBP_CATALOG_TRANSFER**
  Mithilfe dieses BAdIs können Sie die von einem OCI-basierten Produktkatalog übertragenen Daten anreichern, konvertieren oder ändern.

- **BBP_SKILLS**
  Dieses BAdI wird benötigt, wenn Sie im Geschäftsszenario »Beschaffung von externem Personal« mit Qualifikationsprofilen arbeiten möchten.
- **BBP_PGRP_ASSIGN_BADI**
  Definition von Zuordnungsregeln zur Umverteilung des Arbeitsvorrats innerhalb verschiedener Einkäufergruppen.
- **ME_REQ_SOURCING_CUST**
  BAdI im SAP ERP-Backend. Dieses BAdI können Sie nutzen, falls Sie Ihr SAP SRM 7.0-System an ein SAP ERP 6.0-System mit EHP 6 angebunden haben und die Bestellanforderung über die neu verfügbaren SOA-Services übertragen. Mithilfe dieses BAdIs können Sie Regeln definieren, die bestimmen, welche Bestellanforderungen an SAP SRM zur Bezugsquellenfindung weitergeleitet werden sollen.
- **BBP_DRIVER_DETERMINE**
  Sie haben die Möglichkeit, mithilfe dieses BAdIs einen Treiberfunktionsbaustein zu bestimmen, der anstelle des im Standard festgelegten Treiberfunktionsbausteins aufgerufen wird.
- **BBP_PG_REASSIGN_BADI**
  Mithilfe dieses BAdIs können Sie nach der Durchführung des Sourcings eine erneute Zuordnung der Einkäufergruppen und Einkaufsorganisationen durchführen.
- **BBP_CREATE_BE_PO_NE**
  Dieses BAdI gibt Ihnen die Möglichkeit, Ihre kundenindividuellen Anforderungen bei der Erstellung der Backend-Bestellung im klassischen Szenario einzubringen.
- **BBP_WF_LIST**
  Hierdurch können Sie die Arbeitsvorräte von Suchergebnislisten beeinflussen.
- **BBP_SC_MODIFY_UI**
  Mithilfe dieses BAdIs können Sie das Einkaufswagenlayout anpassen.

F.2 Anpassung der Benutzeroberfläche in SAP SRM 7.0

Die in SAP SRM 7.0 verwendete Web-Dynpro-Technologie in Kombination mit SAP NetWeaver Portal sowie SAP SRM-spezifischen Konfigurationsmöglichkeiten erlaubt eine modifikationsfreie Anpassung der Benutzeroberfläche.

Die Benutzeroberfläche kann zum einen durch den Benutzer selbst im Frontend an seine personalisierten Bedürfnisse angepasst werden; hierzu klickt er mit der rechten Maustaste auf das gewünschte Objekt und führt die gewünschte Personalisierung (Ein- und Ausblenden von Registerkarten, Spalten und Feldern) durch. Zum anderen kann der Administrator die Benutzeroberfläche anpassen, wozu ihm weitergehende Möglichkeiten der Personalisierung zur Verfügung stehen. Der Administrator kann im Customizing die folgenden Einstellungen vornehmen:

- kundeneigene Felder anlegen
- Feldsteuerung konfigurieren
- tabellenartige Erweiterungen anlegen und mit Daten füllen
- die POWL (Personal Object Worklist) anpassen
- Meldungssteuerung beeinflussen

Betrachten wir diese Möglichkeiten nun im Detail.

F.2.1 Kundeneigene Felder anlegen

Je nach Typ werden die Werte der kundeneigenen Felder entweder in die Datenbank geschrieben, an die Benutzeroberfläche gesendet oder sie existieren nur während der Laufzeit einer Transaktion.

Zum Anlegen kundeneigener Felder rufen Sie die Transaktion SPRO und dann im Einführungsleitfaden (IMG) den Menüpfad Supplier Relationship Management • SRM Server • Anwendungsübergreifende Grundeinstellungen • Erweiterungen und Feldsteuerung (Personalisierung) • Kundenfelder konfigurieren auf. Dort folgen Sie den Hilfetexten der diesem Customizing-Knoten untergeordneten Punkte.

F.2.2 Feldsteuerung konfigurieren

Sie haben sowohl für Kundenfelder als auch für Standardfelder die Möglichkeit, pro Feld die Attribute (sichtbar, aktiviert, erforderlich) zu steuern.

Rufen Sie hierzu die Transaktion SPRO und dann im Einführungsleitfaden (IMG) den Menüpfad Supplier Relationship Management • SRM Server • Anwendungsübergreifende Grundeinstellungen • Erweiterungen und Feldsteuerung (Personalisierung) • Feldsteuerung konfigurieren auf. Dort folgen Sie den Hilfetexten der diesem Customizing-Knoten untergeordneten Punkte.

F.2.3 Tabellenartige Erweiterungen anlegen und mit Daten füllen

Sie haben die Möglichkeit, tabellenartige Erweiterungen auf Kopf- und Positionsebene festzulegen, Metadaten sowie Felder und Buttons für diese zu bestimmen und das Erscheinungsbild der Tabelle auf der Benutzeroberfläche einzustellen.

Rufen Sie hierzu die Transaktion SPRO und dann im Einführungsleitfaden (IMG) den Menüpfad Supplier Relationship Management • SRM Server • Anwendungsübergreifende Grundeinstellungen • Erweiterungen und Feldsteuerung (Personalisierung) • Steuerung für Tabellenartige Erweiterungen auf. Dort folgen Sie den Hilfetexten der diesem Customizing-Knoten untergeordneten Punkte.

F.2.4 Anpassung der POWL

Zur Anpassung von Buttons und Spalten in der POWL rufen Sie die Transaktion SPRO und dann im Einführungsleitfaden (IMG) den Menüpfad Supplier Relationship Management • SRM Server • Anwendungsübergreifende Grundeinstellungen • POWL Und Erweiterte Suche auf. Dort folgen Sie den Hilfetexten der diesem Customizing-Knoten untergeordneten Punkte.

F.2.5 Meldungssteuerung beeinflussen

Sie können den Typ der auftretenden Meldungen ändern. So ist es möglich, eine Fehlermeldung als Warnung auszugeben und umgekehrt. Manche Meldungen können Sie sogar ganz ausschalten, so dass sie nicht mehr auf der Oberfläche erscheinen.

Rufen Sie hierzu die Transaktion SPRO und dann im Einführungsleitfaden (IMG) den Menüpfad Supplier Relationship Management • SRM Server • Anwendungsübergreifende Grundeinstellungen • Meldungssteuerung auf. Dort folgen Sie den Hilfetexten der diesem Customizing-Knoten untergeordneten Punkte.

Darüber hinaus gibt es auch die Möglichkeit, die Web-Dynpro-Transaktionen direkt über den Konfigurationseditor anzupassen. Dies kann z.B. hilfreich sein, wenn Sie als Administrator ganze Registerkarten ausblenden oder weitergehende Änderungen durchführen möchten.

Zum Identifizieren des technischen Namens der Web-Dynpro-Komponente melden Sie sich mit einem Benutzer mit Entwicklerberechtigung am Browser an, klicken mit der rechten Maustaste auf das gewünschte Element und wählen anschließend Mehr Feldhilfe.

Den Konfigurationseditor erreichen Sie über die Transaktion SE80. Wählen Sie zunächst Repository Browser • Web-Dynpro-Comp./Intf, geben Sie dann den Namen der zu ändernden Web-Dynpro-Komponente ein, und bestätigen Sie abschließend mit der [↵]-Taste. Wählen Sie nun den zu ändernden View, und bearbeiten Sie das Layout über die Registerkarte Layout.

F.3 SOA-basierte Enterprise Services

Seit SAP SRM 5.0 werden mit der SAP SRM-Lösung SOA-basierte Enterprise Services ausgeliefert, die der Integration der verschiedenen Softwarekomponenten untereinander dienen.

[»] **Serviceorientierte Architektur (SOA)**

Bei SOA handelt es sich um eine Systemarchitektur, mit deren Hilfe einzelne Services, gewissermaßen Softwarebausteine für Geschäftsprozesse, so gekapselt werden, dass sie flexibel kombiniert und wiederverwendet werden können.

SOA wird zumeist mit Diensten realisiert, die per XML miteinander kommunizieren, was vom hohen Standardisierungsgrad und der Plattformunabhängigkeit der XML-Technologie herrührt. Dabei können SOA-basierte Services entweder von einer Softwareanwendung innerhalb der Unternehmens-Firewall oder auch von einem externen Anbieter über das Internet zur Verfügung gestellt werden.

SAP verfolgt die Strategie, nach und nach alle Schnittstellen ihrer Softwareanwendungen auf die standardisierte SOA-Technologie umzustellen. Die von SAP ausgelieferten SOA-Services dienen aktuell primär der Integration der SAP-Softwarekomponenten untereinander. Durch den Einsatz dieser standardkonformen SOA-Technologie werden sich jedoch künftig weitere Vorteile und Perspektiven ergeben:

- höhere Transparenz und Konsistenz durch die Nutzung einer einheitlichen, standardisierten Architektur
- bessere Interoperabilität mit Softwareanwendungen von Fremdanbietern, zumindest, wenn diese auch SOA-basierte Enterprise Services anbieten
- modifikationsfreie Erweiterbarkeit der Standardfunktionalitäten mithilfe von Composite Applications

Solche Composite Applications zur Erweiterung der SAP SRM-Funktionalitäten können z.B. mit SAP NetWeaver Composition Environment erstellt werden. Durch die Verwendung von standardkonformen SOA-basierten Enterprise Services können jedoch auch SAP-fremde Technologien zur Erstellung von Composite Applications verwendet werden.

Ein großer Vorteil der Erweiterung von SAP SRM-Funktionalitäten mithilfe von Composite Applications anstelle der Erweiterung über Systemmodifikationen ist, dass Upgrades des SAP SRM-Systems ohne große Aufwände im Bereich des Modifikationsabgleichs ablaufen. Hierdurch werden bei jedem Upgrade und bei jedem Einspielen eines Support Packages erhebliche Zeitaufwände im Bereich des Modifikationsabgleichs, des Tests der Lösung nach dem Upgrade sowie einer eventuell notwendigen Fehlersuche reduziert.

Durch die Kombination von SAP Enterprise Services und weiteren Enterprise Services aus anderen Anwendungen ergeben sich interessante Möglichkeiten, um übergreifende Composite Applications, sogenannte *Mashups*, zu entwickeln. Zum Beispiel könnte ein Mashup zur Überprüfung der mit den Lieferanten ausgehandelten Kontraktkonditionen einen im Internet zur Verfügung stehenden Service mit aktuellen Rohstoffmarktpreisen mit den Daten aus dem SAP SRM-Kontraktmanagement kombinieren. Wird der Marktpreis eines in einem Produkt enthaltenen Rohstoffes günstiger, könnte dieses Mashup den strategischen Einkäufer darüber informieren, damit er eine Neuverhandlung des Kontrakts für dieses Produkt einleitet.

Im Standard von SAP SRM 7.0 stehen Enterprise Services in den folgenden Geschäftsszenarien zur Verfügung:

- Beschaffung komplexer Dienstleistungen mit hierarchischen Strukturen
- Verwaltung von Zentralkontrakten
- Lieferantenkollaboration

Dabei werden in Abhängigkeit der betriebswirtschaftlichen Anforderungen entweder synchrone oder asynchrone Enterprise Services verwendet. SAP empfiehlt, die synchronen Enterprise Services nicht als vermittelt über SAP NetWeaver PI, sondern als Peer-to-Peer zu konfigurieren. Nähere Informationen dazu finden Sie im SAP-Hinweis 1268336, »Business Suite 2008: Synchrone Peer-to-Peer-Services«. Im Folgenden geben wir Ihnen einen Überblick über die jeweils verfügbaren Enterprise Services.

F.3.1 Beschaffung komplexer Dienstleistungen mit hierarchischen Strukturen

Für die Beschaffung komplexer Dienstleistungen mit hierarchischen Strukturen werden die in Abbildung F.2 beschriebenen Enterprise Services verwendet.

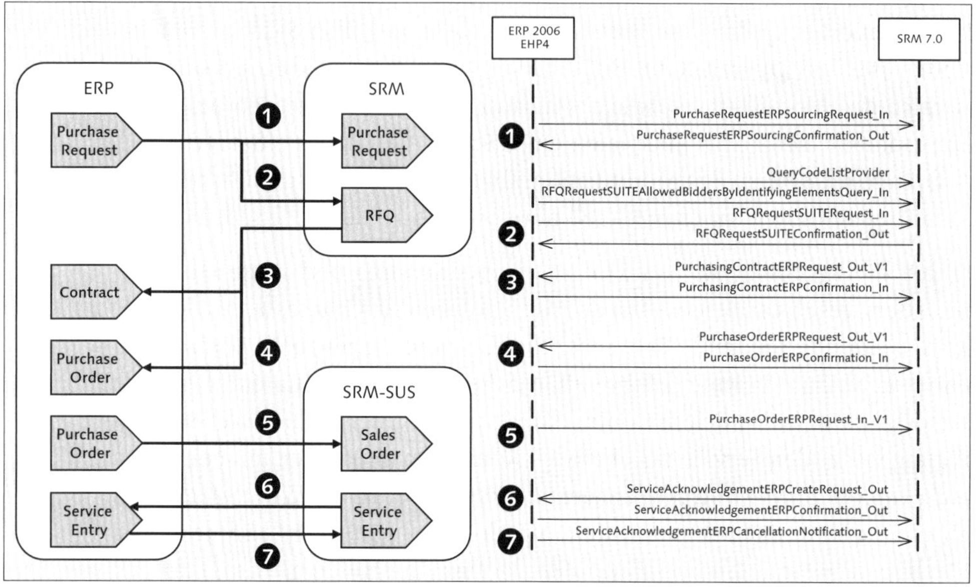

Abbildung F.2 SOA-Services – Beschaffung komplexer Dienstleistungen (Quelle: Additional Configuration Material for SAP SRM 7.0)

Die verwendeten Enterprise Services unterstützten dabei die folgenden betriebswirtschaftlichen Funktionalitäten:

- externe Anforderungen vom SAP ERP-Backend an SAP SRM übertragen
- SAP SRM-Ausschreibungen direkt vom SAP ERP-Backend aus anlegen
- die Backend-Folgebelege »Bestellung« und »Kontrakt« von SAP SRM aus anlegen

F.3.2 Verwaltung von Zentralkontrakten

Für die Verwaltung von Zentralkontrakten werden die in Abbildung F.3 beschriebenen Enterprise Services verwendet.

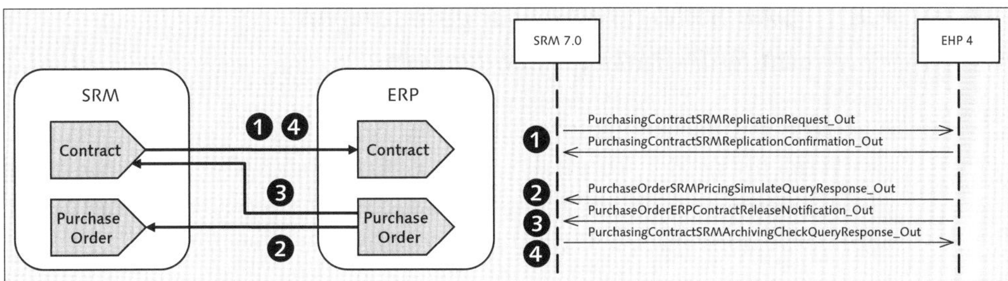

Abbildung F.3 SOA-Services – Verwaltung von Zentralkontrakten (Quelle: Additional Configuration Material for SAP SRM 7.0)

Die verwendeten Enterprise Services unterstützten dabei die folgenden betriebswirtschaftlichen Funktionalitäten:

- Zentralkontrakt von SAP SRM an das SAP ERP-Backend verteilen
- vom SAP ERP-Backend aus eine Preiskalkulation in SAP SRM anfordern
- Kontraktabrufwerte vom SAP ERP-Backend an SAP SRM senden

F.3.3 Lieferantenkollaboration

Die im Bereich der Lieferantenkollaboration verfügbaren Enterprise Services wurden bereits in Kapitel 9, »Lieferantenkollaboration«, dargestellt. Diese Enterprise Services unterstützen den Datenaustausch mit den Lieferanten für die folgenden Geschäftsvorgänge:

- Bestellung/Bestellantwort
- Lieferavis/Wareneingangsbestätigung
- Leistungserfassung/Bestätigung
- Rechnung/Gutschrift

Die dort zur Anbindung der SAP Supplier Self-Services verwendeten Enterprise Services können auch zur Anbindung anderer Anwendungen wie z.B. Lieferantensysteme, Online-Marktplätze oder Composite Applications verwendet werden.

Im nächsten Abschnitt betrachten wir die Möglichkeit der Erweiterung von SAP SRM mithilfe von standardisierten SAP SRM-Erweiterungslösungen aus dem SAP-Partner-Ecosystem. Diese Lösungen bedienen sich z. T. auch schon der in SAP SRM verfügbaren SOA-Services, aber auch noch anderer Technologien zur Prozessintegration mit SAP SRM.

F.4 SAP SRM-Erweiterungslösungen im SAP-Partner-Ecosystem

Eine der strategischen Entscheidungen der SAP AG der letzten Jahre war es, sich vermehrt auf den Kern solider und verlässlicher Softwareanwendungen zu fokussieren und die Erfüllung individueller Kundenanforderungen Partnerunternehmen im SAP-Ecosystem zu überlassen.

Neben einer SOA-basierten Architektur stellt SAP mittlerweile eine eigene Entwicklungsumgebung für SAP-Erweiterungen, sogenannte *Composite Applications*, zur Verfügung: SAP NetWeaver Composition Environment.

Viele SAP-Partnerunternehmen haben die Chance genutzt und bieten nun Composite Applications zur Erweiterung von SAP SRM an. Durch die Standardisierung der Composite Applications bieten die Partner ihren Kunden flexible, schnell implementierbare SAP-Erweiterungen, profitieren jedoch von Kostenvorteilen durch Skalenökonomien (einmal entwickelt, mehrfach eingesetzt), die sie an ihre Kunden weitergeben können.

Zu den großen Herausforderungen im Bereich der Erweiterung von SAP-Software mithilfe von Composite Applications gehören die große Funktionsvielfalt der SAP-Anwendungen sowie die Intransparenz des Anbietermarkts im Bereich der Composite Applications. Häufig wird eine kostspielige Individualentwicklung dem Einsatz einer bereits verfügbaren und schnell implementierbaren Composite Application vorgezogen, da die im Unternehmen zuständige Person aufgrund dieser Intransparenz nicht die Chance hat, die geeignete Anwendung zu finden.

SAP hat dieses Problem erkannt und mit der Einführung des SAP EcoHub Solution Marketplace (*http://ecohub.sap.com*) Abhilfe geschaffen. SAP EcoHub ist ein Verzeichnis, auf dem von SAP zertifizierte Software-Solution-Partner ihre Composite Applications veröffentlichen können (siehe Abbildung F.4).

SAP EcoHub Solution Marketplace bietet einerseits die Möglichkeit, nach Stichworten zu suchen und andererseits können Sie innerhalb dieses Verzeichnisses nach Branche, SAP-Lösung, Aufgabengebiet im Unternehmen, Zertifizierungstyp der Composite Application und nach regionaler Verfügbarkeit navigieren.

Eine Bewertungsfunktion, die SDN-Mitgliedern (SDN = SAP Developer Network) die Möglichkeit zur Bewertung einzelner Lösungen gibt, rundet die Suche nach Composite Applications ab.

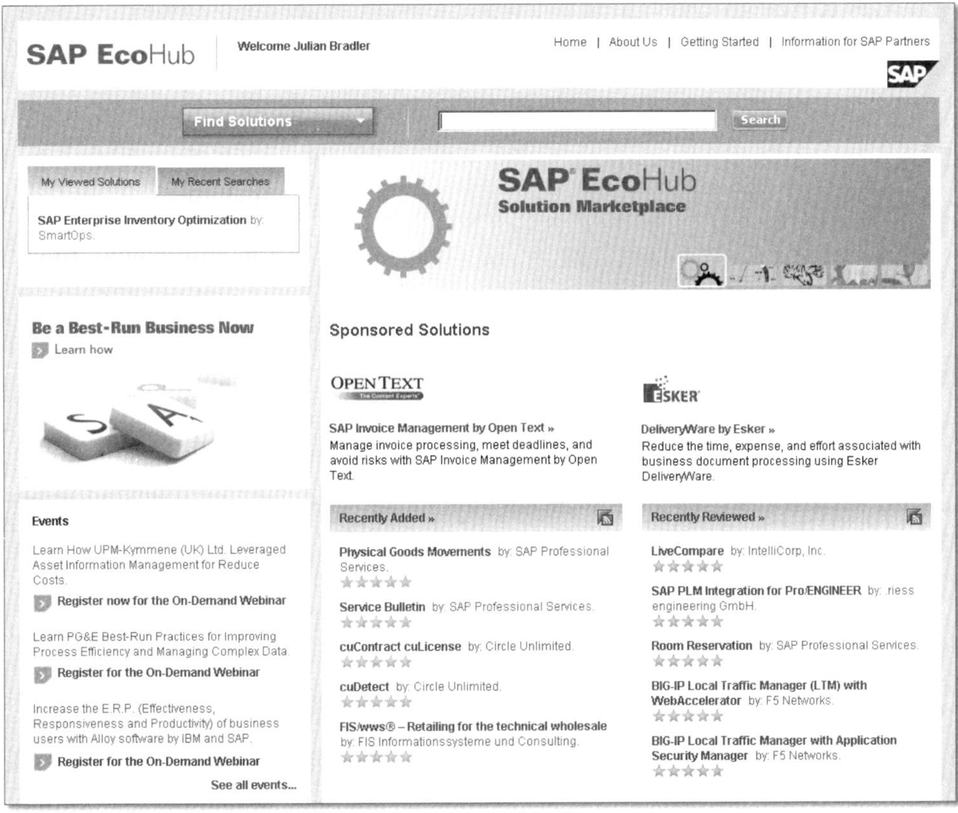

Abbildung F.4 SAP EcoHub Solution Marketplace

G Business Functions und Customizing-Schalter

Durch den Einsatz der Verteilungstechnik der Erweiterungspakete (EHPs) stellt die SAP AG Ihnen derzeit im Jahresrhythmus neue Funktionen für Ihr SAP SRM-System zur Verfügung. Dies eröffnet Ihnen die Möglichkeit, Ihren Anforderungen entsprechend Business Functions zu aktivieren. Auch nach der Aktivierung einer Business Function können Sie Ihr System – mit nur wenigen Ausnahmen – im aktuellen Ist-Zustand weiterbetreiben.

Erst wenn Sie einen Customizing-Schalter aktivieren, werden Informationen in Ihrem System abgeändert. Die meisten Customizing-Schalter sind sogar reversibel, also zurücknehmbar; dies hängt allerdings im Einzelfall von diversen Nebenbedingungen ab.

Customizing-Schalter für das Offline Bidding [zB]

Der Customizing-Schalter für das Offline Bidding ist reversibel, solange noch keine Ausschreibung mit dem Kennzeichen Offline-Angebotserstellung zulassen erstellt worden ist. Möchten Sie den Schalter zurücksetzen, müssen Sie zuerst alle bestehenden Ausschreibungen, die mit diesem Kennzeichen versehen sind, löschen.

In den folgenden Abschnitten werden alle Erweiterungen, die mit den beiden Erweiterungspakete EHP 1 und EHP 2 für SAP SRM 7.0 zur Verfügung gestellt werden, dargestellt. Sie finden die jeweilige Business Function und die dazugehörigen Customizing-Schalter in der jeweiligen tabellarischen Übersicht. Darüber hinaus werden Sie in den einzelnen Tabellen darüber informiert, ob ein Schalter reversibel ist oder nicht.

Eine hervorragende Übersicht über die verfügbaren Business Functions finden Sie unter *http://help.sap.com/saphelp_srm702/helpdata/DE/ac/8a9d9b31364d91b5c12446389ec96f/frameset.htm.* Auf den dortigen Inhalten basieren die in den nächsten Abschnitten folgenden Darstellungen. Eine weitere Informationsquelle sind die jeweiligen Release Notes zu den SAP SRM-Versionen und die Release-spezifischen SAP-Hinweise.

G.1 Operative Beschaffung

Im Bereich »Operative Beschaffung« stehen die im Folgenden tabellarisch dargestellten Business Functions und Customizing-Schalter zur Verfügung.

G.1.1 Beschaffung per Self-Service

Technischer Name der Business Function	SRM_SELF_SERVICE_1	
Anwendungs-komponente	Einkaufswagen (SRM-EBP-SHP)	
Voraussetzungen	SRM_SERVER 701	
	Beschreibung der Funktion	**Customizing-Schalter**
Funktionen	vereinfachter Einkaufswagen	SRM_701_SIMPLIFIED_SC (reversibel)
	Budgetprüfung für den Einkaufswagen	SRM_701_BUDGET_CHECK_SC (reversibel)
	automatische Zuordnung von Bezugsquellen	SRM_701_AUTO_SOS_ASSIGN_OFF (reversibel)
	Anlieferadresse im Einkaufswagen	SRM_701_SHIP_TO_ADDRESS_SC (reversibel)

Tabelle G.1 Funktionen der Business Function SRM_SELF_SERVICE_1

G.1.2 Kataloginnovationen

Technischer Name der Business Function	SRM_CATALOG_1	
Anwendungs-komponente	SRM-CAT-MDM	
Voraussetzungen	SRM_SERVER 701 SRM-MDM Catalog 7.01 (Java)	
	Beschreibung der Funktion	**Customizing-Schalter**
Funktionen	Dienstleistungs-beschaffung	CAT_701_CTR_UPLOAD (nicht reversibel)
	verbesserte Flexibilität und Benutzerfreundlichkeit	CAT_701_UI_IMP (nicht reversibel)
	Katalogintegration mit ABAP-FTP-Funktionsbausteinen	SRM_701_CAT_FTP_INTEGRATION (reversibel)

Tabelle G.2 Funktionen der Business Function SRM_CATALOG_1

G.1.3 Kataloginnovationen 2

Technischer Name der Business Function	SRM_CATALOG_2	
Anwendungs-komponente	SRM-CAT-MDM	
Voraussetzungen	SRM_SERVER 702 SRM-CAT-ENABLER (Java)	
	Beschreibung der Funktion	**Customizing-Schalter**
Funktionen	Erweiterungen zur Nachhaltigkeit	SRM_702_CATALOG_SUSTAIN_ENH (nicht reversibel)
	flache Sicht für Positionen in Leistungsverzeichnissen	CAT_702_UI_IMP (nicht reversibel)

Tabelle G.3 Funktionen der Business Function SRM_CATALOG_2

G.1.4 Innovationen für die Dienstleistungsbeschaffung

Technischer Name der Business Function	SRM_SERVICE_PROC_1	
Anwendungs-komponente	SRM-EBP	
Voraussetzungen	SRM_SERVER 701 Erweiterungspaket 5 für SAP ERP 6.0 (Customizing-Schalter »Dienstleistungsbeschaffung« (SRM_701_SERV_PROC_GE)) (Customizing-Schalter »Zentrale Kontraktverwaltung« (SRM_701_SERV_PROC_CCM))	
	Beschreibung der Funktion	**Customizing-Schalter**
Funktionen	Dienstleistungs-beschaffung	SRM_701_SERV_PROC_GE (reversibel mit Einschränkungen)
	zentrale Kontrakt-verwaltung	SRM_701_SERV_PROC_CCM (reversibel mit Einschränkungen)

Tabelle G.4 Funktionen der Business Function SRM_SERVICE_PROC_1

G.2 Bezugsquellenfindung

Im Bereich »Bezugsquellenfindung« stehen die folgenden Business Functions und Customizing-Schalter zur Verfügung.

G.2.1 Innovationen für die strategische Bezugsquellenfindung

Technischer Name der Business Function	SRM_SOURCING_1	
Anwendungskomponente	Ausschreibung (SRM-EBP-BID)	
Voraussetzungen	SRM_SERVER 701	
	Beschreibung der Funktion	**Customizing-Schalter**
Funktionen	Offline-Angebotserstellung	SRM_701_OFFLINE_BIDDING (reversibel mit Einschränkungen)
	Angebotsmodifikation auf Positionsebene	SRM_701_RFX_RESP_FLEXIBILITY (reversibel)
	Limitpositionen in Ausschreibungen und Auktionen	SRM_701_LIMITS_IN_BIDDING (reversibel)
	Bearbeitung der Ausschreibungsgebühr	SRM_701_TENDER_FEE (reversibel)
	Bearbeitung des Vertragserfüllungspfands	SRM_701_EARNEST_MONEY_DEP (reversibel)
	getrennte Angebotseinreichung	SRM_701_TWO_ENVELOPE (reversibel)
	Vier-Augen-Kontrolle bei Angebotsöffnung	SRM_701_SIMULTANEOUS_LOGON (reversibel)
	Live-Auktionen auf dem ABAP-Server	automatisch aktiv durch die Aktivierung der Business Function – von SAP empfohlen!

Tabelle G.5 Funktionen der Business Function SRM_SOURCING_1

G.2.2 Innovationen für die strategische Bezugsquellenfindung 2

Technischer Name der Business Function	SRM_SOURCING_2	
Anwendungskomponente	Ausschreibung (SRM-EBP-BID)	
Voraussetzungen	SRM_SERVER 702 Business Function SRM_SOURCING_1	
	Beschreibung der Funktion	**Customizing-Schalter**
Funktionen	Infosatzaktualisierung	SRM_702_UPDATE_INFO_RECORD (nicht reversibel)
	Orderbuchaktualisierung	SRM_702_UPDATE_SOURCE_LIST (nicht reversibel)
	Ausschreibungserstellung vor Einkaufswagengenehmigung	SRM_702_RFX_FROM_SC (nicht reversibel)
	Direktmaterial	SRM_702_DIRECT_MATERIAL (nicht reversibel)
	aktive Bieter	SRM_702_ACTIVE_BIDDERS (reversibel)
	Angebotssimulation	SRM_702_BID_SIMULATION (reversibel)
	grafische Suche in der Bezugsquellenfindung	SRM_702_SOURCNG_GRAPH_SEARCH (reversibel)
	Genehmigungs-Workflow für geänderte Einkaufwagenfelder	SRM_702_SOURCING_SC_CHANGE (reversibel)

Tabelle G.6 Funktionen der Business Function SRM_SOURCING_2

G.3 Lieferantenkollaboration

Im Bereich »Lieferantenkollaboration« stehen Ihnen die folgenden Business Functions und Customizing-Schalter zur Verfügung.

G.3.1 Zusammenarbeit mit Lieferanten

Technischer Name der Business Function	SRM_SUCO_1	
Anwendungs-komponente	Ausschreibung (SRM-EBP-BID) Angebot (SRM-EBP-QUO) Supplier Self-Services (SRM-SUS) Lieferantenregistrierung (SRM-ROS)	
Voraussetzungen	SRM_SERVER 701 Erweiterungspaket 4 oder höher für SAP ERP 6.0 (Customizing-Schalter »Enderfassungskennzeichen in Bestätigung« (SRM_701_SUCO_FINAL_ENTRY))	
	Beschreibung der Funktion	**Customizing-Schalter**
Funktionen	Angebotsabgabe außerhalb der SAP SRM-Firewall	SRM_701_SUCO_BIDDER_DECOUP (nicht reversibel)
	Lieferantenregistrierung in SAP Supplier Self-Services	SRM_701_SUCO_SUP_REG (reversibel)
	SUS-Innovationen	SRM_701_SUCO_NOTIF_FILTER (nicht reversibel) (SRM_701_SUCO_FINAL_ENTRY (reversibel) SRM_701_SUCO_NOTIF_FILTER (reversibel)

Tabelle G.7 Funktionen der Business Function SRM_SUCO_1

G.3.2 Zusammenarbeit mit Lieferanten 2

Technischer Name der Business Function	SRM_SUCO_2	
Anwendungskom-ponente	SRM-EBP-REP SRM-EBP-BID	
Voraussetzungen	SRM_SERVER 702 Business Function SRM_SUCO_1	
	Beschreibung der Funktion	**Customizing-Schalter**
Funktionen	Verbesserungen zur Angebotsabgabe außerhalb der Firewall	SRM_702_BID_DECOUPLING_IMPR (nicht reversibel)

Tabelle G.8 Funktionen der Business Function SRM_SUCO_2

G.4 Purchasing Governance

Im Bereich »Purchasing Governance« stehen Ihnen die folgenden Business Functions und Customizing-Schalter zur Verfügung.

G.4.1 Analytische Funktionen

Technischer Name der Business Function	SRM_ANALYTICS_1	
Anwendungskomponente	SRM-EBP-REP	
Voraussetzungen	SRM_SERVER_701 SAP NetWeaver BW	
	Beschreibung der Funktion	**Customizing-Schalter**
Funktionen	Kontraktverwaltung	sofort aktiv
	Geschäftspartner	SRM_701_EMB_ANALYTICS (sofort aktiv, reversibel)

Tabelle G.9 Funktionen der Business Function SRM_ANALYTICS_1

G.4.2 Analytische Funktionen 2

Technischer Name der Business Function	SRM_ANALYTICS_2	
Anwendungskomponente	SRM-EBP-REP	
Voraussetzungen	SRM_SERVER_702 SRM_EXT_FUNC SAP NetWeaver BW	
	Beschreibung der Funktion	**Customizing-Schalter**
Funktionen	strategische Bezugsquellenfindung	SRM_702_POWL_COCKPIT (sofort aktiv, reversibel)

Tabelle G.10 Funktionen der Business Function SRM_ANALYTICS_2

G.5 Übergreifende Funktionen

In den übergreifenden Funktionen stehen Ihnen die folgenden Business Functions und Customizing-Schalter zur Verfügung.

G.5.1 Genehmigungsprozess

Technischer Name der Business Function	SRM_APF_IMPR_1	
Anwendungskomponente	Workflow (SRM-EBP-WFL)	
Voraussetzungen	SRM_SERVER 701	
	Beschreibung der Funktion	**Customizing-Schalter**
Funktionen	asynchrone Verarbeitung des Workflows im letzten Schritt	SRM_701_APF_ASYNC_PRC_FINISH (reversibel)
	parallele Genehmigung bei sich überschneidenden Zuständigkeiten	SRM_701_APF_IN_PARALLEL (reversibel)

Tabelle G.11 Funktionen der Business Function SRM_APF_IMPR_1

G.5.2 Kontinuierliche Innovationen

Technischer Name der Business Function	SRM_APF_IMPR_1
Anwendungskomponente	Ausschreibung (SRM-EBP-BID) Angebot (SRM-EBP-QUO) lokale Bestellung (SRM-EBP-POR) Kontraktverwaltung (SRM-EBP-CON) Bezugsquellenfindung (SRM-EBP-SOC) Benutzeroberfläche/Vorlagen (SRM-EBP-CA-UI) Belegausgabe/Formulare (SRM-EBP-CA-PRT) Bestellbelegmethoden (SRM-EBP-PD)

Tabelle G.12 Funktionen der Business Function SRM_CONT_IMPR_1

Voraussetzungen	SRM_SERVER 701 Erweiterungspaket 3 oder höher für SAP ERP 6.0 (Customizing-Schalter »Link zu SAP ERP-Belegen« (SRM_701_LINK_TO_ERP))	
	Beschreibung der Funktion	**Customizing-Schalter**
Funktionen	Neugestaltung der Tastaturnavigation	SRM_701_KEYBOARD_NAVIGATION (reversibel)
	zusätzlicher Dialog für die Katalogauswahl	SRM_701_CAT_SEL_POPUP (reversibel)
	Fehlerbearbeitung bei Bezugsquellenfindungsanfragen	SRM_701_EXTREQ_ERR_HANDLING (reversibel)
	erweiterte Hintergrundverarbeitung	SRM_701_BACKGROUND_PROC (reversibel)
	Links zu SAP ERP-Belegen	SRM_701_LINK_TO_ERP (reversibel)
	Smart Forms	SRM_701_SMARTFORMS (reversibel)
	Drop-down-Box zur Auswahl der Vorgangsart	SRM_701_DOC_TYPE_DROPDOWN (reversibel)
	Fortschrittsbalken	SRM_701_PROGRESS_BAR (reversibel)
	optimistische Sperre	SRM_701_OPTIMISTIC_LOCK (reversibel)
	Übersichtsmodus	SRM_701_DOCUMENT_BROWSING (reversibel)
	Vorlage aus Ausschreibung und Kontrakt	SRM_701_TEMPLATE (reversibel)
	zusätzliche Funktionen in der Bezugsquellenfindung	SRM_701_MULTI_VALUE_SEARCH (reversibel)
	Einfügen von Kontraktpositionen in Bestellungen	SRM_701_PO_ADD_CTR_ITEM (reversibel)
	Vorschlagswerte für Bestellpositionen	SRM_701_PO_ITEM_DEFAULTS (reversibel)
	Optimierung der POWL-Benutzeroberfläche	SRM_701_POWL_UI_OPTIMIZATION (reversibel)

Tabelle G.12 Funktionen der Business Function SRM_CONT_IMPR_1 (Forts.)

G.5.3 Kontinuierliche Innovationen 2

Technischer Name der Business Function	SRM_APF_IMPR_2	
Anwendungs-komponente	lokale Bestellung (SRM-EBP-POR) Benutzeroberfläche/Vorlagen (SRM-EBP-CA-UI) Ausschreibung (SRM-EBP-BID) Angebot (SRM-EBP-QUO) Kontraktverwaltung (SRM-EBP-CON) Einkaufswagen (SRM-EBP-SHP)	
Voraussetzungen	SRM_SERVER 702	
	Beschreibung der Funktion	**Customizing-Schalter**
Funktionen	Hoch- und Herunterla-den als Excel-Datei	SRM_702_EXCEL_UP_DOWNLOAD (nicht reversibel)
	UI-Harmonisierung	SRM_702_UI_HARMONIZATION (nicht reversibel)
	unbekannter Kontierungstyp	SRM_702_ACCOUNT_ASSIGNMENT (reversibel)
	Dienstleistungs-bündelung	SRM_702_SERVICE_BUNDLING_PO

Tabelle G.13 Funktionen der Business Function SRM_CONT_IMPR_2

G.5.4 Implementierungsvereinfachung

Technischer Name der Business Function	SRM_IMPLEM_ACCEL_1	
Anwendungs-komponente	nicht relevant	
Voraussetzungen	SRM_SERVER_701 AS Java (Vorlagen zur automatisierten Konfiguration (ACTs)) SAP Solution Manager (Customizing-Synchronisierung)	
	Beschreibung der Funktion	**Customizing-Schalter**
Funktionen	Vorlagen zur automatisierten Konfiguration (ACTs)	sofort aktiv
	Customizing-Synchronisierung	sofort aktiv

Tabelle G.14 Funktionen der Business Function SRM_IMPLEM_ACCEL_1

G.5.5 SAP NetWeaver PI-unabhängige Enterprise Services

Technischer Name der Business Function	SRM_WSRM_1
Anwendungs-komponente	Enterprise Services for SAP SRM (SRM-EBP-ESA)
Voraussetzungen	SRM_SERVER_701 Business Function FND_SOA_REUSE_1

Tabelle G.15 Funktionen der Business Function SRM_WSRM_1

G.5.6 Leasing

Technischer Name der Business Function	SRM_LEASING_1	
Anwendungs-komponente	SRM-EBP-ESA SRM-EBP-CA-XML oder SRM-XI (für SAP NetWeaver PI Content-relevante Punkte)	
Voraussetzungen	SRM_SERVER_702 SAP NetWeaver PI (Softwarekomponentenversion: SRM SERVER IC 7.02) (Namensraum: *http://sap.com/xi/SRM/Leasing/IC*)	
	Beschreibung der Funktion	**Customizing-Schalter**
Funktionen	Leasing- und Anlagen-verwaltung	SRM_702_LEASING sofort aktiv

Tabelle G.16 Funktionen der Business Function SRM_LEASING_1

G.5.7 Localization for Italy

Technischer Name der Business Function	SRM_COUNTRY_IT_1	
Anwendungs-komponente	SRM-LOC	
Voraussetzungen	SRM_SERVER_702	
	Beschreibung der Funktion	**Customizing-Schalter**
Funktionen	Using of CUP and CIG Number	sofort aktiv

Tabelle G.17 Funktionen der Business Function SRM_COUNTRY_IT_1

G.6 Procurement for Public Sector

Im Bereich »Procurement for Public Sector« stehen Ihnen die folgenden Business Functions und Customizing-Schalter zur Verfügung.

G.6.1 Interest on Arrears Localization Topic for France

Technischer Name der Business Function	SRM_COUNTRY_PPS_FR_1
Anwendungskomponente	SRM Extended Functionality for SRM_SERVER including PPS (SRM_EXT)
Voraussetzungen	SRM_SERVER_701 SRM_EXT_FUNC

Tabelle G.18 Funktionen der Business Function SRM_COUNTRY_PPS_FR_1

G.6.2 Localization Spain for Procurement for Public Sector

Technischer Name der Business Function	SRM_LOCAL_PPS_ES_1
Anwendungskomponente	SRM-LOC-ES
Voraussetzungen	SRM_SERVER_702 SRM_EXT_FUNC

Tabelle G.19 Funktionen der Business Function SRM_LOCAL_PPS_ES_1

H Häufig verwendete Abkürzungen und Fachbegriffe

In diesem Anhang erläutern wir regelmäßig im SAP SRM-Umfeld auftretende bzw. in diesem Buch genannte Abkürzungen inklusive deren Beschreibung. Ein ausführliches Verzeichnis von SAP-Begriffen finden Sie auch unter *http:// help.sap.com/saphelp_glossary/de*.

ABAP	Advanced Business Application Programing (Programmiersprache für SAP-Anwendungen)
ALE	Application Link Enabling (SAP-Technologie zum Aufbau und Betrieb von verteilten Anwendungen)
APO	Advanced Planning and Optimization (Softwarekomponente von SAP Supply Chain Management, SAP SCM)
ASN	Advanced Shipping Notification (Lieferavis)
BAdI	Business Add-in (Grundlage zur Erweiterung von SAP-Systemen, ohne dabei den Programmcode des Systems modifizieren zu müssen)
BANF	Bestellanforderung (Aufforderung an den Einkauf, ein Material oder eine Dienstleistung in einer bestimmten Menge zu einem bestimmten Termin zu beschaffen)
BBP	Business-to-Business Procurement (Vorläufer von SAP Enterprise Buyer Professional, SAP EBP, bzw. SAP Supplier Relationship Management, SAP SRM)
BI	Business Intelligence (Business Intelligence umfasst alle informationstechnischen Instrumente für die Auswertung von unternehmensweit verfügbarem Wissen)
BRF	Business Rule Framework (SAP-Regelwerkzeug, mit dem Sie sowohl technisch orientierte als auch geschäftsprozessorientierte Regelwerke definieren und implementieren können)
BW	Business Warehouse (Data Warehouse und Reporting-Schnittstelle von SAP)
CCM	Catalog Content Management (Verwaltung von Kataloginhalten)
CLM	Contract Lifecycle Management (SAP-Standalone-Lösung zur Verwaltung von Kontrakten, ehemals Frictionless)
CO	Controlling
CPO	Chief Procurement Officer (Der Haupteinkäufer überwacht die Durchführung des Einkaufs über Einkaufsorganisationen und Kategorien hinweg.)

CRM	Customer Relationship Management (Software zur Verwaltung der Kundenbeziehungen)
CUA	Central User Administration (zentrale Benutzerverwaltung, ZBV)
DMS	Document Management System (Software zur Verwaltung von Dokumenten)
DMZ	demilitarisierte Zone
EAM	Enterprise Asset Management (Instandhaltung), auch unter der früheren Bezeichnung PM (Plant Maintenance) bekannt.
EBP	Enterprise Buyer Professional (Vorläufer von SAP Supplier Relationship Management, SAP SRM)
ECC	ERP Central Component (zentrale Softwarekomponente von SAP ERP)
EDI	Electronic Data Interchange (firmenübergreifender, elektronischer Datenaustausch zwischen Geschäftspartnern)
ERP	Enterprise Resource Planning (unternehmensumspannendes System, das die Geschäftsprozesse ordnet und standardisiert, um die Ressourcen eines Unternehmens effektiv zu planen)
FI	Finanzwesen
GR	Goods Receipt (Wareneingang)
HCM	Human Capital Management (System zur Personalverwaltung)
IDoc	Intermediate Document (SAP-Standardformat zum elektronischen Datenaustausch zwischen Systemen)
IMG	Implementation Guide (Einführungsleitfaden)
IPC	Internet Pricing and Configurator (internetgestützte Preisfindung und Konfiguration)
IT	Information Technology (Informationstechnologie)
ITS	Internet Transaction Server (Der SAP Internet Transaction Server erlaubt es Benutzern, direkt mit dem AS ABAP zu kommunizieren, indem sie betriebswirtschaftliche Transaktionen, Funktionsbausteine und Reports von einem Webbrowser aus starten.)
LAC	Live Auction Cockpit (Echtzeitumgebung zur Durchführung von Live-Auktionen)
LDAP	Lightweight Directory Access Protocol (in IETF-RFC 1777 definiertes Protokoll zum Zugriff auf Adressverzeichnisse)
MDM	Master Data Management (System zur Verwaltung von Stammdaten)
MM	Materials Management (Materialwirtschaft)
MRO	Maintenance Repair and Operations (Wartung und Instandsetzung)
MRP	Material Requirements Planning (Materialdisposition)

MS	Microsoft
OCI	Open Catalog Interface (offene Katalogschnittstelle)
ODS	Operational Data Storage (Datenbanktyp, der häufig als vorläufige Bereitstellungszone für ein Data Warehouse verwendet wird. Anders als die Inhalte im Data Warehouse, die statisch sind, werden die Inhalte des ODS im Zuge der Geschäftsvorgänge aktualisiert.)
OLTP	Online Transaction Processing (Ein OLTP-System kann z.B. ein R/3-System oder ein ERP-System sein.)
OPI	Open Partner Interface (offene Partnerschnittstelle)
P-Card	Procurement Card (Einkäuferkarte)
PI	Process Integration (zentrales System zur Steuerung des Datenaustauschs zwischen verschiedenen Softwaresystemen)
PLM	Product Lifecycle Management (Lösungen zur Erstellung, Pflege und Veröffentlichung von Produktinformationen)
PM	Plant Maintenance (Instandhaltung), mittlerweile umbenannt in EAM (Enterprise Asset Management)
PO	Purchase Order (Bestellung)
POWL	Personal Object Worklist (persönlicher Arbeitsvorrat)
PR	Purchase Requisition (Bestellanforderung, BANF)
PS	Project System (Projektsystem)
RFC	Remote Function Call (Aufruf eines Funktionsbausteins, der in einem anderen System als das aufrufende Programm läuft)
RFI	Request for Information (Informationsanfrage)
RFP	Request for Proposal (Preisanfrage, bei der der Lieferant die zu liefernden Produkte vorschlagen kann)
RFQ	Request for Quotation (Preisanfrage für klar definierte Produkte)
ROS	Registration of Suppliers (Lieferantenselbstregistrierung)
SAP-Hinweis	Hilfetext für SAP-Kunden, der im SAP Service Marketplace unter folgender URL aufgerufen werden kann: *http://service.sap.com/ notes*.
SCM	Supply Chain Management (Abwicklung der Gesamtlogistikkette)
SD	Sales and Distribution, Vertriebskomponente von SAP ERP
SDN	SAP Developer Network (Internet-Community zum Informationsaustausch zwischen Softwareentwicklern im SAP-Umfeld, *http://sdn.sap.com*)
SMI	Supplier Managed Inventory (lieferantengeführter Bestand)
SOA	Service-oriented Architecture (serviceorientierte Softwarearchitektur)

SOAP	Simple Object Access Protocol (Standardprotokoll zum Datenaustausch)
SRM	Supplier Relationship Management (Lieferantenbeziehungsmanagement)
SUS	Supplier Self-Services (Lieferanten-Self-Services)
TREX	Text Retrieval and Extraction (zentrale SAP NetWeaver-Suchmaschine, die eine zugrunde liegende Suchtechnik sowie Funktionen für Enterprise Knowledge Management zur Verfügung stellt), inzwischen SAP NetWeaver Enterprise Search
UNSPSC	Universal Standard Products and Services Classification (von den Vereinten Nationen definierter Code für Waren und Dienstleistungen, der auf einer standardisierten Klassifikation basiert und damit den Handel zwischen Unternehmen vereinheitlichen soll)
UOM	Unit of Measure (Maßeinheit)
URL	Uniform Resource Locator (Webadresse)
UWL	Universal Worklist (zentraler Arbeitsvorrat, UWL)
WPS	Web Presentation Server (Technologie zur Darstellung von Transaktionen, z.B. bei SAP SUS verwendet)
XI	Exchange Infrastructure (Plattform für die Prozessintegration innerhalb von SAP NetWeaver), inzwischen SAP NetWeaver Process Integration
XML	Extensible Markup Language (Format zum Datenaustausch zwischen Systemen)
ZAV	zentraler Arbeitsvorrat
ZBV	zentrale Benutzerverwaltung (Central User Administration, CUA)

I Literaturverzeichnis und weiterführende Informationen

In diesem Anhang finden Sie die verwendeten Quellen, Literaturhinweise sowie weiterführende Informationen zum Thema »SAP SRM«.

I.1 Quellen und Literatur

AberdeenGroup: *Center-Led Procurement, Organizing Resources and Technology for Sustained Supply Value* (PDF). November 2005. In: *http://www.sap.com/solutions/business-suite/srm/pdf/BWP_AR_Center-Led_Procurement.pdf*

Munirathinam, PadmaPrasad; Potluri, Ramakrishna: *The Consultant's Guide to SAP SRM*. Bonn: SAP PRESS 2008.

SAP AG: *SAP SRM-Onlinehilfe*. In: *http://help.sap.com* • SAP Solutions • SAP Business Suite • SAP Supplier Relationship Mgmt

SAP AG: *SAP SRM-Onlinehilfe*. In: *http://help.sap.com* • SAP Solutions • SAP Business Suite • SAP Supplier Liefecycle Management

SAP AG: *SAP SRM, zusätzliche Systemdokumentation*. In: *http://service.sap.com/ srm*

SAP AG: *SAP SRM, technische Dokumentation*. In: *http://service.sap.com/srm-inst*

SAP AG: *SAP SRM 7.0 Solution Manager Content*. ST-ICO 150_700, SP15-Content-Auslieferung.

SAP AG, mehrere SAP-Hinweise. In: *http://service.sap.com/notes* (siehe auch Anhang C, »Hilfreiche SAP-Hinweise«)

Sethi, Sachin: *Enhancing Supplier Relationship Management Using SAP SRM*. Boston: SAP PRESS 2010.

SAP AG: *Presentation, SAP Supplier Lifecycle Management (SLC), Solution Overview.*

SAP AG: *Presentation, SAP Cart Approval, Shopping Cart Approval for Mobile Devices.*

I.2 Weiterführende Informationen im Internet

Unter den folgenden URLs finden Sie weiterführende Informationen zu SAP SRM:

- SDN-Wiki. In: *https://wiki.sdn.sap.com/wiki/display/SRM*
- SDN SRM-Forum. In: *https://forums.sdn.sap.com/forum.jspa?forumID=143*
- SDN SRM Business Process Expert Community. In: *https://sdn.sap.com/irj/sdn/bpx-srm*
- SDN SRM-Blogs. In: *https://wiki.sdn.sap.com/wiki/display/SRM/Blogs*
- Product Availability Matrix. In: *http://service.sap.com/pam*

I.3 SAP-Schulungen

Planen Sie, ein SAP SRM-System in Ihrem Unternehmen einzusetzen, ist die Teilnahme an den folgenden SAP-Schulungen empfehlenswert, da sie die in diesem Buch vermittelten Informationen mit praktischen Übungen ergänzen:

- **SAPSRM**
  Überblick über die Anwendung SAP SRM, drei Tage
- **SRM210**
  SRM Server-Konfiguration, fünf Tage
- **SRM270**
  SRM-MDM Catalog, vier Tage
- **SR215R**
  SAP Supplier Self-Services (SUS), 180 Minuten E-Learning
- **DSR71R**
  Delta SRM 7.0 Enhancement Package 1, 7 Stunden E-Learning

Weitere Informationen zum Schulungsangebot der SAP University finden Sie unter *http://www.sap.com/germany/services/education* • Schulungskatalog • Project Team Training oder Consultant Academy • SAP Supplier Relationship Management.

Ebenso besteht die Möglichkeit, sich als SAP SRM-Berater zertifizieren zu lassen – Informationen hierzu finden Sie unter *http://www.sap.com/germany/services/education* • Schulungskatalog • Consultant Academy • SAP Supplier Relationship Management.

J Die Autoren

Julian Bradler ist Diplom-Betriebswirt (FH) und Geschäftsführer des Systemhauses Bradler GmbH (*www.bradler-gmbh.de*) für Beratungs- und Softwarelösungen im Bereich der elektronischen Beschaffung auf der Basis von SAP Supplier Relationship Management (SAP SRM), Materials Management (MM) und SAP Business ByDesign.

Neben der Entwicklung von Softwarelösungen zur Erweiterung von SAP SRM, MM und SAP Business ByDesign berät sein Unternehmen internationale Kunden bei der Implementierung und Optimierung ihrer SAP SRM-Systeme. Als Trainer hält Herr Bradler für die SAP University regelmäßig Schulungen zur Zertifizierung von SAP SRM-Beraterinnen und -Beratern. Vor der Gründung seines Unternehmens im Jahr 2007 war Julian Bradler fünf Jahre als SAP SRM-Berater und -Projektleiter sowie drei Jahre als SAP SRM-Produktmanager für die SAP AG in Walldorf tätig.

Florian Mödder ist Diplom-Kaufmann und hat sich 2009 mit der SAP-Einkaufsberatung FMP Consulting (*www.fmp-consulting.com*) selbstständig gemacht. FMP Consulting ist eine innovative Beratung im Umfeld der Prozess- und IT-Beratung. Hauptaufgabenfelder sind die Logistik- und Einkaufsberatung auf Basis von SAP-Softwareprodukten. Die Optimierung von operativen und strategischen Einkaufsprozessen ist eine der Kernaktivitäten. Auf Basis der SAP SRM-Standardsoftware und von Partnerlösungen werden für die Anforderungen von Kunden optimale Lösungen aus betriebswirtschaftlicher Prozessoptimierung und IT-Implementierung geschaffen.

Herr Mödder war vor seinem Schritt in die Selbstständigkeit knapp sieben Jahre als Solution Architect SRM bei der SAP Systems Integration AG und der SAP Deutschland GmbH tätig. Weitere zwei Jahre als Managing Consultant in der Prozessberatung der Capgemini Deutschland GmbH ergänzen sein Prozess-Know-how.

Index

A

B

C

D

E

N

O

P

Q

R

S

T

U

V

W

X

Z

MITMACHEN & GEWINNEN!

Sagen Sie uns Ihre Meinung und gewinnen Sie einen von 5 SAP PRESS-Buchgutscheinen, die wir jeden Monat unter allen Einsendern verlosen. Zusätzlich haben Sie mit dieser Karte die Möglichkeit, unseren aktuellen Katalog und/oder Newsletter zu bestellen. Einfach ausfüllen und abschicken. Die Gewinner der Buchgutscheine werden persönlich von uns benachrichtigt. Viel Glück!

▶ **Wie lautet der Titel des Buches, das Sie bewerten möchten?**

___

▶ **Wegen welcher Inhalte haben Sie das Buch gekauft?**

___

▶ **Haben Sie in diesem Buch die Informationen gefunden, die Sie gesucht haben? Wenn nein, was haben Sie vermisst?**

☐ Ja, ich habe die gewünschten Informationen gefunden.
☐ Teilweise, ich habe nicht alle Informationen gefunden.
☐ Nein, ich habe die gewünschten Informationen nicht gefunden.
Vermisst habe ich:

___

▶ **Welche Aussagen treffen am ehesten zu?** (Mehrfachantworten möglich)

☐ Ich habe das Buch von vorne nach hinten gelesen.
☐ Ich habe nur einzelne Abschnitte gelesen.
☐ Ich verwende das Buch als Nachschlagewerk.
☐ Ich lese immer mal wieder in dem Buch.

▶ **Wie suchen Sie Informationen in diesem Buch?** (Mehrfachantworten möglich)

☐ Inhaltsverzeichnis
☐ Marginalien (Stichwörter am Seitenrand)
☐ Index/Stichwortverzeichnis
☐ Buchscanner (Volltextsuche auf der Galileo-Website)
☐ Durchblättern

▶ **Wie beurteilen Sie die Qualität der Fachinformationen nach Schulnoten von 1 (sehr gut) bis 6 (ungenügend)?**

☐ 1 ☐ 2 ☐ 3 ☐ 4 ☐ 5 ☐ 6

▶ **Was hat Ihnen an diesem Buch gefallen?**

___

▶ **Was hat Ihnen nicht gefallen?**

___

▶ **Würden Sie das Buch weiterempfehlen?**

☐ Ja ☐ Nein
Falls nein, warum nicht?

___

▶ **Was ist Ihre Haupttätigkeit im Unternehmen?**
(z.B. Management, Berater, Entwickler, Key-User etc.)

___

▶ **Welche Berufsbezeichnung steht auf Ihrer Visitenkarte?**

___

▶ **Haben Sie dieses Buch selbst gekauft?**

☐ Ich habe das Buch selbst gekauft.
☐ Das Unternehmen hat das Buch gekauft.